▲律师查克·里克肖塞尔

▲巴菲特穿着浴袍吹小号的样子。自从小时候在罗斯希尔小学的那次表演失败后,巴菲特就再也没有在公开场合吹过小号

▲查理·芒格和他的孙子们一起看书

◀巴菲特和沙伦·奥斯伯格。1994年,在新墨西哥州阿布奎基的世界桥牌比赛中,巴菲特第一次参加桥牌比赛。他们本来已经进入决赛,但还是退出了,因为巴菲特当时精疲力竭,不能继续比赛。世界桥牌联合会为此非常震惊

◀1991年7月,巴菲特和比尔·盖茨在盖茨家位于华盛顿胡德运河的小别墅第一次见面

▶1993年,巴菲特第一次接触计算机鼠标。一副"大胆无畏"的样子,沙伦·奥斯伯格如是说

▶巴菲特和可口可乐总裁唐纳德·基奥

▲与儿子豪伊和儿媳德文在一起。豪伊与德文于1982年结婚

▲巴菲特一生的好友比尔·鲁安，2005年去世

◀1993年复活节，比尔·盖茨和女友梅琳达去巴菲特的波仙珠宝店挑选订婚戒指

◀1996年5月，沃伦和阿斯特丽德一道参加彼得·巴菲特和珍妮弗·海尔的婚礼

▶巴菲特在太阳谷开高尔夫球车，苏珊和凯瑟琳·格雷厄姆坐在上面，把命交给了沃伦

◀芒格和巴菲特在伯克希尔-哈撒韦股东大会上回答问题

◀巴菲特和朋友黛安娜·冯·弗斯腾伯格、赫伯特·艾伦、巴里·迪勒在太阳谷

▶从右到左依次是：可口可乐首席执行官罗伯托·戈伊苏埃塔、比尔·盖茨和沃伦·巴菲特。1997年他们在唐纳德·基奥主持的一次座谈会上，席间盖茨说巴菲特都认为可口可乐比科技公司容易经营，这冒犯了戈伊苏埃塔

▶苏茜指着父亲背上不引人注目的棒球服编号——1/16，因为股票曾一度使用"极小"的单位定价——1/16美元

▲沃伦和他的姐姐多丽丝及妹妹伯蒂（左）

◀沃伦全神贯注于桥牌比赛。1989年，他代表美国社团桥牌组决战美国国会桥牌组

▶巴菲特和好朋友凯瑟琳·格雷厄姆

▶1994年,巴菲特在比尔·盖茨夫妇的婚礼上致辞

◀在1998年同比尔·盖茨一起度假时,巴菲特试图接通卫星电话

▶1995年原格雷厄姆集团再相聚。左起:巴菲特、汤姆·纳普、芒格、罗伊·托尔斯、桑迪·戈特斯曼、比尔·斯科特、马歇尔·温伯格、沃尔特·施洛斯、埃德·安德森、比尔·鲁安

▲1997年沃伦和苏珊穿着米奇与米妮服装出现在大都会/美国广播公司的活动中

▲1995年，巴菲特正在进行他的第一次中国之旅

▶2004年2月20日，巴菲特和美联储主席艾伦·格林斯潘出席奥马哈地区商会

◀巴菲特在Jean Naté慈善活动中说明橄榄球运动的优势

▶2004年7月沃伦和苏珊紧紧相依，在苏珊的口腔癌手术恢复后参加的一次公开活动中

▶ 巴菲特于2005年1月在GEICO位于纽约州阿姆赫斯特的新办公室表达自己对GEICO的感情

◀ 查理·芒格在一边走路一边看书

▶ 2006年12月于奥马哈,巴菲特和美国前总统比尔·克林顿在女子公司的资金筹集活动中

◀巴菲特和朋友沙伦·奥斯伯格

▶1998年,巴菲特和盖茨父子

◀被猎狗咬过,被北极熊追过……摄影师兼自然资源保护主义者豪伊·巴菲特致力于野生动物保护工作

◀巴菲特75岁的生日聚会,在沙伦·奥斯伯格和大卫·史密斯的家中。巴菲特和盖茨努力学习山水画。下面一张是巴菲特站在自己完成的作品前面拍照

▼沃伦、多丽丝和伯蒂再现儿时的照片,努力模仿当时的表情

▼2000年手术后,巴菲特生平第一次留起了胡子

◀2002年9月,巴菲特和阿诺德·施瓦辛格在英国参加商业领袖奈特捷会议

▲巴菲特在奈特捷公司的一次活动中采访旧金山啦啦队

◀2005年8月30日，巴菲特在生日庆祝会上，败给要求和他一比高下的9岁乒乓球手邢延华

▶2004年5月，博诺送给苏珊一幅他自己创作的以苏珊为背景的U2歌词画作。后来，他说他俩是"心心相印的朋友"

◀2006年，巴菲特的朋友沃尔特·施洛斯在他90岁生日宴会上跳摇滚

▲苏珊过世两年后,在2006年8月30日巴菲特生日的时候,沃伦和阿斯特丽德在苏茜家低调结婚,阿斯特丽德当时激动得泪流满面

▲彼得·巴菲特的《魂——七度火苗》中的一个舞台镜头。这是一部关于寻找迷失身份的剧作

▲2006年6月26日，比尔和梅琳达·盖茨与巴菲特度过了快乐的一天，这一天巴菲特宣布他将大部分资产捐给比尔和梅琳达·盖茨基金会

THE SNOWBALL
Warren Buffett and the Business of Life

滚雪球 下
巴菲特和他的财富人生

[美] 艾丽斯·施罗德 ◎ 著
覃扬眉 等 ◎ 译

（畅销版）

中信出版集团 | 北京

图书在版编目（CIP）数据

滚雪球：巴菲特和他的财富人生．畅销版．下 /（美）艾丽斯·施罗德著；覃扬眉等译. --3版. --北京：中信出版社，2018.2（2025.3重印）
（长赢投资系列）
书名原文：The Snowball: Warren Buffett and the Business of Life
ISBN 978-7-5086-7950-1

I.①滚… II.①艾… ②覃… III.①巴菲特（Buffett, Warren 1930- ）－生平事迹 ②巴菲特（Buffett, Warren 1930- ）－股票投资－经验 IV.①K837.125.34 ②F837.125

中国版本图书馆CIP数据核字（2017）第182317号

The Snowball：Warren Buffett and the Business of Life by Alice Schroeder.
Copyright © 2008 by Alice Schroeder.
Published by arrangement with Alice Schroeder c/o Black Inc., the David Black Literary Agency through Bardon-Chinese Media Agency.
Simplified Chinese translation copyright © 2018 by CITIC Press Corporation.
ALL RIGHTS RESERVED.
本书仅限中国大陆地区发行销售

滚雪球：巴菲特和他的财富人生·畅销版（下）

著　者：[美] 艾丽斯·施罗德
译　者：覃扬眉　丁颖颖　张万伟　张春明　张艳云
出版发行：中信出版集团股份有限公司
　　　　　（北京市朝阳区东三环北路 27 号嘉铭中心　邮编 100020）
承　印　者：北京通州皇家印刷厂

开　本：880mm×1230mm　1/32	插　页：8
印　张：17.5	字　数：580千字
版　次：2018年2月第3版	印　次：2025年3月第29次印刷

京权图字：01-2007-2998
书　　号：ISBN 978-7-5086-7950-1
定　　价：68.00元

版权所有·侵权必究
如有印刷、装订问题，本公司负责调换。
服务热线：400-600-8099
投稿邮箱：author@citicpub.com

目录
THE SNOWBALL

第五部分
华尔街之王

43　法老王／539

44　B夫人／554

45　拖车政策／571

46　两难抉择／584

47　不眠之夜／629

48　吮拇指及其严重后果／653

49　愤怒的众神／691

50　卵巢彩票／715

51　该死的熊／751

52　饲料事件／780

第六部分
财富提取单

53　精灵的故事／811

54　一个分号／813

55　凯瑟琳的最后一次聚会／828

56　富人统治、富人享受／838

57　传神谕者／857

58　超越自我／881

59　冬　天／895

60　冰可乐／903

61　七度火苗／917

62　票　根／937

后　记／965

资料搜集说明／973

致　谢／975

注　释／979

图片使用说明／1091

第五部分
THE SNOWBALL
华尔街之王

43

法老王

奥马哈　1980—1986年

500名心情愉悦的富翁穿着礼服,系着领带,走过红地毯,来到纽约豪华的大都会俱乐部,为巴菲特庆祝50岁生日。此时,伯克希尔-哈撒韦每股价值375美元,巴菲特夫妇的资产净值比一年半前翻了一番还要多。[1]因此他们可以轻松地租到这个地方。在来宾中,还有些不太知名的人士,比如演员加里·库珀的女儿。苏珊订购了一个大蛋糕,有六大箱沃伦钟爱的百事可乐那么大。他还让他的老伙计唐·丹利把威尔逊投币弹子机公司当年的资产负债表带来了。[2]巴菲特开始收集他早年商业活动的资料,并把这些东西当作圣物一样,带着一丝崇敬展示给人们看。它们的存在,重新向人们证明了他取得的成就。

苏珊从旧金山带来了她的乐队,他们站在舞台中央,深情地为她的丈夫献上了一首改编的《舞到布法罗》:

沃伦受够了糖果
手中拿着优惠券
……

歌词描述了巴菲特最近的商业活动：他收拾好行李，放下所有一切来到布法罗就是为了买下价格被低估的股票。

苏珊的主要节目，平淡无奇却甜蜜悦耳，拉开了一个话题讨论的序幕。巴菲特的家人和朋友开始当着他的面——列举他掌控的公司和投资，就像数念珠上的小珠子一样。巴菲特戴着一副黑边眼镜，杂乱的眉毛像常春藤的卷须。他穿着礼服，系着领带，已经不像以前那么尴尬了。现在他打造的全新的伯克希尔-哈撒韦，像上紧了发条的钟表一样，在不知疲倦地工作着，不断地给念珠增添新的珠子。巴菲特更加雄心勃勃地搜寻并买进股票，并且已经摆脱了多年前"烟蒂"型股票和法律诉讼的困扰。"复利"这一伟大的发动机像奴仆一样正在为他的财富辛勤劳作着，他的财富正在以几何级数飞速增长，公众眼睁睁地看着他的身家飞涨。巴菲特的方法仍然没变：评估投资价值，规避风险，保留安全边际，专注，做自己能够胜任的事，让复利发挥实际功效。任何人都可以理解这些简单的方法，但是很少有人能够去实施。尽管巴菲特使这一过程看起来毫不费力，但是实际上，在这些背后隐含着大量的工作，需要他和他的员工一起去努力。尽管他的商业帝国逐渐扩展到整个美国，从伊利湖边到洛杉矶的市郊，但基威特大厦一直都是中心——这座外表安静、实则充斥着忙碌不停的人的商业圣殿，其地面却铺着亚麻油布地板，摆满了已经褪色的破旧的钢架结构家具。每进行一项新的投资，人们的工作就会增加不少，但是在总部工作的员工人数几乎没有什么变化。巴菲特仍然关着门办公，而格拉迪丝则守在门口。十分富有的比尔·斯科特现在只工作半天，其他时间他要去波尔卡乐队排练。新来的经理迈克·戈德伯格加强了总部的力量。维恩·麦肯齐负责财务工作。员工们很少离开他们的小办公室，除非是到会议室秘密开会，而小会议室只能容纳4个人。茶水间里也没有人聊天。经过对《布法罗晚报》的投资一役，这里出现了短暂的安逸，麦肯齐这样说道："从来没有像这样过。"[3] 那些想测试一下里克肖塞尔的热力学定律的人发现，"太阳"（巴菲特）虽温暖，但他过于专注了，并且他的头脑反应很快，同他谈话会被"晒黑"的。"我的大脑太累了，"一个朋友说，"我必须等恢复了脑力以后才能去见他。"一位曾经的员工说："和巴菲特一起工作，会感觉大脑好像整天都被敲打着一样。"

巴菲特精力充沛，激情洋溢，就像一个不知疲倦的青年。他似乎记得每一个读过的事实和数据。他能激发人们自愿接受困难的工作，并坚信他们能够创造奇迹。而且巴菲特极能容忍别人的嘲讽和缺点，却不能容忍别人浪费他的钱财。他热切渴望结果，对其他人的能力十分信任，并且没有意识到他们在很大程度上同他是不一样的，因此他长期以来都低估了人们的工作负荷。巴菲特就像太阳一样，每个人都在围着他转，他自己却感觉不到里克肖塞尔的热力学定律。

人们说我对他们施加了压力，我从来都没想这么做。有些人喜欢使用压力，我从来不这样，这是我最不愿意做的事情。我认为自己从来没有这么做过，却有许多人说我这样做了，于是就肯定我是这样的了。

在这个腹地之外管理伯克希尔和蓝筹印花公司子公司的那些经理可就太幸运了，因为巴菲特基本上让他们独立经营，他的管理技巧就是找到一些像他一样不知疲倦地工作的完美主义者，然后就放任自流了，不过要对他们"卡内基化"——关注、赞扬，以及运用戴尔·卡内基的其他方法时不时地敲打他们一下。对多数人来说，其他方法就不必再用了。

20世纪70年代，巴菲特做出的股票交易决定是在漫长的熊市中公然蔑视悲观的情绪，大胆地冒险投注。当时失业大军不断壮大，物价以每年15%的速度飞涨。这一赌注之所以突然取得成功，多亏了孤注一掷的卡特总统，他在1979年任命了一位新的联邦储备委员会主席保罗·沃尔克。沃尔克把中央银行的贴现率提高到14%，从而控制了通货膨胀。1981年，新总统罗纳德·里根开始大幅减税，并撤销对商业活动的管制，同时大力支持沃尔克的举措，尽管他的政策引发了许多争议。但之后经济和市场经历了两年半的阵痛，在1982年底的时候，80年代的牛市开始突起，股票的价格终于赶上了企业利润的增长。[4]

20世纪70年代末期,巴菲特大部分的投资资金都来源于一个流动的金库,即保险和赠品券(印花)的浮存金。尽管国民赔偿公司的业务仍然繁荣兴旺,但蓝筹印花公司的销量却继续萎缩。虽然预付费的赠品券提供的浮存金在逐渐减少,但是这些资金投资的项目却正在收获丰厚的回报。[5]

《布法罗晚报》业绩的彻底扭转意味着巴菲特和芒格不用再讨论蓝筹印花公司这笔最大的投资是否即将失败。《布法罗晚报》开始稳步实现赢利。1983年,他们最终同蓝筹印花公司商议好了价格,伯克希尔将其全部收购——这是他们从麻烦中摆脱出来的最后一步。[6]巴菲特和芒格现在是共同合伙人了,这也是他们第一次成为合伙人——尽管芒格最多也只能算个次要合伙人。

巴菲特把芒格选为公司的副董事长,他现在持有伯克希尔2%的股份。芒格也是韦斯科金融公司的总裁和董事长,同庞大的伯克希尔相比,韦斯科金融公司只是一个微不足道的小兄弟,但却是芒格自己的。它就像伯克希尔–哈撒韦大嘴中的一根意大利面条,只剩一点悬在外面,巴菲特没有吞进去。韦斯科金融公司的股东明白他将来一定会把它吃进去,因此不可避免地全都开始哄抬韦斯科金融公司的股价。

芒格对巴菲特思想的影响远远超过了对他金融方面的影响。他们的想法十分相似,他们在商业活动上的主要区别在于,巴菲特很容易为一些交易陶醉,并且立即敲定协议,而芒格有时则会否决这些交易。他们对股东的态度是一致的。随着并购工作尘埃落定,在1983年的年度报告中,这两人向伯克希尔的股东们阐释了他们的一套操作原则。他们把这些原则称为"所有者导向原则",而其他任何公司的管理层,都不会告诉股东这些东西。

"尽管我们形式上是公司,但实际上却将股东视为合伙人,"他们写道,"我们不把公司看作企业资产的最终所有者,相反,把它看作股东拥有这些资产的纽带。"[7]

这一陈述看起来很简单,却意味着要推翻以前的公司管理原则。现代的公司主管一般都把股东看作一群很讨厌的人,或者很吵闹,或者很安静，可以去取悦，也可以忽视，他们当然不是管理者的合伙人或者老板。

"我们不搞财务游戏，"巴菲特和芒格说，"我们不喜欢大量举债。我们经营的目的是取得长期的最佳收益。"所有这些听起来都很简单，也许被认为是陈词滥调，但很少有管理者能够这样坦诚地陈述。

同时，巴菲特在那年的年报中也写道："不管购买的价格多少高，我们也没有兴趣出售伯克希尔旗下任何赚钱的业务，也不愿意出售次一等的业务。"即使这会影响他们的绩效。"我们只是期盼着他们能够多少赚点儿钱，只是希望他们的管理方和员工之间的关系能融洽些。"[8]这对加里·莫里森是一个暗示，他刚刚接替伯克希尔的肯·蔡斯的工作，蔡斯在勤勉地工作了数十年后于1982年退休。此时，巴菲特已经关闭了曼彻斯特的工厂，并且削减了新贝德福德1/3的生产线。

纺织行业每年大概只有10分钟的时间是赚钱的，全美一半男西装的衬布是由我们生产的，但是没有人会走进裁缝店说："我要一件灰色条纹西装，请用伯克希尔的衬布。"我们工厂生产的布成本要比其他工厂高，而资本主义是靠节俭发展起来的。我们从当年的供应商西尔斯公司那里获得奖励，在第二次世界大战期间为他们供货。我还是西尔斯公司董事长的私人朋友，他们说："你们的产品很不错。"而我们会说："那一码加半分钱怎么样？"他们回答："你们开玩笑吧。"因此，这一行很不好做。

莫里森没有去"生钱"，相反，他请求巴菲特给他现金以便升级纺织厂的硬件设施，但被巴菲特断然拒绝了。

然而，巴菲特仍然坚持保留这些处于困境的纺织厂。因此，让他卖掉其中一家利润丰厚的公司——罗克福德银行——就更不可能了，对他来说，那就像没有打麻醉药就实施牙齿根管手术一样。但是，他又必须这么做。《银行控股公司法案》规定他必须这么做，只有这样伯克希尔才能继续持有非银行业的股权（尤其是保险业的）。[9]

当本·罗斯纳最终从联合零售公司退休时，巴菲特很不情愿让他走。

罗斯纳的下属曾经取笑他的管理方式，但十分肯定的是，当他们接管公司后，联合零售公司的业绩迅速下滑。好几个月的时间，维恩·麦肯齐都辛苦地在纽约的服装区来回奔波，想把该公司兜售出去。[10]最后，他发现一个买主愿意出50万美元，而该公司每年最多也只能为伯克希尔创造200万美元的利润。

伯克希尔一些子公司的运作十分独立，因此，你很难判断它们是管理得法的公司还是随波逐流的公司。在韦斯科金融公司，路易斯·文森蒂拒绝被别人掌控，并且成功地向巴菲特和芒格隐瞒了他的阿尔茨海默病，长达数年之久。

"我们并不经常看见他，"巴菲特说，"并且他在尽力使自己振作起来，克服疾病带来的影响。再者，我们也不想看到他患病。查理和我都十分喜欢他，我们不想听到这个噩耗。"

"路易斯·文森蒂十分果断、聪明，并且很诚实和精干，"芒格说，"他所经营的储蓄和借贷公司是加利福尼亚州最后一家采取计算机系统管理存款账户的公司，因为雇用社区大学的学生做兼职以手工操作，成本仍然很低。你能了解我们看到后十分吃惊。他是个思想古怪、独立自主的人，为人很好。我们都很喜欢他，发现他的病情后，我们仍然让他继续工作，直到他疾病发作被迫入院治疗。他喜欢工作，并且从来没有给我们带来什么伤害。"[11]

巴菲特和芒格把这个故事变成了一个诙谐的寓言，这表明他们想让更多公司即使在患阿尔茨海默病的经理的管理下，也能取得成功。

巴菲特对阿尔茨海默病很在意，他对自己拥有过人的记忆力感到十分自豪，而他的母亲已变得十分健忘。利拉似乎总是生活在过去，她的状态好像很不稳定，并且总是生活在幻想中。她经常回忆巴菲特小时候在浴室洗澡的事——他嘴里发出奇怪的响声，手脚不停地在水中扑腾。健忘症正在侵蚀着她的记忆，现在她已经七八十岁了，儿子是她最主要的快乐之源，但是和她待在一起时，沃伦仍然很紧张。这一点儿也不足为奇，因为她偶尔还会大发雷霆。现在，家中的每个成员几乎都有过这样的经历，拿起电话，听到电话那头她愤怒的骂声。所有的受害者都会跑到苏珊那里寻求安慰，她会说："你要理解这只是偶尔发生而已，并且她对其他人也一样，不仅是你，沃伦和多丽丝已经忍受多年了。所以不要在意她说了什么，她并不是针对你的。"[12]

彼得是孙辈中唯一一个没有受到利拉斥责的人。她有时说他很像霍华德，尤其是走路的样子，因此，这也很可能是她不斥责他的原因。但这种相似只是表面的，彼得在即将从斯坦福大学毕业前辍学了，同玛丽·卢洛结了婚。她是一个离过婚的单身母亲，比他大6岁，还有一对4岁大的双胞胎女儿——妮科尔和埃丽卡。彼得对她们像对亲生女儿一样，她们把姓也改成了巴菲特，成了苏珊的最爱。沃伦正在想办法培养彼得对伯克希尔的兴趣，最后派他的门徒、苏珊先前的网球教练丹·格罗斯曼去同他谈工作的事，但是彼得对此毫无兴趣。他的兴趣在音乐方面。[13]他把自己持有的伯克希尔的股票换成了3万美元现金，创办了一家唱片和音乐制作公司——独立声音（Independent Sound），在旧金山他的公寓中开始创作乐曲，玛丽则是他的经纪人和推广人。[14]

苏珊和彼得的关系很亲密，因为他们都喜爱音乐。她继续心不在焉地开创自己的音乐事业，同一对制作人马文·莱尔德和乔尔·佩利一起努力。她把他们带到奥马哈，到旧市场的爵士乐俱乐部参观。为苏珊工作，让他们感觉好像是在为"他们最喜欢的英语教师"创作短剧。苏珊没有炫耀自己的富有，但是因为他们已经听说伯克希尔收购了一家报纸和喜诗糖果公司的事情，所以他们认为，"也许她会用糖果来支付我们的薪水"。

最后，他们要为苏珊创作一个节目，她要在纽约的戴尔莫尼克饭店登台表演，参加纽约大学的义演。她希望他们能够创作一个反映她个性的节目——一个波西米亚的吉卜赛人，淘气、狡黠而又幽默风趣。然而，到了最后，她却唱了传统的大杂烩，仍然是1977年那些充满深情和激情的经典歌曲：《一串珍珠》《重相逢》《你今夜的样子》《人偶娃娃》《搭乘

A号列车》和《好似旧日时光》等。

在义演时,当巴菲特看到观众对他的妻子欢呼雀跃时,他两眼放光,面露喜色。莱尔德和佩利意识到,炫耀巴菲特那才华横溢、漂亮的妻子会让他十分自豪和快乐。似乎对他们来说,同许多商业人士不同,苏珊的表演不是为了她自己,而是同观众联系的一种方式,并且满足了她丈夫的某种需要。[15]

莱尔德和佩利戏称自己是"音乐小白脸",成了苏珊歌唱生涯的一部分,在接下来的几年中,他们随着苏珊一起去见彼得,并且到位于拉古纳的家中创作歌曲,因为她一直在考虑自己是否能够从音乐方面开创职业生涯。他们从来没有见过苏珊的女儿苏茜,因为她已经搬到了华盛顿,在那里,凯瑟琳·格雷厄姆对她很关心,安排她做助理编辑,开始是在《新共和》杂志社,后来到了《美国新闻与世界报道》杂志社。1983年11月,她再婚,在纽约的大都会俱乐部举行了一场盛大的婚礼,这次是嫁给艾伦·格林伯格,拉尔夫·纳德的公益律师。格林伯格具有和巴菲特一样冷静的分析思维,看起来就像是一个专注于研究工作的人。巴菲特夫妇立即就接受了他们的新女婿,并且人们都注意到格林伯格是多么像苏茜的父亲——理智、冷静,善于拒绝。这对新婚夫妇搬到了华盛顿的一座别墅里,却把大部分的房间都租了出去,他们自己只住了一套很小的房间。当苏茜出售她所持有的伯克希尔的股票时——市价已经达到了每股将近1 000美元。

豪伊的第一次婚姻和他的姐姐一样,也没有持续多久。他垂头丧气地对父亲说起此事,而他父亲曾经告诉他换个城市可能会对他有益,并建议他到伯克希尔的一家子公司工作。受到加利福尼亚州的吸引,豪伊在旧金山的喜诗糖果公司得到了一份工作。苏珊安排他和丹·格罗斯曼住在一起,巴菲特已经把丹安排到了伯克希尔在旧金山的一家小保险公司,当时是因为这家公司遇到了问题。豪伊从拖地打扫卫生、维修保养工作开始做起,之后获得晋升。同时,他也风流成性,到处招惹是非。巴菲特告诉他至少要在喜诗糖果公司干上两年,豪伊准备接受现实,但是他没有继续住在格罗斯曼家，而是搬到了拉古纳的别墅里，在那里他感觉更温馨。[16]

一次，豪伊同德文·莫尔斯在埃默拉尔德湾打了一场双人网球。德文是一位温柔忧郁的已婚女士，金发碧眼，有4个女儿。为了吸引她的注意力，豪伊爬到网球场旁边的一根柱子上去调整钟表的时间，结果从上面摔了下来，把脚扭伤了。她送他回家，并出去给他买了点食物送回来。他们从此开始交往，而他也得知她正想离开富有的丈夫。在豪伊采取了一系列冒险举动之后，德文的婚姻最终走到了尽头，她与豪伊的关系日益升温。最后他们把孩子们从德文的前夫家接了过来。她的前夫是一个枪支收藏家，家中摆了好几百支枪。1982年，豪伊成功说服德文，一同搬到了内布拉斯加州，那里的一位法官为他们主持了婚礼，巴菲特和格拉迪丝·凯泽作为见证人也出席了他们的婚礼。[17]

现在，巴菲特有6个继孙了，很快，又增加了一个孙子，因为豪伊和德文生了一个儿子，小霍华德·格雷厄姆·巴菲特，就是后来著名的豪伊·B。巴菲特十分喜欢孩子，但是和他们在一起时，他常常感觉很尴尬和拘谨，不知道如何逗孩子们玩。因此，他仍然像以前对自己的孩子们那样——把他们都交给了苏珊，全家聚会时，苏珊就会热情地担当起祖母的角色。她也立即在她已经丰富的旅行线路中增加了一条：到内布拉斯加州看望孙子们。

巴菲特更为关心的是豪伊的工作问题。起初，豪伊在房地产公司找到了一份工作，但他真正的兴趣是做个农场主。由于他没有资金，巴菲特同意买下一个农场，然后租给他的儿子——这种安排很像他高中时曾经做的那样，雇用工人在他的农场工作。豪伊在内布拉斯加州四处奔波，代表他的父亲勘察了100个农场，并同卖主讨价还价，巴菲特坚决认为农场就像"烟蒂"一样，他不会多出一分钱。最后，豪伊选中了特凯马的一个农场，巴菲特支付了30万美元。[18]

尽管拿了豪伊支付的租金，但是巴菲特从来没有去过那个农场。就像对待苏珊喜欢的画廊一样，他也没有任何兴趣，只是出钱。他认为农场是一个过度竞争的生意,就像男士西装的衬布一样。"没有人会到超市去购买豪伊种的玉米。"他说。[19]

虽然巴菲特竭力通过金钱来控制自己的孩子,但他却从来没有花时间教他们如何理财,这看起来似乎很奇怪,他对手下人也是这样做的:他感觉聪明的人自然会弄明白这件事。他给了孩子们伯克希尔的股份,却没有强调这在将来会对他们多么重要,也没有解释复利,更没有对他们说可以借钱但不能出售股票。现在,他那些致股东的信,经过卡罗尔·卢米斯的编辑加工,已经涉及了很多金融问题,毫无疑问,他认为这些信,再加上他的榜样示范,已是十分充分的教育。但是,他可能从来都没有想过,他自己的孩子恐怕比那些合伙人更需要教导。

巴菲特不太在乎孩子们怎么处理自己的股份,毕竟,他和伯克希尔–哈撒韦是一体的,出售股票也就是卖给了他。即使这样,他也不希望孩子们依靠伯克希尔过上安乐富足的生活。相反,他认为孩子们的未来以及伯克希尔的未来,最终不是通过所有权的关系实现的,而是通过慈善事业联系在一起的——他们管理着巴菲特基金会的股份。

巴菲特在《奥马哈世界先驱报》上就彼得·基威特的去世写了一篇纪念文章,这是奥马哈一位近似神话的人物。在这篇文章里,他谈到了自己对遗产和慈善事业的看法。彼得·基威特父子公司（Peter Kiewit Sons' Inc.）据说是世界上最赚钱的建筑公司,曾经被称为"道路巨人"。[20] 巴菲特和基威特从来没有做过交易,但是基威特拥有《奥马哈世界先驱报》的股份,巴菲特则是该报的董事。

基威特没有儿子,是一个十足的工作狂,住在基威特大厦顶层的一套公寓里,伯克希尔的总部也在这座大楼里。基威特乘电梯上下班。巴菲特十分羡慕这种安排。[21] 基威特也是巴菲特类型的人,他是一个严厉的老板,工作中十分节俭,经常给他的员工们灌输一些简明扼要的小语录。

这家公司是他愿意为之付出心力的事业,他精益求精,虽然会满意,但从不满足。"声誉就像是精致的瓷器,"他说,"价值昂贵,不易获取,但是却很容易破碎。"因此,在做出道德决策时,"如果你不确定是对还是错,就考虑一下你是否愿意把它登在晨报上"。[22]和巴菲特很像,基威特也喜欢给其他人施加重压。

他们之间的不同主要有三个方面:基威特是个亲身实践的经理,不愿吸引公众的注意,并且他似乎只是看起来十分节俭。在奥马哈时,他开着一辆有四年车龄的旧福特车,生活十分简朴,为的是给员工树立榜样。但是他在棕榈泉度假时,却开着一辆凯迪拉克,过着豪华奢侈的生活。[23]尽管如此,在许多方面,基威特都实践着沃伦·巴菲特对生活的想法。当基威特去世时,巴菲特的悼词不仅对他大加赞赏,同时也表达了他会永远记着他——这是巴菲特有史以来写得最动情的一篇文章。[24]

"从零开始,"他写道,"(基威特)缔造了世界上最伟大的建筑公司之一……尽管并不是最大的,但可能是全美建筑业最为赚钱的公司。之所以能够取得这么辉煌的成就,是因为基威特能够带领成千上万的员工不懈努力,坚持追求卓越和高效。"

"基威特绝对是一个生产者,而不是消费者,"他继续写道,"公司的利润全都用来扩大生产力,而不是为其主人积累财富。

"在本质上,如果一个人花的比挣的少,那就是在为未来积累'财富提取单'。日后,他就可以兑现早期的积蓄,少挣但是还能多花。他也可以将财富传给其他人——在活着时以礼物的形式,或者在他死后作为遗产。"

巴菲特写道,威廉·伦道夫·赫斯特把他全部的"财富提取单"都用来建造和维护他在圣西米恩的城堡。他每天都派人往他的私人动物园里运冰块,供北极熊使用,就好像埃及法老劳民伤财地建造金字塔一样。巴菲特曾经深入思考过金字塔的经济学问题。他说:

> 这全都是经济问题,许多形式的给予和花费都是经济问题。那真是疯狂,恐怕在道德上也是错误的。但是,有些人却认为这很棒,因为这给许多建造"金字塔"的建筑工人提供了就业机会。但他们错了,他们

只考虑了投入,没有考虑产出。

为自己建造金字塔,必然会消耗大量的社会资源,你当然应该付钱,应该纳税。我要强迫你为社会做出巨大的回报,这样,就可以建造许多医院,同时也能令更多的孩子接受教育。

在这篇文章中,巴菲特特别提到,有些人赚钱是为了传给子孙后代,使得好几百名后裔"可以花费的远远超过他们个人所创造的,他们整个一生所花费的都是从社会资源的银行提取来的"。巴菲特发现结果十分具有讽刺意义。

他说:"在乡村俱乐部时,我听到人们在谈论福利循环的弊端,比如某个女孩在17岁时生了一个孩子,她得到了一些食物券,而且我们还在不断地提供这种依赖。同样,有些人也为孩子们提供了一生的食物,甚至一生都吃不完。但是他们不是找了一位福利官员,而是找到了一个信托基金管理人,他们不是得到了食物券,而是一些能够分红的股票和债券。"

巴菲特写道:"彼得·基威特在社会这个银行里存储了大量的资产……但是支取的却很少。"基威特只把自己5%的财富留给了家人,其他的全都捐给了慈善基金会,用来造福他曾经生活过的地区的人们,这也是他活着时的人生目标。公司的大部分股份继续由他的员工们持有,基威特已经确保他们只能内部互相买卖。"彼得·基威特对社区和同胞们做出了无与伦比的贡献和服务。"巴菲特最后得出这样的结论。

在许多慈善家中,巴菲特也很尊敬安德鲁·卡内基和约翰·洛克菲勒。洛克菲勒也是观点很独特的思想家。卡内基在美国许多贫穷的社区建造了公共图书馆。卡内基基金会曾经选派亚伯拉罕·弗莱克斯纳到美国接受医学教育。[25]1910年,弗莱克斯纳的论文揭露了医学院丑闻,震惊全美,弗莱克斯纳说服了洛克菲勒基金会捐赠巨资以改革医学教育。洛克菲勒也想解决一些因缺乏正常资金支持而无法运作的难题。他发现贫穷的黑人大学缺少富裕的校友,没有办法改善办学条件。"实际上,约翰·洛克菲勒成了这些大学的'友人',"巴菲特说,"他解决这些难题,根本不考虑它们是否受人关注，他对它们的支持也总是慷慨的。"

此时，巴菲特基金会共有72.5万美元的资金，每年捐赠出的不足4万美元，几乎全都花在了教育上。[26]苏珊管理着巴菲特基金会，这也反映了他们共同的人生观——应该用钱回报社会。如果苏珊有权支配这些钱，她很有可能迅速捐出大量的钱，但是巴菲特不急于这样做。他认为让金钱随着时间而增加，通过复利会生出更多的钱用来捐款。当然，到1983年时，他已经有充分的证据来证明自己的观点了。从1978年到1983年底，巴菲特夫妇的资产净值取得了惊人的增长，从8 900万美元猛增至6.8亿美元。

随着巴菲特变得更加富有，朋友们、陌生人、慈善团体全都蜂拥到基威特大厦向他要钱。有些人确实急需救助，向他真诚地请求，而有些人则感觉用他的钱理所当然。慈善组织联合之路、大学、癌症患者、教会、心脏病人、无家可归者、环保运动、当地的动物园、交响乐团、童子军、红十字会等都值得扶持，但他们得到的答复都一样：如果给了你钱，我就应该每个人都给。巴菲特的一些朋友同意他的做法，但有些人还是很困惑：一个这么慷慨的人，可以花费大量时间帮助他人，给他们提建议，出谋划策，却在钱财上那么小气。

巴菲特仍然在滚雪球般积累财富，并承诺在死后会把所有的钱都捐出去，这就有点像《爱丽斯漫游奇境记》中白皇后的"明日果酱"。"在他死后"就相当于永远不会兑现，也是一种让他不会过早死去的预防手段，这是巴菲特非常关注的事。用白皇后的方式来拒绝别人是一种奇怪的进行自我强化的方式。到现在为止，巴菲特夫妇的朋友、亲人，或者家庭成员中至少有9人曾经企图自杀或已经自杀。不久之前，他朋友的儿子在圣诞节前夜开车掉下了悬崖。接着，里克·格林的妻子安，在他们的儿子8岁生日前几天开枪自杀。所以，巴菲特对自杀不由自主地耿耿于怀，在这种背景下，他这样想也是完全合情合理的。不过，他自己想要尽可能长寿——一直挣钱到生命的最后一刻。

随着财富的不断增加，巴菲特常常明确表明自己的坚定决心，要快速赚钱，同时不让家人和基金会接触这些钱，这最终激起了朋友们的反对。里克·格林曾经给乔·罗森菲尔德写信探讨巴菲特成为世界首富的可能性："如果沃伦成为世界一流的雪橇犬，并且看见这个世界除了毛发和小目标还有更多的东西，他会做些什么呢？"[27]

巴菲特集团在巴哈马群岛的莱福德岛集会，在戴呼吸管潜泳和深海钓鱼的间隙，乔治·吉莱斯皮发起了一场激烈的讨论，主题是"孩子们（和慈善机构）都要等待"。几年前，巴菲特曾经说过，他每年只会给孩子们几千美元，并且告诉他们等他死后可能只会分到50万美元的遗产。[28]他认为，"这些钱已经足够让他们做一些事情了，却不足以让他们什么也不干，只是享受"。[29]这句话成了他的箴言之一，多年来他不断重复着。"沃伦，那是不对的，"巴菲特之前的一个合伙人拉里·蒂施说，"如果在12岁之前没有被惯坏，他们就不会再被惯坏了。"[30]

在卡罗尔·卢米斯的强烈要求下，《财富》杂志刊登了一篇封面文章，题目就是"你会把财富都留给孩子们吗"，许多人回答"家人第一"。

"我的孩子们要在世界上开创自己的事业，他们知道，不论他们想做什么我都会支持的。"巴菲特说。但巴菲特认为，"只因为他们出生在富人之家"，就为他们创建信托基金，是给他们"提供了一生所需的食物券"——可能会"伤害很大"，并且是"反社会的行为"。[31]这是头脑清醒的巴菲特，也正像他曾经在给朋友的一封信中写道的，当他的孩子们开始蹒跚学步时，他就想等看到"这棵树能成为什么样的材料"时，再决定要怎么给他们钱。[32]

然而，巴菲特也做出了决定，他会做一些捐赠——尽管微不足道，却机动灵活。1981年，他制订了一项独特的慈善计划，由股东们选择一个慈善团体，然后伯克希尔-哈撒韦从每股股票中提出两美元捐出。伯克希尔不派发股息，但是这一计划允许股东们直接指导公司的慈善捐款活动，而不是由高管或者董事根据自己的好恶选择慈善团体，接受赞誉。该计划不需要太多的钱，但是巴菲特这么做，正是在逐渐松开拳头。股东们也喜欢这样做，该计划的参与度几乎总是接近100%。

对作为信息采集者的巴菲特来说，捐助计划最终也被证明是个十分有价值的工作。这让他洞悉了每一位股东对慈善事业的态度，他用别的方法永远也不可能得到这些信息。巴菲特总是不知疲倦地充满了好奇心，十分想了解每一个股东的情况，就好像他们也是他的大家庭成员一样，他其实正是这样看待他们的。

53岁的巴菲特已经"退休"两次了，他正在思考慈善和遗产问题。很显然，让他身心交瘁的正是退休问题。他开玩笑说要工作到死，他十分推崇年迈的经理如吉恩·阿贝格和本·罗斯纳。但是，现在他们都退休了，路易斯·文森蒂已经患上了阿尔茨海默病。因此，这也许就不足为奇了——巴菲特下一步会同一位89岁高龄的老妇人达成一项协议，这是他所遇到的最长寿的人。

44
B夫人

奥马哈　1983年

1893年，罗斯·格列利克·布鲁姆金出生于俄国明斯克地区谢德林附近的一个小村庄，她共有7个兄弟，全家挤在一个有两个房间的小木屋里，父亲是个贫穷的犹太教拉比①，买不起床垫，全家人只好睡在稻草上。

"从6岁起，我就开始梦想自己的生活，"她说，"我的第一个梦想是去美国。"[1]

13岁时，因为爱惜她崭新的皮鞋，罗斯赤脚步行18英里，来到离家最近的火车站。她口袋里有4美分，为了省钱，她把这4美分藏在火车的座位下，一直藏了300英里，直到抵达最近的城镇戈梅利。在那里，她一连去了26家店铺找活儿干，最后，一家干货店的老板收留了她。"我不是乞丐，"这个4英尺10英寸（约1.47米）高的小女孩说，"我的口袋里有4美分。让我在你家过一夜吧，我很能干的。"第二天早上，她开始工作，"我为客户服务，把货物摆出来，在其他人还没拿笔计算时我就算

---

① 拉比，意为犹太教教士，主持犹太教集会的主要神职人员。——编者注

出账来了。快到12点时，老板问我是否愿意留在那里工作"。[2]

16岁时，她已经成了经理，手下管理着6个大男人。"不要担心男人们，妈妈！"她在给妈妈的信中这样写道，"他们都很服从我！"[3]4年后，她嫁给了伊萨多·布鲁姆金，戈梅利一位卖鞋的小贩。[4]同年，第一次世界大战爆发，沙皇的军队在俄国胡作非为，滥杀无辜，这促使罗斯下定决心移居美国。但他们的钱只够一个人的路费，罗斯让丈夫先去美国，自己继续攒钱。两年后的1916年12月，罗斯开始了她的美国之旅，她登上了横跨西伯利亚的火车，朝着中国进发。

火车一直行驶了7天，最后她来到了后贝加尔斯克的边境。正要进入中国时，罗斯被一位俄国士兵扣下，她告诉这个士兵，她正在为军队采购皮毛，并且保证回来时给他带一瓶梅子白兰地酒。也许是出于天真或者仁慈，士兵放她通过了边境。她立即乘火车经过中国的东三省，最后抵达天津。此时，罗斯的行程已经达9 000多英里，几乎穿越了整个亚洲。[5]在天津，她低价购买了一张船票，乘船前往日本，一路经过广岛和神户，抵达横滨。在那里，她等候了两个星期，然后设法搭乘上一艘名叫"阿瓦·玛露号"的运花生的货船前往美国。"阿瓦·玛露号"在太平洋上从容不迫地行驶了6个星期，终于到了西雅图。"我从来没有见过那么多的花生，"她后来回忆道，"我还以为自己永远也到不了这里。"[6]她带着硬邦邦的黑面包上船，但是一路上身体太虚弱，吃得很少。[7]

经过近三个月的长途跋涉之后，她终于在犹太人的普林节那天抵达西雅图，一路上饱受疾病的折磨，脸浮肿得不成样子。一上岸，就有希伯来移民援助社的工作人员上前迎接她，为她提供了一些符合犹太教要求的清洁食物，并且安顿她在旅馆住下。"当我抵达这个国家时，"她说，"我认为我是世界上最走运的人。"[8]希伯来移民援助社的工作人员在她脖子上挂了一个牌子，上面写着她的名字以及"艾奥瓦道奇堡"，这是她丈夫生活和工作的地方，他在那里靠收垃圾谋生。他们把她送上火车，一路穿越明尼阿波利斯抵达道奇堡。抵达后，美国红十字会的工作人员想办法帮她找到了丈夫伊萨多，夫妻终于重新团聚。不久之后，罗斯就生下一个女儿，叫弗朗西斯。

两年后，罗斯仍然说不了几句英语。夫妇俩感觉十分孤单，于是决定搬到一个讲俄语和依地语的地区，因此他们到了奥马哈，这里吸引了32 000名移民，他们到这里修铁路，建食品加工厂。[9]

伊萨多租了一个当铺。"你恐怕从来没有听说过当铺会破产。"他说。[10] 很快他们又添了三个孩子，路易斯、辛西娅和西尔维亚。她每次往俄国寄50美元，最后把10个亲戚也带到了美国。同她的丈夫不一样，她仍然不太会说英语。"我真是太笨了，"她说，"在这方面我就是不开窍，孩子们也教我英语。当弗朗西斯开始上幼儿园时，她说：'我要教你怎么说苹果，怎么说桌布，怎么说小刀'。"[11] 当铺的生意十分冷清，在大萧条期间，他们几乎破产。接着，罗斯接管了当铺。"我知道该做什么，"她告诉她的丈夫，"大件物品要廉价出售。""你用3美元进了一件货，然后以3.3美元卖出去，只加10%的利润！"当他们进的过时衣服滞销时，罗斯在全奥马哈城散发了1万份广告，上面写着他们的商店可以为人们供应从头到脚、从里到外的全套行头——内衣、西装、领带、鞋、草帽，并且只需花费5美元。仅一天时间他们就赚了800美元，比他们前一年的全年利润都多。[12] 商店的经营范围不断扩大，开始销售珠宝、旧皮大衣和家具。接着罗斯开始以寄售的方式低价销售崭新的皮大衣，使得生意取得了飞速发展。[13] 她的人生哲学是："与其使自己遗憾，不如让他人恨你。"

很快，客户就开始从罗斯这里购买更多的家具。开始时，她陪着他们到批发商那里购买，她自己加10%的利润卖给客户。后来她发现，这和当铺的生意不同，销售家具是一个"快乐的生意"。因此，1937年，她从一个兄弟那里借了500美元，在她丈夫当铺的地下室里开办了一个家具店，叫布鲁姆金家具店。但是家具批发商不想把家具批发给她，因为他们的经销商抱怨她以低价出售产品。因此，罗斯只好跑到芝加哥，找到了一个支持她的人，从他那里订购了价值2 000美元的商品，付款期限为30天。时间很快就到了，但她却没钱支付，于是她把自己家里的家具以低价卖掉，还清欠款。"孩子们回到家时，看到这一切放声大哭，"她回忆道,"我只好向他们解释为什么卖掉床和冰箱,整个房子空空荡荡的,他们很理解,他们对我实在是太好了,我感觉很对不起他们。"[14]当天晚上,她从商店取回几张垫子,全家人就睡在地上。"第二天,我带回来一台冰箱和一个炉子,"她说,"孩子们全都破涕为笑。"[15]

在学校里,别人家的孩子们常常找她儿子路易斯的麻烦,嘲笑他有个开当铺的爸爸。儿子很痛苦,但是对他们的嘲弄置之不理,放学后继续在店里帮忙,并且学习成绩仍然很好。在上高中时他就学会了开车,常常四处运送沙发,一直忙到半夜。他的母亲,现在已经创办了内布拉斯加家具店,并且搬到一个更大的地方。除了卖家具外,罗斯也兼营其他副业,在狩猎季节,她出售和租赁勃朗宁自动猎枪。路易斯最喜欢的工作就是在地下室里测试这些枪,他用渣煤砖当靶子,练习射击。[16]

1941年,美国卷入第二次世界大战,路易斯当时还是十几岁的青年,是内布拉斯加大学的学生,但是他只上了几个学期就退学参军了。在战争期间,他和母亲每隔一天就写一封信。他的母亲那个时期陷于失望的情绪中,因此他鼓励她不要放弃。[17]由于那些大批发商拒绝给内布拉斯加家具店供货,罗斯成了家具"走私者",坐着火车在整个中西部地区四处奔走,以高于批发价5%的价格从梅西百货公司和马歇尔–菲尔德公司大量购买家具。路易斯说:"他们能看出她很清楚自己在做什么,也很喜欢她,而且愿意向她介绍新产品,比如推荐一套刚刚上市的餐厅组合家具——这套家具很难做,价格不菲,但是她仍然买下了它。"罗斯说:"那些批发商越是抵制我,我越是努力工作。"[18]你不可能拥有整个国家,这个国家属于每一个人,这是她的观点。[19]慢慢地她开始憎恨那些大亨。"你落魄时,他们对你不屑一顾,"她说,"当你开始挣钱时,他们就会巴结你。呸,谁需要他们啊?"她的口号是:"薄利多销,诚实守信,童叟无欺,不拿回扣。"[20]当她做成一桩买卖时,她会告诉手下人:"在他们还没有改变主意之前,赶紧给他们送货。"[21]

在突出部之役(又称阿登战役)中,路易斯荣获了紫心勋章。战后,他在1946年回到了奥马哈的家中,继续工作。他学会了做生意的一切技巧：进货、讨价还价、盘点、记账、运送和摆放商品等。对罗斯来说，没有人能比得上路易斯。她对雇员很苛刻，常常会大声呵斥他们："你这个浑蛋！懒鬼！"但是，在她把这些人解雇后，路易斯会重新把他们找回来。

4年后，商店的生意十分兴旺，但随后朝鲜战争的爆发，让销量急剧下滑。罗斯决定扩大业务范围，开始销售地毯以增加效益。她到芝加哥的马歇尔–菲尔德公司，告诉他们自己要为一栋大楼购买地毯。他们以3美元一码的价格卖给她3 000码莫霍克地毯，然后她以3.95美元零售给客户，是标准售价的一半，不过，她曾经对马歇尔–菲尔德公司撒谎这一事实似乎在多年后给她带来了麻烦。[22]

罗斯以比其他经销商低价的销售方式，成功地在地毯零售业占据了一席之地。但是，莫霍克地毯厂把她告上了法庭，控告她违反了最低价格政策——根据这一政策要求，生产商有权要求其零售商按照规定的最低价格销售产品。罗斯只身应诉。"我对法官说：'我没钱请律师，因为没有人愿意为我辩护。法官大人，我在成本价的基础上加10%的利润出售商品，这有什么错呢？我没有强迫客户购买啊！'"[23]审判只持续了一个小时，法官就驳回了对方的起诉。第二天，这位法官径直来到内布拉斯加家具店，购买了价值1 400美元的地毯。

尽管家具店销售地毯取得了成功，但出于战争的原因家具仍然滞销，罗斯仍然没法给供货商支付货款。最后，奥马哈一位友善的银行家韦德·马丁问她是否需要帮助。"我不知道该怎么办，"她说，"我不能拿这些商品当饭吃啊。"[24]于是，他借给她5万美元，借期90天，但是罗斯整夜睡不着觉，一直在担心怎么还钱的问题。她想到了一个主意，租借奥马哈市政礼堂，然后在礼堂里摆满沙发、餐桌和餐椅、咖啡桌、电视机等。她是一个精明的商人，她和路易斯在报纸上刊登了一则广告，极其真诚，却又利用了战时物资奇缺的特点。

这正是你所需要的！减价销售！紧缺商品？空话！我们不能拿它们

当饭吃！我们必须卖掉它们。过去的60天里，我们采购了大量的商品，都没地方存放了。是的，我们进的货太多了，怎么办呢？我们不能吃了它们，通常我们在6个月里也卖不了这么多。因此我们要开展该地区有史以来最大规模的降价促销活动……45 000平方英尺的地方，摆满了价格低廉的名牌产品，等着你来挑选。

这则广告吸引了许多人，就好像马戏团来城里表演一样。[25]仅三天时间，家具店就卖出了价值25万美元的家具。奥马哈的人们现在都知道罗斯·布鲁姆金和她的家具店就是打折家具的代名词。"从那天起，我就再也没有欠过一分钱。"她说。[26]

同年，伊萨多死于心脏病。罗斯和路易斯继续经营着家具店。渐渐地，"B夫人"成了奥马哈家喻户晓的名字。人们在生活中的每一个阶段都要光顾她的商场：结婚、购买第一套房子、孩子出生或者得到升职。布鲁姆金大量进货，降低开支，并且只赚取10%的利润。1975年，一次龙卷风把他们位于西区的商店的屋顶掀掉了，但是她和路易斯毫不犹豫地把所有商品全搬到城里的商店，继续营业。"如果你的价格最低，即使你在河底，他们也会找到你的。"她说。他们确实会这样的。有一次，商店起火，她就给消防员送了几台电视。[27]

"B夫人"知道如何做一件事情后会立即去做，不会犹豫不决、反复琢磨。她会买下标价5 000美元的桌子或者签30年的租约，购买房产或者解雇员工。她不会停滞不前，只是不断发展。她做事十分专注，如果你做的事达不到她的标准，即使只差一点儿，她都不想和你谈论它。她十分清楚自己擅长什么，在那些事情上，她不愿意欺骗自己。

到1980年初，罗斯和路易斯·布鲁姆金已经打造了北美最大的家具城。在这块3英亩的地方，他们每年可以销售1亿美元的家具，是同等规模商场的10倍。[28]从那时起，每年的销售额都会增加，无论经济形势是好是坏，无论奥马哈繁荣还是萧条。[29]当她开始创建家具城时，奥马哈那些在她之前曾经兴旺发达的竞争对手，全都销声匿迹了。其他的经销商来到这个城市，想同她竞争。罗斯仔细调查了他们的展销厅，然后和路易斯发起打折大战，导致他们最终破产，不得不落荒而逃。"B夫人"的家具商场垄断了该地区一半的市场——比西尔斯百货公司、蒙哥马利·沃德百货公司、塔吉特公司以及其他所有的家具和用品零售商加在一起还要多，甚至艾奥瓦州、堪萨斯州和达科他州的客户也开始驱车到她的商场采购。

她全都是靠自己发展起来的，她的客户越来越广泛，停车场上停满了从100英里以外赶来采购的人开来的汽车。[30]

罗斯现在成了著名的"B夫人"，甚至她的家人也这样称呼她。她每天早上5点起床，早饭只吃水果和蔬菜，从来不喝酒。但几丝白发已悄然出现在她打着发蜡的黑色发髻中，随着她以年轻女人的活力在商场里健步如飞地四处走动，时不时地她还要通过大喊或挥动手臂来强调某事。随着她在谈判中越来越强势，她对那些供货商也越来越狠。"7美元？如果这样，我们明天就会破产。"她对一个报价嗤之以鼻。[31]以前那些对她不屑一顾的批发商现在都拜倒在了她的脚下，祈求她的原谅。她很喜欢这种感觉。

如果你想卖给她2 300张茶几，她在一分钟内就能决定她可以付多少钱，多长时间能卖出去……然后她就会从你那里进货。她会拖到最后一刻，这时暴风雪即将来临，你要离开该死的奥马哈，不能误了航班。她可是个十分不好对付的人。[32]

她一周工作6天半。"这是我的习惯。"她说。在她的头脑里，商品展销厅就是她的家。她的二女儿辛西娅·施奈德在装修母亲的房子时，摆放家具的方式都"和商场里的陈列方式一样"，因为"这是唯一可以使她感觉舒服的方式"。[33]灯罩仍然用塑料盖着，有些家具还挂着价签。"我只用厨房和卧室，"B夫人说，"我迫不及待地等着天亮，这样我就又可以去工作了。"

在周日的下午———一周里她唯一不在商场的时候，她开车带着路易斯在城里四处转悠。"我看着其他商店的橱窗，"她说，"计划着对零售店主展开攻势，思考着'我们给他们多少钱'之类的问题。"[34]她说，自己之所以这么努力工作，都是受到她母亲的激励。她的母亲曾在苏联经营一家杂货铺。以前罗斯每天醒来都能看见母亲在洗衣服，或者凌晨3点在烤面包。"为了赚3分钱，她会背着100磅的面粉走过20个街区，"她说，"这让我伤心不已。"[35]因此，她对难民和移民有一种亲切感。有时她会安排他们在财务部工作，并且告诉他们："算账不需要英语也能干。"[36]

1982年，《奥马哈世界先驱报》对她进行了一次采访。她说这么多年来好几次有人想收购她的公司，都被她拒绝了。"谁能买得起这么大的一个商场呢？"她告诉路易斯，伯克希尔提过一次。巴菲特在几年前就同她谈过，但她却告诉他说："你得想法把它偷走才行啊！"[37]

一年后，巴菲特听说布鲁姆金家正在同德国汉堡的一家公司洽谈，该公司经营着世界上最大的家具城，同他们的运营方式一样。布鲁姆金家族要出售了！"你不用想就知道这真是太好了，能够同B夫人合伙可真是求之不得啊。"巴菲特说。[38]

也许这次他们是认真的。在20多年前，罗斯曾经把巴菲特叫到她的商场，对他说她正在考虑出售商场。巴菲特真的想为伯克希尔买下这个家具城。他走进商场，看到一个矮矮胖胖的妇女正在训斥一群男人，他们靠着墙站着：那些都是她的孙子、女婿和侄子们。她转过脸来对巴菲特说："看我身边这些家伙，如果我把商场卖给了你，你可以把他们赶走。一群没用的懒蛋，他们都是我的亲戚，我不能赶他们走，但你可以赶他们走，一群懒蛋、懒蛋、懒蛋。"

"她就这样训斥着他们，将近一个小时。'懒蛋'这个词重复出现了好多次。"这些人早已经对罗斯见怪不怪了，无动于衷地站在那里。"然后，她就打发我走了。我已经表达了我的目的。"巴菲特曾一直渴望着买下这个商场。[39]

"她认为只有路易斯最能干，并且十分完美。"当她表扬路易斯时，通常会这样说："哦，太棒了，你做得真是太棒了。"[40]

如果布鲁姆金家族打算出售其商场，现在正是时候。B夫人的两个膝关节都已经做过置换手术，她把大部分日常工作交给了路易斯打理，但她自己仍然掌管着地毯部。"地毯业务吸引着她，令她着迷。"路易斯说。[41]如果有人要为一个9英尺×12英尺的房间购置地毯，她会报出加了税、给优质客户打完折的价格，而这只需要几秒钟。她仍然会突然视察家具部门，甚至家人都经常不敢肯定他们自己的家具什么时候就会被她卖了。有一次，罗斯给女儿打电话，告诉她赶紧把"放玩具的柜子清理出来"，因为来了个顾客。"当我下定决心时，"她说，"我不想一无所获。这是我的习惯。"[42]巴菲特先去找路易斯谈了谈。路易斯说："你应该去见见我的儿子罗恩和艾文，将来他们要接管商场。"

巴菲特把罗恩和艾文请到他的办公室，同他们建立了联系。他给路易斯写了一封信，陈述了他们把商场卖给伯克希尔的利与弊。他写道，布鲁姆金家族不应该草率出手——他在用极其真诚的态度和他们打交道。"如果你们决定现在不出售，那么不久以后你们就很有可能赚到更多的钱。明白这一点，积蓄力量，然后从容不迫地寻找让你们称心如意的买主。"

接着，他写出了自己的真实想法。他们可以卖给任何的家具公司，或者同一行业的其他人。但是"这样的买主，无论他们做出什么许诺，通常都会违背诺言，有些经理认为自己知道怎么管理你们的商场，因而迟早会插手实际的运作……他们有自己做事的方式，即使你们的业绩毫无疑问比他们的还要好，但从某种意义上来说，人类的天性仍然会使他们相信自己的方法更好"。

随后，"他们就会在财务方面做出重大的举措，通常贷大量的资金来运作，并计划将商场再次出售，要么卖给公众，要么卖给另一家公司，只要时机有利，他们就会出手，"他写道，"如果卖主的唯一动机是套取现金，或者放弃他们的业务，那么任何一种买主都能令人满意……但是，如果卖主的产业是其一生创造的结晶，已经融入了他们的个性，和他们的生活密不可分，那么这些类型的买主都有严重的不足。"

"任何买主都会告诉你,他需要你做合伙人,并且如果他很有头脑,他当然需要你。但是许多时候,出于上面讲到的原因,他们不会按照这种方式来行事。而我们会严格遵守我们的承诺,因为我们承诺过了,并且我们也需要这样做。"

巴菲特解释说,如果他买下了商场,他想让布鲁姆金家族继续做他的合伙人。如果他们回过头后感觉很遗憾,那这次的交易对每个人来说都是很失望的,包括他自己。他告诉路易斯他只插手两件事:资金分配,以及选择"最高管理层"并为其支付薪酬。

巴菲特还有其他的优势,他不是德国人。虽然德国公司的报价高达9 000万美元,但是B夫人横跨亚洲,穿越9 000英里,就是为了躲避对犹太人的大屠杀,因此卖给德国公司是会受到诅咒并被逐出教门的。最后,布鲁姆金家族同意将公司卖给伯克希尔,巴菲特立即驱车前往那个20万平方英尺的大卖场签署协议。到那里后,他发现89岁高龄的罗斯正开着三轮高尔夫球车,满商场转悠,对她的雇员咆哮道:"你们这些废物!我一个子儿也不会给你们的。"而路易斯和她的三个女婿就站在旁边看着。[43]

"我甚至不想进行评估,"巴菲特说,"B夫人,你说什么,就是什么,我相信你的话。"

B夫人看着她的女婿们,他们正靠着墙站着,有一个至少比她高一英尺。"诺曼同弗朗西斯已经结婚41年了,"她说,"杰里同西尔维亚结婚也有36个年头了。查尔斯同辛西娅是39年前结婚的。我告诉这些孩子:'我不收退货。'"

她的女儿们拥有20%的股份,并且已经在这项协议上签了字。这些女婿都不傻,他们知道从德国人那里可以得到更多的钱。她对他们咆哮着:"告诉我你们打算要多少钱,我会给你们的。"她想把钱一分,然后把他们赶走,这样公司就成了路易斯的了。女婿们靠墙站着,浑身发抖,甚至想溜走。接着,她说公司90%的股份价值5 500万美元。"我不懂股票。"B夫人说。她想要现金。女婿们一声不吭地站在那里,但是他们可能也在想，只要签完销售协议，一得到钱，就会从这里滚出去的。

"她真的很喜欢我，并且相信我。她只要对某个人的看法确定了，就不会改变。"巴菲特知道她会在眨眼之间做出决定，并且永不反悔，因此他没有什么风险了，但是，"在签约后，我告诉 B 夫人：'如果你改变了主意，也没关系。'我永远也不会告诉其他任何人，我只是感觉到，这个产业是她生命的一部分，如果在签约后她有理由不想这样做，可以反悔——我不想让她感觉受到了约束。不过她说：'我不会改变主意的'"。

"离开时，我告诉路易斯：'你妈妈的口音太重了，有时我都没有完全听懂她在说什么，我最不希望的就是误解了她的话。'而路易斯说：'别担心，她能听懂你的话。'"

"交易完成后，我说：'B 夫人，我有句话要告诉你，今天是我的生日。'"巴菲特时年 53 岁。"而她却说：'你可是在生日这天买到了一个油井啊。'"

布鲁姆金家族从来没有查过账，而巴菲特也没有要求他们这样做，他没有盘点货物或者查看详细的账本。交易结束后他们握了握手。"我给了 B 夫人一张 5 500 万美元的支票，而她给了我她的保证。"他说。[44]她的保证几乎就和英格兰银行一样可靠。不过，巴菲特仍然希望罗斯保证自己不会后悔。

合同只是一页卡内基式的文件。开头这样写道："你拥有内布拉斯加家具城 100% 的股份，这是一家十分成功的家具和日用品零售商场……伯克希尔-哈撒韦长期以来十分尊敬你们所做出的成就，因此提议从你们手中购买这一优质股票 90% 的股份。"[45]为了宣布这一交易，巴菲特举行了一次新闻发布会，播放了公司成长历史的录像。在看录像时，B 夫人的眼睛湿润了。[46]

巴菲特找到了一件不同寻常的收藏品，把它加入到他感兴趣的收藏之中，而 B 夫人不屈不挠的意志、艰苦奋斗的创业史以及独具特色的个性力量则使他产生了敬畏之情。[47]"亲爱的 B 夫人，"他这样称呼她，"我已经向路易斯和他的孩子们许诺过，这项交易会让所有的家庭成员都感到高兴,从现在起5年、10年、20年之内,甚至更长远,我向你做出同样的承诺。"[48]

巴菲特许诺给B夫人更多的自由,她已经习惯了全面控制和秘密运作,不希望巴菲特把她的财务状况公之于众。他向她保证,当伯克希尔-哈撒韦根据法律要求向美国证券交易委员会陈述财务状况时,不会将家具商场的账目单独上报。

巴菲特丝毫不担心他本人或者他的下属不会从美国证券交易委员会那里得到豁免。巴菲特是一个和蔼可亲的老板,从来不发脾气,从来不反复无常地改变主意,从来不对任何人说一句脏话,从来不责骂或者批评他的员工,对他们的工作也从来不猜疑,总是充分放权,从不干涉。在他看来,如果一个人很聪明,他会做好一切。查理·芒格说:"沃伦不给人压力,他只是激发别人。"戴尔·卡内基说要给人们一个良好的声誉,这样他们就会朝着这个目标要求自己,巴菲特对这一经验十分理解。他知道怎样激发手下人实现卡内基式的伟大成就。

他对员工讲的话大意是这样的:

你太出色了,这份工作一点儿也不会花费你太多的时间,并且也不会太费精力。当然,你在下一封信中要把它提交给我。因为这项工作正好是你的强项,再找三个人也比不上你。[49]

维恩·麦肯齐刚刚把蓝筹印花公司一团乱麻的复杂关系整理清楚,就被委派了一件费力不讨好的工作——说服美国证券交易委员会发布一项豁免,准许B夫人免于审计的烦扰,这样就不用将她的财务秘密暴露在伯克希尔-哈撒韦的股东面前。麦肯齐开始费尽心机地研究那些烦琐刻板的政府条例,而巴菲特却信誓旦旦地鼓励他,说这对他简直就是小菜一碟。[50]

同时,巴菲特很喜欢创新的工作,笼络新人。他很快就喜欢上了路易斯和他的那些"男孩儿",他开始在晚上8点30分开车到72号大街等着商场关门,然后,他会同路易斯、罗恩和艾文一起吃晚饭,连续几个小时谈论家具和营销。他开始带着那些"男孩儿"以及他们的妻子一起休年假。

当年秋天,巴菲特集团成员乘坐"伊丽莎白二号"游轮在北大西洋度假,波涛汹涌的海浪差点儿把船掀翻。当巴菲特的一些朋友被告知要为这次旅行提前支付125美元,并且要带上小礼服参加几次正式的宴会时,他们很是震惊。乔伊·鲁安被这一架势给吓住了,带着17个箱子来参加。[51] 船上的食物只能算是"二流的",其中一个成员说,日程既安排了惯例的活动,又有新加的活动:《财富》杂志的记者温德姆·罗伯逊,也是该集团的成员,谈了谈通货膨胀期间的投资;针对股票期权进行了讨论;乔治·吉莱斯皮和罗伊·托尔斯离婚分割财产的协议成了一个热点话题;汤姆·墨菲谈了谈大都会传媒公司同哥伦比亚广播公司的有线电视部门的激烈竞争;查理·芒格谈了谈本杰明·富兰克林的思想;巴菲特谈了谈用"博弈论"解决经济问题的方法,这一理论基于一位先驱型的经济学家亚当·斯密"看不见的手"的理论[52]——该理论认为人们在致力于增加自己的收益时,相应地也会为大家带来收益。

一直以来,巴菲特很喜欢给朋友们讲述B夫人的传奇故事和她惊人的家具城,这也是他刚刚为自己买进的赚钱机器。然而,他几乎被埃德·安德森的演讲抢了风头,安德森的讲话使这些假装正经的成员——大多数的人——差点儿从椅子上掉下来。当时他解释了为什么要资助人类的性研究,还一本正经地讲述了一个变性人的故事:那人在做完变性手术后,把自己切掉的器官放到一个瓶子里收藏起来。

然而巴菲特集团的成员还是从椅子上掉了下来。除了那些因晕船而在包厢休息的人以外,其他人都被困在了大厅里,盘子从桌子上滑下来,烟灰缸滑落一地,在暴雨和强风的摧残下,游轮在海面上随着波浪摇摇晃晃,而他们却听了无数遍"永不沉没"的B夫人的故事。巴菲特集团本来计划抵达英格兰后上岸悠闲地待几天,但是他们一抵达南安普敦,里克·格林就搭乘飞机回了纽约。

虽然经历了大风的怒号,讨论了本杰明·富兰克林的训诫、离婚协议以及瓶子里的阳具,一条信息却清晰地闪现出来:巴菲特对罗斯·布鲁姆金的爱戴和尊敬。[53]巴菲特为她做了个计划——他要把白发苍苍的罗斯变成灰姑娘，并且让巴菲特集团成员拉里·蒂施作为幕后策划人。

在纽约大学董事会成员蒂施的帮助下，克莱顿大学和纽约大学为罗斯授予荣誉学位。[54]在克莱顿大学，B夫人激动不已，用手掩面，在台上大哭不止，并且连连说着："哦……哦……我做梦都没有想到过。"[55]然后，她说起了美国，这个使她梦想成真的国度。她给毕业生的建议是："第一，要诚实；第二，努力工作；第三，如果你不能立即找到想要做的工作，那就告诉他们你什么都愿意干。如果你很优秀，他们会雇用你的。"[56]

在到纽约大学参加典礼时，罗斯的家人们都很小心，以避免让她看到酒店的价格，因为她以前曾经来过纽约，并一直认为如果价格超过75美元就太可恶了。[57]她让路易斯带她去看看埃利斯岛①和地兰西街，但是参观城市也是很麻烦的事，因为她觉得出租车的价格有些欺人。[58]在授予学位的那天早上，B夫人身穿长袍参加了盛况空前的毕业典礼，她同参议员丹尼尔·帕特里克·莫伊尼汉和诗人奥克塔维奥·帕斯一同被授予荣誉学位。

尽管纽约大学的典礼庄严神圣，但是在被问到更喜欢哪个荣誉学位时，罗斯毫不犹豫地回答是克莱顿大学的，也许是因为他们从她那里购买了地毯吧。

不久之后，伯克希尔的审计员做出了内布拉斯加家具城的第一本财产目录——商场价值8 500万美元。B夫人在以6 000万美元的总价（包括他们仍然保留的股份）把商场卖出去之后，一直悔恨不已，但是在接受 *Regardie's* 杂志采访时，她说："我不会反悔的，不过我很吃惊……他（指巴菲特）一分钟都没有考虑（在接受报价之前），但他肯定研究过，我敢打赌他知道。"[59]当然，巴菲特不可能准确"知道"内布拉斯加家具商场值多少钱，但他的确知道这个价格有很大的安全边际。

---

① 埃利斯岛（Ellis Island），原美国移民局的驻址，也是美国移民历史的象征。——译者注

不管怎样，他现在几乎把自己当作这个家族的一员了。当B夫人即将90岁时，家具商场搞了一次大促销，在当地的报纸上连续几天整版刊登广告，每年她的生日时都会这样做。而巴菲特会拿她生日促销的日期开玩笑。

她按照犹太教的日历计算生日，因此每年日期都不相同。我曾经还拿这开过玩笑，它确实每年都不在同一天。但是，我说她确定生日的原则是根据她什么时候最需要扩大销售，她的生日相当灵活。她顽皮地一笑，然后看着我说："哎呀，你不懂犹太教的日历嘛。"

然而，不到两年的时间，这个童话故事就变了味儿。不屈不挠的B夫人当着顾客的面向罗恩和艾文怒吼，骂他们是懒蛋。由于她过过艰苦的日子，不得不努力地工作，因此，没有谁比她更了解生意。但是渐渐地——并且也是可以理解的——那些"男孩儿"开始拒绝同她说话。

最后，在她95岁高龄时，孙子们把她的地毯经营权也剥夺了，她勃然大怒。这是她最后的一根稻草啊。"我是老板，但是他们从来都不告诉我什么。"[60]虽然这样说，但她最终还是放弃了。她把一直没有支付的96 000美元假期工资拿到手，然后离开了商场。[61]

但是当她一个人坐在家里时，她感觉"极其孤独，无所事事，快要疯了"。[62]在报纸的采访中，她把孙子们斥责为"笨蛋"，甚至骂他们是"纳粹分子"。[63]她暗示要到北加利福尼亚州的高点家具卖场去，那是家具业最大的展销会。她突然决定再开一家商场，就在刚刚翻修过的家具城的对面。在这里，她举行了一场"车库销售"，仅一天的销售额就高达18 000美元，她甚至"把一些自己的东西也拿去卖了"。[64]几个月后，"B夫人的大商场"还没有正式开业，但是每天的收入就已经达到3 000美元。

当地一家报纸在采访时问她如何应对迫在眉睫的争夺顾客大战，她咆哮着说："我要让他们走着瞧！"当有人说她的新商场没有足够的停车位时，她指着对面商场的停车场说："停到那里去，他们不会注意的。"很快，她就和孙子们展开了停车场大战。她竖起一个广告牌，上面写着：

"他们标价104美元,我们只要80美元。"[65]当美国广播公司《20/20》节目的主持人鲍勃·布朗向她提及内布拉斯加家具城时,她说:"我倒是希望它被烧成灰烬,我希望他们都下地狱去……"[66]

早先的某个时候,巴菲特曾经说过:"我宁愿和灰熊摔跤,也不愿意同B夫人和她的子孙们有冲突。"[67]同以往一样,面对朋友之间的关系破裂,他拒绝支持任何一方。B夫人认为他不忠诚。"沃伦·巴菲特不是我的朋友,"她告诉一个记者,"我每年给他赚1 500万美元,但是当我同孙子们意见不合时,他却不支持我。"[68]痛苦折磨着巴菲特,他不能容忍任何冲突,不希望同任何人关系破裂。

在路易斯的母亲罗斯看来,路易斯不会做任何错事,但是他也没办法说服她。"她认为在这里她失去了控制权,她快要气疯了。"他说。

"他总是对他妈妈很好,"巴菲特说,"她无法接受自己失去控制权这一事实,这对她来说是世界上最艰难的事情。并且她不得不放弃她钟爱的事业,这也让她十分生气。"

两年后,B夫人的商场尽管规模仍然很小,却在一点点地发展,已经威胁到了家具商场的生意。最后,路易斯再次出面调解。"妈妈,"他说,"你最好把这个商场卖给我们,我们之间互相竞争没有一点儿意义。"[69]因此,罗斯打电话给巴菲特。她十分怀念家具商场,也很怀念家人。与家人分开独自居住,让她感觉很孤独。她说:"我错了,家庭意味着更多,我不仅仅需要自尊和生意。"B夫人告诉巴菲特她想回来。于是巴菲特提着一箱喜诗糖果,抱着一束粉色的玫瑰花去看望她。他提出支付给她500万美元,仅仅为了使用她的名字和她的租约。

他加了一个条件:这一次她必须签署一份禁止竞争协议,这样她就永远不能再和他竞争了。他觉得自己以前要是这么做就好了。他同99岁高龄的老太太签署一份这样的协议真是荒谬至极。然而,巴菲特十分现实,这份协议巧妙地把B夫人限制住了。如果她退休了或者出于其他原因生气而退出,不论她当时多大岁数,从那以后5年之内她不能同巴菲特以及她的家人竞争。即使她活到了120岁,巴菲特也不用担心。"我认为她可能会活得很长久，"他说，"不过我有5年时间就行了。"

B夫人仍然不会读写英语，不过，别人向她解释了这份禁止竞争协议，她用自己独具特色的标记在上面签了字。这一和解协议轰动一时，成了报纸的头条新闻。"接着，我要确保她永远不会发脾气。"巴菲特说。他开始假惺惺地讨好这位新雇员，使她高兴，这样她就永远都不会退出，从而保证禁止竞争协议能够一直实施下去。

1993年4月7日，大奥马哈商会的商业名人堂建成开幕，罗斯被列入其中。和她一起入选的还有巴菲特、彼得·基威特和其他几位商业大亨。之后不久，巴菲特双膝微颤，战战兢兢地登上高地俱乐部的舞台，为庆祝B夫人的百岁生日而献歌，这是他有生以来第一次公开表演。他还给当地一家剧院捐了100万美元，因为B夫人正在翻修这家剧院。

没有人敢相信，沃伦·巴菲特竟然捐了100万美元！

所有人都对罗斯·布鲁姆金大唱赞歌，但是没有一句能让她飘飘然，甚至沃伦·巴菲特给她捐助的100万美元也没有冲昏她的头脑。她感觉自己的一切，所有的财富、好运，全都应该归功于这个国家，是它为她提供了所有的机遇，造就了她的成功。在家族的活动上，她一直坚持唱那首她最喜欢的歌曲《天佑美国》，每次都会唱，有时还不止唱一次。

"我觉得承受不起这一荣耀。"对这些赞誉，她反复谦虚地说。[70]可是人们却认为这一荣耀，她当之无愧。

45
拖车政策

奥马哈 1982—1989年

从"伊丽莎白二号"上下来,巴菲特开始给妻子苏珊讲故事,主题可能是B夫人的逸事,也可能是巴菲特自己杜撰的发生在很久之前的故事。从这一点上来看,股神和其他人没有什么区别。尽管那时苏珊已经和巴菲特分居,但两人的关系没有发生太大的变化,他们几乎每天都要通电话,苏珊更是把这部称作"热线"的电话安在了自己的公寓里。每次电话响起,苏珊都禁不住要跳起来。"那是沃伦的电话!"即便是与朋友在聊天,不管对方是谁,苏珊都会把巴菲特放在第一位,当然在巴菲特不需要苏珊的前提下,苏珊的所有时间还是属于自己的。

与巴菲特分居后,苏珊曾在纽约的格拉姆西塔附近找了一间不大的公寓作为住所,后来她又搬到了位于华盛顿大街的有轨电车沿线,新住所可以看到附近海湾迷人的风景,更重要的是,这里离小儿子彼得的住所很近,彼得和他的妻子以及两个女儿就住在这里。那时的彼得依然在为自己的音乐梦想而奋斗,为了支付房租,他对外出租了音乐工作室,同时也开始为别人创作音乐——只要对方肯付钱,这些客户中有学生电影社团,还有一家叫"西部影音"的唱片公司。[1]

滚雪球（下）THE SNOWBALL

20世纪80年代初期对于苏珊来说是一段痛苦的日子，她先后失去了自己的双亲。1981年7月，父亲汤普森博士离世，仅仅过了13个月，苏珊再次面临亲人离开的悲痛，母亲多萝西·汤普森也告别了这个世界。苏珊沉湎于失去父母的悲痛中不能自拔，她的心灵和生活都受到了巨大的打击。过了很长一段时间，这种情况依然没有丝毫改善的迹象，反而变得更加严重。意识到这些变化，巴菲特不再对苏珊的某些做法感到不理解了，他把苏珊的要求全都看作理所应当的，这个他希望去保护、去呵护的女人已经把一部分注意力转移到了奢侈品消费上，而这些钱都出自巴菲特的钱包。苏珊年轻的时候，最喜欢购买的是各种各样的祝福卡片，但是现在，苏珊更喜欢把钱花在那些知名品牌上，比如著名的皮鞋品牌波道夫。[2]波道夫每年推出的新款皮鞋成了苏珊的最爱，一向吝啬的巴菲特在这个问题上似乎开明了很多，因为一个近似于无情却又不争的事实是，巴菲特之所以能够掌管这么一大笔财富完全是因为苏珊的鼎力支持——无论什么时候，只要苏珊想用钱，不需要任何理由，她完全可以按照自己的意愿去花钱。面对两件皮草外套，苏珊不禁问道："为什么我要选择买哪一件，非要给出一个答案呢？"而这个问题的答案很清楚，她根本不需要选择！

物质消费对于苏珊来说只是一方面，苏珊的资金更多的还是流向了她的朋友那里，她更多的时候还是为朋友们花钱。虽然苏珊的这些朋友肤色不同，都不富裕，但是朋友的数量却在不断增加，而且没有人愿意离开这位巴菲特夫人。彼得大学时代的女朋友也一度在苏珊身边工作，担任她的秘书，而且一做就是几年的时间，直到彼得与女友即将订婚，苏珊与准儿媳的合作才趋于结束。随着朋友数量的不断增加，家族规模的不断壮大，越来越多的朋友、家人，包括苏珊在旧金山的随行人员总是伴随在她的左右，要是换作一般人，早就被这样几乎没有个人空间的生活击垮了，但是苏珊并不是我们眼中的一般人。离开奥马哈后，拥有巨额财富的苏珊开始了自己的"魔幻"之旅，手中的金钱就像是魔法学徒手中的扫帚一样无所不能。圣诞节前，巴菲特问苏珊："今年的圣诞节你需要多少钱？"苏珊的回答是7.5万美元。[3]听到这样一个答案，巴菲特很快就在支票簿上签了字。

在苏珊的若干朋友中，最能受到她贵宾礼遇的就是那些艺术家了，尤其是那些创作型的人才，那些苏珊认为潜能尚待开发以及天赋没有得到足够认可的人，艾德华·莫尔达克就是其中之一。擅长当代油画的莫尔达克最喜欢运用明快的色彩进行创作，而这正是苏珊欣赏的。在这些人中，还有一个人得到了苏珊的特别关照，他就是比利·罗杰斯，他既是苏珊的外甥，也是最能给苏珊制造麻烦的人。罗杰斯是一位爵士乐吉他手，才华横溢的他曾先后与不同的乐队、组合合作，也曾担任过美国蓝调传奇歌手B. B. 金的伴奏，他的音乐生涯中最大的成就就是作为美国爵士乐团"十字军战士"的一分子，但是罗杰斯的音乐之路却毁于毒品。结婚后，罗杰斯育有一子，他把家安在了洛杉矶，之后几年他在美国西海岸着实找回了昔日的风光，但是在这个过程中，罗杰斯从来没有完全戒掉毒瘾，戒毒一段时间后的复吸只能使情况更加糟糕。但苏珊从来没有放弃他，在对待罗杰斯的问题上，她总是持乐观的态度，即便罗杰斯因为吸毒把自己搞得混乱不堪，苏珊对他的态度依然很坚定，因为在她眼中，罗杰斯就是自己的孩子。

1984年，艾滋病在美国已呈蔓延的趋势。在2 000多名患者因此丧命、2 000多人感染的情况下，苏珊决定投身到这场抗击艾滋病的战争中，她的工作重点就是那些旧金山的同性恋者，在当时艾滋病被称为"同性恋癌症"[4]。那时，人们对于艾滋病的认知还远没有达到现在的程度，对于艾滋病的传播方式也有很多误解，这样的大背景让人们对艾滋病的抵触情绪完全转移到了那些同性恋者身上。而这种抵触情绪不断上升，最后演变成了近乎歇斯底里的反对，人们认为那些性取向有别于常人的同性恋者应该受到上帝的惩罚。[5]就在这个时候，苏珊出现了，那些之前被家庭和朋友遗弃的同性恋者从苏珊那里得到了母亲般的温暖，巴菲特夫人再一次跨越了社会伦理的界限，在艾滋病成为一场灾难、行将暴发的初期，人们总是能看到这样一种景象，一个富家已婚女子频频出现在身患艾滋病的同性恋者身旁,俨然是他们的庇护者,而这个人就是苏珊·巴菲特。[6]

正因为如此,苏珊在旧金山的生活才变得非常紧张,这更需要一种平衡:在她与巴菲特分居的6年里(1977—1983年),在公开场合,苏珊依然是沃伦·巴菲特的妻子,但是现在,苏珊却徘徊在离婚和再婚的门口踌躇不前。知道苏珊处境的人也许会认为苏珊为了取悦周围的人而继续选择待在这个犹如牢笼的婚姻城堡中。在他们看来,苏珊这样做就是为了麻痹自己,让自己不去想真正希望得到的是什么,他们认为苏珊是那种永远都不会把自己真正的心理需求说出来的人。但是当人们亲自看看苏珊过去的生活经历时,他们才知道这种臆想的猜测是错误的,苏珊是那种从来不会向任何人屈服的人,她可以把自己的精力分成几份,可以同时处理几种不同的人际关系。苏珊完全有理由让人们相信她有能力处理好身边的人际关系,但她有时又把这种自信转化成了自负。在苏珊的生命中不仅仅有沃伦·巴菲特,还有另外一个男人。当越来越多的人知道苏珊这个秘密时,苏珊自己也很难说清楚,与身边的这两个男人到底是什么关系,事情似乎变得越来越难以控制,而且超出了她的控制范围。

1983年底到1984年初,苏珊和她的网球教练约翰·麦凯布一同前往欧洲旅行,旅行的过程中苏珊不仅结识了很多欧洲的朋友,也认识了很多来自奥马哈的同胞。一时间,苏珊的两种不同生活方式在美国产生了巨大的反响。1984年3月,苏珊返回奥巴哈参加巴菲特母亲利拉80岁寿辰的庆祝活动,其间,苏珊并没有向巴菲特隐瞒自己的情史,告诉沃伦自己离开奥马哈搬到旧金山居住和另外一个男人有关,但同时她也承认这不是离开的全部原因。听到这个消息,巴菲特意识到这段类似于婚外恋的故事似乎已经成为过去,巴菲特还感觉到苏珊所说的这个男人是在她离开奥马哈后认识的。[7]

即便苏珊向巴菲特坦承了自己的情感遭遇,她也是有所保留的,她没有把自己的秘密完全告诉这位股票巨人,苏珊的心里已经很清楚,在巴菲特和网球教练之间,她选择了前者。她永远不会离开巴菲特,两人的婚姻也将继续下去,她没有离婚的打算。

当巴菲特得知这一切的时候,他并没有难过得选择自杀,尽管看上去似乎他有些放弃人生的念头。这件事情对他的打击是巨大的,几乎在一夜之间,巴菲特就瘦了10磅。那段时间里,他需要承受太多的打击,其中就包括他知道苏珊把自己辛辛苦苦挣来的钱放心地交给另外一个人使用,要知道如果巴菲特预先清楚这件事,他是打死也不会同意的。也就是从这一天开始,巴菲特对位于加州拉古纳海滩的住所感到厌倦了,其实从一开始,他对这里就不是很有好感。

在母亲利拉的生日宴会上,巴菲特看起来很憔悴,但他给人的感觉还是与之前那些家庭聚会里的巴菲特别无二致。在家里,他与同居女友阿斯特丽德·门克斯的关系没有任何变化,后者并不知道巴菲特究竟出了什么事,而到了伯克希尔总部,巴菲特就把自己关在办公室里,用工作来麻痹自己。尽管自己对婚姻的全部幻想在这一刻成为泡影,但是巴菲特从来没有把这种想法告诉给任何人,他选择了把这一切埋在心里。

家事如此,巴菲特此时的事业同样麻烦不断,伯克希尔工厂维持下去的希望变得越来越渺茫。尽管工厂里的细纱机并没有停止转动,但这仍然无法掩盖工厂败落的事实。老式织布机像是一堆废铜烂铁拼凑起来的古董,缝纫机工作时发出的声音更像是一辆在纺纱间行驶缓慢的火车。当时工厂里只剩下400多名工人,他们中的相当一部分人是葡萄牙人的后裔,尽管专业技术优秀,但是他们年纪偏大,很多人都已经五六十岁,而且他们的英语也讲得很差,再加上长期在嘈杂的纺织车间工作,很多人的听力受到了不同程度的影响。当时的情况是,如果巴菲特不去购买新的细纱机和纺织机等设备,工厂连一锭纱也生产不出来,其结果也就可想而知了。1985年巴菲特关闭了伯克希尔工厂。[8]如果更换新设备,工厂大约要掏出5 000万美元的资金,而巴菲特最终还是选择拍卖那些老设备,不过拍卖款总额只有163 122美元。[9]

工人们对巴菲特做出这样的决定也感到十分不解,他们希望在合同解除后得到相应的赔偿金,但是工人们得到的补偿只是几个月的工资。他们希望面对面地与巴菲特做个了断,但是却被后者拒绝了,工人们认为老板这样的做法很无情,但又能怎么样呢?也许巴菲特根本没有见这些员工的勇气。

当然,这不是工人们的错,当新机器出现的时候,工人们只能是任人宰割的羔羊,是自由市场改变了他们的身份。如果你已经55岁了,而且不会讲英文,只会讲葡萄牙语,你又能怎么样?在纺纱车间工作了30年,你的听力已经不能和常人相比了,所以你只能接受被淘汰的命运。也许有人说可以把这些工人送去培训,让他们接受培训后再回来就业,但是别忘了他们的背景,有些人学学初中的课程就能成为一名电脑维修师,但我们的工人不是这样!

我们的工厂放弃他们,并不意味着他们将因此失业,自由市场可以帮助他们重新找到就业机会,他们也给这个社会带来了很多积极的东西,只是我们需要一个完整的保障体系。归根结底,还是社会得到的利益最多,但同时社会也应该为出现的问题负责!

尽管当时的社会保障体系还不健全,但巴菲特并没有为这样的社会现实收拾烂摊子的意思。不管工人们得到的补偿金有多少,巴菲特认为那些都是工人们应得的。"市场并不完善,你绝不能指望这个社会能给你一份很体面的工作!"

由于巴菲特最终选择关闭工厂,纺织业也成了伯克希尔-哈撒韦成立初期资本积累过程中不堪回首的往事。根据巴菲特的规划,他认为保险业可以推动伯克希尔-哈撒韦未来的发展。在20世纪70年代,巴菲特把若干家小保险公司整合起来,新公司也因此成为国民赔偿公司的一个重要支柱。这个决定在当时曾被人称道,但若干年后,公司的发展方向却被认为远远偏离了正轨,这样的发展策略也被认为是错误的。

之后,巴菲特身边发生了很多事情:最开始,巴菲特的好友杰克·林沃尔特选择退休,之后国民赔偿公司发生了诈骗事件,特别是后者带给公司的影响是巨大的，经济损失超过了1 000万美元。尽管公司也在诈骗案发生后追回了部分损失，但这些只是保险公司所有问题的开始。20世纪70年代初期，巴菲特购买了不少的家庭保险公司和自主保险公司，但是这些收购并不成功，最后，这些公司不得不由其他人接手。尽管如此，这也几乎成了巴菲特所有保险公司的发展模式，也就是我们在这章标题中提到的"拖车政策"，先让这些公司陷入困境，然后求助于拖车，也就是让第三方来帮助脱离困境。这就像利用绞车从泥沼中拖出笨重的物体一样。除此之外，伯克希尔还和加州的工伤保险扯上了关系，这是一个涉及工人在出现工伤后有关工资和医疗、健康状况的赔付险种。而截至1977年，伯克希尔旗下的两家公司有一个已经陷入了巨大的"灾难"之中，公司的经理人总是从代理商那里捞回扣。[10]为了解决这个问题，巴菲特派出了丹·格罗斯曼赶往洛杉矶处理相关事宜。到了洛杉矶后不久，格罗斯曼发现自己对于保险行业简直就是一窍不通，他终于明白这是一个非常复杂的行业，远远超出了所有的字面含义（在这里我们举一个例子，维恩·麦肯齐就曾亲自出差去保险经纪人那里收回了一处住宅和一部轿车[11]）。也许在一般的行业中，让公司的管理人员去处理这些事并不符合传统首席执行官们的逻辑，但是对于巴菲特和他的伯克希尔来说，没有什么是不可能的，毕竟对于一个精明的人来说，没有不可能完成的任务。这时，格罗斯曼面对的是一家支离破碎的公司，为了解决出现的种种问题，格罗斯曼采取了"拖车政策"，他找来了极富经验的经理人弗兰克·德纳罗。事实证明，德纳罗把问题处理得很好，在伯克希尔的年度报告中，巴菲特还点名对德纳罗提出了表扬。

随后，巴菲特为了增加再保险行业中的经验值，还涉足了再保险险种，这是一家保险公司为其他保险公司提供保险服务的业务。在这项新业务中，巴菲特聘请了乔治·扬作为主管。扬非常绅士，而且业务素养很高，对于新工作，他上手非常快，公司因此取得了良好的效益，但同样也不可避免地出现了损失。巴菲特曾试图与扬一起解决出现的问题，格罗斯曼也因此被派到了纽约。事后，格罗斯曼回忆起当时的情况说道：

"真的太乱了,当时一切都是一个非常模糊的概念,巴菲特让我去和伦敦劳合社谈,让我尽可能发掘再保险业务。"不过格罗斯曼也意识到再保险是一项属于专业人员才能完成的任务,于是他找来了鲁安和切尼夫帮忙,自己则把更多的精力放在了投资管理的学习上。

巴菲特的一生是充满冒险精神的,除了再保险这个行业,他开发的另外一个实验性产业就是Homestate保险公司。Homestate保险公司的性质与其他公司的性质不同,它的子公司分布在美国境内的各个州。在通常情况下,被保险人更愿意和挂着"公司总裁"头衔的人直接接触。与那些"保险经理"相比,"总裁"往往更能提高客户的满意度。但是在1978年,以此为特色的Homestate保险公司的业绩并不十分出色,巴菲特用了"令人失望"这样的字眼来描述这一切。他发现尽管人们愿意同公司总裁直接沟通,但是那些国有保险公司却在经营管理等方面占据优势,这也就意味着Homestate保险公司需要一种全新的管理体系来改变这一切。巴菲特自己也没有找到解决问题的方法,他那种"孤注一掷、抬高价格"的标准投资技巧没有为保险方面带来巨额利润。最终,还是巴菲特的好友汤姆·墨菲的建议为巴菲特打开了局面,他告诉巴菲特要起用那些"有头脑、有社会经验的人员"。[12]这样,维恩·麦肯齐再次出现在巴菲特的视线里。这一次,巴菲特委派麦肯齐出任Homestate保险公司分公司的经理,不过麦肯齐对保险业也不精通,最终不得不离开。[13]就在这时,德纳罗因心脏病突发去世,这对巴菲特更是一个致命打击。当时,德纳罗只有37岁,在这种情况下,加州的工伤保险业务再次陷入混乱之中,巴菲特不得不把格罗斯曼从纽约重召回来继续管理这边的事务。

这样,26岁的格罗斯曼成了Homestate保险公司的主管。在保险行业中,防止出现欺诈保险比保险销售更为重要。格罗斯曼发现那些已经投保几十年的老顾客却在骗取保险金,而且他们这么做已有数十年了。为此,格罗斯曼向巴菲特发出了求救信号,他希望得到巴菲特的帮助,但巴菲特并没有给出任何有效的解决方案,年轻的格罗斯曼只能靠自己来处理这些棘手的事情。尽管格罗斯曼在自己的这份事业上付出了很多的时间和精力，但是他依然感觉力不从心，甚至觉得以他当时的经验和阅历根本不能处理保险行业中产生的种种问题。"这项业务本身已经超出了我的能力。"格罗斯曼这样解释道。再看看巴菲特方面，虽然他一再表示对格罗斯曼有信心，认为他能处理好出现的所有问题，但恰恰就是这种压力让格罗斯曼透不过气来，他的婚姻也因此亮起了红灯。最终，格罗斯曼选择离开，他告诉巴菲特自己根本无法应付出现的问题。之后，格罗斯曼举家搬到了旧金山湾附近，在那里开始了自己的投资经营。[14]

以巴菲特的性格，他最不希望看到的就是员工的离开，因此他多次挽留格罗斯曼，希望格罗斯曼能继续在伯克希尔任职，但都被谢绝了。辞职前，格罗斯曼的人缘很不错，他与同事之间的感情很好，所以公司里有很多人希望格罗斯曼留下，但这种奢望最终还是落了空。在格罗斯曼看来，自己并不能轻松地承受伯克希尔内部的种种压力，他认为在公司纵横交错的关系网中———一方面，苏珊的崇拜者大多都是出于对巴菲特的尊重，而另一方面，巴菲特在公司内部有属于自己的坚定支持者，格罗斯曼很难找到属于自己的自由。离开伯克希尔，离开巴菲特，格罗斯曼已经充分认识到自己将失去什么，所以在走的时候，格罗斯曼切断了与伯克希尔所有可能的联系。这一切，用巴菲特某位老朋友的话说，就是"格罗斯曼抛弃了巴菲特和他的公司，选择与巴菲特分离"。作为巴菲特的老友，他不能说什么，尽管他明白事情的来龙去脉，但是表面上他只能表现出对格罗斯曼离开伯克希尔的遗憾。

随着格罗斯曼的退出，伯克希尔内部支持发展保险业的派系又少了一个同盟者，麦肯齐也因此变得更加忙碌，他绝大多数的时间都在想如何把内布拉斯加家具城整合到巴菲特的公司里。在格罗斯曼离开的这段时间里，巴菲特邀请了麦肯锡的前顾问官、曾和里克肖塞尔一起在太平洋海岸股票交易所工作的专业人员迈克·戈德伯格，暂时代理格罗斯曼的工作。出生在布鲁克林区的戈德伯格是一个很严谨的人，但又不失幽默的本色，而且这个人似乎就是为保险而生的，血液里充满了保险业的DNA。戈德伯格对于保险业完全是自学成才，他的业绩也相当不错——这多少和巴菲特有些关系，这位股市大亨是绝对不会花钱请人来教戈德伯格的（其实对谁也都是一样），一位老师都不会请，更不要说两位了。

随着戈德伯格的到来，伯克希尔内部原来的那种谦和、中规中矩的美国中西部行事作风几乎彻底被改变了。凡是他认定不合格的经理人迅速被扫地出门。随着大量经理被辞退的消息不胫而走，戈德伯格赢得了令人生畏的名声。在工伤保险业务和再保险业务两大部门中，戈德伯格招了些新人，有人顶住压力留了下来，有人受不了这里的高压环境而选择离开，还有的人没合格被淘汰了。

戈德伯格在短期内迅速取得成绩，使得人们对他的工作方法感到好奇，但是其实他的工作方法很简单，就是不断地给公司经理人打电话，然后和他们充分地深入交谈，以了解经理人对工作的态度并指出他们应如何正确地思考业务。在一片混沌中，他事必躬亲的做法非常难得，一位曾经在戈德伯格手下担任公司经理人的雇员表示，在这种环境中工作，能承受得了这种压力的人可以从戈德伯格身上学到很多。其实戈德伯格就是这样一个人，他的雇员表示，戈德伯格"就连叫到一部出租车都会兴奋得叫起来"！

20世纪80年代早期，戈德伯格逆流而上，使公司朝正确的航向前进。不同于令人失望的霍克希尔德-科恩公司与伯克希尔——从一开始，巴菲特也许就不应该收购这些公司，对于戈德伯格，巴菲特一向都是非常信任的，他相信戈德伯格所做的一切对于公司来说都是非常必要的。但是，待人友善、心无城府的乔治·扬在负责再保险部门工作时，却被一些不择手段的经纪人利用。坦率地说，这种现象在当时的保险业是非常普遍的。[15]不过这也让巴菲特认清了现实，他也改变了自己的行事作风：尽量避免裁员带来的冲突，对公司经理人的批评采用迂回间接的方式，针对他们的褒奖有所保留。随着资产数量和规模的不断扩大，巴菲特也能更加娴熟地掌控这一切了。要解析股东的信件以获得有关保险公司的信息，你要像神探福尔摩斯一样细致入微，要像夜晚的猎犬一样注意不寻常的事件——而这样的犬是不叫的。[16]此前近10年时间里，人们总是能听到巴菲特对身边经理人的赞美声，而现在人们从巴菲特嘴里听到这种赞美的机会越来越少，为数不多的几次是他对GEICO以及国民赔偿公司的赞美，这两家公司之所以能得到巴菲特的认同，很大程度上是因为自身的业绩非常突出。

尽管巴菲特非常吝惜自己的赞美之词，但是他从来没有中断通过书信表达对保险业的关注，特别是在1984年，在这一年他写给股东们的信件中，有关保险业的话题所占的篇幅比以往任何时候都要多。巴菲特将伯克希尔保险公司合并成了一个庞大的体系，面对伯克希尔业绩不景气的局面，巴菲特没有将责任推给某一位经理人或者某一家分公司，而是把责任统统揽到了自己身上。即便那些经理人及公司是应该为伯克希尔糟糕的业绩负责的，巴菲特也没有选择那么做。他用了长达7页的篇幅来描述当时保险业的状况，"循规蹈矩"般的营销模式，再加上公司出现的损失，让巴菲特的内心十分尴尬。尽管对于巴菲特这位伯克希尔的首席执行官来说，勇于为公司出现的状况承担批评与指责是一件再正常不过的事，但是在很多人看来，他是在通过自责来堵住外界对他的抨击。

虽然巴菲特知道，在那些可怕数据的背后，实质性的改善已经发生，但他还是在信中披露了种种问题。到1985年，从事保险行业的人员开始沿着巴菲特构建的轨道前进，这促进了现金流的增加，这笔资金也可以说是巴菲特今后事业成功的经济动力源。

巴菲特描述的保险业的发展模式在1985年开始爆发出它的潜力，这种发展模式与之前任何产业的发展模式都不相同，但就是这种独一无二的前进路线为巴菲特保险公司的发展注入了巨大的前进动力，抑或是前进的合力，从而使公司的股东们得到了良好的投资回报。

接下来，巴菲特将表演时间交给了戈德伯格，后者的推动将伯克希尔-哈撒韦旗下的保险产业发展到了最高峰，从此，伯克希尔的收益呈几何级数上升，甚至超过了井喷的速度。

有一天，巴菲特说了这样一句话："我在某一个周六来到这里，迈克·戈德伯格和阿吉特·贾殷正在散步。"

阿吉特·贾殷的身份是巴菲特的高级助理，出生于1951年，在位于印度克勒格布尔的著名学府——印度理工学院修完了工程学位，之后在IBM驻印度分部任职三年。这之后阿吉特继续自己的学业，并拿到了哈佛大学的经济学学位。与巴菲特和芒格一样，阿吉特天生就是一个怀疑论者、一个精明的人，没有什么人能够说服他，这一点恰恰是巴菲特很欣赏的地方。很快，阿吉特就进入了巴菲特完成收购B夫人家具城后重组的管理层。巴菲特认为他俩有着太多的相似之处。

他（阿吉特）在保险业没有任何背景，但我就是喜欢这个人，我想我和他之间有着太多的共性，你可以对那个和我一起讨论工作的阿吉特表示质疑，但是我们之间摩擦出的那种电光火石般的力量是巨大的，和我们在伯克希尔做的任何一件事相比，没有哪种力量能超过我和阿吉特共事的力量！

提到阿吉特在伯克希尔所做的决策，巴菲特表示自己并没有在阿吉特做决策的过程中给出任何自己的意见或者建议，但巴菲特在电话会议中并不是单纯地扮演倾听者这一被动角色，如果在电话会议中出现了巴菲特热衷的活动或是工作，那么将这份工作接下来的那个人肯定是阿吉特。巴菲特喜欢需要绞尽脑汁的工作和那些艰难的谈判——谈判的过程就是这样，成功与否常常取决于当事人的性格，一个人的智慧与能力很可能决定一桩买卖能否达成。在这个高度强调理性与智慧的行业里，只要参与谈判的人选正确，只要他能在适当的时候发挥正常，那么他爆发出的能量将是惊人的。巴菲特在工作中通过阿吉特"暗度陈仓"的方法表明，前者是很倾向于"暗中交易"的方式的，事实证明的确如此。

随着巴菲特与阿吉特的关系越来越近，以及伯克希尔里出现的种种问题逐渐得到解决，戈德伯格也算完成了自己的任务，此后不久，他就将工作重心转移到为伯克希尔创建信贷和地产业务上去了。

身为巴菲特高级助理的阿吉特是一个什么样的人物呢？他平时的睡眠时间很少，每天早晨大概在五六点醒来，醒来的第一件事就是问："这个时间谁睡醒了？我能和谁打电话聊一聊公司的发展？"所以阿吉特的同事必须在周末清晨做好随时被电话吵醒的准备，而且电话总是会很长，内容无外乎再保险业务。阿吉特与巴菲特的通话时间则定在了每天晚上10点，不管阿吉特在哪里，晚间10点的电话他们从来没有中断过。

事实上，阿吉特加盟伯克希尔选在了一个无比恰当的时间，当时保险价格正处在顶峰，巴菲特在1985年的《行业保险》杂志上刊登了一条惊人的广告——"我们在寻找保费超过百万的客户"。这则广告融合了巴菲特的两大特点：张扬的表现力与深邃的思考力。尽管如巴菲特自己所说："我们没有名气，也没有人给我们分配客户！"但广告的力量是巨大的，在这则极具巴菲特个人特点的广告刊登后，保险单一张接着一张，阿吉特的生意也是一个接着一个。[17]

46
两难抉择

奥马哈　1982—1987年

　　交易！交易！交易！20世纪80年代的美国的确是一个充斥着交易的国度，不过这些交易全都是负债经营的。道琼斯工业指数在1964年9月是875点，到1982年新年那一天，它再次回到了875这个数字上，这也就意味着在过去17年的时间里，它没有任何变化！[1]不断增长的通货膨胀率让公司的利润增长化为泡影，但是似乎没有公司受到影响，它们早就准备好了支票，除了普通工人不能"享受"外，一般的白领们早已在安逸的房间里享福了。管理者们拿着公司的钱邀请下属去打高尔夫球或者去星级宾馆消遣。草率的公司运营、松散的流程管理，还有愚蠢到没有任何头脑可言的官僚作风，让人们辛辛苦苦挣来的钱在别人的消遣中被挥霍掉了。[2] 20世纪80年代初那几年，股票的情况就好像涤纶西装那样不值钱，但之后，一切发生了巨大的变化，随着美联储主席保罗·沃克尔上台，通货膨胀率得到了控制，原本高达15%的利率开始平稳降下来。精明的投资家们也开始注意到当时美国国内商业出现的膨胀趋势。面对当时借贷利率相对较低的局面，一些公司的潜在买家找到了生财之道：利用公司自有资产作为另一笔交易贷方的担保——这种做法有些像在房产按揭中拿到了100%的贷款比例——但这就是那些公司潜在买家的经营方式，他们不需要支付一分钱。对于这些人来说，投资组建一家公司的付出和为一家柠檬汽水厂选厂址没有金钱上的区别。[3] 于是华尔街兴起了一股风潮，投资者们疯狂地重返华尔街，期望能在混乱的投资市场中分一杯羹，但他们手中没有资本，有的只是从别人手中借到的那些资金，于是这也见证了企业兼并的开始。

在第一批收购金融家中有一个人叫杰罗姆·科尔伯格，他这样描述当时投资市场的局面："我们只是拿回了本应属于股东们的财富和价值！在这个问题上，美国公司（Corporate America）应负很大的责任，人们应该问一问，为什么他们不选择降低成本呢？"[4]

1984年，当成为垃圾债券的低档债券开始升堂入室般走上投资市场的舞台时，资金市场又开始呈现出另外一幅景象。对于这种垃圾债券，更体面的说法是"坠落的天使"，大多是类似于宾州中央铁路公司（1968年，宾州铁路公司和纽约中央铁路公司合并，成为宾州中央铁路公司）这样的企业发行的。为了尽快摆脱破产的尴尬局面，这些境况不佳的公司才选择发行垃圾债券来拯救自己。[5] 不过那时只有为数不多的几家公司才是有针对性、有目的地发行垃圾债券，由于垃圾债券被普遍认为是高风险的，所以发行垃圾债券的公司的借贷利率通常会很高。从这个角度来说，垃圾债券大多带有灰色的成分，是人们不得已而采取的一种方式。

那些在华尔街从事垃圾债券工作的人往往被认为是回收废品的。这些人要么是寻找垃圾债券发行方的银行家，要么是受困于债务纠纷的分析师。银行家每天为商业噩梦所惊扰，而分析师的生活更加悲惨，不是在计算文书上的数字，就是在计算资产负债表，再有就是发掘那些破产的银行家、律师、气急败坏的投资者，还有那些穷凶极恶的管理人员的生活逸事……

但一切在迈克尔·米尔肯内部交易丑闻爆发后德崇证券破产的那一刻开始发生了变化。在米尔肯东窗事发前，他非常轻松地成为华尔街最具影响力的人，当时尽管进行垃圾债券交易的风险极高，但是购买一小部分还是利大于弊的，因为从当时的大环境来看，风险相较于高企的债券利率已不值一提。换句话说，在当时的大环境下，垃圾债券在总体上还是有一定的安全边际存在的，这种情况就像香烟对人的危害在一定范围内是可以接受的。

不久后，人们对投资经理的态度发生了变化，他们用投资者的钱来投资高回报的垃圾债券的做法不再被认为是轮盘赌那样的冒险行为。事实上，发行垃圾债券已经逐渐成了一种风潮，而且光明正大，这一点和之前人们对其的态度俨然就是180度大转弯。一家资金雄厚、实力不凡的大公司很可能是被持有垃圾债券的公司收购来的，而以前的资产负债表也将因此转化成负债累累的瑞士奶酪，企业掠夺者就是这样拿着垃圾债券大摇大摆地进入公司的，而他们的目的就是实现对公司的"恶意收购"，将自满于现状的公司杀个措手不及。恶意收购的买家通常会以一副非常友善的面孔接触目标公司，但是最终完成这项收购的往往并不是最初这个所谓友善的买家，而是另外一个人，而且后者在经济上的能力肯定要强于企业掠夺者。在这个过程中，银行方面的费用高昂得令人难以置信，因此，银行家们为了节省开支，不得不放弃等待生意找上门的机会，而选择自己出去寻找合适的商机，他们的渠道就是巴菲特所使用的标准普尔指数1000，事实上，巴菲特本人就是通过《穆迪手册》来寻找到"烟蒂"型股票的，《穆迪手册》对于巴菲特的作用就像标准普尔指数对于那些商家的作用一样。这股并购浪潮通常只征得了一方的许可，引发了公众的广泛关注，每天都会有针锋相对的一己之见见诸报端。而迈克尔·米尔肯年度垃圾债券会议的主题"掠夺者的盛宴"[6]则成了当时那个时代的真实写照，也成了那个时代的代名词！

不过巴菲特自己是不赞成这种垃圾债券交易的，对于交易把富人从股东变成经理人和公司掠夺者的做法他十分不屑，因为这个过程无论给银行家、经纪人还是律师等人带来的都是无尽的伤害。[7]正如巴菲特自己所说："我们决不会进行垃圾债券的交易！"但这并不是20世纪80年代的通用做法，在那个时代，没有一笔交易不是在负债经营的大前提下完成的，因此巴菲特的理念就显得有些格格不入。而对于那些在经济萧条期出生的人来说，债务关系是可以利用上的，只要你小心一些对待它，那么债务关系在很大程度上就是一个可以依赖的帮手。到了80年代，债务关系更成为一个"杠杆"，人们通过借贷来实现自己的利润。而这个"杠杆"来得似乎有些不是时候，当时美国政府正处于里根的统治下，属于"里根经济学"推行之际，面对急剧扩大的财政赤字，美国政府当时实行减税政策，这样做的目的是希望最终可以提高税收收入，从而刺激经济增长。但是减税的问题在当时引发了社会上激烈的争论：一方面，经济学家们为减税是否可以带来理想的答案而争执不休；另一方面，减税的做法究竟可以在多大程度上改善赤字的负面影响也是经济学家们关心的焦点问题。随着美国本土对消费的热衷，再加上借贷的影响，美国经济被不断扩大的内需拉动了，人们也开始习惯了用信用卡来支付账单。一种全新的"平衡观念"逐渐在人们的心中建立起来，消费激增下的账单出现了严重的失衡现象，即便消费者到死亡的那一瞬间，账面上的透支金额依然不可能偿付，这也就形成了我们所说的坏账。在经济萧条时期人们形成的囤积财富的观念荡然无存，一种全新的经济观念应运而生：花明天的钱买今天的东西！

但和大多数人不一样，巴菲特依然选择用现金付账，依然在公司收购的过程中扮演救星的角色。在1985年2月的某个清晨，巴菲特被好友汤姆·墨菲的电话吵醒了，当时巴菲特正巧在华盛顿小住，墨菲这通电话的目的就是告诉巴菲特他刚刚收购了美国广播公司。

"你一定要过来，你要告诉我如果要完成对美国广播公司的收购，我需要怎么做，具体来说，我需要如何支付这笔收购资金？"[8]两人的关系很好，所以在巴菲特面前，墨菲在言语上不需要避讳什么。而在当时，美国广播公司并不是只有巴菲特和墨菲这两个买家，很多公司掠夺者都在觊觎这块肥肉，从公司到业内外的人士都在等着看墨菲的好戏，看看他能不能以巴菲特风格，出于与对方公司的交情来完成这笔收购。[9]

让我们看看巴菲特是如何回答墨菲的吧："不要想别的，想想这将如何改变你的命运和你的一切！"作为一个虔诚的天主教徒，墨菲是不应该在任何事情上浪费一分钱的——这又不是好莱坞！也许在巴菲特的心中他早已经想过在谦逊的墨菲与充满诱惑色彩的电视传媒市场之间的矛盾，毕竟墨菲是一个即将退休的人，而且墨菲本人也相信自己和花花绿绿的电视传媒市场存在不可调和的矛盾。[10]但是巴菲特接下来的动作表明他自己并不害怕所谓的改变，至少他接下来的行动让人们认为是这样的，他建议墨菲给大都会/美国广播公司（Cap Cities/ABC）聘请一位投资者，一旦公司感觉到了企业掠夺者那些恶意的眼光，那么这位投资者就能对公司实施保护。但谁又能充当大都会/美国广播公司的保护神呢？几乎没有任何悬念，墨菲选择了巴菲特。对于好友的信任，巴菲特没有拒绝，很快，他就以伯克希尔的名义斥资5.17亿美元购买了大都会广播公司15%的股份。[11]

巴菲特以救市的方式从众多企业掠夺者手里抢回了大都会广播公司，他也在不知不觉中卷入了美国历史上耗资最大的媒体交易，成了这笔交易中不可忽视的一方。也许下面这个数字就能说明一切：伯克希尔在大都会广播公司的份额是内布拉斯加家具城在大都会广播公司的6倍之多！对于当时经营并不景气的美国广播公司，巴菲特和墨菲也投入了35亿美元的巨资，要知道当时大都会广播公司在网络传播业的排名已经跌到了第三位，35亿这个数字还是相当可观的。[12]也许在很长时间以后，巴菲特对于网络传媒的热情会有所降低，"网络媒体并不是无所不能的"，类似的评论也许在以后的某个时间会从巴菲特的嘴里冒出来，但是他已经亲眼见证了电视这个产物从无到有、从弱到强的崛起过程。[13]巴菲特知道无论是树立公众价值取向，还是挖掘自身的潜力，媒体的作用都是无比巨大的，而这两方面产生的合力更是令人难以置信！如果将美国广播公司和大都会广播公司整合在一起，那么这个全新的产业将拥有100家发行商、若干全天24小时不间断播放的电台、24个主流电视频道，还有超过50个有线电视网络。[14]对于这一切，巴菲特是如此希望可以早日进入大都会/美国广播公司这个体系,以至于在面对大都会/美国广播公司与《华盛顿邮报》的董事职位的抉择时(根据美国联邦通信委员会的相关规定,大都会/美国广播公司与《华盛顿邮报》存在可能的电视网络利益上的冲突),巴菲特毫不迟疑地选择了前者。[15] 他这样做的一个原因是《华盛顿邮报》的首席执行官凯瑟琳·格雷厄姆和儿子唐·格雷厄姆(后者于1991年顶替母亲出任首席执行官)都不会阻拦。《华盛顿邮报》以及格雷厄姆家族已经不再需要巴菲特的鼓励,现在他们需要的只是巴菲特的同意而已,巴菲特已经起不到任何实际的作用。考虑到这些因素,巴菲特在做出决定的那个晚上睡得很安详,脸上挂着愉快的笑容。

1985年对于巴菲特是一个值得纪念的年头。当巴菲特把通用食品公司出售给菲利普·莫里斯时,仅仅这一只股票就为伯克希尔–哈撒韦赚回了3.32亿美元的收入。在不到一周的时间里,《福布斯》也开始了对巴菲特的关注,在《福布斯》列出的400位世界富豪中,就有巴菲特。当时,想要进入《福布斯》的富豪名单,意味着你的身家必须要在1.5亿美元以上,巴菲特做到了,那时的他只有55岁。能在55岁就成为亿万富翁,这的确不简单,而且要知道并不是所有的亿万富翁都有进入富豪榜的实力——14个富豪中只有一个有这样的幸运。从这个角度来讲,巴菲特的经济头脑绝对不一般!究竟是什么让巴菲特有如此神奇的魔力?也许把他小时候最喜欢读的书改名为《赚到100万美元的1 000招》更能解释这个现象,但是在童年的幻想中,巴菲特从未想过能积累如此巨大的财富。

在伯克希尔–哈撒韦刚刚上市的时候,股票的价值只有7.5美元,但现在,在巴菲特的领导下,伯克希尔的股票发生了质的飞跃,每股飙升到了2 000美元!① 尽管如此,巴菲特并没有选择拆股,因为随着股票的增多,公司需要额外支付一笔没有意义的经纪人费用。当然,这是毋庸置疑的,但是这样的伯克希尔更像是一个合伙企业,或者说是俱乐部,过高的股价也让人们把全部的注意力都集中在了伯克希尔上。

---

① 到2013年5月,伯克希尔–哈撒韦的股价突破每股16万美元。——编者注

随着伯克希尔–哈撒韦在金融界受到的关注日益剧增,巴菲特也开始在业界声名鹊起。现在当他走进一个投资者聚集的大厅时,人们的注意力将瞬间集中在这位55岁的富豪身上。对大都会/美国广播公司的收购的确改变了巴菲特的生活,大屏幕也不再是巴菲特遥不可及的事物,在著名的美国肥皂剧编剧阿格尼丝·尼克松的劝说下,巴菲特在尼克松导演的电视剧中过了一把演员瘾。巴菲特和尼克松在有一天与墨菲共进晚餐时相识了,席间,他接到了尼克松的邀请,在《爱情》一片中出演角色。一般情况下,那些身为首席执行官的大人物对于这种客串唯恐避之不及,但是巴菲特并没有那样做,他很喜欢自己在银幕上的处子秀。最后在剧组为他结账后,巴菲特并没有兑现那张支票,而是把支票和剧照装裱起来放在办公室里留作纪念。对于化妆和演出的兴趣也许就是巴菲特性格中的一部分,后来有一次在朋友的宴会上,巴菲特还扮成了美国摇滚乐灵魂人物"猫王"的模样。在出席时任美国总统里根组织的一个晚宴时,巴菲特系上了钟情的黑色领结,带着女儿苏茜一同出席,当时出席这个晚宴的还包括著名影星史泰龙、世界知名时装设计师唐娜·凯伦等人,而且这两个人还与巴菲特同桌就餐。在出席奥斯卡颁奖礼时,巴菲特带上了很少在公开场合露面的同居女友阿斯特丽德·门克斯,当时阿斯特丽德穿了一件看上去是从旧货店里淘来的礼服,但她并不认为这样做有什么寒酸,依然露出了自信的微笑。在颁奖礼结束后,巴菲特和著名的乡村音乐女歌手多莉·帕顿共进晚餐。帕顿给巴菲特留下了很深的印象,巴菲特认为帕顿既可爱又讨人喜欢,但是他却没有让自己在帕顿心中留下浓重的一笔。要知道之前面对很多女性,巴菲特都能轻松地在异性面前给对方留下很好的印象。

在参加凯瑟琳·格雷厄姆举办的宴会上,巴菲特的位置总是会被安排在当晚两位最重要或者是最有意思的女性中间。这样,他可以充分发挥自己在语言上的天赋,但是巴菲特从来没有发掘出对于诸如天气、体育这些闲谈话题的驾驭能力,为了引入正题而做一下铺垫对于巴菲特来说,往往是一件浪费时间的无聊之事。

事实就是这样，难道不是吗？吃饭的时候，你身边坐了两个从来没有碰过面的人，而且以后也不会再碰面，这种感觉肯定会很奇怪，很压抑！不管这个人叫什么，什么贝比·佩利、马雷拉·阿涅利，还是戴安娜王妃，凯瑟琳总是能从对方的身上找到她欣赏的地方，但是面对她们我从来找不到可以聊天的话题，和戴安娜王妃沟通可没有和多莉·帕顿交流那样有趣，面对她，我说些什么呢？"查克（查尔斯）怎么样？城堡又有什么新消息？"

生活在1987年那个时候的亿万富翁总需要性格中有点儿冷酷的味道，巴菲特就是这样，前进的时候他不再依赖凯瑟琳·格雷厄姆的鼓励，她在出席活动的时候也不再需要巴菲特的"护送"，两人之间的感情也慢慢淡了下来。但美国权贵们对凯瑟琳的热衷度并没有降温，这很大程度上要牵扯到另外一个人——罗伯特·麦克纳马拉。麦克纳马拉曾在肯尼迪和约翰逊两任美国总统执政期间（越南战争期间）担任美国国防部长，1987年他不幸丧偶，但是在凯瑟琳身上，这位睿智的、有着钢铁般意志的美国高官找到了久违的友情，而且和凯瑟琳的友情维持了很长时间。作为越战时期的国防部长，麦克纳马拉是美国军方提出所谓"消耗战略"的发起者，以至于很多人在提到越战时都认为这是一场"麦克纳马拉式的战争"。除了越战外，另外一个让麦克纳马拉进入史册的就是"五角大楼文件案"，是他发动了针对美国政府在东南亚问题上的调查，而正是由于这件事，凯瑟琳和她的《华盛顿邮报》才得以进入美国的历史教科书。不久后，麦克纳马拉和凯瑟琳的关系愈加密切，《华盛顿邮报》董事会更是用"凯瑟琳的第三任丈夫"来称呼麦克纳马拉。也许就是为了印证这一点，或者是为了证明两人之间的关系，凯瑟琳任命麦克纳马拉为《华盛顿邮报》的董事，但这已经是巴菲特离开之后的事情了，从一开始，巴菲特和麦克纳马拉之间的关系就很难用"朋友"形容，随着时间的推移，两人更像是陌路好友。

巴菲特和麦克纳马拉之间究竟有没有共同点？事实上是有的，在处理人际关系时，巴菲特也能像麦克纳马拉一样利用社交手腕搞定周围的人，但是这位奥马哈先知面对的问题并不仅仅限于人际层面，更麻烦的是，由于巴菲特蜚声海外，他的人身安全甚至都受到了威胁。仅举一事为例，两名来路不明的男子出现在伯克希尔位于内布拉斯加州奥马哈市的基威特大厦，其中一人手持仿制0.45口径的手枪挟持了巴菲特，要求10万美元的赎金。不过好在安保人员和警方立即介入此事，巴菲特毫发无伤地走了出来。事后，挟持者表示自己不过是为了买一处农场而想从股神那里借点钱。[16]对于这一切，巴菲特也采用了低调处理的手段，在对秘书格拉迪丝·凯泽描述这一遭遇时，巴菲特语气中带了很多调侃的味道。即便发生了类似的恐怖事件，他也没有像人们建议的那样雇用贴身保镖，因为在巴菲特看来，属于自己的个人时间和自由太少了，保镖只能让原本不多的自由成为泡影，不雇用贴身保镖并不代表巴菲特对个人安全问题很大意，他的办公室里安装了摄像头，办公室的大门则是重达300磅的安全门，一般人要想破门而入并不容易。[17]

  名气带给巴菲特的除了人身安全上的隐忧外，更多的是私人空间的减少，总是会有陌生人打电话到巴菲特的办公室，希望能与这位亿万富翁直接对话。这些陌生人认为没有人可以帮他们，他们请求巴菲特给他们的时间也不长，而且他们相信巴菲特对于他们要说的一切肯定会感兴趣。后来，格拉迪丝·凯泽给巴菲特想出了一个办法，让这些陌生人给巴菲特写信。[18]从那时起，巴菲特总是能收到有关询问伯克希尔－哈撒韦股票的信件，刚开始，信件的内容还是很和善的，比如向巴菲特咨询有关山楂疗法的事宜，或者是希望巴菲特能够为一种全新的冰激凌配方提供启动资金，但是后来，信件内容的尺度开始放宽。"巴菲特先生，我已经厌倦了平淡的人生，被富人的生活吸引，对于财富的向往已经灼热了我身体的每一寸肌肤，你很有钱，能给我点吗？"[19]这些只是若干信件中的一封，更多的信件还是人们抱怨自己的命运和生活。"现在我的脑海里除了信用卡和账单之外没有别的！"[20]

  虽然被这些信件包围着，但巴菲特并没有把这些来信当作垃圾扔掉，相反他把这些信件收藏了起来，并分门别类加以保存。其中有很多信证实了他对自己的定位，比如行为榜样或老师。当然，这些信件中也不乏能够打动巴菲特的东西。如果有时间，而且认为这样做值得，他会亲自给对方回信，用坚定而且毫不迟疑的口气告诉来信者，出现的问题都应该是写信人自己负责！就像写信的人是自己的孩子一样，巴菲特会在信中教对方如何应付出现的麻烦——告诉他们的债务人自己目前的情况是多么潦倒，尽可能地争取较低的偿还利率，好为自己偿还债务争取更多的时间。这些话更像是巴菲特的独白，他深知陷入债务危机是一件多么麻烦的事情，特别是如果债权方是信用卡部门或者垃圾债券部门，麻烦将会接踵而至。

尽管巴菲特是众人眼中的股神，但是他自己的孩子们并没有在投资方面受到父亲的熏陶。甚至有关如何处理大宗金钱的技巧，巴菲特也没有传授给子女们，但是他们却从父亲身上学到了价值连城的一课，就是对待债务的态度。巴菲特对于欠债深恶痛绝的观点也遗传到了孩子们身上，这其实已经是非常幸运了。对于债务，甚至是任何有关钱的话题，巴菲特的态度向来是非常一致的，他从来不会乱花一分钱。从这一点来看，巴菲特对待子女的态度和对待陌生人没有什么区别，但是在面对孩子们体重的问题上，巴菲特又非常愿意拿钱作为交易的筹码，让孩子们控制自己的体重。

女儿苏茜就是一个很好的例子。齐肩的短发、精心雕琢的脸庞，看上去30多岁的苏茜和25岁的妙龄女孩没有什么区别，但唯一令她不满的就是身上多出来的几磅体重。于是，巴菲特给女儿送上了一笔划算的买卖：如果苏茜能够减肥成功，她将获得一个月内购物免单的机会，支出全部由巴菲特负担，而且一个月内购物不设上限，但如果苏茜的体重出现反弹，那么她必须要把消费的全部金额还给巴菲特。看上去这样的计划比双赢政策更容易俘获人心：在这个交易中，没有人的利益会受到伤害，也没有任何风险存在，特别是对于巴菲特，无论结果怎么样，他都算是赢了。如果女儿能像自己预料的那样减轻体重并保持不反弹，那么巴菲特也算是心愿达成，而且只有在这种情况下，他才会掏出钱包里的支票，而苏茜也能买到漂亮的衣服。正是在这个双赢结果的驱动下，苏茜开始了节食减肥，当她"得偿所愿"，体重达到一个理想的数值时，母亲苏珊给她快递过来一张信用卡，卡片上这样写道："玩得开心点！"

刚拿到"减肥奖品"的时候，苏茜的态度还是小心翼翼的，她不敢去花卡里的一分钱，她怕父亲赖账不给钱还需要她自己为衣服付款，但是慢慢地，苏茜意识到这并不是父亲的玩笑，一切是真的！她正式进入了自己的疯狂消费月，频频出现在令人眼花缭乱的商场里，这也是她人生中第一次这样肆无忌惮地消费。不过每次回到家里，经过餐桌时，苏茜都把消费单据卷起来，自己也不敢面对近乎疯狂的购物结果。换来的结局是，每天当苏茜的丈夫艾伦回家时，看到妻子大包小包的衣服，都会惊讶得大叫上帝。30天后，苏茜得到了这一个月疯狂购物的结果，这一个月她总共花掉了4.7万美元！

看到这个数字，苏茜也有点儿紧张了。"也许爸爸看到这一切后会郁闷得要死！"深知父亲个性的女儿这样说，所以苏茜也不得不去搬救兵。在巴菲特面前，妻子苏珊的确很有说服力，但是苏茜知道当面对金钱话题时，哪位救兵对她来说更有帮助——这个人就是凯瑟琳·格雷厄姆。在和巴菲特三个子女相处的过程中，凯瑟琳并不认识彼得，更谈不上了解。而霍华德总是认为凯瑟琳，这个《华盛顿邮报》的首席执行官是一个很难相处的对象，他在她家里的时候，要么害怕自己坐在了不该坐的位置上，要么害怕打破她家的东西。只有苏茜向凯瑟琳伸出了友谊的双手，两个人也建立了很好的关系。[21] 正因为如此，当苏茜给凯瑟琳打电话，讲述这个由减肥引发的故事时，凯瑟琳答应如果需要，她肯定会帮忙。

不过也许苏茜有些杞人忧天了，毕竟她和父亲是有言在先的，巴菲特最终还是付了这份4.7万美元的账单。虽然表现得很客气也很和善，不过之后巴菲特把自己的朋友们叫到一起，抒发心中的不满："如果你们的太太花掉这么多钱，你们会怎么想？"男人们的回答当然都向着巴菲特，认为这样一笔大单有点儿过火，但是女士们的答案却出乎巴菲特的意料，这些贤内助认为巴菲特不应该从自己的朋友身上找安慰，其实巴菲特应该庆幸，要知道4.7万美元并不是一个很夸张的数字，言外之意是苏茜还可能玩得更疯！[22]

也许是从苏茜事件上得到了教训，当巴菲特与儿子豪伊打赌时，他选择了以豪伊缴纳农场收入比例的高低作为赌注。这个赌约依然和体重有关，体重的高低直接影响到豪伊向巴菲特缴纳的农场收入比例。巴菲特认为儿子最适合的重量应该不超过182.5磅，如果高于这个数字，豪伊要向巴菲特缴纳的比例是26%，而低于182.5磅这个体重，份额也相应减少到22%。用豪伊自己的话说："这就是典型的巴菲特式的体重检测手段，我自己并不介意他这么做，事实上这代表了他对我的关心，我并不在意缴纳份额的多少，但我知道，就算是交22%的租金，父亲也是赢家，他从我这里拿到的支票也比任何人都多！"[23]的确，不管最后怎样，巴菲特都不是输家，要么得到一个减肥成功的儿子，要么得到更多的利润分成。[24]这就是典型的巴菲特式作风，就像他的一个朋友所说的那样："巴菲特是双赢策略的大师，如果这笔买卖不会给他带来好处，他是肯定不会插手的！"

在巴菲特的三个孩子中，彼得是在经济方面对家里依赖最少的一个。当母亲苏珊搬到华盛顿后，彼得夫妇就把自己在华盛顿大街的公寓让给了苏珊，自己则搬到了位于斯科特大街的公寓居住。那时，彼得依然没有放弃自己的音乐梦想，在为一个刚刚创办的有线电视台MTV创作一段长15秒的背景音乐，而他也把在音乐事业上的这种成功带到了商业上。尽管在巴菲特的三个孩子中，彼得的经济头脑是最差的，但是彼得成功地把伯克希尔的股份和音乐天赋结合起来形成了自己的事业，并最终过上了富庶的生活，完全超脱了金钱游戏的范畴。但到20世纪80年代中期，彼得开始思考父亲所说的话。"你认为人们真的欣赏你的才能？没有人特意到超市里买你哥哥豪伊种出的玉米！"从父亲的这番话里，彼得意识到如果不是因为自己是股神巴菲特的儿子，他的音乐才华不会被人赏识，没有人会单纯因为自己的音乐才华去雇用广告经纪，彼得一下子意识到自己的成功完全来自父亲的庇佑，所以如果他希望自己的才华真正被人们认可，就要彻底和巴菲特这个名字断绝关系。为了达到这个目标，彼得不惜牺牲任何代价。于是之后大家看到了这样一个彼得，一方面他继续从事商业性的工作，另一方面，彼得并没有放弃在音乐上的追求，与新世纪公司签约后做了自己的音乐小样，并在1991年推出了名为《纳拉达》的专辑。[25]

母亲苏珊也没有放弃自己的音乐梦想，人们经常看到她出入彼得的音乐工作室，在洛杉矶的时候她很喜欢和外甥比利·罗杰斯一起唱歌。这时的比利正在尽自己最大的努力让生活重回正轨，为此他特地给巴菲特写了一份悔过书，称自己在过去的生命中"浪费了太多的机会"，而现在自己已经准备好了，不再让任何机会从身边溜走。[26]为了让自己能重新开始，比利打算购买一处公寓作为生活全新开始的标志。在这封信中，比利希望巴菲特能够不计前嫌，帮自己支付房屋的首付款。对于比利这个瘾君子和爵士吉他手来说，这封写给巴菲特的信他的确是动了一番心思的，因为它显露出非同寻常的金融素养。在对待比利的问题上，苏珊的态度一直是非常支持的，不过没有得到巴菲特的同意，苏珊也断然不敢轻易帮助比利缴纳房屋的首付款，因为这毕竟不是一个小数目。

在巴菲特的回信中，他并没有简单地拒绝，而是用了很大的篇幅来阐述这个问题，语重心长的态度完全是一个长辈的口吻。在信中，他引用了好友芒格的一番话，"酒精、毒品和债务是让人沉沦的三大杀手"，巴菲特认为比利向自己借钱支付房屋首付款的做法完全没有给自己留任何退路，而是把自己推向了悬崖的边缘。

打个比方，如果你要驾驶一辆负重10 000磅的卡车多次通过一座桥，那么建造一座负重达到15 000磅的桥，要比建造一座负重为10 001磅的桥要好得多。我用这个比喻是想说明，如果你身上有太多的负债，甚至这个数额超过了手里的现金，那么这样的做法肯定是错误的！从我个人的角度来说，就算我向别人借钱，总数也不会超过存款的25%。当初我只有1万美元时是这样，有希望能挣百万美元时也是这样！"[27]

不过比利并没有放弃，之后又给巴菲特写了一封信，而这封信的字迹潦草了很多，在第二封信中，比利希望能从巴菲特手里拿到一些贷款。"要知道我正在把生活一点一点整合起来，正在申请夺回儿子的监护权。"[28]但这次巴菲特的回答依然没有让比利得偿所愿，这不仅是因为在一切涉及钱财的问题上，巴菲特的态度总是非常坚定，而且他也深知，不能轻易相信一个瘾君子的话！作为比利姨妈的苏珊也是爱莫能助，虽然她一直相信人性中善良的一面，不到万不得已她绝对不会放弃任何一个人，但是她又不能违背巴菲特的意愿对比利进行资助，所以苏珊只能从精神上鼓励自己的外甥，在比利遇到麻烦的时候，她总是尽最大可能全身心照顾比利。

苏珊对待自己的外甥是如此，对待所有人的态度也是一样，一个亲戚这样形容她："苏珊就是一个移动的红十字会！"1984年，当苏珊向巴菲特坦承了自己在婚姻上接近出轨的行为后，两人对婚姻的看法又有了新的理解。从那以后，苏珊对于公益事业的热情也更加高涨。但同样是在1984年，苏珊的身体出现了异常反应——脾脏和胰腺之间长了一个脓肿，苏珊不得不住院接受治疗，医生对她实施了探测手术，但并没有找到苏珊患病的症结。就在人们为此而担心时，苏珊的病却不治而愈了，她再次成了人们熟悉的那个健康而博爱的人。苏珊也将自己的大部分精力都放在公益事业上，对那些需要帮助的人伸出援手。此外，她还在位于华盛顿大街的住所里举办化装舞会，尽管这里面积不大，但苏珊还是尽自己最大的能力帮助那些人。当然，她也没有因此疏忽自己的生活，闲暇时，她开始学起了骑自行车，把家人叫在一起举行家庭晚宴和节日庆典。在这些场合中，苏珊的着装都很随便，要么是牛仔，要么是运动服，而且她还摘掉了一直戴着的假发套，淡棕色的头发映衬着她愉快的面庞，整个人也格外美丽。

在苏珊病愈的这段时间里，巴菲特对她的所有要求无不有求必应，还同意苏珊对拉古纳海滩的住所进行装修，这里此前一直是刚租下时的样子。装修的这段时间里，苏珊经厨师拉克·纽曼的儿子汤姆介绍认识了室内装潢设计师凯瑟琳·科尔。科尔除了是一名室内设计师外，还是一名塑身教练，此前她也从事过护士工作。在科尔的帮助下，苏珊把拉古纳海滩的居所装饰成极富现代气息的风格，室内明快的颜色搭配也是苏珊非常欣赏的。之后，科尔与苏珊的友情进一步发展，科尔接下了替苏珊购买礼物的工作。[29]而在金钱问题上，苏珊与巴菲特的矛盾并没有因为她生病而有所缓和。一直以来，巴菲特的吝啬和苏珊的豪爽性格之间的矛盾总能引发双方的纠纷，这些争论也多次成为媒体曝光的焦点，但巴菲特向苏珊支付的补贴并没有受到什么影响，而且还出现了增长，虽然增长的速度没有苏珊预想的那么快，也还是非常可观的。现在，苏珊完全可以支付科尔的工资，而科尔也成为苏珊的左右手，除了帮助苏珊购买小礼物外，她还出任了苏珊的秘书一职，帮助她打理日常行程安排。这样，苏珊可以腾出更多的时间来照顾家人。在三个孩子中，豪伊总是兄妹三人的焦点，苏珊对他的关心也最多，为了照顾豪伊的子女以及自己收养的孩子，苏珊不得不经常往返于内布拉斯加州与加州的拉古纳海滩住所之间。在女儿苏茜怀孕后，苏珊的目的地又多了一个，更多的时候她要远赴东海岸到苏茜位于华盛顿的家，照顾这个即将第一次生产的女儿。

怀孕期间，苏茜和丈夫艾伦决定对华盛顿的住所进行装修，理由很简单，室内楼梯太多，不利于孕妇活动，而且厨房很小，距离后花园又太远。苏茜的设想是修建一个大厨房，至少可以容纳一张双人餐桌，而且要在厨房后面增加一个可以直通花园的小门。不过这样的设想很快就被否定了，苏茜大致算了一下，装修的全部费用在3万美元左右，而苏茜夫妇没有这样的经济实力。再加上由于体重反弹，苏茜还要退回父亲预先支付的4.7万美元，好在"适时"的怀孕帮了她。大家还记得之前苏茜和父亲有关体重的那个赌约吗？虽然苏茜在赌约履行期中体重增加，但是怀孕能帮她免除一切义务。但3万美元的房屋装修费用还没有着落，虽然巴菲特也认为衣服比珠宝的性价比更高，但是苏茜和艾伦都知道衣服是不能典当成现金的，唯一的办法就是苏茜向父亲请求借款。

但听听巴菲特是怎么说的吧。"你们为什么不去银行呢？"这位亿万富翁用一句话就拒绝了自己的女儿。当然，巴菲特也给出了自己的理由：某位效力于内布拉斯加州橄榄球队的著名四分卫球员退役了，但球队绝对不承诺给球员的儿子首发四分卫的位置，这种类似于传承、世袭的做法让巴菲特很头疼，更触动了巴菲特心中对于"公平"的理解的神经，甚至打乱了他在学生时代树立起来的社会信仰模式。尽管巴菲特坚持自己的底线，但是这样的回复对于子女来说肯定是难以接受的，苏茜并不认同父亲的世界观。"即便是涉及我们的问题，他也不会放弃自己的原则！"这就是苏茜给父亲的评语，"从出生到现在，我从父亲身上学到了很多。是啊，我已经从这件事上学乖了，在特殊的时间和环境下，你必须要学会放弃！"[30]

这件事情过去不久，医生告诉苏茜要安胎静养6个月，这6个月的时间对于苏茜来说是漫长而难熬的，每天陪在她身边的就是一台很小的黑白电视机。当凯瑟琳·格雷厄姆看到这一切时她有点吓坏了，格雷厄姆本来是带着自家厨师做好的饭菜过来看望苏茜的，但是眼前的景象却令她有些惊讶，她不禁抱怨巴菲特竟然没有给女儿准备一台彩色电视机！所以当苏珊得知女儿的情况时，她二话不说就赶了过来，在华盛顿陪女儿住了几个月的时间，并在第一时间对女儿的房子进行了装修。"沃伦居然就这样听之任之，太过分了！"苏珊抱怨道。但是装修的所有费用都是出自巴菲特的钱包，纠结在两个人之间的金钱游戏从来没有停止。通过这件事，人们对巴菲特的节俭和苏珊的慷慨又有了更深的认识。不过既然两个人已经在金钱上达成了这样的协议，事情的本质也不会有什么改变。

1986年9月，苏茜的女儿埃米莉出生，那时巴菲特家族已经是三世同堂，算上埃米莉以及领养的孩子，巴菲特夫妇的第三代已经有了8位成员，8个孩子分别居住在旧金山、奥马哈和华盛顿特区。翡翠湾居所的装修接近尾声时苏珊放慢了装修的速度，她把这里改成了一个朋友们特别是家人和孩子们进行娱乐的场所。回到位于旧金山的家后，苏珊搬到了太平洋高地的百老汇街住，因为那里离小儿子彼得的新家所在地斯科特大街很近。这次，苏珊选择的居所面积很大，是一幢四层的复式结构的公寓，从这里可以直接看到整个金门大桥，视野可以一直延伸到旧金山湾的阿尔卡特拉兹岛。

那时，科尔已经正式出任了苏珊的私人助理，她的主要工作就是帮助苏珊打理行程。"你完全可以兼职！"苏珊这样告诉科尔，"这样你就有足够的时间来照顾你的两个孩子了。"随后，科尔知道了自己并不是单纯地为苏珊工作，而是在为巴菲特基金会服务：她每天为苏珊打理行程计划，安排她的日常活动，监管基金会的工作人员队伍——这些工作人员大多由家庭主妇、跟班人员和苏珊的朋友组成，而且苏珊的朋友们很多都是无偿服务的。此外，科尔还负责派发苏珊送给别人的礼物：将这些人分类、选礼物、包装、运输，还要随时监控派送流程，并对这些进行记录，而且所有的礼物还不能重复。[31] 那时苏珊的两套房屋都交给科尔找人装修，一处位于拉古纳海滩，另一处就是位于旧金山百老汇街的这处。拉古纳海滩居所的装修工程已经开始，而旧金山居所的装修还要两年才能完工。科尔的丈夫、从事消防员工作的吉姆有时也会过来帮忙。帮忙的人中还有苏珊在欧洲旅行时认识的朋友罗恩·帕克斯，一位注册会计师。在基金会，他主要负责资金支出和缴纳各种税费。不过这份工作是无偿的，帕克斯不会得到一分钱的工资。尽管如此，他对这份工作依然十分热衷。"这就是我们的苏珊集团！"帕克斯打趣道。苏珊另外一位朋友的描述更加写实："没有人能从这里拿走工资。"[32] 之后，帕克斯和汤姆·纽曼住在了一起，苏珊也成了这两个人的好朋友。汤姆的母亲拉克就是前文中我们提到的凯瑟琳·格雷厄姆的主厨，不过她始终没有机会在基金会里展示自己高超的烹饪技巧。随着基金会工作人员队伍的不断壮大，现在在基金会工作的人员的数量已经远远超过了伯克希尔–哈撒韦高管层的人员规模。

在苏珊位于旧金山百老汇街的住所装修期间,苏珊的外甥罗杰斯把家从洛杉矶搬到了这里,摆脱了毒品的罗杰斯与苏珊一起筹划专辑的创作。一天中午,罗杰斯来到了彼得的音乐工作室工作,他向彼得借了20美元后离开。此后几天,罗杰斯便音信全无。焦急的苏珊、彼得还有他的妻子玛丽开始四处寻找罗杰斯的下落,他们来到了罗杰斯在旧金山的公寓,门从里面反锁着,敲门也没有人应答,发生的这一切令三个人很着急,慌忙去找房东拿钥匙。就在三个人等房东找钥匙开门的这段时间,从某间公寓的唱片机里传出了一段旋律,歌中这样唱道:"告诉我你不会骗我,答应我你永远不会让我难过。"而另一间公寓里也传出了一首歌,西班牙歌曲《世事难料》……

似乎是等了一个世纪的时间,房东先生才拿来了钥匙,门被打开的一瞬间,苏珊他们三个都惊呆了,罗杰斯盘腿坐在地上,背靠在房门上,手臂上插着一支注射毒品的针管。他身边的唱机还在空转着,唱片应该在两天前就已经放完了,罗杰斯的身体冰冷,他死了!苏珊慢慢合上了外甥的眼皮,眼泪早已流了下来,彼得默默地走出了公寓,打电话去找救护车。[33]之后医院送来了尸检报告,罗杰斯是由于注射毒品过量而死。[34]

"他是一个那么可爱的孩子!"巴菲特这样描述罗杰斯,"不过他最后还是让毒品夺走了性命!"失去家人的痛苦一直弥漫在巴菲特的家里久久不能消散,听听巴菲特姐姐多丽丝所说的,也许人们就能知道其中的原因了,她说:"失去比利是苏珊这一生中经历的最大打击!"的确,罗杰斯的死,使苏珊不仅失去了一个外甥,更像是失去了一个儿子。这么多年,她对他的关心从来不亚于对豪伊和彼得的关心,而且苏珊一直希望能把罗杰斯从毒品里拉回来,外甥的死让她多年的努力付诸东流,苏珊感到了前所未有的挫败感。

苏珊对于那些需要帮助的人的热情,让巴菲特很感动,也很敬佩,他很欣赏苏珊在帮助别人时的那种勇气和能力。但是在这么多年所帮助过的人中，除了罗杰斯，苏珊并没有和其他人建立如此深厚的感情，别人也没有给苏珊留下深刻的印象。在那些需要帮助的人中间，有些是因为自己做出了错误的选择而受到了相应的惩罚，有些则是因为命运不济，但没有人像罗杰斯用那样的方式结束了自己的生命。那些需要帮助的人，常把苏珊叫作"圣母苏珊"。只要那些需要帮助的人求助于苏珊，她肯定会伸出援助之手，不过一次只能是一个，所以巴菲特总用"零售商"来形容苏珊的行为和受益人的范围。而在巴菲特本人看来，他自己就是一个"批发商"，用智慧和金钱尽可能地帮助需要帮助的人。在这个过程中，巴菲特把自己看成一个老师，尽管职责不像是奥马哈的教师那样在三尺讲台上传道解惑。凯瑟琳·格雷厄姆和她的儿子唐·格雷厄姆是巴菲特最忠实的追随者，在和巴菲特交往的这么多年里，他们的思维也逐渐被巴菲特同化了。巴菲特最热衷进行的研讨会就是伯克希尔–哈撒韦的股东大会，最开始会议只在单数年进行。巴菲特很喜欢这种教学性质的交流方式，以至于他总是希望更多的观众可以过来倾听他的演讲。

1980年，巴菲特的这个梦想得以实现。在当时震动业界的一桩针对IBM公司反垄断的诉讼案中，巴菲特决定担当证人。出庭做证的还有一位来自《华盛顿邮报》的董事阿贾伊·米勒。但是两位证人在法庭上的态度有很大的不同，米勒认为这本身就是一场令人痛苦的游戏：律师提出的种种问题根本就是在拷问，法官一直在诱使自己憎恨IBM公司。但巴菲特并不这么看，在法庭上，他显示了自己的专业素质，对于律师提出的种种问题都给出了自己的解释，他很享受扮演证人角色的这个过程。事后，米勒在接受采访时表达了对巴菲特的敬佩："他是一位非常尽职的证人！"[35]令巴菲特对自己满意的地方还不止于此，鉴于这桩案件本身的轰动性，巴菲特的证词也作为案件审理的一部分被载入了美国的商业史册。

巴菲特早期的商业理念主要是在20世纪60年代他写给合伙人的信中体现出来的，原版手稿早已被珍藏起来，复印件则一直在华尔街流传，那些模糊不清的复印件就是他在华尔街被追捧的又一凭证。从1977年开始，在《财富》主编卡罗尔·卢米斯的帮助下，巴菲特每年写给股东们的信都会被装订成册进行出版。每年，巴菲特都会在伯克希尔年会上进行点评和展望，这些内容在1977年之前从未公布，但在卢米斯的运作下，巴菲特的商业理念开始出现在大众的视线里，而且几乎达到了人手一册的程度。这些文字也被认为是进入商业的快速教程。巴菲特的文字朴实鲜明，又能引经据典，从《圣经》故事到《爱丽斯漫游奇境记》《青蛙王子》等内容都可能出现在巴菲特的文字中。文章中大量的篇幅并不是描述伯克希尔-哈撒韦的经营成果，而是集中分析具体的商业实例——如何投资，在经济低迷的大环境下如何经营，怎样用经营来评估最后的商业结果。这些内容让人们看到了一个真实的巴菲特，一个拥有极大的人格魅力、闪耀思想光芒的巴菲特，投资伯克希尔-哈撒韦的人们希望尽可能多地听到巴菲特的分析，这也是他召开股东大会的原因。

早期的股东大会在伯克希尔-哈撒韦总裁西伯里·斯坦顿位于新贝德福德工厂的阁楼中进行。刚开始和巴菲特的大学老师本杰明·格雷厄姆一起前来的只有两三个人，其中一个是格雷厄姆的学生康拉德·塔夫。巴菲特希望股东大会做到公开民主，于是会场上就听到了塔夫接二连三的提问，巴菲特并没有感到一丝尴尬，相反，他很兴奋。这种陶醉的感觉仿佛在派对上悠闲地坐在摇椅上一般，他在回答问题的同时也在享受人们分享他智慧的那种喜悦。

股东大会刚刚开始的那几年，前来听巴菲特布道的人并不多，提问者更是少之又少，即便后来股东大会迁到了内布拉斯加州国民赔偿公司的咖啡厅进行，情况也没有什么好转。但巴菲特并不介意，依然陶醉其中。1981年的股东大会上，前来参加股东大会的只有22人，林沃尔特不得不临时调集公司员工来为巴菲特捧场，他这样做只是不希望看到老板因为人少而难堪。股东大会一开始是例行程序——宣读法律文件，而在之后进行的提问环节中，在股东提出了几个启发性的问题后，会场便陷入了沉寂，大会不得不提前结束。这一年的股东大会总共只进行了15分钟，速记员手里的小册子一个字也没有记，当她用眼神向会议组织者之一的麦肯齐寻求帮助时，也只能看到对方无奈地耸了耸肩。[36]

1983年的股东大会却发生了根本性的变化。也许是因为收购了蓝筹印花公司，这一年的股东大会吸引了很多人的目光，咖啡厅被挤得满满的。面对人们的提问，巴菲特用坦诚的态度、平实的语言给出了答案，他像一位老师一样没有任何修饰，彰显了对于民主的追求。人们感受到了巴菲特那种标志性的美国中西部风格和令人耳目一新的人格魅力，就像他在致股东的信中所展示的那样。

巴菲特的语言一向是生动而有趣的，他所使用的那些比喻——"皇帝的新装""一鸟在手胜过双鸟在林"都是非常浅显易懂的。和其他商人相比，巴菲特的观点很直白也很清晰，这与那些说话言之无物的人形成了鲜明的反差。在巴菲特的表述中，B夫人成了他口中的灰姑娘，自己的助理阿吉特则成了可以点石成金的小精灵。他用童话故事来描述生活，但又能从其中发掘出人生的哲学。他的语言如此引人入胜，逐渐成了人们竞相传诵的内容。同样的问题，巴菲特总能用一种全新的观点进行解读，总能给出令人满意的答案，因此他的影响力也像雪球一样开始越滚越大。

1986年，巴菲特把股东大会的地点从国民赔偿公司的咖啡厅移到了乔斯林艺术博物馆的威瑟斯庞礼堂，那一年有400人到现场聆听了巴菲特的演讲，一年后达到了500人。这些人都是巴菲特的崇拜者，因为是他让他们体验到了有钱人的感觉。在他们眼中，巴菲特就是他们的神，所以在会场现场，人们在提问间隙听到有人在唱巴菲特的赞美诗。[37]

人们很难用常理来分析巴菲特的成功，盛名之下的他已经不再是一个平凡的人，而成了一个品牌，一个类似于"美国顶好牌花生酱"的商业品牌。不可避免地，他也因此成了经济学家研究的对象。这些学者希望向人们证实巴菲特的成功不过是一个非常偶然的现象，没有必要为这样一个人而花时间和精力去琢磨，更不值得人们去崇拜。

这些学者试图证明那些费尽心力想比一般人出色的"成功者"不过

是若干一般人中的一个，但是他们只找到了一部分证据。套用数学中命题成立的充分必要条件来说，他们只找到了充分条件，没有阐述命题成立的必要条件。一位来自麻省理工学院的经济学家保罗·萨缪尔森搬出了法国著名数学家路易斯·巴切利亚在1900年提出的市场随机漫步理论[38]。巴切利亚认为市场就是由社会投机者构成的一个整体，市场的规则就是"随机漫步"，市场价格的变动也呈现出随机漫步的特点。来自芝加哥大学的尤金·法玛将巴切利亚的理论进一步推广，并在当代社会中进行实证分析，他的结论也认可了随机漫步理论的有效性。他认为，大量投资者都期待"打败市场"，获得高于平均水平的收益，但正是这种行为反而导致其努力归为失败。然而市场上却涌现出一批专业投资人士，他们负责管理投资者的资金，并预测股价动态，他们的一切服务都是收费的，起初费用适中，后来出现了传奇的对冲基金佣金模式，即"2-20"佣金模式（佣金包括客户总资产的2%以及投资盈利的20%）。至于股票经纪人，则从散户头上搜刮佣金，这些散户在电视节目和杂志的鼓动下挑选下一只热门股票，同专业投资者进行竞争。每年，这些人劳动成果的总额就构成了整个股市的价值（减去各种交易费用）。

查理·埃利斯，这位曾在多位专业资金管理人员身边担任顾问的业内人士在《拿下失败者的游戏》一文中分析了1975年的市场形势，提出了"小偷理论"。文章指出那些所谓的资金管理人员预测到市场走势的准确性只有一成。[39]他的这种说法对于那些个人投资行为和那些从刊物还有通过研讨会等形式来选择投资的人是一个致命的打击。埃利斯认为在股票市场中最有效的赚钱方式并不是听取哪些人的观点，而是购买股指基金，而且不用支付高昂的佣金，就这么简单。在他看来，从长远利益出发，股票市场的走向肯定要好于债券的发展，只要经济增长，投资者就能得到回报，这个观点一直到现在还是适用的。

那些提出有效市场假说理论（EMH）的学者一直很排斥电脑等高科技产品的应用，但是一旦他们要提高这个理论的准确性与严密性，就不得不需要精密的数学论证和物理理论的解释，这一点毋庸置疑。最后，这些学者也得出了一个结论：没有人能获得高于市场平均水平的收益，市场的作用决定了无论在什么时候，股票都是股票发行公司的所有公众信息集合的体现。所以，人们那些研究资产负债表、四处打探公司消息、去图书馆查证资料、分析报刊数据以及关注竞争对手的做法，都是没有用的！不论在什么时候，股票价格都是合理的，不管是谁，获得超过市场平均收益的人，不是因为运气好，就是因为他能得到内幕消息。

事实上，很多在华尔街股市工作的人都能找到驳斥市场假说理论的案例，股票交易的确存在违反市场规则的特例[40]，但一个不争的事实就是，这些案例的数量正在呈现减少的趋势，所以如果要对这些日益减少的案例进行研究，这些分析师必须要有强大的内心来面对任何可能出现的局面，还要考虑研究的长期性，毕竟这是一项长期的工作，需要大量的专业知识做后盾。即便如此，有效市场假说理论的支持者们也不允许任何特例和个案的出现，但对于他们来说，巴菲特就是一个最大的难题！随着他的名气与日俱增，这位来自美国中西部的商人已经成了有效市场假说理论发展最大的障碍。在这些学者眼中，巴菲特就是一个蒙着眼睛在深藏冰山的大海里航行的水手，要想成功穿越这片冰山，理论上是不可能的，所以巴菲特肯定会触礁，注定会失败！于是那些随机漫步理论的推崇者——包括麻省理工学院的萨缪尔森、芝加哥大学的法玛、罗切斯特大学的迈克尔·詹森、斯坦福大学的威廉·夏普等人——开始把巴菲特当作一个难题来进行研究。他究竟是千载难逢的天才，还是昙花一现的偶然事件？在研究过程中，人们发现巴菲特的很多做法都是反常规的，就像一个发育迟缓的少年一样根本不需要人们对此进行研究，于是嘲笑巴菲特的声音也开始蔓延开来。这其中就包括来自普林斯顿大学的经济学家伯顿·马尔基尔，他在经过了细致的研究后得出了一个结论，并在《华尔街日报》上公开发表了对巴菲特的不屑："无论是谁打破市场的运作规则，充其量都不过是一只幸运的猴子。"猴子能将飞镖投在靶上完全是因为它的运气，而在马尔基尔眼中，巴菲特也同样如此。[41]

尽管《华尔街日报》刊登了对巴菲特的抨击，但是他对《华尔街日报》从来都不是排斥的，事实上他相当喜欢这份报纸，所以他与奥马哈地区的报纸派送人员达成了一致。每天晚上当《华尔街日报》送抵奥马哈时，都要有专人在巴菲特回家的路上等着，这样他就能在第一时间，也就是午夜时分看到最新的《华尔街日报》，而当第二天早上报纸开始发售的时候，巴菲特已经把当天报纸里面的内容全部吸收了。这就是这位超级投资者如何利用《华尔街日报》里面的资源的，这也能解释为什么他能成为金融界的巨头。如果马尔基尔眼里的猴子也能做到这一点，在午夜甚至凌晨的时候看第二天的报纸，那么它是不是也能成为商业领袖呢？答案肯定是否定的，因为它不是巴菲特！

猴子扔飞镖的比喻没有让巴菲特难堪，他反而在办公室里放了一个用《华尔街日报》报纸做成的镖靶当作娱乐。有效市场假说理论没有打垮巴菲特，同样没有对他的老师本杰明·格雷厄姆产生任何负面影响。[42] 无论巴菲特还是他的好朋友芒格，那些学者在他们的眼中都不过是他们各自专业的带头人，拿到了"巫师专业"的学位证书，而他们所教授的内容更是让巴菲特他们觉得可笑，教的全都是些根本无法被证实的东西。从这一点来说，学者们的做法冒犯了巴菲特缜密的理性思维，也质疑了巴菲特在投资领域的专业性。

1984年，哥伦比亚大家商学院为了庆祝本杰明·格雷厄姆与戴维·多德合著的《证券分析》一书出版50周年召开了一个大型研讨会。格雷厄姆希望巴菲特能对自己已经出版的《聪明的投资者》一书进行修订后再版发行，以当时巴菲特的名气，经他修订后的图书必然能有一个很好的销量。但是巴菲特和自己的导师在很多问题上都难以达成共识，特别是在资产组合方面，巴菲特信奉的集中投资和格雷厄姆主张的分散投资形成了强烈对比，所以巴菲特并没有完成这本书的修订，只是给这本书写了序言。但哥伦比亚大学商学院并没有放弃这个机会，他们邀请巴菲特在这次研讨会上进行演讲，虽然商学院希望股神能侧重讨论格雷厄姆的投资理念，但这次演讲却成了针对有效市场假说理论的大讨论。来自罗切斯特大学的迈克尔·詹森成了这次讨论的另外一个主角，于是人们看到了两人在哥伦比亚大学商学院的尤尼斯教学大楼里进行的辩论。詹森认为"即将被射杀掉的火鸡肯定一开始就感受到这种恐怖的气氛"。[43]詹森这么做就是要唤起格雷厄姆和巴菲特的追随者们对于已经过时的随机漫步理论的印象。他认为现实生活中并不能排除某些人在股票市场运作方面非常成功的可能，只是成功的比例很小。就拿掷硬币这个游戏来说，的确存在某些人每次都能让硬币有人头的一面在上，不过鉴于能够保证这一点的人并不是很多，所以随机漫步理论还是能够成立的。

就在詹森慷慨陈词之时，坐在下面的戴维·多德脸色有些难看了，上了年纪的多德就坐在巴菲特的旁边，他倚着座位轻轻地对巴菲特说："沃伦，去，让他看看我们的厉害！"

事实上，为了这次演讲，巴菲特已经准备了好几周的时间，他也知道会有人拿投掷硬币作为反驳的例子，所以在自己陈述的时候，巴菲特显得成竹在胸：如果那些投掷硬币的人完全来自同一个地方，非常擅长这个游戏，那么得到全是"人头"而不是"字"的结果就变得不再随意，而是可以操控的了。举个例子，如果这些人都是格雷厄姆—多德理论的追随者，那么当他们在投掷硬币或者从事某一项活动的时候，思想肯定会有相通的地方，因为指引他们考虑问题的思路是一致的，所以要想得到全是人头的结果也不是什么难事。

随后，巴菲特给出了9份资金经理人的投资业绩图——这9份投资业绩分别属于比尔·鲁安、查理·芒格、沃尔特·施洛斯、里克·格林、汤姆·纳普和埃德·安德森、FMC公司退休基金、巴菲特本人以及其他两名资金经理人。[44]这些图表显示他们的投资内容并不相同，虽然早期几个人的发展方向还有彼此交融的地方，但是随着时间的推移，他们的投资产业逐渐延伸到了不同的方面。巴菲特对于包括自己在内的9名资金经理人是这样描述的："我们全都是格雷厄姆—多德理论的追随者，如果要玩投掷硬币的游戏，我们在过去20年的时间里都能让硬币的人头一面朝上，这一点我们很确信。"此外，他还表示包括自己在内的这几位资金经理绝大多数都不会退休，会继续在投资行业里打拼下去。巴菲特这样一番有理有据的陈词让现场的所有人相信，他们能够取得今天的成就，完全是靠自身的努力，而不是凭借所谓的运气。

巴菲特结束自己的演讲后，现场爆发出震耳欲聋的掌声，人们完全为巴菲特精彩的演讲所折服。之后，人们开始向他提问，巴菲特的脸上始终带着微笑，很绅士地回答着每一个问题，而且尽可能做到详尽有理。随机漫步理论存在的基础就是数据分析，而现在，巴菲特就是利用数据分析反驳了有效市场假说理论和随机漫步理论的准确性，这一点足以让格雷厄姆和他的追随者们感到宽慰了。

那年秋天，巴菲特在哥伦比亚大学商学院《赫尔墨斯》杂志上发表了一篇题为"格雷厄姆—多德都市的超级投资者们"的文章，将火力完全对准了有效市场假说理论。无形中，这篇文章也进一步巩固了巴菲特在支持者中的地位。随着时间的推移，那些随机漫步理论的追随者也对这一理论进行了修正，他们将理论分为"半强势"和"弱势"两种，修正的理论允许特例的出现。[45]而有效市场假说理论对于巴菲特最大的贡献就在于，他告诫人们不要相信有谁可以凌驾于市场规则之上行事。对于这种观点，除了资金管理者外几乎没有人可以反驳。这种理论从某种意义上来说就是走到了尽头，但是人们并没有完全否定它的存在。在商学院的课堂中有关有效市场假说理论的课程依然存在，但只不过是为了课程本身的需要，不再具有任何的实际意义。然而，一个不能回避的事实是，那些认为自己比一般人聪明、完全可以超越市场规则的个人投资者和职业基金经理依然存在，市场并没有因此受到任何影响。综上，巴菲特《格雷厄姆—多德都市的超级投资者们》这篇文章让他在人们心中成了一个传奇，甚至人们中产生了一种狂热，一个属于"沃伦·巴菲特"的体系正在形成。

与巴菲特蒸蒸日上的事业发展不同，有效市场假说理论及其理论基础"资本资产定价模型"的相关研究并没有停滞，理论把触角伸向了投资市场，并在进一步挖掘的基础上提出了新观点——股票市场就是一个有效运营的数据机器。在现实的股票市场中，人们之所以认为投资股票是一种有风险的行为，并不在于投资本质和股票本身的价值相悖，而是在于股价本身存在变动。股价变动率，顾名思义就是指股票价格在多大程度上背离了市场的平均水平和规则。依托这种理论，再加上计算机技术带来的巨大便利，经济学家和数学家们开始了在华尔街的掘金之旅，其经济收益远比著书立说要高得多！

　　投资经理们了解了股价波动率，就能对手里的投资组合重新洗牌，他们的方法是选出股票市场中的核心股票，利用它们或高或低的股价波动率来复制一个类似于市场指数的模型。而投资组合经理了解了股价波动率，就能根据贝塔系数将股票配对并进行套利。[46]股票套利是对冲基金中的一个术语，最简单的描述可以是这样：如果股票市场出现低迷的情况，股票经纪人可以抛售手中的股票以最大限度地减少股市带来的冲击。[47]同购买股票和债券相比，显然股票套利的风险指数要小很多。

　　套利交易是指在两个合约的买卖过程中利用价差谋利的行为。要通过套利交易挣大钱，需要不断地在做空一种合约的同时做多另一种合约。这样一来，容易引发错综复杂的债务问题。对冲基金与套利行为引发的杠杆率攀升，与垃圾债券和收购行为同时增多有关。支持杠杆收购的模式与套利者采用的模式一样，都是有效市场假说的变体。而杠杆与市场、股票的关系越来越像汽油与汽车的关系：如果市场蓬勃发展，给市场一个驱动，市场的发展速度将进一步加快，否则，杠杆就成了负面催化剂，让股票市场陷入崩溃的边缘。[48]

　　正是出于这种考虑，巴菲特和芒格才没有把股价波动率看作风险的一部分，正如后来芒格所说，那根本就是"废话连篇"的说法。巴菲特和芒格认为风险不是指股票套牢亏了钱，而是指"为了保住一份资产而把自己完全陷入其中，而且没有一点解决的方法"。[49]那些可以数十年持有一只股票的人根本不在乎所谓的股价波动率，而利用杠杆收购来积累个人资本的人是无法体会到其中的乐趣的，他们必须要考虑杠杆成本的因素。此外，借债过程中包括时间长短等因素，必须由借出方决定，而不是借入方，这样后者也不存在任何选择的权利。所以投资者很可能等不到市场变化自己得利的那一天就已经坚持不下去了，杠杆成本已经使他们不堪重负。作为借入方，自己将受到什么样的惩罚，也完全取决于借出方的态度和意愿。

不过一旦市场沿着之前人们预测的那样发展，股价波动率的作用就能立刻明显起来。随着时间推移，如果市场没有发生大的波动，投资者们很可能因为赚了点钱就沾沾自喜，"我们还是很聪明的，至少已经超出了市场对我们的控制"，但是他们肯定忘了在此之前还有很大的风险存在，而风险在评估成败的这一刻已经被他们抛到脑后了。[50]

巴菲特摸爬滚打这么多年，始终保持着自己的一贯风格，尽管金融市场发生了很多变化，有些变化甚至是颠覆性的。[51]在费切海默公司收购案中，人们再一次看到了那个熟悉的巴菲特。费切海默公司是一家制作狱警服装的公司，在收购案进行的过程中，包括汤姆·墨菲在内的人都不看好这桩收购，他们担心伯克希尔-哈撒韦随时可能被那些居心叵测的企业掠夺者抢走，因为他们手里握有很多垃圾债券。但是墨菲他们的担心纯粹是多余的，伯克希尔-哈撒韦的绝大部分股票就在巴菲特和他的朋友们手里，足够保证公司的稳定性，再加上"巴菲特"这块金字招牌，伯克希尔-哈撒韦就是一个坚不可摧的堡垒，是人们的庇护所。在完成大都会对美国广播公司收购的第一年里，伯克希尔-哈撒韦的净收益达到了1.2亿美元。人们津津乐道的是，只要巴菲特出手进行收购，新公司的股票价格就能节节攀升，公司将财源滚滚。

接下来的几笔收购让人们看到了巴菲特的真正实力。一家位于俄亥俄州的大型企业斯科特·费策尔公司的总裁拉尔夫·沙伊在一桩杠杆收购的交易中试图把公司变成自己的私有财产，却使公司陷入困境。考虑到当时的股市非常稳定，而且出售公司能给新老板带来巨大的利益，斯科特·费策尔公司开始向外界寻求帮助。这时，一个叫伊万·博斯基的企业掠夺者站了出来，表示将通过收购的方式把公司变成自己的财产。

巴菲特自然清楚这一切，他在写给拉尔夫·沙伊的信中表示并不愿意蹚恶意收购的浑水。"我们不做不道德的买卖，但如果你希望两家公司合并，不妨给我打电话。"沙伊采纳了巴菲特的这个建议，不久后，伯克希尔－哈撒韦用4.1亿美元完成了对斯科特·费策尔公司的收购。[52]两年前，巴菲特收购了内布拉斯家具城，而两年后收购的新公司的规模足足比其大了7倍！这桩交易也开了一个先河，巴菲特第一次邀请上市公司的原首席执行官为自己做事，之前巴菲特收购的从来都是私人企业。而对于沙伊来说，这也是值得庆幸的，他的老板不是别人，而是大名鼎鼎的巴菲特！

　　另外一个见证巴菲特魔法的就是杰米·戴蒙，他是美国大型证券公司希尔森－雷曼公司首席执行官桑迪·韦尔的助理。当时，希尔森－雷曼公司的母公司是美国运通公司。[53]它希望能以管理层收购的方式将其旗下的保险公司消防员基金公司卖给韦尔。此前，韦尔已经从巴菲特的GEICO公司挖来了杰克·贝恩，并要求贝恩管理消防员基金公司。面对这种情况，戴蒙求助于巴菲特，希望巴菲特能用有形的资金和无形的威望来介入这笔交易，一起管理消防员基金公司。

　　尽管巴菲特和贝恩有着深厚的感情，但他对于贝恩的离开并不感到特别惋惜。不过由于贝恩在GEICO公司工作多年，很多工作还都留有他的影子，巴菲特不得不花时间和精力把贝恩离职带来的负面影响降到最低。当公司逐渐恢复元气后，巴菲特告诉GEICO公司里的每一个人，要把精力放在公司的核心项目上，也就是那些确实进行的项目。为了填补贝恩离开的空缺，巴菲特任命卢·辛普森作为公司新的投资主管。这位土生土长的芝加哥人最大的特点，就是对那些速成的交易还有那些需要大规模投资的股票并没有兴趣。也许就是这个缘故，巴菲特很快就把辛普森纳入了巴菲特集团之中，而他也颇受巴菲特的赏识，全权掌管投资业务，成为巴菲特唯一信任的可以独立投资其他股票的高管。在工作中，巴菲特惊奇地发现辛普森和贝恩其实很相似，有的时候，辛普森也会生出叛逃之心，但是巴菲特总有方法把他留在自己身边，好在辛普森和贝恩并不是同事关系，否则巴菲特要想留下辛普森，难度很大！

　　尽管现在巴菲特和贝恩并不共事，但他知道贝恩具有点石成金的能力，几乎任何一个他参与的项目和行业都能得到回报，所以当被问到是否要投资于消防员基金公司时，巴菲特的答案是这样的："绝对不能给贝恩留下什么，哪怕只是一张餐券！"后来，美国运通公司决定剔除韦尔在这桩交易中的份额，选择把消防员基金公司的股票直接进行公开发售，任命贝恩出任公司的首席执行官。美国运通公司自然清楚巴菲特的名气，也知道如果他能加盟董事会，必将吸引更多的投资者，于是他们为巴菲特提供了一份回报丰厚的再保险业务合同。巴菲特欣然接受，也开始扮演贝恩和他的董事会私人顾问的角色。看到这一切，韦尔感觉自己被公司出卖了，而把怒火转嫁到了巴菲特身上。尽管之后韦尔收购了旅行家保险公司，并开始建立属于自己的王国，但这依然不能消除他对巴菲特的仇恨。从那时开始，巴菲特就成了韦尔的敌人。

从美国运通公司到桑迪·韦尔，发生的一切让世界再一次体会到了"巴菲特"这个姓氏能产生的巨大影响力。到现在为止，巴菲特已经和很多重大交易联系在一起，他要么亲身参与了投资项目，要么在很多笔交易中扮演了顾问的角色。在包括大都会广播公司、消防员基金公司、《华盛顿邮报》、GEICO和奥马哈国民公司等在内的集团中，巴菲特的身份不是公司的董事会成员，就是公司的幕后老板。随着公司规模的扩大和投资范围的扩张，巴菲特必须做出选择，究竟是以合伙人的身份继续在公司做事，还是担任公司的首席执行官……

在这之前，巴菲特的身份并不明确。在伯克希尔-哈撒韦，他更像是一个基金管理者，负责为合伙人管理财产但却不收取任何费用。在写给股东们的信中，巴菲特表示自己做出的任何有关投资的决定都是以个人的行为准则作为评判的依据，是他自己建立了公司的分配制度，这也是巴菲特为了避免公司将钱进行集体捐赠而想出来的一个办法。他拒绝分割公司股份，同时也从来不让伯克希尔在纽约证券交易所上市。在他看来，股东的合作团体更像是一个俱乐部。"尽管公司是法人性质的，但是我们内部的关系非常平等，我们就是合伙关系！"巴菲特是这么说的，而且也是这么做的。

但另一方面，巴菲特很迷恋作为公司首席执行官的一切，仿佛他是高高在上的神，是公司中一切的决策者。各行各业的人，包括那些政客、记者还有自己的同行——其他公司的首席执行官都来向巴菲特讨教，寻求他的帮助，这让巴菲特充满自豪感。而随着巴菲特名气的增长，他对华尔街股市的影响越来越大，甚至出现了一种风潮，人们衡量一笔交易是否具有重量级的标准，就是看巴菲特是不是也投身其中。但巴菲特对于伯克希尔的情感没有变，毫不夸张地说，伯克希尔就是巴菲特个人生命的延伸！

一直以来，巴菲特的双重身份还是得到他个人、公司还有股东们的认可的，两种身份之间的界限并不明显。但是现在，却到了抉择的时候，巴菲特必须要在公司的合伙人和管理者职位之间做出选择，两者只能择其一。

为什么巴菲特要面临这样的选择？原因就是税费问题的出现。一直以来，伯克希尔就在企业所得税问题上颇受困扰，如果公司改成了合伙性质，伯克希尔就不用再面对企业所得税的问题。而另一方面，巴菲特一直在免费为伯克希尔的股东们进行投资，这是一笔非常合适的买卖（除了巴菲特，所有人的利益都不会受到损害）。从股东忠诚度这个角度来说，人们也希望巴菲特能够这么做。但是在1986年，美国国会通过了一项关于税收制度改革的法令，废除了之前一直存在的"一般实用原则"（General Utilities Doctrine）。在此之前，一家公司在卖掉自身财产的时候只需要完成清算并将资产所得分配给股东即可。而现在，股东们在接受公司财产的时候还必须为这些资产缴纳一定比例的税额，好在这些资产不用被二次征税。

一般实用原则的废除，意味着以后对公司清算将征收双重税收，不仅公司赢利要交税，股东的资产分配也要交税。因为双重税收的数额非常惊人，一时间国内的封闭型控股公司和家族企业争先恐后地在这项法令正式实施之前开始进行清算。巴菲特在致股东的信中经常说伯克希尔的规模太大了，其资金已经成为投资获利的一大障碍，可以将其资产重新分配，然后组成一个更加容易管理的资金规模（仍然多达数十亿美元），建立新的合作关系，用不了几个星期就能重新开始投资（当然，费用也得重新收）。由于当时伯克希尔的资产负债表上仍然有12亿美元的未实现利润，如果巴菲特真的对伯克希尔进行资产清算，那么他给股东的分红就能避掉4亿多美元的税，且有机会避免双重征税，公司也可以在一种新型的合作关系下重新开始经营，[54]但他没有这么做。

在巴菲特的年度报告中，他用大量的篇幅来讨论有关清算、避税的话题，并否决了预先清算的想法。"举个例子，伯克希尔可以选择进行清算，当然我们并不需要这么做，根据政府推出的新法令，我们的股东们就要缴纳一定的税款，这样他们手里最后剩下的资产肯定会比在新法令推行前手里清算完成后分到的资产要少。"[55]

做事老派的巴菲特自然不会对银行账户里无缘无故增加1.85亿美元满不在乎，而且他还能获得不用缴纳企业所得税而重新开始的机会，要知道就是企业所得税才让巴菲特决定不对伯克希尔-哈撒韦进行清算的，而这除了给巴菲特个人带来一定损失外，其他什么负面影响都没有。但这种原始的贪婪欲望已经不能影响巴菲特的任何决定了，正因为贪婪，巴菲特比任何人、比公司任何一位股东交的学费都多！不过考虑到伯克希尔-哈撒韦的发展，巴菲特决定放弃公司合伙人的身份，专职扮演公司首席执行官的角色，这一切都是因为巴菲特对伯克希尔-哈撒韦的感情，要不是这个特殊因素的存在，公司的资产清算早就已经可以进行了。

至此，巴菲特完成了自己的选择。这样，伯克希尔-哈撒韦也就像宝洁、高露洁-棕榄一样拥有了一位自己的首席执行官。这也意味着，就算有一天巴菲特走到了生命的尽头，公司也不会因为他的离开而消亡。

不过现在的伯克希尔-哈撒韦依然是难以管理的，由于公司旗下的分支太多，很多都属于不同的领域和部门，为这样一个组织进行经济价值评估本来就是一件不轻松的事。也难怪后来芒格戏称伯克希尔-哈撒韦就是一家"冷若冰山的公司"，公司的规模在无限制扩大，但是它的所有者却得不到任何好处。不过从另一个方面来考虑，如果公司的所有者和经营者可以轻轻松松地在公司予取予求，这样的公司还能有什么价值呢？恐怕什么也没有。

在为伯克希尔-哈撒韦积累财富的问题上，巴菲特的贡献已经超出了公司里任何一位股东的想象，而且他有事实为证。巴菲特有一张属于自己的记分卡，这张记分卡记述了多年来巴菲特的经营轨迹，和每年面对股票市场上的种种压力来比，这张记分卡带给巴菲特更多的则是享受和一份舒适、轻松的心情。从之前的双重身份转变到现在只担任公司的首席执行官，巴菲特再也不用作为一个绝对权威人来行事，而且他也不用再去面对那些令人头疼的数字，因为从一开始巴菲特进入股票市场以来，就有一些人在评论他的投资行为。[56]除了这些已经免去的灾难，担任这一家"冷若冰山的公司"的首席执行官也能让巴菲特体验到久违的乐趣。他在布法罗地区拥有一家报社，他写给股东们的那些信也在报纸上的一个专栏里发表。除此之外，他和其他那些首席执行官似乎没有太多的交集。从巴菲特成为公司首席执行官的那一天起，他就算正式走进了企业首席执行官俱乐部，但是和其他首席执行官不同，巴菲特没有任何恶习——他不会去住所谓的五星级酒店，不以收藏名酒、名家作品为乐，也没有见他购买豪华游艇，抑或是另觅爱人，找一位漂亮的花瓶小姐做自己的太太。"花瓶？我从来不认为花瓶太太是对自己的奖励，在我看来，那样的奖品是给失败者准备的！"巴菲特说。

但1986年的某一天，巴菲特的态度似乎发生了改变。一天，他给好朋友小沃尔特·斯科特打电话。斯科特是地地道道的奥马哈人，他和巴菲特是同乡，和自己的父亲一样，斯科特一直在为彼得·基威特父子公司工作，他的血液里充满了商人的DNA，但又不失风趣和幽默。在彼得·基威特父子公司，小沃尔特·斯科特接替基威特成为这家公司的老板。在之后发生的美国联邦高速公路的投标串通丑闻案中，他登上了美国各大新闻报刊的头版，这使得彼得·基威特父子公司在任何涉及政府基金的合同中投标的资质受到质疑，严重威胁了公司的生存。不过最终斯科特还是凭借着自己的坦率与平稳的做法以及一系列的改革措施（他选择与政府部门进行交易，而这样的风险是很大的，动不动就可能让公司陷入生死边缘），帮助公司回到了之前的轨道。[57]对于巴菲特来说，斯科特是值得信任的，所以凯瑟琳·格雷厄姆偶尔几次来奥马哈看望巴菲特时，都选择住在斯科特家。

巴菲特在打给斯科特的电话中这样说道："沃尔特，你觉得我买一架私人飞机怎么样？"巴菲特之所以给斯科特打电话，是因为他知道彼得·基威特父子公司内部有若干架飞机，主要负责接送来自偏远地区的合作伙伴。

斯科特的回答是："你不用问我，我想你自己能找到合适的理由！"

两天后，已经找到答案的巴菲特再次打电话给斯科特："沃尔特，我已经找到答案了，现在我想问你的是，怎么找到飞行员帮你开飞机，还有你是怎么对飞机进行保养的？"

为了让巴菲特解开心中的疑惑，斯科特邀请巴菲特小试了一下彼得·基威特父子公司刚刚购进的新款飞机。飞了一圈后，巴菲特小心翼翼地走了出来，随后立即购买了一架"猎鹰20"，型号和斯科特邀请他试乘的飞机一模一样，而这架飞机也成了伯克希尔的专机。[58]这样，巴菲特的个人空间更多了，他也可以更好地掌握自己的旅行时间表了。一直以来，隐私和自由支配时间都是巴菲特最在意的事情之一，一架飞机帮他解决了很多问题。

不过购买私人飞机也让巴菲特违背了自己的一贯原则，那就是不浪费一分钱。杜绝浪费是巴菲特人生的首要信条。他永远也不会忘记与凯瑟琳·格雷厄姆在机场打电话的那件事。有一次在机场，格雷厄姆要打个电话，需要10美分，由于没有零钱，她向巴菲特借钱。当巴菲特掏出口袋里仅有的一枚硬币时，发现是25美分。他毫不犹豫地转身去换零钱，格雷厄姆知道巴菲特是不想浪费，她连忙叫住了巴菲特，用半开玩笑的口气说就让她浪费掉这15美分吧。对于巴菲特拥有的财富来说，这浪费掉的15美分就像是乘坐飞机在飞越乞力马扎罗山时丢掉一磅的货物一样不值一提，而此时巴菲特正在给自己找借口，找一个能解释自己买了一架飞机又雇用了两名飞行员这种行为的借口。在巴菲特自己看来，这无异于古埃及法老那样奢华的生活，但是如果真的要为浪费找借口，巴菲特无视清算而损失的1.85亿美元更需要他的解释。

是啊，巴菲特一向吝啬的性格和昂贵的飞机之间形成了鲜明的对照，他宾夕法尼亚大学的舍友克莱德·赖格哈德却给出了其中的答案，不过这样的说法听上去有点令人尴尬。"他购买这架飞机的目的无非是希望给自己省钱，当然也能省些时间。"[59]听到这种说法，巴菲特在股东大会上也拿自己开玩笑："我啊，就是工作的时候太吝啬，而出去玩的时候舍得花钱！"

这架"猎鹰20"，作为唯一一件属于巴菲特的奢侈品，也让他步入了一个全新的阶段。即便如此，巴菲特"吝啬"的性格也没有改变多少。即便打着代表绅士身份的领结，巴菲特也并没有真正融入所谓的名流社会，他依然是芒格口中那家"冷若冰山公司"的首席执行官。1987年，大使沃尔特·安嫩伯格夫妇邀请时任美国总统的里根及夫人、巴菲特和苏珊到著名的棕榈泉国际公寓度周末。其实在此之前，巴菲特就已经和里根夫妇见过面了，那是在凯瑟琳·格雷厄姆位于马撒葡萄园的别墅里，而且巴菲特还与里根总统在白宫一起用过餐，但是与总统先生度过一个周末，对于巴菲特来说还是第一次。

"一切都是精心安排好的，这里的一切都是为沃尔特这样的人设计的，偌大的一个房子里，除了你和你的太太就是50多个服侍你的人。墙壁上挂着动不动就是价值亿万美元的名画，而我在那里就像是一个看客，只有我对这些艺术作品一窍不通。要是我，倒是希望墙上挂着的都是《花花公子》的封面。"相比之下，苏珊对这些高雅生活的适应要比巴菲特好很多。

我们住的是一间叫作忧郁蓝色的房间，床单是蓝色的，牛仔裤也是蓝色的，连屋子里的书的书皮都是蓝色的，一切都是蓝色的。在那里，每一个客房都有两名女仆，她们负责我们的早餐，每天早晨她们都在规定的时间给我们送上食物，就连托盘每次都是在同样的时间放在同样的位置上，到了规定的时间她们又会把东西收走。

每天晚上我们都要穿晚礼服出席晚宴活动，每个门口早已经站好了两名女仆，她们会非常训练有素地告诉你："夫人，您今天真是太漂亮了。"而为我服务的那位女仆则看着我咯咯笑，也许她已经为我的到来准备了几周的时间，在想面对我的时候应该说些什么，但是真到了我面前，却不知道说什么了。

在这里，沃尔特为自己准备了专门的9洞高尔夫球场。球座排列得非常整齐，而那些高尔夫球码放成一个金字塔的形状。如果他一天被安排了4轮四人赛，他会说球场安排不开这么多比赛，留下一场回阳光之乡乡村俱乐部去打吧。我自然愿意去那个俱乐部挥上几杆，阳光之乡乡村俱乐部的服务很好，在球被拿走后，会有专人把球码放整齐，依然像之前金字塔的形状，这样的生活对于我来说，如同梦幻一般。

对于金字塔和法老的奢华生活，巴菲特有自己的见解，但他并不排斥和安嫩伯格这位大使先生一起打球，因为他很喜欢安嫩伯格，也喜欢和他打球。巴菲特并不认为自己要过和安嫩伯格一样的生活，因为每个人都有选择自己生活方式的权利。当然，巴菲特不会抨击安嫩伯格选择的这种方式。那个周末，安嫩伯格成了巴菲特身边最好的朋友，一直陪伴在他左右，而总统里根则成了他们在高尔夫球场上的玩伴。巴菲特知道这个周末有很多特工人员一直在保护着总统，但是他们的隐蔽工作做得很好，即便巴菲特把高尔夫球打到了水里，这些特工人员也没有现身捡球，这让巴菲特一睹特工人员的希望落了空。

对于里根，巴菲特有一种很复杂的情感：一方面他很欣赏里根提出的关于"地缘政治学说"的思想；但是另一方面，在里根执政期间，美国从世界上最大的债权国变成了最大的债务国，这一点让美国经济受到了严重的冲击。随着垃圾债券和杠杆交易在华尔街的兴起，美国政府和美国经济都陷入了巨大的债务麻烦中，这在巴菲特眼中就是经济疲软的突出表现。处于疲软市场中的人可能会这样说："我很荣幸能在周二请您吃汉堡！"[60]而要是巴菲特，他邀请别人去品尝的就是牛排了，股市中的巴菲特从来都不是无能的，这一点可以从公司的资产负债表中得到证实。

伯克希尔-哈撒韦的业绩让人想入非非，而公司首席执行官巴菲特更是与美国总统共进晚宴、切磋球技，这样的经历和背景让巴菲特成为人们心目中财富的代名词，人们认为他就是一切经济智慧的源泉所在。再加上斯科特·费策尔公司收购事件，巴菲特更是成了伟大的保护者的化身。每一个试图对巴菲特还有他的公司进行分析研究的人最终都得到一个令人赞叹的数字，认为巴菲特本身就是一个奇迹。在过去23年的时间里，伯克希尔-哈撒韦股票的票面价值每年都能以23%的速度高速而稳定地增长。那些最初和巴菲特合作的商人每投入1 000美元就能得到110万美元的回报。伯克希尔的股价达到了每股2 950美元。巴菲特的个人身价高达21亿美元。这样的数字怎么能不令人眼花缭乱！巴菲特作为一个商人，一个基金投资者，他的财富已经能在美国排到第九位。这在美国历史上是前所未有的，说得直白一点，巴菲特不过就是一个拿着别人的资金进行投资的人，但就是依靠这种方式，他成功地跻身名流，成了众多投资者仰望的对象。别人投入了金钱，而巴菲特投入了自己的眼光和智慧，这样就成就了他数以亿计的财富，而他的手段不过就是买卖股票，进行投资。随着名气的增长，越来越多的人来到巴菲特的面前向他寻求帮助。

这一次给巴菲特打电话的是时任所罗门兄弟公司首席执行官的约翰·古特弗罗因德，在1976年巴菲特的GEICO出现危机险些破产的时候，古特弗罗因德伸出了援助之手，帮助GEICO渡过了难关，两人也因此结下了深厚的友谊。

在当时古特弗罗因德帮助巴菲特渡过难关的过程中，他既显示了所罗门兄弟公司的优势，同样也暴露了公司的不足。当时GEICO股票的承销完全取决于一名普通股研究分析师的观点。在那个年代，在股票发行市场有一定地位的公司，一般会承接那种规模小，即使失败也无须承担什么法律义务的交易。但所罗门兄弟公司不是这样的企业，这是一家做事果敢、坚决的公司，而且没有那么多的官僚作风，他们之所以敢拿下与伯克希尔的这份合同，还有一个很重要的因素就是他们需要这份合同。对于那些能帮助自己的人，特别是那些能帮助自己赚钱的人，巴菲特一向是充满好感的，古特弗罗因德身上那种略带保守、充满智慧，但是又有点喜欢凌驾于别人之上的性格深深地吸引了巴菲特，增加了巴菲特对这个自由的、本色突出的银行家的信赖。

古特弗罗因德出生于纽约市的斯卡斯代尔镇。小镇距离纽约市不远，因被高尔夫球场环绕而闻名。他的专业并不是经济管理，而是在欧伯林学院主修文学，并打算将来成为一名英语教师，但是父亲的一个高尔夫球友却把他带入了商业领域，这个人就是比利·所罗门，所罗门兄弟公司创建者的后人。

1910年，阿瑟·所罗门、赫伯特·所罗门、珀西·所罗门创建了所罗门兄弟公司。最开始他们的启动资金只有5 000美元，公司的发展方向是短期借贷。而就在不到10年的时间里，所罗门兄弟公司这家规模不大的小公司居然通过把自己注册为政府的证券交易商之一挖到了一个大客户——美国政府部门。有了政府部门的认可，所罗门兄弟公司通过集中力量于自己的核心业务——债券交易，奋力打拼、审慎经营，再加上对客户忠诚，使公司在之后的30年里规模迅速扩大。[61]反观其他经纪公司，不是由于经营不善过早地关门大吉，就是走上了被吞并的不归路。

古特弗罗因德进入所罗门兄弟公司后，比利·所罗门给他安排的职务是交易助理。每天，古特弗罗因德看到的都是一个个忙碌的身影，人们手里拿着电话，脑子里想的全都是如何通过债券买卖帮助客户实现利益最大化。在这样一个大环境的影响下，和大多数人一样，古特弗罗因德在为所罗门兄弟公司服务的过程中也学到了很多东西。到1963年，也就是古特弗罗因德34岁那一年，他的业务已经相当熟练，并顺利成为公司的股东。一直以来，比利对公司的管理一直采用铁腕政策，他说的每一句话对股东们来说都是他们的行事指南，就算股东们得到了公司的分红，比利也不允许他们以利润或者奖金的方式分年拿走，而是必须要留在公司里，以防公司遇到不测。

比利·所罗门在1978年退休前把公司大权交到了古特弗罗因德的手上。三年后，古特弗罗因德在他的朋友兼顾问位于东开普敦的海滨别墅，说要把所罗门兄弟公司出售给一家名叫菲普诺（Phibro）的大型日用品交易公司，两家公司在重组后将更名为"菲普诺-所罗门公司"。在整个重组过程中，古特弗罗因德和新公司的股东们平均每人拿到了大约800万美元的利润，而包括比利·所罗门在内的公司老臣们则一分钱也没有捞到。[62] 为什么？理由很简单，因为这些所谓的元老早已退休了。难怪当时某位曾经出任所罗门兄弟公司董事的商人认为发生的这一切是一个悲剧：是现代版的俄狄浦斯，儿子最终杀死了自己的父亲。

公司完成重组后，古特弗罗因德和菲普诺公司的总裁戴维·滕德勒一起出任新公司的联席首席执行官，这也注定了两人站在了跷跷板的两端，当古特弗罗因德主管的部门业绩蒸蒸日上时，滕德勒负责的部门则面临前所未有的难题，古特弗罗因德抓住这个时机，把自己的合作伙伴踢出了局，之后古特弗罗因德成了新公司绝对的主人。

得偿所愿成为公司的老板后，古特弗罗因德开始对公司进行大刀阔斧的改革，先后增加外汇交易、股票交易及承销三项，并将原有的债券市场扩大到了日本、瑞典、德国等国。此外，古特弗罗因德并没有放弃引进人才，华尔街股市里出现了很多学院派的研究员，那些曾在学校教课的教授也开始出现在股票市场。有了这样的大背景，所罗门兄弟公司[①]里拥有博士学位的人不断增加，他们利用所学的知识解开资产剥离、拆分、运输、抵押以及债券问题中的数学之谜。但这些只是所罗门公司腾

---

① 即便两家公司完成了并购并更名为"菲普诺-所罗门公司"，也没有彻底消除所罗门公司在人们心中留下的印象，人们还是喜欢把这家公司叫作索利——所罗门的昵称，直到1986年这个名字被停止使用。

飞前的铺垫，直到进入了一个全新的行业——债券市场，菲普诺-所罗门公司才一举从一家中等规模的公司发展到华尔街股市的龙头企业，而这一切不过用了几年的时间。

鼎盛时期的所罗门公司规模很大，单是公司的交易大厅，占地面积就能达到一个飞机库面积的1/3。大厅里人山人海，烟雾弥漫。大厅的中间摆了两排桌子，桌子旁边挤满了交易人员、销售人员还有交易助理，大多都是弯着腰对着电脑屏幕计算股票盈亏，即便吃饭，他们也是一只手拿着比萨，一只手拿着电话听筒，可见工作十分紧张。这里每天都像打仗一样，人们的抱怨声、诅咒声夹杂在交易过程中，而所有这一切都围绕着股票买卖这个永恒不变的话题。每天早晨，古特弗罗因德都像从炮膛里飞出来的炮弹一样从办公桌冲到大厅通道口，瞪着眼睛，透过角框眼镜观察大厅里的情况，而他的手里总会拿着一根香烟。

那些在交易大厅工作的人有一个最大的特点，他们都对竞争有着特别的感情，以把对手置于死地为自己最高的目标，这也从客观上促进了古特弗罗因德和他的公司的发展。所罗门公司成了债券承销市场的佼佼者，古特弗罗因德也因此出名，美国《商业周刊》称他为"华尔街之王"。[63] 此外《商业周刊》还披露了古特弗罗因德在所罗门公司实行的高压政策——这一点古特弗罗因德和他的导师、一手将自己提拔起来的比利·所罗门没有什么区别。一旦公司出现问题，古特弗罗因德绝不轻易放过任何一个人。换句话说，为了平息出现的争端，古特弗罗因德很可能把每一个人都列为怀疑对象——排查。[64]

1985年，所罗门公司发展到顶峰，这一年，公司的税后纯利润达到5.57亿美元，但是包括股票部门在内的一些公司新近扶持的部门并没有给公司带来预期的利润，因而公司内部的竞争出现了近乎失控的局面。面对这个千载难逢的机会，所罗门公司的竞争对手开始了挖角行动，一批帮助公司创造了巨额财富的主力干将面对高薪的利诱相继离开，古特弗罗因德意识到了公司面临的危机，希望通过提高员工待遇的方式来挽留人才，但他并没有对股票交易和投资银行两个部门的员工流失采取任何动作，因为这两个部门就是上文中提到的令古特弗罗因德大为光火的两个部门。不过古特弗罗因德还是给这两个部门提出了一份5年规划，希望他们能在5年的时间里弥补自己给公司带来的损失。他希望能用这种强硬的方式来掩盖自己性格中的弱点，其实古特弗罗因德是一个很不愿意用非常强硬的态度和正面冲突的方式来解决问题的人。随着时间的推移，古特弗罗因德在交易大厅里待的时间越来越少，但公司里依然处处弥漫着一种紧张的气氛。"我的问题在于，在处理人际关系时总是考虑太多。"[65]事后，古特弗罗因德曾在采访中道出了当时自己的苦衷，不过虽然当时是古特弗罗因德在主持所罗门公司的业务，但当公司出现问题的时候，外界舆论的批评不是冲着古特弗罗因德，而是指向了他的妻子苏珊·古特弗罗因德。

20世纪80年代几乎有10年的时间，苏珊·古特弗罗因德一直以各种各样的理由"征得了"丈夫的同意留在纽约曼哈顿中心区，在这里她可以经常见到丈夫的前任老板比利·所罗门，苏珊经常要求已经退休的所罗门带她出席各种社交活动。刚开始，古特弗罗因德并不赞成妻子的这种做法，但后来，他的态度发生了改变，甚至很欣赏妻子的做法。用古特弗罗因德的话说，这样可以拓宽他的人脉。苏珊在纽约打开局面后，古特弗罗因德正式进入了纽约名人圈，在这个过程中，要想从他身上找到谦虚、节俭的优点，也变得越来越困难了。

"要想成为一个富人，付出的代价还不小呢！"一次，古特弗罗因德和美国出版业巨子，也是《福布斯》财富榜单创始人马尔科姆·福布斯聊天时抱怨道。[66]虽然他这样的说法非常有讽刺意味，但的确还是非常坦率的。其实这也是古特弗罗因德夫妇生活的真实写照。古氏夫妇每次宴请宾客的时候豪华至极，邀请函完全都是由司机登门送上，邀请函的上面还别着黄玫瑰。苏珊宴会前要沐浴，她喜欢在沐浴后喷上冰冻的香水，为此她特意在浴缸旁边放了冰柜。为了追求时尚的法国气息，苏珊连说话的时候都非常刻意，要是有电话打到公寓，她必然让管家用法语来接听。第一次与总统夫人南希·里根会面时，爱表现的苏珊也用法语向第一夫人致敬："夫人，早上好！"在古氏夫妇位于纽约海怡大厦的家里，更是弥漫着浓郁的法兰西情调：客厅里铺着价值百万美元的地毯，放着一个价值百万美元的法国古董。除了家里这样，苏珊也没有放过古特弗罗因德的办公室。他的办公室里摆满了各种各样的装饰，不知道的人还以为来到了"法国的风月场所"。[67]古氏夫妇在法国还购买了一处18世纪的古堡作为寓所，而他们的邻居就是世界著名时装设计师纪梵希。有了这种便利，苏珊邀请纪梵希为她量身设计服饰。圣诞节将至，苏珊希望能在纽约的家里放上一棵圣诞树，但当一台起重机未经许可出现在顶楼的露台，用来在她家客厅安放一棵高22英尺、重500磅的圣诞树时，她却遭到了邻居们愤怒的投诉。[68]古特弗罗因德夫妇也多次登上杂志封面，而苏珊因此赢得了登上大银幕的机会，在由汤姆·沃尔夫的纪实小说改编的电影《虚荣的篝火》中得到了一个角色。[69]面对外界的抨击，苏珊的朋友们都为她辩解。但是纵使指责苏珊的声音有多么刺耳，也没有人站出来指责这样奢华的生活分散了古特弗罗因德的注意力，对于这种说法，即便是古特弗罗因德本人也没有质疑，一点儿也没有。[70]

那个时期出版的一些公司发展史的内容可以让我们从一个侧面了解古特弗罗因德这个人。里面描写的古特弗罗因德并不是那种独断专行、喜欢把自己的意志强加给别人的人，其实他是一个"很能体谅别人，愿意尽自己最大能力让别人感到舒服的人"。但是作者也表示古特弗罗因德是"最后的决策者"，"某一话题，只要他在咨询相关人员后给出决断，那么这肯定就是最后的答复，不可能有任何更改"。[71]事实上，一些之前和古特弗罗因德共事的人——他们现在的职务至少应该是"主管"级别，正在酝酿一场挑战古特弗罗因德权威的战争。这么长时间以来，他们对古特弗罗因德、对所罗门兄弟公司的忠诚，走到了终点，他们抨击古特弗罗因德奢华的生活作风，并开始了相互之间的权力争夺战。

到1986年底，随着员工工资支出的不断攀升——那一年，所罗门公司的员工数量增加了40%——公司的利润出现缩水，部门主管们差一点儿就把古特弗罗因德赶下台来。没有钱赚，所罗门公司的股东们开始坐不住了，公司最大的股东、来自南非的米诺卡（Minorco）公司率先发难，越来越对所罗门公司失去耐心的它们正告古特弗罗因德要出售公司的股份。不过之后，所罗门公司内部的部门主管们也没有什么动作，一切似乎又恢复了平静。但这并不能缓解南非公司的态度，当时道琼斯工业指数增长了44%，所罗门公司的股票却持续走低。但在很长一段时间的寻找后，米诺卡公司终于找到了接管自己麻烦的买家，一个叫罗恩·佩雷尔曼的企业掠夺者，正是他之前完成了对美国著名化妆品品牌露华浓公司的收购。

所罗门公司的管理层自然不希望为佩雷尔曼或者是他任命的任何一个人卖命。[72]思考再三，古特弗罗因德不得不向巴菲特发出了求救信号，希望他能像之前帮助斯科特·费策尔公司那样扮演"救星"的角色，对所罗门公司进行投资以避免佩雷尔曼可能发起的收购挑战。[73]

客观地说，所罗门公司在销售市场上的实力还是有目共睹的，这一点令巴菲特很欣赏。令巴菲特头疼的是，这家之前曾在投资银行业呼风唤雨的公司现在由于受到市场压力的影响只能去开发新的商业银行业务，但所罗门公司通过垃圾债券来融资完成公司收购的做法却为巴菲特所不齿。对于竞争激烈的并购业务，所罗门公司还是一个新手。[74]想从这一潭浑水中把所罗门公司解救出来，古特弗罗因德深知并不轻松，短短一年的时间里，他明显苍老了很多。[75]

但所罗门公司还有一个不得不提的优势，就是它重新构建债券市场的能力。这一点足以吸引巴菲特，毕竟在当时很难找到能够带来巨额回报的收购买卖。[76]尽管巴菲特对垃圾债券深恶痛绝，但他也不能回避公司收购将不可避免地使用这个他并不喜欢的方式。所以，巴菲特开始投机取巧地对交易实施套利：逐渐减少收购者手中的股票持有额，并不断增加被收购者手中的股票份额。由于所罗门公司绝大部分的利润来自套利债券部门，公司其实就是一部套利机器。不过鉴于这也是华尔街的普遍现象，巴菲特也只能接受现实，并慢慢习惯这样的运作模式。

随着古特弗罗因德希望巴菲特完成收购的心情日益迫切，股神也嗅到了金钱的味道。为了尽快完成收购事宜，古特弗罗因德表示将向巴菲特提供一笔7亿美元的优先股股票，可以分配到15%的公司利润。[77]在所罗门公司内部，古特弗罗因德用非常强硬的态度向员工们通报了这个消息。公司内部早已因为即将到来的收购而人心惶惶，这个时候古特弗罗因德用非常强硬的态度让下属设计一种股票，能够让巴菲特实现通常只有在垃圾债券上才能获得的收益。最终，在1987年9月28日，也就是犹太新年那一天，巴菲特正式与所罗门公司签订了交易合同，巴菲特买进了所罗门公司的优先股。之所以选择这一天是因为在犹太人的观念里这一天是不能工作的，即便佩雷尔曼知道了巴菲特买进所罗门股份的消息也无可奈何了。那一天，巴菲特一个人飞到了所罗门公司在纽约的总部，在律师的见证下签下了这份合同。巴菲特的表情看上去很轻松，他没有带助理，没有带公文包，甚至连文件夹都没有带。与古特弗罗因德握手后，巴菲特签了约，在这份合同中还有一个条件就是附带了9%的息票，当股票价格达到每股38美元，优先股可以转成普通股票，这个条款对于巴菲特具有非常重要的意义。[78]

根据双方协议，在所罗门公司的股票达到每股38美元前，所罗门公司要向巴菲特支付9%的股息，一旦公司股价达到每股38美元或之上的任何价格，那么巴菲特有权将优先股转化为普通股。但如果股价走低，巴菲特可以选择撤资，放弃手中持有的所罗门公司的股票。[79]不过巴菲特并没有这样做，他在所罗门公司得到了15%的分红，远远超出了之前的预期，这也证明这桩交易本身一点儿风险也不存在。[80]

进入所罗门公司的第一年，巴菲特得到了6 300万美元的红利，比蓝筹印花公司和伯克希尔在《布法罗晚报》和喜诗糖果公司上投入的总和要高得多。但是所罗门公司内部却对古特弗罗因德与巴菲特的这笔交易严加斥责，员工们都很愤怒。[81]他们认为古特弗罗因德在面对米诺卡公司收购时的态度太过犹豫，这才让公司陷入了极度危急的局面，所以只能找巴菲特过来救火，最终的结果也只能是付给巴菲特超出原有价值的回报。但从巴菲特的角度来讲，这是一笔划算的买卖，就像作家迈克尔·刘易斯之后描写的那样，巴菲特"再一次娴熟地证明了自己的安全边际和收益理论，在保证所罗门公司不破产的前提下，自己的利益实现了最大化"。[82]

除了巴菲特这笔巨资的注入，在交易过程中，所罗门公司还得到了什么？没错，就是股神的声望。不过古特弗罗因德在所罗门公司的权力也有所削减：巴菲特和芒格都成为所罗门公司的董事会成员。其实两个人早就对所罗门公司加以关注了，在签订注资协议前，巴菲特特意从国外飞回纽约，与芒格一起视察所罗门公司的运营情况。

站在古特弗罗因德办公室门外，他的办公室旁边就是所罗门公司的交易大厅，巴菲特第一次如此近距离地接触这家公司：几百名交易员坐在电脑前面，几乎每个人都在打电话谈业务，屋子里还夹杂着人们的谩骂声和诅咒声，大厅的气氛有点儿纷乱，这里的空气并不是很流通，弥漫着一层雾气。从他们的表情看上去，这些交易员的工作很紧张，香烟成了他们排解压力最好的方式。

看到这些，芒格环抱着双臂对巴菲特说道："沃伦，你确定要投资这家公司吗？"

巴菲特没有说话，他注视着交易大厅熙熙攘攘的人群，注视着里面嘈杂的环境，等了好一会儿，他才慢慢给出了一个答案："嗯，是的。"[83]

47
不眠之夜

纽约　1987—1991年

用"点石成金"来形容巴菲特对所罗门公司的收购并不为过,至少在外人眼中是这样的。这位来自奥马哈小镇的先知以令人惊叹的手笔完成了这次收购,但是你会惊讶地发现,这位世界首富和你身边的人并没有太多区别,他的"豪宅"只是一栋价值31 500美元的房子,而他开的车还是8年前购买的那部凯迪拉克。在巴菲特身上,唯一与那些富豪的相同点恐怕就是他对华尔街银行的投资了。

事实上,巴菲特起先并不赞同华尔街的那些做法,而现在他却成了这里的一部分。在写给伯克希尔股东的信中,他抨击了华尔街利用垃圾债券来完成收购的做法,其中也包括所罗门公司。他在信中这样写道:"这些交易是在那些没有头脑的人之间进行的,他们从不在乎别人的想法!"[1]"我从来不和那些股票经纪人或者分析师说话!"他还写道,"考虑问题的时候你要有自己独立的想法。华尔街是世界上唯一一处能够看到开着劳斯莱斯的富人向那些挤地铁的人讨教成功秘籍的地方。"[2]而在之后发行的《华盛顿邮报》中,人们又能看到巴菲特类似的言论,他用"赌场"来形容当今的这个社会。就是这种赌博的心态让那些企业掠夺者变得富有起来，但是为什么政府不对这些人全额征税？[3]他们要是纳税，税额肯定不会少。从1982年到1987年的5年间，道琼斯工业平均指数从777点激增到2 722点，所以巴菲特这样告诫商学院的学生："想要赚钱吗？那么到华尔街去吧！"不过说这话的时候，巴菲特已经身在华尔街了。

华尔街究竟是什么样子呢？对来自美国中西部的这位平民来说它有着巨大的诱惑力，使人很难轻易离开。当有记者问巴菲特，为什么在所罗门公司这般混乱的时候，他却选择进入，而且还持有相当一大笔股份时，巴菲特没有任何迟疑地告诉来访者："因为我信任一个人，约翰·古特弗罗因德，这位所罗门公司前首席执行官非常出色，无论在哪个方面都是如此，这是一个值得尊敬的人。"[4]

的确，巴菲特对于身边人的感情总是很深，但人们发现他对古特弗罗因德的感情不是用言语可以表达的，甚至从一开始就是这样。曾经，巴菲特因为不想看到客户间的利益纷争选择辞职，但是他并没有向古特弗罗因德隐瞒自己拥有部分投资银行股份的事情，不过那时巴菲特的公司已经被客户间的利益纷争弄得苦不堪言。但是，是什么让巴菲特在最糟糕的时候成了这家公司董事会的成员？[5]在那段经济不景气的日子，巴菲特赚钱的欲望似乎战胜了个人的希望、追求和原则。正如他一生经历的那样，只要贪婪的欲望主导了自己，厄运似乎也就悄然而至。

1987年，就在巴菲特投资所罗门公司那一年，股市接近了崩溃的边缘。他在当年3月写给股东的信中提到了对投资经理的看法："这些人都是伪善家，他们能让纷乱的场景变得异常平静。"不过巴菲特并没有解除与任何投资经理的合约，人们看到的只是在之后的几个月里，巴菲特开始抛售股票。他知道随着股票市场不断上涨，其中必定有某种推动因素，那就是标准普尔500指数期货这一新发明。包括所罗门公司在内的绝大多数银行都开始接受这一衍生工具合约。它是一种全新的事物，类似于赌博性质，赌的就是标准普尔500指数在未来某个时间是否上涨。[6]举个例子，在洛克伍德巧克力（Rockwood Chocolate）的交易中，这一衍生工具合约的意义和价值取决于未来某个时间点上原材料可可豆的市场价格：如果未来可可豆的市场价格低于期货合约所确定的基础价格，那么期货合约的买方就算是买到了保险，也就意味着他赚了；反之，如果可可豆的市场价格上扬，那么期货的卖方就会赢利，这份合约也就意味着这个人能以低于目前，而不是未来价格的价钱买到这些原材料。

让我们再看看巴菲特与豪伊就"减肥"问题以农场租金下赌的例子。巴菲特当时并不希望儿子真的能减肥，因为那样的话会降低租金。不过是否减肥完全取决于豪伊的态度，所以沃伦想买个第三者保险，他也许会对妻子苏珊说："我们打个赌吧，我给你100美元，看看豪伊能不能减肥，如果豪伊瘦了20磅，并在之后6个月没有反弹，你要给我2 000美元，补偿我损失的2 000美元租金，否则的话，我那100美元就是你的了，你不用给我一分钱。"这次打赌的输赢取决于豪伊的减肥结果，而巴菲特能不能从中获利则取决于当事人能否减肥并保证减轻后的体重不反弹。

究竟什么是衍生工具合约？让我们看看另外一个例子，假设巴菲特和女友阿斯特丽德·门克斯打赌，看巴菲特能不能在一年内不再吃薯片。如果巴菲特没有做到，那么根据赌约，他就要给阿斯特丽德1 000美元，这就算不上衍生工具合约，因为它不牵扯第三方的利益，巴菲特是不是吃薯片与第三方没有任何关系，完全取决于他个人的意愿。

但是如果巴菲特换一个打赌的方式，在双方都同意的前提下，让巴菲特的妹妹伯蒂也介入其中：最开始阿斯特丽德先支付给伯蒂100美元作为"保险费"，如果阿斯特丽德输了，这100美元就是伯蒂的了，否则伯蒂要给阿斯特丽德1 000美元，衍生工具合约就这样产生了。合约成立的条件是巴菲特是否能按照赌约一年内坚持不吃薯片，这一点完全不受阿斯特丽德或伯蒂控制。如果巴菲特不能遵守赌约吃了薯片，那么阿斯特丽德就要给伯蒂100美元，否则伯蒂就要给阿斯特丽德1 000美元。所谓的衍生，从这个意义上来讲就是一种保险方式，在我们的这个假设里，就是阿斯特丽德寻找的一种保险方式，而对于伯蒂则是一场赌博。[7]

很多人在选择进行衍生工具合约交易时所信赖的并不是基于对对方的信任,也许合同双方根本没有见过面,而是选择了一个冷冰冰的数字——标准普尔股指期货。1987年前后股票市场是这么规定的,投资经理纷纷选择股指期货进行投资。他们认为这种投资存在某种可以为客户提供"衍生工具合约中的保险份额"的东西,如果股市下跌到某个水平线下,那么股指期货就能为客户避免损失。那些认为股市一直将处于牛市状态的投资者其实是在赌博,他们不断地与客户签订衍生工具合约,期待股票的回报率能给自己带来收益。

有关衍生工具合约中存在的风险,巴菲特看得很清楚,这也是他给美国国会写信的原因。早在1982年,巴菲特就呼吁联邦政府介入此事,他在信中陈述了有关衍生工具合约中存在的风险,并表示希望联邦政府能够出面给出相关的市场监管措施,但市场还是那样,并没有出现任何改变。[8]从那时开始,股指期货中存在的问题就慢慢被人们忽视,如果股市下跌,投资经理会在第一时间得到相应的账单,接下来他们要做的就是抛售手里的股票兑换成现金以支付客户的索赔费用。而作为期货的买方,他们通常把期货当作自己手里项目交易的担保,在市场下跌的情况下,他们手里所持有的期货将会自动卖出,这样也就在无形中促进了大量的交易。

不过这种局面并没有维持多久,一切在1987年秋天画上了句点。从刚刚进入秋天开始,股市就出现了一些反常的现象,股指增长时断时续。到10月19日这一天,问题全面爆发,道琼斯工业指数狂跌508点,创下了道琼斯工业指数日跌幅之最,这一天也被称作"黑色星期五"。[9]所有人都希望能够尽快逃出这个牢笼,股市差点儿就重蹈1929年股灾的覆辙,交易所几近选择停盘。

巴菲特集团的股东大会刚好在股灾的第三天举行,会议地点选在了位于弗吉尼亚州的威廉斯堡。整个会场由凯瑟琳·格雷厄姆负责统筹布置。她利用威廉斯堡烘托出了一种全新的氛围。前来参加股东大会的人来自世界各地，有的甚至来自并不富裕的地区。他们早晨醒来时发现自己的早餐"足够1 000人享用"，早餐种类非常丰富——鸡肉、牛肉、汉堡、鹅肝、鸡蛋应有尽有，这和他们之前的生活形成了鲜明的对比。某一天晚上，凯瑟琳租下了卡特的格鲁夫种植园作为晚宴地点。格鲁夫种植园位于詹姆斯河沿岸，它的历史可以追溯到18世纪。此外，凯瑟琳还租用了一个剧场来播放里克·格林的电影。巴菲特的股东大会每年都会举行，每年的水准都有一个很大的提高，与会者纷纷为大会的规模感到震惊，当然令他们感到惊讶的还有每次股东大会的巨额支出。"有幸成为凯瑟琳的客人简直太棒了！"股东之一的查克·里克肖塞尔说道，他的这种说法也得到了周围人的赞同。在股东大会即将结束的那个晚上，凯瑟琳请来了一些音乐家在德威特·华莱士博物馆演奏助兴，穿着考究的音乐家们现场演奏了海顿的作品，演奏结束后，现场的观众报以阵阵热烈的掌声。[10]

股东大会原定的议题是"巴菲特集团是不是将随着股市而终结"，在股灾发生后，人们不断听到股市崩盘的消息，不断被累加的损失轰炸着，但是巴菲特、蒂施、戈特斯曼、鲁安、芒格等人正在关注股票价格，不断打着电话。股灾之后，他们没有选择抛售股票，而是在不断买进。对，他们在不断买进。[11]

当股市崩盘的幸存者刚刚摆脱灾难，巴菲特的姐姐多丽丝却陷入了麻烦。当时，多丽丝正居住在弗吉尼亚州的弗雷德里克斯堡，那还是巴菲特的父亲老霍华德当选为国会议员后，他们全家搬到那儿去的，从此多丽丝就深深地爱上了那里。眼下，多丽丝和很多弗吉尼亚州的人一样，都在兜售所谓的"裸卖看空期权"，一种由弗吉尼亚州福尔斯彻奇市的一个经纪人兜售的产品。这种期权其实就是一种承诺，承诺在市场下跌时为他人的损失买单，之所以说是"裸卖"，是因为它们没有附属任何抵押品，因此出现损失时得不到保护[12]。经纪人对多丽丝说这会给她带来稳定的收入，这正是她所需要的，但这位经纪人丝毫没有如实地描述其中的风险，尤其是用了"裸卖看空期权"这个玄乎的词语，更让人看不清其中的风险。多丽丝在投资方面经验不足，但非常聪明，而且对任何事情都充满了怀疑态度，这一点和弟弟巴菲特很相似。在与弟弟的聊天中，多丽丝并没有提及有关自己投资的话题，因为她知道弟弟是肯定不会同意的。一直以来，巴菲特就以"保守"著称，通常情况下他只向人们推荐极其安全和低回报的投资，国库券或者市政债券就是巴菲特给出的最好选择，特别是面对多丽丝这样的离异女士时更是如此。当然，巴菲特自己不会选择这些低回报的债券来投资。出于对弟弟的信任，从很早的时候，多丽丝就成了巴菲特的第一批客户，特别是在投资伯克希尔－哈撒韦时，多丽丝更是给予了弟弟完全的信任。但可能是多年前的投资阴影依然在多丽丝的脑海里盘旋（巴菲特12岁时与姐姐合伙购买了3股"城市服务公司的优先股"，但数月后股市大跌，两人也因此被套牢），所以在本应该向巴菲特征求投资意见的时候，多丽丝没有开口。

这样，多丽丝完全按照自己的想法行事，最终的结果就是她手里持有的所有伯克希尔的股份不复存在，经纪人更是以破产对其加以威胁。绝望之中的多丽丝给经纪人写出了几个朋友的名字，希望朋友们能帮她渡过难关，为此，多丽丝也深感自责。

在多丽丝的心中，巴菲特一直扮演着保护者的角色，她甚至给弟弟做了一个微缩型的神龛，里面放着弟弟喜欢的高尔夫俱乐部模型、百事可乐罐等。不过在出现问题时，多丽丝并没有直接寻求弟弟的帮助，而是找苏珊作为中间人穿针引线，因为她觉得所有的家庭都是这样来解决问题的。其实多丽丝的前半生并不幸福，到1987年，她已经经历了三次不幸的婚姻：她感到自己在第一次结婚的时候就失去了安全感，第二次婚姻让她觉得深陷于婚姻的牢笼之中但又无力挣脱，而与一位丹佛的大学教授的第三次婚姻对于多丽丝来说本身就是一个错误。现在的多丽丝已经经历了很多，面对问题的时候她不会选择沉默，而是会尽力争取自己的权利，但是这一次，她却不知道该怎么做了。

"你不用担心！"苏珊安慰多丽丝说，"沃伦说会永远保护你！"

在多丽丝把自己投资上的不幸遭遇告诉苏珊后，她在某个周六的早晨接到了弟弟的电话。在电话里，巴菲特明确表达了自己的态度，不会向姐姐提供帮助。巴菲特告诉多丽丝，如果帮她还钱，肯定是帮了那些有钱人。在巴菲特看来，这些人都是投机商人，所以他肯定不会向投机商人提供任何帮助。当多丽丝认识到这一点后，出了一身冷汗，双腿也开始发抖，觉得弟弟的决定是对她的一种蔑视，而在巴菲特看来，做出这样的决定绝对是非常理智的。

如果我愿意，可以拿出几百万美元还给她的债权人，但是你知道的，让他们做梦去吧。我是说那个把这些破烂儿卖给多丽丝的女人，她让买了那些产品的人都破产了。

既然弟弟不能帮忙，多丽丝不得不把期望寄托在苏珊身上，苏珊本来就很有钱，再加上巴菲特还给了她很多，解决问题肯定够了，但是正如苏珊没有给外甥比利·罗杰斯支付购房首付一样，在金钱问题上，苏珊没有出手。

《华盛顿邮报》对此进行了报道，文章里写道"一位极其成功的投资者"的姐姐做了一件非常愚蠢的事。这对于巴菲特的声誉无疑是一个巨大的打击，多丽丝也因此度过了一段非常难熬的时间。巴菲特家族还没有完全从7个月前比利·罗杰斯注射毒品致死的阴影中走出来，现在又出现了多丽丝这样的麻烦事，而巴菲特家族的这一内部矛盾再一次成为人们关注的焦点，这个外表看似和谐的家族实则隐藏着不少问题。在这件事情的处理上，巴菲特也觉得自己太过理智了，他也害怕多丽丝会爆发，这和凯瑟琳·格雷厄姆很相似，如果格雷厄姆感到自己受到了威胁，她肯定也会爆发。巴菲特非常了解自己的姐姐，他不希望任何极端的事情发生，所以巴菲特退缩了，他不再给多丽丝打电话，也告诉家里其他的人不要再骚扰她。多丽丝吓坏了，她觉得自己被家人抛弃了，陷入这种深深的恐惧之中，再加上心头的创伤，多丽丝开始对她的母亲利拉发难，恐吓并向其索要钱财，并依靠贷款来避免房屋被抵押的可能。[13]不过具有讽刺意味的是，美联储宣布下调利率，各大公司也纷纷以回购自家股票的方式救市，股票市场很快从灾难的阴影中恢复过来，整个股灾之后只剩下像多丽丝这样的牺牲品。经历了一段时间的痛苦，多丽丝和一位名叫阿尔·布赖恩特的人结婚了，一个帮助她摆脱困境的律师。

表面上巴菲特对姐姐很无情，但是私底下他正在安排从父亲的信托银行每月预支给她1万美元，这也是霍华德的遗嘱里写明了的。"这笔钱比我这一辈子花的钱都多！"多丽丝兴奋地说道，这样她和巴菲特之间紧张的关系开始有所缓和，两个人也开始说话了，多丽丝对巴菲特也怀有深深的感激之情——直到某一天她发现这些都是自己的钱，只不过是提前预支而已。而这时，多丽丝的信托股份正在慢慢增长，她手里持有超过2 000股伯克希尔-哈撒韦的股票，1964年时这些股票只值3万美元，而到1987年股灾结束后，2 000股伯克希尔的股票累计达到了1 000万美元。不过根据霍华德的遗嘱，这笔信托款要在利拉去世后才能有效，届时多丽丝和妹妹伯蒂可以分4次拿到这笔钱。当多丽丝把这笔钱当作未来的救命稻草时，巴菲特又进一步伸出了橄榄枝，成立了舍伍德基金会，该基金会每年支付50万美元"仁慈"的礼物，多丽丝、巴菲特的三个子女和女友阿斯特丽德每人可以得到10万美元，而且可以随意支配。这就像巴菲特为他们5个人设立了700万美元的信托财产一样。因此，多丽丝的股份很像是巴菲特付给她钱，只不过是换了种形式。

当然，多丽丝不能用这笔钱偿还债务或者房贷，巴菲特不会把钱直接放在姐姐的手上，而是要随时监控这笔专款的流向。这场风暴平息之后，多丽丝又恢复了信心。她很感激巴菲特能用自己的方式把自己从困窘中解救出来。她清醒地认识到，如果没有巴菲特，她什么也不会得到。在偿还了所有的债务后，多丽丝和巴菲特的关系也渐渐恢复正常，那个神龛又安放在她家的墙上了。

股灾之后，另一个需要巴菲特帮助的就是所罗门公司。在伯克希尔-哈撒韦注资三个月后，巴菲特和芒格一起第一次参加所罗门公司的董事会议。当天的主题是交易量锐减与所罗门公司合并案，以及在"黑色星期五"那天公司产生的7 500万美元损失。[14]所罗门公司不得不面对"黑色星期五"后一片狼藉的现实。而就在股灾前一天,古特弗罗因德那张白净的脸上毫无表情,他刚刚裁掉了800名员工,其中不乏一些有经验的老员工。他还关闭了赢利空间较小的业务,例如商业票据交易(债券业务的死水区),但由于太仓促,结果伤害了同一些重要客户的关系,几乎到了无法弥补的地步。[15]再加上股灾的影响,所罗门公司的股东眼前似乎出现了一个永远也填不满的无底洞,就这样,所罗门的股票开始接近悬崖的边缘。

就在股东为损失而痛苦时,所罗门公司薪酬委员会——巴菲特在该委员会主席鲍勃·泽勒的要求下也成为其成员之一——开始商讨有关降低股票价格的事宜,希望能通过这种方法让公司员工在他们可以接受的范围内行使自己的股票期权。

公司员工的股票期权是指他们可以在未来某个时间以某一特定价格购买公司股票的权利。以巴菲特名下的喜诗糖果公司为例,行使股票期权就好比是巴菲特预先付给员工一些股票,使他们今后可以以某个特定的价格来购买公司生产的糖果。如果糖果的价格持续每年走高,那么股票的价值也会随着时间而增长。

不过喜诗糖果公司在1987年"股灾年"也是流年不利,公司正面临亏损,员工很可能要面临降薪的危险。薪酬委员会提议通过让员工以低价购买糖果的方式来弥补工资损失。但是巴菲特并不同意这个议案,他认为喜诗糖果应属于各位股东而非员工。[16]巴菲特主张公司盈利减少多少,员工持有的糖果份额就相应减少多少。[17]但薪酬委员会的其他成员并不这么看,他们认为数月前古特弗罗因德在宣布公司的糖果货存时,就已经承诺员工这批糖果所能带来的收益。而当糖果大幅促销时,公司也有责任弥补这个差价。也许他们试图阻止传统的华尔街分红日人群蜂拥的场面——拿了钱就跑,但这种举动往往发生在人们对于结果并不满意的时候。

巴菲特认为,从道德上来讲,这是不对的,既然股东得不到分红,为什么员工能得到糖果？不过投票的结果还是说明了一切：人们以2∶1的投票结果否定了巴菲特的提议。他愤怒了，[18]但这又能代表什么呢？巴菲特在所罗门公司的董事一职几乎是有名无实的，人们很少去征求他的意见，更不要说采纳他的建议了。所以即使时下正值所罗门公司的股票复兴期，巴菲特也从投票结果中立即感觉到自己在所罗门公司投资的经济利益"比之前要少了很多"。

我可以反抗得更激烈、更有声势，如果那样，我的感觉会更好一些，但历史的进程始终是无法改变的。除非你是一个争强好胜的人，否则那样做毫无意义。

我不喜欢战争，但如果需要也不会退缩，只是从个人的角度出发，我对战争毫无兴趣。组建董事会的时候，我和查理都没有反对，我们都投了赞成票。我们没有抵制，因为抵制就意味着要去攻击他人。毕竟所罗门公司还存在其他一些问题。公司里总是是非不断，我都怀疑这是不是疯了，但是人们不想看到我发表意见。那么留给我的问题是，我要发表意见吗？我不会单纯地为了挑起战争而挑起战争。

古特弗罗因德最初被巴菲特吸引是因为后者的性格，冷静、善于思考，同时热衷于自己的事业。每天早上7点，巴菲特都会准时出现在办公室，点上一支牙买加雪茄，然后游走在那些穿西装打领带的交易员当中，告诉他们"你每天早上都要打起十二万分的精神"。[19]事实上，对于公司员工来说，巴菲特并不是一个积极、爱表现的股东。[20]他看上去对企业经营的细节似乎知之甚少，但是完全适应一项产业并不像运作传统的实体企业或者一条流水线那样轻松，这对巴菲特来说并不那么容易。[21]最开始，巴菲特在所罗门进行投资只是因为古特弗罗因德，而现在巴菲特并不喜欢所罗门公司的运营方式。他完全可以做出新的选择，那就是卖掉手中持有的所罗门股票，并辞掉公司董事一职。[22]这种可能到了华尔街就演变成了巴菲特与古特弗罗因德激烈的冲突，要么巴菲特卖掉所罗门公司的股份，要么他把古特弗罗因德炒了鱿鱼，并引入一位新人来接管公司，[23]但事实并非如此。一旦巴菲特卖掉股份并撤出董事会，直接影响到的就是所罗门公司的股价，那么作为公司主要投资者的巴菲特会面临惨重的经济损失，同时他也会显得变化无常、报复心理极重而且非常不可靠。要知道，现在"巴菲特"这个姓氏已经成为伯克希尔-哈撒韦价值的一部分，这种损失巴菲特承担不起，伯克希尔也承担不起。而另一方面，巴菲特之所以投资所罗门公司，就是因为古特弗罗因德，如果巴菲特伸出臂膀拥抱一个人，那么他就很难和这个人分开。所以当假期来临的时候，巴菲特和古特弗罗因德两人必须要解决出现的问题。

　　同时，1987年的股灾造成的影响并不是轻轻松松就能消除的。就在新年即将到来前两周，巴菲特集团的成员接到了凯瑟琳·格雷厄姆发过来的一个通知，有些人脸上露出了惊讶的表情，凯瑟琳给他们每个人都寄了一张账单，这也宣告着"他们都不再是她的客户了"。巴菲特集团的人们要为威廉斯堡奢华的股东大会付账，而总额是"有点儿令人吃惊"的。"很遗憾我这么晚才通知大家，我的确很遗憾，但我依然希望各位能有一个愉快的圣诞节，我依然是你们的朋友。"[24]

　　巴菲特确实过了一个愉快的圣诞节，但并不是因为凯瑟琳的祝愿，而是因为可口可乐公司，后者带给巴菲特的快乐足以安抚他从所罗门公司受到的种种伤害。早些时候，巴菲特参加了在白宫举行的一场宴会，席间，巴菲特和老朋友基奥碰面了，后者当时是可口可乐公司的总裁兼首席运营官。基奥让巴菲特放弃百事可乐，并向其推销可口可乐公司新近推出的樱桃可乐。巴菲特尝了一下，感觉不错，从此就喜欢上了可口可乐。巴菲特的这种做法令他的家人和朋友目瞪口呆，他们都知道一直以来巴菲特都是百事可乐的忠实粉丝，而现在他却发生了如此巨大的改变。不过，基奥要说服巴菲特把投资重点从百事可乐转移到可口可乐却并不容易。巴菲特曾经认为可口可乐公司的股票太贵了，但是现在可口可乐却陷入了困境，主要竞争对手百事可乐挑起了灌装商之间的矛盾，可口可乐公司的股价降到了每股38美元。更是有人传闻，露华浓老板罗恩·佩雷尔曼将对可口可乐进行收购。所以可口可乐方面一直在回购自己的股票以稳定股价。巴菲特知道这个收购价格并不划算，但可口可乐毕竟是一个大品牌，这样的收购巴菲特之前也做过，就是收购美国运通公司，因此收购可口可乐算是一笔划得来的买卖。

但在巴菲特看来，可口可乐并不是"烟蒂"型公司，而且它的现金正大量地流出，只将少部分的钱用于公司运作。巴菲特提倡的现金流开始发挥作用了，他知道现金能创造多少价值，心中也在盘算这笔交易。过去几年里，巴菲特始终没有放弃对可口可乐公司的研究，他知道可口可乐公司在过去挣了多少钱，也可以判断出在未来的几年里可口可乐公司将有多大的发展空间。[25]再考虑到可口可乐公司年复一年的资金流动，巴菲特能给出一个最终的价值。

你很难精确预测一家公司在今后几年的发展，而巴菲特在他的预测中使用了安全边际理论。在推算的整个过程中，他既没有使用复杂的模型和公式，也没有用电脑或者电子表格来计算，他的判断只建立在一些简单的推理基础上。如果最终结果不能使他感觉像发现远古人一样兴奋，那么在他看来就没有投资的必要。

最后的结果，让巴菲特不得不把可口可乐这个品牌和自己的伯克希尔进行比较。巴菲特依然沿用了"林中鸟"的故事，在他看来，可口可乐公司是林子里的鸟，随时都可能飞走，而伯克希尔的现金则是巴菲特手里的那只鸟。如果把钱投资在政府债券上，肯定不会有风险，但是投资于可口可乐公司能让巴菲特在相同的时间内赚上一笔。经过一番比较，巴菲特觉得在某种程度上，可口可乐是个完美的选择，他甚至想不出哪笔投资能比投资可口可乐公司有更丰厚的回报，这就是巴菲特注资可口可乐的开始。

在1988年的伯克希尔-哈撒韦股东大会上，可口可乐公司的产品首次亮相。当公司股东开始学着巴菲特的样子暴饮可乐时，他们并不知道自己通过伯克希尔也都拥有了可口可乐公司的股份。当年的股东大会在乔斯林艺术博物馆举行，有近1 000人参加。同样是在这一年，伯克希尔-哈撒韦在纽约证券交易所挂牌上市，并成为美国规模最大的企业集团之一。由于当年参加股东大会的人数过多，有些股东根本找不到停车位，会议不得不推迟进行。这种场面让巴菲特灵机一动，他租用了两辆校车并说服几百位股东在会议结束之后跟随他去内布拉斯加家具城。一方面他要把自己仰慕已久的B夫人介绍给大家认识，在过去5年的时间里，巴菲特一直提到这个名字，但人们始终没有见过B夫人。来到家具城后，股东们被B夫人在地毯部驾驶的像微型坦克一样的电动车深深吸引，也被B夫人的定价震撼了，这些地毯的售价是57 000美元。[26]

截至1988年底，巴菲特已经斥资6亿美元购买了可口可乐公司超过1 400万的股份，但公司的股东们并不知情。[27]因为巴菲特的每个举动都会对股市产生不小的影响，因此，巴菲特得到证券交易委员会一项特别恩准——他可以一年内不披露自己的某项交易。这样，巴菲特手中的可口可乐公司股份达到了一个空前的额度，而且可口可乐公司也回购了很多。在竞争过程中，巴菲特和可口可乐公司并不是哄抬股价，而是正如沃尔特·施洛斯描述的那样："可口可乐公司购买一半，而巴菲特购买剩下的那一部分。"[28]很快，伯克希尔对可口可乐公司的股票持有率达到6%——市值为12亿美元。[29]终于在1989年3月，巴菲特的把戏被揭穿了，人们纷纷到纽约证券交易所购买可口可乐公司的股票，最终，纽约证券交易所不得不给可口可乐公司挂上了当日涨停的牌子。

时任可口可乐公司首席执行官的是美籍古巴人罗伯托·戈伊苏埃塔，他为可口可乐的价值被巴菲特这一著名投资人认可而感到欣喜。戈伊苏埃塔邀请巴菲特进入公司的董事会，巴菲特答应了下来，并且很快就完全融入了可口可乐的一切日常工作。这期间，他认识了一些可口可乐董事会的朋友，其中就包括艾伦公司的总裁赫伯特·艾伦。艾伦是个说话直率而且个性耿直的人，两人很快就成了好朋友。艾伦邀请巴菲特参加他于7月在太阳谷举行的名人聚会，一个汇集了投资者、各大公司首席执行官、好莱坞明星的名人聚会。

参加太阳谷的聚会意味着巴菲特每年的行程里要再加上一件事，但他知道太阳谷聚会对自己来说非常重要，所以愿意参加。他要用不断提升身份的方法来保证作为一个首席执行官俱乐部成员的优势,而且巴菲特有足够炫耀的资本,他用700万美元买回了一架挑战者喷气飞机,之前的那架"猎鹰"则退出了历史舞台。巴菲特在写给股东的信中也提到了这个问题,他在信里引用了一段奥古斯丁在祈祷时候所说的话:"神啊,救救我吧,请洗刷我的心灵,但能晚一些吗?我不希望是现在。"巴菲特更是表示自己希望成为空中飞人,"就算死,也要死在机舱里"。

在赶往机场的路上,巴菲特去医院探望了苏珊的姐姐多蒂。年老体弱加上长期嗜酒,多蒂的身体状况并不好,而且她刚刚被诊断患上了格林-巴利综合征。这是一种病因不详的自身免疫疾病,如果突发很可能导致神经系统瘫痪。当时多蒂正处于昏迷之中,糟糕的身体状况就连她的主治医生都建议放弃药物治疗而采取自然疗法。

担心姐姐的苏珊并没有接受这个建议,多蒂经历了漫长的治疗过程,苏珊则从夏天到秋天一直留在奥马哈照顾她。她在多蒂家旁边买了一套公寓,从那里到多蒂的住所只需要穿过一个大厅。这段时间,苏珊还帮助大儿子豪伊竞选道格拉斯县的县长。这个岗位主要负责掌管奥马哈及其周边地区,豪伊是以共和党拥护者的身份参加选举的,不过显然共和党人身份在竞选中更为有利,但拥护者的身份倒也没什么妨碍。面对儿子的竞选行为,巴菲特一直以来的观点就是不对其进行经济支持,他认为富家子弟不一定要有大笔财产。所以豪伊的竞选经费只能自己掏腰包,而在母亲苏珊的帮助下,豪伊的竞选难度降低了很多,每次出现在公众面前,苏珊都尽可能地展现自己迷人的一面,帮助儿子争取更多的选票。[30]最终豪伊如愿以偿当选,巴菲特也显得非常高兴。对于儿子经营的农场事业,巴菲特从来都没有与之产生过共鸣,但是豪伊的这次参政却让巴菲特对其另眼相看。他看到儿子正在一点点变得成熟,也知道了儿子心中的抱负,所以他开始劝说儿子竞选众议院议员,这也是巴菲特的父亲老霍华德曾经达到的政坛高度。

那段时间,除了小儿子彼得住在旧金山外,大儿子豪伊和女儿苏茜都在巴菲特身边,和彼得相比,豪伊和苏茜更希望得到父亲的关心和爱。

苏茜回到奥马哈是因为第二个孩子迈克尔的出生，在没有与丈夫艾伦商量的前提下，苏茜告诉巴菲特，艾伦希望能管理巴菲特基金会的事务。之前基金会在其主管，也是巴菲特家族好友雪莉·史密斯的领导下，经历了一场战略性的方向调整，基金会急需有人出面统筹管理。而在巴菲特眼中，这是一个绝佳的机会，既能把女儿留在身边，也能让苏珊离自己更近一些。

让女儿留在身边和让苏珊留在身边，显然对于巴菲特来说是不一样的。和母亲一样，苏茜非常会照顾人，不过她的态度和苏珊相比还是有些强硬。但是现在，至少有两位女性同时在照顾巴菲特了，这一点让他很满意。在他看来，被更多的女人照顾永远都是顺理成章的。"我认为女人懂男人比男人懂女人要多些。要我戒掉被女性照顾的习惯？下辈子吧！"巴菲特总是希望被照顾，否则他的生活将会混乱得一塌糊涂，那样他将无法工作，也不能解决任何问题。对他来说，在身边照顾他的人能够各司其职才是他最大的乐趣，就这样，苏茜和阿斯特丽德开始在巴菲特生命中扮演着不同的角色。

如何取悦身边的女性朋友？巴菲特想出了一个非常不错的方案，那就是利用波仙珠宝店（Borsheim's）。波仙珠宝店位于奥马哈市，是一家专营中高档珠宝的折扣店，它的老板是路易斯·弗里德曼，也就是B夫人的姐夫。巴菲特深知女人对珠宝的热衷远远超过服装，无论衣服能展现出什么样的价值。在众人中，最具有这种购物癖好的就是苏珊了，巴菲特曾送给她一套精美的珠宝收藏品，被苏珊细心地珍藏了起来。苏茜、凯瑟琳·格雷厄姆以及巴菲特的姐姐和妹妹也都很喜欢珠宝，唯一对珠宝没有感觉的就是阿斯特丽德了，她对一切价格昂贵的东西都敬而远之，不过似乎只有在巴菲特送珠宝给她时，她才不会拒绝。

所以从1989年开始，巴菲特不会再为给身边的女性朋友购买礼物而头疼了，他制定了一个方案，礼物包括耳环、珍珠、手表三件，每个人每年都会得到不同主题的礼物，他却没有收到任何礼物，这与带给他无限风光的可口可乐巨头的身份不太相符。更糟的是，巴菲特再次遭受了冲击,《说谎者的扑克牌》①一书成了他的噩梦,这本书的作者就是所罗门公司的经纪人迈克尔·刘易斯。这本书不但描写了所罗门公司的企业文化——傲慢、富有创新精神,而且精力充沛,还详细描写了1986—1987年公司的衰落史。此书一经问世,就登上了销售榜的头名位置。该书对所罗门公司内部的一些古怪行为的描述给读者带来了极大震撼,使所罗门公司被视为一个聚集着华尔街最好斗、最粗俗之人的类似于动物园的地方,这使所罗门公司的声誉从此很难恢复。[31]而20世纪80年代末期盛行的公司兼并热潮也渐渐冷却下来,巴菲特熟悉的交易领域变得冷冷清清,几乎没有公司可以让他投资或者收购,不得已,巴菲特降低了选择标准,于是霍克希尔德-科恩这样的百货公司才进入了巴菲特的视线。

事实上,巴菲特的投资之路并没有因此被阻断,不乏首席执行官出于对公司命运和自己的未来感到担心,而给巴菲特开出了非常诱人的条件吸引他加盟。巴菲特为伯克希尔-哈撒韦买了三只最合算的"可转换优先股"股票,条件和所罗门公司开出的类似,巴菲特将获得平均9%的利息,他也可以撤回资金,或在公司经营良好的情况下将优先股转化为普通股,但巴菲特注资或关注的这些公司的情况相差很大。冠军公司,一家经营业绩很差的纸业公司,也被兼并者盯上了。吉列公司,和巴菲特名下的喜诗糖果公司一样,对它的品牌有很强的保护,令公司在竞争中不致受到伤害,曾经一度使投机者对其望而却步。[32]而总部位于美国匹兹堡空军基地的美国航空公司,在不受政府管制的新行业,还是一个竞争力很弱的地方上的竞争者,同样被卷入收购中。

就像所罗门优先股一样,这些特殊的交易条款让巴菲特成了批评家眼中各大公司首席执行官的保护神。不容争辩的是,伯克希尔-哈撒韦的股东得到了最大限度的利益回报,同时巴菲特又能保证他们远离风险,所以现在的巴菲特看上去更像是一个交易所的内部人员,想依靠特殊交易获得成功。

---

① 《说谎者的扑克牌》中文版已由中信出版社出版。——编者注

在这个充满收购交易和企业掠夺者的年代，这种贪婪是微不足道的。巴菲特本可以轻而易举地变成一个收购霸主，但是他并没有这样做，他保持了对人的一贯友善，并牢牢地坚守着自己对于收购的理解。他敬爱的导师本杰明·格雷厄姆一向认为，一个人在股市中进行交易，必然会使其成为一个局外者，因为他有时不得不表露对公司管理的不满。在这一点上，巴菲特并没有遵循导师的教诲，他一直都希望能让所有人满意，一直在试图弥合与周围人的各种鸿沟，这一切从他在早期投资时期与GEICO公司的洛里默·戴维森成为好友后就开始了。正如某篇有关巴菲特的报道描写的那样："现在许多华尔街上的投资者都会说巴菲特先生参与的那些特殊交易是一个带有绅士色彩的保护性游戏。"[33]

到最后，那些看起来很诱人的交易只不过成了精美却无用的赌注。只有吉列公司笑到了最后，它为伯克希尔赚回了55亿美元的利润。美国航空公司是输得最惨的。所以巴菲特也得到了一个真理，投资任何有翅膀的东西对他来说都注定会失败，类似的言论他不止一次地表达过。之后美国航空公司中止了红利的发放，就像克利夫兰面粉厂那样，于是美国航空公司的股票出现暴跌。"这个交易是我经历的最痛苦的一笔。"巴菲特的一位朋友暴怒地说，"你们这群人到底在做什么？你们亵渎了自己拟定的原则。"[34]对此，巴菲特稍后表示了赞同。"债务被清偿后，该公司立即陷入了赤字，此后一直没有摆脱掉。我知道一个以800开头的电话号码，就拨了过去，说：'我是美国航空公司的粉丝，我叫沃伦·巴菲特'。"[35]查理·芒格直截了当地评价说："沃伦在那件事上没有请教过我。"

虽然所罗门兄弟公司是巴菲特这些交易中的一个典范，但情况也不妙。股市崩盘后，佩雷尔曼停止了对吉列的收购进攻，几乎是仓皇而逃，此后，并购业务恢复元气的速度非常慢，有才华的银行家也另谋高就了。古特弗罗因德通过新一轮裁员，再次完成了公司重组。但那些执行董事再也不怕他了。一位副总裁说："人们一直威胁约翰，他却要买进。"起初，公司有3个副总裁，后来多达7个。一时间，"如果你是副总裁，就呕吐去吧"成了办公室里的笑话。

如今的所罗门已经从之前几个不同派系的分支发展成了几股不同的势力，或者说发展为一系列的巨头，他们各司其职：公司债券巨头、政府债券巨头、抵押债券巨头和股票巨头。[36]

但在这些巨头中间，有一个人的名字是永远凌驾于他们之上的，这个人就是约翰·梅里韦瑟，一个害羞的、不爱出风头的人。面对哈佛、麻省理工等名校的薪水诱惑，梅里韦瑟没有动心，因为他在华尔街有着更大的野心。在这里，他成了众多套利交易者中的一分子，他们通过电脑寻求保护，建造用于描述债券走势的数学模型，他们相互鼓舞，从各自的勇气中得到安慰。就像《每日赛讯》经济版的主管分析的那样，这些聪明人正在对债券行业发动一场革命，他们用电脑做出内部报告，帮助他们为所罗门创造更多的利润。而正是梅里韦瑟，为人们制造了一个小小的泡沫，并让他们感受着自己从中获得的自尊与傲慢。他可以极大程度地原谅一个人的错误，但是对那些他认为愚蠢至极的人却又极其冷漠无情。这些套利交易人员就是他精心挑选出来的精英。他跟他的团队有着极其复杂的人际关系，他几乎所有的时间都跟他们在一起。梅里韦瑟有三大爱好：工作、赌博和高尔夫。在很多个工作结束的晚上，这些年轻人坐在一起，玩"说谎者的扑克牌"，他们似乎太久没有玩这个游戏了。[37]不过最后，那个看起来像男孩子一样的、脸有点黑的梅里韦瑟通常都会获胜。

尽管作为董事会的成员，巴菲特在所罗门公司的影响有限，但是他非常了解套利交易。只是董事会对所罗门公司交易细节的了解也仅限于此。巴菲特不懂电脑，但是在新环境下，电脑已经成为华尔街的重要工具。他知道作为一家公司的董事是绝对需要电脑的，但他还是明确地指出使用电脑会增加风险。有一次他拜访了在所罗门公司从事外汇期权工作的马克·贝恩，他的父亲正是曾和巴菲特搭档的杰克·贝恩。

马克很聪明而且年轻，他家里就有一台电脑，这样他就能随时随地开展业务。他有一个专用系统，所以一旦日元浮动超过了某一限度，那个系统就会发出类似警报的声音,这样即便是在午夜,他也不会放过任何一个消息。

我对马克说:"现在让我坦率地说吧,你把电脑放在这里,凌晨3点时,在你忙完你那堆事——谁知道是什么,我们也不问——凌晨2点上床睡觉后,那个警报响了。你马上就得起床,跑到电脑前,去看日元兑美元汇率诸如此类的东西。"

告诉我,当你专注于用电脑工作的时候,这个电脑会对交易的规模有什么条件限制吗?当你做出错误判断的时候,它会提出异议吗?

接着他说:"哦,那倒不会,我会把我想要的敲出来的——无论什么。"

"所以,"我说,"嗯,如果你有点儿喝多的时候,或者你无意中多打了3个0,你的公司是不是就会牵扯上官司?难道你必须得用电脑来进行交易吗?"

然后他说:"嗯,是如你所说的。所以这个小东西已经成了我的噩梦,凌晨3点的时候,也许我正和一个女人同床共枕,我迷迷糊糊地过来仔细检查电脑有没有出现状况,然后再回去继续睡觉。等第二天早上醒来的时候,你会忽然发现,昨天你输入电脑的货币单位不是万亿,而可能是千万亿。"

在巴菲特看来,一个容易出错的人和一台不会判断的电脑将组成一个完全无监控的、无人看管的环境。很显然那就意味着,会发生无法挽救的失控。但是作为董事会的成员,他没有改变这种现状的权力,他所能做的只有试图说服每个人。现在他和芒格常常为了所罗门公司的管理问题争吵,但始终没有得到令人满意的答案。芒格开始接管审计委员会,在此之前该委员会并未充分履行职责进行严格监督。芒格带领审计委员会对公司进行了六七个小时的审查并查看了账目。芒格发现,所罗门金融衍生业务崛起得非常快,主要在那些交易量不大的市场进行交易。这些交易持续的时间不长,一般只有几年。金融衍生品交易中转手的现金量非常小。所罗门公司的账面上利用数理模型评估这些衍生品的价值。[38]因为这个模型的发明者能获得多少奖金,是由这些模型决定的,所以,这些模型往往显示这些交易的利润非常高。通过这种错误的会计手段，盈利被高估了2 000万美元。[39]然而，审计委员会的审计对象只是那些已经得到批准的，往往也是已经完成的交易。所以，这种只存在于交易前的监管无法阻止交易过程中高估盈利的行为。

巴菲特和芒格只在一个领域比其他人更精明，那就是投资。人们一向追捧的就是他们的投资能力，但他们的这种能力也容易被忽视。两人的主张仅仅是同员工达成一个统一的联盟。举一个例子，所罗门旗下的菲普诺与英瑞联合公司形成了一家合资公司（英瑞联合公司位于休斯敦，已经成立了7年），在西西伯利亚和北极圈的南面共同建造石油基地，这将给俄罗斯的石油生产带来巨大的变革。这个"不眠之夜计划"给俄罗斯带来了很多实惠，在这个基地中将建造一个娱乐中心、食品中心和服装中心，所有这些都将由美国方面出资。

"英瑞联合公司？"听到这个消息之后芒格说道，"这是一个愚蠢的主意，我们公司里没有英国人和瑞士人，单看这个名字就知道动机不纯了。"

但是不管怎样，巴菲特还是在这个项目上投了1.16亿美元，他认为石油将和俄罗斯的未来息息相关，西方的一些国家也需要石油产品。就像巴菲特说的只要"国家不灭"，"石油计划就不会停止"。如果没有绝对的盈余来支撑，俄罗斯的政治体系就会崩溃。[40]

果然，不眠之夜计划一运行起来，俄罗斯政府就开始调整石油出口税。需缴纳的税金几乎与"不眠之夜计划"的收益相当。紧接着，石油生产量也不容乐观。但俄罗斯的富豪却马上蜂拥至美国去享受纸醉金迷的日子。俄罗斯政府是很难琢磨的，并且表现出不合作的态度，结果这个计划自始至终都充满了种种问题。一些人在俄罗斯从石油中获得了大笔财富，但这其中并不包括所罗门公司。

那段时间，在俄罗斯发生的一切仅仅是一个附带事件。1989年，正在崛起的日本使美国一度担心其快速增长可能掩盖自己的光辉。所罗门在日本投了一大笔资金，所投的产业刚刚兴起，发展得很好，公司拥有几百名员工，已经呈现出迅速成长的势头，同时也开始赢利。时任所罗门公司首席执行官的德里克·莫恩是一个具备管理能力的天才。巴菲特一直都没有购买外国股票，他相信日本的股票会变得令人咋舌的昂贵，他对任何与日本有关的东西都漠不关心。然而，凯瑟琳·格雷厄姆对索尼公司董事长盛田昭夫——这个世界上最富有的亿万富翁之一——显得越来越迷恋。盛田昭夫是世界上最成功的经理人之一。凯瑟琳邀请他和巴菲特一起出席自己的晚宴，但是两个人都没有回复。

之后有一次巴菲特去纽约出差，盛田昭夫为凯瑟琳、巴菲特和梅格·格林菲尔德在其位于第五大道的公寓举行了一个小型宴会，在那里可以远眺纽约博物馆。席间，凯瑟琳再次流露出对盛田昭夫的热情，巴菲特却对她的这种行为感到迷惑。

巴菲特从来不吃日本菜，但是他知道那样看起来会有点儿怪，所以他应邀接受了盛田昭夫的邀请，只是除了菜单他什么也没碰过，这对于巴菲特不是什么难事，他可以连续七八个小时不吃饭。人们看出巴菲特并不想冒犯盛田昭夫，但是对于巴菲特来说，他是不可能把东西拿到面前然后用刀切开假装吃掉的。

在盛田昭夫的公寓里，你可以一边俯瞰纽约中央公园的全貌，一边透过日式厨房的玻璃墙，观看四位厨师精心准备食物的过程，这是房子在设计上的独特之处。

当他们就座等待丰盛的晚餐时，巴菲特却在关注厨师。食物会变成什么样子？他思索着。作为主人邀请的贵宾，巴菲特的位置是面对厨房的。筷子放在一个小筷子托上，旁边有个小调味瓶，一小碗大豆酱油。他并不喜欢大豆酱油。第一道菜上来了。每个人都津津有味地吃了起来。巴菲特嘟囔着说了个借口。他示意服务员把依然满满的盘子拿走。第二道菜紧接着上来了。巴菲特不知道那是什么，但是他觉得一切看起来很恐怖。巴菲特看着跟他有一样饮食习惯的梅格·格林菲尔德，后者看起来也很为难。盛田昭夫的夫人面带微笑地坐在他旁边，很少说话。巴菲特又找了一个借口，他再一次点头示意服务生把他的盘子拿走。当他那丝毫未动的盘子拿回厨房的时候,他确信厨师会注意的。

服务生又端上一盘无法辨认的菜肴,看起来像生的。凯瑟琳和盛田昭夫大吃起来。当巴菲特提出第三个借口推脱的时候,盛田昭夫的夫人仍然一副笑容可掬的样子。巴菲特由于羞愧而感到了不舒服。厨师仍然在专心于他们的作品,巴菲特开始出虚汗了。他的借口已经用完了。厨师看起来很忙碌,但是他确信他们一定透过玻璃在旁边偷看,观察他到底要干什么。菜一道接一道地上来,而巴菲特的盘子都是一点儿未动地被拿了回去。他觉得自己仿佛听见了从厨房里传来的轻微的嗡嗡声。还有多少菜要上来?他还没有意识到这里有太多的东西要生吃。盛田昭夫的夫人看上去有点儿局促不安,但是他不敢保证,因为她始终面带微笑,少言寡语。每道菜上的时间都似乎那么漫长。他开始数了,已经超过10道菜了。他试图用他同盛田昭夫关于工作的幽默、谦虚的对话来弥补他在饭桌上的失礼,但是他知道不能让自己有失体面。饭吃到一半的时候,巴菲特不由自主地开始想念汉堡包了。他敢保证厨房里的人正在为他拿回去的盘子气愤不已。到第15道菜快结束的时候,他还是一口菜都没吃。盛田昭夫一直盛情款待,这让巴菲特更觉得愧疚。他极度渴望逃回凯瑟琳的公寓,那里有爆米花、花生、草莓冰激凌在等着他。

与此同时,数以百计的所罗门员工则在昂贵的日本餐厅用餐,不过对他们来说,能在第五大道与盛田昭夫享用同样丰盛的美食是他们梦寐以求的。虽然奖金支票的数额巨大,他们还是提出了异议。支票数额是否巨大并不是重点,重点是与其他人比较时,自己的支票数额是否更大。不过,巴菲特和芒格对于公司正在出现的问题一无所知。梅里韦瑟的那些套利交易者开始为争取更多的收入而骚动。这些之前在大学任教的教授,辞去29 000美元年薪的工作转投金融行业,此刻也觉得他们同证券投资银行业一样在补贴亏损部门。[41]这些交易员可以为自己争取更多的利益。他们想要回他们为公司赚取的几十亿美元财产中属于自己的那一部分。[42]虽然以梅里韦瑟的性格,他并不善于眼神交流,但是他现在已经成为世界上最有进取心的、最成功的股票天才。古特弗罗因德妥协了,把梅里韦瑟等人创造的财富的15%付给了他们。[43]这样就意味着后者具有比那些分取他们利益的交易员拿走更多钱的潜力——这是古特弗罗因德和所罗门高层汤姆·斯特劳斯之间秘密达成的一个协定，董事会不知道，所罗门的其他员工也不知道。

1991年，巴菲特和芒格在所罗门公司经历了一系列的失望和挫折。事实表明他们得到的消息并不都是最新的。员工们要求加薪的呼声一直不绝于耳。他们对公司在股市中进行的交易的很多方面都不赞同。公司股票的价格8年来又回到了原点。公司收入一直低于1.67亿美元，因为有相当数量的资金用于给员工发工资。

巴菲特一直让芒格扮演反面角色，现在他也觉醒了，向执行委员会建议，让他们削减奖金。但最终的奖金总数计算出来，已经达到700万美元，比以往任何时候都高。在梅里韦瑟为他的交易员设立的新规则下，其副手拉里·希里布兰德的工资从300万美元涨到2 300万美元。[44]当希里布兰德加薪的消息被媒体披露时，他的一些同事因为嫉妒而失去了理智，觉得自己被骗了，他们为公司赚取的几百万美元被忽略了。

巴菲特对这些交易员的奖金本身并没有疑问。"我愿意奖赏人才，"他说，"但是，就像查理所说的，那不能作为特权。"这种安排就像对冲基金的费用结构，和他之前采取的合伙形式有些类似。[45]这对公司其他业务的开展带来了无形的压力。而他没有透露他反对的事，他讨厌的东西甚至包括一个人不剪头发而影响自己的外表这种小事。对此，古特弗罗因德表现出了比其他管理者更好的分寸感，决定采取减薪35%的政策，因为这正好与下降的收益相符。[46]这让古特弗罗因德与巴菲特就奖金发放一事更容易达成共识。但是巴菲特的宽容气度被员工们的贪婪磨掉了，他不得不克服自己的惰性，反对提高交易员的奖金。当巴菲特在所罗门公司里说"不"的时候，人们义愤填膺。一个爱钱的亿万富翁却在骂他们贪婪。

巴菲特称所罗门就是一个赌场。[47]这个娱乐场为了招揽顾客而赔本做买卖。那些交易员，尤其是梅里韦瑟的朋友就是赌场的客人：他们在进行没有利益冲突的纯冒险行为,但那才是巴菲特喜欢的部分。新近设计的薪酬系统是为了阻止交易员流失。[48]但是用两个不同的薪酬系统来运作公司是不可行的,即使这真是一个赌场,古特弗罗因德也会把所罗门搞得分崩离析。

现在梅里韦瑟和希里布兰德要求古特弗罗因德承诺与巴菲特协商,并买回他之前购进的可转换优先股。那笔交易代价太昂贵,它让所罗门损失了很多。他们再也不会生活在被收购的阴影之下了。为什么要为巴菲特的保护而付出代价?古特弗罗因德说他们要和巴菲特谈谈,试图说服他没有那些优先股股票他可能会过得更好。当他们会面时,巴菲特说他会接纳这个提议。但是巴菲特作为投资者可以让古特弗罗因德更有安全感,所以他临阵退缩了。[49]

因此,巴菲特还是坚持原来的决定。在约翰·古特弗罗因德身上,巴菲特投入了伯克希尔-哈撒韦7亿美元的资金和自己的名声,所以在1991年要他退出协定?一切已经太晚了!

48

吮拇指及其严重后果

纽约 1991年

1991年8月8日星期四下午，巴菲特从塔霍湖驱车来到内华达的里诺，打算同阿斯特丽德和布鲁姆金兄弟一起度过他们一年才共度一次的周末。他盼望这次旅行已经很久了，一想起来心情就无比轻松愉快。当天早晨，约翰·古特弗罗因德的办公室人员给巴菲特打来电话，询问他在晚上9点到午夜的这段时间会在哪里，有没有时间和他们谈谈。

考虑到这件事有点儿不寻常，巴菲特回答说他要去看一个演出。之后他们告诉巴菲特，希望他在晚上7点半的时候能主动联系所罗门公司的律师事务所——沃切尔-利普顿-罗森-卡茨律师事务所。他略做思考，以为他们打算出售公司。这似乎是一个好消息。股票出手价接近38美元。这个价位意味着他看重的那只股票可以脱手了，并且从此以后可以与所罗门脱离关系了。古特弗罗因德向来事事咨询巴菲特的意见，也许此刻他正需要一些谈判方面的帮助。

巴菲特和他的同伴在里诺打发掉了一个下午。其间他回忆起一件往事：1980年，有人建议他收藏雷诺的老爷车——来自美国国家汽车博物馆的老式汽车。这些汽车共有1 400辆，其中包括一辆1932年的劳斯莱斯、一辆1922年的梅赛德斯跑车、一辆1932年的布加迪跑车、一辆1955年的法拉利和一辆1913年的皮尔斯银箭。所有汽车要价不到100万美元。他心动了一下，但最终还是放弃了。几年之后，收藏的部分汽车——大约几百辆陆续被拍卖，总额高达6 900万美元。最近，其中的一辆皇家布加迪被一个休斯敦的房地产开发商以650万美元收入囊中。

晚上7点半之前，他们返回了塔霍湖。"我们回到旅馆后，其他人去了牛排餐厅。我告诉他们'等我一会儿'，然后我在外面找了一个公用电话拨了他们给我的号码。"巴菲特期望能连线到古特弗罗因德，但是古特弗罗因德这会儿正在从伦敦飞回纽约的飞机上。他到伦敦是为了英国电信公司的一个投资项目。不巧的是，他那班飞机晚点了。巴菲特拿着电话等了很长时间，而电话的那一头正在讨论是否要等到古特弗罗因德抵达后再详谈。最后，汤姆·斯特劳斯和唐·福伊尔施泰因接过电话，告诉巴菲特是怎么回事，或者说是给了巴菲特一个说法。

49岁的汤姆·斯特劳斯是古特弗罗因德的左右手。早在5年前，也就是1987年股市不景气期间，他被任命为所罗门公司的总裁。[1]在管理公司国际业务的同时，他还要负责理顺公司的证券部，而后者无疑是一块烫手的山芋。但正如后来报道揭示的那样，在所罗门内部，管理完全是混乱的。各部门负责人直接向古特弗罗因德汇报，而且汇报范围与他们向其他上司汇报的范围毫无二致。在所罗门，谁能创造收益，谁就有发言权。严格地说，斯特劳斯是所罗门的总裁，但是因为他的职位太高，他看起来就像是高悬在交易厅上空的一个氢气球，各部门负责人不动声色地把他排除在外了。

唐·福伊尔施泰因是所罗门法律部经理。他曾经是美国证券交易委员会的一名重要成员，并被公认为是一个深谙此道的律师。[2]他是古特弗罗因德的盟友，被称为"黑暗王子"，[3]因为他总是在幕后做一些不光彩的工作。所罗门的经理人做起事来向来毫无忌惮，而且总是与福伊尔施泰因的手下，包括交易部助理律师扎卡里·斯诺一起行事。这种体制使法律部看起来很强大，但又很软弱——很大程度上，他们需要负责所罗门内部的几乎所有事务：从处理内部的小摩擦到对外部事件做出回应。所罗门这套习惯已经根深蒂固，就连福伊尔施泰因本人都是一个交易员：他还负责管理一个由几个董事联合创办的酒类企业。他的传真机不断地向这些董事发送文件，告诉他们酒类产业的利润十分丰厚，以及红酒大多数是被买者收藏而不是被喝掉等信息。[4]

然而这个晚上，没有人喝酒庆祝。福伊尔施泰因知道巴菲特和古特弗罗因德是好朋友。古特弗罗因德本应该亲自接电话说明情况，但此时不得不由福伊尔施泰因代劳，他为此感到很尴尬。他和斯特劳斯用了大量的事实告诉巴菲特，所罗门出了什么问题。沃切尔–利普顿事务所的一项调查表明，保罗·莫泽尔——所罗门公司国债部门负责人，在1990—1991年多次违反美国财政部的竞拍规则，暗箱操作。莫泽尔和他的同谋，即他的副手，已经被停职，并且公司正逐级上报此事。

保罗·莫泽尔到底是什么人？巴菲特想。

36岁的保罗·莫泽尔因为在芝加哥销售证券的优秀业绩被纽约方面相中并提拔上来。他对工作的专注比得上激光灯。每天太阳还没升起，他就已经开始了一天的工作。他会在卧室一边浏览交易屏幕一边与伦敦方面通电话，然后从他位于炮台公园地区的小公寓飙车绕过几个街区，来到世界贸易中心的7层。那里有所罗门新的豪华交易大厅。他会同时盯着几个大屏幕，监督20个操盘手交易，直到太阳落山。这些操盘手大多比瘦而结实的他高很多。莫泽尔很聪明，而且极富闯劲，但同时他给人的印象又是若有所失、缺乏安全感——他是个有些古怪的人。尽管他在长岛长大，但是同圆滑的纽约人比起来，他更像是来自中西部地区的一个涉世不深的人。他曾经在梅里韦瑟手下担任交易员，后来在证券发行部主管克雷格·科茨辞职后接手了主管这一职位。现在他仍然效力于梅里韦瑟，却处于昔日同事圈的外围。另外，鉴于巴菲特和董事会要求增加收益的强大压力，古特弗罗因德把外汇交易部也交给了莫泽尔打理。[5]莫泽尔在短短的几个月内就将这个黑洞填满，并使它开始赢利。这让古特弗罗因德对其大为赞赏。

莫泽尔既粗鲁又高高在上。他觉得跟自己比起来，别人都是傻瓜。可是他周围的同事大都很喜欢他，因为他不像所罗门臭名远扬的抵押部门经理人那样往雇员身上扔食物，或者命令他们一次买回12个比萨。有时候他甚至会和员工们亲切交谈。

由于工作卖力，莫泽尔那年拿到了475万美元的报酬。这是一笔大数目，但他并不满足。他的目标是世界首富，这点儿财富显然不能满足他。当得知自己的前任拉里·希里布兰德从一项秘密交易中获得了2 300万美元的回扣时，他忽然开窍了。过去他比别的交易员挣得多[6]，现在他更要远远超过他们。[7]他要求对自己管辖的部门免予审计，言外之意就是在账目方面他永远不会疏忽。[8]

在所罗门内部，莫泽尔是少数几个有机会经常同达官贵人商谈经济问题的负责人，他几乎每天都要同美联储通电话，并且定期与财政部官员在麦迪逊酒店聚餐。作为美国"主要交易商"所罗门的代表，他为政府提供各种市场方面的信息和建议，同时，无论政府何时决定出售国债，他永远站在第一线充当最大买家，其忠实度堪比坐在教皇右手边的红衣主教团的成员。

只有主要交易商才有资格直接从政府那里购买国债，别人只能通过他们才能竞标。他们扮演着中间人的角色。如此一来，这些大型交易商垄断了国债销售市场，并占据了大多数市场。他们了解政府和客户的需求，从供求的差价中牟利。但是，要想走到这一步，需要获得政府相当的信任。而政府方面则希望这些交易商能像教徒做弥撒那样虔诚——既要喝圣餐酒，又不能喝醉，让教主难堪。

拍卖会临近的时候，主要交易商会通过电话统计客户的购买量。莫泽尔会根据市场的需求量对外提出竞标额度。在拍卖会当天下午1点钟之前的几秒钟，交易商会打电话通知那些站在美联储大楼电话亭里的交易员，后者快速记下指令，然后直奔位于美联储被人围得水泄不通的竞标箱。1点整的时候，工作人员将封住箱口，这标志着竞拍结束。几十年来，政府一直沿用这套古老的竞标程序。

竞价市场的紧张与生俱来，它是财政部与交易商在价格、数量方面反复博弈的结果。财政部希望以尽可能高的价格拍卖尽可能少的国债，而交易商则会尽可能控制交易价格和交易数量，在最大限度扩大自己市场份额的同时保持转手利润。交易商在出价时会精确到千分之一美元——这听起来似乎微不足道，但是吃掉足够多的千分之一就会发大财。如果是1亿美元，千分之一就是10万美元。如果是10亿美元，那就是100万美元。同时，由于国债没有抵押债券或公司债券那样大的利润空间，所以为了有利可图，必须进行大宗交易。

要把这桩大买卖做成，政府就必须和主要交易商合作，因为他们更了解市场，并且能发行自己的证券。而截至那时，所罗门是最大的交易商。20世纪80年代早期，财政部允许独立的大公司最多购买每次发行量一半的国债。这就为所罗门公司独霸拍卖会提供了方便。所罗门将买下的国债囤积起来，并借此"压榨"那些手头国债"短缺"的公司——它们之前预计国债价格会下降，因此卖出了手头的债券，从而导致自身所需的债券数额不足。这样一来，国债价格就会迅速提升，短期出售者后悔不迭，而交易大厅里却呼声一片——所罗门从中获得了巨额利润。在华尔街，它就像一位挥舞着权杖的国王。通过囤积居奇，本来利润微薄的国债变得利润丰厚起来，原先坐冷板凳的国债交易员精神也为之一振。

为了平息怨言，财政部降低了上限，规定单个交易商最多只能购买35%的国债，这就增加了囤积居奇的难度。尽管小型的价格操纵时有发生，但所罗门再也难以独霸市场。所罗门自然不欢迎新政策的实施。在竞购数额超过计划销售额度的时候，财政部会按竞标者每人申请的比例销售，这意味着想要买到35%的国债，竞标人的竞标额要超过35%——这个规定实在诡异至极。

政策的严格执行增加了所罗门国债部门的创收难度。然而，上有政策，下有对策。1990年，莫泽尔先后两次考验了财政部的耐心。他的竞标数额超过了拟发行国债的100%。竞拍负责人迈克尔·巴沙姆警告他不要再犯这样的错误。莫泽尔为此盛情邀请副财长鲍勃·格劳贝尔共进早餐，并美其名曰"赔罪"。他找了一堆借口,但没有一句是承认自己有错的。他声称他所做的超标竞拍对政府有利,因为它增加了国债的需求量。[9] 巴沙姆并没有因此息怒,相反他制定了更严格的规定——要求任何公司的竞标数额绝对不能超过发行数额的35%。根据这项规定,所罗门连35%的国债都买不上了。

这时,福伊尔施泰因为巴菲特念了所罗门打算在第二天早上将要发布的一篇新闻稿。相关内容也会通知当晚所有参加董事会会议的成员。它记录了莫泽尔挑衅巴沙姆的全过程:他在1990年12月和1991年2月的两次竞拍中,继续超过规定底线竞标。

福伊尔施泰因给了巴菲特一份影印稿,并且告诉巴菲特,他已经同在明尼苏达州度假的芒格详细谈过了。[10]芒格提到了所谓的"吮拇指",并补充道"人类惯于那样"。[11]巴菲特知道,在芒格的字典中,"吮拇指"表示浪费时间,但是他没有特别在意。福伊尔施泰因没有提及他和芒格谈话的其他内容,而巴菲特也并不在乎到底谁在"吮拇指"。七八分钟后,他挂断了电话,这时他意识到事情好像有些不对,不过他并不认为有必要立刻跟芒格谈谈。他决定过完周末再去找芒格。此刻他要做的是在塔霍湖好好放松。他走回餐厅,和阿斯特丽德、布鲁姆金兄弟一起吃牛排,随后他们去看了琼·里弗斯和尼尔·萨达卡的演出。

在巴菲特看演出的时候,古特弗罗因德的飞机终于着陆了。当天晚些时候,古特弗罗因德、斯特劳斯、福伊尔施泰因与美国证券交易委员会的高级官员理查德·布里登、比尔·麦克卢卡斯进行了会谈。此外,他们三人还给纽约储备银行行长——身高6英尺4英寸(约1.93米)、健壮的杰拉德·科里根打了电话。

古特弗罗因德和斯特劳斯分别用证据向布里登、麦克卢科里以及科里根汇报,其内容比所罗门董事们所知的更为详尽。莫泽尔的问题远非超标竞拍。在1991年2月财政部的竞拍上,为了达到35%的数量,他假借客户的名义购买国债,然后将这笔国债隐藏在所罗门的账目中。事实上,他在这次竞购中并不只有一个伪造行为。至于为什么所罗门没有及

658

早上报，他们的解释是监管疏忽。不过，美国证券交易委员会和财政部还在对莫泽尔事件进行调查，因为莫泽尔在5月的两年期国债市场上掀起了更大的波澜。莫泽尔的行为处于监管人员的严查之下，所罗门公司同样未能幸免。监管疏忽显然不能说明问题，监管人员怀疑所罗门内部存在系统性问题。

不管实情怎样，这些坦白令财政部和美联储的官员异常尴尬。所罗门居然没有开除莫泽尔，并且尚未制定任何补救措施，科里根对此感到非常震惊。他希望公司在一两天内做出决定，这样他还能"力保判处缓刑，并且让事情到此为止"。他后来回忆说，他曾经告诫古特弗罗因德和斯特劳斯"保持耐心和冷静"，并且有义务立刻向公众公布这些信息。以他的经验，他觉得这件事很可能会演变成"非常非常严重的问题"。[12]然而在他看来，古特弗罗因德和斯特劳斯好像根本没有意识到事情的严重性。否则古特弗罗因德为什么那个时候还飞赴伦敦，没有想到要与巴菲特、芒格联系，公司其他董事也都分散在各地。

第二天是8月9日，星期五，巴菲特、阿斯特丽德、布鲁姆金兄弟一道在当年的西部淘金镇——弗吉尼亚城广阔的街道上散步。巴菲特给他的办公室打了个电话，被告知没有紧急情况，所罗门公司也没有打电话找他。所罗门在新闻稿中尽量轻描淡写，但是新闻稿发布之后，股票还是下跌了5%，跌至34.75美元。

星期六，巴菲特在明尼苏达星岛的小木屋里与芒格通了电话。芒格向他揭示了更详细的、令人警觉的内幕。福伊尔施泰因从众多材料中选取了一些案例，指出"部分问题在去年4月就暴露了"。当同样的话说给包括巴菲特在内的其他董事听时，他们并没有觉察到其中的特别之处，因此没有显露出特别的情绪。[13]芒格却从那些陈词滥调和消极的语调中听出了一些东西，"应当知道"是什么意思？到底应当知道什么？谁应当知道？芒格大为光火。[14]福伊尔施泰因因此被迫将更完整的细节告诉芒格，具体内容与科里根知道的版本相差无几。[15]

正如福伊尔施泰因提到的那样，莫泽尔在4月就收到了财政部关于调查其竞拍案的信函。[16]由于意识到游戏升级超出了他的掌控范围，他在4月25日向老板梅里韦瑟坦白了整个过程：在2月的竞标中，为了保持35%的底限，他不仅以所罗门的名义进行了投标，还以其他客户的名义投了标。[17]莫泽尔向梅里韦瑟发誓说这是唯一一次，并保证不会再犯。

梅里韦瑟很快意识到，事情肯定到了无法收场的地步，要不然莫泽尔不会忽然来坦白。于是他随即把情况汇报给福伊尔施泰因和斯特劳斯。4月29日，他们三人一道向古特弗罗因德转述了莫泽尔的交代。根据他们后来的回忆，古特弗罗因德听完后满脸怒气地离开了现场。

也就是说，截至4月，古特弗罗因德、斯特劳斯、梅里韦瑟、福伊尔施泰因以及公司的法律顾问都知道了莫泽尔的所作所为。

当时福伊尔施泰因已经提醒过古特弗罗因德，莫泽尔的行为可能已经构成犯罪。他认为公司这样做可能涉嫌违法，同时他确信，如果公司不采取任何行动，无异于和政府硬拼，因此，必须上报给美联储。古特弗罗因德表示会严肃处理这件事。但奇怪的是，他并没有拿出任何确切的方案——他没有造访美联储富丽堂皇的意式府邸，告知科里根事情的来龙去脉。更要命的是，得出冒名竞标是"唯一一次越轨行为"的结论后，他们居然将莫泽尔继续留在管理层。听完这些，芒格说："这就是在'吮拇指'，人类一直惯于这么做。"他后来解释说："所谓的'吮拇指'，是说本来必须采取行动的时候，你却只是干坐在那儿苦思冥想，这就是浪费时间。"[18]

芒格将自己对那篇新闻稿的疑问告诉巴菲特：难道不应该告知公众，管理层早就知道了事情的真相吗？福伊尔施泰因的回答是："的确应当告知公众。之所以没有那么做，是担心会影响到公司的资金运转。"所罗门借有数百亿美元的短期商业贷款，并且一天比一天多，如果消息公布出去，贷款方也许会拒绝续借。芒格认为，"资金困难"将引发"财务恐慌"。[19]缺乏坚持底气的芒格最终退让了。与此同时，他与巴菲特达成共识，一定要揭露更多的真相。对即将到来的困难，他们已经从心理上做好了准备。

两天之后的8月12日，星期一早晨，《华尔街日报》登出了已经证实的一些细节，标题相当醒目："所罗门违规操作中期国债，导致市场混乱；公司一次竞标获得的额度可能达到85%；调查正在进行——老板是否对此一无所知"。这篇报道还指出了此事可能招致的诉讼："操纵市场""违反《证券法》中的反欺诈条款""向联邦当局虚假陈述""账簿记录违法"等民事指控以及违反《电邮欺诈法》等刑事指控。[20]

古特弗罗因德给巴菲特打了一个电话，语调相当平静。巴菲特猜测，他大概以为整件事情的后果不过是股票下跌几个百分点罢了。联想到期刊上暗藏杀机的报道，巴菲特觉得事情不可能这么简单，古特弗罗因德的态度说明他仍然认为此事可以轻松摆平。[21] 这与他上个星期的表现颇为一致。在巴菲特施压要求知道更多真相后，他被告知所罗门的财务状况已经遇到了麻烦——这意味着公司的贷款方已经开始躁动不安了。[22]

同时，芒格试图和沃切尔-利普顿律师事务所的马蒂·利普顿——古特弗罗因德的好友、所罗门公司的外部法律顾问取得联系。利普顿正在为所罗门的麻烦四处奔走，芒格用福伊尔施泰因的电话拨通的是利普顿交由佳士得-苏富比拍卖的房子里的电话，利普顿的妻子在那里，利普顿不在。[23] 芒格知道利普顿离不开电话，就像巴菲特离不开他的《华尔街日报》一样。那时候手机还很罕见，连公司的合伙人都没有配备。最后，芒格把电话打到利普顿的办公室。事情过后，他向美国证券交易委员会汇报说："利普顿的办公室拥有我所知道的历史上最好的电话系统，无论是白天还是晚上都能联络到他，就算他正忙于谈情说爱，你也能找到他。"[24]

至于利普顿被芒格找到时心情是否平静，这一点我们不得而知。芒格要求利普顿再发一份新闻稿给他，因为第一份材料不够充分。利普顿同意在周三召开董事电话会议时讨论此事。

毋庸置疑，美联储的科里根对所罗门保持沉默的态度相当不满。当天，他决定让他的执行副主席彼得·斯藤莱特给所罗门起草一份公函，通知他们，由于没有及时披露内幕，所罗门给美联储带来了很大的麻烦，因此，美联储对于能否与所罗门继续保持合作关系深表怀疑。美联储希望所罗门在10天内将所有内情和盘托出。

结合科里根之前与斯特劳斯、古特弗罗因德的谈话，这份公函无异于最后通牒。如果美联储中断所罗门与政府的商业往来，客户、贷款方将纷纷上门提款。这样做的严重后果会迅速显现出来。

所罗门的资产负债规模在全美众多公司当中排名第二——它比美林证券、美国银行及美国运通公司的规模更大。它的所有贷款当中几乎都有短期借款，而这些短期借款的出借方在几日或者至多数周内就能抽回投资。公司只有价值40亿美元的股票，而贷款却有1 460亿美元。每天，资产负债表内都会有几百亿美元，甚至有多达500亿美元的应付账款（交易已经完成但尚未结算）。稍有不慎，就会引起地动山摇的后果。同时，所罗门还有高达数千亿美元的账外衍生债务——包括利率掉期交易、外汇掉期交易以及期货合同——这个巨大而复杂的交易链牵涉全球各地众多的合作伙伴，并且这些合作伙伴同样还有数不清的其他交易业务，这正是纠缠不清的全球金融网络的一部分。一旦这些资金消失，所罗门的一切资产将被变卖。然而，资金可以一下子撤走，资产却得花上一段时间才能清算完毕。同时，政府缺乏全国性的政策来向这些摇摇欲坠的投资银行提供贷款，因为它们的规模"太大而不能倒闭"。这家公司也许会在一夜之间变成无底深渊。[25]

科里根坐在椅子上，他相信斯藤莱特的公函会让所罗门的管理层清楚地意识到，枪已经上膛并对准了他们。识相的话，他们必须在第一时间做出回应。

同时，在新闻稿发布和《华尔街日报》做出报道后，所罗门内部谣言四起。星期一下午晚些时候，所罗门在一层大厅召开了全体员工会议。近500人参加会议，同时所罗门在全球各地的员工也都观看了现场直播。古特弗罗因德和斯特劳斯向员工们披露了所罗门平静的外表之下隐藏的巨大危机。之后，证券发行部经理比尔·麦金托什被叫到楼上古特弗罗因德的办公室。当他到达那里的时候，发现古特弗罗因德、斯特劳斯和利普顿三个人表情严肃地坐在里面。之前，他已经来过一次，意想不到的是，他们征询了他对局势的看法。麦金托什认为公司有必要对外做出更多的解释，在他看来，员工会议和新闻发布会会给人一种误导。[26]这一次，他和助理律师扎克·斯诺一起被委派执行一项重要任务——负责撰写新的新闻稿。

第二天一早他们就动笔了。中午时分，麦金托什向刚从公司亚洲分部回来的投资银行部的副董事长德里克·莫恩汇报。莫恩得知，他们正在经历"暴风雨之前的平静"。他找到了斯诺，拍了拍他的肩，让他最好向自己坦陈一切。

就算他不开口，斯诺也会主动对他和盘托出。既然莫恩已经提出来，斯诺就更无异议，将幕后经过原原本本地告诉了他：莫泽尔4月首次坦白了他在2月竞拍会上的所作所为后，尽管福伊尔施泰因一再强调莫泽尔的行为已经构成犯罪，梅里韦瑟还是力保莫泽尔——这个内幕斯诺也是通过秘密途径才知道的——一个月后，莫泽尔仍然在管理层留任。福伊尔施泰因不断建议古特弗罗因德将此事上报监管当局，古特弗罗因德虽然答应，却一直没有采取任何实质行动。现在梅里韦瑟因为隐瞒莫泽尔的罪行被起诉，据估计他很可能因此辞职。

在此之后，莫泽尔还申请过一笔资金，希望参加5月底的两年期国债竞拍，他的竞标额又一次超过了规定的销售总额。尽管根据申请，这笔资金的一部分要用来为客户竞标，但所罗门的财务主管约翰·迈克法兰并没有轻易点头。他觉得这是一个危险的信号，并且立即同斯诺、梅里韦瑟召开了一次会议。斯诺还向上司福伊尔施泰因汇报了此事，福伊尔施泰因也认为这是一个无理的要求。最终，他们拒绝拨款给莫泽尔。[27]

但是，莫泽尔还是设法达成了他的心愿。[28]他成功地躲开了监督者，非法申请参加了竞标并因此囤积了大批国债。事实上，所罗门公司获得了这批国债中的87%，它和一些客户共同控制了这笔两年期国债的发行并且推动其价格暴涨。[29]这一轮"操纵"给其他公司带来的损失高达1亿美元，一些小企业因为遭受重创不得不宣布破产。[30]

在所罗门内部,"操纵"引发了广泛的担忧。同行也开始在新闻媒体上将所罗门称为"华尔街的海盗"。董事会成员(包括巴菲特在内)在一次会议上对公司操纵两年期国债市场的行为进行严厉指责。福伊尔施泰因要求斯诺对 6 月的"操纵"事件开展内部调查。调查发现,竞拍之前,莫泽尔与两位对冲基金客户共进了晚餐,而这两位客户参与了这次的竞标活动。这次聚餐被指责存在勾结和操纵市场的嫌疑,但由于缺少证据,莫泽尔成功地躲过了一劫。[31] 为了弥补同财政部和美联储因"操纵"事件而受损的关系,古特弗罗因德做了一系列安排。6 月中旬,古特弗罗因德拜见了副财长格劳贝尔。他在沙发上一边大口抽着雪茄,一边对格劳贝尔表示遗憾,提出愿意配合财政部尽量避免事态恶化。但同时他仍在为莫泽尔辩护,认为后者没有蓄意操纵 5 月的竞拍。而且他还隐瞒了他所了解到的其他情况,包括莫泽尔此前操纵竞拍的劣迹。然而,鉴于 5 月以及先前"操纵"行为引起的严重后果,美国证券交易委员会和司法部反垄断局在没有知会的情况下启动了对所罗门公司的调查。

与格劳贝尔会谈大约一周后,古特弗罗因德、斯特劳斯和梅里韦瑟开会商量是否要向财政部坦白 2 月的竞拍事件。考虑到 5 月"操纵"事件引发的风波还未平息,他们认为时机还不成熟,因而决定保持沉默。不久之后,他们就收到了证券交易委员会的来信,要求他们对 5 月竞拍案做出更详细的解释。这封信第一次正面提示他们,这次两年期国债违法交易引发的后果不会因为时间的推移而消逝,反而可能会愈演愈烈。任何收到这封询证函的人都会因为美国证券交易委员会忽然对国债交易部的运作产生兴趣感到紧张。

两天后,古特弗罗因德飞往拉斯维加斯查看所罗门拥有的几处房产,顺便到奥马哈拜访了巴菲特。由于事先对这次行程并不知情,斯诺没有告知莫恩此事。不过,巴菲特补充了其中的细节。

> 我到机场接他。约翰在办公室待了差不多一个半小时。有将近一个小时他在打电话,剩下的时间我们聊了聊。他语焉不详,结果到后来我

们什么都没谈出来。奥马哈会面毫无意义，但是他的确没什么好说的。

　　由于不太了解他的来意，巴菲特请古特弗罗因德吃了个便饭，然后一同造访了内布拉斯加家具城附近巴菲特刚刚买下的波仙珠宝店。珠宝店的老板现在是艾克·弗里德曼，B夫人的侄子，他俩就像是一个模子刻出来的，只不过他的块头更大。

　　弗里德曼把古特弗罗因德领到被称为"中心岛"的奢侈品区。古特弗罗因德为妻子挑了一件价值6万美元的珠宝。古特弗罗因德后来说，他买下这么贵的商品让巴菲特大为震惊。[32]随后，他又注意到刻意摆放在"中心岛"正后方的高档手表，走过去看了看。比起手表来，弗里德曼更乐意多卖几件贵重首饰，他对古特弗罗因德说："手表容易弄丢或者摔坏，所以没必要花大价钱去买。"他看了一眼古特弗罗因德手腕上做工精致的手表，问他花了多少钱，古特弗罗因德说了一个价。

　　"1 995美元，"[33]弗里德曼又重复了一下，"嗯，你被骗了，约翰。"

　　你真应该看看当时约翰脸上的表情。

　　戴着他新买的手表，古特弗罗因德在6月底的时候回到了纽约，并把用深紫色丝带系着盒子的珠宝送给了妻子苏珊。

　　不久后，也就是7月初，司法部反垄断局正式通知所罗门公司，对前述美国证券交易委员会信函中提到的其两年期国债竞拍事件进行调查。古特弗罗因德终于紧张起来，斯诺说，他聘请马蒂·利普顿所在的沃切尔–利普顿律师事务所——所罗门的外部法律顾问——对5月"操纵"事件的来龙去脉进行调查。[34]所罗门内部员工对"操纵"事件众说纷纭。一些人认为债券市场本来就很容易发生合谋。交易商的任务就是同客户合作，向市场注入大量资金。这就难免会发生"操纵"事件。只不过这次的影响更大罢了。这分明就是财政部想要给所罗门点儿颜色瞧瞧：谁让它这么多年来为所欲为呢？就像《说谎者的扑克牌》一书中描述的，招摇撞骗者最终将难逃厄运。[35]

但也有人认为是莫泽尔玩过了头。他一再藐视财政部，这才招来了"杀身之祸"。他们不明白的是，既然他与巴沙姆的不和已经众所周知，莫泽尔为什么还要让事态恶化下去？后来的疑问就更多了。既然莫泽尔（已经被判处缓刑）早就被告知自己的行为"可能触犯了法律"，他为什么还敢如此胆大妄为地嘲弄财政部——他闹出的这档子事登上了各大财经报纸的头条，难道只是想吸引更多的注意吗？[36]

负责向福伊尔施泰因报告交易情况的斯诺现在受命对5月"操纵"事件进行内部调查。斯诺6月曾因膝盖手术请了一段时间病假，他和福伊尔施泰因都没有参加格劳贝尔的会议，因此不知道他们在会上做出的推迟上报莫泽尔罪行的决议。[37]当他7月回到工作岗位上的时候，立刻发现公司出了事，而之前却一无所知。人们开始忙于各种各样的会议，他对此惴惴不安。一天晚上，他做了个梦。第二天一大早他就到福伊尔施泰因的办公室，告诉后者他梦到他们一起给巴菲特打了电话，向他揭露操纵竞拍的事，因为他俩对古特弗罗因德和斯特劳斯的无动于衷都相当不满。

福伊尔施泰因斜着眼睛看了看斯诺，"不，不能这样做"。因为他仍在试图说服古特弗罗因德，而向巴菲特坦白意味着所有的努力都将白费。[38]斯诺并不打算用这个梦来威胁福伊尔施泰因——如果福伊尔施泰因还不行动，他将越级直接上报巴菲特。可是梦一说出口，他就发现福伊尔施泰因已经误会了。[39]

开始调查工作后不久，利普顿律师事务所的调查人员就带着5月"操纵"的初步调查结果回来了。但直到此时，调查人员才了解到，高层管理人员早在4月就已经掌握了莫泽尔2月非法竞拍的事实。

回过头来看这件事，所罗门当时的情况已经极其糟糕了。在获悉福伊尔施泰因称之为"实质犯罪"的莫泽尔非法竞拍的情况后，高层管理人员仍然同意了梅里韦瑟的求情，并且没有经过调查就轻信了莫泽尔所说的"没有前科"，也没有给予莫泽尔任何形式的惩罚。他们留任了莫泽尔——为他5月再犯创造了机会。而在5月事件之后，所罗门公司的处境变得更加不妙。既然他们已经知道了莫泽尔先前的问题，为什么拖延至今才向政府说明情况呢？这让人们不得不怀疑所有高管人员都在沆瀣一气。更成问题的是，古特弗罗因德和格劳贝尔虽然在6月的会谈中谈到5月的"操纵"事件，但是对之前的问题只字不提。现在，正如斯诺对莫恩所说的那样，一旦事件升级，所有相关人员都会这样为最初的拖延开脱：当时看来，事件只是一个单独的小事件，并没有给客户和政府带来不良影响和伤害。站在生意人的立场上看，上报没有任何意义。[40]古特弗罗因德说，考虑到生意场上的压力，他没有把事情想得太严重。[41]

不幸的是，他错了。调查人员不仅发现莫泽尔乐策划了2月的非法竞拍案，又查出了另外5宗造假案。[42]其中两次违规投标是最近发现的。斯诺告诉莫恩，在前一天晚上内外部律师都参加的会议上，公司对员工也只做出了部分解释。斯诺一再强调要披露高层早就知情的事实，但是被无情地拒绝了。古特弗罗因德说："我会认真斟酌的，你做好自己的本职工作就行了。"[43]

甚至在从斯诺那里得知整个事件之前，莫恩就已经甚为担忧。自第一篇新闻稿发布已经过了7天。在这7天时间里，各种有关所罗门的麻烦事成为媒体津津乐道的话题，一件件竞标造假案被纷纷揭开，公司股价不断下跌，古特弗罗因德和斯特劳斯也终于疲于应付。当斯诺对莫恩讲完莫泽尔的违规行为以及其他人的无动于衷后，莫恩站起来捶了斯诺一拳，确定没有其他隐情后下楼来到交易厅，找到梅里韦瑟——莫泽尔的顶头上司，问道："约翰，你们到底在搞什么鬼？"

梅里韦瑟耷拉着脑袋回答说："一切都太迟了。"他拒绝进一步解释。[44]

不管迟或不迟，斯诺和麦金托什都不得不连夜赶着起草第二份解释事件的新闻稿。那天晚上，斯特劳斯和古特弗罗因德给科里根打了一个电话，作为对早上收到斯藤莱特的信件的一个回应。意识到自己是在通过麦克讲话，科里根猜测电话那头有一屋子的律师正在倾听他的谈话内容。通话一开始，他们告知科里根，所罗门已经进行了内部调查。同时他们认为，夸大竞标数额以获取更大数量的债券是这个行业的"行规"。

科里根认为这个开场白根本就是在转移话题,它与这次"操纵"事件无关,与更严重的违规竞拍案也毫无关系,而且事实上与债券竞价市场也没有关联。他的爱尔兰牛脾气发作了,通过电话对古特弗罗因德和斯特劳斯吼道:"我知道你们请了一屋子的律师。这是你们最后一次机会,你们到底还有没有什么要坦白的?"他们这才开始汇报其他的违规操作行为。

科里根意识到,继续这么毫无章法地谈下去完全没有必要,于是他说道:"你们应该明白,最好尽早把你们了解的情况告知公众。我不想再听你们狡辩了,赶快让媒体把它们通通抖出来好了。"[45]

当天夜里,律师和高层开始商议新闻稿的内容。古特弗罗因德和斯特劳斯也到场了。麦金托什觉得有必要抓出一些替罪羊来。这个想法很快被否决,但一部分人,包括董事会成员格戴尔·霍罗威茨和华盛顿分公司的负责人史蒂夫·贝尔,都强调应该更完整地说明整件事情。与会者无法与巴菲特取得联系,但是他们通过电话联系到了芒格。芒格认为,第二份新闻稿上肯定得出现知情领导者的名字。古特弗罗因德自然逃不过。另外,虽然大家都知道斯特劳斯不是负责人,并且没有参与任何决策,他只是在场而已,不过他得和他的老板一起上报。福伊尔施泰因一直在试图说服古特弗罗因德上报此事,所以不应该出现他的名字。

众所周知,梅里韦瑟是一个极富才干并且作风严谨的经理人。他一天到晚都和自己的团队泡在一起,几乎从不离开办公桌。他按规定报告了自己了解的所有情况。[46]但是,他为莫泽尔求情保住了其饭碗。"当芒格提到也应该写上梅里韦瑟的名字时,"麦金托什说,"一旁的梅里韦瑟亲眼看着律师写上了自己的名字,说了一句'噢,天哪,我死定了'。"[47]

第二天,8月14日,星期三,公司召开了一次电话会议,在这次会议中,董事会听取了相关情况(与前一个晚上科里根了解到的内容相同)。两个董事会成员分别从欧洲和阿拉斯加打来电话。巴菲特和芒格也分别从奥马哈和明尼苏达打来电话听取了关于莫泽尔事件的"有序但尚不完整的"陈述。在所罗门内部,一场政变正在上演,高层管理人员纷纷猜测古特弗罗因德和斯特劳斯会不会辞职。[48]交易员们希望梅里韦瑟能当上首席执行官，但是很显然，考虑到他是莫泽尔的顶头上司，估计大多数人都不会接受这个提议。还有一个提议就是让莫恩和梅里韦瑟一同出任首席执行官。不过，在董事会电话会议上，没有人提出重组管理层的建议，他们只是就新闻稿的措辞争论了一番。新闻稿有三页，增加了新近发现的两次违规操作的内容。

新闻稿承认，早在4月的时候，高层管理人员就知道了2月的违法竞拍案，但是迫于经营上的巨大压力，所罗门没有上报监管当局。巴菲特认为这完全是无稽之谈，董事之间争论不休，芒格为此大发脾气。最后新闻稿再次被重写，对没有上报给出的理由是"缺乏足够的注意力"。这个说法让人不由得认为新闻稿中出现的名字正是"欠缺注意力的"人。新闻稿预计当晚就会发布出去。

会议结束的时候，董事会觉得他们已经公示了所有问题。但事实上，在这次会议上还有很多事情未被提及：一个是由斯藤莱特执笔的那份最后通牒，另一个是古特弗罗因德与格劳贝尔在6月的会谈内容（古特弗罗因德在这次会谈中隐瞒了莫泽尔的早期违法行为）。

当天下午，所罗门再次召开了全体员工大会。负责主持日常业绩报告会的麦金托什主持了本场会议。他像往常一样站在前面，但这次他的任务一点也不让人羡慕——他要向员工宣读新闻稿。古特弗罗因德和斯特劳斯坐在前排，正对着他。麦金托什最后说道："这就是事情的全部经过。如果客户打进电话想要知道进展，你们尽管说好了。不需要为高层管理人员找任何借口，也不需要替他们道歉，他们已经尽职了。"

之后，销售人员蜂拥至麦金托什的办公室，请教如何向客户解释此事。麦金托什重复道："不要为高层管理人员找任何借口。我想这件事持续不了多久，一切会过去的，一切已经过去了。我们要团结一心，这样我们才能继续工作。我们应该把重点放在这个上面。"[49]

当晚，国债管理部门的工作人员出现在麦金托什在西村的两层楼房里。这栋房子本来是为计划中的野餐准备的，在里面能俯瞰整个哈得孙河。不幸的是,斯特劳斯碰巧也来了,气氛马上变僵了许多。[50]人们不像以前那样端着酒杯荡来荡去直到10点或11点,那晚8点左右,人就走光了。

8月15日,星期四,即新闻稿发布的第二天早晨,有谣言说公司高层要动真格的了,麦金托什将在劫难逃。他整天都待在交易所内,相信古特弗罗因德和斯特劳斯不会当着所有交易员的面解雇他。同时,市场对所罗门的信心崩溃了。上周四高达37美元的股票这周直线下跌到27美元,公司股票被抛售的情况毫无转机,因为股民开始怀疑所罗门内部是不是有比莫泽尔的罪行更严重的问题——挤兑。事实上,挤兑已经出现了。

投资者对投资银行金字塔式的资产负债表了然于胸。所罗门的资产负债规模相当大,比全美最大的人寿保险公司还大,仅次于花旗集团。像所有的大公司一样,所罗门的借贷部扮演着买卖公司中期债券的中介角色。星期四,要卖债券的人已经排成了长队,买家却一个都没有。为了承兑债券,交易员不得不拿出所罗门自己的现金。没有人想再买进这些债券,这就意味着所罗门必须从自己的保险库里拿钱购买自己的债券。但是,如果保险库出现亏空,这些债券就将成为废纸,除非有人能起死回生。为了保住现金,交易员试图通过压低出价来阻止人们抛出。[51]不过人们很快就看穿了他们的伎俩,出售债券的人越来越多。

当天收盘时,所罗门的交易员已经被迫买下了本公司7亿美元的债券。之后他们打出了暂停营业的招牌,就像入不敷出的银行突然关上了出纳部的窗口一样。[52]没有哪家公司愿意购买所罗门的债券。如果形势持续下去,所罗门将濒临破产。

第二天,8月16日,星期五,《纽约时报》头版刊登了古特弗罗因德的照片和一篇文章,标题是"华尔街见证了所罗门兄弟公司的大灾难——违法竞标暴露,高层辞职,客户流失,股票下跌"。[53]文章配着古特弗罗因德和斯特劳斯的大幅照片。看到报纸后,他俩和利普顿一道给科里根在纽约的办公室打了电话,电话很快被转到美联储主席艾伦·格林斯潘在华盛顿的办公室。科里根与格林斯潘以及财政部长尼克·布雷迪一早就在通电话，商谈"到底出了什么问题、如何处理这家公司"。[54]斯特劳斯和科里根本来是老朋友，但当科里根客气地称呼他为"斯特劳斯先生"的时候，斯特劳斯立马意识到：他们这次的确有大麻烦了。[55]这位愤怒的科里根认为，董事会在收到斯藤莱特的最后通牒后居然还发出这样一份新闻稿，实在过分。他将所罗门的无动于衷——比如没有解雇任何高层管理人员——视为向政府叫板。[56]

古特弗罗因德说他将引咎辞职，科里根紧跟着问道："那斯特劳斯呢？"美联储的意思再明显不过：高层负责人必须辞职，没有任何商量的余地。[57]

奥马哈时间早上6点45分，古特弗罗因德拨通了巴菲特的电话。这时巴菲特还在睡觉。古特弗罗因德、利普顿和斯特劳斯在电话里向他道明了原委，他很快清醒过来。古特弗罗因德说："我刚刚读了我的讣告。"（他指的是《纽约时报》对他的报道）。这个头条新闻将造成严重的后果，尽管暂时还没有显现出来。当巴菲特明白他们想要说什么时，电话里沉默了很长一段时间。随后，他表示愿意暂时接管董事长的工作，但现在他必须亲自看看报纸上都写了什么。他需要时间来做决定，不过他答应来一趟纽约。他告诉他们，他会尽快在下午赶到。利普顿补充道："如果不立即解雇梅里韦瑟，后果将不堪设想。"而巴菲特则坚持认为，在他和梅里韦瑟谈过之前不要轻举妄动。

挂掉电话后，巴菲特给格拉迪丝·凯泽打了个电话，嘱咐她取消与格林奈尔总裁的午餐会，然后又给马撒葡萄园的乔治·吉莱斯皮打电话取消了周末的旅行，并且让飞行员随时待命飞往纽约。

接下来的一个小时，他赶到空空如也的办公室（员工还没有上班），通过传真阅读了那篇"讣告"，然后做了决定。

与此同时，古特弗罗因德和斯特劳斯告诉科里根，巴菲特正在考虑接任临时董事长一职。"据我所知，他俩对我都不够坦诚。"科里根盘算着。"我要和巴菲特亲自谈谈，"科里根说道，[58]"虽然我们私下里没有什么交情,但是他名声在外,我相信他。"

巴菲特的当务之急是要弄清科里根对他接任董事长的看法。他花了一些时间才在华盛顿打电话找到了科里根。不过,科里根直到8点半(中部标准时间)股市开盘时才回复巴菲特的电话。所罗门的股票当天暂停交易,投资者被告知等候通知。

科里根在同巴菲特的谈话中表示,如果巴菲特接手,他愿意将"10天大限"宽限一些。尽管巴菲特没有完全明白科里根的意思,不过他还是猜到,美联储希望了解更多的情况。科里根听上去相当恼火,他说即便巴菲特接手,他也不能保证什么,并且希望当天晚上能够在纽约与巴菲特面谈有关事宜。

在所罗门内部,交易员所知道的就是巴菲特也许会来拯救公司,而且所罗门的股票没有开盘。人们纷纷猜测巴菲特会不会正在考虑用梅里韦瑟把古特弗罗因德换下来。梅里韦瑟的幕僚们宣称,他们不能失去约翰·梅里韦瑟。梅里韦瑟本人则没有露面。因为股票没有开盘,交易厅里一团糟。巴菲特叮嘱,在他到达之前,不能发布有关古特弗罗因德辞职和他接任董事长的新闻。尽管股票暂时被撇到了一边,电视上有关所罗门的报道却不绝于耳,人们对所罗门的下一步行动充满疑问。

下午,巴菲特终于出现了。一踏进45层豪华的经理办公室,他就按下了发行部的按钮,所罗门的股票终于开盘了。[59]这天下午交易行情相当红火,收盘价格接近28美元。

收盘后,巴菲特来到了圆形会场同主管们开会。古特弗罗因德和斯特劳斯站在前面,古特弗罗因德宣布他将辞职。[60]他的脸上依然毫无表情。斯特劳斯和巴菲特打了个招呼,他看上去颇为震惊。随后,高层管理人员离开了豪华的会议室。埃里克·罗森菲尔德与拉里·希里布兰德——梅里韦瑟团队的核心人员进入了会场。[61]紧挨着会议室玻璃墙的正是像足球场那样大的两层交易大厅——也就是麻烦的发源地。所罗门的高层们终于开始摊牌,着手商量对策了。

梅里韦瑟被人们当作麻烦踢来踢去。他上报莫泽尔行为的做法显然没有什么不对，引发争论的是：他是不是本来可以做更多的事情来阻止莫泽尔。就像麦金托什坦率地形容的那样，"梅里韦瑟离火太近了"。[62]梅里韦瑟一直是一个公认的办事严谨的经理，在他的地盘上，就连一只麻雀落下都逃不过他的眼睛。他没有参与伪造竞标，但是所罗门也不可能仁慈地让他留任。很明显，如果他继续待在公司，政府可能会更加严厉地惩罚公司。尽管斯特劳斯和古特弗罗因德不在现场，他们还是明确地告诉巴菲特，他们认为梅里韦瑟必须与他们一道辞职。[63]

在这个异乎寻常的时刻，梅里韦瑟到场了。他斜靠着墙，一言不发地注视着那些想置他于死地的同僚。那天早些时候，巴菲特已经和利普顿谈过，梅里韦瑟的情况与斯特劳斯和古特弗罗因德不同，不能强迫其辞职，除非他自愿。巴菲特需要时间来好好想一想。他不赞同辞退梅里韦瑟，因为他并没有延误时间，而是第一时间把莫泽尔的情况上报给了古特弗罗因德和斯特劳斯。他并没有像董事们认为的那样做错什么。可是董事们很害怕，他们打心眼里觉得，如果梅里韦瑟也辞职，他们下一步会好过很多。将梅里韦瑟的名字写入新闻稿的后果着实让巴菲特头疼不已。

会议结束后，他与古特弗罗因德、斯特劳斯一起走进停在外面的林肯汽车，在繁忙的交通中闯出一条路，奔向科里根的办公室。

科里根认为很有必要坚持原定的日程表。他刚刚从美联储一年一度的"员工对官员"垒球赛现场赶回来。他身材高大，穿着T恤衫和牛仔裤，脚上是一双胶底运动鞋。[64]天气很冷，斯特劳斯说："当时他好像还打了一条黑色领带，不过我那时可没有心情注意这些。"巴菲特很坦诚地说："众所周知，我个人唯一的债务就是加利福尼亚的一套价值7万美元的二手房。因为利息很低，所以我一直没有付款。"他承诺完全配合政府部门的监管工作。但是科里根看起来不为所动，他说，临时董事长的工作并不好做，他告诫巴菲特，最好不要因为所罗门的事情向他"华盛顿的朋友们"求助。

科里根要求必须即刻彻底整顿所罗门公司。巴菲特同意进行一切有利于所罗门发展的改革。科里根说:"他说得很诚恳,我相信他。"

虽然如此,科里根没有做出任何承诺。他只是冷冰冰地对巴菲特说:"你得为一切后果做好准备。"

这是一种荷兰大叔式的说话方式,很诚恳,也很严肃。我们几乎比这个国家的任何人负债都多,并且都是短期贷款。我两次三番地暗示他,我很担心资金问题,希望他会象征性地支持我一下,但是他没有。为一切后果做好准备——这正是我不太有把握做好的。这令我想起了士的宁(兴奋剂)或者类似的东西。

之后,科里根把巴菲特请出办公室,以便与古特弗罗因德和斯特劳斯单独谈话。"你们公司有个员工出了问题,"他指出,"这是他自己的责任,但你们没有对他采取任何行动,这就是你们的问题了。"[65]科里根眼中闪着泪花,很遗憾地告诉他俩,他们必须辞职。

出来的时候,斯特劳斯相当震惊,而古特弗罗因德仍然是一副"沉着"的表情。[66]他对科里根强令他辞职耿耿于怀,"我决不会让他心里好过。"古特弗罗因德说。[67]他们开车穿过市区回到所罗门,之后到49街的Joe & Rose's牛排店吃牛排。他们讨论了一下首席执行官的可能人选,并且一再坚持梅里韦瑟必须辞职。[68]接近午夜的时候,巴菲特回到凯瑟琳·格雷厄姆位于联合国广场大楼的公寓休息。

稍后,很多人对巴菲特接任董事长的原因做出了各种猜测。一些人认为是因为他的7亿美元投资,还有人说是因为他必须对其他股东负责。他自己的解释是:必须有人来接手,而他恰好符合条件。除了那些要辞职的人,再没有人比他更愿意冒险了。他这样做不仅仅是因为他的钱在里面,更重要的是因为他很在乎他的名声。当他投资所罗门公司并同意让古特弗罗因德来经营这些资金的时候,他就已经把自己的名声和所罗门紧紧地捆在一起了。

巴菲特曾经这样教导他的子女:维护一个好名声要花上一辈子的时间,但毁掉它只需要几分钟。根据他的行事风格来看,这无疑是一次冒险。然而正是他信任的那个人使他好不容易建立起来的名声变得岌岌可危。如果说他犯了什么错，那就是他自己没有亲自参与投资，而是交给他人负责——他对古特弗罗因德掌管所罗门的能力在判断上出了错。

那时，巴菲特已经是美国第二大富豪。[69]伯克希尔-哈撒韦的账面利润持续26年以超过23%的速度增长。他的首批合伙人每1 000美元的投资就能获利300万美元——这完全让人难以相信。伯克希尔-哈撒韦每一股的交易价格高达8 000美元。巴菲特的净财富达到38亿美元，他可以称得上是国际生意场上的泰山北斗。

正是在这个漫长而难受的星期五，他不无痛苦地意识到，从一开始，投资所罗门（它所存在的问题是他难以掌控的）的决定就将他卷入了这场危机。

事实上，他一点儿也不想做所罗门的临时董事长，因为这是一条危险重重的路。如果随后所罗门持续走下坡路，他会因此名声扫地。但是，如果说世界上还有一个人能拯救巴菲特和其他所罗门股东，毫无疑问，这个人就是巴菲特自己。

要接任董事长、拯救这家公司，巴菲特必须让自己的名声冒更大的风险，但他别无选择。莫恩和梅里韦瑟做不来，他也找不到合适的人来代替自己。无论是芒格-托尔斯律师事务所、查理·芒格，还是汤姆·墨菲，抑或是比尔·鲁安，都没有办法。或者，让卡罗尔·卢米斯在《财富》杂志撰写一篇言辞犀利的文章，恐怕也解决不了任何问题。这次甚至连总是无所不能的妻子苏珊也无能为力。这一次，谁也帮不了他，只有他自己才能挽救所罗门，如果他撒手不管，所罗门可能会从此一蹶不振。

军队里有这样一句谚语：队伍要想前进，将军总会选择暴露他的侧翼。巴菲特知道，不成功，便成仁。他不能逃避，也无法逃避。

8月17日，星期六，上午8点，巴菲特来到沃切尔-利普顿超现实主义风格的办公室。古特弗罗因德不在，尽管天气不太好，他还是决定飞到他在楠塔基特的家，因为他的妻子在那里。所有经理人——同时也是首席执行官的候选人，聚集在面试房间外。尽管只有少数人真心希望得到这份工作,巴菲特还是必须面试所有的人。同时,两位来自芒格-托尔斯律师事务所的"精明且负责的"律师——拉里·佩德维兹和艾伦·马丁也亲自飞过来帮助巴菲特和芒格。让他们气愤的是,他们这时才第一次了解到,财政部已经对莫泽尔早期的行为进行调查了。[70]

接下来,巴菲特必须做出生命中最重要的决定——由谁来领导公司。如果他在任命问题上犯了错,就再也没有机会改过了。在开始长达15分钟的面试之前,他告诉参加面试的人群:"梅里韦瑟不会回来了。"[71]

随后,他一个接一个地面试了所有候选人。他只有一个问题:谁应当成为所罗门的下一位首席执行官?

问题是,到底谁具备领导公司的所有品质,让我丝毫不用担心公司会出状况、会让我和公司陷入困境。当和这些人谈话的时候,我脑海中的问题与人们挑选朋友或女婿时候的问题没有什么两样。我需要一个这样的人:他能决定应该告诉我什么、不应该告诉我什么,知道如何在法律允许的范围内解决问题;他会通知我所有的坏消息,因为生意场上的好消息根本就不用处理。无论出现了什么坏消息,我都必须知道,因为只有这样才能采取应对行动。我需要道德高尚的首席执行官,他不会因为我打算开除他而置我于死地。[72]

巴菲特发现,候选人中除了一人之外,都认为三周前刚从所罗门亚洲分部回来的莫恩最合适。[73]43岁的德里克·莫恩现在主管投资银行部门。他不是一个交易员,并且不是美国人,而是英国人。他一点都不像莫泽尔,在所罗门上上下下都找不到任何一个和他有相似之处的人。大家都觉得他品行良好,并且很有才识。在《说谎者的扑克牌》一书当中,所罗门的员工形象常常是把洋葱、奶酪、汉堡当早点,穿着紧身裤在交易厅里晃来晃去。[74]正如刘易斯所写的那样,"在所罗门工作,副董事长更像是专门负责收拾烂摊子的董事长助理"。[75]相比之下,莫恩是一位有着贵族气质、无可挑剔的英国绅士。而且,由于他过去的7年时间都待在东京,所以不可能染指财政部的竞拍丑案。

在莫恩所有的品质中，最可贵的一点也许就是他不可能犯罪。在所罗门这块是非之地，其他候选人都有自己的派系和敌人。莫恩就像一个问号，如同电影《帕特尼·斯沃普》（*Putney Swope*）中颇具象征意义的黑人男孩那样——在一群老执行官争论不休的情况下，他被意外地推举为一家陷入泥潭的广告公司的首席执行官：为了阻止其他人得到这份工作，经理人纷纷把选票投给了帕特尼·斯沃普。[76]莫恩受人敬重，却没有人了解他。正如那些经理人所说，他们之所以投票给莫恩，只是因为这总比投给他们所熟知的不太正直的人要好。

电影中的帕特尼·斯沃普自己投了自己一票。当莫恩被问到谁最适合掌管公司的时候，他相当机敏地答道："恐怕你最终会发现非我莫属。"接下来，他也表示自己会效力于巴菲特选定的首席执行官。[77]

还有两件事引起了巴菲特的注意：一件是，莫恩没有要求巴菲特为他提供保护，以免于起诉；另外一件是，巴菲特（尽管他非常不愿意承认）不喜欢谈钱的事，而莫恩没有向他提起工资的事情。

第二天，莫恩与其他两名经理人被邀请参加董事会会议。下午，巴菲特打车回到了位于联合国广场大厦的公寓。梅里韦瑟的幕僚等候在那里，"热情而又合乎逻辑地"请求巴菲特保留梅里韦瑟的工作。如果梅里韦瑟辞职，巴菲特知道，他的亲信可能会追随他离去。[78]失去梅里韦瑟，所罗门主要的利润来源将流失殆尽。巴菲特对所罗门的投资也将无利可图。随后，梅里韦瑟也到了那里，浑身颤抖。他不愿意辞职，并且与巴菲特进行了一番深入的会谈。巴菲特开始犹豫不决，因为他意识到，梅里韦瑟在发现问题后立即就向上汇报了。

> 听了他的陈述后，我决定不能强迫他辞职。当时我确信，并且如今仍然坚信，他在知道下属的罪行后，就毫不迟疑地将此事反映给了上司和法律顾问。在我看来，应当采取行动的是他的上司和法律顾问。可是，为什么没有人要求法律顾问辞职呢？

之后古特弗罗因德打来电话，告知"鲍勃"飓风使他飞往楠塔基特的航班取消了，他正准备回纽约。他情绪很不稳定地说："我再也没办法东山再起了。"[79] 他们说好一起聚餐，不过古特弗罗因德坚持在此之前就他的离职金问题与他新雇的律师菲利普·霍华德谈一谈。

巴菲特和芒格给菲利普打了电话，主要是芒格在说话。古特弗罗因德认为公司应该付给他3 500万美元。

他把所有问题都提了出来，我只好拿出日本人的处事方法，"是的，我明白你的苦衷"，而不是说"对，我同意你的说法"。不过在了解案件的全部事实之前，我们不能就有关涉案人员的离职金问题做出安排。

巴菲特后来表示，他们不可能在总金额上达成一致，因为无论数目多少，"所罗门以××美元打发古特弗罗因德"都将会成为头条新闻，这显然比管理层变动更引人注目。[80] 然而，他们对古特弗罗因德表示赞赏，并且告诉菲利普，古特弗罗因德将会得到公平的待遇。他们有能力实现并且之前从未食言过。巴菲特说："除非我和查理都死掉，要不然肯定会说话算话。"后来他解释说，他是为了避免正面冲突，希望和平地改变菲利普的想法，让他不要插手。"如果直接告诉他，我们不愿意达成一致是因为还不了解全部的事实，就显得很唐突了。"

谈话结束后，他们三人到一家名为 Christ Cella 的餐厅吃牛排。古特弗罗因德主动提出事情结束之前将继续待在公司，无偿提供各种咨询。"只要是帮助，我都会需要。"巴菲特坚定地说。他们分析了公司目前的状况，古特弗罗因德表示，他也认为莫恩是管理所罗门的理想人选。

然而，比巴菲特更了解内幕的古特弗罗因德的一句话破坏了之前亲切友好的气氛，他说："你们都比我聪明，你们会把我一脚踢开的。"[81]

回到格雷厄姆的公寓后，巴菲特和芒格才缓了一口气。这间套房挂满了亚洲的艺术品，这让巴菲特联想到不少愉快的事。格雷厄姆的厨房里总有许多他爱吃的食物。他、卡罗尔·卢米斯以及乔治·吉莱斯皮经常聚在这里，一边玩桥牌，一边打电话给附近的熟食店叫外卖。但这天晚上他的兴致不高。

几乎在他们到达的同一时间，菲利普也到了。他带来很多有关古特弗罗因德离职事宜的文件，这些都需要芒格签字。[82]他们两人同菲利普谈了一会儿，之后巴菲特起身要打几个电话，让芒格与他继续商谈。芒格开始变得有些急躁，他们又谈了一个多小时。

芒格已经打定主意对这件事说不。他之后回忆说："我故意不去听，礼貌地坐在那儿，不管他说的是什么内容……我的思绪飞到了别处……我已经完全不在意了。"

当菲利普结束他的长篇大论时，芒格拒绝签字，但是强调古特弗罗因德最终将得到公平的待遇。[83]离开的时候，菲利普犹豫了一下，因为他没有得到任何签字。芒格安慰他说："你应该向我父亲学习，那就是相信别人的承诺。"[84]

芒格同菲利普谈话的时候，梅里韦瑟和他的律师特德·莱文也来了。梅里韦瑟改变了他的想法，他说自己现在的情形使他不可能再留在所罗门。

他至少已经部分了解了公司面临的严峻形势。他一边踱来踱去，一边以点烟的速度抽着烟。最后他认为，辞职是最好的选择。

芒格后来可能会感到内疚，因为他在众人的压力之下被迫同意将梅里韦瑟的名字写在新闻稿上。[85]他和巴菲特都觉得，梅里韦瑟可以留下来共渡难关，但他们还是同意了他的辞职。

我们聊了很久，他们一直待到半夜。

后来，终于只剩巴菲特和芒格了。巴菲特认为，即便现在还不能完全控制局势，至少已经有些眉目了。他带着这个想法睡下了。

第二天，8月18日，星期日，大家照常上班。

早上，在正式批准巴菲特担任临时董事长的董事会召开之前，巴菲特、古特弗罗因德、斯特劳斯在所罗门位于市中心的办公楼45层的会议室碰了一下头。董事们聚集在外，其中一位董事——格戴尔·霍罗威茨把马蒂·利普顿叫到一旁，告诉利普顿他和其他几位董事已经商议两天了，他们认为梅里韦瑟没有管理好自己的下属（莫泽尔），为了公司的利益，梅里韦瑟必须辞职，否则他和其他董事也将辞职。而在巴菲特面前，他的说法则要委婉一些，表示如果梅里韦瑟留任，他将不会出席董事会会议。巴菲特回答说，局势有了转机，因为梅里韦瑟自己将主动提出辞职。[86]

就在巴菲特、古特弗罗因德、斯特劳斯商议的时候，一位律师突然闯进了会议室，告诉他们财政部马上要宣布禁止所罗门参加财政部的竞拍，包括为客户和为公司自己竞拍。他们立即明白了财政部的意思——所罗门将被置于死地。"我们很快意识到，这条消息会让我们丢掉饭碗——不是因为它所造成的直接经济损失，而是因为它的轰动效应：周一，财政部封杀所罗门的消息将占据全球各大报纸的头版。事实上，在新旧管理层交接的特殊时期，财政部这样做，就是想在新管理层采取行动之前率先发难。"[87]

巴菲特起身去了另一间会议室，希望说服财政部推迟发布这条消息。电话占线，他把电话打到电话公司要求切进财政部的电话。电话公司回复说电话断线。在经过一段时间的困惑和焦虑后，巴菲特终于与财政部的某位人士通上电话。对方告诉他，一切都来不及了，公告已经发布。现在，全世界都知道所罗门被财政部掐住了喉咙。

许多董事呆坐在那里，看着自己的财富从眼前消失而束手无策。接下来，大量诉讼将接踵而至。巴菲特看起来很平静，事实上他已经暗暗下定决心。他回到现实中来：古特弗罗因德因为制造了一起骇人听闻的事件而被迫离开；现在，巴菲特单枪匹马地站在悬崖边上——他不是来监督别人拯救公司，而是要亲自动手让公司起死回生。他有些犹豫不决。

他告诉董事会，他会向财政部长布雷迪说明他将拒绝临时董事长一职，因为他是来拯救公司的，而不是像现在这样看着公司垮掉的。不管怎样，他的名声已经受损。不过，辞职至少比继续留任要好得多。董事们了解他的心情，并且赞成他这样做。这是巴菲特对付布雷迪的唯一底牌。董事会决定同时推进两个方案。巴菲特转向利普顿："你认识破产业务方面的律师吗？"一时间大家都呆住了。之后，福伊尔施泰因和利普顿马上明白过来，开始着手准备提交破产申请材料。在万不得已的情况下，公司会选择体面地破产，而不是陷入麻烦不断的一团糟状况。

所罗门原先预定当天下午两点半召开新闻发布会，宣布巴菲特将正式出任临时董事长一职，在此之前，还有4个半小时来说服财政部改变决定。而且，这时离日本股市开盘已经不到7个小时。伦敦股市会在日本股市开盘7个小时后开盘。一旦东京股市开盘，公司股票就会直线下跌，借款者则会立即抽回他们对所罗门的贷款。乞求财政部对所罗门网开一面，的确十分艰难。他们不仅要改变财政部的决定，还要改变公众的看法。

所罗门的财务主管约翰·迈克法兰穿着鲜亮的衣服从一场三项全能运动会赛场上直接赶到公司，他向董事会解释了财政部这一决定的后果。[88]银行已经告知所罗门，要降低其商业票据的额度。所罗门可能引发历史上规模最大的金融企业倒闭案。如果政府撤资，所罗门失去财政支持，公司将不得不以低价变卖资产。这将给全球市场带来极其严重的后果，一些所罗门的债权人和合伙人也将面临破产，一起走向衰亡。巴菲特相信，即使是监管当局，日后也会因为现在的不妥协态度而后悔。

如果我拥有足够的行动权限，我将在接下来的工作中尽自己最大的努力。我会尽量做空当天下午东京和当天晚上伦敦市场上的所罗门的证券，我还会做空世界范围内的所罗门的普通股。

我们也许会在下午两点从曼哈顿请来一名法官——可能正撞见他在一边看棒球一边吃爆米花。我们会把一切都交给他，由他全权处理。顺便问一下，你对日本法律懂多少？因为我们在日本有100亿美元左右的借款，在欧洲也是。伦敦将在深夜两点的时候开盘，在这个危急时刻，你是负责人，你看着办吧。

由于一直联系不到科里根，巴菲特随后要求与财政部长尼克·布雷迪通电话,但同样无法与他通上电话。

布雷迪是德威公司的前任首席执行官、马尔科姆·蔡斯二世的侄子,因此也是将伯克希尔纺织厂卖给哈撒韦制造厂的家族成员之一。他在大学毕业论文中分析了伯克希尔的前景,并因为其惨淡的结论而出售了自己的股份。经马尔科姆·蔡斯二世的介绍,巴菲特曾经到德威拜访过布雷迪。他们算不上好朋友,但"彼此都有好感",巴菲特这样认为。可是,没有什么特别的理由让出身名门的布雷迪对古特弗罗因德这样的暴发户或者像所罗门这样自以为是的暴发企业抱有好感。

不过,布雷迪回了电话,他向巴菲特表达了同情,同时清楚地说明撤回决议几乎不可能。

他们疯了,事实上我也觉得他们疯了。但如果由此引起的"财政屠杀"真正出现,他们一定比现在还要发狂。[89]

布雷迪认为巴菲特的反应有些过激,但是同意再打电话过来。他需要和美国证券交易委员会主席布里登、科里根以及美联储主席艾伦·格林斯潘商谈。

巴菲特只能坐等布雷迪的电话,不能主动打电话过去。他不知道,布雷迪此时此刻正坐在萨拉托加斯普林斯市奥格登·菲普斯赛马场的长椅上观看赛马,给不给巴菲特打电话完全属于他的个人意愿。

会议室的电话系统星期日不会提示有电话。为避免错过来电,必须有人持续盯着电话的绿灯,巴菲特"带着前所未有的失落感"盯着电话看了半天,最后还是决定叫一个秘书进来守候。

与此同时,监管当局正在进行会谈。科里根已经与前任美联储主席、目前在一家颇具声望的投资公司担任董事长的保罗·沃尔克取得了联系。像布里登一样,沃尔克对所罗门公司的行为相当气愤。没有一个监管人员相信巴菲特真的会撒手不管。他们认为他是在拿钱和名誉冒险,赌注实在太大了。他们深知这个决议会给所罗门带来负面影响,但是他们并不认为这样有什么不妥。市场对巴菲特有足够的信心,他们以为,只要巴菲特向所罗门伸出保护之伞，公司就会得救。但是他们不应该这么确信。他们应当考虑，一旦这家国际性大公司破产，整个金融市场是否还能幸存下来。一旦所罗门丧失偿付能力，美联储将不得不向市场注入大量资金，以帮助其他银行渡过难关。要知道，历史上还没有发生过如此巨大的拯救行动。他们都很清楚可能引发的后果：全球金融市场可能因此崩溃。他们以为美联储能控制得住吗？"我是一个乐观的人，"科里根说，"我常常对自己说，'你只需要做好分内的事'。"[90]

巴菲特等了几个小时的电话。中间艾伦·格林斯潘打进过一次电话，希望他无论如何能留下来。"听起来像是请求：无论发生什么，请你一定要留在那儿。"

交易厅里渐渐聚满了人，仿佛是被某种听不见的神秘鼓点召唤而来的。他们点燃香烟，坐在那里等候消息。梅里韦瑟手下的交易员坐在一起，为梅里韦瑟的辞职哀痛不已。没有人知道楼上的进展。东京市场开盘的时间就要到了，似乎将要敲响公司的丧钟。

楼上，董事会上人们毫无意义地谈论着，等候监管当局的商议结果。布雷迪不时给巴菲特回个电话，但一直没有实质性进展。巴菲特几次用低沉而沙哑的声音重复着他的麻烦，他面临的巨大压力从他的声音当中可以听出来。他告诉布雷迪，所罗门的律师正在准备提交破产申请。他反复强调所罗门在市场上的重要地位，以及一旦破产会产生的多米诺效应。

> 我告诉尼克，我和科里根谈过，事情已经十万火急了。东京马上要开盘，我们不会买回我们的票据。一切都将结束。我从10点开始不断地重复这些内容，但对他们来说似乎毫无意义。

布雷迪回去约见了他的同事。他们中的大多数都认为这是一个特殊请求，巴菲特希望他们对所罗门网开一面，但这家公司并不值得他们那样做。[91]

所罗门的董事们不明白，为什么那些监管人员不答应巴菲特的请求。

因为他们掌控了整个金融系统。所罗门正濒临破产的边缘,这还不够明显吗?

随着时间的慢慢流逝,巴菲特终于按捺不住了。他必须在这个关键时刻争取过来一个重要同盟。

他只剩下一个选择。在所有为他敞开的道路、所有他能获取到的资源当中,这一个是弥足珍贵的。它就像是一个用水晶做的巨大游泳池,他甚至都不愿意打开水龙头放水进去。比起维护自己的名声来,所有让他厌恶的事情——发脾气、与别人针锋相对、开除员工、终止长期细心培育的合作关系、吃日本料理、拿出一大笔钱来等——都变得无足轻重。这么多年来,他小心翼翼地为自己赢得了无价的名声。他从未因为自己或者任何人毁坏过名声,除非回报十分巨大。

现在,所罗门的困局使他不得不孤注一掷。仅存的希望就是请求,或者说乞求别人看在他的面子上,给点儿私人帮助。

他也许会因此欠布雷迪一个人情。他是在拿他的名声——需要一辈子来建立却只需要5分钟就能毁灭的名声——冒险,来赌一赌他开口后的转机。[92] 他必须聚集全部的勇气。

巴菲特非常痛苦,以至于他的声音都有些失控了,他说:"尼克,这是我生命中最关键的一天。"

布雷迪也有自己的难题,他不认为巴菲特的请求会起到什么作用。但他听出了巴菲特话里的情绪。他能从巴菲特的声音中听出,巴菲特感到自己像是被所罗门塞进一个木桶然后从尼亚加拉瀑布上抛了下去。

布雷迪最后说:"沃伦,不要担心,让我们再商量商量。"他挂掉电话,离开办公室去为巴菲特争取。

但是,当指针渐渐指向下午两点半的时候,也就是到了预定召开新闻发布会的时候,布雷迪还没有回电话。

巴菲特决定向科里根亮一张牌。他拨通电话:"杰里,我还没有接受临时董事长的职务。因为财政部的所作所为,我们今天早上取消了会议,所以现在我还不是所罗门的董事长。在30秒内我也许会成为董事长,但是我不会把我的余生浪费在带领人们走出历史上最大的金融灾难上。不过，话说回来，我不介意花点儿时间来拯救这个倒霉的企业。"

查理·芒格告诉他无论如何都不要这样做。他说："别这样做，第一天可能会有一些惊喜，但以后也许你一辈子都摆脱不了这些麻烦，未来20年时间里都要同法庭打交道。"

然而，科里根比其他的监管人员对巴菲特的离职威胁更加重视。他说："我会回电话给你的。"

巴菲特坐下来，一手拿着电话，同时考虑自己的下一步行动。他想象着自己走进电梯，下了6层，独自走上新闻发布会的台前，以"我们刚刚宣布破产"来开场的场景。

楼下，100多名记者和摄像师冒着8月的酷暑赶来参加所罗门的新闻发布会，他们也许刚刚还在棒球赛场上、在游泳池里或者在参加家庭聚餐。唯一能够弥补他们这个星期日下午日程被打乱的不爽，莫过于目睹热血沸腾的所罗门斗牛士如何在这个竞技场上掏出野兽的内脏。

他们坐在那儿，希望听到爆炸性新闻。我想起了一个老故事，讲的是一个记者被派去报道一场婚礼，但他回来告诉编辑说："什么也没发生，因为新娘根本没有出现。"我想这些记者的心情现在也差不多是这样。

几分钟之后，脸色苍白的梅里韦瑟微微颤抖着走进会议室。他被派去向美国证券交易委员会主席布里登寻求帮助。梅里韦瑟说，布里登直截了当地拒绝了他们的请求，并且两次提到，所罗门的"核心已经腐烂了"。

梅里韦瑟很震惊地重复着"核心腐烂"这几个字。他们所有的人都突然意识到，财政部的行动其实是美联储、财政部和证券交易委员会的联合决议。他们的责难就是要表达全世界对所罗门多年来傲慢不羁的不满。

新闻发布会的时间已经过去，楼下的记者开始变得焦躁不安。布雷迪仍然没有打来电话，电话的指示灯一直没有亮。

最后，财政部长助理杰尔姆·鲍威尔打来电话说，财政部不能完全撤回决议。所罗门不能代表客户参加竞标，不过他们同意保留所罗门自己参加竞标的权利。

"这样够了吗？"鲍威尔问道。

"我想够了。"巴菲特回答说。

他大步返回董事会会议室，告诉了董事们这一喜讯。会议室里立刻充满了喜庆轻松的笑声。巴菲特很快宣布出任临时董事长，莫恩任首席执行官，主管所罗门公司的全面经营。3点差一刻，他走出去找人给楼下的交易厅打电话。

莫恩正在和交易员一起盯着时钟。约翰·迈克法兰的团队在制订应变计划，一旦接通电话就立即抛出公司在日本的资产。有人从楼上打来电话，叫莫恩到电梯旁与巴菲特谈话。莫恩不确定自己会不会成为老板。他走向了电梯，门开了，巴菲特在里面。"你被选中了。"巴菲特说着示意他进来。他们没有去董事会会议室，相反，他们下了两层来到新闻发布会现场。[93]

记者的情绪接近失控，他们就像一群野兽，每个问题都有陷阱。这是件大事，但他们巴不得事情闹得更大一些。他们出风头的时候到了。电视台记者尤其招人讨厌，他们希望我们能赶上5点或6点的直播，我偏偏不配合他们。我能感觉到，也知道，自己居然栽了这么大一个跟头，别人肯定会说我就是个骗子。可记者就想要事态像这样发展。他们心里盘算着各种各样有关所罗门的出书计划，只要所罗门一破产，它们就能成为现实。

巴菲特坐在讲台上，双手环抱。他看起来很疲惫。莫恩淡棕色的头发梳理得很有型。他两眼瞪着人群，仿佛谚语中描述的被灯照见的小鹿。他们两人都身着深蓝色外套、白色衬衫，打着深色领带。莫恩说："我完全没有准备。'你被选中了'是我得到的唯一指示。"他一点儿都不知道，其实楼上已经传开了。就这样，他们开始了新闻发布会。

记者想知道发生了什么。

巴菲特把夹克套装的衣领立了起来，然后解释道："在我看来，没有及时上报监管当局，是无法解释和不可原谅的。在我任职的其他公司里，我也看到过类似的蠢事发生，但是都没有这次的后果严重。"

是企业文化导致了这桩丑闻吗？巴菲特回答说："我认为同样的事情不会发生在修道院里。"

有人问他的工资是多少，他回答说："1美元。"坐在观众席上的董事们听得目瞪口呆。这是他们第一次听说。

记者们不愿安静下来。记录被修改了吗？是谁修改的？会不会文过饰非？谁参与了掩盖实情？

"是的，一些记录被修改了，这里存在类似于掩盖的事情。"听到这里，记者又变得激动起来，一个接一个的尖锐问题直指巴菲特。就像他们找到了一直在寻找的脚步蹒跚的猎物一样，他们拉开弓箭，并且已经做好了用尖锐的牙齿撕裂它的准备。不过，当得知整个补救计划除了已经辞职的人外并没有其他的重要高层被解雇时，他们的情绪冷静了下来。

这时，有人来到台上告诉巴菲特财政部打来了电话，他匆忙地离开讲台，将尚处在震惊中的莫恩一个人留在记者的狂轰滥炸之下。尽管如此，莫恩还是成功地应付了局面，用类似于BBC（英国广播公司）野生动物纪录片中的播音员那样独白般的语气回答了一些问题。

回来的时候，巴菲特带着一份财政部发布的新闻稿，宣布所罗门已经挽回了部分信誉，但记者依然咬住不放。

前任高管真的辞职了吗？他们是被迫辞职的吗？巴菲特不得不一遍又一遍地重复，古特弗罗因德、斯特劳斯、梅里韦瑟都是自愿辞职的。前任高管是否获得了特殊补偿？所罗门是否会支付他们的法律费用？公司从违规操作中获得了多少利润？

一个小时之后，坐在莫恩旁边的一个董事用胳膊肘碰了碰他，问道："沃伦打算什么时候终止这场发布会？"

莫恩回答道："也许他不想终止发布会，沃伦知道他在做什么。"[94]

这些虚假交易给政府造成了多大损失？有多少客户已经告知所罗门不再与其有生意往来？公司高管会给前任高管多少离职费？为什么利普顿的事务所未能负责任地处理此事？对于这桩在新闻稿中被称为"10亿美元的恶作剧"的虚假交易，调查人员已经查明了哪些细节？

记者们的问题一个接一个。巴菲特回答说："这不是一个玩笑。如果你非得那样理解，我认为……"

"那是你们在新闻稿中承认的。"一个记者尖锐地反驳道。

"那不是我说的，是新闻稿上这样写的，我的名字不在新闻稿上。你可以把它定性为一次古怪的事故。我对恶作剧的定义是，当你听完之后，还能笑出来。可是对于这件事，我没有看到任何可笑之处。"

大多数记者都读过那本《说谎者的扑克牌》，他们要求给一个解释。他们知道所罗门一向以"恶搞"著称，常常会有交易员从别人的手提箱里偷出衣服，然后放进湿纸巾或者系带的粉色紧身裤之类的事情。据传，与《说谎者的扑克牌》有关的最著名的蠢事是古特弗罗因德与梅里韦瑟之间的一场豪赌：古特弗罗因德提出一场100万美元，两人连眼睛都没眨一下；为了报复，梅里韦瑟用1 000万美元做赌注，目的只是要让古特弗罗因德辞职。尽管这些"恶搞"的故事不无讹传之嫌，不过它们至少说明，目前人们想象得到的所罗门式"恶搞"的最高金额是1 000万美元。

说到10亿美元，要是用来买橡皮鸭子放到纽约港，能堆到自由女神像的大腿那么高。那么，这个"10亿美元的恶作剧"是什么呢？

"有位女士在该部门干了很多年后将要离去——我猜是要退休，"巴菲特说道，"有人编造出一个数额巨大（10亿美元）的交易指令，交给她执行，即购入10亿美元新发行的30年期美国国债。然后——大概就是这样——我猜那些人的计划可能是使她相信：不知何故这一指令没有提交，并让客户对指令没有提交提出质疑。这个恶作剧原本是为了吓她一大跳，或是出于其他什么原因。我不清楚。"

"但实际上，这一出价真的被提交了。"

在场的150名记者静静地坐在那里。所罗门公司在一次弄砸了的恶作剧中,买入了价值10亿美元的国债。巴菲特说所罗门需要改变自己的文化,这的确不是在开玩笑。

"它本来是应该被注销的。我推想干这件事的人也的确想把它注销。毫无疑问,这是人们开过的一个最愚蠢的玩笑。"

没有人说话。

莫恩问道:"还有没有问题?"

会议室热烈的气氛已经全然消失了。吐了真言后,还有什么好发问的呢?接下来就只有一些温和的问题。

发布会结束后,巴菲特走下讲台看了看表,然后说道:"我得回一趟奥马哈。"

莫恩问道:"那么,沃伦,这里该怎么办?"他从来没有接触过那些愤怒的监管官员,也没有出席过所罗门的董事会,并且此刻局势仍然不甚明朗。"你觉得谁应该负责对管理层进行改组?你有没有什么策略教给我?"

"如果你必须问我这样一些问题,那就说明我挑错人了。"巴菲特撂下这句话就走了,把他的7亿美元和名声都交到30个小时之前才遇到的人手中。[95]

发布会结束后,记者围着我们不停地拍照。场面糟糕透了。我出去叫了一辆出租车,有一两个记者注意到了这个问题,他们由此认为所罗门发生了变化:现在,老板是坐出租车离开公司的,不像过去有一长队黑色汽车等在外面。

星期一早晨,莫恩来到会议室鼓舞士气受挫的员工。他脱掉夹克,挽起袖子说道,公司面临着三个考验。

第一,信誉。通过开除莫泽尔和他的伙伴汤姆·墨菲以及接受其他人的辞职,这个已经做到了。

第二,信任。因为已经重新获得财政部的部分信心,这个也做到了。

第三，信念。莫恩说："现在的所罗门将不再是原来的所罗门。但我们在养成新习惯的同时，也要保留过去的好习惯。"[96]

一些交易员坐立不安：新的风气、新的习惯，这到底是什么意思呢？

所罗门很幸运，它很快就有了喘息的机会。几乎是一夜之间，媒体把目光转向了苏联，其总统戈尔巴乔夫在一场政变中被罢免。股市应声跌落107点，星期五还在通篇报道所罗门事件的商业报纸，现在把焦点对准了戈尔巴乔夫——他被8名军人和政府官员软禁起来了。当坦克开进莫斯科，苏联人民在红场和列宁格勒（现圣彼得堡）进行抗议的时候，所罗门那天早晨的生意格外兴隆。

"要想不被媒体关注，有很多种方式，"一个推销员说，"但能沾上苏联红军的光绝对是最有创意的一个。"[97]

49
愤怒的众神

纽约 1991—1994年

仅依靠巴菲特的名声,所罗门就能存活下来——监管人员的这种想法显然错了。一些大客户甚至对公司产生了厌恶感,首先是最大、最具影响力的加利福尼亚公共雇员退休体系从所罗门退出,接着是世界银行。每天夜里,所罗门数千亿美元债券几周后快到期的景象就像只羸弱的病羊一样颤颤巍巍地走入巴菲特的梦中。巴菲特第一次感觉到事情不在他的控制之下。"这一切都要把我击垮了,我下不了车,不知道这趟车要开往哪里。"

对于公司上下每天所做的事我无能为力,对于我后来发现的,我在接手以前并不知道。对于科里根对这一切的想法,或是纽约南部地区的检察院或司法局的反托拉斯部门将要采取的行动,我都毫无办法。我知道让一切恢复正常极为重要,我也知道不管我有多努力,有些事情都是无法控制的。我可以整夜不睡,苦苦思索这一切,但无法保证一切都有个好的结果。很多人都会因此有不同的结果,这将改变我的整个人生。

巴菲特第二周返回纽约。丹尼尔·帕特里克·莫伊尼汉议员就所罗门一事要求见他一面,而且其他很多事也需要巴菲特出面。巴菲特和芒格将莫伊尼汉带到了所罗门47层的私人餐厅。厨师为莫伊尼汉准备了标准的华尔街商务餐,甚至还有红酒,而巴菲特和芒格自己则点了三明治。莫伊尼汉厌恶地看了看套餐。此时,飓风"鲍勃"的余势继续冲击着整个东海岸。突然之间,大雨像瀑布一样顺着窗户倾泻下来。"众神都对所罗门愤怒了。"巴菲特说道。[1]

这周之后的几天,巴菲特和芒格前往华盛顿的美国证券交易委员会见麦克卢卡斯和布里登。麦克卢卡斯后来回忆说:"他们两个就像是在汽车站常见的普通小子一样。"后来他们开始讨论,并制订出计划拯救所罗门,这时麦克卢卡斯才明白,为什么这两人中一个被誉为传奇,而一个被誉为结束传奇的人物。[2]

之后,巴菲特亲自上门拜访财政部的布雷迪。布雷迪曾认为巴菲特所做的一切只不过是在虚张声势罢了。"沃伦,"他说,"我知道不管我们做什么都无法阻止你。"[3]最终,巴菲特诚挚的请求打动了布雷迪。"尽快结束一切。"布雷迪说。

巴菲特下定决心,不管所罗门犯了什么错误都要及时改正过来。"改正过来,迅速改正过来!"他说。当巴菲特说"迅速"的时候,他的确是指"迅速"。他和他的新秘书,曾为古特弗罗因德工作,并对所有人都很熟悉的保拉谈了话。巴菲特建议她说,为什么不和董事会的成员谈谈,问他们了解些什么、什么时候知道的。[4]鲍勃·登纳姆,这个言行谨慎,芒格-托尔斯律师事务所的首席律师,从洛杉矶亲自飞来调查此事,他介入到巴菲特的计划当中,并且迅速叫停该调查计划。这些调查本该由律师来完成。

登纳姆所做的第一件事就是接见唐·福伊尔施泰因。随后,福伊尔施泰因迅速被解雇了。福伊尔施泰因要求面见巴菲特,巴菲特只简单地和他说:"你本该做更多的事情。"从一开始巴菲特就知道,福伊尔施泰因并不完全清楚事情的来龙去脉。[5]然而,巴菲特后来得出结论:出于对古特弗罗因德的忠诚,福伊尔施泰因将上司的利益放在了所罗门集团的利益之上。于是，登纳姆成了总顾问。在逐步控制大局的过程中，巴菲特发现董事会受到了所谓的所罗门管理层的巧妙"信息定额"的控制。他和芒格发现，在4月莫泽尔第一次承认提交未经授权的竞标申请时，整家公司早已发现莫泽尔试图掩盖一切，并且还在误导他所利用的客户，声称公司提交的长期国债认购单出现了文书错误。

一切就好比是莫泽尔点燃了一根火柴，在4月29日的时候，古特弗罗因德本应该吹灭这根火柴，然而他却撒手不管。

结果是莫泽尔似乎有纵火的嫌疑，随后他点燃的火柴远远超出了我们的想象。古特弗罗因德的职责本该是及时制止这一切，然而他先是撒手不管，随后也许是出于恐慌，又开始火上浇油了。

最后的结果就是所罗门的股东们损失了上亿美元，8 000多名员工和他们的家人面临失业的困境。

我认为这是世界上最简单的事情。你有位同事——莫泽尔——承认将错误的竞标申请交给了世界上最重要的客户和监管人员——美国政府。然后，你又发现他拉了一名客户下水，试图和他一起掩盖一切，好让美国政府无法发现真相。

这一切都不关古特弗罗因德的事。

但当你听说这样一件事时，很明显你的第一反应应该是在10秒钟内拿起电话，说："莫泽尔，你被解雇了。"然后，你就该马上去找科里根，告诉他："杰里，你看，这是涉及8 000名员工的事情，那个家伙已取消预订，我一了解事情真相后就解雇了他，你看我下一步该怎么做？"[6]

当然，对很多人来说，10秒钟认清楚这一切并不简单，他们会考虑很多其他事情。莫泽尔对公司太重要了，他曾对外汇交易部门做出了重要贡献，开除他并不是件好事。有没有可能将他贬回原职呢？要向监管人员坦白这一切并不容易，他们的反应也许会非常激烈。不止一个法律公司说过，从技术上来说，并不一定要将事情全盘报告上去。然而巴菲特却完全没有考虑这些，他在计算概率。他立刻开始推算是否会产生任何灾难性的后果,然后又迅速开始思考该如何将这种灾难的概率降至最低。结果就是解雇莫泽尔,立刻坦白一切。在这件事上,巴菲特还考虑了诚信的问题,他无法容忍撒谎者和骗子,因此事情只能是这样了。

现在,他却不幸地发现,除了他之前被告知的一切,事实上还有更多的谎言和欺骗。调查报告说,福伊尔施泰因当时曾宣称莫泽尔的行为"本质上就已经构成了犯罪",这与公司后来所了解的完全不一样。并且也从没有人将莫泽尔的行为报告给监管部门——监管规范行为的部门。的确,所罗门在监管上的态度只能称得上松懈。后来,人们甚至对谁应该成为监管会成员产生了争论。[7]无论如何,美国证券交易委员会主管发现自己被蒙在鼓里时备受困扰,并对现有的程序遭到忽视大为愤怒。

巴菲特和芒格还了解到,在6月中旬,古特弗罗因德会见了财政部长助理鲍勃·格劳贝尔,为公司5月"操纵"事件的指控而辩护。他们发现在这次会面以后,所罗门公司上层一直在考虑是否该立刻将2月的错误竞标申请事件报告给格劳贝尔,几经考虑后认为时机还不够成熟。后来,格劳贝尔说他认为自己被骗了,因为古特弗罗因德对他隐瞒了一切。这次和格劳贝尔的会面僵化了所罗门与政府的关系,也损害了所罗门的信誉。

第二次新闻发布会召开后,所罗门宣称之所以没及时将真相公之于众,是因为"对事情没有予以足够的重视"。这种托词使整个董事会都好像是这场阴谋的策划者一样,特别是在古特弗罗因德和格劳贝尔见过面,有机会坦白真相的情况下。当然,整个董事会是根本不在乎这次与格劳贝尔的会面的。

在危机发生后的那整个周末里,就在巴菲特和政府协商的时候,他却对此事一无所知,对此,巴菲特感到非常愤怒。员工的首要任务本该是保护公司的权益,现在他们不但没有保护好这种权益,反而还拿这种权益冒险。这一切都让巴菲特万分愤怒,但还有一件事情巴菲特压根儿都不知道:由斯藤莱特执笔的那份最后通牒发给所罗门后,根本没有引起其管理层的警觉。

几天后，所罗门召开董事会，巴菲特就所了解的一切谈了谈自己的想法。董事会取消了前高管订阅的杂志，撤销了他们的秘书、司机和专用轿车，取消了他们的长途电话和短信服务，甚至禁止这些高管进入所罗门的办公楼。此外，董事会还试图取消他们的健康保险。利普顿不再担任法律顾问。起初，巴菲特对此还持有异议，后来也同意了。因为大家一致认为利普顿的法律建议根本没有保护所罗门的声誉。[8]

现在，登纳姆监管着所罗门。为了使法律团队避嫌，巴菲特又将罗恩·奥尔森引进团队。奥尔森是芒格-托尔斯-奥尔森律师事务所（简称MTO）的最新合伙人，他曾经参与过《布法罗晚报》案，现在是伯克希尔-哈撒韦的法律代表。[9]MTO微调了其关注范围，以帮助客户从法律体系中获得最好的结果——巴菲特认为，在此方面MTO经验丰富。

巴菲特告诉奥尔森，他想要采取一种全新的措施。[10]现在所罗门的名声几乎遭到了致命的打击，已经摇摇欲坠。在巴菲特看来，所罗门已经无法承受任何指控了。[11]现在的所罗门公司犹如癌症晚期患者。要想拯救所罗门，他认为必须采取极端措施，哪怕这种措施会让病人更加虚弱。巴菲特认为帮助所罗门规避指控的最好疗法就是表现出极大的忏悔之意。他将挖出最后一个癌细胞，用激光彻底销毁，加强整顿，绝不允许任何病症复发。

奥尔森上任第一天，就被纽约南部地区的检察官奥托·奥伯迈克召见。是否指控所罗门就是由奥伯迈克决定的。

我们向奥伯迈克提出的建议是要树立一个榜样。这将是非凡合作的一个榜样。我们树立了一个目标，这个目标将对未来被诉方的行为以及法律体系产生影响。

奥尔森做出了一个非同寻常的承诺。他当场放弃了所罗门公司的"律师—当事人保密特权"，而这一特权可以保护公司与律师之间的交流免受检察官调查。他说不管MTO在调查中发现什么，奥伯迈克都会知道。[12]说得直白一些，这就意味着MTO已经代表所罗门公司成了政府的左膀右臂。

"奥伯迈克很多疑,"奥尔森说,"他认为我们是中西部的江湖骗子,是来向他兜售货品的。"[13]他无法相信会有哪家公司自愿做违背自身利益的事情。毕竟,所罗门面临着被指控的危险。这一切用不了多长时间就可以得到证实。显然,这种"改革"并不是嘴上说说就完了的。

奥尔森很快飞到华盛顿,将一切汇报给了美国证券交易委员会的布里登。布里登也对这一切持有相同的怀疑。[14]

最初,大家还不清楚放弃特权意味着什么。所罗门一家名为克拉瓦西-斯温-摩尔律师事务所的律师弗兰克·巴伦,负责解释这份非凡的礼物对司法部门的意义。由于已经做出了承诺,整个谈判的过程变得非常困难。所罗门没有任何砝码,而司法部门一个劲儿地施压,让所罗门履行承诺,并且也基本达到了其目的。[15]最后的协议将公司置于一个非常奇怪而又矛盾的局面中:让公司起诉自己的员工。MTO找到的关于员工有罪的证据越多,所罗门就越能表现出其愿意合作、洗清一切的决心。员工要么与公司合作,要么就会被解雇,正常的律师—当事人保密特权根本无法保护他们向调查人员提供的证词。[16]

为了帮助巴菲特应对即将到来的国会质询,古特弗罗因德和他的律师几天后与奥尔森见了面。古特弗罗因德很愿意合作,但当他的律师试图对谈话做出一些规定时,奥尔森拒绝接受。最后,古特弗罗因德和他的律师离开了。[17]奥尔森回来向巴菲特汇报说他受到了"阻碍"。[18]

随着新的企业文化开始形成,整个所罗门上下变得混乱起来。在和奥伯迈克见面的几天后,奥尔森和巴菲特走进了世贸中心7楼的会议室。有人自动雇用了一家新的公关公司,20多人都围在一张巨型会议桌边等待奥尔森和巴菲特的到来。他们中有些人的确是为所罗门工作的,但大多数都是花钱雇来的说客。巴菲特听他们就如何挽救这场危机谈论了15分钟,然后他站了起来说:"抱歉,我得走了。"他弯下腰来,和奥尔森耳语了几句:"告诉他们,我们不需要他们。"然后他就走出了会议室。[19]

"天知道,这并不是我们被误解了。"巴菲特事后说,"我们没有公关问题,真正出问题的是我们自己的所作所为。"

8月30日是巴菲特的生日,这天他来到华盛顿,准备即将来临的国会质询。他安排所罗门华盛顿办事处的负责人史蒂夫·贝尔召集了一班人,一起预测国会可能会提出的问题。

巴菲特下榻在华盛顿使馆区的一家酒店。随着突发事件不断出现,他连续两天都待在酒店房间里。在酒店,巴菲特遇到了一个电话接线生卡罗琳·史密斯——后来成了他的秘书,帮他处理电话,送午餐、点心等。巴菲特私下里从不和卡罗琳·史密斯见面,但当财政部的布雷迪打来电话时,卡罗琳·史密斯还是想方设法和巴菲特说上了话,即使那时巴菲特将他房间里唯一一根电话线也切断了。[20]

几天后,巴菲特抽时间去了趟所罗门公司豪华的办事处,那时贝尔正和一群人集思广益。贝尔提前给纽约打了电话,询问该给巴菲特准备什么样的午餐。"简单一点儿就行,"纽约那边告诉他,"汉堡包就可以了。"和过去几十年中的许多人一样,贝尔认为不能从字面上理解这个"简单一点儿"。所以,到了午餐时间时,厨师为巴菲特端来了一盘鱼,巴菲特碰都没碰。然后厨师又端上来一份配有进口奶酪的沙拉,巴菲特也没有吃。第三道菜是类似小牛肉之类的东西,巴菲特尝了一两口就把盘子推开了。"巴菲特先生,"贝尔忧心忡忡地说道,"我发现你什么都没吃。怎么了?有什么我们能为您效劳的吗?"

"谈到食物,我总是遵循一条很简单的原则。"巴菲特说道,"三岁小孩不吃的东西,我也不吃。"[21]

第二天,巴菲特、德里克·莫恩和登纳姆一起来到雷伯恩众议院办公大楼,在国会面前做证。为给他们精神支持,格雷厄姆也出席了,并和莫恩以及登纳姆坐在第一排。巴菲特给人留下了十分深刻的印象。他独自坐在小组委员会桌旁,宣誓将与国会以及监管人员合作。[22]"我想知道过去到底发生了什么,这个污点只是少数几个人造成的,"他说,"和其他无辜的人无关。"

议员们以投资者救世主的姿态严厉谴责了所罗门公司的人,要求他们与过去划清界限。据莫恩所言,尽管如此,当巴菲特说"红海分开了,神谕出现了"时,[23]他们还是对巴菲特感到非常敬畏。巴菲特认为问题出在华尔街身上。"这个巨大的市场吸引了那些仅用金钱来衡量自己的人,"他说,"如果一个人的一生仅靠他有多少钱来衡量,或是用去年赚了多少钱来衡量,那么他迟早都要惹上麻烦。"巴菲特说,从现在开始,所罗门的重心将转移。

> 如果让公司亏钱了,我还能理解,但是如果让公司名誉受损,那我将毫不留情。

这句话后来成为公司诚信案例研究的对象。巴菲特这种毫不畏缩的原则性正是他本人的一种写照。这句话反映了他的诚实、正直、干脆和行事简单。巴菲特希望他本人所代表的品质——坦诚、正直、诚实等——也能成为所罗门公司的品质。

巴菲特回到世贸中心7楼的办公室后,给全体员工写了一封信,要求员工将所有违背法律和道德的事情都上报给他。他赦免了一些诸如违规报销这样轻微的道德错误,但他还是告诉员工:"要是有疑问,请给我打电话。"巴菲特将自己的家庭电话附在了信上。我们要以"最好"的方式做"最好"的事情,他在信中写道。[24]

巴菲特想以他所谓的"重要测试"方式来管理事务。"不要只按规矩办事。"他说。

> 我想要员工都扪心自问一下,你们是否愿意那些见多识广、极具批判意识的记者在第二天的当地报纸的头版登出你们的违法行为?是否愿意自己的妻儿、朋友都看到这条新闻?[25]

那时,员工们都在极力挽救公司。他们给客户打电话,请求他们不要抛弃所罗门,并且还在尽快地销售资产,以应付投资者的不停挤兑。迈克法兰和申购部门——出售和购买债券的部门——一边管理着复杂的资产,一边紧密地和贷方协商。有些贷方已不愿将钱借给公司了。[26]

公司的资金每天以10亿美元的速度在减少。迈克法兰和其他交易员与贷方又见了几次面，以确保他们了解情况，集中力量稳定所罗门的资金和客户关系，逐渐提升公司的业务。[27]他们还清了公司所有的商业债务，重建了中期票据和长期票据还款计划。依靠期货市场和掉期交易（衍生交易），公司的交易员们掩盖了销售面临的巨大困难，艰难地在市场中前行。如果其他经纪人看到他们这种销售模式，一定会再次引起骚动。[28]

在受法院指控的压力下，所罗门似乎很难生存下来。员工们明白巴菲特写信的含义。现在监管人员和国会都在全力追查此事，在这种情况下不能再有什么差错了。"我希望每个员工都是自己的监督员。"巴菲特说道。这就意味着，要想拯救公司，员工之间就需要互相监督。同时，大家都清楚MTO像扫雷艇一样对公司进行审查，就是希望找出任何有问题的地方来。现在，客户纷纷离开，交易大幅减少，恐惧感在公司里蔓延开来，公司长期以来建立的虚张声势的冒险文化也开始慢慢消退。

几天后，巴菲特又被召见，这次他是在参议院面前做证。科里根、布里登以及联邦法官对所罗门的印象仍然十分糟糕。当巴菲特坐在参议院大厅科里根身后几排的位置等待被传讯时，他听到参议员克里斯·多德质问科里根是否在保管美联储资金时玩忽职守了。[29]科里根回答说没有。那封8月13日发出的由斯藤莱特执笔的信本是用来对管理进行调整的，然而却被人们忽视了。巴菲特认为科里根的回答就好比所罗门公司朝他脸上吐了一口痰。

巴菲特的脑筋立刻动了起来。他知道这里面肯定有大问题，但他不明白科里根说的是什么。[30]

轮到他做证时，巴菲特说："一个国家有权要求人们遵循其法律法规，所罗门公司没有尽到自己的义务。"国会议员们就所罗门所支付的超高薪水表示了质疑，一个债券交易员怎么可能挣到2 300万美元呢？他们质问道。"这也让我很困扰。"巴菲特回答说。议员们想要知道这是哪种债券套利，这种套利是否对经济有利。巴菲特解释了一下，然后说："如果你们问我这里的交易员是否能和一个公立学校的好老师比，我真希望你们不要在这件事上给我施加压力了。"

"为什么聪明人一大堆的董事会没有提高警觉呢?"一个议员问道。巴菲特没有显示出他正在因斯藤莱特的那封信而生气——不管这封信写的是什么,他只是说管理层隐瞒了一些信息。[31]他承认当第一个电话打来时,芒格是唯一头脑机智、能正确回答相关问题的人。

巴菲特并不是要为所罗门开脱:

> 所罗门的确是一家拥有卓越企业文化的公司,但是其员工的所作所为实在太糟糕了,而管理层对这种糟糕的情形也处理不当。为这家"谎话大王"公司寻找托词并不能帮它赢得朋友。是的,所罗门的确是一个经济上的罪恶之城。我们需要对其进行彻底的调查,清查出那些造假的票据、被骗的资金以及各种各样的欺骗手段。

这种大胆的、引人瞩目的立场阻止了诈骗行为继续酝酿并蔓延下去。员工们对此举都很赞赏。"这个决策简直是太棒了,"埃里克·罗森菲尔德说,"这就是我们的军令,我们按照这个指示来行动。"

巴菲特一回到所罗门,就立刻开始对那封斯藤莱特的信的细节进行调查。"他气得脸色铁青,"董事会成员格戴尔·霍罗威茨说,"这封信让所罗门的罪行更重了。巴菲特非常生气,因为他完全不知道此事,并且也没有见过这封信。"除了格劳贝尔会议外,这封信就是最严重的"信息封锁"行为了。将这封信扣留下来,实际上就表明了他们完全不顾科里根的要求,自行做出了一系列决定。巴菲特和芒格对优先管理的态度更加坚定了。几周后,芒格说:"我们要注意统治者(财政部和美联储),随着我们的认知发生改变,观念也应该改变。"由于古特弗罗因德也卷入了其中,巴菲特说"我们没有被宽恕的选择"。[32]

巴菲特以异常的镇定和冷静处理着所罗门的麻烦事,而莫恩和其他一些员工则穿着"防护服"做着善后清理工作。但在这种看似平静的外表下,巴菲特内心却蕴藏着巨大的愤怒。为避免自己时刻想着所罗门,巴菲特开始一连几个小时玩一种名为 *Monty* 的电子游戏。他讨厌离开奥马哈。秘书格拉迪丝·凯泽注意到巴菲特回到奥马哈时精神还好,而不得不离开时就显得异常沉重。她本想今年退休，但还是留了下来，因为想到公司现在的这种状况她实在是不忍心。[33] 像她这个年纪，纽约已不再适合她了。巴菲特现在变得非常孤僻，甚至都不愿出现在大厅里。一名高级经理说，很少看到巴菲特出现在所罗门大厅里。苏珊从旧金山赶来看他，凯瑟琳·格雷厄姆也过来陪他打桥牌。不久后，就连卡罗尔·卢米斯、乔治·吉莱斯皮和贝尔斯登的首席执行官格林伯格都经常过来陪他打桥牌。桥牌让巴菲特彻底放松下来，因为他只有在打桥牌的时候，才不会去想其他事情。而就在几英里外的住宅区，在其摆满各种艺术品的豪华公寓内，巴菲特的老朋友丹·考因刚死于癌症。

巴菲特夜不能寐。在纽约的时候，他每天午夜12点半打电话回家，因为他在奥马哈有特权，可以早一点儿拿到《华尔街日报》，这样他就可以让人通过电话将第二天才会刊登的新闻报道读给他听。[34] 他坐立不安地听着新闻，担心有什么对所罗门不利的报道。通常来说都会有些负面报道，但巴菲特至少能在员工了解之前就知道这些报道。实际上，比起巴菲特大老远从奥马哈弄到报道来说，有些员工并不关注周围的事情，他们对自己家庭的关注程度还不如巴菲特对奥马哈市的关注程度。员工们一天连续工作14~15个小时，就是为了在当前出现困难的情况下和公司共渡难关。所罗门的股票和债券销售员不断地给客户打电话，让他们相信公司不会垮掉。但是投资银行的客户依然取消了他们原本达成的交易。英国电信也将所罗门从大客户单上删除，古特弗罗因德不得不亲自去伦敦解决问题。正是这次去伦敦，让古特弗罗因德错过了和巴菲特通电话，从而导致了丑闻的泄露。处理其他业务的银行家们也都面临着一个难题——其他竞争者将所罗门公司危险的状况当作把柄来和他们竞争。[35]

与此同时，公司内部也开始了大刀阔斧的人员调整。莫恩先是将罗森菲尔德提拔为交易主管，让他和销售部的主管麦金托什合作。罗森菲尔德原本是大学教授，以前从没有在一个超过5个人的团队里工作过，现在却发现自己突然要管理600名员工。调查人员也声称要开除一些交易员。在管理这600名员工的同时，罗森菲尔德还配合律师重新调查了数千笔交易,以重建交易制度。[36]

　　罗森菲尔德并不想升职,他和其他员工都希望梅里韦瑟能回来。梅里韦瑟的办公室还和他走时一模一样。高尔夫球具(他的权力象征)还待在墙角,清洁工也将神龛打扫得一尘不染。员工们都聚集在此祈求公司生意好转,同时他们还祈求梅里韦瑟能早点儿回来。所罗门的股票已暴跌到20美元。

　　随着调查有条不紊地进行着,员工们感觉自己就像是做苦工一样。这时巴菲特脑子里只有两件事情:伯克希尔-哈撒韦和所罗门的调查。巴菲特刚刚收购了一家制鞋公司——布朗鞋业,之后就立刻让他的秘书保拉去图书馆查找莫尔斯鞋业的相关资料。莫尔斯鞋业是一家刚刚登记破产的制鞋公司。[37]

　　尽管如此,所罗门事件还是占用了巴菲特的大部分注意力。所罗门的丑闻早已超越了早期的其他一些丑闻——比如德崇证券的伊万·博斯基和迈克尔·米尔肯丑闻——让人们觉得华尔街已经腐败透顶。巴菲特在国会做证后不久,其他一些经纪人公司也纷纷效仿其做法,前往国会做证。[38]到目前为止,所罗门案件的调查人员发现,莫泽尔有8次申购债券的比例超过了财政部规定的35%上限,提交假的客户名单申报,故意抬高客户的报价,并且在客户不知情的情况下将多余的债券转入所罗门自己的账户。还有4次,他甚至申购了所发行债券中的75%。[39]随着情况越来越严重,巴菲特也采取了更严厉的措施。在第二次董事会会议上,巴菲特组织了一次讨论。"为什么所罗门要付费给古特弗罗因德的律师让其来妨碍我们的工作"成了这次会议的主要讨论内容。[40]几乎所有董事一致同意采取两个惊人的措施:不付古特弗罗因德解雇费,并且公司不再支付这位前任首席执行官的法律费用。[41]

　　现在主要有两件事情:美联储是否还将所罗门当作主要的交易商,以及如何处理所罗门违法交易这宗案子。对是否暂停所罗门的业务美联储目前还没有权宜之计。"这就好比是对一个人在技术上执行了死刑,然后又想办法让他复活一样。"美联储主席格林斯潘说。10月,美联储的确认真考虑过将所罗门停牌,之所以还让它继续运营完全是因为政客们施加压力的结果。[42]

美国律师协会认为它有足够的证据对所罗门的违法行为进行指控。依照现行的法律,公司不能为自己的员工行为进行辩护。所罗门的律师加里·纳夫达利斯认为,如果真被指控,公司很有可能被定罪。显然,公司上上下下都希望早点儿了结这场官司。只要官司一天不结束,所罗门就将一直受到死亡威胁。客户也明白这一点,但是纳夫达利斯一点儿也不着急。他说草率做出决定也许会让所罗门受到更多的指控,多点儿时间也许能让他说服人们相信所罗门不应该受到指控,能让所罗门展示出其合作意愿,并且还很有可能让起诉者不再指控所罗门。[43]

在经过对公司长达三个月的改革后,一天,登纳姆将巴菲特、奥尔森、纳夫达利斯和弗兰克·巴伦领到了一个秘密地点。这个地方是在奥伯迈克的坚持下选出来的,离检察官在圣安德鲁斯广场市政大厅的办公室仅半英里远。这是他们最后一次试图说服奥伯迈克和他的律师不要起诉所罗门。[44]

奥伯迈克是个老派的日耳曼人,他尊重法律,对美国检察院的历史和传统相当敬重。这次他想弄明白该如何处理这次违法案件。他看清了这件事情的独特性质。"这不是纽约地铁上的一起袭击案。"他说。实际上,他曾多次致电科里根了解美国证券市场的详情,了解两年期票据和30年期债券之间的不同,了解拍卖的频率以及操作流程。[45]

在一个小会议室面对奥伯迈克时,巴菲特占据了谈话的主动权。他尽力表述自己曾多次强调的观点:如果受到指控,公司肯定将倒闭。奥伯迈克将克莱斯勒的案例拿出来做了比较。尽管受到起诉,克莱斯勒还是幸存下来了。[46]一家出售硬件资产的公司和一家仅仅买卖纸面承诺的公司之间的不同最初并不明显。巴菲特想要摆脱所罗门员工在《说谎者的扑克牌》中扔洋葱汉堡的懒虫形象,并想方设法让员工相信如果所罗门倒闭,他们也将失业。他还保证不会卖掉所罗门的股票,而他的员工也将继续留任工作。此外,巴菲特还阐述了公司正在经历的全面的文化变革的本质。这一切都给奥伯迈克留下了深刻的印象,但表面上他还装作若无其事,毕竟他还要考虑很多其他因素。[47]所罗门团队只好打道回府,对自己是否能够成功压根儿没底。

隆冬时节,所罗门作为主要交易商的地位问题仍旧没有解决。公司还是没有和客户交易的权利,财政部那时也无法采取任何措施。虽然面临着公司将被控罪的威胁,巴菲特和莫恩还是在努力证明他们是可以拯救公司的。巴菲特在《华尔街日报》上登了整版广告,向人们解释公司的新规则。[48]

我说过,要让员工的行为符合我们的规则,而不是降低标准去迁就员工,但我发现一切并不容易。

巴菲特日复一日地继续努力着,但对华尔街认为理所当然的奢侈生活方式大为震惊。那些高管的专用厨房简直和纽约的餐馆一样大。厨房中不仅有毕业于美国烹饪学院的厨师担当主厨,还有专门的糕点师、副主厨以及众多厨师。高管们可以点"地球上任何他们想要的东西"当作午餐。[49]巴菲特刚到纽约的前几天,曾收到另一家银行董事长的信,邀请他共进午餐,这样的话他们的厨师就可以一较高下了。但其实在检测厨师技能方面,巴菲特的想法十分简单:每天点个汉堡包当午餐就够了。

沮丧的厨师做了一批又一批的薯条。他们精心地削着土豆皮,然后又将土豆切得很细,紧接着迅速放入油锅搅拌,直到松脆程度刚刚合适。出锅后,厨师又将薯条精细地码放成金字塔的形状,放在巴菲特每日必吃的汉堡包旁边。然而,巴菲特一边心不在焉地吃着,一边却还想着麦当劳的薯条。

在巴菲特看来,餐厅就是华尔街文化的象征,他觉得华尔街的这种文化相当可恶。巴菲特出生于一个物质匮乏、生活节奏缓慢的时代,而他也一直按照这种方式来安排自己的生活。但华尔街拥有大量金钱,生活也是按照最快的节奏进行的。人们每天早上5点就离开家,夜里9点或10点才回到家。雇主们以金钱来诱惑他们不停地工作,却要求他们时刻保持清醒，像跑步机一样不停运转。股票交易市场的交易员抽着特制雪茄的情景，在巴菲特的童年记忆中留下了十分深刻的印象，但如今这一切太让人吃惊了。

他们在楼下还有个美发店，但从来没有告诉过我，担心我发现后会出现不良后果。他们甚至还派了个人来帮我擦鞋，而我根本不用付钱。

一个员工曾说，所罗门的高管以前觉得"除了叉子以外，上帝禁止他们举起任何东西"。巴菲特这位新来的亿万富翁老板的行为在他本人看来十分平常，却让所罗门的员工大为震惊。一天晚上，在去打桥牌的路上，巴菲特让司机停车。他下了车，走到附近的一个商店，几分钟后又回来了。司机目瞪口呆：巴菲特居然拿着满满一兜子三明治和可口可乐。[50]这就是新的所罗门。

在薪水上的争论却泾渭分明。初秋的时候，巴菲特告诉员工，年底的奖金将减少1.1亿美元。"那些贡献平庸的员工将被减薪。"他说道。[51]巴菲特认为一切都简单明了。贡献越多的人得到的也越多，没有贡献的人什么也得不到。莫恩很赞同巴菲特的这种分配思想。毕竟他们不能仅仅以一个人拥有三栋房子，要赡养两个前妻就让其成为百万富翁。[52]但巴菲特却高估了人们的忍耐力。那些以前享受着高薪的富有员工，如今却发现自己要被人剥削了。

巴菲特认为员工们不可能在股东有损失的情况下还拿着高薪。实际上，员工们和他的想法恰恰相反，因为多年来他们一直是被这么对待的。自从去年以来员工收入开始锐减，他们认为巴菲特是想通过减薪把莫泽尔犯下的错误转移到他们身上，但公司的困境并不是员工造成的。实际上，员工对公司仍旧忠心耿耿，并且还忍受着公司带给他们的耻辱和困境，他们在背后默默无闻地承担着一切，因此他们觉得自己应该得到有竞争力的薪酬。公司业务不好并不是他们的过错，在公司受到指控压力的情况下，怎么能指望他们和客户进行投资交易呢？巴菲特难道不明白这一点吗？员工们面临这样一个事实：华尔街每个人都知道，在巴菲特看来，投资银行家只不过是一群衣着光鲜的窝囊废罢了。尽管所罗门问题不小，但这一年所罗门的经济状况并不差。员工们讨厌那些原本是贪婪的亿万富翁，却认为员工很贪心的老板。

沮丧的交易员、销售人员以及银行家都希望混到年底拿到奖金后再辞职。那时也是传统的辞职期，虽然奖金少了，但还是有好几百万美元的奖金将在年底发放。

减少节日奖金的同时，关于减少薪水的问题也引起了公司前所未有的震动。公司13位重要的高管发现自己的薪水减少了一半。公布薪水的时候，所罗门的走廊和交易大厅立刻出现骚动。由于预算和奖金都遭到大幅削减，交易员和银行家纷纷走人。证券部门在这个投资银行家的老巢，一半的人离开了。交易大厅剩下的人也在临时罢工。

一天，巴菲特走过几个街区来到美国运通，和其首席执行官吉姆·罗宾逊吃午餐。"吉姆，"他说，"虽然我想这不可能，但我刚刚的确发了9亿美元的奖金。"尽管如此，他还是认为除了莫恩和另外一两个他带进公司来的人以外，其他人都对他很生气。[53]

他们拿了钱就走了。大家都跑了。

很明显，公司一切都依靠员工。[54]投资银行家没有赚到什么钱，但他们仍然觉得自己是贵族。他们憎恨交易员，其中一部分原因是交易员们赚钱了，因此其分量更重。

巴菲特刚刚拯救了所罗门，他认为这件事对员工来说意义重大，但事实上并非如此。"我们感激了大约5分钟吧。"一个曾在所罗门工作过的员工说道。在领到不尽如人意的奖金这天，员工们甚至都忘记了要不是巴菲特，他们早就失业了。"沃伦根本不知道如何管理人事。"这句话成了前任员工广为流传的话。所罗门并不是一个你可以随便提高价格，削减开支，将生意上赚取的资金直接上报给总公司的地方（尽管巴菲特已经竭尽全力了）。正如奥尔森指出的，在你"可能一天之内被人用刀捅成筛子"的时期，如果人们有其他选择，你就必须激发这些聪明人的积极性。巴菲特将这次的薪水事件看作一次文化测试：那些离开的人，是公司完全不需要的唯利是图的人，而那些留下来的人，才是公司真正需要的人。

华尔街是个唯利是图的地方。很多高层员工陆陆续续离开，走的时候还将大宗业务带给了原公司的竞争对手。巴菲特无法入睡。"我没有办法不去想这件事。"他说道。巴菲特一生都在避免为那些没有安全退路的事情做出承诺，然而他最终却无法控制。"我一直都小心翼翼，不想牵扯进去。在所罗门，我发现自己在维护一些根本不想维护的事情，之后，还发现被自己的公司指责。"

几个月过去了，奥伯迈克还在思考所罗门的行为是否坏到了该指控的地步。他知道，一旦所罗门被指控，"就好比敲响了丧钟"。[55]在申购债券作假方面，他认为与其说莫泽尔的行为让所罗门变得更富裕，还不如说他的行为是受财政部规章的漏洞所诱导，但这种造假行为并没有带来什么严重的财务损失。[56]另一方面，奥伯迈克也考虑了巴菲特的承诺和所罗门变革后的新文化。

在布里登的协助下，奥伯迈克开始和所罗门进行最终谈判，目的是让公司逃过此次指控。来自克拉瓦西的弗兰克·巴伦也来到美国证券交易委员会和比尔·麦克卢卡斯一起讨论。麦克卢卡斯是布里登的代表，他告诉巴伦，司法部和财政部对所罗门的罚款是1.9亿美元，另加上1亿美元的赔偿金。巴伦十分震惊——对于一个仅仅违反了财政部规定，却并没有给市场客户造成任何重大损失的交易商来说，这种处罚实在是太重了。为什么？他问道。"弗兰克，"麦克卢卡斯说，"你要明白之所以罚1.9亿美元，是因为理查德·布里登就是这么决定的。"[57]

周日早上，约翰·梅里韦瑟脸色苍白、浑身发抖地冲进会议室，引用布里登的话说"所罗门的核心已经腐烂"。无人能左右这个决定，所罗门同意支付这笔巨额赔偿。

巴菲特想要尽快扭转所罗门这种"核心已经腐烂"的形象。尽管所罗门内部出现了不少反对意见，巴菲特还是拒绝了一个又一个他认为打擦边球的做法。后来，又出现了一件事，几乎让整个解决方案作废。

莫泽尔突然向政府认罪。他承认，他和其他公司员工所卷入的以避税为目的的秘密交易实际上是为了保护其他公司。这种税务交易使得起诉者更有理由对所罗门进行指控。除了明显的自救动机以外，莫泽尔还有充足的理由来隐藏自己的苦涩情绪。就算公司的前任领导适当处理了此事，他肯定还是会被解雇，并且还很有可能被控诈骗罪，同时惹来牢狱之灾——但至少不会让他的名字登上各大报纸头版，并成为史上制造最大金融案的人。

在一次紧急董事会会议上，奥伯迈克让奥尔森尽快把税务交易的事情搞定。他说他已经决定不再深究莫泽尔最新的供词。不管新的情况如何，所罗门都将与美国国税局合作。他还认为，公司其他的一些不当行为也十分严重，"就算不会让公司整个形象大大倒退，至少也会对公司产生一定影响"。[58]尽管如此，公司还不至于被判死刑。

5月20日，奥伯迈克从办公室打电话给奥尔森，说政府将撤销所有控诉，不会对所罗门进行指控。美国检察院与美国证券交易委员会判定所罗门犯有诈骗罪以及违规记账罪，同时还判定所罗门支付1亿美元的罚款。这成了美国历史上第二大罚金案件。除了所罗门自己查处的莫泽尔的非法行为以外，政府再没有查出其他的犯罪行为。莫泽尔将入狱4个月，并支付110万美元的罚款，同时，他还被判罚终身禁止从事金融业。[59]古特弗罗因德、梅里韦瑟以及斯特劳斯，由于对莫泽尔监管不严，也被处以适当罚款，并禁止从事金融业几个月。[60]

有人认为，比起因操控股票和囤积股票而罚款6.5亿美元的德崇证券公司来说，对所罗门的处罚太轻了。但大多数人认为，仅仅因为一个员工犯了技术上的错误，就处以这么巨额的罚款太让人震惊了。实际上，有些人认为，所罗门这么轻易就向政府认罪，等于是放弃了它的协商影响力。但不管怎么说，这么大一笔罚款实际表明所罗门在向上级汇报上失职了，并且也说明众多监管人员玩忽职守。换句话说，"吮拇指"和模糊处理几乎让所罗门倾家荡产。因此，正如政府巧妙的说法：这只是一起包庇罪，并不是真正意义上的犯罪。

在结果宣判后三天，考因死于癌症。巴菲特写了一篇情真意切的悼词，想要亲自朗读。他让秘书保拉路过他下榻的酒店时把悼文取走，以便把悼词打印出来。但当保拉到达酒店时，巴菲特在房门口痛苦地看了保拉一眼，说他不能亲自在考因的葬礼上念悼词了，苏珊将代替他念。[61] 巴菲特最后还是去了葬礼。"整个葬礼上，我都在浑身颤抖。"他说。

而后，巴菲特回到了工作中。据所罗门估计，莫泽尔从交易中挣的400万美元利润，使得公司在业务、罚款、违约金和法律费用上一共损失了8亿美元。而且，公司作为主要交易商的地位问题还没有得以解决。但现在可以得出结论，一切都可以朝着对所罗门有利的方向来解决。[62] 员工的辞职现象开始有所缓解，评级机构开始提升所罗门的债务等级，客户们也慢慢回来了。随着所罗门的股价慢慢攀升至33美元，巴菲特再也等不及要回到奥马哈了。他宣布自己将辞职。莫恩接过了首席执行官的位置，巴菲特又任命MTO的律师登纳姆为公司董事长。当一切结束时，凯泽说："我几乎看到人们长长地舒了一口气，就好比一夜之间，沃伦又回来了一样。"

在1992年那个忧伤的春天，就在所罗门颤颤巍巍地走过这一切时，如何处置其他违法的人又成了一个问题。除了莫泽尔以外，第二个有重大责任的人就是古特弗罗因德。尽管从法律上讲古特弗罗因德够不上判刑，但毕竟负总责的还是他。

在得到多少补偿费的问题上，古特弗罗因德认为他应该得到当初所承诺的——只要巴菲特和芒格还活着，他就将得到"公平的待遇"。现在，双方对这种"公平的待遇"的看法大不相同了。

古特弗罗因德的律师认为，在上一年8月那个重要的周末，他和芒格达成了协议。在就一系列解雇条款达成共识的情况下，芒格收到了辞职信。古特弗罗因德认为他的牺牲是为了拯救公司，而薪水、股票以及遣散费加起来，公司还欠他3 500万美元。而所罗门则认为芒格根本没有和他达成此项协议。董事会同意严格执行公司对古特弗罗因德的福利计划,但要撤回他的认股权,尽管认股权计划并不包含在任何情况下没收认股权的条款。这样,公司仅同意给他860万美元。

古特弗罗因德恼羞成怒,他拒绝了所罗门给他的赔偿。"完全不是这样!"他说,"作为原则性问题,我要上诉!"[63]他的律师认为公司给出的赔偿并不是要和古特弗罗因德好好谈判,而是故意羞辱,想要就此解雇古特弗罗因德。1993年,古特弗罗因德将所罗门告上了仲裁法庭。

在整个仲裁过程中,持中立态度的仲裁人员听取了双方的陈词,然后做出了有约束力的裁决。仲裁本身就是一次赌博,因为仲裁委员会一旦做出决定,双方就必须按照决定来做,永不协商了。

古特弗罗因德被迫搬到只有三个房间的办公室,当兼职秘书不在的时候,他还要亲自接电话。他十分懊悔地想起妻子苏珊——如今被媒体冠名为"玛丽·安托瓦内特"——曾告诉过他不要辞职(好像他当时还能有别的选择一样),说如果他辞职,就会失业。他们已经被纽约社交圈抛弃。媒体以一种他从未想象过的、无比粗暴的方式对待他,将他和博斯基、米尔肯这样的罪犯相提并论。[64]他的很多朋友已经离他而去。没有所罗门的支持,古特弗罗因德只能自己花大笔金钱来为自己辩护。

古特弗罗因德想通过仲裁来摆脱自己的罪名。但公众对所罗门官司的深入挖掘——这本可以安抚古特弗罗因德受伤的自尊——却使得巴菲特不愿意就此妥协。巴菲特非常看重所罗门的形象,但古特弗罗因德的表现让他大失所望。古特弗罗因德在仲裁委员会面前重述整件事情,让不依不饶的媒体一再大肆报道,这一切都让巴菲特无法以慷慨的态度来对待他的所作所为。现在,巴菲特和古特弗罗因德不再是合作伙伴了,在巴菲特看来,他曾经原谅的违规行为变得越来越严重。即使没有这种"后见之明",这种违规行为也是不可原谅的。

- 1987年重新定价的认股权使巴菲特损失了大笔金钱。
- 来自美联储的由斯藤莱特执笔的讨伐信件,在巴菲特知道时,要做出反应已经太迟了。

- 在和财政部的格劳贝尔见面时,古特弗罗因德保持沉默,对此,巴菲特和其他董事会成员都不知道。
- 股本计划让员工就算在被解雇的情况下也能保留股票。该计划是古特弗罗因德在1991年那个至关重要的春天向董事会和股东提出来的。

巴菲特认为这一切都是一场悲剧,绝不应该再次发生。而古特弗罗因德的行为是一种奇怪的越轨行为。尽管古特弗罗因德向来是避免冲突的,但一旦面临战争,他的代理人就会像被逼入困境的鬣狗一样为他而战。芒格曾有意说过诸如"古特弗罗因德使拿破仑都黯然失色"这样的话,如今他在仲裁中也被认为是一个不光彩的角色。[65]芒格的证词变得非常重要,因为他是唯一一个和古特弗罗因德的律师菲利普·霍华德协商过的人。

纽约证券交易所的年轻主席迪克·格拉索指派了三名头发灰白的仲裁官,在交易中心一间昏暗的房间里决定古特弗罗因德的命运。[66]来自克拉瓦西的律师团有所罗门董事会成员、现任员工、前任员工、巴菲特和芒格的证词支持,开始对古特弗罗因德进行轮番轰炸。在每次仲裁人员都在场的情况下,轰炸整整持续了几个月时间,60多个来回。

仲裁人员一次又一次地听着芒格和菲利普·霍华德之间的对话。菲利普总是一再检查古特弗罗因德所要求的赔偿清单,而芒格却以各种方式来看待这个清单。对于菲利普没有在古特弗罗因德的辞职文件上签字这一点,所有人都表示认可。但对于那晚发生的其他事情,人们的看法却各不相同。菲利普坚持认为芒格和他达成了共识。

古特弗罗因德的律师将芒格称为见证人。克拉瓦西-斯温-摩尔公司的弗兰克·巴伦试图让芒格好好准备一下,但芒格已经对整个仲裁过程感到极其厌烦了。尽管巴伦让芒格自己好好准备,但作为一个不喜欢支付法律费用的律师,芒格总爱在仲裁者面前即兴陈词。为了准备他的证词,克拉瓦西雇用了大批专职律师助手。[67]当芒格开始做证时,从他口里说出的每一句话"都和我们所准备的毫不相关",巴伦说,"将芒格置于见证人的位置,是我作为律师所经历过的最让人紧张、最容易让人头皮发麻的事情"。[68]

芒格作为见证人的自信无可匹敌。很多次,首席仲裁员都几乎恼羞成怒了,他命令芒格说:"芒格先生,你能在回答问题前,先听我把问题问完吗?"

芒格坚持认为,在见菲利普·霍华德的那天晚上,"他故意没有听……虽然为了表示礼貌……但我并没有注意他说什么……我有些心不在焉……我只是礼貌地坐在那里"。

古特弗罗因德的律师问他,他是否做了一个有意识的决定:不听也不说话。

"不是,"芒格说,"当要说话的时候,我还是说了。我的缺点就是直言不讳。我也许会不带感情地讨论几件事情。这是我最让人讨厌的谈话习惯之一,这个习惯跟了我一辈子。"

"因此,每当有事情快要结束时,我总能找到辩驳之词。"他说,然后就会将辩驳之词说出来。菲利普要求为古特弗罗因德申请赔偿金。作为一起法律案件,芒格又不带感情地说起了这件事。

"我想我跟菲利普说过,'你甚至不知道你要什么。天知道诉讼的时候会怎么样。谁知道事情会怎么发展呢?如果你认为这次应该插手这件事情,那么你就错误地代表了你的客户'。"

"这就是你试图逃避的对话吗?"古特弗罗因德的律师问。

"不是。当我说话的时候,我试图加入到谈话中去。"芒格发誓说,"我试图记住我所说的一切。"

"这是你几次故意不去听的对话吗?"

"你说什么?"芒格说,"我只是走神儿了,不是故意这么做的。"

"这是你几次故意不去听的对话吗?"

"不好意思,我不得不说我又走神儿了。你能再重复一次吗?这次我将全神贯注。"

古特弗罗因德的律师将问题问了三遍。

"的确，"芒格说，"我脑子不停地在动。"

可以想象仲裁者、律师和古特弗罗因德听到这句话时，心里是怎么想的。可惜，菲利普多半不能理解问题主要源于他对芒格思考模式的特征不够了解。他不知道，芒格偶尔思想跳跃性的回答，主要是由极少情况下穿透他冷漠思想的刺激造成的。只要芒格拒绝了，菲利普就自以为他们是在协商，而不是在简单地听芒格说。而当芒格什么话也不说，或者对谈话嗤之以鼻时，菲利普就认为芒格在表示赞同，或至少没对他刚才说的话表示反对。没有人跟他解释，芒格早已经走神儿了。

古特弗罗因德的律师用巴菲特以前曾做出的证词来提醒芒格，在这份证词中，巴菲特认可古特弗罗因德有权利这么做。"芒格先生，你是否还记得巴菲特先生这么说过呢？"

"我不记得巴菲特先生说过的话，我也不记得自己说过的。"芒格说，"当然，这件事的重点在于你指望我们公平处理此事。"[69]

问题在于如何界定这个"公平"。在古特弗罗因德该拿的和已经拿的钱的问题上，所罗门从来没有争议。争论在于古特弗罗因德被解雇后是否应将事实公之于众。因此，整个案子变成了证明古特弗罗因德案是否应该终止的讨论。就连福伊尔施泰因都认同，在隐瞒从格劳贝尔那里所知道的情况的问题上，古特弗罗因德对政府撒了谎。尽管大家都认为这是非常奇怪的、与他的个人作风不相符的行为，但事实就是这样。

为了对所罗门公平合理，古特弗罗因德终于明白为什么公司费尽心思来证明他应该被解雇。他知道，对他进行诽谤符合每个人的利益，但是这种反差让他感觉十分困扰。从某些方面来说，一切都该结束，他就是这么认为的。

尽管如此，每个人——包括巴菲特在内——都认为古特弗罗因德还是有权领到一些补偿费的。巴菲特让巴特勒——巴菲特GEICO董事会的伙伴和私人朋友——两次召见古特弗罗因德，给了他1 400万美元。巴特勒悄悄对古特弗罗因德说："我还可以帮你多争取一些。"巴菲特本打算给1 800万美元。[70]但是古特弗罗因德觉得整个过程对他来说是一种羞辱。他认为芒格非常吝啬，又自以为是。因此，古特弗罗因德生气地拒绝了。仲裁官于是做出了决定。

双方一直持续对质到1994年春天，仲裁人员已经厌烦了这种没有止境、转来转去，又互相矛盾的争论。一方总是试图证明自己是清白的，而另一方又将古特弗罗因德描绘成一个恶魔。因此，在最终裁决时，古特弗罗因德的律师拿出一张表，要求连同利息、罚款、股票升值以及其他一些款项在内，一共赔偿古特弗罗因德5 630万美元。

在仲裁人员痛苦地做出最后判决前，所罗门的律师和员工都开始就此事打赌。仲裁法庭会判给古特弗罗因德多少钱呢？人们打赌最低会判给他1 200万美元，最高将判给他2 200万美元。[71]

没有人知道仲裁官在最后裁决时会考虑哪个因素，但当裁决最后宣布时，法庭判定不用给古特弗罗因德任何赔偿，因此一分钱也没有判给他。

50

卵巢彩票

环游世界 1991—1995年

　　巴菲特在国会上的证词和他解救所罗门的行为让他从一个富有的投资人变为国家英雄。发生在所罗门的事情并不只是一个好人还是坏人的故事这么简单，巴菲特用一种反传统的方法解决了问题：对于那些法律条文的制定者和推行者，巴菲特并没有卑躬屈膝，而是以一种平等的方式化解了危机。这样的做法触动了人们心中最善良的一块领地：诚实最终可以得到回报，罪恶可以通过善良来化解。当一切丑闻平息的时候，巴菲特的名气也随之飙升，随之飙升的还有公司的股价，伯克希尔–哈撒韦的股票突破了每股10 000美元，公司的资产总值达到了44亿美元。苏珊手里持有的股票总值达到了5亿美元。那些从1957年开始对伯克希尔进行投资的人，只要他们没有中途退出，那么他们当初每投入1 000美元就能得到350万美元的回报。

　　现在巴菲特身边总是围绕着各种各样的人，只要他走进某个房间，便立刻令其熠熠生辉。巴菲特所到之处，人们都用无比虔诚的眼神看着他，希望能和巴菲特握一下手，哪怕是碰他一下也好。在股神面前，人们紧张得说不出话来，或者干脆就是胡言乱语，不管巴菲特说什么，人们都用一种仰视的眼神望着眼前的英雄。

我21岁的时候就能给人们提供投资意见了,那时的我非常擅长告诉别人怎么做,不过当时没有人听我的。也许那时我说的话是充满智慧的,即便如此,我也不会像现在这样引来这么多关注的目光。现在即使我说出一些最愚蠢的话,也有些人会认为我说这话或许有什么隐含的意思。

忽然间,巴菲特开始生活在光环之下,总是有记者不断地给他打电话,有人跟踪他,而目标只是为了要一张巴菲特的签名照片,巴菲特也因此成了摄影师们的最爱。美国好莱坞老牌影星嘉宝写信向巴菲特要一张签名照。作家们开始着手写关于巴菲特的书,那些天天和巴菲特一起工作的人更是见证了这种狂热的气氛。一天一位女士出现在了巴菲特的办公室,她不断地向巴菲特鞠躬,最后连格拉迪丝·凯泽都生气了,"你不要再给他鞠躬了"。

人们把巴菲特捧上了天,但是所罗门的雇员还有之前被该公司解雇的雇员并不这么看,他们自然不会对巴菲特心存任何感激之情。在他们看来,是巴菲特抑制了公司的发展,剥夺了他们原本自由的公司文化,破坏了公司原来发奖金日的喜庆气氛(之前巴菲特曾下令削减员工奖金)。他们更是知道巴菲特从一开始就对进行套期交易的所罗门公司十分鄙视,这一点他们比谁都清楚。几乎所有在所罗门工作的人都有一肚子的苦水要倒,而且都是有关巴菲特的。不久,有关巴菲特在工作时极度理性甚至偏向冷血的态度与他平凡的外表之间形成巨大反差的报道开始见诸报端。人们对巴菲特的理解出现了分歧,他究竟是那个坐在走廊里,手里拿着一杯柠檬汁讲故事的和蔼老头,还是那个深谙投资理念的传奇富豪?作为一家投资银行董事长的巴菲特,现在却大肆宣扬华尔街不过是一个金融骗子聚集的是非之地,巴菲特到底在干什么?人们对这一切充满了好奇。

巴菲特希望能把所罗门的员工获得薪酬的方式与股东的利益联系起来,但是他的重点在相关的赔偿问题上。巴菲特深知几乎所有行业都存在自身利益与客户利益之间不可调和的矛盾，解决好赔偿问题有利于他更宏观地把握大局，但是解决这个问题的关键所在就是全盘抛弃所罗门公司原来的经营战略，这几乎是对所罗门公司的颠覆。1991年，《华尔街日报》和《新共和报》[1]都在抨击巴菲特两种截然不同的生活方式——一方面，巴菲特总说自己是美国中西部的代表，出生于一个中产阶级家庭，每天都要很早起床为工作而奔波，但另一方面，巴菲特也会经常宴请那些社会名流。两种完全不同的生活方式让媒体咋舌，它们希望能在巴菲特身上挖出一些大新闻。《华尔街日报》在侧栏版面里刊登了一条这样的新闻，"巴菲特只和有钱有势的人交朋友"，并在文中指出巴菲特通过结交像美国大使沃尔特·安嫩伯格夫妇这样的高官来抬高自己的身价。[2]不过文章中被点名的几位也在事后做出了回应，否认了报纸上的说法，这其中就包括汤姆·墨菲和比尔·盖茨，而后者只是巴菲特新近结交的朋友。其实墨菲是先于巴菲特认识盖茨的，两人就墨菲在电视广告的制作上所费不赀一事在巴菲特集团会议上聊了很久。而在《华尔街日报》笔下，这段对话被歪曲报道为表明巴菲特集团在思考广告价格的走势以及正常的广告费用应该是什么水平，而这可能成为反垄断的"灰色地带"。[3]对这一不实报道，巴菲特和朋友们曾多次找报社进行交涉，但始终没有什么结果。之前，盖茨曾因微软与IBM公司涉嫌垄断个人电脑软件市场而遭到了联邦政府的调查，所以人们普遍认为盖茨不想再次搅入有关反垄断的事件，甚至不希望把自己放大在公众面前。事后，巴菲特收到了一封盖茨亲笔所写的致歉信，后者对这一令人难堪的报道困扰到巴菲特表示了歉意。[4]而那时他们两个人认识还不到5个月。

1991年美国独立日（7月4日）那个周末，巴菲特和盖茨见面了。这次会面是在凯瑟琳·格雷厄姆和她所拥有的《华盛顿邮报》的主编梅格·格林菲尔德的倡议下进行的，地点选在了华盛顿州的班布里奇岛。他们希望巴菲特和盖茨两位巨人能在这里过一个周末，放松一下他们的神经。不过对于巴菲特来说，他并不愿意去：从西雅图到班布里奇岛坐轮渡大约需要半个小时，但要离开这里，只有乘船、水上飞机或者搭便车三种方法,只是这次聚会凯瑟琳等人什么交通方式也没有提供,要想离开,对于巴菲特来说很困难。此外,格林菲尔德建议巴菲特参观胡德运河附近的一处四居室的建筑,这是盖茨为家人修建的小别墅。对于盖茨,巴菲特还是非常欣赏的。巴菲特比他年长25岁,他知道盖茨是一个非常聪明的人,更重要的是,一直以来,两人就是《福布斯》财富榜上不断被人们比较的对象。不过,以巴菲特对于IT业人士并不感冒的性格,他自己是肯定不会加入凯瑟琳的周末之旅的,但是在格林菲尔德的劝说下,巴菲特动摇了。格林菲尔德告诉他:"你肯定会喜欢上盖茨的父母的,而且还有很多有意思的人也会去。"最终,巴菲特还是同意了。

凯瑟琳和巴菲特驱车赶往格林菲尔德的"度假胜地",虽然沿途有些泥泞,但眼前的风景还是令巴菲特眼前一亮:房屋墙壁全部用玻璃打造,非常具有现代气息,屋旁粉红色和紫色的豌豆花在风中轻轻晃动。但是巴菲特的好心情被主人的第一句话破坏了,虽然这里的风景很好,可以直接看到普吉特海湾,但却只有两间客房,凯瑟琳和另外一名记者罗利·埃文斯及夫人住在这里,而巴菲特则被安排在了远处另一套房子的一间小客房休息。当巴菲特赶到自己房间的时候,看到工人们正在为他搭建临时床位,唯一的解释就是这套房子的客房都住满了。

事实上,巴菲特并不介意住在哪里,他并不挑剔居住环境,而且在他入住之前,格林菲尔德已经在房间里放满了樱桃可乐、喜诗糖果,还有其他的小零食,把一切布置得非常舒适。但是当巴菲特想上洗手间的时候却发现了问题,洗手间的门上挂了一个 NO TP 的牌子,巴菲特一时间没有搞懂,所以他叫来了凯瑟琳和格林菲尔德,但是两个人也都没有明白是什么意思,最后他们猜测可能是洗手间里的管道出了什么问题所以不能使用。如果巴菲特要去洗手间,白天的话还好一些,如果他正巧在格林菲尔德的住所那边自然没有问题,但由于那里和巴菲特住的地方相隔较远,所以他只能借用附近加油站的公共洗手间了,格林菲尔德给出了这样的建议。

当晚,巴菲特坐在自己的房间里,吃着格林菲尔德为他准备的零食,喝着可乐，一直在想洗手间牌子上NO TP的意思，为什么门是锁着的。[5]第二天，包括格林菲尔德那边的所有客人也没有弄明白这究竟是什么意思。

早饭后，格林菲尔德陪客人们一起去附近的小镇观看庆祝独立日的民众游行。大街上很热闹，男人们穿着蓝色的燕尾服，头上戴着象征美国国旗的星条旗帽子，帽子上还有铜制的标牌。救火车、救护车、老爷车慵懒地等在路旁，偶尔有谁家的小狗跑过来，还穿着主人家里自制的节日盛装。人群中，在啦啦队队长的带领下，美国国旗在人群中传递着。接着又过去了一辆老爷车，基瓦尼斯俱乐部（美国工商业人士的一个俱乐部）的成员们结队走了过来。从镇上回来，格林菲尔德在自己家里开起了一年一度的户外派对，客人们都穿着夏天的衣服，有几人还在一旁打起了门球，不听话的小球不经意间碰落了几株小花。

第二天，巴菲特穿了一件非常休闲的开襟毛衣，还把灰色的头发梳理得很光洁，这一天，格林菲尔德载着包括巴菲特在内的5个人去盖茨的家。天哪！一辆普通汽车里坐了6个人，可以想象这会是多么拥挤。汽车足足开了95分钟。巴菲特不禁开始抱怨了："我们究竟去那儿干什么？难道要我们守着这些人待一天吗？我们究竟要保持高雅客气的待人接物方式到什么时候？"

想到要见到巴菲特等人，盖茨的心理何尝不是一样呢？"我和母亲谈了谈，而结论就是母亲质问我，问我为什么不来参加家里的聚餐，我告诉她我太忙了，走不开，可她却搬出了凯瑟琳·格雷厄姆和巴菲特两个人，说他们都参加了！"其实，盖茨是更希望见到凯瑟琳的，这位已经74岁的老人现在成了传媒界的传奇，不过她的脾气并没有因为时间而改变，依然充满贵族气质、非常自我，这样的性格很容易让人把她和伊丽莎白女王联系在一起，但是，"我又告诉母亲说，我对那个只会拿钱选股票投资的人一点儿都不了解，我没有什么可以和他交流的，我们不是一个世界的人！不过在母亲的坚持下，我还是答应了"。

就这样，盖茨选择乘坐直升机回到了班布里奇岛，以使他能在第一时间脱身。当一辆小型车停在车道上时,盖茨十分惊讶地看到了那些名人,那些格林菲尔德请来的客人,只是他们的装束有点儿可笑,看起来有些像杂技团的小丑。[6]

在格林菲尔德众多的客人中,他最先认识了凯瑟琳。这位74岁的老人被介绍给盖茨时,她看到了一个"刚刚毕业的小伙子"——盖茨给人的第一印象就是这样,他穿得很随意,一件红色的外套里面是一件高尔夫T恤,衣服的领子稍稍翻着,之后盖茨还邀请凯瑟琳乘坐水上飞机。而那一边,巴菲特已经和盖茨的父母老比尔和玛丽夫妇聊了起来。[7]接下来自然而然,巴菲特和盖茨就认识了。

对于两位商业巨人的第一次会面,很多人都在仔细观察。至少在一点上,巴菲特和盖茨是相似的,如果遇到不热衷的话题,他们会尽量选择结束。人们对于盖茨不善隐藏自己的耐心早有耳闻,而巴菲特,虽然在遇到感觉无聊的话题时不会再提前走开转而找本书看,但是他依然有自己的方法,他会在第一时间把自己从不感兴趣的话题中解脱出来。

在与盖茨的交流中,巴菲特还是和平常一样,没有过渡语言,直奔正题,他问盖茨有关IBM公司未来走势的问题,他还向盖茨询问IBM是否已经成了微软公司不可小视的竞争对手,以及信息产业公司更迭如此之快的原因。盖茨一一做出了回答。他告诉巴菲特去买两只科技类股票:英特尔和微软。轮到盖茨提问了,他向对方提出了有关报业经济的问题,巴菲特直言不讳地表示报业经济正在一步一步走向毁灭的深渊,这和其他媒体的蓬勃发展有着直接的关系。只是几分钟的时间,两个人就完全进入了深入交流的状态。

我们一直在聊天,没完没了,根本没有注意到其他人。我问了他很多关于IT行业的问题,但我从来没有想过要理解属于他的那个行业。盖茨是一个很不错的老师,我们谁都没有结束这次交谈的念头。

随着时间的推移,巴菲特和盖茨的对话吸引的人越来越多,其中就包括西雅图那些知名的权贵:众议院议长汤姆·福利,伯灵顿北方公司董事长兼首席执行官杰里·格林斯泰因，美国环境保护署前署长比尔·拉克尔肖斯，三任州长的公子阿瑟·兰利及其太太简、儿子阿特，格林菲尔德的好友乔·格林兰德，另外还有一些当地的医生、律师、报业总裁、艺术家，他们都成了两人谈话的看客。[8]巴菲特和盖茨边走边谈，从花园来到了海滩，人们也竞相尾随。"我们根本没有注意到这些人的存在，没有发觉周围还有很多举足轻重的人，最后还是盖茨的父亲看不过去了，他非常绅士地对我们说，他希望我们能融入大家的这场派对，不要总是两个人说话。"

之后比尔开始试图说服我购买一台电脑，但我告诉他我不知电脑能为我做些什么，我不在意我所投项目的具体变化曲线，我不想每5分钟就看一下结果，我告诉他我对这一切把握得很清楚。但比尔还是不死心，他说要派微软最漂亮的销售小姐向我推销微软的产品，让她教会我如何使用电脑。他说话的方式很有趣，我告诉他："你开出了一个让人无法拒绝的条件，但我还是会拒绝。"

一直到太阳落山，鸡尾酒会开始，两人的谈话还没有结束。盖茨之前过来时乘坐的飞机将在傍晚离开，只是飞机走了，盖茨没有走，他依然在享受与巴菲特聊天的乐趣。[9]

晚饭的时候，盖茨的父亲问了大家一个问题，人一生中最重要的特质是什么？我的答案是"专注"，而比尔的答案和我的一样！

当巴菲特说出"专注"这个词的时候，不知道在座的人中有多少能够体会这个词的含义，但一直以来，专注就是巴菲特前行的重要指南。专注是什么？是对于完美的追求，而且这种禀性是特有的，不是谁说模仿就能模仿得了的。专注是对于专业精益求精的追求。正是由于专注，才成就了托马斯·爱迪生这个美国历史上最伟大的发明家；正是由于专注，才诞生了沃尔特·迪士尼这位享誉世界的动画片之父；正是由于专注，才让大家认识了美国灵魂乐教父詹姆斯·布朗。同样，专注还是完成伟大事业的决心，否则，人们就不会看到首位女性国会议员珍妮特·兰金力排众议反对美国参加两次世界大战，而这两场战争带给世界的除了灾难就是痛苦。专注还包括对于理想的追求，即便是这位身家过亿的人，也会因为一件小事，一个写着NO TP字样的牌子而想要探个究竟并迫切需要找到一个答案。

不过在那个周末，NO TP这个牌子的含义并没有被哪个专注的人揭开谜底，他们后来才终于知道，它的意思是洗手间里可以处理厕纸的管道坏了。谜底大白天下，巴菲特也解脱了，他再也不用去加油站的公共洗手间了。不过，还是有人对这件小事津津乐道，凯瑟琳、格林菲尔德就是其中两位，至于后来他们在向盖茨一家介绍巴菲特时，还免不了把这件事情再抖出来。

一天后，巴菲特离开班布里奇岛回到了奥马哈。在与盖茨的接触中，他了解到这位微软总裁非常聪明，而且他对自己所在行业的发展非常了解。不过巴菲特在投资过程中始终不曾对科技股抱以信心，其实从一开始他告诉婶婶凯蒂不要投资控制数据公司的时候，巴菲特就已经错过了从英特尔公司身上赚钱的机会。当时英特尔公司还处于起步阶段，如果投资肯定会有不错的回报，但是巴菲特从来没有这么做。在他看来，信息产业公司更迭的速度太快，产品即便生产出来也都早已过时，这的确是他当初的想法。但现在，巴菲特的观念似乎发生了变化，对于科技股的好奇让他购买了微软公司100股的股份，用他的话说就是通过购买股票能够更好地了解这家公司的发展方向。早在巴菲特之前，格林奈尔学院也曾在英特尔公司身上投资，不过在赚钱后很快就把手里的股票卖掉了。[10]而即便买了微软的股份，科技股依然是巴菲特不敢深入触碰的领域，"像英特尔这样的公司的产品对未来依赖得太过严重，其产品未来的价值走向直接影响产品本身，而这样的行业是我不熟悉的"。这就是巴菲特不去选择科技股的原因。但是在之后的巴菲特集团会议上，巴菲特却邀请了盖茨参加。此后不久，巴菲特接到了来自所罗门法律部经理唐·福伊尔施泰因、公司高管汤姆·斯特劳斯的电话，而之后两个月，除了所罗门，巴菲特什么也无暇顾及了。

所罗门公司出现的情况着实令巴菲特忙了一段时间，在与国会议员、立法人员召开了数天的会议后，巴菲特终于走出了会议厅——位于世贸大厦7层会议室的房间，那时已经是10月了，而巴菲特的下一站就是温哥华，巴菲特集团大会正在此地召开。这次会议是由FMC董事长鲍勃·马洛特夫妇组织的，马洛特夫妇是北美文化的爱好者，会议期间，他们安排了宴会，并在席间穿插了北美土著舞蹈——一场舞长达数个小时。据相关人士介绍，北美土著舞蹈本来是要跳三天的，而当晚的演出是浓缩版。即便如此，这几个小时的演出仍然让这些金融高手备受煎熬，坐在硬硬的木质板凳上哈欠连天，但没有一个人提前离开。同样感觉不到土著舞蹈魅力的还有巴菲特，当坐在身边的罗克珊·布兰特问他舞蹈和所罗门公司哪个更让人难以忍受时，巴菲特毫不迟疑地说："这个舞蹈！"[11]

也来参加会议的盖茨并没有去看这场土著舞蹈演出，因为观看舞蹈不是他此行的目的，这次来到温哥华，盖茨只想弄明白一件事，巴菲特集团即将从20世纪50—90年代中分别评选出每个年代最有价值的10家公司，盖茨想知道这个榜单会不会有所变化。是什么能让一个行业有如此高的竞争力？这些公司得以经久不衰的优势是什么？为什么其他公司没能维持住自己的优势？从行业竞争的大环境来看，并不是所有公司都能保住自己的优势地位。

会议那天，盖茨乘坐的飞机由于大雾延迟了一些，在他和女友梅琳达到达会议大厅后，他们悄悄地溜进去坐在了后排。起先，梅琳达以为盖茨只想听一听就走，但是当幻灯片播放到第四张的时候，她就知道提前离开会场是不可能的了。[12]与会的汤姆·墨菲和丹·伯克——同时也是IBM公司的两位董事会成员，开始讨论为什么作为硬件之王的IBM公司不能在软件市场上大展拳脚。就在两人发表完自己的观点后，巴菲特说话了："我想我们中间还有人能对这个问题做些补充。"这时人们回过头来才注意到盖茨的存在。[13]讨论随后继续：假如你是60年代红极一时的美国西尔斯公司的老板,你为什么不能把"发掘"最聪明、最能干的员工以实现最大利益作为一种策略来实行?这会不会成为你继续领导公司的潜在障碍?在讨论者们给出的答案中,如果不考虑从公司角度出发的那部分,都充满着一种骄傲、自满的情绪,这也就是巴菲特一直以来所说的"制度性强制力"(institutional imperative)。制度性强制力是指公司或企业会为了自身利益而推行一系列的改革或者举措,而在策略上,它们并不希望走在同行的前面,而是站在大部队里。有些公司从不鼓励年轻人开拓创新,有些公司则很少对行业进行调整,因为公司的管理层并不适应这种变革。人们都知道要想真正解决这些顽疾并不容易。过了一会儿,巴菲特出了一个题目来缓解会议室的气氛——每人挑选一只自己最喜欢的股票。

"柯达怎么样?"比尔·鲁安在向盖茨征求意见,他想看看微软老板会怎么说。

"柯达?柯达就是烤面包!"盖茨给出了答案。[14]

在座的没人会想到盖茨能给出这样的比喻,在1991年那个时候,即便是美国柯达公司本身,也难以用"烤面包"来形容自己。[15]

为什么盖茨会有这样的论断,时任洛斯保险公司老板的拉里·蒂施给出了解释,当时洛斯公司拥有哥伦比亚广播公司一定数量的股份:"可能是因为比尔知道电视网络媒体注定难逃消亡的命运!"

盖茨说:"不,不只是这么简单。电视媒体和胶卷业有很大的不同,从本质上,电视媒体不会受到太大的生存威胁。当人们的选择多元化时,收视率会有所下降,但电视媒体是内容提供商,它可以通过再加工来应对这个问题。当电视与互联网相结合时,电视媒体面临着一种有意思的挑战。然而,胶卷业就完全不同了,当摄影不再需要依靠胶卷的时候,胶卷生产技术就再也没有什么用武之地了。"[16]

盖茨发表完自己的见解后,会场的所有人都期待能和他聊上几句,盖茨能解释新数字化时代会为人们带来什么。"之后,我们知道会场将搬到一艘游艇上去。"盖茨说道,这艘名为"冰熊"的游艇是巴菲特的好朋友沃尔特·斯科特夫妇特意准备的。"凯瑟琳非常细致,她尽量调整好提问的方向,避免这成为我和沃伦两个人的对话。"还好有凯瑟琳·格雷厄姆在,以巴菲特"黏人"的性格,他肯定不会拒绝与盖茨深入了解的机会,所以会场上经常能看到的就是两个人形影不离。之后,大家登上了"冰熊"游艇,在凯瑟琳的引荐下,盖茨认识了蒂施、墨菲和基奥等人,他和梅琳达就这样成了巴菲特集团的一员。[17]向盖茨提问的人总是络绎不绝,中间休息的时候,盖茨还向墨菲抱怨日益高涨的电视广告费用。一个月后,《华尔街日报》上披露了盖茨和墨菲交谈的内容,还把巴菲特描写成了地地道道的伪君子,而不是说他具有多重性格。盖茨和墨菲对此很抱歉,这并不是因为他们有关广告价格的那段对话,而是因为他们回答了一个记者的提问,这名记者当时看上去并没有携带任何录音设备,想必就是他报道了这些。

1993年,所罗门公司的收购案终于宣告结束,巴菲特在解决所罗门公司丑闻这一过程中居功至伟,这也让伯克希尔-哈撒韦的股票价格翻了一番。就在巴菲特以自己的方式处理古特弗罗因德仲裁案时,伯克希尔-哈撒韦的股价达到每股18 000美元。巴菲特的身家达到了85亿,苏珊手中持有的伯克希尔-哈撒韦的股份累计达到7亿美元。那些在1957年从一开始就在伯克希尔-哈撒韦投资的人也都成了富翁,当初投资1 000美元现在就能有600万美元的回报!巴菲特正式成为美国财富第一人!

假期过后,巴菲特和卡罗尔·卢米斯开始了每年必修的功课,撰写并出版给股东们的信,而现在能看到这封信的并不只是伯克希尔的股东,或者只是美国本土的读者,这封信已经传播到全世界,几乎全世界的股民现在都成了巴菲特忠实的读者。1994年5月,就在法庭裁决古特弗罗因德得不到一分钱赔偿的同一个月,伯克希尔-哈撒韦在奥芬剧院召开了一年一度的股东大会,约有2 700人到场参加。早在会议召开前,巴菲特就告诉自己名下的喜诗糖果公司、鞋业公司和《世界图书百科全书》出版公司在股东大会会场外布置展位以便于销售。巴菲特的这个想法果然奏效，喜诗糖果累计销售达到800磅，鞋业公司共卖出超过500双鞋，[18]图书的销量也很好，只是那时巴菲特并没有想到《世界图书百科全书》出版公司会和柯达公司一样最终也成为互联网发展过程中的牺牲品。在股东大会会场外的成功让巴菲特非常兴奋，他先后来到了波仙珠宝店和内布拉斯加家具城。"他（巴菲特）来到家具城后直奔床垫区，"家具城总裁路易斯·布鲁姆金说，"他竟在那里帮我们推销产品！"[19]巴菲特开始仔细推敲在股东大会会场外兜售产品的促销方案，所以他才坚决地把会址从剧院搬到了假日酒店，因为假日酒店的面积更大，可以容纳更多的摊位。巴菲特甚至制订了明年的计划，让金厨刀具也加入股东大会促销行列。[20]

随着巴菲特成为众人敬仰的对象，身边人的生活也因此受到了影响。巴菲特的身家已超过80亿，巴菲特基金会也跻身全世界规模最大的5家基金会之列。巴菲特和苏珊还决定死后把遗产悉数捐献出来，这样在巴菲特去世后，以他的名字命名的基金会将成为伯克希尔–哈撒韦最大的股东！为了这个目标，巴菲特将苏珊，也就是巴菲特基金会的主席吸纳到了伯克希尔–哈撒韦的董事会里来，虽然苏珊对于金融、投资并不热衷，但这代表了巴菲特的诚意。1994年以前，基金会每年大约捐出350万美元，而在1994年巴菲特把这个数字翻了一番，700万美元对于像他和伯克希尔–哈撒韦这样规模的公司来说并不算多，这样，巴菲特基金会和主席苏珊也逐渐走进了人们的视线。

当苏珊决定和巴菲特分居的时候，她就已经决定要过一种平淡、安静的生活。尽管苏珊把家搬到了旧金山，但她依然保持着与巴菲特的婚姻关系。苏珊算不上是一个睿智的思考者，当她发现自己的丈夫一夜之间成了金融界的巨人，成了投资界人人敬仰的偶像时，她惊呆了，因为自己的生活已经牢牢地和巴菲特连在了一起。一方面，苏珊希望最大可能地保护自己的私人空间不受侵犯，她是一个向往自由的人。另一方面，苏珊也希望能取悦巴菲特，她很积极地运作基金会。然而她感觉自己被这样的生活困住了。为了避免公众的注意，她在旧金山的生活尽量低调，并一再解释自己在巴菲特的投资过程中算不上重要因素，只不过是巴菲特盛名之下的附属品，这样就没有人会对她的生活感兴趣，也没有人愿意费时间撰写有关她生活的点点滴滴。为了能保护好属于自己的隐私，苏珊甚至开始了颠覆性的生活，尽量避免与"巴菲特"这三个字联系在一起，她还多次在不同的人面前表达对巴菲特的怨恨，让人产生一种错觉，以为是巴菲特毁掉了她原本平静的生活。

尽量避免与巴菲特联系在一起，并不代表苏珊不再与之见面。每年7月，两人会一起出现在太阳谷的名人派对上，会一同参加每两年举办一次的巴菲特集团会议。圣诞节、新年，他们和三个孩子也都会在加州拉古纳海滩的住所一起度过，每年5月有两周时间，一家人还会在纽约小聚。苏珊也会经常看望自己的孙辈，或者把他们接到翡翠湾住上一段时间。虽然苏珊把打理巴菲特基金会的工作都交给了女婿艾伦·格林伯格，但她也会和艾伦一起处理，两人还曾一起远赴越南。而苏珊其他时间的安排是非常丰富多彩的，派对、音乐会、艺术展、水疗、足部按摩，以及逛街消费是她生活中不可缺少的一部分。苏珊还有一大嗜好，就是不停地对拉古纳海滩住所进行装修。她会向朋友寄送各种各样的卡片和礼物，当然和朋友一同旅游也是她非常热衷的活动。但对于苏珊来说，没有哪件事能比公益活动更重要，没有哪件事能把在病床旁照顾病人的苏珊拉开。

但苏珊平静的生活还是被打乱了，这次打扰她的是疾病。1987年和1993年，苏珊两次经历了脓肿切除手术，她还在1993年切除了子宫。私人助理凯瑟琳·科尔不得不一次次面对自己的好朋友同时也是老板的苏珊走入手术室，而且越来越频繁。术后，科尔曾试图说服苏珊戒掉她喜欢吃的土特希卷、曲奇和低脂零食，并加强锻炼，但是并没有收到成效。苏珊家里的普拉提健身器械上布满灰尘，她却陷在照顾别人的乐趣中。[21]每次，科尔在苏珊生病住院后给她的子女们打电话时，所有人都表现得非常镇定，似乎对苏珊住院已经习以为常[22]。"感谢上帝我还活着！"苏珊每次都这样说，然后继续投身于她热爱的慈善事业。

为了能更好地照顾病人，苏珊把自己的公寓改成了疗养院，亲自照顾那些需要帮助的人。第一位被苏珊护理的对象是她的一位艺术家朋友，由于感染了艾滋病将不久于人世，正是苏珊陪他走完了生命的最后几周。这段时间里，科尔也帮了苏珊很大的忙——当基金会的其他人员忙来忙去时，科尔只能在病床旁边陪伴着苏珊的朋友，似乎人在离开人世前总是十分脆弱的，这位艺术家不停地向科尔询问有关基金会运作、有关拉古纳海滩住所装修的问题，科尔也只能一一作答。[23]此后，但凡有苏珊的朋友患上艾滋病，苏珊都会在他们生命的最后时间把他们接到自己的家里，或者帮助他们完成最后的心愿，即便是去日本、去印度的达兰莎拉，苏珊也帮朋友达成了心愿。在某位朋友去世后，苏珊应朋友的要求将葬礼改成了放映法国电影《假凤虚凰》①，这些都在说明苏珊是一个值得信赖的好朋友。

在苏珊的三个子女中，受到母亲影响最大的恐怕要数大儿子豪伊了。继承了母亲精力旺盛的优点，豪伊也亲身感受到父亲的名气对于自己的影响。1989年，他成为内布拉斯加州酒业发展委员会的主席。在这期间，豪伊结识了ADM公司的首席执行官马蒂·安德烈亚斯，两人也成了好朋友。ADM公司是美国著名的农业公司，总部设在伊利诺伊州，公司首席执行官德韦恩·安德烈亚斯，即马蒂的叔叔，和巴菲特同为所罗门兄弟公司的董事。两年后的1991年，ADM公司正式邀请36岁的豪伊出任公司董事，他也成了该公司董事会里最年轻的成员。

在1974年曝光的"水门事件"中，德韦恩·安德烈亚斯因非法发起政治斗争而被指控，后被判无罪免去了牢狱之灾，但他并没有因此收敛，先后向民主党、共和党进行捐助以期国会方面能通过削减酒业赋税的法令（这对ADM公司能产生直接影响），由于捐助数量巨大而颇受争议。不过巴菲特很看不惯德韦恩的这种做法，他认为金钱和地位不应该也不能和政治混为一谈，这恰恰和德韦恩的理念背道而驰。

---

① 《假凤虚凰》，一部讲述同性恋者生活的喜剧电影。——译者注

豪伊成为ADM公司董事6个月后，德韦恩建议其出任公司公共事务发言人。对于这个涉及公共事务的职位，豪伊没有任何经验，也没有人脉可以寻求帮助，但是在面对金钱和政治问题的时候，豪伊处处流露出来的都是巴菲特风格的处世方式。在为中学生募集资金的现场，人们就见识了巴菲特家族的风采。这次募集采用销售蛋糕的方式，这些蛋糕全都是学生们自制的，售价为每块50美分。当有人掏出一张5美元的钞票还要找零时，站在募集箱前的豪伊直视着人群说道："我们没有零钱！"随后他又质问校长："难道你们就是这么进行募集的吗?!"这之后整整一个下午，前来进行募集的人没有一个能要走零钱，因为豪伊根本不同意，所以只能是人们口袋里有什么面值的钞票，就投进去多大面值的钞票。[24]同样，在豪伊给父亲巴菲特打电话讨论工作时，他的口气也透露着精明。豪伊知道在父亲面前根本没有任何"想当然"的说法。"如果我接受ADM公司的工作，那么我在舍伍德基金会募集到的善款怎么办？"豪伊问父亲。巴菲特的建议则是不让豪伊把善款带走，豪伊听从了父亲的意见，没有反驳。"那么农场的租借费用又要怎么算呢？"巴菲特最终决定让豪伊缴纳农场支出的7%作为租借款。[25]在讨论了其他几个问题后，豪伊决定把家搬到伊利诺伊州的迪凯特市，也就是ADM公司总部所在地，他决定接受ADM的工作邀请，出任公司发言人，并主管分析部门的工作。[26]

从表面上来看，豪伊在ADM公司的工作和"巴菲特"这个响当当的姓氏没有什么关系，否则豪伊也不会接受ADM的工作邀请，而且ADM公司涉及乙醇的使用和豪伊之前的工作经历相关，这更让人觉得ADM公司吸纳豪伊没有什么特别的念头。况且在巴菲特的调教下，豪伊也对使用特权非常反感，一切似乎都是顺理成章的。但事实证明豪伊还是太天真了！尽管他知道周围有很多人都在觊觎父亲的财富，并一直使自己远离做棋子的角色，但豪伊对于大公司的理解还是不够全面，在成为公司公共事务发言人的时候，他还没有意识到自己正在一步步被ADM公司利用。

其实从巴菲特的角度出发，他肯定是不会与ADM这样的公司或者是德韦恩·安德烈亚斯这样的人合作的,因为巴菲特非常反感把金钱和政治联系在一起,但他并没有阻止儿子豪伊进入ADM公司,为什么巴菲特会这样做?他希望儿子能在ADM公司学到一些有关商业运作的知识,以备今后为自己、为伯克希尔-哈撒韦服务。

据豪伊回忆,安德烈亚斯是一个难缠的人,而且对任何事的要求都很高。他会让豪伊从墨西哥购买磨粉机,还会让其仔细研究《北美自由贸易协定》里面的条款。但豪伊并没有因为安德烈亚斯的诸多要求就改变自己,他依然是一个积极向上的人,依然充满朝气和精力,保持着自己坦率而简朴的风格。在家庭聚会上,豪伊还会穿着奇怪的衣服从橱柜里钻出来博大家一笑。[27]在写给母亲苏珊的信中,豪伊的文风依然是朴实中带有真情。而他的办公室看上去也极具特色——看上去就像是十几岁小孩子的房间,ADM公司的玩具卡车、可口可乐公司的商标、饮料瓶子堆满了整个屋子。[28]现在的生活对于豪伊来说,就像是在最短的时间里学会商学院几年的课程,时间对他异常宝贵。

1992年,巴菲特邀请豪伊进入伯克希尔-哈撒韦的董事会,并表示在自己去世后,豪伊将出任公司非执行董事长一职。那时的豪伊资历尚浅,事实上他连大学都没有读完,与金融行业相比,豪伊更喜欢和自己的农场打交道,在进入ADM公司后他才算真正开始了自己的商业之旅。但巴菲特都表态了,别人还能说什么呢?在伯克希尔-哈撒韦,巴菲特是最大的股东,他完全有权任命自己的接班人,而且伯克希尔更像是一个家族企业,巴菲特认为由豪伊出任非执行董事长能更好地保持公司的企业文化。而且经过了ADM公司的锻炼,巴菲特相信儿子正在逐渐成熟,迟早有一天能得到大家的信任。

不过从现在开始,巴菲特要好好反思一下了。一直以来他都不赞成"君权神授"和世袭制度,但是现在在伯克希尔-哈撒韦,当巴菲特宣布儿子豪伊将在自己死后出任公司的非执行董事长的时候,一切开始改变了。人们关心的是豪伊能不能在成为公司非执行董事长后依然让伯克希尔-哈撒韦保持良好的发展状态,但这不是现在需要考虑的问题,只要巴菲特还健在，这就不需要过早考虑。但巴菲特目前的用意很清楚，不能让公司的权力集中在某一个人身上，种种迹象都表明巴菲特在尽全力避免这种可能，因为他深知权力的集中很可能在日后成为公司发展的绊脚石，但权力的集中至少能带来一个好处，能将制度性强制力带来的危害减到最低。如果在公司内部实行子承父业的制度，这最多就是压缩公司发展的潜力，但制度性强制力的作用将是伯克希尔－哈撒韦面对的最大难题。所以在两者中间，巴菲特选择了前者，任命豪伊出任公司非执行董事长只是他计划的第一步，他要在自己离开人世前把一切都规划好。

接下来，巴菲特先后把女儿苏茜和小儿子彼得安排进了巴菲特基金会董事会。人们心中都知道苏茜将在母亲苏珊去世后接管巴菲特基金会主席一职。巴菲特一直都认为，包括基金会在内的很多事务都是由"苏珊在统揽全局"，苏茜要想接过母亲的大权，肯定会在苏珊离开人世后，那将是很多年之后的事情，而现在巴菲特在其他一些事务上还需要女儿帮助，苏茜现在的职责是负责有关巴菲特在奥马哈的所有事务。她曾应父亲的要求，在奥马哈寻找一部适合巴菲特的"便宜"轿车，为此苏茜走了很长的路，也花了很多时间。苏茜还帮助巴菲特筹办奥马哈高尔夫精英赛，并为比赛培训志愿者。奥马哈高尔夫精英赛是由巴菲特所倡导的，由一些公司的首席执行官和名人参加的一项慈善活动。[29]而随着时间的推移，巴菲特在出席各种场合时的女伴不再是凯瑟琳·格雷厄姆，后者已过七旬的高龄并不适合出现在巴菲特身边，股神的女伴换成了苏茜。巴菲特的女友阿斯特丽德出现在这种场合的机会并不多，通常她都是在动物园做志愿者，而且她也不喜欢这种宾客满堂的场合。尽管身为巴菲特的女友，但阿斯特丽德的生活并没有多少改变，和巴菲特身边其他人相比，名气与金钱带给她的变化的确要少得多。

小儿子彼得也没有因为父亲蜚声海外而为所欲为，这一点他和豪伊、苏茜没有区别，不过他的重点则一直在音乐上面。搬到了东部城市密尔沃基后，彼得和妻子玛丽购买了一处公寓，由于公寓的另外一个用途是彼得的工作室，所以室内装潢难免有些奢华，这和巴菲特家族一贯的作风并不相符，媒体也争相对此事进行报道。1991年5月，也就是在所罗门公司丑闻爆发前，彼得决定离婚，他和妻子玛丽的婚姻走到了尽头，整个离婚的过程拖了很长时间。对于儿子的这个举动，巴菲特表示理解，他身边的朋友、家人离异的不在少数，巴菲特已经见怪不怪了。离婚后，彼得正式收养了一对双胞胎女儿埃丽卡和妮科尔。对于这次收养，苏珊的态度比巴菲特要积极很多，一直以来，苏珊就很疼爱这对双胞胎孙女，而巴菲特却有点冷淡。不过后来巴菲特也意识到收养能使彼得和前妻玛丽的关系进入一个崭新的阶段，只是由于巴菲特没有这种经历，他一时之间也没有察觉。

其实彼得是一个很内向的人，离婚事件对他的影响很大。一直以来，彼得在同行中并不是佼佼者，离婚让他开始重新审视自己的人生。经历了内心的沉淀，他的事业得到了进一步的发展。之前，彼得已经发行了多张"新世纪"风格的单曲专辑。在阅读了一本关于小巨角河战役的小说《晨星之子》后，他对北美文化产生了极大的兴趣，并在创作中将其融入其中。之后，彼得参与制作了电影《与狼共舞》的配乐，并在电影首映礼上奉献了一场精彩的演出。在参与了电影《红字》和哥伦比亚广播公司一系列短片的音乐制作后，彼得开始筹办多媒体纪录片的相关事宜，该片再次引入了彼得喜欢的北美主题，主要描述了北美文化遗失和重塑的过程。

在音乐的道路上，彼得是受人尊敬的，但他绝对算不上成功。在人们眼中，他是一位勤奋的音乐人，但难以和巨星画等号。"巴菲特"这个姓氏在音乐圈里没有任何意义，但彼得还是坚持走了下去，父亲也为儿子的成绩感到欣慰。外人很难把巴菲特和彼得的世界联系在一起，试想一下，没有激烈的商业竞争、没有世人追捧的艺术，又怎么能和巴菲特联系在一起？同样，彼得也缺乏投资的热情和对商业的敏感，但不可否认的是，在三个孩子中，彼得和父亲巴菲特最为相似，他们都保持着童年时就形成的对某项事业的投入与热爱，都对自己的工作充满热情，也都希望妻子成为自己与社会联系的纽带和桥梁。

现在，巴菲特还有了第三个儿子——比尔·盖茨。

其实最开始是盖茨先说的，"我和沃伦在一起，他就是大人，我就是孩子"。久而久之，这就发展成了"嘿，我们两个人都在学习如何适应角色"。[30]巴菲特之所以能取得目前的成就，用芒格的话说是因为巴菲特就是一部"学习的机器"。在他们两人的相处过程中，巴菲特并不需要学习编写软件，盖茨也不需要理解金融市场里那些晦涩难懂的术语、掌握近70年的股票数据，但是两人的性格里有太多相似的东西，共同的爱好和相似的思考方式拉近了他们之间的距离。巴菲特教盖茨如何投资，并努力把盖茨培养成自己董事会智囊团的一分子。他从不吝惜与盖茨分享自己的成功经验，而盖茨也非常乐于倾听巴菲特的教诲。

如果能发掘到可以进行的投资，巴菲特肯定不会浪费机会，他也从来没有放弃寻找投资机会。然而随着信奉"格雷厄姆-多德理论"的人越来越多，前来华尔街寻找投资机会的人也越来越多，而能够投资的机会却越来越少，不过这对于巴菲特来说可能是件好事，他能腾出更多的休闲时间，生命里也不只是金融与投资。现在的巴菲特对于社交越来越有兴趣了，之前出席类似的活动时，他要是觉得无聊，肯定会拿出类似《美国银行家》之类的书自己翻阅，现在巴菲特不会了，但这并不代表他对于投资的热情有所减弱，事实上这种事情从来不会在巴菲特身上发生。进入90年代，巴菲特进行的投资虽然次数不多，但每次都肯定是大手笔。此外，另外一个事物——桥牌——也让巴菲特的生活有了新的变化，虽然它并没有削弱巴菲特对伯克希尔-哈撒韦的兴趣，但给巴菲特的生活带来了影响，改变了他的社交圈，成为其确定行程安排的主要依据，甚至成为其结交朋友的一大标准。

闲暇时间，巴菲特最大的爱好就是打桥牌，一项在巴菲特的生命里已经存在50年的运动。当巴菲特在纽约处理所罗门公司丑闻时，他迷上了国际桥牌，相对于巴菲特之前打的桥牌，国际桥牌更具挑战性。1993年的一天，巴菲特正在和乔治·吉莱斯皮打牌时，遇到了卡罗尔·卢米斯，和她在一起的正是两届桥牌世界冠军沙伦·奥斯伯格。

奥斯伯格几乎就是为桥牌而生的，她从大学时代就开始玩儿桥牌，在成为桥牌选手前，她的职业是电脑程序员。现在她在美国富国银行工作，主管公司新近开发的互联网业务。作为两届桥牌世界冠军的她40多岁，是一位身材娇小的金发女郎。

"下次她过来时，让她在奥马哈停留一下，并给我打电话。"巴菲特对卢米斯说道。

"奥马哈？奥马哈在哪儿？"当时奥斯伯格还不知道自己面前站着的就是大名鼎鼎的巴菲特。在知道后，她整整花了三天的时间才鼓足勇气给巴菲特打电话，"我都要吓死了，从来没有和依然健在的传奇人物说过话"。[31]

差不多一周的样子，奥斯伯格从旧金山的家里乘飞机来到了奥马哈。"我从来没有这么紧张过！"到了巴菲特的办公室门外，股神的新秘书戴比·博赞科把她领了进去。巴菲特的见面方式很特别，他把奥斯伯格带到了一个盒子面前，从里面拿出了个色子给她，色子上面刻着的不是平时常见的1、2、3等，而是一组奇怪的数字，好像是17、21、6和0。"现在，你可以先看一看，想看多久就看多久，然后你先选，我再选，我们两个开始掷色子，看看谁能赢。"巴菲特说出了游戏规则。奥斯伯格很吃惊，几分钟都没有任何反应，然后，巴菲特说："好了，我们开始吧。"三分钟后，奥斯伯格就跪在地板上掷起色子来了。巴菲特就这样打破了初次见面的陌生感。

巴菲特的这个法宝叫作"非递移色子"，秘密就在于每个色子都可能被其他色子打败。这有点像"石头、剪刀、布"的游戏，除非所有玩家同时出手。[32]谁第一个做出选择，谁自然就会输，因为其他玩家可以选择掷出什么样的色子来打败第一个色子。比尔·盖茨想明白了其中的奥秘，身为哲学家的索尔·克里普克也看透了这一点，别人，恐怕就没有谁能想明白了。[33]

游戏结束后，巴菲特邀请奥斯伯格在Gorat's牛排店共进晚餐，现在这里已经成了巴菲特最喜欢的餐馆。驱车穿过了一片住宅区后，巴菲特在一家药房和汽车地带的一家连锁店旁停了下来，周围的环境看上去和50年代的风格很像。"这里的牛排是世界上最好吃的！"走进Gorat's牛排店后，巴菲特说道。不知道对方究竟想说什么，奥斯伯格很小心地应对着："今天晚上您吃什么，我就吃什么。"几分钟后，奥斯伯格的牛排到了——一块巨大的五分熟牛排，看上去足足有棒球手套那么大。由于不想因为牛排冒犯了这位股神，奥斯伯格还是硬着头皮吃了下去。晚饭结束后，巴菲特带奥斯伯格到奥马哈当地的一家桥牌俱乐部消遣，10点钟左右，两人从俱乐部里走了出来，终于到了巴菲特展示自己的机会了——内布拉斯加家具城、巴菲特的家、巴菲特小时候住过的地方、波仙珠宝店，奥斯伯格感觉每个地方都充满了巴菲特的特色。最后，汽车停在了巴菲特事先为奥斯伯格预订的酒店门前。

第二天早上，当奥斯伯格退房时，酒店前台小姐告诉她"有人过来找您，并给您留下了一个包裹"。奥斯伯格打开一看，是巴菲特撰写的伯克希尔-哈撒韦的年度报告，巴菲特是在早晨4点半亲自给奥斯伯格送过来的，不过和平时伯克希尔股东们看到的不一样，巴菲特已经把报告装订成册，看上去非常正式。[34]就这样，奥斯伯格也成了巴菲特朋友圈里的一员。

不久之后，在巴菲特的介绍下，奥斯伯格和凯瑟琳·格雷厄姆相识，这样奥斯伯格也成了凯瑟琳的桥牌友之一。两个人的友情就这样建立了起来，奥斯伯格也开始在凯瑟琳的家里小住，她还经常和桑德拉·戴·奥康纳这位美国著名的大法官等名人一起切磋桥牌技艺。一次，奥斯伯格在凯瑟琳的客房里看到了一幅毕加索的油画，正好巴菲特当时也在，就听见奥斯伯格大叫起来："天哪，浴室里居然有一张毕加索的真迹！"

"我在那里住了30年，从来都没有注意那儿有一幅毕加索的画。"巴菲特说道，"我只知道那儿有免费的洗发水。"[35]

为了能和奥斯伯格打上几局桥牌，巴菲特甚至调整了自己的行程时间，每次都安排在奥斯伯格到纽约公干的时候赶往纽约与她见面。经常是在凯瑟琳的家里，巴菲特、奥斯伯格、卡罗尔·卢米斯、乔治·吉莱斯皮几个牌友凑在一起。"我们都挺喜欢对方,"巴菲特评价奥斯伯格时说道,"尽管她从没有说过,但我能看出她被我们这么烂的桥牌技术给吓到了。"奥斯伯格是一个很有亲和力的人,如果巴菲特在打牌的时候出现错误,她会不留痕迹地予以纠正,她知道如果触犯了巴菲特的威严,也就意味着与他的友情很难再继续下去。所以通常是在几手牌后,奥斯伯格才会很客气地问巴菲特为什么刚才那样出牌,"现在,我们先学学桥牌吧",奥斯伯格总会这样说,然后她会教他一种更合理的出牌方法。

不久之后,巴菲特和奥斯伯格就成了要好的朋友。正是奥斯伯格让巴菲特改变了对电脑的看法。她认为股神需要添置一台电脑,就这件事,两个人争论了几个月的时间。"我确实觉得你应该有一台电脑了!"奥斯伯格说。"不!我真的不需要。""其实,你可以在电脑上玩儿桥牌。""嗯,不一定吧。"最后,奥斯伯格说:"沃伦,你至少应该去试一下,即使只是抱着尝试的态度。""好吧,好吧。"巴菲特妥协了,"你来奥马哈吧,把电脑装好,然后你就待在房间里。"

就这样,桥牌和奥斯伯格完成了甚至连比尔·盖茨都不可能完成的事情,巴菲特终于走进了电脑与互联网时代。他让内布拉斯加家具城布鲁姆金家族的员工为他安好了电脑,然后乘私人飞机亲自去接奥斯伯格。那时,奥斯伯格正在美国中西部的一座城市参加桥牌巡回赛,就这样,巴菲特把她带回了奥马哈。很快,奥斯伯格就和巴菲特的女友阿斯特丽德熟悉了,而奥斯伯格在奥马哈的主要任务就是教巴菲特如何上网及使用鼠标。"他很无畏,真的!"奥斯伯格说,"他要用电脑打桥牌。"当然,只有桥牌才能把巴菲特拉到电脑旁边。"帮我把在桥牌游戏中需要知道的东西写下来,"巴菲特对奥斯伯格说,"别的我什么都不想知道了,而且不要试图向我解释电脑的工作模式。"[36]巴菲特还给自己在桥牌游戏中取了一个网名叫"T型骨",奥斯伯格在网上则使用"莎洛诺"的名字,一周中有四五个晚上,巴菲特会同奥斯伯格还有其他的桥牌爱好者通过互联网来切磋牌技。为此,阿斯特丽德特意把晚饭的时间提前了,一切活动都要以桥牌为主!

就这样，桥牌游戏成了巴菲特生活的全部，其他任何事情都无法吸引他的注意力。一天，一只蝙蝠飞进房间，在屋子里飞来飞去，后来又撞到了墙上，阿斯特丽德发出一声尖叫："沃伦，这里飞进来一只蝙蝠！"巴菲特坐在屋子里，穿着那件磨破了的厚绒布浴袍，紧盯着他的桥牌，根本舍不得将注意力从电脑显示器上移开："没有关系，它不会打扰我的桥牌游戏的。"[37]最终，阿斯特丽德叫来别人才把这位不速之客请了出去，而这也丝毫没有影响到巴菲特和他的桥牌游戏。

在奥斯伯格的指导下，巴菲特感觉到自己的桥牌技巧有了很大的进步，于是他想要向更高水平的竞赛冲刺。"为什么不从顶级赛事开始呢？"奥斯伯格说道。就这样，两人报名参加了世界桥牌锦标赛的男女混合双打项目。阿布奎基赛事中心聚集了成百上千的参赛选手，他们围坐在桥牌桌旁。外面还围了一圈旁观者，他们关注着场上的每一个变化，有时也会小声议论几句。当美国首富沃伦·巴菲特和两届世界冠军沙伦·奥斯伯格出现时，整个赛事中心震动了，早已有人认出了股神本人，瘦长的脸庞和灰白头发是他的标志，巴菲特的参赛引发了全场的轰动，之前还没有哪位桥牌爱好者能出现在世界锦标赛的舞台上，历史的改变本身就非常引人注目，再加上事件的主人公是巴菲特，轰动自然是正常的。

奥斯伯格并没有想到和巴菲特的组合能取得好成绩，在她看来，他们这对组合能取得一些积分、获得一些比赛经验就足够了，但是巴菲特并不这样以为。赛场上的他坐在桌边，一副若有所思的样子，似乎屋子里根本没有其他人存在。他的水平自然不能和专业选手相比，但是巴菲特表现得异常专注，他可以沉着冷静地面对对手，就好像是在自己家里打牌一样。"和沙伦一起搭档，我的防守非常好！我似乎能感觉到她在做什么，相信我，沙伦每一次出牌都能影响比赛的进程！"最终，巴菲特的专注弥补了他在技术上的不足，两人顺利地打进了决赛，这样的结果让奥斯伯格也感到很吃惊。"我们真的太棒了！"她说道。

但是得到这样的成绩时，巴菲特和奥斯伯格已经打了一天半的比赛，巴菲特处于一种极度疲倦和痛苦的状态中。唯一的休息时间只有一个小时，还要跑出去到处寻找汉堡包吃。他看起来像是刚跑完一场马拉松。决赛之前，巴菲特决定放弃，他对奥斯伯格说："我不想比赛了，我要退出！"

"什么?!"奥斯伯格非常震惊。

"我不想继续比赛了，我要退出！告诉组委会我们不参加决赛了，告诉他们我要急着去谈一笔生意。"于是，奥斯伯格被巴菲特委派了一项艰巨的任务，向世界桥牌联合会提出退赛申请。

在这之前还没有人愿意放弃进入决赛的比赛资格。世界桥牌联合会的代表们感到很愤怒，巴菲特不能退出比赛！组委会当然不会不知道巴菲特的威望以及他背后的财富，正因为如此，他在取得了决赛资格却要求退赛的要求才让官员们感到震惊。"你们不能这么做！"官员们众口一词，甚至威胁剥夺奥斯伯格的世界排名以及其参赛资格。"我不是要退赛的那个人，你们不能这么做！"奥斯伯格说，一再解释巴菲特退赛是因为生意的缘故。最终组委会同意两人退赛，而且他们知道奥斯伯格并不是事件的策划人，所以也没有给她任何处罚。

巴菲特对桥牌的热情也影响了比尔·盖茨，并使后者从一个对桥牌略知一二的人成为桥牌的超级爱好者，水平甚至还在巴菲特之上。盖茨还把奥斯伯格接到了西雅图，让其在自己父亲的电脑里安装桥牌游戏程序，这样，奥斯伯格也逐渐和盖茨一家熟络了起来。

之前，巴菲特和盖茨见面的地点仅限于足球赛场、高尔夫球场，内容有时还涉及微软集团的一些事务。但是在桥牌的带动下，两人的关系越来越近。1993年复活节的那个周末，盖茨和女友梅琳达订婚了。在两人从圣迭戈回来的路上，盖茨让飞行员给梅琳达通报了西雅图的天气信息，让她以为他们正在向回家的方向飞行。飞机着陆后，在舱门打开的瞬间，梅琳达惊呆了，看到巴菲特和阿斯特丽德正在舷梯底端的红地毯上等着他们。巴菲特开车把盖茨、梅琳达两人送到波仙珠宝店，该店的首席执行官苏珊·雅克亲自帮他们挑选了订婚戒指。

9个月后，盖茨的婚礼在夏威夷群岛拉奈岛上的四季曼尼里湾高尔夫球场举行，这一天正好是1994年元旦，巴菲特亲自前往表示祝贺。尽管妹妹伯蒂在夏威夷群岛上有房子，可巴菲特以前从来没有到过这里。在盖茨的婚礼上，巴菲特非常高兴，好像举行婚礼的是他自己的孩子。他认为盖茨能够娶梅琳达为妻是盖茨这辈子最明智的决定之一。不过盖茨举办婚礼这天正好赶上巴菲特好朋友芒格70岁的生日。非常看重友情的巴菲特从来没有缺席过老友的生日会，但是这一次，他必须要做出抉择。在冲突发生时，巴菲特总能很巧妙地解决问题，他往往倾向于向更可能动怒的那一方妥协，所以这也就意味着他很可能轻视对他最忠诚和信任的朋友，因为他知道即便如此，自己的好朋友也不会指责他。这也许就是巴菲特矛盾的一面，他相信爱他的人理解他，所以他们能够容忍自己的种种做法。

作为巴菲特事业上最坚定的支持者，芒格能体谅巴菲特，也能接受巴菲特没来参加自己70岁的生日宴会。和自己相比，芒格知道盖茨是巴菲特的新朋友，而且盖茨的妻子梅琳达也是巴菲特的朋友。最终，巴菲特还是出现在了盖茨的婚礼上，并带来了凯瑟琳·格雷厄姆作为自己的女伴。那时凯瑟琳已经76岁了，老人虽然近来很少出门，但仍会出席这样的场合。在1993年底公布的财富榜单中，盖茨刚刚超过巴菲特成为美国最富有的人，两人的出现使拉奈岛成为1994新年那天最富有的胜地。另一方面，为了安抚芒格，巴菲特让苏珊在老朋友生日那天献唱一曲以示庆祝。[38]

作为巴菲特生命中最重要的女性之一，苏珊早已习惯巴菲特委派的种种事务。对于巴菲特需要从身边的女人身上得到什么，苏珊有着自己明确的定义，并且把她们划分为不同的种类。

一天晚上，当她正在和巴菲特、阿斯特丽德，还有刚刚认识的奥斯伯格在Gorat's牛排店共进晚餐时，苏珊不时地环顾四周打量着身边的同伴，发现只有凯瑟琳和卡罗尔·卢米斯还是单身。她笑着摇摇头，说道："你们应该找个伴了。"对于奥斯伯格，苏珊认为她在巴菲特的生命中只扮演和桥牌有关的角色，其他人似乎得不到苏珊如此的评价，不过所有在巴菲特生命中出现的女人都有一个特点，那就是对巴菲特百分之百的忠诚。

不久，巴菲特与奥斯伯格的关系密切了起来，两个人一天要打好几通电话，巴菲特旅游的时候也带着她，与朋友聊天时，巴菲特也给予奥斯伯格很高的评价。不过和阿斯特丽德一样，奥斯伯格并不是一个喜欢出风头的人，她总是默默地站在巴菲特身后，绝对不干扰他和其他女人的关系，这正是巴菲特希望看到的。90年代中期，人们对于巴菲特的私生活产生了很大的好奇心，对于巴菲特如何打发时间的说法也出现了很多分歧。面对这些，巴菲特依然选择了自己的方式，尽量避免伤害到任何人，但是很多时候，冲突都是获得利益的最好方法，引发冲突的一方往往能得到更多的关心和爱。

在这一点上，奥斯伯格和阿斯特丽德很相似，她不会用制造麻烦的方法吸引巴菲特或者任何人的注意。1994年感恩节这天，苏珊邀请奥斯伯格参加她的感恩节晚宴，她还和盖茨打了一通桥牌。盖茨和梅琳达结婚一年后，也就是1995年1月1日这天，夫妇俩邀请好友来两人位于圣迭戈的家中进行庆祝。之后巴菲特也邀请了盖茨、芒格和奥斯伯格来自己的翡翠湾住所，加入"新年桥牌会"。苏珊并没有出席，她知道巴菲特有自己的嗜好和追求，所以整个新年假期她都和家人、朋友在一起。盖茨、奥斯伯格和巴菲特围着桌子等待芒格的到来。巴菲特是一个非常守时的人，时间到了，他提醒大家可以开始了，不过并没有提及芒格的迟到，因为这并没有打扰到大家的兴致。

盖茨心情非常好，但是聊天过程中人们发现巴菲特的情绪出现了恶化的迹象。过了一会儿，芒格仍然没出现，在奥斯伯格的提议下，他们玩儿起了三人桥牌。

刚开始，巴菲特还一直和大家开着玩笑、聊着天，一切看上去都很平静，但是在打了45分钟的三人桥牌后，他变得焦躁不安，突然他从自己的椅子上跳起来说道："我知道他在哪儿！"说着，他拿起电话拨通了洛杉矶乡村俱乐部的号码。

接线员放下电话去找人。几分钟后，他在高尔夫球场里找到了芒格，他正和他的朋友们坐在一起,只要没在办公室,芒格肯定会在这里,高尔夫是他每天的必修课。接线员出现在他面前的时候,芒格正要咬他手里的三明治。

"查理,你在干什么呢?"巴菲特问道,"这个时间你不是应该和我们一起在玩儿桥牌吗?"

"我几分钟后就到。"芒格回答说。

芒格连一句道歉的话也没说就挂断了电话,放下他的三明治后钻进了汽车。

等了至少半个小时,芒格终于出现在巴菲特位于翡翠湾的家中。他好像什么事都没有发生过一样坐在桌子旁的椅子上,似乎他并没有意识到自己让比尔·盖茨在他的结婚一周年纪念日等了一个半小时。

"新年快乐!我们开始打牌吧。"

三个人目瞪口呆地坐着。

随后比尔·盖茨说道:"好,我们开始吧。"

终于他们开始打牌了。

1995年9月,巴菲特集团会议在都柏林的基尔代尔俱乐部召开,巴菲特的老朋友们也都参加了这次大会。比尔·盖茨也作为巴菲特集团的一员参加了这次会议(巴菲特与盖茨结下了深厚的友谊,很多时候都能看到两人同时出现的身影)。由于盖茨的到来,爱尔兰政府将其奉为上宾,迎接他们的是爱尔兰官方的豪华轿车,并由安全特工在直升机上对他们实行监视保护。到达爱尔兰后的首场晚宴,健力士啤酒总裁、爱尔兰政府总理及夫人、美国驻爱尔兰大使等人悉数出席。巴菲特等人还游览了都柏林著名的三一学院、观看位于基尔代尔郡爱尔兰国家马场的比赛。即使几年前凯瑟琳·格雷厄姆在威廉斯堡筹办的那次集团大会也没有如此隆重、奢侈,都柏林到处都是令人赞叹的古玩和艺术品,基尔代尔俱乐部还为巴菲特等人准备了当地所有的特色食物,并由欧洲厨师精心烹调。

尽管被身边的光泽和美丽包围着,尽管他们都是百万富翁,但巴菲特集团的成员们并没有因此改变。他们中的很多人，一年也只能与巴菲特碰面一两次，但是他们却得到了巴菲特完全的信任：比尔·鲁安还是喜欢和很多人住在一起，给人们带来一个个有意思的故事；沃尔特·施洛斯还是住在自己的小公寓里，并像往常一样炒着股票；在众人中间，斯坦贝克夫妇算是有钱人了，但他们最热衷的交通方式还是长途汽车；桑迪·戈特斯曼依然对所有事物都持怀疑态度，并企图推翻每一桩成功的交易；结束了在缅因州海岸线大量购买地皮的行为后，汤姆·纳普把重点转向了夏威夷群岛；杰克·贝恩仍是精力充沛；罗伊·托尔斯固执己见的作风没有变，不过现在他已经学会说笑话了；埃德·安德森和琼·帕森斯开始致力于投资人类性行为的研究，不过安德森还是会在街上捡起一个便士的零钱；马歇尔·温伯格还是那个调情高手；卢·辛普森在挑选股票上的天赋有增无减，事实上，他是格雷厄姆和多德学派最好的投资者之一；卡罗尔·卢米斯已经赚了不少钱，足够让她去乘坐飞机，但是她在买东西，哪怕只是一罐咸菜前，也会回忆自己在经济萧条期的遭遇；[39]沃尔特·斯科特从兴修巨型水坝和桥梁建筑岗位上退休之后，开始建筑大型房屋；乔伊斯·考因在观看完歌剧后，宁愿在暴风雪的夜里沿着百老汇的方向走到市中心，也不会选择出租车代步；现在已经成为巴菲特俱乐部会员的阿吉特·贾殷，在会议期间还是会待在房间里分析种种数据，因为他知道巴菲特喜欢自己这样的作风；那个人人都喜欢的罗恩·奥尔森（至少在巴菲特认识的人里面，奥尔森能得到所有人的认同，当然大法官布里亚特除外）现在的社交圈更大了，几乎整个大洛杉矶的人都喜欢他；比尔·斯科特、迈克·戈尔德伯格、查克·里克肖塞尔这些人曾围绕着温暖的太阳（巴菲特）工作了多年，现在都退了下来，不再受里克肖塞尔的热力学定律的影响；[40]比尔·盖茨与其他人都不同，他还享受着由巴菲特集团的智慧所带来的利益和坦诚的交往方式；凯瑟琳·格雷厄姆则保留了自己的社交圈，她也成了巴菲特集团与社会联系的纽带。

在众人都沉醉于基尔代尔俱乐部奢华的享受时，巴菲特却看起了随身携带的《财富的福音》,这本书的作者是20世纪著名的实业家、慈善家安德鲁·卡内基。在自己65岁生日的时候,巴菲特评估了自己的一生,所以他开始重读卡内基。在集团内部,巴菲特就卡内基所说的"富有着死去的人死得可耻"发起了讨论。作为慈善家,卡内基把自己毕生的财富都放在了慈善事业上,要知道他的财富在当时可谓独一无二,他立志在美国所有城市都修建一座图书馆,[41]他的这种做法得到了社会的高度评价。但巴菲特并不这么看,他宁愿"富有着、可耻地死去",因为他知道如果像卡内基那样,就意味着自己要放弃很多。巴菲特坚持认为,最好的利用自己投资天赋的方法就是不断赚钱——一直到死!而且他对那些例如图书馆的基础设施建设也没有兴趣,在他看来,那应该是苏珊的工作。不过巴菲特还是想听听身边人的看法,也许这会给他带来一些改变。

众人围坐在桌子旁边。比尔·鲁安——这个从来都不在乎钱,甚至和周围的人相比有些寒酸的人率先发言,他表示自己正策划一个项目,对纽约公立学校中年代久远的校舍进行翻修,之后他将与哥伦比亚大学合作拍摄一部反映纽约学生存在心理问题和自杀隐患的纪录片。[42]之后,巴菲特还发现了一些自己从来都不知道的事情:斯坦贝克夫妇是美国治理环境问题的捐款名单上最重要的捐助人;墨菲是拯救儿童组织的主席;罗恩·奥尔森的妻子简则是国际组织"人权观察"的主席;考图夫妇曾给美国民间艺术博物馆捐赠了一批十分重要的艺术收藏品;芒格也向撒玛利亚医院和教育机构进行了捐赠;斯科特夫妇把捐赠地选在了奥马哈;戈特斯曼则在爱因斯坦学院的医药委员会任职;温伯格的捐赠行为更像是仗义疏财,教育基金、世界卫生组织、中东问题、教育研究,几乎没有他未涉及的捐赠领域。这些都只是代表,还有很多人都在为慈善和公益事业做出自己的贡献。

轮到盖茨发言的时候,他这样说道:"我们不应该通过一个人捐出了多少钱来衡量他的成就,而是应该用这些钱挽救了多少人的生命来作为判断尺度。"盖茨认同巴菲特的观点——你必须先赚钱,然后才能保证有钱可以捐出去——但只要是一个人赚到了一定数量的钱，他就应该用这些钱来拯救更多的生命，一个很重要的办法就是把绝大部分资产捐出去。[43]

如果用巴菲特的财富来进行衡量，那么巴菲特基金会能支配的金钱是相当有限的，根本就是九牛一毛。其实巴菲特也早已选定了两个主要的慈善事业方向——人口过剩问题和核扩散问题，它们的共同点就是解决起来非常困难，甚至超出了你的想象。也许金钱并不能解决核扩散问题，但是巴菲特已经在尽自己最大的努力避免核战争爆发。在这个问题上，巴菲特提出了非常具有代表性而且论据十足的观点。

核战争似乎是不可避免的。人类最终都要面临这个问题。任何一件事情，如果它在一年内发生的概率是10%，那么在未来50内它发生的概率将高达99.5%，接近100%。但如果我们把这个数字调低，也就是说把一年内出现核战争的概率降到3%，那么在未来50年，这个概率将下降到78%。如果我们将概率降到1%，未来50年，发生核战争的可能性只有40%。从数字上看，这是一件值得尝试的事情，毫不夸张地说，它可能会使这个世界变得完全不同！

在巴菲特眼中，另外一个重要的问题就是人口过剩。人口的不断增长给地球造成了巨大的压力，人们生活的这个星球已经严重超载。由于核问题解决乏术，巴菲特基金会的资金的主要流向就是人口控制，从20世纪80年代中期开始，这就成了巴菲特基金会的主要议题。在分析人口问题时，巴菲特也给出了足够说明事态的数字：在1950年，世界人口大约是25亿，短短20年后，世界人口已经接近37亿！[44]当时保罗·埃利希的"人口爆炸理论"刚提出不久。他在文章中大胆预言20世纪七八十年代将出现全球性的大规模饥荒，数以百万计的人口将由于缺乏食物而死去。截至1990年，世界人口突破50亿大关，但是埃利希描述的饥荒并没有出现，所以他的这种观点也开始被人们，特别是人口专家忽略。不过，世界人口仍然在继续快速增长却是不争的事实。现在，专家们更多地关注这样几个焦点问题：技术增长的速度能否超过人口增长、物种灭绝以及全球变暖的速度。不过巴菲特依然对人口问题很关注，他从"安全边际"的角度出发分析人口增长和资源减少的问题。

地球的承载能力是有一定限度的，当然这已经超出了托马斯·马尔萨斯的想象。但另一方面，这固定的承载能力会让你找到打破这种平衡的临界点，没有人愿意为失误买单。比方说你有一艘可飞往月球的宇宙飞船，飞船的容量很大，可以容纳200人，但如果你不知道路程有多长，那么你不会安排超过150人登上飞船。宇宙飞船有许多种，并且我们不知道应该准备多少食物。而且，如果只从幸福指数和生存环境来说，很难说究竟是生活在容纳20亿人口的地球更好，还是生活在月球更好。[45]这里存在一个限度，如果你不清楚这个限度是什么，那么最好停留在安全地带。对于地球也是一样，如果想要我们生存的这个空间维持下去，就必须处在我们的"安全边际"里。

自20世纪70年代，为解决失控的人口增长问题，巴菲特开始将注意力集中在为妇女争取避孕和堕胎的权利上，这与苏珊的观点很贴近。这也是当时很多人权机构普遍接受的观点。[46]由于芒格-托尔斯律师事务所的介入，巴菲特也卷入了加州贝洛斯案件，该案在加州历史上具有非常重要的作用，该案的裁决对于争取堕胎合法性具有里程碑式的意义。[47]芒格在法庭上据理力争，他的激情感染了现场的很多人。他接这个案件是出于对年轻妇女在非法堕胎行为中致残或死亡的担心。随后，巴菲特和芒格赞助了一家名为"基督教联合会"的"教堂"，这里主要用于帮助年轻妇女进行堕胎。[48]

在阅读了加勒特·哈丁《平民的悲剧》一文后，巴菲特被其阐述的思想深深打动。在这篇发表于1968年的文章里，哈丁认为对于那些人类共有的东西，例如空气、海洋等，现代人的行为就是在过度使用或者进行毁坏。[49]作为"人口控制"运动的倡议人，哈丁的很多想法都对巴菲特产生了重要影响，但是他并没有接受哈丁倡导的解决方案，后者拥护专制思想并采取优生学家的办法来解决问题。哈丁曾写道，人类不仅应该继承谦恭温顺的性格，更应该继承地球留给我们的资源。他的"遗传性自杀"观点认为："看看你的周围，你的邻居里有几个是英雄？你的同事里有几个？我们之前看到的那些英雄在哪里？斯巴达现在在哪里？"[50]

巴菲特认为将斯巴达带回来的想法不是没有被尝试过，这个人就是阿道夫·希特勒。斯巴达人通过遗弃羸弱的子女来改善人口质量。现代优生学奠基人弗朗西斯·加尔滕借鉴了他的表兄达尔文的理论，并得出"选择性的人类育种可以提高人口质量"的结论。这种观点在20世纪早期得到极其广泛的支持，纳粹分子更是用实验性的手段对此加以验证。[51] 尽管他的设想可以非常合理地对人类进行分工以帮助其进入竞争群体，但是没有一条绝对安全的线路可以说明哈丁想法的正确性。[52] 对此，巴菲特曾经给予否定，他赞成以公民权利为基础的方法可以解决地球与人口之间的问题。

于是在1994年的时候，巴菲特思想的天平从"人口控制"向人类繁衍的权利倾斜，[53] 这种改变也符合世界范围内关于人口控制运动的发展思想，妇女不再被视为通向人口控制"终点"的便利途径。[54] 他认为通过政治手段来解决人口问题的方法都是不可控的，[55] "即便是人口过剩，我也不会剥夺女性生产的权利，即便这个星球只剩下两个人，繁衍后代也是最重要的。我认为世界人口总数和新生儿数量没有必然联系。即使每个人都有7个孩子，我也不会按照哈丁说的做，不会把孩子的数量和人口过剩的问题扯在一起"。这样，巴菲特基金会的观点已经显而易见，它支持人类繁衍的权利。

繁衍权利、公民权利还有人口控制在对堕胎的争议中迷失了方向，错综复杂的关系越来越多，最终巴菲特把生育的过程定义为"卵巢彩票"。[56] 他向一个叫作"责任财富"的组织分享了自己的这个想法，对于巴菲特来说，"卵巢彩票"给他带来了巨大的反响。[57]

我是1930年出生的，当时我能出生在美国的概率只有2%，我在母亲子宫里孕育的那一刻,就像中了彩票,如果不是出生在美国而是其他国家,我的生命将完全不同!试想一下,母亲的子宫里有两个完全一样的受精卵,一样的聪明和精力旺盛,但是基因精灵却告诉他们,"你们其中的一个将会出生在美国,而另外一个会出生在孟加拉国"。如果你在孟加拉国出生,你不需要缴纳个人所得税。那么你想成为美国人的愿望有多强烈?你会用收入的百分之多少来成为那个出生在美国的孩子?这就说明社会会对你的命运有一定的影响,而不仅仅影响你与生俱来的能力。相信我,和孟加拉国相比,人们更希望在美国出生!这就是"卵巢彩票"。

"卵巢彩票"成了巴菲特的政治、慈善事业观点的向导。他的理想是创造这样一个世界:胜者可以自由地去奋斗,而他与失败者之间的鸿沟也会有某种方式去弥合。巴菲特出生在公民权利受到压抑的年代,他见到过极端的不平等,也听说过法院骚乱、当局者被绞索勒着推到断头台。在某一时期或某个地方总会有人觉得自己应比别人得到的更多。很多年前,巴菲特放弃了父亲的自由派倾向,[58]但是现在他开始从精神上回归到内布拉斯加州的民主理想上了,这不得不说是一个循环。

巴菲特,一个无论在思想还是在现实生活中都很少做出改变的人,有时也可能做出小调整,当然前提是有人不停地说服他这样做。在他和苏珊从爱尔兰的集团大会回来后,他们做出了"17天穿越中国"的决定。

巴菲特这次中国之行的起因是因为盖茨,而且为了能使巴菲特的中国之行愉快,盖茨夫妇为他解决了相当多的麻烦,他们给巴菲特和其他客人送去了一份调查问卷,调查他们喜欢吃什么。巴菲特可不想重复日式料理的经历。"我不吃中国菜,"他回答说,"如果可能,把米饭放在盘子里随便摆弄两下,然后我就可以回房间吃花生了。对了,我还要一份《华尔街日报》,如果哪天看不到《华尔街日报》,我会觉得很难熬!"[59]

于是,巴菲特开始了自己的首次中国之行。

到达中国后,巴菲特住进了北京著名的王府井饭店,并与自己这次中国行的向导、亚洲协会会长安熙龙会面。[60]在两人就中国发展问题交换了看法后，宴会开始了，客人们来到了饭店里的翡翠宫，品尝着饭店准备的地地道道的川菜：樟茶熏鸭、回锅肉、口水鸡、四川火锅，但是盖茨早已为巴菲特安排了他自己的美食：汉堡包和炸薯条，负责巴菲特这次中国行的 A&K 旅游集团特意派人教王府井饭店的厨师制作汉堡包和薯条，这令巴菲特很高兴，晚饭结束后，巴菲特钟爱的薯条和甜点也出现在了他的面前。

第二天早上，巴菲特一行人参观了北京大学、故宫博物院等地。中午他们在仿膳饭庄享用午餐，紧接着下午就前往钓鱼台国宾馆。每次吃饭，当其他人都在尽情享用中国美食的时候，巴菲特却只吃汉堡包和薯条。

在北京期间，时任中国国务院总理的李鹏先生会见了他们，盖茨还特意安排了巴菲特和一名 12 岁的中国乒乓球比赛冠军进行了一场比赛。第三天，巴菲特到长城游览，安熙龙教授向他们讲解了关于长城的历史和民俗，人们登上顶峰的时候发现庆祝用的香槟等已经准备好了，还有专门为巴菲特准备的樱桃可乐。眺望着长城——这个世界上最壮观的文化遗产，这个凝聚着中国劳动人民的汗水、智慧和悠久历史文化的伟大工程，每个人都期待巴菲特能说点什么，确实，巴菲特也被眼前的一切深深打动了。

"朋友们，我真希望是我的公司拿下了为修建长城提供砖瓦的协议。"他开玩笑地说。

接下来的那个早上，巴菲特没有去观看武术表演，而是到当地的可口可乐工厂参观了一番。第二天，他们就乘坐中国军用运输机飞往乌鲁木齐，一座位于中国西北的城市，是中国历史上的丝绸之路最重要的一站。在那里，他们将坐上一列火车，这列火车并不普通，在盖茨的安排下，巴菲特等人乘坐的是毛泽东主席当年的私人专列，这也是这列专列第一次租借给西方人使用。火车按照古丝绸之路的路线行进，穿越西北地区，沿途还设置了停靠站。人们可以在沙漠中骑骆驼，访问古老的城市和窑洞，在西安看大熊猫、参观秦始皇兵马俑——这是世界公认的最大墓葬遗址。旅行途中，巴菲特和盖茨还时不时地进行交流，为什么一些银行会比另外一些银行要更好些？为什么零售业不好经营？两人还谈到了微软的股票价值等问题。[61]

到达中国的第十天，他们参观了三峡大坝工程现场，随后登上了"东方皇后号"，这是一艘有五层甲板的游轮，里面设有舞厅、理发店、按摩院等，还有一名乐手，他穿着正式，正在演奏《稻草里的火鸡》。

进入三峡的第一站是神农溪，很多人都穿上了橘红色的救生衣上了竹筏。竹筏随水流不停地晃动，岸上10个小伙子一组，用绳子拖曳着每条竹筏前行。旁边，还有一些年轻美丽的女孩子用歌声给小伙子们鼓劲。

巴菲特与那些女孩子开着玩笑，但是在那天晚上的粤式宴会上，他的注意力显然都放在"卵巢彩票"上了，"在那些纤夫当中本会产生另外一位比尔·盖茨，但是因为他们出生在这里，命中注定要一辈子牵着船过日子。他们没有像我们一样的机遇。我们能过上现在的生活真是太幸运了"。

从神农溪出来，他们一路来到了峡谷，经过一些小村落的时候，有小学生跑出来向那些陌生的美国人鞠躬致意。两岸都是薄雾笼罩的山峰，沿着铺着鹅卵石的小路上去是一个古色古香的小村落，小船缓慢地沿着蜿蜒的水路进入长江。最后，他们到达了桂林。他们改乘一艘私人游船游览了漓江，这个世界上风景最优美的景点。漓江是一条极具原始特色的河流，那里的钟乳石被罩着一层绿色的覆盖物。唐朝诗人韩愈曾这样赞美漓江的景色，"江作青罗带，山如碧玉簪"。巴菲特一行沿着河岸前进，他们身旁是300英尺高的史前石群。巴菲特、盖茨父子在船上进行了一次长时间的桥牌狂欢——这次狂欢是得到他们各自妻子的许可的，此时游船正行驶在风景秀丽的江面，岸边是壮观的松树林。

这次旅行的最后一站是香港，午夜时分巴菲特拖着盖茨径直来到麦当劳买汉堡吃。"从香港回旧金山，再加上到奥马哈的路上，我都只要看报纸就好了。"

但是那次中国行之后的很长时间里，事实上是很多年之后，巴菲特的思绪总是一次又一次被拉回到那段记忆中。无论秀丽的风景，还是骑行骆驼的场面,他都已经不在意了,那些不过是留在照片中的纪念,让他念念不忘的是三峡大坝工程和神农溪上的那条竹筏,是那些把一生都用来拖曳竹筏的小伙子的命运。这些一直留在巴菲特的心里,困扰着他关于一个人的命运和天数的思考。

51
该死的熊

奥马哈，康涅狄格州格林尼治　1994—1998年

1994年那段时间，巴菲特对于《华尔街日报》的钟爱简直到了疯狂的程度，每天他都在仔细研究报纸上的每一条新闻，试图为伯克希尔-哈撒韦找到合适的买卖。但巴菲特发现这并不容易，他甚至动用了自己的桥牌牌友，动用了自己的高尔夫球友，动用了自己在中国、爱尔兰的人脉资源，也没有挖掘到新的投资目标，所以只能继续把投资重点放在可口可乐公司上。随着时间的推移，巴菲特的伯克希尔-哈撒韦已经用13亿美元购买了可口可乐公司的1亿股份。之后，他还收购了一家名叫"德克斯特"的鞋厂，但事实证明，巴菲特的这笔买卖是不成功的，这笔买卖似乎超出了巴菲特的判断能力。他曾预计美国国内对于进口鞋业的需求会有所下降，但最终他的愿望落空了，他也曾承认这次收购是自己犯下的最严重的错误。[1]之后，巴菲特又收购了小巴内特·赫尔兹伯格的珠宝连锁店。说来也巧，在这次收购前，两人从来没有见过面。一天，赫尔兹伯格在纽约第五大道街头走过时听到一位女士对她身边的人喊道"巴菲特先生"，他抓住了这个机会，向素未谋面的巴菲特介绍起自己的公司来，两人当下便敲定了收购意向。此外，巴菲特仍继续购买美国运

通公司的股票。

巴菲特还想把GEICO完全划归到自己名下。

从1993年10月开始，GEICO启用了联席首席执行官的管理模式，两位首席执行官分别是负责投资部门的卢·辛普森和负责保险部门的托尼·奈斯利。满头银发的奈斯利有点儿胖，与人交流时语气总是非常和善。从18岁起，奈斯利就在GEICO工作，这里也算是他事业的全部。成为公司联席首席执行官后，奈斯利非常强调公司的发展，GEICO也在沉寂了一段时间后，迎来了吸纳客户的高峰期，短短一年的时间，公司新增客户就达到了50万。1994年8月，巴菲特向该公司的两位联席首席执行官还有公司董事执行委员会主席萨姆·巴特勒表达了自己收购的意愿，当年正是巴特勒找到杰克·拜恩挽救了公司。奈斯利在这个问题上并没有反对。成为联席首席执行官后，他一直希望能将GEICO私有化。[2]其实奈斯利很不喜欢和华尔街那帮人共事，所以在巴菲特提出收购意向时，他表示了同意，和那些资产分析师还有资金经理相比，与巴菲特合作显然要好很多。

在这次收购谈判中，以巴特勒开出的条件最高，他开出了每股不低于70美元的价格，而且还提出要以伯克希尔-哈撒韦的股票作为支付手段。但这在巴菲特看来是难以接受的，他表示只接受现金交易的方式，而且每股的收购价格不会高于50美元。[3]收购谈判持续了一年的时间，尽管巴菲特非常希望得到GEICO的全部股份，但他并没有立即答应对方开出的条件，而是采用了欲擒故纵的战术，这种战术随着巴菲特买卖交易的不断进行，也被他使用得更加娴熟。巴菲特不断地告诉巴特勒，保险行业正面临前所未有的冲击——随着互联网技术的出现，保险市场将变得越发难以控制，他这样做的目的就是让巴特勒相信，GEICO并不像看起来那么牢不可破，而是非常脆弱——脆弱得不堪一击。"市场正在一点点超出我们的可控制范围，随着互联网这种高科技交流手段的出现，保险业将受到前所未有的影响。公司之前通过电话的方式的确拉到了不少保单，但是互联网的高速发展必然会让靠电话拉保险的优势大幅缩水……"巴菲特并不是信口开河。1994年计算机业和互联网蓬勃发展，而在这一年之前，电子邮箱都还没有达到非常普及的程度。尽管巴菲特对于计算机、互联网并不热衷，甚至可以说一窍不通，但是他关于互联网对汽车保险行业影响的预测和见解还是非常深刻的，甚至比汽车保险行业自身的预测还要准确到位。

即便巴菲特如此"威逼利诱"，巴特勒也不为所动，这是一个不好对付的家伙，多年律师行业的工作经验使他不会轻易被巴菲特唬住。在过去两年的时间里，伯克希尔-哈撒韦的股票价格翻了一番，1994年4月的股价达到了每股2.2万美元。美国《金钱》杂志援引《超价股票服务》上的评论说道："伯克希尔-哈撒韦的股票为什么能够节节攀升？唯一的原因就是这家公司是由上帝来经营的！"看到这些，巴特勒自然不会降低之前提出的价码，他要尽可能争取伯克希尔-哈撒韦的股份。由于双方都没有松口，谈判也因此陷入了僵局。最终，巴菲特使出了自己的"秘密武器"，让好朋友芒格介入谈判进行调停。但巴菲特想错了，这次谈判和之前收购所罗门公司的谈判不同，巴特勒并没有因为芒格的介入而改变态度。

这样，谈判断断续续拖了一年的时间，巴菲特也看清了局面：如果自己想拿到GEICO，就必须答应巴特勒的要求，最终他还是妥协了。1995年8月，巴菲特用23亿美元的价格买下了GEICO 52%的股份，此前他持有的该公司股份已达48%（这48%的股份巴菲特只花了4 600万美元），而且巴菲特并没有如自己之前设想的那样向巴特勒支付现金，而是选择以伯克希尔-哈撒韦的股票作为支付手段。也许有人认为巴菲特最终并没有实现自己的目的，但股神自己并不这么看。买下整个GEICO，巴菲特总共才花了23.46亿美元，这样的价码在巴菲特看来是可以接受而且也算得上是比较合理的。

在巴菲特买下GEICO的同时，整个股市也出现了转折点。股市一直在涨，继1993年的大牛市之后，1994年新发行的热门股票也出乎意料地受到了热捧。[4]到1995年2月，微软公司发布了Windows 95系统，并在销售的第一天就实现了7亿美元的销售额，道琼斯工业指数也在这个月史无前例地攀升到了4 000点。忽然间，计算机成了人们生活的必需品：办公室里几乎人手一台；家长们给自己的孩子买电脑，好让他们更好地完成课后作业；家庭主妇也都有属于自己的电子邮箱，以便能在第一时间获得有关拼车的信息。互联网产业出现了空前的发展，网络开发人员已经不能满足社会对于信息产业服务的需求，电脑黑客也应运而生。

1995年8月，一家叫作网景的网络浏览器开发商以公司扩张为名开始在社会上募集资金。由于已经熟悉了该公司推出的互联网浏览器，人们对网景公司并不陌生，但是没有人知道这家公司从来没有一分钱的盈利。而当人们得知了有关网景公司公开募集资金的消息后，希望购买该公司股票的人慕名而来，以至于全权代理网景公司资金募集的摩根士丹利不得不开辟出一个免费的咨询热线来解决出现的问题。最终事情的发展远远超出了网景公司的预想：原本打算只发行350万股，但最后市场的需求却达到了1亿股。[5]

互联网的发展对于巴菲特来说又是一个什么概念呢？尽管巴菲特也接触网络，但是只限于打桥牌——他喜欢打网络桥牌。在收购GEICO的时候，他也提到了有关互联网对于保险业的冲击，但他对于互联网并不了解，甚至可以用知之甚少来形容。对于计算机和互联网，巴菲特始终提不起兴趣来，他认为这个世界也需要时间来适应。巴菲特的这种想法激发了微软公司总裁比尔·盖茨的兴趣，他把股神对计算机和互联网的态度看成自己事业的一大挑战。为了让巴菲特能够接纳计算机和互联网，盖茨邀请他和芒格来到了微软总部，打算与两位金融业巨头讨论有关互联网发展的问题。在那之前一天，盖茨已经与妻子梅琳达一起与芒格共进了晚餐，在座的还有微软公司研发部门的负责人内森·迈沃尔德。令盖茨夫妇没有想到的是，芒格与迈沃尔德交谈甚欢，而他们的主题并不是互联网或者金融业的发展，而是无毛鼹鼠——这是一种啮齿类哺乳动物，外形很像法国的白香肠。与其他动物不同的是，无毛鼹鼠对由于灼烧、酸痛引发的痛感没有反应①。作为科学发烧友，芒格对无毛鼹鼠还是有一定了解的。巴菲特的朋友桑迪·戈特斯曼曾有过投资鼹鼠的经历，他认为社会上对于实验用鼠的饲养需求会很大。但是戈特斯曼的这次投资并不成功，而且弄得他在纽约的办公室到处都是鼹鼠。在与迈沃尔德的交流中，芒格知道了无毛鼹鼠其实是一种进化得很好的哺乳动物，它们不仅对疼痛没有感觉，而且还是单细胞生物，母鼠繁殖的时候不需要与公鼠进行交配。芒格与迈沃尔德的谈话围绕着无毛鼹鼠的话题展开，完全不顾盖茨夫妇的感受，盖茨和妻子只能表情麻木地看着他们。[6]

第二天早晨，比尔·盖茨把巴菲特和芒格邀请到了自己的公司总部，希望以微软技术总监史蒂夫·鲍尔默为首的计算机工程师们能让巴菲特对这个高科技产业的认识有所改观，但他们发现自己和巴菲特、芒格完全是来自不同世界的人——微软的精英们惊奇地发现这两位金融界的大家对计算机、互联网几乎是一窍不通。在微软精英的眼中，巴菲特和芒格就像是在灌木丛中发现了飞机的土著居民一样，虽然知道这是一个新生事物，但完全不知道怎样操作。而对于巴菲特来说，尽管他知道互联网的重要性，但他并没有表达出希望自己的GEICO加大对互联网技术的研发从而推进保险产业发展的念头。在他看来，计算机和互联网不过是帮助自己找到更多桥牌爱好者的工具而已——互联网唯一能做的就是帮助巴菲特找到能和他一起打桥牌的人。

我的这种想法让比尔很好奇，为什么？因为他终于看到了一个对计算机没有一点儿兴趣的人，他认为随着计算机在全社会的推广，人们都应该对这项技术产生巨大的兴趣。这一点似乎没有错，至少在比尔周围这种想法是没有错的，但是对我来说，我感兴趣的只是这个技术的推广本身。什么样的人会买计算机？肯定是那些对计算机感兴趣的人，要是像我这种人，肯定不会把钱花在购买计算机上，一分钱也不会。

---

① 这是因为无毛鼹鼠体内不存在可以导致哺乳动物痛感的P物质，所以它们普遍被应用到科学实验中。——译者注

也许是认为对于计算机和互联网的认知不在自己的能力范围内，巴菲特从来没有在微软或者是英特尔公司投资，否则世界首富早已记在他的名下了。在财富排行榜中，排在首位的是微软董事长比尔·盖茨，巴菲特排在第二位，但巴菲特从来不在意这些。或者说，也许巴菲特是关心的，他也非常在意世界首富的头衔，但让他更加关心的是如何才能避免可能出现的风险。哪家公司将成为下一个微软、下一个英特尔、下一家声名鹊起的公司？巴菲特不知道，哪家公司有倒闭、破产的危险？巴菲特也不知道。他所描述的"安全边际"是：任何技术行业都是存在生命周期的，一旦这个行业没落，马上就会有新的行业顶上来。也许这一点能解释巴菲特为什么不在微软、英特尔公司投资。

退一步说，即便巴菲特对于科技股票有兴趣，他也不会让自己陷入风险之中，这也许是因为过去的经历依然敲打着巴菲特的心。1992年阿吉特·贾殷刚刚加盟伯克希尔–哈撒韦的时候就见证了这一切。1992年美国遭遇了"安德鲁"飓风的侵袭，南佛罗伦萨地区损失惨重，之后，巴菲特决定开设一个全新的险种——巨灾再保险业务，旨在当不可抗拒的灾难发生时，对保险人进行赔付，不过这需要保险人率先缴纳一定的费用。两年后，加州北岭发生7.1级地震。在灾难面前，几乎没有哪家保险公司有足够的资金应付这一切，但巴菲特和他的伯克希尔–哈撒韦有这个能力，支付了大笔的保险补偿。

在布鲁姆金家族（也就是B夫人）的帮助下，巴菲特完成了对威利连锁家具店的收购，这是一家位于盐湖城的家具公司。对于巴菲特来说，曾经依靠《穆迪手册》来搜寻潜在收购对象的日子已经一去不复返，如今巴菲特更多地扮演着"救世主"的角色，例如从某位企业掠夺者手中夺下了飞安国际公司——这是一家培训飞行员和制造培训模拟器材的公司，这家公司的赢利状况很好。当然，在巴菲特的身边也总是有人给他提各种各样的建议——买下事达家具、买下 Dairy Queen 公司……但是这些建议都没有得到巴菲特的赞同，他认为这些并不是自己期待完成的交易。在回绝人们"好心的"建议时，巴菲特调侃道："如果没先打电话人就来了，你们知道这个人一定是我！"巴菲特的言外之意是自己很可能不按牌理出牌。

为什么会有人给巴菲特提出那样的建议？也许在股神投资了德克斯特鞋厂后，人们认为巴菲特不会对任何交易说不，但是就连巴菲特自己也开始对这桩鞋厂交易感到后悔了：人们对国外进口鞋业的热情并没有任何消退的迹象，德克斯特鞋厂在众多国外竞争者中面临巨大的冲击，最后只能以倒闭收场。但对巴菲特来说，失误虽然在所难免，但还是很小的，更多的是他成功的案例，是他投资的本土企业占据上风。伯克希尔－哈撒韦与迪士尼公司协商后同意以190亿美元的价格出售前者在大都会/美国广播公司的股份，伯克希尔－哈撒韦得到了20亿美元的回报，这个数字几乎相当于最初投资数额的4倍！汤姆·墨菲进入了迪士尼董事会，在墨菲的引介下，巴菲特认识了迪士尼公司总裁迈克尔·艾斯纳先生。于是人们看到了出现在太阳谷的巴菲特——一个夹杂在商业名流和影视明星之间的巴菲特。此外，巴菲特再次在《华盛顿邮报》上投资，当时该报的老板是唐·格雷厄姆，他也是巴菲特最欣赏的人之一。在格雷厄姆的劝说下，巴菲特再次回到了自己的老行当——报业营销上，再次为报业进行投资。

1996年初，伯克希尔－哈撒韦的股票价格飙升到每股3.4万美元，总资产达到了410亿美元！这也就意味着那些1957年在伯克希尔投资的"老人"（只要他们没有选择撤资），当初每投入1 000美元，现在就能有1 200万美元的回报！短短几十年内，投资的回报额就不停地翻番！巴菲特现在的身家达到了160亿美元，妻子苏珊凭借手里握有的15亿美元伯克希尔的股份（苏珊曾承诺无论在任何情况下也不会出售伯克希尔的股份[7]），和芒格一起进入了《福布斯》富人榜的前400位，他们和巴菲特一样都跻身亿万富翁之列！那个曾经默默无闻的伯克希尔－哈撒韦现在成了金融界最耀眼的明星，以至于在1996年巴菲特召开的股东大会上，有来自美国50个州的近5 000人聆听了巴菲特宣讲的投资圣经！

对于资产膨胀，巴菲特很自豪，当然令他更满意甚至引以为傲的是自己从来没有考虑抛售手里所持有的伯克希尔的股票，巴菲特表示自己永远都不会与伯克希尔–哈撒韦分开。"我与伯克希尔–哈撒韦注定是不能分开的！"巴菲特说道，"为了公司的利益，我会不惜牺牲自己的一切！"[8]蒸蒸日上的伯克希尔–哈撒韦的股票已经很贵了，于是不免有人对它打起了主意。一些投资信托公司瞄上了巴菲特的投资组合，希望靠复制巴菲特投资组合的做法小赚一笔，它们的这种做法让外界看起来很像是与伯克希尔–哈撒韦形成了"共同基金"，但事实上并不是。伯克希尔–哈撒韦发迹的主要原因就在于通过投资吸纳资金后把资金投入到其他行业和股票上，这本身就是一个永不停止的循环过程，根本无法复制。也就是说，那些投资信托公司不可能依靠这种投机的方法成为下一个巴菲特。

此外，这些信托公司购买那些股票时的价格远远超出伯克希尔–哈散韦在投资该股票时的价格，而且它们还要让客户交纳一定的费用，这其实是一种欺骗行为。看到这些，巴菲特心中的正义之火燃烧起来。

我不想让那些买了伯克希尔–哈撒韦所投股票的人误以为他们能很快赚到大钱，最重要的是他们的这种想法根本不现实！出现了这种结果，可能有人会自责，也可能有人把枪炮对准我。赚不到钱，他们肯定会失望，我不想看到他们失望！从我卖股票的第一天开始，我就知道让人们陷入一种对赚钱的疯狂期待是一件非常痛苦的事，这让我很担心！

为了遏制投资信托公司的这种行为，巴菲特决定发售一种全新的股票——伯克希尔–哈撒韦B股，B股的票面价值相当于A股的1/30。

对于发行B股，巴菲特似乎有着特别的热情，他曾这样写道："无论是巴菲特先生还是芒格先生，都不能以B股首次发行时的价格来购买该股票，也不能鼓动自己的家人和朋友进行买卖投资。""……公司原有的股东也不用担心，不管B股发行多少，他们手里所持有的股票都不会贬值！"[9]

伯克希尔–哈撒韦的B股发行未设数额上限，这样就能保证股票价格在发售期间不会出现暴涨的现象。"你知道，我们不想让人们觉得买到新发行的股票就能有双倍的回报,但在短期内我们有自己的市场行为方式。在过去一年间,如果我把资金完全放在一只股票上,那么我早就成为人们眼中的英雄了。而现在,只要市场需要,我们愿意一直发行B股股票,只有这样才能避免股票不会因为太抢手而导致价格攀升。"巴菲特解释道。

巴菲特说到做到,推行着公司发行股票但自己却不购买的策略,这种有悖于常规的态度也为他进一步赢得了大众的支持。值得一提的是,这种做法也让购买伯克希尔-哈撒韦B股的人成了巴菲特的"合伙人",公司也从中获得了令人意想不到的利益——通过发行B股募集到的资金数目庞大!

在巴菲特之前,还没有哪家公司的首席执行官会自信到使用这种方法,但巴菲特可以!铺天盖地的媒体报道也让他成了公众的焦点,外界称赞他的坦诚。而当我们把目光转移到B股发行上来时,却发现不少投资者开始大量购买巴菲特的股票,这一点和股神之前的预期是有一定差距的,事实上他并不希望出现这种局面。他认为投资者们这样的做法并不明智,并多次在私下里表达了自己的这种想法,而这又从另一个方面证明了巴菲特在人们心中的地位。投资者之所以购买伯克希尔-哈撒韦B股,完全是出于对巴菲特的信任,这让巴菲特心中充满骄傲,否则如果B股发行不利,那将是令巴菲特非常难过的事情!不过从发行的情况来看,发行B股的做法是非常明智的,这本身就是一个双赢的交易:股东是赢家,巴菲特也是赢家。无论B股发行的结果如何,都不能改变这个双赢的局面。

随着B股的发行,巴菲特的追随者也越来越多。截至1996年5月底,伯克希尔-哈撒韦新增股东达到了4万人,这直接导致1997年的股东大会不得不改在奥马哈市的阿克萨本体育场举行,单是会议需要的设备就花掉了500万美元,不过由于是在内布拉斯加家具城购买的设备,这500万美元等于是从巴菲特的一个口袋进入了另一个口袋。当时共有7 500人参加了这次股东大会,最终这也成了巴菲特组织的"资本家的欢乐盛事",

成了伯克希尔－哈撒韦的聚会。而在1998年的股东大会上，股东数量更是史无前例。随着时间的推移，巴菲特的名气越来越大，公司的资金规模不断扩大，他的追随者的数量也在不断上升。金融界似乎出现了一个不成文的规定：只要有巴菲特投资的行业，就能给他和他身边的所有人带来巨大的变化。

但是类似于"资本家的欢乐盛事"这样的场景在华尔街已不多见了。随着互联网技术的发展，股票市场现在也被计算机包围着，特别是在彭博机（迈克尔·布隆伯格发明的股票终端机）出现后，计算机已经逐渐成了股市的一部分。20世纪80年代曾在所罗门公司工作的布隆伯格当时默默无闻，但是彭博机的出现却给了股市发展一个全新的起点。彭博机集股票走势图报表、曲线于一身，可以进行计算，发布股市最新消息，并可以提供股价的时间比对，模拟不同公司、债券、货币、商品之间的竞争情况。一时间，任何人手里能有一部彭博机都被认为是一件非常幸运的事。

到20世纪90年代早期，彭博机已经在股市中无所不在，但巴菲特的态度很坚决——彭博机销售小姐连续三年向伯克希尔－哈撒韦进行推销都没有成功，每次都只能得到对方拒绝的答复。在巴菲特看来，每分钟都跟进股市的最新消息的做法不是投资，依赖电脑也不是投资，不过最后巴菲特也妥协了。由于进行债券交易有赖于彭博机才能完成，一向对彭博机甚至计算机持抵制态度的巴菲特也在伯克希尔－哈撒韦总部安装了一台彭博机，不过这个股票终端距离巴菲特的办公室很远，而每次去彭博机读取数据也不是巴菲特的工作，涉及彭博机的事务由公司债券部主管马克·米拉德全权处理。[10]

彭博终端机的出现，标志着股票交易进入了一个计算机化的时代，这也从一个层面凸显了所罗门公司当时的被动局面。所罗门公司落后的经营模式已经无法跟上公司前进的脚步。1994年，时任所罗门公司首席执行官的德里克·摩根决定重新评估员工们的工资收入情况。摩根认为员工应该和股东一样分担公司在经营中出现的风险：经营景气的时候，员工可以和股东一样得到分红；如果经营不景气，员工应该和股东承担同样的风险。摩根的这种想法获得了公司一部分员工和股东的支持，[11]但这毕竟是华尔街，除了所罗门公司外，没有哪家公司会有这样的想法，于是不久公司就有35名高层人员离职。对于员工这种拒绝承担风险的态度，巴菲特也感到很无奈。

35名离职的高层中有一个人叫约翰·梅里韦瑟，他在所罗门公司的主要工作是为从事套利交易的股东寻找适合的交易。随着梅里韦瑟的离开，这些进行套利交易的股东不得不为争取自己在所罗门公司的股份而斗争。对于这些人，巴菲特还是很愿意为他们做些什么的，毕竟套利交易在所罗门公司的收入中占有很大的份额。不过由于市场竞争残酷性的不断增加，即便是套利交易的利润也出现了下滑的趋势。

套利交易者存在这样的想法，他们认为类似或者相关产品的价格差距会越来越小，这就是他们进行交易的理论依据。举个例子，他们的交易可能会建立在两种类似的债券能否以相近的价格来完成交易上。[12]可当时的大环境是竞争异常激烈，那些不需要动脑就能完成的生意越来越少，所以套利交易者只能将目光投向那些高风险的交易。一旦亏本，他们会拿出更多的钱，期望能以扩大规模的方式来挽回出现的损失。不管是上述哪种情况，由于交易本身的利润正在缩水，套利交易者认为只有通过大手笔的买卖，才能弥补交易中出现的损失，然而他们进行的很多交易都是在负债的前提下进行的。

市场法则并不鼓励套利交易者这样做，因为市场并不需要套利交易者把自己的损失通过与之前一样的方式填补回来。为什么？这个游戏最终就是没有人会从中赢利：如果一个人有1美元，他在生意中赔掉了50美分，还剩下50美分，为了填补损失，他肯定会加大投资，但想要补回之前的损失又怎么会是一件容易的事？所以最好的方法就是向别人借50美分凑够1美元后进行下一笔交易，这也就意味着他只付出了一半的资金就能得到两倍的利益（当然还要算上借款期间的利息）。相比于自己付出1美元，显然第二种方式要轻松很多。但不可否认的是，借钱做生意也将加大风险指数，如果投资者再输掉50美分，那他就什么都没有了。所以巴菲特也从中给出了三条法则：第一，做生意要避免赔钱；第二，参照第一条法则；第三，不要从别人手里借钱！

然而那些套利交易者的想法并不是这样，他们总以为自己对债券价值的估计是正确的，因此即便债券市场的走势背离了他们之前的预测，也认为只要时机成熟，损失的钱就会自动回到自己的口袋。从股价波动率的角度来讲，投资风险就这样出现了，因为上述命题成立的条件是投资者必须有足够的时间和耐心，而这恰恰是那些借款经营者最大的弱点——时间对于借款投资的人来说几乎就是奢侈品。还有一个重要的因素，在已经亏损的项目上进行投资，投资人必须拿出足够的资金，而且任何资金都是存在机会成本的，这笔追加的额外资金也不例外。

在众多的套利交易人员中，有一位叫拉里·希里布兰德，他原本希望利用抵押债券的利息套利从中赢利，没想到却赔了4亿美元，这在当时是一个不小的数目。不过希里布兰德深信如果公司能够给予一定数量的资金援助，自己肯定能把之前的损失补回来。巴菲特也相信希里布兰德有这种实力，于是同意给他拨款，最终的结果令两人都很满意——希里布兰德不但补回了之前的损失，还着实赚了一笔。

这些从事套利交易的人似乎对自己的能力有一种天生的直觉和判断，他们总是对自己深信不疑。随着套利交易的手段在股票、债券的经营过程中越来越普及，套利交易者逐渐希望能摆脱之前受限制的局面，他们希望扩大交易范畴，希望在交易中引进更多的变量和不确定因素。套利交易者对于计算机的依赖性很强，通过种种复杂的数学公式计算出来的数字，是他们决定是否交易以及进行哪个交易的基础，但他们又否认自己是数字的奴隶，坚持说数字不过是决策过程中的指示路标而已，并不具备任何实际的意义。在巴菲特和芒格眼里，这种依靠数学公式来指导投资的方法算不上真正的投资，这种感觉和用自动驾驶模式开车很类似，开车人认为自己在高度专注地驾驶汽车，路况平稳的地区还好，而一旦遇到了道路颠簸、雨天还有交通拥堵的情况，自动驾驶就完全失去了作用。换句话说，一旦股市出现问题，依靠冷冰冰的数学公式给出的答案肯定不能解决出现的问题。

所罗门公司那些从事套利交易的人究竟希望得到什么呢？很明显，投资资本不是他们的终极目标，他们希望约翰·梅里韦瑟重新回到所罗门公司的舞台上。在所罗门改革后期的恢复阶段，套利交易者一致支持赋闲在家的梅里韦瑟重返所罗门，但是时任公司首席执行官的德里克·摩根并不支持，在他几次礼貌地表达反对后，公司的套利交易者明白他不希望梅里韦瑟回来。这时，巴菲特和芒格起了至关重要的作用，两人对梅里韦瑟的回归投了赞成票，这当然是以一定条件为前提的——梅里韦瑟在回到所罗门公司后必须定期向摩根汇报工作情况，这样也就限制了梅里韦瑟在工作中的自由度。梅里韦瑟并不愿意在他人控制之下工作，于是终止了谈判，并于1994年开办了属于自己的对冲基金公司长期资本管理公司。长期资本管理公司的运营模式和所罗门公司的套利交易运作模式类似，最大的区别在于在梅里韦瑟和他的合作伙伴可以保有交易后赚取的利润。

随着梅里韦瑟的离开，他原来在所罗门公司的老臣和同事相继离去，大家纷纷选择美国康涅狄格州的格林尼治作为自己工作的新起点——这里也是长期资本管理公司总部的所在地。由于公司最大的财富制造者离开了，所罗门公司的首席执行官摩根预感到巴菲特也将要离开，他似乎已经洞察到巴菲特给手中所罗门公司的股份贴上了"出售"的标签，所以摩根不得不开始未雨绸缪，着手部署后巴菲特时代的公司运营计划。[13]

巴菲特在1996年致股东的信中这样说道："事实上，所有的股票价格现在都被高估了！"巴菲特认为股票市场之所以红火，是因为华尔街的存在以及它在世界范围内的影响。同样是在1996年，摩根决定把公司旗下的酒店卖给桑迪·韦尔，这位旅行者保险公司的首席执行官正是十几年前从保险公司消防员基金被排挤走的那位，而多年前的排挤事件刚好牵扯到巴菲特，韦尔对巴菲特可谓恨之入骨。摩根不是没有考虑到两人之间的摩擦，但是当面对世界范围内在大型"金融购物中心"方面唯一能与美林证券抗衡的旅行者保险公司时，摩根还是选择对巴菲特与韦尔之间的矛盾视而不见。而韦尔方面，虽然他本人不喜欢套利交易，但是他深知世界范围的连锁酒店将产生巨大的利益，所以毫不迟疑地与所罗门公司签订了交易合约，而他这种行为则被外界认为是针对巴菲特的。韦尔以自己的方式打败了巴菲特——既然所罗门公司在巴菲特时期经营不善，韦尔自然不会放过这个机会证明自己。对于自己的对手韦尔的收购，巴菲特丝毫没有吝惜自己的溢美之词，他把韦尔比喻成实现股票价值的天才。[14]最终，韦尔的旅行者保险公司以90亿美元的价格买下了所罗门公司，巴菲特终于甩掉了自己身上的这个大麻烦。[15]

甩掉了所罗门公司，巴菲特依然是投资者追捧的对象，梅里韦瑟就是其中之一。这位长期资本管理公司的首席执行官深知巴菲特非常希望能拥有属于自己的赌场和娱乐场，因此在自己的长期资本管理公司挂牌营业的某一天，也就是1994年2月前的某一天，梅里韦瑟和一位合伙人亲自飞往奥马哈，希望能说服巴菲特往自己的公司注资。他们邀请巴菲特在奥马哈著名的Gorat's牛排店吃饭。席间，梅里韦瑟向巴菲特展示了对于新公司的规划，并对投资赌场可能出现的种种情况做了分析，还给出了公司的资金预算，准备充分可见一斑。梅里韦瑟的理念就是通过数量庞大的小规模经营来赚取利益，而这些小规模经营的启动资金至少需要长期资本管理公司资本的25倍！梅里韦瑟认为，一旦经营出现失误，最大损失额不会超过公司资产的1/5，而公司出现这种情况的可能性不到1%。[16]相信没有人会把自己公司出现风险的概率说到1%以上（要真是那样的话，没有人会对这样的企业投资，不过这些数字是不能说明问题的。任何公司在规划的时候都会预先假设公司出现致命打击的可能性是零，抑或微乎其微。公司这样做的原因很简单，即便公司有数额庞大的回报，也不足以补偿可能出现的风险带来的损失）。

梅里韦瑟之所以选择"长期"作为自己公司名字的一部分，很大程度上是因为当时投资者的钱都被套牢了。他深知如果自己开始赔钱，在损失得以填补前，他身边就必须要有其他投资者的支持！但是梅里韦瑟的这种想法被巴菲特和芒格看穿了，他们很不屑于成为梅里韦瑟利用的工具——自己投入巨大的资金，填补根本不可能填平的损失，扮演这样的角色让巴菲特和芒格很难接受。

"我们知道他们（长期资本管理公司的人）是非常精明的。"芒格说道，"但我们依然对这份投资的复杂性和需要的启动资金持一种怀疑态度，我们不想成为替罪羊，不想成为把别人带进投资坟墓的坏人。如果我们选择了这个项目，相信会有很多人去模仿。"芒格在言谈中丝毫没有避讳伯克希尔–哈撒韦很可能成为长期资本管理公司替罪羊的猜测。"况且我们也不赞同长期资本管理公司那些人的处事方法！"[17]

长期资本管理公司的赢利模式是这样的：每年从投资者手里收取2%的手续费，并从投资者的投资利润中分得25%的利润。即便如此，委托长期资本管理公司进行投资的客户依然络绎不绝，他们看重的是这家公司的名气，以及提出的"和投资天才一起赚钱"的口号。的确，在长期资本管理公司成立初期，公司的运营是非常出色的。从创下对冲基金募集史上最高的12.5亿美元开始，长期资本管理公司有了一个很不错的起步。长期资本管理公司挖到了之前在所罗门公司工作的老臣和经营团队。在新公司，这些套利交易的专家能够把自己的全部精力投到交易开发上，不会受到外界干扰，自己辛辛苦苦赚回来的利润也不会被公司其他部门瓜分——之前在所罗门公司时，套利交易部门创造的财富往往成为诸多部门觊觎的对象，不过在长期资本管理公司，这样的局面再也不会发生了。在长期资本管理公司成立的前三年，业绩非常好，投资者的投资总额翻了两番。到1997年底，公司累计资本达到了70亿美元。但好景不长，之后出现的对冲基金竞争激烈的局面开始制约公司回报的增长，而梅里韦瑟不得不向投资者返回23亿美元的资产以填补投资者的损失，剩下的则完全投入了市场。那时长期资本管理公司的套利交易依然维持在1 290亿美元的水平线上，但是这个数字看起来更像是公司的债务总额。事实上，当时长期资本管理公司只有47亿美元的流动资产。公司原本的策略是通过募集投资者的资金，以巴菲特选择的投资组合作为自己的蓝本积累财富，但是现在梅里韦瑟发现公司的资产中几乎有一半是记在自己合作者名下的。[18]尽管如此，梅里韦瑟依然很自信，他和他的公司在金融界依然拥有显赫的地位，公司的那些合作者依然可以对自己的客户耍派头。那时与长期资本管理公司进行合作的企业向超过50家银行进行贷款，虽然是债务人，但这些企业依然对银行、对自己的经纪人指手画脚、发号施令（这样的场景在类似的案例中很常见）。

也许是因为巴菲特在金融界创造的财富是前无古人的，所以很多人都把复制巴菲特神话甚至超越他作为自己最大的目标，不过目前来看还没有人实现这个目标。在很多人看来，梅里韦瑟已经离这个目标越来越近了。梅里韦瑟对巴菲特也许有一种潜意识的怨恨心理，在所罗门公司，巴菲特就没有向他伸出援手，既没有充当他的保护者，也没有帮助他重返所罗门，这就让梅里韦瑟有了超越巴菲特的动力。[19]但人们也许忽略的一点是，长期资本管理公司永远是落后于巴菲特的伯克希尔-哈撒韦的。简单来看，伯克希尔-哈撒韦的股价要比长期资本管理公司的股价高[20]，但梅里韦瑟不是轻言放弃的人。他在百慕大地区开设了一家名为"鹗莱"的再保险公司。选择"鹗莱"这个名字，是因为在长期资本管理公司总部大楼前面的喷泉中间有一尊雄鹗的铜像，铜鹗的爪子深深地插进了猎物的身体里，鹗莱也因此得名。长期资本管理公司旗下的这家再保险公司主要的业务范围涉及地震、飓风等自然灾害保险，这个险种和巴菲特高级助理阿吉特·贾殷在伯克希尔-哈撒韦负责的险种十分相似。换句话说，鹗莱公司闯入了阿吉特的领地。但众所周知，任何保险险种都不是一个轻松的话题，很多人在涉足保险行业的时候都没有获得成功，即便是经验老到的巴菲特，在他年轻的时候也出现过这样那样的失误。所以作为一个新手，要想在再保险行业中做出成绩，长期资本管理公司必须要有进门的金钥匙，事实证明，它做到了。

随着时间的推移，长期资本管理公司在保险业务上越来越成功，其业务范围也在不断扩大，甚至有人开始效仿它的保险经营策略。到1998

年夏，一切似乎又到了一个转折点，几乎在一瞬间，所有债权人都意识到了一个问题——他们对于债务人是否还款的预想有些盲目乐观。究竟债务人会不会按时偿还自己的债务？每隔一段时间这种想法总会爆发一次。面对这种情况，再加上银行利率的提高，长期资本管理公司的竞争对手纷纷对自己目前的状况重新进行评估，具体办法就是通过降低债券价格的方式带动一个销售狂潮，但长期资本管理公司并没有这么做。它选择了与大众方法背道而驰：卖出了手中最保险的债券，转而投资那些高风险的债券，认为高风险能带来高回报，同样也在价格上具有相当的优势。长期资本管理公司的理念就是随着市场趋向更加有效的运作方式，高风险债券的价格将会上扬，趋向低风险的债券价格。做出这样的判断源于它通过市场分析做出来的精密测算。在进行了一系列的数据分析后，长期资本管理公司认为金融市场的大方向将趋于平稳，也就是说市场将出现反弹，而之后市场即便有变动，也是在一个很小的范围内波动。这种说法从历史的角度来看是成立的，但是历史告诉人们的另外一个原则就是普遍发生并不代表永恒。长期资本管理公司也知道这一点，所以公司把投资者的钱"冻结"了起来，希望当问题出现的时候能对公司有所帮助，至于期限，公司没有明确，但肯定是越长越好，至少公司会选出一个它认为合适的足够安全同时又能保证自己利益不受侵害的时间。

1998年的俄罗斯金融风暴最终摧毁了长期资本管理公司的所有设想。1998年8月17日，俄罗斯政府宣布卢布贬值，这场金融风暴引发了全球性的金融动荡，长期资本管理公司受到重创。投资者能做出的唯一选择就是抛售手里的所有股票和债券。早些时候已经有投资经理预感到了长期资本管理公司几近崩盘的局面，他们认为公司在金额巨大的套利交易中谋利的做法无异于"在重型推土机前去捡5美分的硬币，危机随时都有可能发生"。[21]这一幕现在已经发生，而且捡钱的人面对的还是一部安装了法拉利引擎的推土机，它正以每小时80英里的速度开过来，捡钱的人大难临头了。

回忆起当时的一幕，巴菲特也陷入了沉思。1998年8月23日，星期日，他接到了长期资本管理公司的埃里克·罗森菲尔德的电话。"当时我正在打桥牌，电话响了，是罗森菲尔德。"巴菲特说道。对于罗森菲尔德，巴菲特是非常欣赏的。45岁的罗森菲尔德是梅里韦瑟精英团队的一分子，之前他曾在所罗门公司就职，在那里他主要负责的就是审核每笔交易，找出存在问题的环节。到了长期资本管理公司，他成为梅里韦瑟的副手，工作的主要方向就是以销售合并套利债券的方式来重新规划公司的投资组合，尽可能地优化投资组合。"我已经很多年没有和罗森菲尔德通电话了，但我能听出来他的声音带有一种很害怕的情绪。他向我通报了长期资本管理公司的情况，并表示希望我能帮助公司的套利债券部门走出困境，把套利债券转移到我的名下，这大概需要60亿美元的投入。直到那时他们依然认为套利交易是一个纯数学的问题。"[22]巴菲特并没有直接拒绝罗森菲尔德的请求，而是选择了非常礼节性的方式，"我很明白地告诉他，我可以帮他，但不是买下其公司的全部套利债券，而只能是其中的一部分。"

就在这场金融动荡发生短短几天的时间里，长期资本管理公司的资产严重缩水，不到一周，公司的资产净值减少了50%。一周里，公司的合伙人一直在给自己关系网里的所有人打电话，希望在8月31日，也就是公司宣布破产前能够尽可能多地募集到资金，随着公司逐渐接近死亡的边缘，他们也开始认同了拉里·希里布兰德的话——现在是到了向"奥马哈先知"巴菲特求助的时候了，只有他才能帮助长期资本管理公司渡过难关。

第二天，道琼斯工业指数下跌了4%，《华尔街日报》把这称为"追加保证金的全球性预警通知"，恐慌的投资者开始纷纷抛售手中的股票和债券。而就在这一天，希里布兰德来到奥马哈拜访巴菲特，巴菲特亲自到机场迎接这位老朋友，之后两人来到了伯克希尔-哈撒韦在基威特广场的总部。令希里布兰德感到惊讶的是，伯克希尔-哈撒韦的装修和自己所在的长期资本管理公司有着很大的不同：后者极尽奢华，办公大楼里有两张撞球台，一个面积达到3 000平方英尺的健身房，还配有专业的健身教练，而伯克希尔-哈撒韦秉承了巴菲特节俭的美德，办公室并不大，而且已经被工作人员和可口可乐公司的投资备忘录填满了。

此前，希里布兰德的情况并不好，他早已陷入债务麻烦之中，个人投资血本无归，想要利用杠杆投资来填补损失也不是良机。到达奥马哈的第一天，希里布兰德走访了伯克希尔-哈撒韦的各个层面，并向巴菲特陈述了在这个时间对长期资本管理公司投资的种种好处。[23]提到这件事，巴菲特回忆道："当时希里布兰德希望我能向长期资本管理公司注资，他向我描述了七八个可以投资的部门，但是我知道这些都是相互牵连的，我知道我伸出援手的时间越迟（不要太迟），我能够得到的利益份额就会越大。为什么？因为以长期资本管理公司目前的状态，它非常需要能有人施以援手。而希里布兰德提出的建议似乎都不在点儿上，没有什么实际的意义，也许长期资本管理公司的人认为自己还有时间要要手段，但我不想这样，这就是我的答案。"正如巴菲特所说，最后他这样告诉希里布兰德："我不会拿着别人的钱进行投资，我不希望扮演投资人的角色。"[24]那么巴菲特想要的是什么呢？他只对担任公司老板这个职位感兴趣。

长期资本管理公司不需要老板，只需要一个投资者，能够注入资金帮助公司渡过难关的人。所以公司不得不寻求其他力量的帮助，就在即将选择寻找其他人帮助的时候，公司的局面似乎又出现了转机。[25]到8月的最后一天，也就是公司管理层需要向股东通报公司亏损情况的那一天，公司的基金损失已达19亿美元，接近资产总额的一半。出现这种局面，不仅是由于股票市场连续几个月下跌，另外一个不容忽视的原因就是人们对于债券投资市场存在的风险的抵触。[26]相关部门表示1998年出现的这次股市震动可以说是非常罕见、"百年一遇"的，而其所带来的影响不亚于在纽约市刮起了4级飓风，整个金融界的损失达到了20%。但长期资本管理公司好像看到了些许有利因素，梅里韦瑟在写给股东的信里表示了自己的信心。尽管公司的损失已经达到了50%，但他并没有用"损失"这个词，而是选择了"震动"这个词，他还在信里积极鼓动股东投资："现在出现的情况的确不是很好,但这不过就是一个震动、一场风波而已。而从另外一个角度来讲,这是各位选择进行投资的最佳机会,至少在我们看来,现在是公司所能想象到的最好的投资机会。如果能对我们公司进行投资,那么你所投资的这笔资金将为你赢得一个超值的回报率,我们的手续费也会更加合理。"[27]梅里韦瑟似乎在给人制造一种错觉——长期资本管理公司有这个能力募集到资金东山再起,它可以等到金融风暴平息后把失去的损失夺回来。事实上,如果公司希望弥补失去的损失,就需要大量的资金作为后盾,以公司目前的情况只能通过杠杠交易的方式,而过高的杠杆率又让这种想法变得不太现实。在这种局面下,"投资风险"的唯一解释就是赔钱了。很显然,长期资本管理公司没有做好赔钱的准备。公司长期以来保守的企业文化和蒙蔽合作伙伴的专制作风现在开始起作用了,没有人愿意把钱投资到摇摇欲坠的长期资本管理公司,不过也许有一种可能——只有那些真正成为公司老板的人现在才会把自己的钱放在这家以套利交易为主的投资公司里。

当巴菲特看到梅里韦瑟写给股东的这封信时,他也给自己的下属和梅里韦瑟写了一封信,信里写道:

他(梅里韦瑟)描述的情况是可能发生的,但必须要具备以下几个前提:第一,你的工作人员必须非常优秀,智商全部都在160分以上;第二,他们所在的行业必须要有悠久的历史,至少要有250年的发展史;第三,行业的纯利润要高;第四,这个行业要有很高的杠杆比率作为后盾。[28]

巴菲特经常说,无论基数多大,它与零相乘的结果依然是零。对于巴菲特来说,零的概念就是没有任何结余的损失。在任何一项投资中,只要存在完全亏损的可能,那么不管这种可能变为现实的概率有多小,如果无视这种可能继续投资,资金归零的可能性就会不断攀升,早晚有一天,风险无限扩大,再巨大的资金也可能化为泡影,没有人能够逃得了这一切。[29]但巴菲特的这种理论显然在长期资本管理公司是不存在的,他们一直认为所谓灾难性的情况出现的概率不到20%。巴菲特描述的

"零"的概念，在他们眼中基本上是不存在的。

只是全球性的金融动荡并没有因为长期资本管理公司的乐观有所改善。到了1998年9月，股市依然呈低迷态势。长期资本管理公司的损失已经超过了60%，但依然没有人进行投资，公司还在为资金发愁。其他交易商的态度更是令长期资本管理公司的情况雪上加霜，他们开始抛售手中持有的长期资本管理公司的基金和股份，所有人都知道长期资本管理公司即将破产，公司易主不过是时间问题，因此长期资本管理公司的价格必将走低——投资者向来就是这样，总希望从危险的地域跳到安全的地域。现在的长期资本管理公司对于他们来说已经不再属于安全的范畴，长期资本管理公司在他们眼中已经没有了任何意义。这时，高盛进入了长期资本管理公司的视线，包括高盛在内的几家企业决定联合购买长期资本管理公司50%的股份，并注资40亿美元，不过这笔钱对于处于困境中的套利基金公司来说还是杯水车薪。

对于收购长期资本管理公司，高盛方面曾与巴菲特联系过，询问其是否有意向对该公司实行紧急救援，得到的却是否定的答案。不过巴菲特也不是完全否定收购的可能，他表示可以考虑与高盛联合完成收购，不仅买下长期资本管理公司的全部资产、投资组合，还要对公司的债务负责。如果两家公司联手，那么它们绝对有资本等到金融危机结束后帮助该公司东山再起，但是巴菲特提出了一个让人觉得非常棘手的条件：收购可以，梅里韦瑟必须走人。

长期资本管理公司和伯克希尔-哈撒韦是有牵连的，而且还是巴菲特最讨厌的债务关系：长期资本管理公司欠伯克希尔-哈撒韦的钱，不仅如此，长期资本管理公司还牵扯到三角债务和四角债务的纠纷中，而债务纠纷的最终债权方都是伯克希尔-哈撒韦。"债务问题就如同做爱，"巴菲特说道，"问题的关键不在于我们睡了谁，而是他们睡了谁！"（也就是说谁欠我钱不重要，关键要看谁欠我的债务人。）不过之后巴菲特并没有把注意力转移到收购上，而是在周五飞到了西雅图，参加比尔·盖茨组织的从阿拉斯加到加州的"淘金之旅13日游"。临行前，他打电话给自己的职员："不管是谁，只要对方不提供担保，或者没有给我们发保证金通知，都不要相信他们的借口。"[30]

第二天，巴菲特和苏珊以及包括盖茨夫妇在内的四对夫妻出现在阿拉斯加州首府朱诺市，他们要乘飞机飞越阿拉斯加的冰原地带。在那里他们看到了巨大的蓝色冰山，看到了3 000英尺悬崖边上壮美的瀑布。晚上，巴菲特和众人一起观看了有关冰川学的介绍，但他的心思早已经飞到了长期资本管理公司的收购案上，他在想高盛能不能在这么短的时间里募集到足够的资金完成收购。贪婪的交易商已经把长期资本管理公司的价格压得很低了，这个时候介入显然是最合适的。在巴菲特的职业生涯中，还没有哪一次收购是在这么短的时间里完成的，而且这次面对的还是一家规模很大的企业——至少曾经的规模还是很大的，所以巴菲特把这次收购长期资本管理公司看成一个非常难得的机会。

第三天，盖茨旅行团来到了海滩附近，他们选择的地点常有灰熊出没，而他们当天的主要目的就是观察灰熊。不过巴菲特并没有这个闲情逸致，高盛的总裁乔恩·科奇一直在给巴菲特打电话，不过由于卫星信号不好，电话总是打不通。"算了，今天我们算是与外界隔绝了。"巴菲特说道，"游船两侧都是800多米高的山峰，船长还指给我们看了，瞧，前面出现了一只熊，该死的熊！不过现在我还是应该找一部电话，而不是和熊在一起！"

看过了灰熊，盖茨、巴菲特一行人按计划要穿越弗雷德里克海峡去看驼背鲸，在长达两三个小时的时间里，巴菲特几乎与外界断绝了一切联系。由于信号不好，谁也找不到他，可想而知远在纽约的科奇是多么着急，不过最终科奇还是联系上了巴菲特。当巴菲特还在阿拉斯加听取有关海洋野生动物的介绍时，科奇在纽约这边的收购准备已经进行得差不多了。他告诉巴菲特可以完成收购，尽管当时还只是停留在对收购提出报价的层面上（因为不知道有多少公司会与之竞争收购），而且科奇还表示将完全按照巴菲特的想法。约翰·梅里韦瑟与收购无关，收购完成后，梅里韦瑟不会进入公司新的管理层。

如果照这样走下去，一切都会非常顺利。但是到了周一，巴菲特再次玩起了"消失"，这大大考验了科奇的耐心，他对向长期资本管理公司提出报价以及后面的收购变得越来越没有耐心。于是他开始联系美联储交易部门主管彼得·费舍尔，与之商讨有关联合长期资本管理公司债权人发起拯救行动的问题。而在早些时候美联储已经对长期资本管理公司表示了相当的关注，主席艾伦·格林斯潘也参加了相关的电话会议。美联储一致认为目前的股票市场陷入了一场"国际性的金融风暴"中，所以肯定会有部门或者企业受到影响，"甚至可能是巨大的影响"。[31] 在这种情况下，不乏声音宣称美联储将通过减息的方式来救市。

在科奇还有美联储积极筹划的同时，长期资本管理公司并没有止住亏损的脚步，短短几天的时间，长期资本管理公司的损失就达到了5亿美元，银行也开始通过销账的方式削弱对长期资本管理公司的支持。[32] 具有讽刺意味的是，长期资本管理公司在8月底时资本减少到了23亿美元，而到9月已经大幅低于这个数字。一年前，公司为了提高合作伙伴的股份向投资者支付了23亿美元，而如果现在长期资本管理公司的资本还能有23亿美元，它完全可以依靠自己的力量再站起来。但是它没有，不仅资本没有到位，长期资本管理公司的负债率还达到了100：1。也就是说，公司每有1美元的资本，就存在100美元的负债。如此高的负债率让投资者敬而远之，没有人会把钱借给这样的公司，投入到这样有去无回的生意上。

长期资本管理公司这边已经到了破产的悬崖边，而巴菲特还在游山玩水。就在巴菲特打算和盖茨夫妇前往蒙大拿州博兹曼市的那天早晨，他又接到了科奇的电话，后者向其咨询是否同意增加一个新的合作伙伴，即美国知名的保险商美国国际集团（AIG）介入收购事宜。美国国际集团愿意把自己的金融衍生部门的股份作为支付方式参与到这桩收购案中，它的老板汉克·格林伯格和巴菲特的关系很好，而且该集团有类似的收购经验，并能提供替代梅里韦瑟的管理团队，不过格林伯格强大的经济实力对巴菲特来说是一个牵制，这也让梅里韦瑟更接受巴菲特参与这桩收购案。

　　第二天，美联储召集45位银行代表开会，主要议题就是商讨有关联合拯救长期资本管理公司的内容。对于这个会议，在座的银行代表其实都很头疼。在过去4年的时间里，长期资本管理公司就是银行的噩梦，而现在它依然没有停止对银行业的纠缠。当时的情况是，如果他们任凭长期资本管理公司混乱的情况继续下去，那么一旦这家公司破产，其他套利基金公司也将陷入类似的混乱之中。现在的长期资本管理公司就好比多米诺骨牌最前面的一块，如果它倒了下去，那么将引发灾难性的多米诺效应，甚至全球的金融体系都将受到巨大的冲击——长期资本管理公司很可能成为下一家所罗门公司。这种情况巴菲特和芒格不是没有预料到，早在1993年他们就开始向伯克希尔–哈撒韦的股东灌输这种观点。这也正是诸多银行担心的问题，如果不对长期资本管理公司施以援手，很可能下一个破产的就是它们自己。所以当它们一次又一次地被迫追加资金数额的时候，态度总是很勉强，即便追加这些钱也将全部用来支付长期资本管理公司的债务。不过当科奇告诉人们股神巴菲特也参与了这项救助活动时，人们悬着的心顿时放了下来。在人们眼中，巴菲特就是投资成功的代名词，他几乎从来不会失手。如果巴菲特介入这家岌岌可危的公司，即便最终他的财富足以把所有人都踢出局，巴菲特的出现还是会增强人们心中的底气，让他们有足够的理由签下救助长期资本管理公司的协议——这毫无疑问。唯一对巴菲特不放心的就是纽约联邦储备银行总裁威廉·麦克唐纳。巴菲特在即将登上去往黄石国家公园的汽车时接到了麦克唐纳的电话，被质问是不是真的决定对长期资本管理公司实施救助。"这还有假吗？"巴菲特给出了肯定的答案，表示自己已经做好了一切准备，也能在短期内联手救市。虽然告诉了对方明确的答案，但是巴菲特心中仍有疑惑：为什么在伯克希尔–哈撒韦、美国国际集团和高盛三家规模巨大的私人公司联手对长期资本管理公司实施救助的时候，不能再加上联邦政府的帮忙？最终巴菲特在纽约当地时间上午11点左右给纽约联邦储备银行打了电话，尽管卫星通信的效果并不好，但他们还是见证了巴菲特对收购的坚定态度："我希望你们能知道，我肯定会完成对长期资本管理公司的救助收购，接下来我会派人全权处理这些事。我希望你们能知道，他所说所做的一切都是我的意思，我希望你们能很认真地处理这件事。"

"当时我并不想让汽车等我，所以我继续旅行，不过这的确是一件痛苦的事。那时查理（芒格）在夏威夷群岛，好在我清楚事态的发展情况，知道形势发展得越来越严峻。到了周三早晨，几乎每个小时局面都有非常不同的变化。"巴菲特说。

就在巴菲特打完电话一个小时后，高盛代表伯克希尔–哈撒韦、美国国际集团向梅里韦瑟传真了救助方案。救助方案只有一页纸，大体是说三家公司愿意以2.5亿美元收购长期资本管理公司，但条件是梅里韦瑟和他的合伙人必须要从长期资本管理公司退出。如果梅里韦瑟同意，三家公司还将追加注资37.5亿美元，其中伯克希尔–哈撒韦将负担绝大部分。为了避免节外生枝，巴菲特只给了梅里韦瑟一个小时的考虑时间。

接受还是不接受？

当时长期资本管理公司的资产只剩下5亿美元，而巴菲特等人提出的收购价码不过是公司总资产的一半。一旦巴菲特偿还了公司的所有债务，不仅是梅里韦瑟要走人，他和他的合伙人在公司近20亿美元的资产也会打水漂。不过高盛传真的收购草案中存在一个漏洞——三家公司最终收购的只是长期资本管理公司本身，而不包括它的资产。梅里韦瑟知道这是巴菲特故意留下的缺口，但这却给梅里韦瑟出了难题，他的代表律师表示如果只收购公司而不接管公司的资产，必须要得到公司所有合伙人的同意。[33]为此，长期资本管理公司表示希望伯克希尔–哈撒韦、高盛以及美国国际集团通融一下，要先征求内部的意见，可是收购的关头却没有人可以联系到巴菲特，这样收购很可能被迫终止。事后巴菲特也表示，如果当时能够联系到自己，他肯定会同意对方的这个请求，但是说什么都晚了。当盖茨夫妇和其他人兴趣盎然地欣赏美景时，巴菲特却忙着给高盛的科奇和美国国际集团的格林伯格打电话，但由于信号不好，巴菲特的努力只是徒劳，他也不知道纽约方面究竟发生了什么事情。

而在纽约，纽约联邦储备银行总裁麦克唐纳和45位银行代表在屋子里等待收购的最新进展，屋子外面的长期资本管理公司员工的心情更是焦急，他们不知道屋子里面到底发生了什么。之前的私人收购由于联邦政府的介入而多了很多不确定因素。最终，在没有联系到巴菲特的情况下，麦克唐纳不得不终止了伯克希尔–哈撒韦与美国国际集团及高盛的联合收购。"由于体制方面存在的问题，这次收购不得不终止。"麦克唐纳说道。没有在场的巴菲特自然不能辩解什么。在美联储的倡议下，在场的15家银行中的14家联合募集到36亿美元对长期资本管理公司实行收购，唯一没有参与这次行动的银行是贝尔斯登投资银行，这也导致其他14家银行对其旷日持久的抵制。而梅里韦瑟方面，他和他的合伙人意识到，让银行联手收购要比巴菲特介入的情况好一些，至少他们不会因和巴菲特之间的契约而沦为劳役！[34] 终于，晚上巴菲特得到了收购失败的消息，他隐约感觉到失败在很大程度上是因为梅里韦瑟不希望把公司卖给他，否则长期资本管理公司肯定会尽自己的最大努力来促成这次收购。还有一点，也是让梅里韦瑟感觉压力很大的一点，就是（正如一位长期资本管理公司的合伙人说的）"巴菲特唯一在乎的就是自己的声誉。经历了所罗门公司丑闻后，他害怕再与约翰·梅里韦瑟扯上任何关系"。[35] 而且政府促成的这桩收购给梅里韦瑟带来的好处远比巴菲特介入带来的好处多。

第二天，盖茨一行来到了老忠实喷泉，但巴菲特的心思还在收购案上，他在想是不是自己可以做些什么来挽救这桩交易，而盖茨盛情难却的桥牌宴却一点一点地"腐蚀"着巴菲特的斗志。盖茨和巴菲特等人来到蒙大拿州的利文斯顿，他们进了一列小火车，火车是盖茨之前预订好的，车上坐着两个人——沙伦·奥斯伯格和弗莱德·吉特尔曼。奥斯伯格曾两次获得桥牌世界冠军，而吉特尔曼虽然只是微软公司的一个小职员，却是桥牌的狂热爱好者。于是4个人开始了他们的桥牌之旅。当"旅行团"的其他人在欣赏温德河峡谷沿途美丽的瀑布和令人惊叹的峭壁时，盖茨、巴菲特没有加入，而是聚在一起打桥牌。他们所在的车厢有一个透明的蓝色车顶，四人的桥牌大战延续了12个小时。巴菲特的电话在这12个小时里没有停止过，其他三人总是能听到他与电话那头的人讨论有关长期资本管理公司的话题。从某种意义上讲，长期资本管理公司收购案对于巴菲特来说已经是过去时了，也许在一开始，巴菲特还有再次介入收购的可能，他们可以提出一个全新的收购协议，但随着时间一个小时一个小时地过去，这种可能性变得越来越小了。[36]桥牌让巴菲特没有把全部精力都集中在生意上。

当巴菲特等人打完最后一圈桥牌的时候已经是第二天了，火车到达丹佛后，奥斯伯格和吉特尔曼两个人下了车，盖茨一行人则继续旅行。接下来几天，人们依然沉浸在旅行的兴奋中，漂流、山地自行车成了他们消遣的方式，巴菲特也从报纸上看到了长期资本管理公司被收购的消息，渐渐地，他对收购案完全死心了。

长期资本管理公司收购案距离所罗门公司丑闻结束已经整整7年时间了，而且同样发生在私有公司的身上。为了避免类似事件再次发生，美联储方面开始出面干涉公司的收购行为，这在之前是从来没有过的。长期资本管理公司收购案结束后7周的时间里，美联储连续3次降低储蓄利率，这是为了救市，尽可能地将金融市场的损失最小化，并尽量避免由于一家公司的失误导致整个金融市场陷入瘫痪的局面。尽管没有绝对可靠的办法保证市场不会陷入瘫痪的状态，但是股市受到了严重的打击确是不争的事实。[37]在收购案之后近一年的时间里，长期资本管理公司的合伙人和公司雇员每人的年薪不过25万美元，相对于他们之前在长期资本管理公司动辄百万美元的薪水，25万美元只能说是九牛一毛，而且他们还肩负着更艰巨的使命：让人们重新认识、接纳套利基金，以及支付之前欠下的债务。[38]之前提到的希里布兰德现在的负债达到了2 400万美元，所以当他找到工作签下劳动合同时，感慨之情油然而生，甚至泪流满面。[39]埃里克·罗森菲尔德在不得已的情况下拍卖了长期资本管理公司的藏酒，虽然如此，但这些人中没有人因为贫困而露宿街头，他们中的不少人之后也找到了不错的工作。梅里韦瑟重拾老本行，和之前的团队一起开了一家规模不大的基金公司，涉及的杠杆比率也没有之前在长期资本管理公司那么高。在人们眼中，这些之前在长期资本管理公司工作的人几乎让整个金融界陷入一片混乱，所以他们应该在金融界消失。而在巴菲特眼中，没有实现收购长期资本管理公司是他一生最大的遗憾之一。

其实埃里克·罗森菲尔德的理念还是非常不错的，这是一个很有远见的人，不过在当时那种混乱的局面下，他的想法很难实现，因为这需要大笔的资金来支持——像伯克希尔－哈撒韦那样的公司才能提供的资金。毕竟，如果你投入了1 000亿美元甚至更多的资金在一个充满风险的项目上，你总是需要一个合作伙伴，哪怕是自己父母的支持，这样在面临困境的时候，会有人出来给你撑伞，出来扶持你。[40]所以，长期资本管理公司需要和伯克希尔－哈撒韦这样的公司合作，但这又意味着公司的领导者必须放弃自己的所有权——鱼与熊掌不可兼得。如果想让伯克希尔－哈撒韦出来投入资金、承担风险，你就要让它获利。

其他的解决方法呢？任何其他的解决方法都是不切实际的。长期资本管理公司在把麻烦甩给别人的同时依然可以保有自己的分红？这显然不可能。但不可否认的是，这种想法却是20世纪90年代后期的主流，而且对日后产生了深远影响。

拯救长期资本管理公司这件事，其实是央行发起的挽救一家私人性质的基金公司的活动，但不能因此贸然高估央行在这件事上的意义。对于任何一家套利基金公司来说，只要它的规模足够大，就不会关门大吉。人们不禁要问，究竟整家套利基金公司的规模要做到多大，才能保证其在金融市场永远都不会垮台？政府的介入现在来看就是安全边际线。[41]一旦政府介入，就算整家公司到了崩溃的边缘，肯定也不会对整个金融市场造成致命的威胁。而之后，市场将依然沿着自己的既定路线前进，就好像中间出现的风波根本没有发生过。金融市场中的"道德风险"带来的威胁其实就是市场中的顽疾——市场监管人员永远都需要面对的顽疾，却没有解决的方法。在这个世界上，永远都会有这样那样的冒险家。不过对于巴菲特来说，他肯定不是冒险家的性格，只要提到工作，他就像血管注入冰块一样异常冷静。但其他人就没有巴菲特这么好的修养了，身体里分泌的肾上腺素在刺激着他们的大脑，有些甚至带有一些遗传的色彩。他们会义无反顾地冲向金融市场，不计任何后果。

52
饲料事件

伊利诺伊州迪凯特，亚特兰大　1995—1999年

1995年，美国司法部发起了一场针对ADM公司操纵玉米糖精和赖氨酸市场、欺骗消费者并垄断价格的调查，ADM公司的豪伊·巴菲特成了怀疑对象。豪伊和妻子德文想要逃离这个是非之地。当豪伊周五从ADM公司离开的时候，他知道自己已经不能再回头，再也不会回到ADM公司了。公司大门外有很多记者等着他，回家的路上也不乏记者跟踪。回到家里，豪伊夫妇收拾起了行李。周日早晨，两个人悄悄地离开了居住地伊利诺伊州的迪凯特市，乘坐租来的飞机到芝加哥与世交唐纳德·基奥碰面，后者将用自己的私人飞机把豪伊夫妇送到太阳谷，由于那里并不对记者开放，所以他们一致认为太阳谷是安全的。

到了太阳谷之后，豪伊的心情非常烦乱。一天，他在ADM公司认识的一个叫马克·怀塔克雷的经理告诉豪伊，自己是美国联邦调查局派来的卧底，主要调查ADM公司涉嫌的价格垄断案件。怀塔克雷还告诉豪伊，联邦调查局会在星期二晚上6点派人过来见豪伊。豪伊终于知道为什么有一段时间怀塔克雷总是穿着一身绿色的西装了，因为衣服里藏着窃听器。从那一天开始，豪伊经常不停地在大厅里来回踱步，他在想如何应对联邦调查局的探员。也就是从那一天开始,豪伊天天都能接到怀塔克雷的电话,他在向豪伊表示自己的担心。当然,豪伊的确也很担心,不过他也在尽量使自己保持一种平静的心态。对于怀塔克雷,豪伊并没有说什么,但是从对方的声音里,豪伊听得出来他面临的压力也很大。

终于到了周二。准备晚饭的时候,德文尽量让自己的情绪稳定下来,但是她的手一直在抖。门铃响了,豪伊站了起来。进门的是一位穿着西装的探员,他告诉豪伊:"你并不是唯一被调查的对象。"当时大概有300位探员在美国境内调查这桩价格垄断案。

尽管豪伊心里很害怕,但他还是表示会全力支持联邦调查局的工作。他对来访的联邦探员说自己并不信任ADM公司董事长德韦恩·安德烈亚斯。安德烈亚斯让豪伊负责竞选捐款的有关问题,而这是一个让人非常头疼的工作。[1]前一年秋天,安德烈亚斯因为豪伊提出为国会议员提供娱乐有道德问题而大为不满。对于价格垄断案件,豪伊表示自己毫不知情。

刚刚送走了联邦探员,豪伊就给父亲打了电话,他在电话里这样说道:"我不知道现在应该做些什么,我手里什么证据都没有。我怎么能知道他们对我的指控是不是真的?我的名字现在几乎登上了所有报纸的头条,这样我还怎么能做这家跨国大公司的发言人?我该怎么做?我是不是要选择辞职?"

巴菲特并没有表态,他在努力控制自己的反应——在自己的三个孩子中,只有豪伊与联邦调查局有这样的"亲密"接触,而在ADM公司的工作是豪伊进入世界级大公司后的第一份工作。在儿子诉说完自己的问题后,巴菲特对儿子说,怎样决定、要不要辞职完全是他一个人的事,不需要听别人的意见。巴菲特还给出了一条建议:不管豪伊的决定如何,他必须在24小时内做决定。"超过24小时,你就真成了人们眼中的罪犯了,不管发生了什么,如果太晚,想抽身就来不及了。"

父亲的一席话让豪伊恍然大悟,他终于明白把问题拖下去不是解决的方法,也不会给他任何帮助。自己现在要做的就是看看眼下还有几种选择，看看从法律的角度自己究竟将面临些什么。

如果辞职而公司是清白的，那么豪伊将失去很多朋友，也将成为别人眼里的笑柄。如果选择继续留在公司，而公司的确制造了这桩价格垄断案，豪伊知道自己将成为别人眼中的"同案犯"。

最终，豪伊还是选择了辞职。第二天，他来到ADM公司递交了辞呈，并正告公司的首席法律顾问："如果我的名字还会被媒体提到，或者还被牵扯到案件中，我将诉诸法律。"从董事会辞职不是一件小事。一家公司的管理者忽然选择辞职意味着什么？这无疑是告诉所有人ADM公司在垄断案里不是清白的。公司方面自然不会轻易答应豪伊的要求，希望豪伊能够再好好考虑一下，同样也表示如果豪伊闹到法庭上，肯定免不了又要出现在媒体面前，成为众人议论的焦点。不过豪伊的态度非常坚决，毅然决定与ADM公司脱离关系。

两天后，豪伊辞职的消息对外宣布，外界立刻一片哗然。不计其数的记者等在豪伊家门口，希望能抢到第一手新闻，毕竟"巴菲特"这个姓氏和丑闻联系在了一起，媒体自然把这看成了难得的炒作机会。在这种情况下，最明智的选择就是尽快逃离这个是非之地，豪伊夫妇决定离开。

可是他们能去哪儿呢？即便在太阳谷，豪伊也发现那里并不安全，虽然记者不会出现在太阳谷，但是那里也并非与世隔绝。豪伊在那里看到的第一个人竟然是ADM公司的一位董事会成员，后者戳着豪伊的胸口说："知道吗，你真是做了一个你这辈子最不明智的决定！"[2]

这其实是豪伊最正确的决定了，就是这个决定让他和一场灾难擦肩而过。ADM公司价格垄断案成了美国历史上最骇人听闻的案件，[3]公司三位高管，包括副董事长迈克·安德烈亚斯被判入狱，ADM公司还被判支付1亿美元的罚款，随之而来的是公司的声誉遭到重创，只能依靠时间来慢慢修复自己的形象。

随着豪伊的辞职，ADM丑闻带给他的不过是丢掉了一份工作。看到刚刚辞了工作的儿子和不久前离婚的女儿，身为母亲的苏珊决定说服丈夫巴菲特每5年给儿女们一份生日礼物——一张100万美元的支票，一向吝啬的巴菲特这次居然同意了，不仅如此，他还主动把这个习惯延续了下去。在苏珊的要求下，巴菲特为她在加州拉古纳海滩住所的旁边添置了一处公寓，人们把这里叫作"集体宿舍"，因为这里主要用于家人、朋友过来小住之用。[4]苏珊在太平洋高地的公寓没有电梯，但可以俯瞰整个金门桥和阿尔卡特拉兹岛的风景，公寓已经被苏珊改成了仓库。装修后的公寓墙体呈白色，地毯则是极具苏珊特点的明黄色，"仓库"里装满了苏珊从各处收集来的宝贝，有些是她买的，还有一些则是朋友送的。这里有苏珊结识的艺术家们精心创作的作品，有来自中国的麻质服饰，还有来自巴厘群岛的挂毯，蒂芙尼的玻璃器皿和纪念品等。这些藏品中有的的确价格不菲，有的看上去很便宜却非常有特色。在苏珊的这套公寓里，墙上、壁橱里、抽屉里每一处都填满了礼物和藏品，人们甚至怀疑这里迟早不够苏珊放置她的那些宝贝。

在外人的眼里，苏珊的生活是丰富的，她的生活就如同她的性格一样，充满了迷人的色彩。不过苏珊的家，或者她的仓库，更像堆满了杂物的窝。随着宝贝不断增多，她不得不再次要求巴菲特为她添置一处公寓，她希望巴菲特能把自己公寓楼上的那处也买下来。现在苏珊旧金山的住所也成了她放置藏品的"公寓仓库"。

收藏并没有降低苏珊对公益事业的热情，相反，她的这种热情更高涨了。整个20世纪90年代，苏珊工作的注意力几乎都放在了艾滋病患者的救治康复上。不过随着姐姐多蒂被确认为癌症晚期，苏珊把更多的注意力放在了姐姐身上。姐姐多蒂的一生并不幸福，酗酒、疾病、婚姻问题把她搞得痛苦不堪，儿子比利也由于注射毒品过量而死，这就是她的生活。多蒂生命的最后一段时间，苏珊一直待在奥马哈，陪在姐姐左右。最终苏珊没能阻止死神的降临，多蒂离开了人世，苏珊再一次受到亲人离开的沉重打击，这也是继外甥比利·罗杰斯后苏珊失去的又一位亲人。现在，苏珊除了自己的丈夫和子女外，再也没有其他亲人了。

1996年夏，巴菲特92岁的母亲利拉病逝，苏珊筹办了婆婆的葬礼。

利拉是一个很严厉的人,即使到了生命的最后几天,她的脾气也没有和善多少。女儿多丽丝成了利拉"最牵挂"的人,她经常给女儿打电话或者干脆直接到多丽丝的家里,目的就是教训女儿——长达一个小时的教训,利拉甚至能做到不休息、不喝水,最后总是多丽丝声泪俱下,教训才结束。利拉最常用的结束语就是"很高兴我们能有这次心与心的交流"。为了避免母亲善意的教导,巴菲特总是尽可能不与母亲碰面,他把所有照看母亲的任务都推到了女儿苏茜的身上。有些不了解巴菲特的人甚至认为B夫人是巴菲特的母亲,因为股神谈论B夫人的时间比谈论自己母亲的时间还要多。巴菲特如果不幸被阿斯特丽德和沙伦·奥斯伯格"绑"去见母亲利拉,陪母亲聊天的也只是阿斯特丽德和沙伦,而巴菲特就像是死掉了一般几乎不说话,唯一证明他活着的就是他的表情——总是左顾右盼,显得非常着急,随时都希望能逃离这里。利拉的记忆随着时间的流逝已出现了衰退的迹象,更多的时候她的时间还停留在与丈夫霍华德一起度过的38年的婚姻生活中,巴菲特小时候的趣事是利拉回忆的主要内容,还有就是林德伯格家里的小孩。"发生在林德伯格那家小孩身上的事情难道不令人遗憾吗?这简直太令人遗憾了!"利拉说道。

在巴菲特66岁这一年,利拉去世了,全家人给利拉办了一场隆重的葬礼,而人们这时的心情是非常复杂的:一方面,再也没有人在家里唠叨了;另一方面,利拉生前的希望也随着她的离开而永远无法实现了。

"母亲去世的时候我哭了很长时间。"巴菲特说,"不过我哭的原因不是因为母亲的离开,不是因为我很怀念她,而是因为我浪费了太多的时间。母亲生前得到很多,但她留给我的全都是不好的回忆。我和她的关系不是很好,虽然我和父亲从来都没有谈过这个话题。我为我们浪费掉的时间和感情感到遗憾。"

利拉去世了,巴菲特现在成了家族里辈分最高的人,他说他在母亲的葬礼上痛苦不已。利拉的死改变了巴菲特的姐姐多丽丝和妹妹伯蒂的生活,她们惊奇地发现自己从母亲那里继承了不少伯克希尔-哈撒韦的股份,股份数额远比她们自己手里持有的多,再加上巴菲特的父亲霍华德去世后从巴菲特的信托公司分得的财产，巴菲特两个姐妹的财富"暴涨"。妹妹伯蒂是一个节俭的人，她一直没有动用手里持有的伯克希尔-哈撒韦的股份，而且她还非常热衷慈善事业，总是默默地把自己的精力和金钱投入慈善、公益事业。凭借从母亲那里分得的股份，多丽丝彻底摆脱了1987年股灾的阴影，她现在终于又有现金在手了。之后，多丽丝开设了一家叫"阳光女人"的基金会，并为"伊迪丝-斯塔尔-克拉夫特"杰出教师奖进行捐助。这个奖项是巴菲特为了纪念姨妈伊迪丝在早些时候创立的，这个奖项的设置也是为了鼓励奥马哈地区的教育事业蓬勃发展。

现在巴菲特的两个姐妹也是富人了。巴菲特的两个儿子也有了自己的积蓄——很大程度上这要感谢苏珊所倡导的5年100万美元的生日礼物。巴菲特非常希望了解苏珊在公益活动中的资金流向，虽然他从来没有问过她。不过当苏珊决定给孩子们分发礼物涉及费用问题时，她需要向巴菲特"报告"自己派发礼物的细节。一直以来，苏珊在公益事业上的热心、慷慨都是令巴菲特引以为傲的，但他并不是对所有收到苏珊礼物的人都满意，而且对某些收到苏珊大礼物的人越来越不满意了。虽然现在巴菲特的生活和苏珊的生活如同两条平行线，但是巴菲特依然感到不痛快。

由于在礼物派送的问题上产生分歧，巴菲特和苏珊再次陷入战争。苏珊的礼物究竟可以派送给谁，不能派送给谁？最终，还是苏珊接受了巴菲特的意见，从此以后两个人基本上没有再因为礼物派送的问题吵过架。这一幕也退出了巴菲特的记忆，苏珊再次成了巴菲特熟悉的那个苏珊。为什么巴菲特能够如此"健忘"？因为巴菲特需要她。

在苏珊对待朋友的问题上，巴菲特很坚持，而对待自己的儿女，他的态度好了很多，至少比之前好了很多。在苏珊的劝说下，巴菲特同意给儿女一定数量的财富（每5年以100万美元作为生日礼物），他也同意在自己有生之年将这种做法一直坚持下去。此外，巴菲特还决定在自己死后给儿女留些遗产。[5]至于这笔遗产的数量，巴菲特表示虽然不会让他们飞黄腾达,但是对于一般的家庭,这肯定是足够的。

豪伊用父亲给他的第一个100万美元买了一处900英亩的农场,农场位于伊利诺伊州的迪凯特市。算上这里,豪伊已经拥有两处农场了,其中一处完全划在他的名下。在ADM公司丑闻平息后,巴菲特家族的老朋友唐纳德·基奥曾建议豪伊到可口可乐企业集团闯荡一下,豪伊完全可以在那里谋到一个董事的席位。虽然豪伊有担任公司管理者的经历,但他更希望在农场过无忧无虑的日子。不过,不去可口可乐企业集团也可能是好事。虽然可口可乐企业集团比豪伊之前所在的ADM公司的声望高,但是在这家公司任职要承担的风险和面对的麻烦都很多!

可口可乐企业集团是可口可乐公司的灌装商,它的前身是由众多可口可乐公司的灌装商合并而成的。它从可口可乐公司购买浓缩配方,制作成饮料后进行销售,这种方式很像中间商,所以它与可口可乐公司的关系也很微妙,两者之间可以说是共生的。

那时基奥在可口可乐公司担任董事长,而他的老板就是公司的首席执行官、美籍古巴贵族罗伯托·戈伊苏埃塔。戈伊苏埃塔上任后改变了可口可乐公司的营销理念,特别是"我想请全世界喝瓶可口可乐""这就是可口可乐"等广告词的提出,使可口可乐逐渐成为饮料行业中最著名的品牌。公司在戈伊苏埃塔的带动下成为业内首屈一指的企业,他因此获得了同行的普遍尊重。看到了可口可乐公司的发展,巴菲特知道这家公司已经形成了良性循环,他也很钦佩戈伊苏埃塔的经营,他知道要不是这个美籍古巴人,可口可乐公司恐怕很难达到现有的高度。

1997年,在基奥的安排下,巴菲特和戈伊苏埃塔在太阳谷见面了,他们召开了一个小型会议,同时出席的还有比尔·盖茨。

我曾一度试图说服比尔,我说经营可口可乐公司并不是一件非常困难的事,我常用的理论是"汉堡理论"——"就算是一个汉堡也能经营可口可乐"。刚开始的时候他还不相信,所以我们召开了这个会议讨论这个问题,不过最后比尔的发言很有意思,他也表达了和我类似的观点,说经营可口可乐公司并不困难。

让我们听听盖茨是怎么说的吧：

我想表达的是可口可乐公司是一家做得非常好的公司。我说过自己会在60岁以前离开微软，要知道微软公司所在的行业——IT面临的压力很大。这个行业对于年龄的要求很高，特别需要年轻人加盟。我想微软公司同样是一家很不错的公司，所以我知道我的开场白应该说些什么，"和可口可乐公司不同的是……"[6]

不过在戈伊苏埃塔看来，我是一个自负、骄傲的家伙，每天的工作就是做做表面文章而已。要是在可口可乐公司，不说别的，他们连吃午饭、打高尔夫球的时间都没有。

从那次碰面开始，巴菲特说盖茨和戈伊苏埃塔的关系很难用友谊来形容，"那之后戈伊苏埃塔就很讨厌盖茨"。

在投资过程中，巴菲特从不染指科技股，其中一部分原因是，信息科技是一个高速发展的行业，而他的"汉堡理论"在科技股里肯定是不适用的：汉堡可以经营可口可乐公司，但肯定不能成为科技企业的老板。对于巴菲特来说，经营一家完全可以套用"汉堡理论"的公司没什么不好，他的伯克希尔–哈撒韦也能用"汉堡理论"的经营模式，巴菲特也打算把自己的公司改造成那样，但肯定不是在他担任公司首席执行官的时候，而是在他离任之后。

不过巴菲特对可口可乐公司套用"汉堡理论"的论断应该在1997年告一段落了，从这一年开始，可口可乐公司改变了销售计划，确定了销售目标，这种方式极度彰显了公司发展的雄心。它表现出来的这种架势，不仅巴菲特的"汉堡理论"无法做到，就连戈伊苏埃塔自己恐怕也很难完成。可口可乐公司的目标可以说是很多经济工程专业人士期待实现的目标。

1997年，可口可乐公司拥有可口可乐企业集团40%的股份，但这并不是可口可乐公司的目标，它希望能尽可能地扩大直至占有可口可乐企业集团的所有份额。前面我们曾提到，可口可乐企业集团是若干个小型灌装商合并组成的企业，它购买可口可乐公司的浓缩配方，调配好成品后进行销售。在相当长的一段时间里，这都是可口可乐公司主要使用的经营战略，它认为这样做可以节省时间、提高公司的市场份额，并最大可能地赚取利润。理论上说，这种经营策略不违法，也不算是技术上的欺骗，却给人造成了一个违法或者欺骗的印象。作为可口可乐公司董事的巴菲特意识到了这一点，他开始担心这种经营策略迟早有一天会给公司带来负面影响。

　　罗伯托的很多经营策略都是非常出色的，我很欣赏他，但是他制定的一些销售数字却很难实现。他说要提高青少年，主要是16至20岁这个年龄群体购买可口可乐饮料的份额，他说要提高到18%，但是任何大公司都不会把提高销量寄托在这个年龄层次的购买群体上。短期内也许你能见到一定的效果，但是长远来看，这一点儿都不现实，这种策略不能一直持续下去。

　　我清楚地记得那天发生的一切。罗伯托走进门，告诉大家他要为可口可乐饮料的销售扩充第三种渠道，他想从灌装商那里扩大利益分成。他不厌其烦地和财务部门沟通，说这是公司未来的发展方向所在。

　　当时可口可乐公司卖给灌装商公司的浓缩配方价格是非常不合理的，我也和公司财务部门的主管细致地探讨了这个问题。但罗伯托并没有考虑这些，他根本就不想考虑这些。董事会在10点钟召开，中午就结束了，人们根本没有时间对他的计划提出质疑。到了中午，你肯定会不好意思继续提问，或者继续就方案的某一点喋喋不休——难道你要让所有人陪你一起熬到下午1点吗？没有人会不知趣地这样做。罗伯托就是这么一个人，他根本不给你时间让你对他质疑。我们身边的确有这样的人，不过一旦这些人有良好的口碑，这两者结合起来所爆发的合力将是非常巨大的。

　　巴菲特并非普通的质疑者。经过了若干年时间的洗礼，他知道在任何董事会这个社会缩影的环境里，顺从和礼貌的界线在哪里。这就是1998年美国盛行的董事会文化：董事会的决定就代表一切，公司主管根本没有任何改变的余地。

作为公司董事，你根本不需要远程操控公司运作的具体环节。每天你在报刊、媒体上看到的那些有关公司董事会运作策略的报道全都是胡说八道。其实公司董事根本不需要真的去做些什么，因为在他面前只有两种可能——如果你足够聪明，而且能得到大老板的信任，那他们可能会听听你的意见；但98%以上的情况是，他们绝对会按照自己的意愿处理出现的所有问题。听好了，这就是我经营伯克希尔－哈撒韦的方式，我想罗伯托肯定也是很欣赏我的，但是他不想从我这里听取太多意见。

的确，尽管是可口可乐公司的董事，但是巴菲特对可口可乐公司的内部运作并不了解，可口可乐公司也没有打算让他知道什么。当然，他们不想让股神退出董事会，但是股神的儿子豪伊就没有这么幸运了，他必须要面对来自可口可乐公司的压力。

"在可口可乐公司的董事会里，我还是比较独立的，因为我代表的是伯克希尔－哈撒韦的利益。"豪伊说，"可口可乐公司没有人能把我怎么样，所以当我代表可口可乐企业集团向可口可乐公司争取利益的时候，我也没有后顾之忧。"不过最终豪伊还是离开了可口可乐企业集团，因为两家公司董事会里的潜在矛盾实在太多了。从实战的角度看，豪伊在可口可乐企业集团的收获远比在商学院进修的收获多。如果基奥当时没有让豪伊来公司，豪伊也就体会不到公司内部那些不为人知的方面。从这以后，豪伊对于风险的预判也更加准确了。之后他依然出入大企业的董事管理层，但是也深知如果想寻找刺激，肯定不能在任何公司的董事会管理层实现自己近乎疯狂的想法。

20世纪90年代中期，戈伊苏埃塔和可口可乐公司财务总监艾华士依然把灌装商政策作为公司发展的主要手段，并在市场上制造了一个份额最大、效益增长最快的假象。但到1997年，戈伊苏埃塔被确诊为肺癌晚期，并在几个月后辞世，可口可乐公司一下子陷入灾难之中，从董事会到投资方无不对公司首席执行官的离世感到恐慌。在可口可乐公司，人们都把戈伊苏埃塔看成一个颇具政治家风范的领导者，是他把可口可乐打造成了一个国际性的品牌，再加上他的个人魅力，人们都很好奇谁有能力成为他的继任者，带领可口可乐公司开创一个新局面。在大多数人的心目中，戈伊苏埃塔是难以被取代的，所以董事会不得不将公布公司新首席执行官人选的时间一拖再拖，因为他们根本没有找到合适的人选。[7]作为公司财务总监的艾华士在人们心中的口碑倒是不错——可口可乐公司最近几年的发展和成功都有他的努力，在争取公司份额，特别是在与灌装商讨论利益分成的时候，他总是尽自己的最大可能为公司争取利益。不过和戈伊苏埃塔极具贵族气质的风格不同，艾华士更像一位实干家，他很喜欢技术研发，可以长时间泡在硅谷，和众多技术人员一起讨论细节。

巴菲特也很希望艾华士能够出任可口可乐公司的首席执行官，他很欣赏这位实干家。艾华士出生于一个纺织工人家庭，可以说没有任何背景，但凭借自己的决心和毅力，他赢得了可口可乐公司财务总监的职位。[8]艾华士是典型的分析型人才，在戈伊苏埃塔手下，他帮助巴菲特在内的股东赚到了大笔分红。他所表现出来的身处劣势中的勇气和毅力是巴菲特所欣赏的。而至于以种种行业伎俩谋取利益，在巴菲特看来从来都是戈伊苏埃塔的作风，和艾华士无关。

显然可口可乐公司之前实施的灌装商政策奏效了。可口可乐公司的股票价格达到了每股70美元，伯克希尔-哈撒韦的股票也水涨船高。1997年6月，伯克希尔-哈撒韦的股票价格还是每股4.8万美元，而在9个月以后，这个数字飙升到了6.7万美元。不过随着股票市场一路走高，伯克希尔-哈撒韦股票飙升，巴菲特想要投资也变得更加不容易了，他找不到合适的机会下手。除了伯克希尔-哈撒韦的股票随着股市上涨而价格不断上升外，其他公司的股票却没有这么幸运。从理论上来讲，这可能就有点儿说不通了。1998年，道琼斯工业指数突破9 000点，正一步步向着10 000点大关逼近。伯克希尔-哈撒韦的股票价格也史无前例地突破每股7万美元。在公司股东大会上，巴菲特向投资者们表达了自己的心声——"投资不易"，"现在我们正处在之前提到过的投资困难期里"。[9]

不断走高的股市带给伯克希尔-哈撒韦和巴菲特的是越来越多的金钱与越来越难挖掘的投资机会，最终巴菲特在1998年以7.25亿美元的价格买下了奈特捷公司。[10]奈特捷公司是一家经营飞机分时业务的公司，可以为不同的人群和需要制订不同的飞行业务和计划。巴菲特卖掉了之前为公司购买的企业专机，并成为奈特捷公司的客户。每架属于奈特捷公司的飞机都有属于自己的编号，而且统一以QS（Quebec Sierra）开头。早在1995年，巴菲特就在苏珊的要求下为其购买了一小部分奈特捷公司的股份，而苏珊每年也能从这里获得200小时的飞行时间，这在苏珊看来完全是自己应得的。[11]而提到飞机尾部的QS字样，苏珊更是开玩笑地说那是"苏珊女王号"（Queen Susie）的缩写。巴菲特在奈特捷公司上投入的精力很多。在为奈特捷打出的一条广告上，巴菲特极为罕见地现身了，可见他在公司运营环节中的投资也超出了购买公司股份时的投资。而在外人看来，这一举动有违巴菲特的传统作风。

但巴菲特为什么还执着地对奈特捷公司进行投资呢？当时，奈特捷公司在市场上占有绝对的统治地位，公司的发展遥遥领先于竞争者。通过对奈特捷公司的研究，巴菲特知道这个行业和之前自己熟悉的新闻传媒业有很大不同，而最终竞争者们会跟不上奈特捷前进的脚步。[12]事实正如巴菲特想象的那样，奈特捷公司在竞争中一枝独秀，这也让巴菲特对于奈特捷公司的首席执行官理查德·圣图利产生了浓厚的兴趣。圣图利是一位善于将数学理论应用于企业中的管理者，早些时候在高盛工作时，他试图用数学中的混沌理论解释交易模式。成为奈特捷公司的首席执行官后，他同样采用了混沌理论，面向名人乘客推出了6小时的飞行通知服务，这些乘客都是出现在圣图利私人宴会上的名人。巴菲特自然也是圣图利的座上宾，在这里他认识了包括阿诺德·施瓦辛格、泰格·伍兹在内的各行各业的焦点人物。

投资者对于巴菲特购买奈特捷公司的举动评价很高，但是当他决定收购通用再保险公司时，人们倍感惊讶，因为这次收购与收购奈特捷几乎是在同时完成的，根本没有多少考虑的时间。通用再保险公司的规模很大，以经营再保险业务为主。最终，这笔交易以220亿美元的价格成交，足足是同步完成的奈特捷公司收购规模的30倍，手笔之大甚至超过了巴菲特在GEICO收购案中的投入。收购通用再保险公司成了巴菲特投资最大的一笔交易。[13]

在第一次与通用再保险公司的管理人员见面的时候，巴菲特这样说道："我肯定会放权给你们，有关公司管理的东西，你们全权做主，我保证不会干预！"紧接着巴菲特把话题转移到了GEICO上："你们知道吗？GEICO最近的交易额下降了不少，上周它的交易数字是……"听到这里，通用再保险公司的主管塔德·蒙特罗斯已经听不下去了——这就是巴菲特所说的不干预吗？他对GEICO的了解远比自己对通用再保险公司的了解还要多。[14]

事实上，巴菲特对于通用再保险公司的内部运作并不了解。这次收购行为建立在他对这家公司业绩图表研究的基础上，还有一点就是巴菲特很信赖通用再保险公司的名誉。通用再保险公司有点儿像格蕾丝·凯利式的人物：每天都戴着白手套，行为举止非常女性化，但这并不妨碍它得到大多数同行的信任。不过巴菲特在再保险业很少有成功的业绩。回顾历史，在巴菲特收购之初，保险公司的业绩总是不错，不过随着时间的推移，公司的业绩很难保持在同一水平上，最后只能以惨淡的结局收场。

不过由于通用再保险公司的收购创下了巴菲特投资的新高，公司也吸引了大多数人的注意力。这次巴菲特在收购中选择了股票支付方式——巴菲特宣布用伯克希尔-哈撒韦20%的股份支付通用再保险公司的收购，而就在这一天，伯克希尔-哈撒韦的股票达到了每股80 900美元，创下了当时的最高价格——这足以吸引人们的好奇心——通用再保险公司有什么魔力能让巴菲特放弃他的股份，而且还是以人们从没有听过的价位？不少人都认为伯克希尔–哈撒韦的股价被高估了！[15]要知道一直以来巴菲特都是非常在乎手中伯克希尔–哈撒韦股票的持有率的，用20%的股份完成通用再保险公司的收购，意味着巴菲特对伯克希尔–哈撒韦的股票持有率从之前的43%下降到了不到38%，而巴菲特上一次用股票完成收购还要追溯到GEICO。巴菲特这样的举动究竟在传达一个什么样的信息？难道伯克希尔–哈撒韦的股票价格被高估了？这些都是投资者们心中的疑问。

决定伯克希尔–哈撒韦股票涨落的一个很重要的因素就是公司所持有的股票。例如在持有可口可乐公司股票达到2亿股的时候，伯克希尔–哈撒韦股票的价格几乎达到顶峰。可是如果巴菲特在通过出售手中伯克希尔–哈撒韦的股份传达一个信息——伯克希尔–哈撒韦的股价被高估了——那么人们会不会以为伯克希尔–哈撒韦的主要投资，即包括可口可乐公司在内的股票价格都被高估了？如果真是这样，这可能会波及整个股票市场！难道股票市场的股票价格真的全都被高估了吗？

作为全球首屈一指的软饮料生产商，可口可乐在市场上占有绝对的统治地位！这也使巴菲特的可口可乐公司股票在10年的时间里增长了14倍，股份累计达到了130亿美元。所以巴菲特相信可口可乐公司永远都不会让股东失望，他永远都不会卖出可口可乐公司的股票。[16]巴菲特认为可口可乐公司应该每10年就进行一些活动，这样才能保证品牌经久不衰。当时伯克希尔–哈撒韦拥有可口可乐8%的股份，而可口可乐公司的股票价格比刚上市时至少增长了40倍。看到这些数字，投资者们坚信可口可乐公司还能有更好的业绩——他们相信公司股价每年的增长幅度至少能维持在20%！不过真要实现这个目标，必须以可口可乐公司的销售增长为前提：饮料的销售需要在未来5年时间里每年增长25%。而且25%的增幅还是连续5年，这看上去是不可能完成的任务——意味着可口可乐的销售额要提高3倍，也就是说它在1999年很可能覆盖全球的软饮料市场。这怎么可能呢？[17]巴菲特知道投资者们的期待恐怕要落空了，即便是成功地进行灌装商策略运作，即便是在统计过程中要些手段，也不能实现这个目标。尽管如此，他依然保留了可口可乐公司的股票。

巴菲特这样做的原因是什么？商业惯性是其中一部分原因。巴菲特总是说他绝大多数的投资都是坐在椅子上完成的。他所拥有的GEICO曾一度跌到每股2美元，但是和众多的投资者一样，巴菲特没有抛售这只股票，而股票本身的惯性也让巴菲特没有做出任何错误的决定——既没有减少股票的持有比例，也没有把股票委托给他人进行管理。回到可口可乐公司股票的话题上，巴菲特手里持有的可口可乐公司的股票不在少数，如果他抛售，不可能不引起大规模的恐慌。试想一下，巴菲特这个"全世界最伟大的投资者"和可口可乐董事会多位董事开始抛售公司的股票，这会是一个什么样的概念？可口可乐股票的价格必然会暴跌！而且，综合产品、利润、经营与公司的历史还有种种人情因素在里面，巴菲特对可口可乐这只股票的感情很特别，这也是他本人最喜欢的一只股票。可口可乐提出的"真实的感觉"并不是巴菲特选择这只股票的原因，他选择这只股票是因为它是一个取之不竭的金库，钞票会像泉涌一样地流出来，童话故事中描述的金山、银山在可口可乐公司身上成为现实。

当巴菲特用手里持有的伯克希尔-哈撒韦股票来购买通用再保险公司的时候，不免被问到了有关股市和可口可乐股票的问题，股神很巧妙地回避了这些："没有所谓的稳定的股票市场！"[18]巴菲特表示在进行通用再保险公司的收购前，他已经对伯克希尔-哈撒韦的股票进行了评估，他相信这次收购完成后形成的几家公司将产生巨大的合力。不过当芒格被问到这些问题时，他却给出了一个令巴菲特有些尴尬的答案，他表示巴菲特曾征求过他的意见，但是那时距离收购已经没有多少时间了——这显然就是不给芒格任何否定收购的机会。事实上，芒格并不赞成这次收购。[19]这些消息一经曝光，投资者们开始审慎地评估起伯克希尔-哈撒韦的股票来——这样的结果也早在巴菲特等人的预料之中。伯克希尔-哈撒韦的股票价格和所持有的可口可乐公司的股票价格难道真的被高估了？或者伯克希尔-哈撒韦收购通用再保险公司后产生的种种合力不过是一种假象？[20]难道两种猜测都是事实，迟早都要面对？人们开始彷徨了。

之后，巴菲特在太阳谷给出了对收购通用再保险公司的进一步解释："我们希望买下通用再保险公司，因为我们在它身上看到了220亿美元的资产！"这220亿美元的资产绝大部分以股票的形式出现，巴菲特在很短的时间里就把这些股票抛售了出去，转而以220亿美元债券取代。"我要改变伯克希尔-哈撒韦持有的债券与股票比例，这也是为什么我重新调整投资组合的原因。"

由于通用再保险公司债券投资相对较多，巴菲特希望自己的伯克希尔-哈撒韦股票还有可口可乐的股票和通用再保险公司的债券相互平衡。以这样的大背景为前提，巴菲特之前的说法也能让人接受了。在之前给股东们的信中，巴菲特表示股票并没有被高估，但这都是有条件的——"如果利率一直在正常水平上下徘徊，如果所有产业都能有很高的投资回报率。换句话说，如果人们的期望值可以实现，那么我们的股票就没有被高估！"还有什么比这样的说法更明确的呢？巴菲特并没有在预言什么，事实上，巴菲特很不喜欢那些搞股市预测的人，他们出错的概率能达到500%！所以巴菲特很少就股市走向发表评论，就算他不得不说些什么，也会很聪明地搪塞过去。在涉及自己的股票是否被高估的问题上，巴菲特很注意措辞："不是我们的股票被高估了，被高估的是整个股票市场。"这句话可以有很多不同的理解方式，但如果解读人足够聪明，他就能体会到巴菲特这句话的深层含义。[21]

在太阳谷的这次演讲中，巴菲特还表达了不希望看到自己的投资组合出现价值下滑的现象。说这番话的时候，巴菲特面对着众多IT公司的首席执行官，而那时科技股正在急剧增长。巴菲特的这番话同样在他写给股东们的信中得到了印证——利率必须保持在一个平稳的水平，最好一直处于平均利率之下，而经济则要保持高速增长，这样才能达到投资者的期望。同时巴菲特还指出了投资的本质，无非就是今天把钱放出去，明天再把钱收回来。他的这种说法借鉴了"一鸟在手胜过双鸟在林"的故事：利率就是为了等待丛林中的两只鸟所缴纳的学费，在投资过程中可能出现股市大盘几乎没有变动的情况，例如从1964年到1982年股市在17年的时间里没有什么变化；投资过程中可能出现的另外一种情况就是股票的增长远远超出了经济的增长。这些都是可能发生的。最后，巴菲特用一个比喻作为结尾：投资者的行为，就像那些深入矿井中采矿的工人一样，并不知道前面会出现什么。

所以，巴菲特把投资重心从股票转移到债券上的做法只能说明，他认为当前进行债券投资比进行股票投资更容易，而且他相信这种态势会一直继续下去。[22]

在接下来的10月，巴菲特再次做出了一个几乎让所有人大跌眼镜的举动：他买下了中美洲能源控股公司。在当时人们普遍进行保守投资的前提下，巴菲特这次的购买行为显然是与主流背道而驰的。总部位于艾奥瓦州的中美洲能源控股公司，主要负责一些国际能源项目，以及替代能源品的开发。巴菲特在这次收购中买下了中美洲能源控股公司75%的股份，其中包括20亿美元的资产以及70亿美元左右的保付外债。该公司余下的25%的股份为三个人所有——公司首席执行官同时也是巴菲特的好朋友沃尔特·斯科特、斯科特的接班人戴维·索科尔以及索科尔的副手格里高利·阿贝尔。

巴菲特的这次收购让投资者们感到疑惑——股神为什么选了一家电力公司进行投资？必须承认的是，电力、能源行业的发展只能说是中规中矩，虽然有一定程度的回报，但回报率不是很高，投资在这上面并没有多大的优势，所以人们想象不到巴菲特这样做的原因究竟是什么。

然而在巴菲特看来，有了之前开拓的保险市场，能源市场将是他事业的又一块基石。他知道与自己合作的这些管理者将带给自己巨大的回报，虽然能源产业短期内的增长比较小，但是巨额回报足以弥补短期增长的不足。对于科技股并不动心的他现在却钟情于能源产业，以至于有人认为巴菲特的想法很无聊。

但巴菲特并不这么认为，巴菲特这次不是在刻意寻找投资的快感，而是在挖掘投资带来的巨大利润。

从通用再保险公司到中美洲能源控股公司，两次购买行为冲击了可口可乐公司股份在伯克希尔－哈撒韦的地位，但伯克希尔－哈撒韦依然拥有2亿股的可口可乐股份。其实巴菲特从来没有停止对可口可乐公司股票的思考，特别是在后者出现状况的时候，巴菲特对它的担心就更多了。1999年底，可口可乐公司的股票降到了每股9.5美元，伯克希尔－哈撒韦的股票也因此受到了影响。如果只是短期的股票价格浮动也就罢了，巴菲特从来不会为这种事情担心。但是可口可乐公司的股票大幅下跌后，伯克希尔－哈撒韦的股票也随之下滑，当每股伯克希尔－哈撒韦的股价跌到不足以购买一部名牌跑车时，巴菲特开始担心了。究竟是什么让可口可乐公司的股票出现了如此大的波动？最后他找到了原因，早些时候，曾有媒体报道可口可乐公司的产品出现了不明物质，导致法国和比利时的多名儿童中毒。解决这种问题并不麻烦，如果是在戈伊苏埃塔时代，他肯定会派"可口可乐大使"处理善后：基奥会在第一时间出现在事故现场，慰问中毒儿童，向孩子的父母表示歉意，并送上大批的可口可乐饮料作为赔偿，之后基奥会借媒体之口表明自己的态度，这样问题也就解决了。但是时任公司董事会主席兼首席执行官的艾华士并没有这样做。事发当时艾华士正身处法国，但是他一句话也没有说就直接飞回了美国，扔下了当地的灌装商来解决问题。

一直与巴菲特站在可口可乐董事会同一阵营的投资银行家赫伯特·艾伦有些坐不住了，其实他从来就不是一个有耐心的人。在中毒事件发生后，艾伦打电话给艾华士询问具体的情况："你到底做了什么？当时为什么不去慰问中毒的儿童？"而艾华士也是振振有词："我已经派了一组人过去了，而且那些孩子不是真的中毒！他们的身体一点儿问题都没有！"听到这话，艾伦露出了沮丧的表情："听着，现在那些孩子不再叫嚷'我要喝可口可乐'了，而是在说'我因为喝了可口可乐生病了'。他们认为自己生病与喝可口可乐有关。不管孩子们的说法是真是假，他们的父母会怎么想？发生了这样的事件，难道你认为他们会让自己的孩子再去喝我们的可乐吗？"[23]

不过艾华士似乎并没有明白艾伦在说些什么，他看到的是公司这边并没有错，当然这也是事实。

接下来的几周，法国和比利时的灌装商通过种种方式试图说服公众可口可乐公司的产品没有问题，但是没有收到任何成效。孩子们中毒的原因也基本查清：比利时的中毒事件是在安特卫普的工厂发现包装瓶内有二氧化碳，法国的中毒事件是因为敦刻尔克工厂的杀菌剂洒在了储藏室的木托盘上而造成了污染。但可口可乐方面依然表示这些并不会引起中毒，也拒绝收回公司的全部产品。公众对可口可乐公司这种傲慢的做法感到非常生气，认为可口可乐缺乏对公众的基本坦诚。已经被来自欧盟的压力弄得痛苦不堪的艾华士，不得不面对公司信誉大幅下降的现实：可口可乐泛美的作风和公司独家销售的市场经营策略成为人们诟病的焦点，之后更是发生了欧盟官员在公开场合掌掴可口可乐公司人员的恶性事件。一时间，可口可乐公司成了人们街头巷尾热议的话题，可口可乐品牌在人们心中的地位一落千丈。[24]

在中毒事件发生几周后，艾华士终于现身欧洲向公众道歉，所有人都知道他的致歉信是精心准备的，艾华士始终没有说"我们错了"这样的话！此后，媒体对可口可乐的批评逐渐减少，公司也在努力夺回被竞争对手抢走的市场份额。但是巨大的损失却是不争的事实，据悉这次事件使公司的总损失达到1.3亿美元，而公司形象受到的影响更是难以用金钱衡量。巴菲特开始着急了！

同样对公司表示担心的还有赫伯特·艾伦。作为投资银行家，他总是可以接触到可口可乐公司的运营，但是这种日复一日、年复一年根本没有变化的运营方式让艾伦感到担心——是不是公司的运营方式已经过时了？而可口可乐公司方面，尽管销售量下降，但公司并没有采取裁员的措施，相反在过去两年的时间里至少吸纳了3 500名员工。不断增长的员工名单让艾伦担心公司正在陷入一个怪圈。癌细胞正在可口可乐公司内部扩散，[25]一直以来可口可乐推行的"人海战术"，即扩大市场占有率、增加员工数量的方法，现在已经行不通了。艾华士总说会提高公司的销售水平，但事实是可口可乐的销售额正在逐年降低。因此，某一天艾伦出现在了艾华士的办公室，质问这位公司的首席执行官如何处理问题。哪知道艾华士这样说道："我不知道该怎么做，我根本想不到任何办法！"[26]对此，艾伦事后评价道："公司的局面把艾华士困住了，所有的问题综合在一起难倒了他，他真的不知道能做些什么。"

为了迎接2000年也就是千禧年的到来，可口可乐公司推出了一项名为"无限计划"的新年规划，其中一个组成部分就是一个测试——将每名测试者的计算机与卫生间里的皂液器连通，以计算每次洗手时人们使用了多少皂液。从这个活动的名字本身"无限计划"就不难发现，这个活动为了测算日益减少的回报率而不惜付出不计成本的投资。[27]这个计划让艾伦非常不能接受，不过他依然想知道可口可乐公司在付出了10亿美元后究竟能得到什么，他还想知道这项"无限计划"能不能帮助公司从根本上解决出现的问题。

巴菲特同样也注意到了这个问题，他当然会不高兴，但是他也知道这几乎是所有公司都会采用的方法，至少他出任董事的这几家公司都会这么做，只是投入的资金规模有大有小罢了。所以巴菲特也只能接受现实，他叹了一口气说道：

"它们都是这么做的，所有公司的技术部门都会告诉你最新发生的和最令人震惊的消息，计算机、互联网就是它们的优势。不管你多聪明，不管你知道的东西如何多，但你肯定不能和它们比，谁能挑战它们的资讯呢？

"我们肯定不能因为引进计算机技术就提高可口可乐的销售额。公司不会裁员，相反我们会再引进一批员工。在卖方市场的操纵下，我们必须要保持公司时刻与世界接轨，无论公司的软件还是硬件都要每隔几年进行一次更新，否则公司的整个系统就无法工作了，所以在这方面的投资肯定不是一劳永逸的事！

"在公司管理的过程中，最棘手的就要算公司的技术部门了，特别是对于可口可乐这样的公司来说更是如此。可口可乐是一家全球性的知名企业，它就像一个富裕的大家庭一样。什么事都是这样，一旦出名，你很难再引进新的管理性的规定。"

巴菲特话虽这样说，但是对于他的伯克希尔-哈撒韦，对于他自己那个富足的家庭来说，他从来不用自己说的方式来进行"管理"。

这一切还没有结束，从唐纳德·基奥那里，巴菲特又得到了一些对公司发展更为不利的消息。尽管基奥已经退休，但他依然是可口可乐公司装瓶商们最信赖的朋友。1993年，基奥从可口可乐公司退休，并在之后担任艾伦公司的董事长，不过他依然出任可口可乐公司董事会的顾问，这是公司前首席执行官戈伊苏埃塔之前决定的。所以尽管已经离开了可口可乐公司，基奥仍像以前一样是可口可乐公司不可分割的一部分。从基奥那里，巴菲特得知艾华士向灌装商下达了一些自己从来没有听说过的指令，导致双方出现摩擦。这一点让巴菲特觉得很麻烦，公司的销售额之所以能够有些起色，完全是因为与灌装商的关系得以改善，而艾华士这样的做法无疑是在拆公司的台。与灌装商维持了近百年的合作关系难道要因为艾华士而破裂？[28]一直以来，基奥在灌装商那里就扮演着"教父"的角色，悉心听他们的倾诉，而现在灌装商开始公开地反对公司。[29]艾华士除了逐渐公开与灌装商的矛盾外，也开始削弱基奥的权力，也许这一幕从艾华士需要基奥帮助的时候就已经开始谋划了。如果艾华士是可口可乐公司的亚瑟王，那么基奥就是艾华士身边的梅林，是他的谋士，基奥应该得到艾华士更多的尊重。

可口可乐公司与灌装商问题的焦点之一在于艾华士是否知道如何改善可口可乐公司的销售业绩。可口可乐公司一直以来的运营理念就建立在其与客户的关系基础上。艾华士希望利用一个持续的统计手段来解决问题，在可口可乐的品牌上大做文章。这一点正如基奥、艾伦和巴菲特看到的那样，任何一位可口可乐公司的首席执行官都应该把公司的品牌打得越响越好。

可口可乐公司之所以能够取得现在的地位，很大程度上要归功于戈伊苏埃塔，是他一手建立起了公司现代的运营体制，艾华士不过是将前任勾勒的蓝图加以实施。但在艾华士成为公司最高领导后，人们惊奇地发现他的做法和之前可谓天壤之别。是什么让他做出了如此的举动？一位没有透露姓名的可口可乐公司董事做出了解释："因为在艾华士时期，他认为财务部门是一切工作的重心！"对于一家以市场销售额为最终目标的企业来说，这样的想法难道不奇怪吗？不过这也不是艾华士一个人的错。在戈伊苏埃塔去世后，公司上下依然在遵循这位前公司首席执行官的设想。戈伊苏埃塔希望艾华士成为自己的接班人，公司自然而然也就按照戈伊苏埃塔的遗愿运行下去，艾华士成为可口可乐公司的最高领导者也就顺理成章了。

不过巴菲特看问题远比可口可乐公司的其他董事会成员看得更清楚。当人们依然认为艾华士是一位称职的公司领导时，巴菲特对他的信任度已经在一点一点降低。接下来的整个秋天，巴菲特一直在考虑有关可口可乐公司发展的问题，所以人们看到的他总是一脸愁云。终于，一切在感恩节到来之前有了头绪，巴菲特——这位可口可乐公司董事开始行动了。[30]

当时美国《财富》杂志刊出了一篇抨击艾华士的文章，要知道两年前《财富》还把他称作"21世纪最出色的首席执行官"。短短两年的时间，媒体的态度就发生了如此巨大的变化。该杂志在文中指出艾华士应该为可口可乐公司出现的所有问题负责。[31]文章的出现是一个可怕的信号。《财富》杂志的一个不成文的规定是，如果某位公司高管经历了被该杂志"捧上天再打入地狱"，他基本就不可能再有在该杂志翻身的机会，他的名字旁边将永远刻着失败者的字眼。媒体这样的态度也影响着大众，那个之前几乎是商界最受宠的艾华士现在成了面对指责最多的人，一场战争即将开始。

感恩节之后，巴菲特接到了艾伦的电话。"我想我们对艾华士可能有些看法。"艾伦说道，"我们选了一个不合适的人出任公司的首席执行官。"在得到了巴菲特赞同的回应后，两个人开始了秘密计划。[32]

巴菲特和艾伦都知道，如果要以全部董事会成员同意作为前提来迫使艾华士下台，至少要持续一年的时间。"那样对公司造成的伤害就太大了！"艾伦说道，"所以我们决定由我们两人出面，告诉艾华士我们的想法！"

制订好了计划，艾伦给艾华士打了电话，称自己和巴菲特希望能和他碰个面。最终，三人会面的地点定在了芝加哥，当时正好艾华士和麦当劳公司有一个会议，会议结束后，他可以取道赶往芝加哥。

1999年12月1日，艾伦和巴菲特坐上了飞往芝加哥的飞机。那是一个阴沉的日子，天气有点儿冷。一路上，巴菲特还担心艾华士的暴脾气会成为当天会面的障碍，甚至可能发生冲突，所以他决定要冷静地面对任何出现的问题。事后的报道描述说，当时的巴菲特非常沉着。三人碰面后没有寒暄就直接进入了正题。[33]巴菲特和艾伦对艾华士这些年来对可口可乐公司付出的一切表达了感谢，然后说道："但是现在我们已经不再信任你了！"

不过巴菲特和艾伦所说的一切并不代表艾华士被可口可乐公司炒了鱿鱼，因为两位董事是不具备这个权力的。"他知道自己可能还保有一个董事会席位。"巴菲特说道。

艾华士也知道发生了什么，他没有反驳，匆匆赶回亚特兰大后，他决定在4天后召开紧急股东会议。而在这4天的时间里，所有人都不知道发生了什么，只能等待会议召开的那一天揭晓谜底。

紧急股东大会在周日举行。就像巴菲特和艾伦期望的那样，艾华士郑重地告诉所有股东，自己并不适合继续担任可口可乐公司的首席执行官，并表示自己将立刻离开，不会给公司留出任何寻找自己继任者的过渡时间。会议室一片安静。艾华士表示自己离职完全是"自愿的"——这种说法没有错，尽管这样的做法充满疑点，但至少可以让他避免被"炒"的危险！[34]

随后，会议室里传来了窃窃私语的声音，那是董事们在议论究竟发生了什么事：是艾华士的身体出现了问题？是可口可乐公司出现了什么状况？为什么之前没有人知道呢？艾华士一定要在现在离开吗？但艾华士什么也没有说，在整个会议的过程中他什么都没有说。[35]

谁将成为公司的下一任首席执行官？这时人们想到了一个信封。之前艾华士曾经写过一个名单，如果自己不幸遭遇意外，名单上的这个人可以成为公司的下一任首席执行官。现在这个信封被打开了，这个人的名字就是道格·达夫特，可口可乐公司亚洲和中东地区总裁兼首席运营官。不过当时达夫特已经接近退休的年龄，但包括巴菲特和艾伦在内的董事会成员都没有对此提出任何异议，在没有慎重考虑也没有提出其他可能人选的情况下，董事会任命达夫特为公司新一任首席执行官。

突发事件让可口可乐公司的股票受到了严重的影响。[36]投资者们也都知道了艾华士离职的消息。在与小范围董事会成员的私人对话中，艾华士道出了自己离开的真正原因。直到这时，董事会成员才明白权力就这样被巴菲特和艾伦剥夺了，而自己却丝毫没有察觉，他们觉得自己受到了欺骗。

此后，媒体开始大肆报道艾华士离职的种种内幕，而在当时可口可乐公司最明智的策略就是尽量保持与媒体的和谐关系。《财富》杂志适时地披露了有关"芝加哥会议"的内幕消息[37]，而艾华士则在与可口可乐公司分手后得到了1.15亿美元的赔偿，这个数字在可口可乐内部是完全可以接受的，这样看上去艾华士的离开更像是由于自己做错事或是因钱走路的人。不过观察家们还是看到了事情的本质，他们有理由相信可口可乐公司的决定权完全掌握在少数人手里。

巴菲特的说法也印证了这一切。"当时的情况真的是太糟了，几乎已经没有比这更糟的了，所以我们选择了这个方式，选择了可能引发灾难的方式——但如果我们不这样做，公司必将面临一场巨大的灾难。经过董事会全体同意后再让艾华士离开？我们根本没有想过这种解决问题的方法。我和艾伦选择的这种方式可以说是最明智的，而且这是我们两个共同完成的一件事，如果单凭个人，无论是谁，都不可能实现让艾华士走人的目的。"

可口可乐公司完成了过渡，但巴菲特的声誉却在年底的时候出现了重大滑坡，而且这种滑坡是显而易见的。可口可乐公司的股票——巴菲特投资的最大手笔、最能帮助巴菲特赚钱的股票——在艾华士离开后下跌了近1/3。人们认为巴菲特是在不得已的情况下出面对可口可乐公司的窘况进行干预的，但这先是给公司带来了影响，后又给巴菲特自己造成了不必要的伤害——有人认为巴菲特和艾伦逼走艾华士并不是出于可口可乐公司的利益，而是为了他们自己。

所谓福无双至、祸不单行，巴菲特的通用再保险公司也在这个时候出了麻烦。在伯克希尔-哈撒韦正式完成对通用再保险公司收购后没过几天，巴菲特就接到了通用再保险公司首席执行官罗恩·弗格森的电话，称公司被一家叫尤尼卡文的公司骗走了2.75亿美元的保费，由于对方布局精心，公司方面根本没有察觉。投资者们震惊了。一开始，他们从巴菲特这里得到的消息只是提到通用再保险公司为自己愚蠢的行为道歉，而且巴菲特还表示了对弗格森的信任，并坚称一切问题都能得到解决。所以，当投资者知道真相的时候才会如此生气。从此，人们对巴菲特投资准确度的信任开始动摇了，他们认为巴菲特购买通用再保险公司的行为是为了稀释其在可口可乐公司的股份。

不仅是投资者，就连巴菲特最虔诚的支持者们也开始对他提出了质疑。巴菲特1999年在太阳谷做的有关股市的分析被股市彻底颠覆了。到了12月，尽管科技股增长良好，巴菲特却熟视无睹，依然坚持对科技股的抵制。年底的统计数据显示，道琼斯工业指数在一年的时间里增长了25%，纳斯达克综合指数突破4 000点大关，涨幅高达86%——这是一个令人难以置信的数字。而伯克希尔-哈撒韦的股价则跌到了每股56 100美元，公司总市值为850亿美元。而巴菲特从不看好的科技股在这一年得到了突飞猛进的发展，雅虎公司在短短一年的时间里规模增长了3倍，公司资产累计达到1 150亿美元，相比之下，伯克希尔-哈撒韦的业绩就差了很多。雅虎公司正在以一种前所未有的速度发展着。

在即将步入千禧年的时候，各大媒体纷纷推出了千禧年最有影响力的人物排名，答案几乎是没有悬念的。美国《时代》杂志授予亚马逊网站创始人杰夫·贝佐斯"年度风云人物"的称号，将他的影响力与英国伊丽莎白女王、世界著名飞行家查尔斯·林德伯格、美国民权运动领袖马丁·路德·金并列。而巴菲特的个人排名则出现了明显的下滑，同时在全球富人榜的排名上，他也从世界第二的位置下滑到了世界第四位。这让人们更加关注巴菲特。有人嘲弄巴菲特现在处于"自身难保"的状态，"如果巴菲特开始进军共同基金市场，那肯定是他在开拓第二产业了"。[38] 华尔街股市必读刊物《巴伦周刊》的某一期选择以巴菲特作为封面人物，但旁边配上了这样的字眼——"沃伦，你究竟怎么了？"周刊的正文中评论道，巴菲特的伯克希尔-哈撒韦股票陷入了前所未有的低迷状态，他们认为这时的巴菲特肯定早已眉头紧锁了。[39]

但是在接受采访时，巴菲特总是保持一贯的口吻——安全边际、能力范围、市场的作用，这些让巴菲特成名的词语被他多次提及。巴菲特依然坚信股市是一个庞大的体系，不是依靠某些人在计算机面前监控、测算就能轻松搞定的事物。尽管股票市场出现小幅上扬，但巴菲特并没有因此感到紧张。除了在太阳谷的那次演讲外，他并没有公开抨击股市走高的现实。从巴菲特嘴里出来的每个字似乎都经过精雕细琢，从字面上根本找不到指责他的理由。有人问巴菲特，当自己被人们称为"过去时"的时候，他的心里会不会感到压抑和郁闷，巴菲特说："绝对没有！不过从来没有什么能像人们的抨击对我产生这样的影响，如果你在股票市场上不能有独立的想法，那你的投资注定不会成功。股市就是这样，只要人们相信你，无论你做什么都是可以的，既没有对，也没有错。只有一种情况能说明你的想法是正确的，那就是事实和理论都站在你这边，这才是唯一重要的。"[40]

不过这却是两个不同的话题。虽然巴菲特在进行投资的时候并不需要别人帮忙，他有自己的想法，但是这并不能避免人们称其为"过去时"。有人问巴菲特是不是伯克希尔-哈撒韦在公众心中树立起来的形象从某种意义上能帮助他渡过这一难关时，他思考了很长时间。"没有，我没有感到任何轻松。"巴菲特冷静地说道，"你第一次面临抨击的时候总是非常难受的。"这也是巴菲特的必经之路，面对眼前的困难，他无能为力。

巴菲特知道股市永远是一个人力无法战胜的地方。不管投资人赚了多少钱，就算是"常胜将军"，迟早有一天，也会有失手的可能，或者是出现投资拐点，这正如他现在面临的困难一样。对此，巴菲特很清楚，所以他是这么告诫投资者的：树荫再大也不能遮蔽整个天空。但巴菲特从来都没有停止前进的脚步，他总是在不断挑战，这个过程就像是爬山一样，巴菲特一直在冲击极限，因为他很喜欢这种不断挑战的感觉。但有些令人遗憾的是，山顶并没有蓝色的冠军绶带等着他。

巴菲特的投资、巴菲特的一生都是充满奇妙色彩的。他的主要投资成果、投资过程中使用的理念，值得人们进行深入研究，所有熟悉他的人都会为他的人格魅力所倾倒。在这个竞争激烈的环境中经历了这么多年，人们看到了一个性格丰富多彩的巴菲特，但是他性格中最本质的东西没有变，巴菲特依然是大家熟悉的那个来自奥马哈的投资人。

每年巴菲特都会在翡翠湾的住所和苏珊、三个子女一起度过圣诞假期。房子里的圣诞树上挂满了苏珊的收藏。[41]其实1999年底的这段时间，巴菲特面临的问题不少，事业正处于巨大的挑战之中，但圣诞节却给他提供了一个很好的休息、调整的机会，对于巴菲特的孩子们也是一样，巴菲特对孩子们感到很满意。人到中年的大儿子豪伊很喜欢自己的农场主生活，当然他还有另一个身份：商人。在母亲苏珊的影响下，豪伊逐渐对摄影产生了兴趣，现在的他有一半的时间都在飞机上度过——就是为了拍摄各地的野生动物，而他在拍摄经历中也曾有过被猎豹咬伤、被北极熊追逐的一幕。

女儿苏茜现在已经是两个孩子的母亲（不过她已经离婚了），有时她还会去帮父亲的忙，也算是父亲的兼职助理。其他时间，苏茜遵循了母亲的轨迹，致力于奥马哈的慈善事业，担任奥马哈儿童剧院、奥马哈儿童博物馆和奥马哈女孩公司等团体的董事。她的前夫艾伦主管巴菲特基金会，尽管已经离异，但两个人的公寓相隔很近，孩子们也依然能感受到父母的温暖。[42]

小儿子彼得再婚了，他的第二任妻子叫珍妮弗·海尔，夫妇俩目前居住在美国东部的密尔沃基，彼得依然在走音乐这条路。20世纪90年代初那几年，彼得获得了在娱乐圈发展的机会，他说："我意识到如果搬到洛杉矶，我会成为求职大军中的一员。父亲总是给我讲《海底两万里》这部电影，电影里的主人公一直在寻找属于自己的一片天地，父亲也希望我能找到属于自己的天地。"所以在洛杉矶和密尔沃基之间，彼得选择了后者，他深信父亲能够理解他，就像之前父亲在纽约和奥马哈之间选择后者一样，彼得更像是在重复父亲走过的路。此后，彼得获得了为美国公共广播公司创作的机会，为该台制作的一个大手笔的纪录片《500个国家》进行编曲。彼得还借姐姐苏茜担任公共广播公司嘉宾的便利，编写并制作了一场多媒体演出，而且成绩不错，连续11周登上了排行榜榜首。[43]

现在的豪伊已经在母亲苏珊身边工作了，他的待人接物方式也让苏珊意识到儿子真的长大了。"给我一个机会，我就能给大家带来经济回报，所以希望大家能给我这个机会！"[44]豪伊的宣言非常具有感染力和说服力。圣诞节那天，豪伊、苏茜和彼得得到了一份意外的礼物，巴菲特给了他们每人500股伯克希尔-哈撒韦的股份，并表示三人可以随意支配。三个孩子都兴奋极了。"这太棒了。"苏珊说道。[45]

巴菲特一家五口一起见证了千禧年的到来，他们在电视里看到了全球欢庆千禧年的壮观场面，从最早迎来新年钟声的基里巴斯群岛到悉尼、北京再到伦敦，大街小巷挤满了欢乐的人群。埃菲尔铁塔下面的时钟敲过，到处可见人们兴奋的表情，全世界都淹没在笑声的海洋里。这一刻没有任何灾难事件发生，即便是之前令巴菲特头疼的通用再保险公司和可口可乐公司也平平安安地走进了千禧年的大门。随着一个又一个时区迈入21世纪，巴菲特的心开始平静了。从1999年秋天开始，他身边一直都是非不断，人们迎接千禧年的那种兴奋没有感染巴菲特。对他来说，这个假期是一个放松的过程，经历了那么多，他现在太需要好好休息一下了。

第六部分 THE SNOWBALL
财富提取单

53

精灵的故事

奥马哈 1998年

巴菲特一直非常谨慎,担心自己陷入芒格所讲的鞋扣情结,因为自己是商业领域的专家就对任何事情都表现得无所不知。但是,从20世纪90年代中期开始,他和芒格就连续不断地被问到关于投资生涯的诸多问题,而且也做了回答。他经常接触运动员和大学生,经常向他们讲述一个关于精灵的寓言。

我16岁时,心里只有两件事情——女孩子和车子,我不是非常善于和女孩子交往,所以就想拥有一辆汽车已经很不错了,当然也会想女孩子的事情。幸运之神满足了我对汽车的向往。

在我16岁生日那天,出现了这样一位精灵。精灵说:"沃伦,我送你一辆你喜欢的车,你明天早晨就可以看到,一辆崭新的、上面系着个大大的蝴蝶结的车子,那就是给你的。"

听完精灵的话,我接着就问:"有什么条件呢?"精灵回答:"只有一个条件,这辆车是你此生拥有的唯一一辆车。所以,必须用一辈子。"

如果事情真的发生,我就会得到自己心爱的汽车。但是,大家可以想象，在知道这辆车必须用一辈子的情况下，我会怎么做呢？

我会把用户手册仔细阅读五六遍，长期坚持在车库存放车辆。哪怕有一点点凹痕或擦伤，我都会立即修复，因为我不希望这辆车有一点点锈蚀。我会精心呵护这辆车，因为这是我要使用一辈子的一辆车。

人们的大脑和身体正是如此。每个人只有一个大脑和一个身体，是一生不能改变的。现在，人们总会在不经意间长期忽视自己的大脑和身体。但是，如果不去呵护自己的大脑和身体，我们50年后面临的就是健康极度受损的状况，就像汽车一样。

此时此刻你的所作所为将决定10年、20年和30年后你的大脑及身体的健康状况。

54
一个分号

奥马哈 2000年1月—2008年8月

巴菲特在自己的办公室开始了千禧年第一周的工作。伦敦《星期日泰晤士报》在千禧年第一期中这样写道："巴菲特一直不关注科技行业的作风似乎让自己陷入了一种尴尬的局面。"[1]这一天巴菲特读到的第一封邮件是通用再保险公司的首席执行官罗恩·弗格森发来的。

巴菲特现在精神抖擞。到目前为止，通用再保险公司给他带来的没有别的，只是一些糟糕的负面消息。一年前，就在伯克希尔收购通用再保险公司短短几周的时候，通用再保险公司就承认在尤尼卡文公司诈骗案中受害，弗格森做了坦白交代。电影制片方和出资方说服通用再保险公司担保好莱坞电影的票房，通用再保险公司承诺如果票房未达到预期目标就进行补偿，而公司却不知道上映什么影片，更不知道有哪位明星出演。发现这一切后，巴菲特简直不敢相信自己的眼睛。几周之内，在票房失败的电影的片尾致谢名单还没有出现在观众眼前时，电影经济惨败引起的诉讼就已经纷至沓来。巴菲特很想说他最看重的经理、聪明的阿吉特·贾殷，一定不会对那些索然无味的影片做担保，但这一切却已经发生了。

接着，关于如何承保阿吉特推出的再保险Grab.com在线大奖项目的问题，弗格森又给了巴菲特很大的打击。巴菲特发现弗格森与自己有着截然不同的哲学观。巴菲特一直坚持这样的观点：宁愿轻松跨过眼前1英尺高的跨栏，也不愿伺机等待出现7英尺高的跨栏才大步攀越障碍。Grab.com大奖活动可以轻松带来利润——是可以轻松跨越的1英尺高的跨栏。[2]弗格森却对此不屑一顾，因为这项业务要经过一点点的积累取得利润。他说通用再保险公司只接有承保利益的业务。

巴菲特很快结束了弗格森安排的这场是非角逐，继而决心进行一次管理变革。然而，他没有付诸行动——没有什么理由促使他这么做。通用再保险公司以往的记录一直很好。公司需要的只是完善，而不是彻底整顿。在收购通用再保险公司之后短短的时间内解雇弗格森会引起不小的骚动，况且他讨厌解雇员工。

Grab.com大奖活动结束两个月后，千禧年随之到来，弗格森承认不良保险定价导致通用再保险公司亏损2.73亿美元。巴菲特对此无比惊讶，再不能认为这一切只是个别错误了——这显然是不小的麻烦。从他宣布收购通用再保险公司的那一刻起，这家该死的公司就像中了邪一样。加入伯克希尔–哈撒韦的头12个月，一度堪称制度典范的通用再保险公司就一落千丈，保险业务、定价机制和风险选择带来的损失近15亿美元。巴菲特旗下还没有哪家公司曾经有过这样的损失，连这一巨额数字的零头那么大的损失都不曾有过。巴菲特没有多说什么，但他清楚自己必须尽快采取行动了。

消息传出，投资者们很快开始重新审视自己的观点。难道出资220亿美元收购通用再保险公司是伯克希尔–哈撒韦的一个错误？巴菲特的名声再度遭受打击。

与此同时，可口可乐公司尽管在管理方面做了调整，但情况依然不容乐观。[3]可口可乐新上任的首席执行官道格·达夫特首先在1月裁员6 000人，投资者对此惊叹不已。华尔街只有少数人一直声称可口可乐的利润已经开始上升，而投资者却不相信这些说法。所以，可口可乐的股票依然萎靡不振，而1月1日已经跌到56 100美元的伯克希尔–哈撒韦的股价也随之下跌。

两周后的2月9日一早，巴菲特坐在办公室浏览手头的报纸，不时看两眼CNBC的电视节目。这时办公桌后面书柜上的专用热线电话响了——只有巴菲特本人能接听该电话。他很快拿起话筒。电话是吉姆·马圭尔打来的，他在纽约证券交易所负责伯克希尔–哈撒韦股票的交易。谈话非常简短：

"嗯……嗯……好的，嗯……现在不。好，嗯……嗯……好，谢谢。"

马圭尔打电话告诉巴菲特伯克希尔–哈撒韦股票的卖单纷至沓来。就在前一天晚上，巴菲特在线玩儿桥牌的时候，雅虎网站的网络BBS写手以"zx1675"为代码发帖称"沃伦住院——病情危急"。接下来的短短几小时内，谣言像病毒一样通过论坛迅速扩散。"巴菲特年老体衰，抛售。""抛售、抛售、抛售、抛售、抛售。"谣言传遍了华尔街，所有人都认为巴菲特确实住院了，而且病情危急。于是人们看到伯克希尔–哈撒韦股票的成交量巨大，股价急剧下跌。[4]

巴菲特的个人电话响个不停，那是一个电话频繁响起的早晨。巴菲特像往常一样亲自接听，面带笑容拿起话筒："嗯，嗨……"对方可以感受到他愉快的心情。

"你怎么样啊？"电话那头开始询问，语气有些急促。

"很好啊……好极了！"

如果龙卷风直袭基威特大厦，巴菲特也会在提到这场灾难的时候说情况"好极了"。人们知道去领会他的言外之意，不过这次似乎有些沉重。整个上午，打电话进来的人都想知道他到底怎么样。

巴菲特向人们解释说一切都很好——真的很好。但是从伯克希尔–哈撒韦股票的交易情况判断，人们还是听信了谣言。这就是新媒体的力量。随着巴菲特即将辞世的谣言广为散布，伯克希尔–哈撒韦的股价一路下滑，股东们纷纷致电经纪人，要求明确巴菲特是否活着。认识巴菲特的人纷纷接到朋友们的考问："你确定？你见到他了？你凭什么这么确定？"

CNBC报道了巴菲特可能辞世的谣言,巴菲特出面辟谣,结果导致了新的谣言。怀疑论者开始发言——如果他说自己很好,那一定是不好。还有人说巴菲特在借机低价买进伯克希尔-哈撒韦的股票,而这一谣言触痛了巴菲特的软肋:正直的名声和贪婪的作风直接碰撞。

两天来攻击不断,伯克希尔-哈撒韦的股价下滑突破5%,人们都认为巴菲特责无旁贷。谣言给巴菲特带来一种反面的恭维,而让巴菲特盛怒的是人们都认为他在欺骗股东,编造谎言低价骗取股东花钱购买股票。他讨厌一些人通过互联网操纵股票价格、进行敲诈勒索的行径,更不能容忍自己成为众矢之的。想到自己做出回应会引出更多谣言(并因此创下回应谣言的先例),他就非常沮丧。

巴菲特选择了理性面对:谣言终究是谣言,最后一定会不攻自破。然而,"最后"可能要在很长时间之后才能发生。与此同时,出现了一个新的现实问题:在互联网统治的时代,他越来越无法控制自己的公众认知度。后来,他让步了,发布了惊人的新闻。

近来,互联网上出现了关于股票回购和巴菲特先生健康状况的谣言。尽管伯克希尔-哈撒韦一贯奉行不对谣言进行评论的作风,但是对于近日流传的谣言我们还是决定破例。所有关于股票回购和巴菲特先生健康状况的谣言"百分之百都是假的"。[5]

这样的声明毫无用处。伯克希尔-哈撒韦的股价在那一周猛跌11%,根本没有恢复。

3月9日,《纽约日报》引用了《科技投资人杂志》发行人哈里·牛顿的话:"我告诉大家沃伦·巴菲特在写给股东的信中应该怎么讲,'我很抱歉'!这就是他必须讲的。"次日,伯克希尔-哈撒韦的股价跌至每股41 300美元,这一交易价格几乎比该公司上市以来的最低价格没高多少。传奇般的"巴菲特保险"——人们认为仅仅因巴菲特本人的影响而高价交易的股票——已成历史。在此前一天,纳斯达克指数上扬至5 000点,与1999年1月以来相比翻了一番,其成分股股票增长超过3万亿美元。

这样的鲜明对比不会不吸引人们的注意。一位资金经理写道，像巴菲特这样的投资者就是"堕落天使，落后的排名让他们感到耻辱……1999年，一些标新立异者声称旧的投资理念已被推翻，他们以令人咋舌的数字来证实他们的理论，'堕落天使'在这些标新立异者眼里早已落伍"。[6]

巴菲特对这样的恶意攻击深恶痛绝，尽管他从来没有想过要改变自己的投资策略。伯克希尔-哈撒韦的股东们显然在5年前选择市场指标股会得到更好的投资回报——过去5年是伯克希尔-哈撒韦历史上持续"干旱"的艰苦岁月。巴菲特在可口可乐公司的投资现在只能卖得87.5亿美元，而此前曾一度上涨到175亿美元。他决心不偏离安全边际，这意味着伯克希尔-哈撒韦的闲置资本已高达几十亿美元，而这些闲置资本就是回报很低的债券。巴菲特对电脑的基本操作非常熟悉，但是他没有考虑买进任何价位的科技股票。"提到微软和英特尔，"他说，"我不知道它们在10年后会是什么样子，也不希望参与别人占优势的领域……软件行业不在我的能力范围之内……我了解的是Dilly棒棒糖，而不是软件。"[7]

2000年2月，美国证券交易委员会拒绝了伯克希尔-哈撒韦提出的对其部分持有股份保密的要求。美国证券交易委员会权衡了稳定市场中投资者的各种利益和知情权，最后决定支持其享有知情权。在人们通过巴菲特的股票获利之前，巴菲特不能进行大量囤积，他只能像美国运通公司或可口可乐公司那样，聚集少量股票。尽管巴菲特一再坚持股份保密，美国证券交易委员会还是将其视为本杰明·格雷厄姆式的人物，要其向全世界公开股票记录。从此，整体收购——巴菲特一直最喜欢的投资方式——成为伯克希尔-哈撒韦主要的投资方向。此后将大量资金投入股市运作将越来越难。媒体称巴菲特为"全球曾经最伟大的投资人"，令人痛心。[8]

3月10日，在哈里·牛顿提出巴菲特应该道歉的第二天，《华尔街日报》这样写道："人人都通过科技股票赚钱，只有顽固而吝啬的巴菲特不在其中，他的股票已经下跌48%。"[9]《华尔街日报》引用了一位投资组合上涨35%的AT&T退休员工的话，他说这只科技股票的投资人"确实不是沃伦·巴菲特——谢天谢地"。[10]

巴菲特在职业生涯中从来没有像这三年那样认真思考自己经受的考验。市场的一切迹象都表明他错了。由于他固执地坚持一套陈旧的观点，公众、媒体甚至公司的一些股东都认为他思想僵化了。只有他内心清楚自己的方向和强烈的渴望。多年来他已习惯一直享有诸多荣誉，就像每天都要喝樱桃可乐一般；他对公众的批评非常敏感，所以他避开一切抛头露面的机会；他在生活中努力捍卫自己的名誉，对抗玷污自己名誉的任何事情。

然而，这一次面对针对名誉的攻击，巴菲特一直没有做出反抗。他既没有写评论，也没有在国会面前论证市场风险，更没有通过报纸斗争抑或通过电视采访节目、请代理人保护自己。他和芒格照旧与伯克希尔-哈撒韦的股东定期沟通，对股东们说在人们过度高估市场的情况下，谁也无法预料这种局面会持续多久。最后，不是作为正式发言，而是出于警示和告诫，巴菲特在太阳谷年会中对各界精英进行的精辟演讲中做了唯一一次解释——他预测未来20年中市场低落的程度远远不是投资者可以想象。不久他的这番演讲刊登在《财富》上，在街头巷尾传播。

消除恐惧心理，请求尼克·布雷迪帮助拯救所罗门公司需要极大的勇气，而面对多年的批评和奚落表现出如此的克制力、提出这样的预言，更需要一种非同寻常的勇气。网络泡沫成为巴菲特职业生涯中最大的个人挑战。

3月11日，就在《华尔街日报》发表AT&T退休员工在投资方面都胜过沃伦·巴菲特的文章24小时之后，伯克希尔-哈撒韦公布了年度报告，因伯克希尔-哈撒韦投资失败，巴菲特给自己的工作打分只是一个D。但是，他没有说避开科技股票是一个错误，只是重新调整了投资者的期望——由于伯克希尔-哈撒韦规模庞大，目前在股价方面的增长可能只是"略"高于市场。他知道这样会引起关于"略"的意义的争论，但是他认为必须这么讲。

另外，巴菲特宣布由于伯克希尔-哈撒韦当时股价低廉，伯克希尔-哈撒韦愿意按照投资者的出价买进公司的股票。这样一来，就可以把资金返还给几十年都没有得到分红的股东们。提到这一点，似乎向来贪财如命的巴菲特突然变得清心寡欲了。

这是巴菲特第二次公开宣布他愿意在市场上买进股票。1970年他第一次宣布"我愿意购买伯克希尔-哈撒韦的股票"，大力扭转了该公司的局面。投资者必须再次决定支持哪一方。这一次，许多人理解了巴菲特传达的信息。巴菲特愿意购买伯克希尔-哈撒韦的股票这样的发言本身就促使伯克希尔-哈撒韦的股价上涨了24%，而他还没有来得及购买一股股票。

接下来的一周，纳斯达克股票的技术股出现了崩盘的迹象。[11]到4月末，技术股的市值蒸发了31%，从历史的角度看，这次可以说是最严重的崩盘之一了。

复活节那天巴菲特没有一点儿心情，就在这一天他备受病痛折磨。他简直不能相信，就在非常重要的股东大会之前这一对他来讲最关键的时刻，关于他健康状况的谣言居然应验了。女儿苏茜在凌晨3点匆忙把他送到医院，接下来的几天他在医院一直接受排除肾结石的治疗。护士们进进出出都叫他比尔。尽管忍受着不堪言状的痛苦，他还是想知道股票市场的情况。他在病痛中不断给苏珊打电话。当时苏珊远在科罗拉多州的格兰德莱克，和一群中学时的女同学在一起，一点儿都帮不上巴菲特。[12]后来，巴菲特感觉好一些的时候，医生就安排他回家了。女儿来接他的时候，他说护士们一直叫他"比尔"是因为他挂号入院的时候用了汤普森博士的名字。

巴菲特还没迈进家门，就又不得不立即返回医院——还是因为可恶的排除肾结石治疗。又一次，他一晚上坐着一杯接一杯地喝水，然后忍受痛苦的折磨。此后，过去不曾困扰他的手术问题开始让他担忧了，因为肾结石会复发。"浑身插满管子——我讨厌那样。那是人们衰老的时候才会遇到的问题。"他说。

他盘点了自己面临的问题。股票声誉扫地,直到他决定自己出价回购才挽回了局面。最大的业务——通用再保险公司似乎中了邪。可口可乐的麻烦也挥之不去。可口可乐——一个如此强大的品牌怎么会在短时间内遭受这样的破坏呢?难道真的是那个可怜的艾华士的错误?而现在巴菲特的健康问题也开始成为不容忽视的事实。

人固有一死的事实深深地藏在巴菲特"浴缸"记忆的深处,不时悄悄浮出水面。[13] 他依然不能面对父亲的去世,而且一直没有找到合适的方式来纪念父亲霍华德。他把霍华德的大幅肖像挂在自己办公桌后面的墙上,让父亲出现在自己的头顶上方。霍华德生前的手稿都堆放在家里的地下室,丝毫未动。沃伦一直没有勇气亲自翻阅这些手稿。就是想到这些事情都会让他备受折磨,显然他害怕自己抑制了35年的情感会爆发。

他告诫人们参天大树只是一个比喻,某一时刻一切都会终结。然而他自己却不能面对事业的巅峰坦然地说:"就这样了,我的工作完成了。西斯廷教堂完工了,不再需要任何勾勒,再努力也只是平庸之作了。"

他现在69岁,但是他不相信这个事实,依然认为自己是年轻人。在自己还没有到母亲去世的年龄之前,他将一直以自己几十年来积累的知识作为一种自我安慰。通用再保险公司的局势一定会好转,而且他知道火腿三明治一定会推动可口可乐的销售。肾结石……唉!"浴缸"记忆发挥了作用,他开始准备股东大会,而这是他一年中最幸福的一周。

4月末的最后几天,奥马哈城开始热闹起来,机场异常繁忙,人们三三两两、成群结队地在酒店大堂登记入住,城区餐厅所设的室外咖啡座挤满了顾客。租车公司的车辆全部出动。万豪酒店的酒吧——这段时间会见"内部人士"的非正式总部——座无虚席。戴着伯克希尔-哈撒韦大会证件的人在奥马哈城各处散步,仿佛在证明自己是股东大会的成员。巴菲特的办公室里,电话急促地响起,人们都在利用最后的机会争取采访证件、大会通行证或者要求带他们自己的客人参加奥马哈城一年一度的独家盛会——巴菲特的独家星期日早、午餐会。对这些大胆而轻率的要求,巴菲特的秘书戴比·博赞科表面上耐心应答,心里却烦透了,她想直截了当地告诉人们不行。

星期五晚上，巴菲特忙于应付各种公共活动和私人聚会。一些巴菲特的信徒头戴巨大的黄色宽檐牛仔帽和公司的长期股东及顶级资金经理们一起出现在波仙珠宝店的鸡尾酒会中，许多奥马哈人夹杂在外地来的股东们中间，大口吃着免费的食物。波仙珠宝店的苏珊·雅克负责筹划此次活动，因此波仙珠宝店的营业额有了新的突破。巴菲特对活动非常支持，尽管他怀疑有许多前来揩油吃白食的人到场。

在市政礼堂即将召开的股东大会规模盛大，包括几千名员工、供应商和志愿者，到处是大片大片的陈列、鲜花及展示，大会要准备几卡车火鸡三明治、热狗、可乐。这也是安保、媒体、音效、视频、灯光和供应商及志愿者的聚会。所有这一切完全由员工凯莉·马奇莫尔一手策划、编排和监督，巴菲特称凯莉·马奇莫尔是伯克希尔-哈撒韦的"弗洛伦兹·齐格菲尔德[①]"。凯莉连秘书都没有，准确地讲，她本人就是一位秘书。巴菲特自豪地说凯莉一个人可以完成四个人的工作（这样的称赞带来的负面影响就是有时候会让人觉得自己是不是只拿到了应得报酬的1/4）。[14]不过，巴菲特在用人方面更善于言语奖励，而不是薪资鼓励。工作中与巴菲特接触最多的员工马奇莫尔、博赞科和接待员德布·雷是公司最有代表性的卡内基式的人物，所有的股东都通过巴菲特了解到他们是何等优秀的员工。这些卡内基式的人物就像防晒霜一般，保护公司不受里克肖塞尔的热力学定律的影响。他们自己处理紧张棘手的问题，负责保护老板在走廊尽头安静的办公室里工作，免受外界的各类干扰。在股东大会的前一周，他们都承担着双倍的工作量。在大会当天，德布和戴比应付最重要的VIP客户和新闻中心的相关工作，马奇莫尔带着无线电话各处奔忙，像陆军元帅一般实地指挥。

星期六凌晨4点，几百名兴致勃勃的参会人员脖子上挂着大会通行

[①] 弗洛伦兹·齐格菲尔德，百老汇最大的歌舞团齐格菲歌舞团的创办人。——译者注

证纷纷来到市政礼堂外面排队等候入场。3个小时后,保安开始检查入场证件,他们蜂拥而入抢占位置极好的座位。把外套和毛衣挂在椅背上占好座位后,他们会去餐饮区享受免费的早餐,那里有甜甜卷、果汁和咖啡。到8点钟的时候,人们发现根本没有必要在黎明前赶来抢占座位,因为有一多半座位空着。30分钟后,市政礼堂内共有9 000人入座。[15]许多首席执行官对此颇感吃惊(抑或恐惧),去年一共有15 000人到场,差别如此之大(参会人员减少了40%)。

按照大会安排,会堂灯光暗了下来,开始放映会前短片(短片一年比一年长)。今年的短片开始出现的卡通人物是扮演成巴菲特的超级英雄,芒格做配角,他们在销售伯克希尔-哈撒韦的产品。接下来,法官朱迪裁定巴菲特和比尔·盖茨之间因为两美元的打赌引起的一场争端——当然只是一个节目而已。随后放映的是伯克希尔-哈撒韦的喜剧录像和广告节目。最后,苏珊·巴菲特演唱了一支由可口可乐主题歌改编的伯克希尔-哈撒韦之歌,"世界现在需要什么……伯克希尔-哈撒韦"。

9点半左右,巴菲特和芒格着正装出现在台上,环顾着台下明显少于往年的忠实参会人员:他们穿着各异,有的穿着商务正装,有的穿着短裤,会堂内黄色宽檐帽到处移动。5分钟的商业会议之后,像往常一样进入提问阶段,股东们在安放于礼堂各个位置的麦克风前面排起队来,开始询问如何评估股票。有人提到了科技股。"我不希望参与科技股的投机。"巴菲特说,"任何时候爆发投机都会得到纠正。"他将科技市场比作连锁邮件和庞氏骗局一般华而不实的表面富足。"投资者认为自己很富有,其实不然。"他停了一下,接着转身问,"查理?"

芒格开始发言,观众变得活跃起来。芒格通常会说"没有什么补充的",但是只要巴菲特把麦克风给他,全场氛围就会变得异常紧张起来,就像看着一位老练的驯狮员带着一鞭一椅出现在狮群中一样。

"我们说'卑劣的放肆'是因为,这样会产生卑劣的结果,是荒谬的。"芒格说,"如果把葡萄干和狗屎混合在一起,那还是狗屎。"

观众开始表现出惊讶。他在说狗屎?芒格居然可以抛开媒体不管,而且面对与父母一同前来的孩子们把网络股票说成是狗屎？他说了狗屎！大会骚动许久才平静下来。

接着有人提到了白银问题。随后人们开始纷纷走向地下商场选购心仪的鞋子、金厨刀具和喜诗糖果。关于巴菲特如何看待白银地位的年度提问已经非常乏味。1997年，巴菲特宣布购买全球1/3的白银。这位"传神谕者"突然倾情白银、放弃收集蓝鹰邮票，激起了贵金属爱好者的狂热情绪。[16]在伯克希尔－哈撒韦的历史上，这一投资引起了前所未有的关注。巴菲特不是贵金属迷，他只是把贵金属当作自己的生意，根据供求变化进行投资——不是为了投机，也没有将其作为防止通货膨胀的措施。他认为公司的股票价格上涨才是防止通货膨胀的明智措施，尽管通货膨胀会损害公司的利益。他购买白银是很好的投资，但是这样做其实是因为欣赏白银。他这样描述自己："在隐秘的伦敦地下宫殿中，我面带笑容悉数熠熠发光的白银栏杆。"[17]白银问题一提出，巴菲特和芒格两人就表现得非常不耐烦，但巴菲特还是出于礼貌回答说拥有白银已经成为一件无趣的事情。他没有提到欣赏白银是非常振奋人心的。

提问单调乏味，巴菲特和芒格一边听，一边剥开Dilly棒棒糖塞进嘴里，打开糖果时发出沙沙的声音。股东们开始抱怨，他们对股票价格表示不满。[18]一位女士说她接下来要转入函授学校学习了，因为伯克希尔－哈撒韦的股票回报都不够支付大学开支。[19]来自加利福尼亚州圣巴巴拉的盖洛德·汉森站在麦克风前面大声说，他在1998年伯克希尔－哈撒韦的股票接近最高点时选择买进，就是因为看好巴菲特以往的纪录，结果却回报平平，他损失的资金完全可以通过4只科技股挽回。[20]他力劝巴菲特至少将伯克希尔－哈撒韦资产的10%投资到科技领域。"这是'人间游戏'，难道您依然不觉得或许应该选择几只科技股吗？"

提问还是关于投资科技股的事情。像选择购买索罗斯科技股的著名资金经理斯坦利·德鲁肯米勒那样开始投资科技股票怎么样？针对伯克希尔－哈撒韦当前让人失望的业绩，巴菲特难道不能找到新的办法吗？如果不选择科技股，他会不会进行一些国际投资呢？

股东大会现场的情景着实令人难堪。面对股东,巴菲特第一次发现他们中间的一些人对他失望了:近50年的努力付诸东流、毁于一旦,股东们都开始反对他了。他的年龄骤然成为老朽落后的象征,而不再是炫耀经验阅历的资本。现在媒体称他是一位老人。似乎世界已经不再需要伯克希尔-哈撒韦。

随后,巴菲特一边签名,一边痛饮樱桃可乐。接着他穿上棒球服来到奥马哈皇家棒球小联盟队,为这里即将举行的棒球比赛开球。他还和阿斯特丽德一道参加了别的一些聚会,依然穿着那套棒球服,一路都在向人们散发Dilly棒棒糖。星期日晚上他和家人在Gorat's牛排店共进晚餐,而后参加星期一早上召开的董事会会议——又一次身体力行的教学实践。随后,他、苏珊、孩子们及其他家庭成员一道飞往纽约。和许多朋友见面之前,他首先和家人一起外出吃饭、观看各类演出,例行公事般地在波道夫精品百货店选购服装。选购服装是他最不喜欢的年度活动,在这样的时候"浴缸"记忆就会发挥作用。在纽约的时候,他还前往哥伦比亚大学讲授本杰明·格雷厄姆课程的当代版本,会见参加财经新闻课程学习的几位记者。[21]

星期六一早,他召集通用再保险公司的三位经理到他在广场酒店的套房。罗恩·弗格森带来许多PPT资料,开始历数通用再保险公司的糟糕状况。巴菲特皱着眉头、焦虑不安地听了几分钟,终于开口说道:"我们为什么不直接面对结果呢?结果必须有所改善,必须强化交流网络。目前是客户对通用再保险公司发号施令,而不是公司处于主动地位。这种情况必须终结,必须有人承担责任。"[22]

他差一点儿就说出让弗格森退休,似乎不再对年岁已高的经理人怀有恻隐之心。弗格森在1999年底曾患有蛛网膜下腔出血,巴菲特非常同情他。后来,弗格森偶尔出现身体不适,无法正常工作,曾提出辞职,但是巴菲特拒绝了他的辞职要求。巴菲特认为不应该让员工因身体不适而被迫退休,他最欣赏的一些经理人都坚持工作到很大年纪,其中B夫人就一直工作到103岁,退休一年后去世。他非常怀念矮小的B夫人性格刁钻的样子,但是也感到一种强烈的解脱,B夫人终究还是没有战胜自己的年龄。他曾经一度担心自己会先于B夫人离开人世,他自己的目标是比B夫人更长寿,不仅仅是多活几年,而是要多活5年以上甚至直到永远。他一直都夸张地讲伯克希尔–哈撒韦的老年员工和董事会准备筹建高龄美国最高法院。

因此,想象一下几周后巴菲特晚饭后在比尔·盖茨的家中打桥牌,他的精灵一直矗立在他的肩头保护着他。他说话的时候声音嘶哑,好像前一天晚上根本没有睡觉。他不停地说自己"很好",但显然有些不适。沙伦·奥斯伯格从巴菲特当时的样子判断他肯定是身体不舒服,就和盖茨夫妇讲了自己注意到的问题,盖茨夫妇不顾巴菲特的反对很快叫来了医生。[23]

巴菲特说自己从来没有做过结肠镜检查,这让那位医生非常吃惊。他让巴菲特服用了一粒止痛片,以让他顺利到家,还说巴菲特回到奥马哈后真的应该去医院做一次全面的体检,而且要做结肠镜检查。

精灵可能不够智慧。霍华德·巴菲特就患有结肠癌,因结肠癌的并发症去世。巴菲特现在怎么想呢?69岁了,从来没有做过结肠镜检查?这显然不是把自己的身体当作一生拥有的唯一一辆汽车一般呵护。

一个月后,伯克希尔–哈撒韦的股票每股上涨近5 000美元,达6万美元。《财富》杂志写道,尽管巴菲特"没有取得1999年的骄人业绩",但是伯克希尔–哈撒韦从3月的低谷走出,股价近期上涨47%,这充分表明巴菲特是一位"优秀的复兴者"。[24]然而,巴菲特还需要完成一些身体康复工作。

巴菲特终于还是安排了令人担忧的体检。[25]他很少在短期内如此频繁地光顾医院——肾结石排除治疗刚刚在一个月前进行,不过结肠镜检查可以视作"常规"检查。巴菲特通过电话聊天、打桥牌和玩电脑直升机游戏分散自己对体检的担忧。当人们问及这次体检时,他会说:"我根本就不担心会有什么问题。"

但是做完结肠镜检查他傻眼了,他肚子里有一块巨大的良性息肉。

息肉过于庞大，要切除就得影响周围大量的其他组织器官。当时有几位朋友在场。这种息肉不是可以任其发展的，巴菲特决定在7月末太阳谷年会过后进行手术。"哦，我一点都不担心。"他一边开玩笑，一边强调自己的心脏检查结果良好，"我从来不担心自己的健康状况。要不是你们提出来，我连想都想不到。"

但是巴菲特必须就自己的健康问题做新闻发布，这次宣布了一些令人尴尬的细节：

沃伦·E.巴菲特，伯克希尔-哈撒韦（NYSE：BRK.A，BRK.B）董事长，将于下月住进奥马哈医院接受手术，切除结肠中的几块良性息肉。巴菲特先生在周一接受常规体检的时候发现了结肠息肉，这次体检表明他的其他健康状况良好。预计手术需要巴菲特先生住院几天，随后他将尽快返回工作岗位。伯克希尔-哈撒韦宣布相关事实是为了防止出现关于巴菲特先生健康状况的虚假谣言，像今年初那样影响公司股票的市值。[26]

手术进行了几个小时，切除了长达15英寸的息肉，在巴菲特肚子上留下了长达7英寸的疤痕。他在家休养一周，生平第一次留了胡子。不去伯克希尔-哈撒韦工作的日子，他喜欢电话聊天，声音有些虚弱。

"哦，没有，我一点儿都不累，现在身体非常好。"他说，"体重减少了几磅，也是需要减掉的。阿斯特丽德非常精心地照顾我。医生说我想吃什么都可以。还有，我有没有告诉你我入院的时候有一根结肠，但是出院的时候却带着一个分号。"① 问及他是否担心复发时，他说："哦，不担心，一点儿都不担心。我从来不担心什么事情，这你们都知道。顺便提一句，我有没有告诉你这次手术的麻醉师小时候是我在高尔夫球乡村俱乐部的球童？进行麻醉前，我对他说真的希望当年没有少给他小费。"

---

① "分号"在英语中是"semicolon"，而结肠的拼写是"colon"，"semi"有"一半"之意，故巴菲特以此幽默地讲述自己经历了这次手术后只剩下半段结肠。——译者注

伯克希尔-哈撒韦的新闻中只是确认了息肉确实是良性的，不需要进一步治疗。尽管如此，谣言还是又一次通过互联网和华尔街蔓延。一些人坚持称巴菲特肯定是得了癌症，息肉不需要做手术。但是沃伦的病已经好了，而且他不觉得自己已经老了，他依然像"火球"一般充满活力。

一生傲慢的他，终究还是不能摆脱健康问题的困扰。在某一天，他一直坚持的摔跤比赛还是要落幕，一直回避的问题还是必须面对。在巴菲特心里，伯克希尔-哈撒韦是可以替代自己永远生存在这个世界上的，所以一切都没有自己对公司的责任重要。许多问题都将由苏珊来决定，她会比他长寿。他告诉人们苏珊会照顾好一切的。

55
凯瑟琳的最后一次聚会

奥马哈 2000年9月—2001年7月

巴菲特在医院进行结肠手术的时候,网络泡沫已经平息。网络风暴之下兴起的公司日渐消退:Arzoo.com、Boo.com、Dash.com、eToys.com、Flooz.com、FooDoo.com、Hookt.com、Lipstream.com、PaperFly.com、Pets.com、Wwwwrrrr.com、Xuma.com、Zing.com。[1]纳斯达克交易量跌破峰值的一半,不过旧经济股依然没有复苏。美联储又一次开始降低利率。然而,巴菲特的名声开始恢复了。

伯克希尔-哈撒韦在资本市场大桶淘金,巴菲特开始并购一系列私营公司、破产公司和侥幸生存的公司,又一次大开投资之窗。他并购了意外风险保险公司——美国债务公司,珠宝商本·布里奇珠宝公司[2],Acme砖业公司,托尼·拉马皮靴公司,以及Nocona靴业公司的母公司贾斯汀工业[3],全球最大的地毯制造商Shaw实业集团[4],本杰明·摩尔油漆工业公司[5],家居建材产品制造商杰斯曼公司[6],高科技复合钢制造商Mitek公司[7]。尽管如此,2000年底,伯克希尔-哈撒韦依然拥有数十亿美元的闲置资本:地下室堆满了钱、椽子上挂满了钱、墙上贴满了钱、烟囱里塞满了钱、屋顶上铺满了钱——大量金钱源源不断地从这台永不生锈的"现金机"中吐出。[8]

巴菲特在1999年太阳谷年会的演讲中对市场进行的预言目前已经得到证实。2000年他在致股东的信中宣称互联网的诞生对玩世不恭的金融家是一次机会，让他们有机会向容易上当的人们"出售希望"——巴菲特一年一度致股东的信已经演变为全球媒体盛事，通过互联网发布，成千上万的网民急切期待，所以每逢那个星期六早上，伯克希尔-哈撒韦的网站都会因流量过大而濒临崩溃。他又一次委婉地提到他在太阳谷演讲中引用的伊索寓言：投资互联网就是放飞到手的鸟儿（眼前的钱）去捉林子里的鸟儿。"财富大规模转手"的结果就是只有少数人获利。

"通过无耻地宣传空洞的利润，组织者近年来将数十亿美元从公众的腰包里抢走，肥了自己的腰包（以及他们的亲戚、朋友的腰包）……投机变得非常容易的时候就是最危险的时候。"[9]观众都在听巴菲特的发言，这是2001年的股东大会，参会人数又多了起来。

伯克希尔-哈撒韦的部分好运源自吉列公司的经营状况好转，巴菲特曾帮助吉列完成从迈克·霍利任首席执行官到吉姆·基尔兹上任的过渡。[10]在此之前不久的2000年底，巴菲特一改以往事不关己高高挂起的作风，在可口可乐新上任的首席执行官道格·达夫特准备并购桂格燕麦的时候，作为董事会成员出面阻止了那次并购。巴菲特是董事会成员中少数几位有决议权的董事。可口可乐新上任的首席执行官是否可以创造一番成绩还有待时间去见证，当然，换汤不换药不会对股价带来什么正面影响。

巴菲特2001年参加太阳谷年会是又一次重磅出击。但是，湾流豪华公务机沿山形滑翔降落到黑利机场后，纷纷奔向太阳谷酒店的公司高管都心事重重。谣言正在四处蔓延，多数谣言是关于AT&T还击康卡斯特电信公司对电缆产品的恶意出价的。

太阳谷酒店前面的草坪上第一次支起了密密麻麻的电视新闻采访棚，似乎那里在拍电影：闪光灯、反射板、制片人、摄影师、助理、化妆师和记者全部到位，全副武装准备采访各位首席执行官。就是这些记者助长了谣言的四处传播。达克庞德的摄像机从来没有停止工作，发言过后记者们不顾发言人的情绪疯狂拍照。他们追着采访自己认为与相关事件有关的公司人员。

星期五下午，84岁的凯瑟琳·格雷厄姆玩儿了一会儿桥牌后想安静一下，就开着那辆小型高尔夫球车回到她的公寓——她一直喜欢开着高尔夫球车在太阳谷各处兜风。凯瑟琳个头很高，身材苗条，两臀都做过手术，走起路来有点儿不协调。人们注意到她有些疲劳，精神欠佳，但是她一直说今年的年会是自己最开心的时候。她和儿子唐共同经营的公司得到巴菲特的指点，在报业利润急剧下滑的时候，该报因在财务方面和新闻报道方面的成功居然成为公认的行业偶像。凯瑟琳总是非常高兴看到许多她喜欢的人齐聚到艾伦会议中心。人们事先为她安排了一位随行助理，但是她性格刚毅坚决反对，所以大部分时间不是唐就是巴里·迪勒（美国网络公司董事长巴里·迪勒是她的好朋友）搀扶着她。然而，此时此刻她却是一个人。

苏茜和母亲在车里看到了凯瑟琳，就把车开到了员工停车场。凯瑟琳没看到她们，但是她们可以看着凯瑟琳走上通向公寓的四个台阶。那段时间凯瑟琳在服用抗凝血药物，如果摔倒极有可能引起出血。她们看到她靠着栏杆，有点儿发抖，所幸站在栏杆内侧才没有摔倒。[11]

在"野花公寓"的露天平台，就是面朝高尔夫球场和山脉的凯瑟琳·格雷厄姆下午时分经常坐在那里浏览《华盛顿邮报》的平台上，时装设计师黛安娜·冯·弗斯腾伯格为凯瑟琳特别举办的年度女士鸡尾酒会照例进行，这场鸡尾酒会已经成为太阳谷的一大传统。苏茜带来了喜诗棒棒糖，大家都围着凯瑟琳拍照，嘴里含着棒棒糖。[12]过了一会儿，唐纳德·基奥以及黛安娜的丈夫巴里·迪勒、新闻集团的首席执行官鲁伯特·默多克和其他几位男士猛然走进聚会，唐·格雷厄姆也在其中。

星期六破晓时分，大家纷纷坐在椅子上等待英特尔的总裁安迪·格鲁夫首先发表关于"网络稳定性"的主题演讲。随后，黛安娜·索耶主持召开座谈会，依次邀请eBay的梅格·惠特曼、索尼的首席执行官霍华德·斯特林格先生和美国在线–时代华纳的史蒂夫·凯斯谈一谈关于"美国的脉搏：我们如何去寻找"这一问题。太阳谷此时的情景仿佛中学里的自助餐厅，记者用摄像机记录了这一刻，他们一致传出谣言声称美国网络公司或美国在线-时代华纳、迪士尼、有线电视服务公司或者所有这些公司将与AT&T有线电视及宽带部门联手。[13]在座的许多人都希望那些电视棚消失。

戴安娜·索耶主持的座谈会结束后，接下来发言的照例是巴菲特。2000年3月的市场高峰过后，股票市场损失逾4万亿美元。[14]网络公司的失业人数至少达112 000人。[15]同时，幸存的互联网公司也进入青春期。有人非常肯定地推测，巴菲特不会再认为网络股依然被高估。人们希望巴菲特别像以前那样悲观，可以变得宽容一点儿。

然而，巴菲特向在座的人展示了一幅曲线图，说明市场价值依然高于实际经济水平的1/3。这显然远远高出巴菲特认为可以买进股票的标准，而且也是现代历史上的市场巅峰时期——胜过1929年那场严重的市场泡沫。实际上，巴菲特的曲线图表明目前的经济水平虚高几近一倍，或者可以理解为市场价值依然会下跌一半。[16]他告诉人们尽管市场经历了两年严冬，尽管纳斯达克交易量跌了超过一半，他还是不会买进。他预期的股票市场（包括红利在内）的年均增长只能达到不足7%的水平，而且可能在未来20年持续如此。[17]7%的预期数字只比他在两年前的预期高出一个百分点。这是令人沮丧的消息，尤其是对巴菲特本人——71岁生日庆祝在即——而且对他希望保持的以往的纪录也没有什么积极作用。

"这不应该是市场的情况。"他说，"但是，这就是市场目前的情况，而且还是人们应该牢记于心的。"他接着通过幻灯片打出这样一句话：

不能持久的事物终将灭亡。

——赫布·斯坦[18]

在座的许多人一脸严肃、深感震惊，但是都记住了他的一席话。"人们还是得听巴菲特的。"亚马逊的首席执行官杰夫·贝佐斯说。亚马逊公司的股价从巅峰时的每股113美元下跌到每股17美元。"他讲的一些事情确实让人痛心，但上帝做证，他就是一个精灵，从来都是正确的。"[19]

巴菲特的一席演讲引来众多恭维，午餐时分，就在赫伯特·艾伦公寓后面的帐篷下面人们纷纷对他表示祝贺。大概有100人参加了这次午餐聚会，格雷厄姆母子也在其中。巴菲特和墨西哥总统比森特·福克斯坐在一起——他认为福克斯是一位"资深的可口可乐人"，而且对经济有着深刻的见解。[20]后来，巴菲特又去打高尔夫球。

凯瑟琳·格雷厄姆开着她的高尔夫球车到桥牌室玩牌。过了一会儿，她说有点儿不舒服，要回自己的房间去。她打电话告诉助理她要回去了，她的助理就留在赫伯特·艾伦的公寓等她，而她的公寓就在隔壁。然后，她一个人走向高尔夫球车，独自开着车返回公寓。

她的助理隔几分钟就向窗外望一次。终于，助理看到凯瑟琳的高尔夫球车到了，她下了车，于是助理飞快地跑出去，结果看到凯瑟琳倒在了公寓门前靠近走廊的台阶上。助理冲过去，弯下腰和凯瑟琳说话，但是她没有任何反应，于是助理开始大声叫赫伯特·艾伦出来。[21]几分钟后，急救人员赶到的时候，唐·格雷厄姆也急匆匆从高尔夫球场返回。他需要有人帮忙一起面对母亲的突发病情，就要求巴菲特同去医院，但是巴菲特承受不了这种悲伤的情绪。[22]于是格里菲思·哈什，一位优秀的神经外科医生——eBay首席执行官梅格·惠特曼的丈夫，和唐一起去了距离只有10分钟车程的、位于凯彻姆的圣路克斯医院，以帮助诊断CAT检查结果。[23]

苏茜开着车去医院陪唐和赫伯特·艾伦，她非常清楚谁也指望不上她的父亲来帮助面对什么危急病情。1997年，医生诊断说苏珊需要做心导管插入手术，巴菲特就坐飞机到旧金山陪她。而中途凯瑟琳·科尔打电话说苏珊没事了，巴菲特就直接返回了奥马哈。后来，苏珊因剧痛难忍的腹腔粘连和肠梗阻多次进入急救室，1999年还接受了胆囊摘除手术，然而那些年苏珊每一次入院，巴菲特都不能克制自己的悲伤情绪到医院好好陪一陪她。[24]

哈什医生和唐到圣路克斯医院不多一会儿，放射科医生就拿来了CAT扫描报告，哈什医生看后说："凯瑟琳需要到创伤科治疗。"圣路克斯医院很快通过直升机把凯瑟琳送到博伊斯的圣艾尔奉萨斯地区医院。

赫伯特·艾伦安排了一架私人飞机——空间只比割草机稍大一点，由两位穿着牛仔裤和T恤的年轻人驾驶——把唐和苏茜送到了博伊斯。

这一切发生的时候，巴菲特悄悄回到了自己的公寓。那天苏珊早早就离开了，去希腊参加一个婚礼，对这儿发生的一切一无所知。彼得和珍妮弗、豪伊和德文还在太阳谷，彼得和豪伊只是路过。然而每次在这样的时候，巴菲特都不会自然调整自己的悲伤情绪，和儿子们直率地沟通。沙伦·奥斯伯格不在太阳谷，当然阿斯特丽德也不在。妻子和女儿此时同样不在身边，于是盖茨夫妇、罗恩和简·奥尔森还有苏茜的男朋友陪着巴菲特等待凯瑟琳的治疗情况的消息。大家的任务就是和巴菲特随便闲聊，帮助他分散注意力，而且闲聊的时候都避免提到凯瑟琳。苏茜从博伊斯打来电话告诉巴菲特，凯瑟琳马上要进行手术了，但是没有别的消息。[25]

凯瑟琳进了手术室，不久手术结束。大概午夜时分，哈什医生告诉唐和苏茜情况不太好，凯瑟琳需要再进行一次CAT扫描检查。他们把病床推进了手术室，把凯瑟琳的手表交给了苏茜，苏茜觉得心里猛地震动了一下。[26]

大约凌晨两点，由于一直没有更多的消息从博伊斯传来，巴菲特决定去休息。其他人也都离开了房间。

大概90分钟后，医生们把凯瑟琳推到重症监护病房。"我们真的无能为力了。"他们说。苏茜打电话叫醒了父亲，她告诉父亲召集大家坐飞机到医院去。巴菲特于是叫醒了大家，组织大伙儿出发。

几小时后，飞机在博伊斯落地，巴菲特打电话给苏茜说他觉得自己去不了医院。苏茜对父亲说必须到医院去，唐非常难过，需要他到医院去，即使凯瑟琳没有意识，看不到他，也会感觉到他的到来。巴菲特勉强同意前去。

到医院后，女儿在楼下的走廊里等巴菲特。她知道此时的父亲非常难受，必须有人耐心地帮助他面对眼前的一切。"您必须上去，"她坚持说，"您必须去。"她带着父亲来到了重症监护病房，病房里唐·格雷厄姆孤独地坐在那里陪着母亲,通红的脸上挂满泪水。凯瑟琳面色苍白,没有一点儿意识,身体连着许多监视仪器,监视仪器不时闪着点点亮光,发出轻微的响声。凯瑟琳的嘴上戴着氧气罩。巴菲特和唐紧紧拥抱,两人都呜咽着。随后拉利·韦茅斯——凯瑟琳的长女也是唯一的女儿来了。最后,苏茜陪着父亲来到楼下。凯瑟琳的病房此时不需要他们。凯瑟琳的孩子们陆续来到博伊斯后,巴菲特父女就坐着飞机,带着悲伤的情绪回到了奥马哈。[27]

两天后,他们接到电话得知凯瑟琳去世了。巴菲特事先就和拉利说过他不能在凯瑟琳的葬礼上发言,他愿意和比尔·盖茨一起做迎宾人员。在家里,阿斯特丽德照顾他的生活起居;在办公室,他就不停地工作。不工作的时候,沙伦和他一起打桥牌,或者玩电脑直升机游戏,再或者做一些其他事情,以减轻凯瑟琳的去世带给他的震惊和恐惧:那么突然、在那么一个欢乐的场合;事发的时候他不在场;救护车、直升机、苏茜打电话讲述手术的事情;坐在公寓里等候,午夜电话响起,一路紧张地飞往博伊斯;在病房看到凯瑟琳静静地躺着,面色苍白,呼吸微弱;控制力很强的唐·格雷厄姆当时那么无助;离开从此永别的凯瑟琳飞回家时的一路痛苦;电话得知她去世了;苏珊一直不在他身边。再也见不到凯瑟琳了,再也没凯瑟琳参加的聚会了,永远没有了。

然而,凯瑟琳·格雷厄姆去世后的第二天,巴菲特还是按照计划来到佐治亚大学特里商学院进行了一次演讲。他穿着笔挺的灰西装走上台,看起来有些不太自然,声音略带嘶哑。"现在试音,100 万、200 万、300 万。"他对着麦克风说。这样的开场往往会引起台下一片笑声,今天也不例外。而不同以往的是,他又讲了几个内布拉斯加的足球笑话,引得观众咯咯直笑。

随后,他转入正题。"人们总会问我应该选择什么样的工作,我就说要为自己最崇拜的人工作。"他奉劝大家不要浪费时间和生命,"只是因为有人看好你的简历就频繁跳槽是不理智的做法,就像老了才去考虑两性生活一样。做自己喜欢的工作,为自己最崇拜的人工作,就是为自己创造了最佳机会。"

大家问他曾经犯过哪些错误。他说第一是伯克希尔-哈撒韦花了20年时间努力复兴一个破败的纺织工厂。第二是美国航空，巴菲特提到他拨打航空公司热线没有接通的事情。第三是年轻的时候一直在想办法买进辛克莱尔加油站。他算了算，那次错误带来的损失有60亿美元，就是说，他投入的那些钱完全可以用来赚到60亿美元。

但最折磨人的错误还是那些本该去做而没有做的事情，他告诉大家，而且只提了一件这样的事情——没有买FNMA的股票，FNMA即联邦国家房贷协会。他说到目前为止这项投资失误引起的损失达50亿美元。其实还有其他的：错过了汤姆·墨菲曾竭力要卖给他的电视台，没有投资沃尔玛。他解释说，没有抓住机会，错过了本该去做的事情就是因为自己向来谨慎从事。

巴菲特此前也多次提到过自己的错误，但是，在提到那些本该去做而没有做的事情之时，从不涉及工作之外的事情。个人生活中这样的错误——疏忽遗漏、坐失良机——同样时有发生，也是压力带来的副作用，但只有非常了解他的人才会知道这些，他只是偶尔与他们提及自己的这些错误。

他向学生们解释了投资的"20个孔眼"法。他说："假设你的一生有这样一张卡，上面可以打20次孔，一次财务决策打一个孔，这样你就会努力抗拒各种诱惑，不草率行事，并能做出一个个明智的重大决策，从而变得非常富有。"

他自己的生活就是这样的，变数极少。一栋房子，与妻子相伴50年（后来一直与法纳姆大街的阿斯特丽德相伴），对买卖房地产、艺术品、车辆和其他财富都没有兴趣，没有频繁辗转于各地，也没有在职业生涯中变幻无常。这部分是个性使然，还有就是习惯使然，也是诸多事情自然发展的结果和一种惯性形成的智慧。有幸成为他的朋友便是他一生中永远的朋友，任何破坏这种永恒的事情都让他无法面对。

几天后，警察一早就开始对华盛顿国家大教堂附近的街道实施戒严，因为教堂要举办重要的活动，这一天大教堂在蓝天的映衬下格外壮观。[28] 电台工作人员开始忙着拍摄这次乐队参与的重大活动，乐队的服饰是参加国家元首葬礼的着装。上午时分，接送《华盛顿邮报》员工的几辆客车先后到了，接送参议员的蓝白条相间的客车也到了，从小汽车和高级轿车上下来的人纷纷涌入大教堂。教堂的前排坐满了显要人物，有比尔·克林顿和希拉里·克林顿、琳恩·切尼和迪克·切尼。教堂里无处不是知名人物：最高法院法官鲁思·巴德·金斯伯格和斯蒂芬·布雷耶，知名记者查理·罗斯、汤姆·布罗考、迈克·华莱士和特德·科佩尔，《今日美国》的阿尔·纽哈思，美联储主席艾伦·格林斯潘和他的妻子，编辑蒂娜·布朗，参议员特德·肯尼迪，国会代表伊兰诺·霍姆斯·诺顿。[29] 成百上千人随着国家交响乐团和肯尼迪艺术中心歌剧厅乐团的铜管重奏列队穿过巨大的铜门进入教堂，这次聚会是该教堂有史以来接待人员最多的一次。[30]

从教堂中殿那边起，站着几千名穿着黑色西装和白色衬衫的男士，形成了蒙德里安式的背景幕，他们的前面是身着黑白方格衣服的女士们。有的女士穿着犬牙花纹的衣服和卷曲的泡泡纱；有的身着一袭精致黑色套装，配着白色棉衬衣；有的穿着无袖紧身连衣裙，或者穿着小外套，或者索性裸露着手臂；有的穿着白色的裙子和黑色的毛衣；有的穿着黑色的夹克衫和点缀着瑞士风格的黑白斑点的裙子。她们戴着黑色的小帽子，编织得非常精心，黑色的草帽上配着一层向下倾斜的面纱，非常符合阿斯科特城女士日的气氛。大教堂成了珍珠的海洋，有的小如芝麻，有的大如瓶塞。女宾们的手腕上、脖颈上、耳垂上镶嵌着大小各异的黑白珍珠，有的佩戴着长串珍珠。每一个细节都是为了表示对一位女士的悼念，她让世界敬畏多年，对她一生的总结和悼念已然成为一次最为盛大的、全国性的、最后的黑白舞会。

追思仪式开始后，巴菲特和盖茨悄悄在梅琳达旁边的长凳上坐下。音乐响起，历史学家阿瑟·施莱辛格首先发言，而后发言的是亨利·基辛格、本·布拉德利和凯瑟琳·格雷厄姆的孩子们。最后，前议员约翰·丹福斯布道，他认为尽管凯瑟琳·格雷厄姆从来没有对宗教进行过多少评价，但是她的生活方式犹如一位信徒。"她是全球公认的最强势的女性，但是她自己没有这样认为。"他说，"特别是在华盛顿，许多人趾高气扬，但是凯瑟琳没有……自私不能战胜生活，成功属于献身于事业的人们。'满招损，谦受益'，现实确实如此。这是我们每个人都应该学习的一课，而凯瑟琳·格雷厄姆给我们上了生动的一课。"

巴菲特带着一脸悲伤挨着盖茨坐下后，梅琳达伸手擦去了眼泪。穿着黑白长袍的两支教堂唱诗班唱着莫扎特的曲子。抬棺的人小心地抬起棺材，沿着走廊走去，大家一起唱着《美丽的亚美利加》。家人跟着走出大教堂，来到与凯瑟琳·格雷厄姆的住房隔街相望的橡树丘墓园，她将与已故的丈夫一同埋葬在这里。

下午早些时候，400多人坐车绕环形公路来到了凯瑟琳·格雷厄姆的住处，纷纷走进后花园，她的孩子们和孙子们都站在那里接待客人。在帐篷里的自助餐会中有三明治、切片火腿和里脊肉。人们绕过游泳池来到房子里追忆这里曾经发生过的点点滴滴。人们在里根总统曾弯腰捡起自己散落的冰块的客厅里驻足，最后一次凝视图书室的书籍和饰物，格雷厄姆曾坐在这间图书室里斟酌是否报道五角大楼文件。人们在金色餐厅圆桌旁边的墙上摆放的拿破仑时代的瓷器前驻足，这间餐厅曾经接待过从肯尼迪时代到克林顿时代的历任美国总统。从杰奎琳·奥纳西斯到戴安娜王妃，只要是凯瑟琳·格雷厄姆发出邀请，他们一定赴约。[31]这座房子本身就代表着一段历史。

巴菲特最后一次环视凯瑟琳的房子，记住了这里的一切，但是他没有久留，早早地就离开了凯瑟琳的房子，而且永远不会再回来了。[32]

下午的时间慢慢过去，凯瑟琳·格雷厄姆的朋友们和仰慕她的人们开始慢慢散去。人们依依不舍地走过长廊，走过她生前经常宴请朋友的房间，走过花园……缓缓地，极不情愿地告别最后一次凯瑟琳的聚会，最后一次踏上通向停车场的铺满石子的小路。

56
富人统治、富人享受

奥马哈 2001年7月—2002年7月

巴菲特独自飞回内布拉斯加。除了睡觉之外，他每一分钟都忙于各种各样的事情，读财务报告、《金融时报》、《纽约时报》、《华尔街日报》，看CNBC的电视节目，接电话。晚上不工作的时候他就打桥牌，有时也在线浏览新闻，再有就是玩电脑直升机游戏。

一周后，有一次他在电话里痛哭流涕，泣不成声，哽咽得上气不接下气，悲伤的情感如洪水决堤般喷涌而出。

发泄过后，他努力调整自己的情绪，继续接电话。他后悔自己没有在凯瑟琳的葬礼上发言。工作努力、台上讲话自如洒脱的巴菲特认为自己应该在凯瑟琳的葬礼上为她送上一份祝福，所以更多的是遗憾，这种想法反复缠绕着他。

"如果那天我一直和她打桥牌，她可能不会摔倒。"后来巴菲特伤心地自责，"我就会开着她的高尔夫球车亲自送她回去，她可能不会死。"

但是，凯瑟琳可能还是会要求自己走上台阶，没有人知道她的死是因为摔倒中风，还是因为中风摔倒。

然而，巴菲特还是觉得自己错失了机会，因此备受折磨。有时候他甚至觉得如果他一直陪着凯瑟琳，无论如何也会让她安全的。

几周过后，只要提到凯瑟琳的去世，巴菲特还是不由自主地伤心落泪，必须停下来调整情绪。然后，就像摩托车转了个弯重新启动一样，他又开始继续谈论别的话题。

8月，许多事情帮助他从悲伤中解脱出来。他开始规划9月将进行的第十届（最后一届）奥马哈慈善高尔夫球锦标赛，并盼望着10月去法国比里亚茨举办巴菲特集团会议。这段时间，他还飞到怀俄明州的科迪，和苏珊在赫伯特·艾伦的J9农场过了一个长长的周末，农场位于北福克。

巴菲特宁愿看一部西部电影，也不愿意在东部风格的农场闲逛。在太阳谷年会的时候，他就和自己能够谈得来的朋友在一起打发时间。这次在科迪，他和苏珊过了一个悠闲自在的周末，和他们一起过周末的还有媒体大亨巴里·迪勒和妻子黛安娜·冯·弗斯腾伯格，唐纳德和米基·基奥，电影导演迈克·尼科尔斯和妻子，新闻播音员黛安娜·索耶，制片人悉尼·波拉克，影星坎迪丝·伯根，英特尔的首席执行官安迪·格鲁夫和妻子伊娃等人。

巴菲特夫妇那天晚上到达的时候已经很晚了，就在中心酒店旁边的雪松小木屋住下了。第二天早餐的时候他们向已经到来的客人问好（巴菲特的早餐通常就是前一天晚上没吃完的点心）。这一天还有很多客人到达，而巴菲特这一天的其他时间则在酒店或者小木屋看书、玩儿电脑桥牌、看艾伦特意从网上给他打印的新闻。一些客人骑着艾伦农场的马沿着峡谷去看大角鹿和小鹿，一些客人骑着山地自行车去探险，还有的在流经农场的河里钓鱼。巴菲特没有参加所有这些活动。晚饭的时候他出现在酒店大长方形餐桌旁边，客人们也都坐在那里，周围是黑色的皮质家具和带有浪漫色彩的乡村风格油画，油画都是著名画家托马斯·哈特·本顿和弗雷德里克·雷明顿的作品。巴菲特主持了一次餐桌沙龙，话题涉及政治、金融和全球时事。当客人们享用鱼肉、鸡肉、野味和沙拉的时候，科迪的厨师也在大口吃肉。[1]

晚餐后，艾伦的朋友阿尔·奥霍乐弹起了钢琴，客人们一起看着坎迪丝·伯根的歌曲集唱歌，格什文、欧文·伯林和科尔·波特轮流领唱。苏珊照例进行独唱。巴菲特弹奏夏威夷四弦琴，和往年一样唱《The Hut-Sut Song》①，电影制片人悉尼·波拉克和巴菲特一起唱——这首歌总是让大家产生一种害怕心理，这反而让人更期待表演这首歌。

Hut-Sut Rawlson on the rillerah and a brawla, brawla sooit. Hut-Sut Rawlson on the rillerah and a brawla sooit.[2]

从科迪回来，巴菲特的假期就结束了。距离他的生日还有几周，表面上看他并不关注生日，其实内心非常担心生日的到来。每年生日之前的一大亮点就是提前几周就有大量来自朋友（或者说，更多的是来自陌生人）的贺卡、礼物和信件纷纷飞到基威特大厦。巴菲特对此并不厌倦，但是要通过生日礼物让一位亿万富翁（不希望自己又老一岁，不在乎任何财产的人）高兴却不是一件容易的事情。然而他感谢所有的贺卡和来信，回忆起过去生活中点点滴滴的所有祝福都让他感动。另外，他现在有太多的可口可乐纪念品、内布拉斯加足球招贴、旗帜、被子、拼贴画和其他礼物以及他和一些知名人士的合影，所有这些东西足以摆满基威特大厦的一层走廊。他的生日确实非常低调，通常只是和家人以及几个朋友在橄榄园这样的餐厅一起吃顿晚餐。

巴菲特71岁了，他不相信自己已经71岁了。在40岁、50岁、60岁和70岁生日到来的时候，他同样不相信自己当时的年龄。但是今年尤其不愿意提到自己的生日，因为凯瑟琳去世后，他不愿意面对任何让自己意识到时间飞逝的事物。

所幸，奥马哈高尔夫球锦标赛——由巴菲特赞助、各类当地机构受益的年度赛事就在他生日过后不久进行，让他有机会调整一下情绪。公司首席执行官、各界名人、朋友、亲戚以及所有巴菲特认识和欣赏的人，都来到奥马哈乡村俱乐部参加高尔夫球和网球比赛。[3]前来参加这次活动

---

① 《The Hut-Sut Song》，1941年流行歌曲排行榜上居高不下的一首歌。——译者注

的客人是巴菲特用心挑选的，就像挑选股东、挑选有资格参加奥马哈股东大会的成员、挑选巴菲特集团的成员一样。随着比赛日期一天天临近，员工们忙着修订客人名单、安排接机以及俱乐部高尔夫球手的餐饮娱乐。巴菲特愿意了解每一个细节：邀请了哪些客人，某位客人此前曾经来过几次，谁第一次前来参加比赛，这次比赛可以筹集多少钱。

许多客人都参加了星期一晚上在奥马哈乡村俱乐部举办的晚餐聚会，奥斯卡奖得主、词曲作家马文·哈姆利施出席了晚餐聚会。[4]每年他都坐在钢琴旁边，应人们的要求即兴编写个性歌曲。

马文没有打高尔夫球，几年前来参加锦标赛，他喜欢苏茜，苏茜也喜欢他。他说："你为什么不让我在前一天晚上为提前到来的客人进行一次小小的表演呢？"这一定会是高尔夫球锦标赛最精彩的部分。你说："我希望选择三号木杆不会再打出该死的左曲球。"这就可以是一首歌。人们认为这是胡编乱造，其实不是。如果你说"我不相信自己的岳母会偷餐厅的糖包"，30秒后，他就会奏出一段小调，和着这句词儿。

第二天碧空万里。大约8点的时候巴菲特的电话响了，是德文·斯珀吉翁打来的，她是《华尔街日报》的记者，负责报道伯克希尔–哈撒韦。"哦，天哪，沃伦，快看电视。"她说。巴菲特打开新闻频道。电话两头，他们都看到了一场可怕的"飞机失事"。镜头转向了世贸中心的北楼，大厦顶层在巨大的火焰吞噬下倾倒。镜头又转向一架飞机，环绕大厦顶部，随即撞向南楼的一侧，爆炸后升起一团蘑菇云火焰，犹如原子弹爆炸一般。新闻频道开始重复播放这些镜头的时候，他们都静静地看着：飞机转向，撞向大楼。"德文，"巴菲特说，"世界变了。"巴菲特开始询问德文办公室的情况，她的办公室距离芝加哥的西尔斯大厦两个街区。"听着，"他说，"那不是一个安全的地方。《华尔街日报》在纽约的总部位于世贸中心对面。那里的员工必须立即疏散，同时跟踪报道该事件。"通过这番对话，斯珀吉翁可以感受到巴菲特思维活跃，他进入了一种最理智的处理问题的状态。[5]

他挂上电话的同时，美国联邦航空局已经发出通知，暂停美国所有航空公司的航班起飞。几分钟后，美国航空77号航班撞向五角大楼。之后大约15分钟，也就是白宫开始疏散工作人员的时候，巴菲特已经根据来自各方的信息，对自己的工作做出安排。他给通用再保险公司打了一个电话（他应该在第二天去通用再保险公司），他说如果机场开放，航班恢复正常，就计划飞到康涅狄格州亲自到通用再保险公司。[6]在康涅狄格州相邻而居的通用再保险公司和阿吉特·贾殷管理下的伯克希尔再保险公司都是承保恐怖主义损失的国际门户。巴菲特此时与他们会面是为了在紧要关头和几位经理一起商讨如何面对这次突发的重大事件。

就在巴菲特考虑通用再保险公司的赔付计划之时，世贸中心南楼内部起火倒塌，五角大楼的一角倒塌。几分钟内，美国联合航空公司93号航班在宾夕法尼亚州尚克斯维尔附近坠毁。接下来的半个小时，政府大楼的人员纷纷疏散，世贸中心北楼倒塌。纽约证券交易所关闭，曼哈顿区的市民冒着呛鼻的烟雾，踩着满地的碎片纷纷撤离。

在奥马哈高尔夫球场的每一个人都因此受到了影响，幸好影响不是很大。许多人的朋友、亲戚、邻居或工作上认识的熟人在世贸中心工作。高尔夫球场的工作人员耐心满足大家此时的需求，帮助人们做一些具体的工作。安·塔特洛克、诚信信托公司首席执行官那一天后来就一直待在酒店客房不停地打电话，丰信信托公司总部就在世贸中心。[7]大约100名丰信信托公司员工失踪。当然，伯克希尔-哈撒韦的员工同样遍布全美各地，巴菲特经过一番询问得知伯克希尔-哈撒韦没有人员损失——损失的只是钱。

一些人决定马上离开，但是所有机场都关闭了，大家要离开也不是一件容易的事情。有几位租车走了，更多的人留了下来，一些人是因为不愿意让巴菲特觉得没面子，更多的人是因为别无选择。[8]事发后，电台评论员拉什·林博正在前往那次锦标赛的路上，中途他就掉转飞机，回到纽约。[9]

这一系列重大事件发生的时候，巴菲特的工作依然按计划进行，即使在极端恶劣的工作环境下他也能顶住压力。他完成了对一家小公司的并购，此前已经开始进行相关的工作。而后，按计划参加了与家得宝公司总裁鲍勃·纳德利的会议。[10]接着，他来到奥马哈高尔夫球乡村俱乐部，100多人在那里徘徊，饿了就吃汉堡和冰激凌。巴菲特告诉大家比赛还是按计划进行，但是大家可以根据自己的实际需要自由安排。客人们在俱乐部进进出出，有的去打电话，有的去看电视新闻。当地的高尔夫球专家托尼·佩萨文托和加里·维伦在午餐后为大家教授高尔夫球课程，这次锦标赛离奇般地进行着。巴菲特开着自己的高尔夫球车，按照规划好的路线在各个开球区停车，下来和大家合影。[11]比赛进行得异常平静，就像珍珠港袭击当天的名人高尔夫球锦标赛一般。其实，包括巴菲特在内，只有少数几个人对珍珠港事件及其影响有些印象。前来参加这次高尔夫球赛的人不是非常容易激动，其中许多人都是叱咤风云的商人，对压力习以为常，他们是面对灾难镇定自若的一代，压力对他们来说就像每天上班要穿西装、系领带一样平常。

巴菲特扮演起政治家的角色，泰然自若地处理着一切。即便如此，他的大脑还在分秒不停地考虑恐怖主义的威胁和大规模杀伤性武器的巨大破坏力，以及这一切可能对经济带来的影响。

因为一直都在考虑恐怖主义的风险，所以他对突然发生的一切早有心理准备。早在5月，他就告诉通用再保险公司和伯克希尔再保险公司在业务方面缩减恐怖主义风险集中的大厦和客户，他的思维同往常一样精明地预见了这次灾难的降临。他确实曾经以世贸中心为例说明一个客户大量集中的大厦可能产生过多的风险。[12]20世纪90年代末恐怖主义的威胁不断上演，千禧年之初的恐怖袭击根本没有悬念可言。然而，巴菲特保护伯克希尔再保险公司躲过危险的努力完全是有先见之明的，它可能是保险行业唯一一家对恐怖袭击有所防备的公司。[13]

巴菲特一整天都在考虑那天晚餐后的演讲该说什么。他知道目前已经关闭的股市在重新开盘后一定面临大跌，也意识到美国的安全就此破坏，政府日后一定得面对暗中使坏的敌人。他认为自己有责任告诉人们这一切意味着什么。

那天晚上参加晚餐聚会的人通过大型电视屏幕收看布什总统的讲话，接着听巴菲特讲述恐怖主义、恐怖主义和传统战争的比较。"恐怖主义者占有很大的优势。他们可以选择时间、地点和方式，而我们很难对付狂热分子……这一次只是一个开端。我们不知道敌人是谁。现在，我们面临的是一个影子，可能还有许多影子没有现身。"[14]

从第二天一早开始，机场逐渐恢复运营，航班开始限时飞行，巴菲特一家依然忙于照顾没有离开的客人，为他们组织晚餐活动、网球和高尔夫球活动，一直忙到所有客人都离开奥马哈回到自己家中。[15]曼哈顿的清理工作在即，纽约市到处都是"寻人启事"。巴菲特在考虑如何通过自己在全美范围内广受认可的声誉为国家做点事情。股市即将恢复，这一次休市是大萧条之后股市经历的最漫长的一次休市。他同意和前财政部长罗伯特·鲁宾和杰克·韦尔奇共同参加《60分钟时事杂志》节目。杰克·韦尔奇当时刚从通用电气的首席执行官职位退休。在美国人看来，巴菲特是最权威的投资专家和股市专家。星期日晚上的节目中，巴菲特说他不会抛售股票——如果股票持续下跌，他会考虑买进，而且做了这样的解释：他相信美国经济会平息恐怖袭击带来的波澜。那时候，沃伦·巴菲特多年来沉淀的诚实守信的声誉在股市中尽人皆知，人们知道他说什么就是什么。在太阳谷，巴菲特就说过股票价格在真正复苏之前还得下跌一半。所以，他说如果股票下跌到一定程度自己就会考虑买进，而机智的人们知道他确实会这样做，但是他们也知道"一定程度"指的是"非常非常低的时候"。

第二天，道琼斯指数下跌684点，即7%，创下了单日下跌纪录。股市重新开市遭遇重创后，美联储开始干预，将利率降低了50个基点（一半）。重新开市一周后，道琼斯指数跌破14%，创下了单周下跌纪录。然而，投资者的资产下跌幅度不到1987年下跌幅度的一半——1987年下跌1/3。交易开始后，卖方就集中关注保险公司和航空公司，这些公司的经济损失最为惨重。人们现在不是在黑暗中摸索，少了许多恐慌，大家都努力对未知的情况做出理智的预测。

几天之内，经历爆炸恐慌的曼哈顿区各处都设立了安检通道，巴菲特集团到比里亚茨的行程也取消了，巴菲特和伯克希尔-哈撒韦旗下的保险公司开始评估伯克希尔-哈撒韦遭遇的损失。初步估计，伯克希尔-哈撒韦损失23亿美元，这一数据后来略有上调。[16]迄今为止，这次损失远远高于任何一次地震、飓风、龙卷风或其他自然灾害给公司带来的损失。其中，17亿美元的损失来自通用再保险公司。

巴菲特忍无可忍，他专门在自己的网站发帖严厉批评通用再保险公司违反"保险业的基本规则"。在伯克希尔-哈撒韦，他从来没有对自己旗下的任何一家公司的管理进行过如此公开的批评，因此，发在网站上供所有人浏览的内容对通用再保险公司的品牌简直就是致命的打击。现在通用再保险公司危在旦夕，以如此戏剧化的方式让巴菲特当众难堪，通用再保险公司可能将步所罗门公司的后尘，从此与巴菲特毫无干系，成就又一个警世故事。

1987年股市崩盘及后来的长期资本管理公司破产后，美联储曾在7周内进行过3次大规模的利率削减，通过低息贷款促使市场复苏。现在，为了制止恐慌，美联储又一次把利率调整到历史最低水平。美联储的作用就是确保银行体系保有流动资金。然而，这一次美联储将连续3年人为地保持低利率。[17]在低息贷款的推动下，恐怖袭击后一个月，股市就完全恢复，市场价值恢复到1.38万亿美元。但是剧变并没有结束，市场依然趋于紧张，部分原因是"9·11"事件之后短短几周美英入侵阿富汗引起的动荡。再后来就是11月，一家名为安然的能源贸易公司在20世纪90年代末的股市泡沫中遗留的问题，以及一些在股市泡沫中被掩盖却没有根除的遗留问题开始显露。美国司法部介入后，安然公司因严重的财务欺诈而破产。

安然事件非常极端，但并不是罕见的事件。股市泡沫和高级管理人员大肆洗劫公司引发了一系列的财务欺诈和债券违规案件：世界通信公司、阿德尔菲亚传播公司、泰克国际公司、ImClone生物医药公司都涉及违规。2002年初，纽约总检察长埃利奥特·斯皮策对华尔街的各大银行进行了一次闪电式的突击检查，这些银行在网络泡沫时代通过片面的股票调查进行高价股票交易。[18]当投资者对各大公司提供的报表数据丧失信心后，股票和债券价值全面下滑。

伯克希尔-哈撒韦的最佳机会往往在全局动荡的时候到来，在其他公司没有远见、资源短缺和意志动摇的时候，伯克希尔-哈撒韦却独具慧眼、借机行动。"危机中大胆出手，机会无限。"巴菲特如是说。现在他的机会又来了。任何一个普通人在这样的时候都会力不从心，但是巴菲特多年前就开始期待这样的机会降临到基威特大厦，所以员工们早已蓄势待发。他为伯克希尔-哈撒韦买进了大量垃圾债券，进行了一系列"烟蒂"式投资。在并购内衣制造商鲜果布衣公司的时候，有员工戏称："我们开始服务于民众的屁股了。"[19]被并购的还有制造相框的拉森-尤尔公司。伯克希尔-哈撒韦旗下的子公司中美洲能源对处于混乱中的威廉姆斯公司进行投资，而且并购了该公司的克恩河管材业务。[20]此外，伯克希尔-哈撒韦并购了加朗公司、Garanimals童装生产商，还接手了贷纳基公司的北方天然气公司（也是一家一片混乱的能源公司）。[21]几天之内，中美洲能源借给威廉姆斯公司一大笔钱。[22]伯克希尔又并购了放纵大厨公司（该公司通过7万名独立的"厨房顾问"以聚会的形式推销厨具），还并购了农用机械制造商CTB工业公司，并与投资银行雷曼兄弟公司联手借款13亿美元给当时岌岌可危的可信能源公司。

阿吉特·贾殷很快开始了恐怖主义险的业务拓展，通过对航空公司、洛克菲勒中心、克莱斯勒大厦、南美炼油产业、北海石油平台和芝加哥的西尔斯大厦进行保险，填补了突然出现的保险空白。伯克希尔再保险公司还对奥林匹克的不确定风险（奥运会被取消，或2012年前美国可能再举办至少两届奥运会）进行保险。公司还对盐湖城举办的冬奥会进行恐怖主义袭击保险，对FIFA世界杯足球锦标赛进行同样的保险。[23]巴菲特此时进行的是"障碍赛跑"。

伯克希尔–哈撒韦的一些业务并不景气。巴菲特一直声称自己宁愿选择15%的随机回报也不选择10%的固定回报。业务萧条不会让他烦恼，随着时间的推移，大多数公司的业务会自然好起来。然而，奈特捷公司一直没有起色，不仅仅是因为经济环境，还因为并购时该公司的独家特色已日渐淡去。从来不记得拨打航空公司热线的一些人成立公司与奈特捷竞争，尽管小型航空公司没有多大利润。巴菲特当时意识到是雄性激素促生了飞行爱好主义。"如果由女士出任航空公司的首席执行官，"他说，"我认为无序竞争的情况就会好许多。就像体育用品连锁经营行业一样，如果女士经营，体育用品的销售可能会下降到目前的1/10。"他告诉股东们奈特捷很快就会开始赢利，占领市场，但是，没有指出盈利可能不会达到预期水平，至少在近期不会。这让人失望，但还是比烧钱的纺织工业强许多。而且，奈特捷的业务非常有意思，巴菲特可以了解关于购买飞机、航班运营、航线规划、飞机保养、保险、飞行、服务乃至如何培训飞行员在内的大量细节。奈特捷是了不起的。通过奈特捷的活动，巴菲特有机会和志趣相投的人们聚会。他永远不会卖掉奈特捷，就是全球另一位超级亿万富翁动手相夺他都不会放弃。

更严重的问题就是规模不大的德克斯特鞋业公司，它简直就是问题不断的纺织工厂的再现。巴菲特后来说并购德克斯特鞋业公司是他进行的最糟糕的一次并购，而且引用了博比·贝尔的乡村歌曲"我向来只与美女共寝，但睁开眼睛却没有美女的踪影"来描述这次糟糕的并购。[24]巴菲特开始变革该公司的管理。曾成功经营布朗鞋业的弗兰克·鲁尼和吉姆·艾斯勒最终选择关闭德克斯特美国工厂，转到国外进行生产。[25]他们在美国需要付1美元雇用工人干的活儿，在其他地方只需付10美分就可以了。

"我错误估计了那个行业的经济发展趋势。在缅因州德克斯特镇工作的人们确实技艺精湛，但就算他们干的活儿比中国工人干的强两倍，在工资上也毫无竞争力——中国工人的工资只有他们的1/10。"

然而，尽管有赚钱的机会，巴菲特还是认为"9·11"事件给他带来的最重要的机遇和赚钱无关,而是他现在有优势也有责任通过自己的舞台影响各类事件和各种理念。过去几年中金融领域滋生的傲慢情绪消失后,美国人开始清醒,不再像20世纪90年代末期那样贪婪而盲目地投机。巴菲特认为现在正是他可以提出这一观点的时候:富人非常贪婪,而且财政政策恰好满足了富人的贪婪本性。

他的正义感在布什总统的一项提案推出后被完全激发。该提案指出,新预算的核心计划就是逐步废除存在了几十年的联邦财产税,而联邦财产税是政府占有量最大的一块遗产税。支持这项提案的人把财产税叫作"死亡税"——名字不太吉利,认为死亡不应该成为需要征税的事情。他们声称财产税会挫伤努力工作的企业家的雄心壮志,并讲述了一个知名的家庭在长辈去世后,为了支付财产税卖掉了农场的故事。无疑,现实生活中确实有这样的事情,但巴菲特指出,少数家庭的不幸完全不及对所有人的影响重要。

专业地讲,财产税不是死亡税,而是赠予税。任何人在任何时候赠予大量金钱都应该缴纳赠予税。[26] 赠予税妨碍了强盗资本家的利益获取。强盗资本家在19世纪通过赠予和继承遗产控制了大量的国家财富,形成了一个类似政府的集团——财阀,以财富为基础的统治阶级。然而,财产税的比例完全低于其他赠予税,大量的死后赠予其实是不收税的。巴菲特通过自己的影响力指出每年大概有230万美国人去世,只有不到5万人——2%的人——需要支付财产税,而财产税的一半是这5万人中的3 000多人支付的——占去世人数的2‰。[27] 这些人都是非常富有的一族,买得起湾流IV、新款迈巴赫轿车,在法国拥有葡萄园,戴得起像棒棒糖和柠檬酸橙水果糖一般大小的珍珠。

至于说那些钱都是人家自己的,为什么不应该做自己想做的事情?为什么应该"资助"他人?巴菲特的答案是,他们应该向社会尽绵薄之力,因为是这个社会让他们走向富裕的。如果他们认为完全是自己努力让自己变得富裕的,那么如果他们出生在马里经受恐慌、食不果腹的家庭,家中有5个孩子,从小在科特迪瓦的可可园做苦工,他们还如何致富并取得成功？

如果取消财产税，必将有其他一些税收来填补由此产生的空白，因为政府需要同样数量的资金才能正常运转。

多年来，供应方理论一直假设减少税额可以促使政府削减开支，这样的理论源于一种直觉思维——如果说民众应该量入为出，政府为什么不呢？（当然，到2002年，民众也忙于根据当时人为降低的利率建立自己的房屋净值信贷额度，不再量入为出。）20年后供应方理论的争论同样如火如荼——政府收取的税款通常不够支付各类开支，因而通过借款弥补资金短缺。目前来看，这一理论似乎更不可靠。取消财产税意味着政府必须增加其他税收甚或借钱保证各类开销，而借款的利息和总还款终归还是以更高的税收转嫁于民。巴菲特认为在联邦预算保持赤字的情况下提出削减财产税，实质就是伪善的最高境界。[28]

如果废除财产税，普通人需要支付更多的税款，而财产税向来与他们无关。废除财产税的推动力量不是在俄克拉何马城拥有一小块农场的人们——不是他们，巴菲特说真正的推动力量来自占全美人口比例很小的一小部分人，他确实认识的一些人，一些非常富有（往往是暴富）的人——在曼哈顿区拥有三层顶楼公寓的人、在迪尔谷拥有带9间卧室的木屋的人、在楠塔基特购置避暑小屋的人和在哥斯达黎加购置公寓的人。巴菲特认为政治已经落入这样的一些人手中，他们可以在K街（游说街）拉拢说客，在议员耳边扇风，在对自己有利的时候进行政治性捐赠。巴菲特没有责怪为自己的利益不择手段的人们，他甚至非常同情不得已而无休止地筹集资金的政府工作人员。他把这一切归罪于金钱万能的管理体制。

2001年布什总统上任后不久，巴菲特到国会大厦讲述政治竞选经费问题，共有38名参议员听讲，他们都是民主党政策委员会人员。随后，巴菲特通过ABC的《本周》节目和CNN的《政治内幕》节目对同一话题发表了自己的看法。巴菲特指出，竞选经费体制已经腐化，当前选举参政人员的方式等同于19世纪的塔马尼派的作风，选票和权力都是完全可以销售的产品。法律的发展方向就是让富人变得更富有,可以大量持有自己的财富,可以将财富大量留给自己的后代。巴菲特称其为"富人统治、富人享受的政府"。

巴菲特指出,为了富人的利益而推动立法的说客和专业税务人员越来越多,然而没有人为占美国人口98%的民众说话。没有自己的说客,对于98%的民众来说,最好的补救办法就是明白事情的真相,放弃投票,让那些制定立法、向普通大众征税、减少富人纳税比例的人失去民心。

保罗·纽曼、比尔·盖茨、乔治·索罗斯以及为数不多的洛克菲勒家族的人、近200名其他富人和有影响的人士,联合签署了一份请愿书(刊登于《纽约时报》),反对布什政府取消财产税的计划。[29]巴菲特本人没有在请愿书上签名,因为他认为还有许多工作要做。他认为富人非常幸运,完全应该纳税。"我不信任统治阶层。"他说。废除财产税就像从历届奥运会冠军中间挑人组建国家奥运会参赛队一样,他做了这样的补充:[30]

对于后人,财富只是别人留下的一把票根。人们可以按自己的意愿处置财富,可以去兑现,也可以随手丢掉。但是财富代代相传、让后人仅仅因为出身富贵而支配他人资源的观点,已经在精英阶层中荡然消失。

富有就应该多纳税,我不介意一定的收入水平不必纳税,也不介意高于150万美元的财产要百分之百纳税。

最重要的是问一问:"结果怎么样呢?"如果政府放弃通过财产税所得的约20亿美元,就一定会通过向普通大众征税弥补这一资金空缺。全美范围内大多数民众掏自己的口袋弥补少数人应该支付的大额财产税,美国民众为此而付出的艰辛一定让人吃惊。

我不喜欢任何实质上体现人性丑陋的事物。我不喜欢那样的纳税体系,也不喜欢那样的教育体制。我不愿意看到20%的社会底层民众越来越穷。

但是关于财产税的争论越来越激烈。人们把巴菲特形象化为体恤民情的贵族党员、富足的老鳄鱼,他全力鼓励下一代靠自己的努力成功,勇敢实践典型的美国企业家精神。[31]

"世代财富彻底改变了精英阶层，"他在给参议员肯·萨拉查的信中这样写道，"其实，分配国家资源的人是很久以前聚集了大量财富之人的后代。"[32]

姑且不论这个问题有多敏感，首先是巴菲特个人的资金问题激起了关于财产税的争论。一些人声称像巴菲特这样的富人都偷税漏税，因为他们通过纳税很少的投资聚集大量资金。但是如果说巴菲特投资是为了偷税漏税，那和说婴儿喝水是为了用尿布一样荒谬。其实，是巴菲特第一个提出投资税率太低，有失公平。而且，巴菲特将争取税收公平视为自己的第二事业。他总是把自己的税率和自己秘书的收入税率进行比较，指出秘书所付的收入税率高出他的水平，这是不公平的，导致这一现象的原因就是他的大部分收入是投资所得。

巴菲特激怒了所有的富豪和准富豪，但是他的诚信在其他人心目中达到了最高境界。巴菲特发誓继续反对废除财产税，而且会坚持多年。在2003年伊拉克战争第一次交火的前几天，他在面向民主党政策委员会的一次发言中再次提出了这一问题。他说布什总统计划降低利息税的做法就是"向富人提供更多的阶级福利"。他通过《华盛顿邮报》再一次指出他的税率低于他的秘书戴比·博赞科的税率。保守派对巴菲特的人民党员作风的反应更是简单粗暴。"百万富翁们对沃伦·巴菲特背叛他们的做法非常恼火。"有人这样说。[33]

当然，那是别人的观点。巴菲特认为美国从来就不是这样一个国家：有钱人永远是不断为自己积蓄大量财富和权力的"阶层"。

然而，"9·11"事件之后股市继续上涨已经使有钱人更有钱。每天都会出现大量的新型对冲基金。人们借助美联储规定的低利率大肆从事杠杆操作。许多人利用股票期权，通过向私募股权基金、对冲基金和组合型基金的投资人收取高达22%的管理费和佣金来迅速敛财，亿万富翁就像扔在垃圾桶旁边的浣熊一样随处可见。新经济环境下催生的大量神来之"钱"让巴菲特觉得不安，因为资金只是大量从投资者转向经纪人，没有产生任何效益。普通投资者依然——当然——只是得到普通的收益，但是一切费用都没有少。

巴菲特最不赞同的让富人更加富有的方式就是授予股票期权——自从他对所罗门公司的综合工资提案投票否决以来，再没有其他董事会邀请他参与薪酬委员会的工作了。可口可乐公司2001年给道格·达夫特的股票期权共65万股，达夫特最先要求的股票期权只有在收入增加15%~20%的情况下才能兑现。股东们起初同意了达夫特的要求，巴菲特当时没有发言。不过，这一切也不会发生。一个月后薪酬委员会才意识到预定的收入增幅永远不会实现。他们收回了先前的承诺，把收入增加比例降低到11%~16%。[34] 就像在马拉松比赛中将终点提前到19英里处一样。巴菲特完全不能相信——股东们一直在支持26英里的比赛，到颁奖的时候才知道居然是19英里的比赛！这是又一次支持富人的投票行动。迄今为止，达夫特没有什么卓著的成就，可口可乐公司的股票也没有什么长进。看着大量的股票期权无序增长，巴菲特认为必须抓住自己期待已久的机会彻底终结虚假的股票期权会计方式。

经理人认同股票期权，因为会计历史形成了一个奇怪的规则，就是如果公司通过股票期权支付员工薪资，而不采用现金，就不计入公司成本，仿佛股票期权根本不存在一般。在"现实"中，私营公司很快就意识到这种观点的荒唐无稽。就连小贩、面包师和蜡烛制造商在让与股票期权（比如20%）时，也知道自己让与的是大量的利润。

但是会计规则把股票期权作为闲钱。这样，20世纪90年代末开始出现了大量的红利收益。1980年，非常普遍的就是公司首席执行官的所得是普通蓝领工人的42倍。20年后，这一比例增加到超过400倍。[35] 收入最高的首席执行官可以得到10亿美元年薪。2000年，花旗集团的桑迪·韦尔的收入达1.51亿美元，通用电气公司的杰克·韦尔奇的收入达1.25亿美元，甲骨文的拉里·埃利森的收入达9 200万美元。尽管苹果公司的史蒂夫·乔布斯从1997年到1999年只拿1美元的薪水，但是他在2000年持有8.72亿美元的股票期权，还有价值9 000万美元的湾流豪华飞机。[36]

当会计行业努力在20世纪90年代初开始改变这些规则的时候，以硅谷为代表的美国公司纷纷斥责议会、拉拢说客、赞助竞选活动，恳求代表们让他们免受糟糕的新会计规则的困扰。直到2002年经济泡沫破裂之前，他们一直成功地阻止了那些规则对自己的影响，而且险些取消制定会计规则的财务会计准则委员会。

巴菲特从1993年开始对股票期权进行评论，现在进行变革的时机终于成熟。他在《华盛顿邮报》发表了重要评论《股票期权和常识》。[37]

"首席执行官知道他们的股票期权值多少钱，所以才为得到股票期权而抗争。"他写道，而且再次提出了此前已经提到的问题。

"如果股票期权不是一种薪酬，那么是什么呢？"

"如果薪酬不是一种开支，那么是什么呢？"

"如果在计算收益时不把开支考虑进去，那么要把它们计算到哪里去呢？"

在2002年7月的太阳谷年会中，关于股票期权话题的讨论非常热烈。巴菲特凭借自己的影响力，努力推行自己的观点，大大打击了支持股票期权的游说团。当时气温比往年高很多，汗流浃背的各界名人和公司高管纷纷坐车去水上漂流，躲避酷热下的煎熬。

巴菲特抵达太阳谷不久就只身去了一些地方，但没有去他需要别人帮助才能面对的那个地方。凯瑟琳·格雷厄姆的公寓就在赫伯特·艾伦的公寓隔壁，那里是人们参加各类活动频繁经过之地。可口可乐公司马上要在艾伦的公寓召开董事会会议，会议目的是讨论股票期权，公司的大多数董事都到了，巴菲特也不会错过。

巴菲特说："我和比尔、梅琳达一起先来到了凯瑟琳摔倒的地方。我不能自已地浑身颤抖，就像发冷一样。这样的时候人们可能会觉得难堪，但是我一点儿都不觉得难堪，只是努力控制自己。"

随后，巴菲特通过"浴缸"记忆发挥的奇特作用让自己恢复了平静。可口可乐公司的董事会做出了重大决定，在新闻发布会上宣布公司把员工的股票期权计入开支，而此前是可以不计入开支的。其他公司都没有这样做，它们给出的理由就像孩子和父母争辩一样：没有的事儿，如果有那事我也不在那里；如果我在那里，我也不会那么做；即使我做了，也是朋友让我做的。那些公司说股票期权不是开支，如果是也没有人知道怎么计算，如果可以计算也不能从收入中扣除。对于公司的股票期权应该通过脚注表明，因为投资者可能不清楚高管人员的股票期权值多少钱。因此，可口可乐的这一声明对美国公司犹如炸弹，其威力随着新政策的宣布进一步扩张——太阳谷集会时媒体就像露营一样在花盆屏障外面等待新闻。可口可乐公司的声明显然有巴菲特在背后指点。太阳谷年会之后，《华盛顿邮报》集团模仿可口可乐公司，同样宣布将股票期权计入开支。[38]巴菲特在这一系列成功之后再次通过《纽约时报》发表评论《真正造假账的是谁》。[39]

我有一个建议：伯克希尔-哈撒韦卖给人们保险、地毯或我们的其他产品时收取股票期权，不收现金。但是，这样你能说你的公司为了换地毯支付的股票期权不是公司的成本吗？

很奇怪，没有人再继续提出质疑。而硅谷开始了与国会的又一场战争，但是其他公司开始纷纷效仿可口可乐公司和《华盛顿邮报》集团，宣布它们也将在自己的账目中把股票期权算作开支。

一年后，在2003年太阳谷年会的最后一个星期六上午，比尔·盖茨宣布微软不再推出股票期权。这让人们刮目相看，从此微软推出限制性股票——在一定时期内不得售出的股票，这一变革需要极大的勇气。

"宣布取消股票期权给微软带来许多压力——许多许多压力，硅谷称其为叛徒。有太多的公关人员时刻关注微软公司变化的报道。有人告诉盖茨，那么做犹如在一间满是汽油的屋子里划着一根火柴。"

"对此我要说的是，正是这些人在屋子里倒满了汽油。"盖茨说道。

关于股票期权的战争又持续了两年之久，直到财务会计准则委员会最终将其纳入条款。但是可口可乐公司的决定是突破之举，而微软的反应戳穿了硅谷人在华盛顿口径一致的技术行业集体游说。

这段时间巴菲特迅速成为有影响的政治人物。尽管财产税还是排在废除之列，但是他发现了新的目标，瞄准了过去几年中进行财务诈骗的会计从业人员。如果审计人员没有迎合首席执行官，没有对他们唯命是从，他认为管理层不会有机会掠夺股东的利益，将大量的资金塞入囊中。巴菲特出席了关于财务披露和监督的美国证券交易委员会的圆桌会议，说股东需要的不是宠物狗，而是看家狗，审计委员会的主管和监督审计工作的主管必须是"审计人员甘心听命"的"狗王"。[40]

他说他对伯克希尔-哈撒韦的审计委员会有这样一些问题：

- 如果审计自己完成财务报告（不是由公司的管理层完成），财务报告会是一样的吗？
- 如果审计是一位投资者，他可以理解公司出具的财务报告吗？可以理解其中的说法吗？
- 如果审计负责，公司还会采用相同的内部审计程序吗？
- 审计是否知道公司针对投资者进行的销售或成本变更的一切细节？

"如果审计人员有权负责，"巴菲特说，"他们会做自己职责之内的工作。如果他们没有权力……嗯，我们已经知道是什么结果了。"[41]

这些简单的问题答案如此明显、如此清晰，完全可以做到去伪存真，至少有点儿常识、担心陷入债务困境的公司，确实已经开始接受巴菲特的观点，开始应用他的理论。

当巴菲特无情地举起宝刀对准目标时，会计人员退缩了，薪酬委员会沉寂了，只是私下抱怨他为什么公开他们的红利分配制度，为什么不能保持沉默。希望减税的人使出浑身解数恶语攻击巴菲特，"平民主义者"这样的轻蔑称呼完全不能让他们解恨。然而，巴菲特却在一种被新确立的权威的鼓舞下开始超越自己。2002年春，他热心地为奥马哈床上用品公司销售的"伯克希尔珍藏"的一款"沃伦"床垫做广告模特，惬意地躺在床垫上，照片出现在"巴菲特和他的床"的海报中。股东大会的那个周末，他来到内布拉斯加家具城的时候，一边销售自己的床垫一边舒服地躺在上面。"我终于找到了自己一生向往的工作——床垫测试员。"他说。[42]

富豪们对这位奥马哈先知抱怨不休,期待减税的人挥拳怒视,会计人员在他面前退缩,期待取得股票期权的人对他敬而远之。他是镜头和聚光灯下的焦点,然而,在他的内心深处,他不过是一个渴望出名的孩子,有时对于自己这一英雄人物的角色有些不知所措,有时候让人觉得木讷而可爱。信徒们的来信总是让巴菲特激动不已。每一次有人写信来说他是他们的偶像,对他来讲,都像是第一次听到时那么兴奋。当色情明星阿西娅·卡雷拉在自己的网站上发帖称巴菲特是她的偶像时,他非常高兴。他乐于成为任何人的偶像,而身为门撒会员的色情明星都将他作为偶像更显示出一种真正的社会声望。他最喜欢接到大学生的来信。当监狱的犯人来信说他是他们的偶像时,他也一样为自己的名声影响着努力转变自己人生的囚犯而骄傲。相比之下,他更愿意成为大学生、色情明星和囚犯崇拜的对象,他根本不在乎自己在富有的商人的心目中是什么地位。

在人们热情关注巴菲特的同时,他的秘书戴比·博赞科和德布·雷必须保持高度警惕,应付所有的电话和来访。有一次,一位异常兴奋的女士从日本飞来,闯进巴菲特的办公室想让他签名。看到巴菲特后,那位女士不能自已,拜倒在地上,一副歇斯底里的样子,秘书们赶紧把她"请"了出去。

那位女士后来来信说医生给她开了镇定药,她希望可以再见见巴菲特。她还发来自己的照片,写了好几封信。

"我愿意被人们崇拜。"巴菲特说,不过秘书们还是自己做了决定,没有再邀请那位女士前来。[43]

57
传神谕者

奥马哈　2003年4月—2003年8月

　　巴菲特在人们心目中的形象日渐高大，仿佛繁茂旺盛的凌霄花。他的生活依然井井有条，在各种安排日益增多的情况下，责任优先的观点和量力而行的性格让他做到了合理安排时间。他只做有意义的工作和自己喜欢的事情，从来不浪费时间。如果日程安排增加了一些事情，他就会放弃另外一些，向来不手忙脚乱。他总有时间处理工作上的事情，也有时间和自己关心的人一起分享生活。朋友们可以随时打电话给他，而他在繁忙中处理这些来电的办法就是友好亲切地简短交谈几句。当他没有时间多聊的时候，便很自然地结束谈话。他的朋友们都不会借他的声望为所欲为。尽管有许多熟人是他喜欢的类型，但是要通过几年的相处他们才会成为真正的朋友。

　　而苏珊的新"朋友"每隔几天或几周就增加一些。凯瑟琳·科尔需要处理的礼物单确实已经上千。苏珊称自己为"空中吉卜赛老人"。科尔可以合理地为她安排连续几个月的行程——和孙子们在一起、照顾临终者或病患、短途旅行、到各地处理基金会的工作、定期与沃伦和家人见面，而且帮助她收拾行李、料理三处住房的日常工作安排、考虑奈特捷的航班是否合适、预订酒店、安排足部治疗、接听电话以及整理她每次购物淘来的宝贝。

苏珊不但是位不会说"不"的女士,更是一位朋友们难得一见的大忙人。她一直都飞来飞去,根本无法控制自己对别人的关心,需要她关注的人越来越多,数目大得惊人,那时候就连最要好的朋友要和她联系也只能通过凯瑟琳。

一些关心她的人开始担心,尽管他们难得见她一面,难得有机会对她讲讲他们的担忧。"没有人可以拥有三四百号真正的朋友。"一位朋友劝她。她似乎一直在拼命地跑。"你这么跑就像追赶自己的尾巴,"另一位朋友说,"你总是不和大家见面,你就快没有朋友了。"但是苏珊却回答说:"如果你们有谁生病了,我会有大把时间陪你们的。"一些朋友认为她强迫自己忙于各种工作,一副乐此不疲的样子,而事实上她已经完全失去了自己的正常生活。"她从来不提自己的身体状况。"一位朋友说。细心的朋友认为她的喉咙和内脏一定存在健康问题,他们甚至认为她大量收藏和购物、无休止地翻新装修是在拼命坚持。"她的生活越来越沉重。""停下来吧!""头脑清醒清醒,关心一下自己吧。"她的周围不乏这类声音,然而人们也发现,"她好像无法慢下来,因为慢下来就会出现问题"。

不过,更多的人都称她为圣人、天使,甚至把她比作特蕾莎修女。她投入了太多的精力关心别人,结果自己却越来越虚弱,这把致力于对抗全球苦难的温暖的庇护伞日渐沧桑。但是,那不正是圣人之举吗,不断地奉献自己直到生命枯竭,一位朋友若有所思地说。那不正是特蕾莎修女的所为吗?[1]

2003年春,苏珊做了足部手术,不得不舍弃自己心爱的马诺罗·布拉尼克皮鞋。[2]手术后躺在病床上的她居然列出了一份多达900条的日常事务清单要凯瑟琳·科尔去处理。医生一告知她可以出院,她立即就从床上蹦起来忙自己的事情去了。苏珊出差的时候偏爱五星级酒店,尽管在许多人的印象中她通常只是睡在普通宾馆的地板上——这也是部分事实，当许多人都对住宿环境叫苦不迭的时候，她从来没有一点怨言。尽管她患有反胃酸的毛病，有时候还会因为食管溃疡疼痛难忍，睡觉的时候身体必须蜷曲成45度躺着，她有时确实还会选择睡在普通宾馆的地板上。

沃伦非常希望和她在一起，同意去非洲庆祝她的70岁生日。苏珊的70岁生日在2003年春末，豪伊提前18个月就开始安排这次旅行。"在非洲见到我父亲算得上世界第八大奇迹了。"他说。巴菲特一家打算去隆多洛兹和菲达，南非两个七星级的探险度假村。在母亲的影响下，豪伊热衷于拍摄非洲大陆深受苦难的人们，就像热爱他喜欢的野生动物摄影一样。他为父亲准备了每天通过航班送达的《华尔街日报》和《纽约时报》。"那些报纸都是三天前的，"豪伊说，"但是，度假村还是给他送来。尽管每天的开销要多500美元，度假村还是在他的房间装了宽带，这样他就可以浏览新闻。度假村还在我的要求下准备了汉堡和炸薯条。"[3]巴菲特一家准备从纽约回来后就动身到非洲去，纽约之行一向是他们在年度股东大会之后安排的一次出行。

2003年4月1日，股东大会到来之际，伯克希尔宣布并购活动房屋制造商克雷顿房屋公司。这次并购同样是公司抓住机遇进行的一次并购——安然公司败落后并购打折资产的自然延续。

导致克雷顿并购的原因是，多年来的低利率水平促使贷方的小猪存钱罐中全是低息贷款，他们自己也成了蠢笨的猪。[4]银行当时给消费者灌输这样的观点：低利率意味着他们目前可以拿较少的现金买到更多的产品。持有内部权益的人们意识到支票账户同样是低利率的。但是，无论信用卡、房产还是活动房屋，贷方为了追求增长，都将业务转向没有能力还款而又想实践美国梦的人们。[5]关于活动房屋的情况是，银行借钱给制造商，制造商再把从银行贷款得到的钱借给买方。历史上，这个做法是行得通的，因为如果活动房屋制造商持有不良贷款，就会面临处罚。

但是后来，活动房屋制造商开始转嫁贷款，消除了不良贷款带来的风险。现在不良贷款都是别人的问题，有问题的"别人"就是指投资者。

多年来，在人们熟知的"证券化"过程中，华尔街一直这样打包贷款，通过CDO（担保债务凭证），即由抵押贷款担保的债务，将贷款卖给投资者。他们把全美范围内的几千笔抵押贷款综合起来，划分"级别"。最高级别优先取得抵押贷款的全部现金流保留权，低一级别的取得次级保留权，依此类推。

这些抵押贷款的级别由评级机构加以确定，顶级即AAA级享有顶级保留权，AA级享有次级保留权，依此类推。银行把它们低价售给投资者，采用历史还款模型分析不良贷款的可能性。然而借贷系统一直在变，因此现实与历史数据表现出来的相关性越来越低。

随着借贷标准的降低，投资CDO的对冲基金的杠杆率越来越高，甚至1美元的资本对应高达100美元的债务，CDO的品质（甚至AAA级CDO）都开始下降。一些投资者对市场运行中日渐暴露的华而不实表示担忧，希望采取对冲的手法来保证获利。[6]他们选择参与可能发生贷款拖欠的市场：CDS（信用违约互换）。如果因为贷款拖欠导致相关证券化产品贬值，CDS发行方必须进行补偿。

CDS保护之下，投资CDO似乎没有什么风险。"在钱不值钱的时候，"查尔斯·莫里斯后来写道，"放贷就没有什么实际成本，也没有风险可言，明智的贷方就会继续放贷，直到人人手里都有贷款。"[7]

如果有人指出风险依然存在，参与其中的人就会长叹一声，做出这样的解释：证券化和互换衍生产品都将风险"转移"到遥远的国度了，在那里许多人都可以轻松面对这些风险。

得到这样的解释，活动房屋行业富有理智的经营者开始降低首付，让人们可以更轻松地取得贷款。随着房地产市场的繁荣，风险性住房贷款和商业贷款、公司贷款、学生贷款和其他贷款，像幼儿园里的感冒病毒一样快速传播。而活动房屋之类的贷款已经通过CDS进行过多次拆分、保险、"证券化"和投机。在此过程中，产生了更多异样的衍生产品。

在2002年致股东的信中，巴菲特把金融衍生产品称为"异类"，说它们是未经检查、正在扩散的"定时炸弹"，可能引起一系列金融灾难。

那一年的股东大会上，查理·芒格指出会计激励夸大了衍生产品的利润，并评论说："在美国，说衍生品会计，如同说'阴沟人'是对下水道排污工作的污辱一般。"在2003年致股东的信中，巴菲特把衍生产品叫作"大规模杀伤性金融武器"。[8]他写道，现在有太多的衍生产品存在，已经在全球范围内形成一种"菊花链"。尽管相关的数学模型建议人们在危机时选择买进，而不是卖出，但是在危机真正到来的时候，投资者还是像正在饮水的鹿群遭遇狮子突袭时纷纷逃窜一般选择仓皇出手。尽管表面上看许多人都参与市场，事实上只是许多大型金融机构通过杠杆作用主导市场。他们还有其他看似与衍生产品无关的资产，但是这些资产的命运在崩溃的市场中和衍生产品并无二致。

通用再保险公司就有衍生产品：通用再保险证券，巴菲特已于2002年停止持有该产品，部分售出、部分作为最后一笔交易终止。他已经将通用再保险证券作为衍生产品的警世故事——在致股东的信中详细地列出了停止这一衍生产品引发的高昂费用和问题成本。通用再保险公司的保险业务目前损失达80亿美元，公司承接的业务都是巴菲特极少选择的业务，他对此非常生气。伯克希尔-哈撒韦网站上的"红字"依然没有删除，尽管罗恩·弗格森已经退休，乔·布兰登和他的助手塔德·蒙特罗斯接任。通用再保险公司的竞争对手乐此不疲地在客户中间宣称，巴菲特将卖掉或终止交易通用再保险公司的产品。从所罗门公司的教训判断，这些预言不是无中生有。"9·11"事件之后，巴菲特已经将通用再保险公司的部分新业务转到阿吉特·贾殷管理下的伯克希尔再保险公司，没有向通用再保险公司投入更多的资金。[9]他还通过贾殷和伦敦劳合社资助通用再保险公司的竞争对手，而且从多个方面提出这种做法的合理性。可能连他自己都没有意识到一个经常出现的情况——当他焦虑的时候，他总是寻找避险手段。他没有"处罚"通用再保险公司，而是本能地规避风险：通用再保险公司的保险风险、他的220亿美元投资的风险和令他名声扫地的风险。

通用再保险公司要恢复巴菲特理想中的经营状态需要实现几十亿美

元的盈利。无论如何，其衍生产品都与公司的业绩没有多大关系。然而，衍生产品对全球经济的影响还是巨大的。巴菲特说，早晚——他不知道具体时间——"衍生产品一定会出现严重的问题，或许可能不是很大的问题，但一定不是无关紧要的问题"。芒格则更为直白，说"如果未来5到10年中没有出现严重的崩溃，我会非常吃惊"。尽管股票和债券市场中出现了许多保护投资者的安全措施，衍生产品还是很少受到管制，很少进行公开披露。从20世纪80年代初开始，"撤销管制"促使市场进入一种英式橄榄球争球一般的经济局面。其理论就是市场力量具有自律性（然而，出现问题的时候，联邦政府还会不时干涉）。

巴菲特和芒格所讲的"问题"和"崩溃"是指当时正在形成一种泡沫，银行和相关机构都会通过这个大熔炉放松信贷、放松监管、领取高额工资。他们说，来自衍生产品的大量无法计数的债权问题可能导致金融机构失效。金融机构的大额损失可能导致信贷紧缩——全球性的"银行挤兑"。出现信贷紧缩的时候，贷方甚至担心最合理的贷款都有问题，不敢轻易放贷，结果就是融资短缺、导致经济急速下滑。过去出现信贷紧缩的时候，经济就会陷入萧条。但是，"那不是预言，而是警告"。巴菲特说，他们在发出"温和的叫醒铃声"。

2003年，巴菲特说："许多人认为衍生产品减少了系统化问题，因为承担不起一定风险的参与者可以将风险转移到有能力的人身上。这些人相信衍生产品可以稳定经济、促进贸易、为个人参与消除障碍。"从微观上讲确实是这样的，巴菲特说，但是从宏观上讲，衍生产品总有一天会导致曼哈顿、伦敦、法兰克福、中国香港或世界其他地方的"空中相撞"。他和芒格认为应该对衍生产品进行管制，要求进行多方披露，应该通过一个结算所进行交易，美联储应该成为大型投资银行的中央银行，而不仅仅是一家商业银行。然而，美联储主席艾伦·格林斯潘极力维护不受管制的市场，嘲笑巴菲特的小心谨慎。[10]巴菲特到处引述他的"大规模杀伤性金融武器"，经常让人怀疑他是不是反应过度。[11]

早在2002年初的时候，大规模杀伤就开始在活动房屋行业显露。在不良贷款的影响下，贷方或者中止发行长期债券，或者将利率提高到吓人的水平。克雷顿房屋公司并不是巴菲特首先选中并购的活动房屋公司。2002年底，橡木住房公司（活动房屋制造商）和Conseco公司（针对没有良好的信用等级、不能取得较低利率贷款的人提供贷款的"次级"贷方）破产。巴菲特知道，信贷泡沫开始破裂的征兆就是较弱的企业开始破产——出现狼吃羊现象的时候。他借给橡木住房公司一些资金，并且出价并购Conseco金融（Conseco公司的贷款分支机构）。[12]一直参与地产竞标的Cerberus资本管理公司和其他两家私人股本公司的出价超过巴菲特，以13.7亿美元并购了走向破产的Conseco金融。这些公司必须高价竞标以超过巴菲特的出价，结果他的参与让Cerberus付出巨额并购资金，据称Cerberus为此多付了2亿美元才争取到最终并购权，Cerberus资本管理公司永远不会忘记这个残酷的事实。

巴菲特后来支出两笔资金帮助橡木住房公司处理破产，一旦公司走出困境，那些资金足以让他成为公司最大的股东，而且那些资金自然可以帮助橡木住房公司偿还贷款。[13]

此后不久，田纳西大学的一群大学生来到位于基威特大厦15层的云厅参加巴菲特举办的讲座。那天，他接受提问的时间长达几小时，活动最后他讲述了最近非常热衷的住宅建造行业。安排这次学生活动的阿尔·奥克西尔教授派一位学生送上了一份礼物———本《追梦》，克雷顿房屋公司的创始人吉姆·克雷顿的回忆录。[14]后来，巴菲特打电话给克雷顿时，克雷顿把电话转给儿子凯文——凯文于1999年继承了父亲的首席执行官职位。[15]

克雷顿房屋公司是当时处于混乱状态的住宅建造行业中比较出色的公司。尽管基本情况良好，但是，正如巴菲特所言，贷方当时的反应仿佛马克·吐温笔下的猫：一朝被炽热的火炉烫伤，永生不再接近火炉。巴菲特认为克雷顿公司的主要问题就是融资渠道枯竭，有足够的钱，公司就可以进入一个不错的经营状态，公司的股价随着整个行业的下滑下降至9美元，类似于危机时期的所罗门公司，克雷顿公司的资金来源开始枯竭，因此所有者准备卖掉公司。

凯文·克雷顿："我们愿意以20美元左右一股的价格出售。"

巴菲特："嗯，可能我们出的价格完全不能等同于你和你父亲创造这家优秀的公司所付出的汗水、时间和精力。"

克雷顿："我们现在只是融资困难，你可以选择借些钱给我们吗？"

巴菲特："伯克希尔－哈撒韦不接受这样的做法。你为什么不通过支持贵公司的朋友抓紧拼凑资金呢，等日后有机会再把公司送给我不好吗？"

这是典型的巴菲特风格：抛鱼线，结果就是随即收到大批联邦快递送来的包裹——鱼儿很快就上钩了。克雷顿父子就像韦恩·格里芬一样，他当时一边打电话，一边抛硬币决定了蓝筹印花公司的售价。巴菲特知道克雷顿父子是准备卖掉公司的。

华尔街认为克雷顿公司的市价理应高于所有竞争对手各自价格的总和：大多数活动房屋制造商都关闭了零售店，而且都在赔钱。就像许多人气股一样，克雷顿公司的创始人极具人格魅力。公司的董事长吉姆·克雷顿——一位小佃农的儿子，创业之初只是翻修和出售简单的活动房屋——把股东大会当作一次"小节日"，曾经唱着《乡村路带我回家》，从自家的房间里一路溜达着走到股东大会的演讲台上。他派凯文代表他处理公司并购的谈判事宜，凯文像父亲一样具有商人气质，但是不善于当众表演。当然，凯文从来没有听说过巴菲特，也不了解他的风格。

巴菲特："12.5美元一股成交。"

克雷顿："你看，沃伦，董事会还是希望再高一点，不超过20美元就行，17或18美元一股吧。"

巴菲特："12.5美元成交。"

凯文·克雷顿放下电话去和董事会商量。尽管公司股票最近的交易价格在9美元上下，仅仅12.5美元卖给别人还是让人难以接受。

克雷顿："董事会愿意接受15美元的价格。"

巴菲特："12.5美元成交。"尽管没有正式记录，但是在这样的时候他显然表现出自己的又一典型风格：圆锯风格，以同情的方式强调融资渠道一点点枯竭的公司会变得弱不禁风、不堪一击，以此争取自己对克雷顿公司的主动权。

克雷顿父子和董事会又进行了一些深入的商讨。

克雷顿："我们希望13.5美元成交。"

巴菲特："12.5美元成交。"

继续开会讨论。

克雷顿："好吧，我们接受12.5美元，条件是可以取得伯克希尔–哈撒韦的股票。"

巴菲特："对不起，那不可能。顺便提一下，我们不是参加拍卖。如果贵方要卖给我，就不能选择其他买家，贵方必须签署排他协议，不接受其他出价。"

或许克雷顿父子深知，唯有他们选择的这家并购方可以把公司带向一个良性发展的方向，最后他们还是做出让步，决定接受巴菲特的出价。[16]

在克雷顿父子接受巴菲特式的出价后，巴菲特亲自飞到田纳西州去见他们，参观了工厂，拜见了诺克斯维尔当地的显要人物。他还要求和吉姆·克雷顿一起登台进行"弹唱"表演，他们提前通过电话练习过几首歌，但是在真正登台演唱的时候，"他完全不记得还有我在一边弹吉他伴奏"，克雷顿后来写道，"只要把麦克风递给我们的新朋友沃伦，他就开始滔滔不绝"。[17]不习惯抛头露面的克雷顿至少还有些许安慰，那就是他把知名的沃伦·巴菲特带到了诺克斯维尔。

在诺克斯维尔的许多人为此次并购兴高采烈的时候，投资克雷顿公司的人们却高兴不起来。巴菲特的影响第一次让人们感到不快。许多投资者了解巴菲特式的并购，尽管克雷顿父子知之不多，但投资者都不愿意成为巴菲特的并购对象。

宣布并购之后，股东们开始纠缠克雷顿父子，恳求道："你们创造了一家伟大的公司，全行业中的佼佼者。如果让我选择这个行业的公司，那一定是你们。求你们不要卖掉，你们可以渡过这次难关，全行业的春天就要到了。"抑或开始威胁:"你们怎么敢以每股12.5美元的价格把公司卖掉呢?要知道每股曾经高达16美元,而且是我们共同协力你们才得以乘风破浪走到今天的啊!全行业正在复苏,你们怎么能以如此低价贱卖自己呢?"克雷顿公司的大投资者认为巴菲特在"周期低谷"时期买进活动房屋,抓住了行业回转的时机。在1998年发展高峰时期,房屋建造行业通过大举放贷的策略,一年售出房屋373 000套。2001年底,在"9·11"事件之后经济遭受重创之下,销售量减少到193 000套,预计2003年可以销售130 000套。但是行业回转是一定的。巴菲特向来只做理性交易,人们坚信他肯定以最低的价格并购了克雷顿公司,如果投资者现在卖掉持有的股票,那么他们就是傻瓜。

然而,巴菲特并不这样看待。他认为活动房屋市场通过宽松的贷款条件将大量的销售对象定位为买不起住房的人,导致自身发展僵化。因此,活动房屋的销售量不会回升。

但是持不同观点的人认为情况一定会好转,他们了解克雷顿过去的业绩。他们急于看到事实,在远离奥马哈的地方频频通过电话交换意见。

巴菲特没有受到股东情绪的干扰,一想到自己将来就是活动房屋行业的总管,他就觉得非常得意。他喜欢了解与活动房屋有关的事。从一位小佃农的儿子手里并购一家公司,对于喜欢在Dairy Queen嚼着Dilly棒棒糖、喜欢收集火车模型、拥有生产监狱制服的公司、喜欢和鲜果布衣公司员工一起拍照的家伙来说是一件非常有趣的事情。他在大脑中形象地勾画出这样一幅场景——2004年的股东大会召开之际,奥马哈新落成的奎斯特会议中心地下室的展示区安放着一座巨型的活动房屋,就在喜诗糖果店铺旁边,或者在贾斯汀公司卖靴子的场地附近。展示空间越来越大,越来越引人注目,每年都会增加新的供应商和产品。一想到一座完整的房子成为股东大会的中心,甚至还带一片草坪,股东们排着队走进这座房子,无不惊叹,他就乐不可支。股东大会上可以售出多少座活动房屋呢?他在想这个问题。参加太阳谷年会的那帮家伙还没有哪位在自己的股东大会上出售过活动房屋。

不仅如此，克雷顿还是又一家在他吹捧之下接受他经营理念的公司。他将把活动房屋行业的不规范经营者一一罚下地狱，让他们接受应得的惩罚。他将引领活动房屋行业的一场融资救世运动。

巴菲特致电新项目负责人伊恩·雅各布斯，进行了简短的沟通：

伊恩，这儿有一些克雷顿公司的文件，里面有关于破产和先期付款的具体内容。我希望你现在亲自去了解一下相关的零售状况，通过一些小道消息了解一下这个行业的运作模式。对实际销售情况了解越多，我可以借鉴的东西就越多。如果过去的经营方式和经营理念需要进行彻底变革，我就根据你所了解的情况决定经营这个行业的合理方案。

伊恩和财务总监马克·汉堡以及其他同事一样，完全可以理解巴菲特的意思，按照巴菲特的意思完成工作，不需要任何多余的指导和监督，这是在伯克希尔-哈撒韦工作的重要能力。对于有能力的人，这就是人生中学习的机会。伊恩立即开始搜集小道消息。

月末，奥马哈机场降落的所有航班都载着前来参加2003年股东大会的公司股东，所有酒店都住满了公司股东，人们纷纷前来会见被流行杂志一直喻为"传神谕者"的这位大名鼎鼎的人物。有一个惊人的新闻传出：香港证券交易所披露伯克希尔-哈撒韦购买了中石油的股票，中石油是中国大型国有石油公司。这是多年来巴菲特首次公开承认的一笔国外投资。[18]他对美国之外的投资向来极其小心，1993年投资吉尼斯公司之后还没有在国外股票市场上大额投资。[19]

媒体都急于报道这次完全不同于过去的投资的缘起。巴菲特说他对中国没有一点儿了解，只是买了以中国货币"元"为计价单位的石油股。他不看好美元，但是看好石油。巴菲特曾在《财富》杂志发表文章《我为什么不看好美元》。[20]文章做了这样的阐述："我认为美元一定会贬值，所以要进行一些大规模的外币投资。美元贬值的原因就是贸易逆差：美国从国外买进的东西多于卖到国外的东西，而且这种趋势有增无减。美国国内通过借款弥补差额:外国人可以购买美国国债,一种美国政府出具的借条。"很快,美国的"净资产"就会"以惊人的速度转移到国外",他说。他打了这样一个比方,假如有两个国度分别叫作勤俭国和浪费国。早晚有一天,长期购买浪费国国债的勤俭国人民会开始质疑浪费国的钱是不是值钱。到那时候,他们还会选择与浪费国进行交易,但不是购买债券,而是选择购买风险相对较低的硬资产:土地、企业、写字楼。"而且最后就是,"巴菲特写道,"勤俭国会拥有浪费国的一切。"

要避免美国一步步陷入浪费国的困境就要把一些国内的产品卖给其他国家,巴菲特提出这样一个系统构想:向出口商品的美国公司发放"进口凭单"——每月共计800亿美元。这些凭单可以用作交易(就像洛克伍德巧克力公司发放的可以进行交易的老式仓库凭单一样)。任何人想进口东西到美国都需要一张进口凭单,都必须向出口商购买该凭单。很快,这些公司贸易的产品就会以高于国内销售价格的出口价格交易,自然就增加了出口。当然,这样会增加进口商(外国公司)的成本。尽管这一系统可能被视为怀有敌意的——关税或进口税,在过去会引起导致经济下滑的贸易战——但巴菲特认为随着美元的不断贬值,进口商进口的产品会越来越贵,无论如何它们都会遭遇重创。推出进口凭单的观点至少是利用市场来决定哪一方受益、哪一方遭殃。随着时间的推移,要求进口凭单的做法可以一步步增加国内出口,再次实现平衡贸易,恢复勤俭国和浪费国平等。

这一计划有许多细节,但是说到底都从许多方面体现了巴菲特的特色。这篇文章彰显出巴菲特的思想,是有关经济学的一篇训诫类文章,是对潜在灾难的警示类文章。这一计划自身是有安全限度的(尽管可能不会像他期待的那样改善贸易平衡状况,但是,市场机制表明它不会引发更糟糕的情况),是市场和政府解决方案的综合,是一个复杂、精巧而又综合的系统。当然,这一计划也是没有风险的,通过这一系统多方都可以得到一定程度的改善,胜过坐以待毙。

执行这一系统也需要彻底的思维转换,要求相关的政客掌握经济学知识，非常小心地处理大量的政治风险以推行巴菲特的观点。而且，这一计划在危机出现之前就可能遇到问题——不可能在华盛顿执行。其他地方类似关税的一些条例要列入布什总统的法律条文、自由贸易者左右白宫的可能性是零。这样，进口凭单方案就只是无用武之地的一流解决方案。然而，巴菲特的父亲一定会为儿子感到非常自豪。

而且，至少巴菲特是第一个警示——大声警示——美元贬值风险的著名人物。为保证伯克希尔–哈撒韦避开这一风险，他研究了中国股票，中国是一个经济飞速发展的大国。他发现了中石油，经过一番研究，觉得可以放心买进。他只能购买4.88亿美元，而他说自己其实希望可以买进更多。他购买中石油之举让投资者欣喜若狂。沃伦·巴菲特购买外国股票了！中石油开始飞涨，伯克希尔股东大会的参加人数也同样猛增。

那一年，15 000人参加了奥马哈的资本家盛会。巴菲特拥有360亿美元资产，除比尔·盖茨外，无出其右。他很快就成就了自己世界第二的财富地位。

"理想的企业是什么样的？"在提问开始的时候，一位股东问道。巴菲特说：

> 理想的企业是有很高的资本收益的企业，可以利用大量资本实现高额收益，是可以成为复利机器的企业。因此，如果可以选择，就把1亿美元投资到可以实现20%的投资收益的企业中——实现2 000万美元的回报——是非常理想的。第二年这1.2亿美元投资继续产生20%的收益，第三年的投资就是1.44亿美元，依此类推。随着时间的推移，你可以按照同样的收益重新配置资产。但是，这样的企业非常非常少……我们可以通过这些企业实现资金周转，并购更多的企业。[21]

这就是他在企业模式和投资理论方面进行的清楚讲述：说明了伯克希尔–哈撒韦的架构理论，尽管受挫的投资者在股票市场的长期历史中一直非常冷静；说明了他为什么一直都在寻找新的并购对象，以及他对克雷顿房屋公司的发展计划。他打算投资伯克希尔–哈撒韦的部分多余资本到克雷顿公司，保证克雷顿公司可以从破产的竞争对手那里争取市场份额，购置并维系其贷款组合。[22]

从全球各地飞来报道伯克希尔盛会的50多位记者纷纷希望获知巴菲特此次投资中石油是否表明他开始关注外国股票的事宜。在星期日的记者招待会上，他们抓住机会向他和芒格提问。许多人都希望问这样一个问题，可以让自己国家的观众共鸣的问题：您会选择购买澳大利亚/中国/德国/巴西/俄罗斯的什么股票呢？巴菲特强调说他的投资依然集中在美国本土，许多外国股票不在他的能力范围之内。投资中石油的股票并没有改变他的基本准则。

星期一早晨在伯克希尔–哈撒韦的董事会上，巴菲特进行了简短的发言，向董事会成员说明了这一年来他最希望大家学到什么，包括美元对其他外币的汇率降低带来的风险和与活动房屋融资相关的一些问题。

汤姆·墨菲和唐纳德·基奥刚刚通过选举加入董事会成员之列，董事会成员包括查理·芒格、罗恩·奥尔森、小沃尔特·斯科特、豪伊、苏珊和肯·蔡斯——原哈撒韦纺织家族的唯一代表。一直有人抱怨董事会的成员结构，股东们都表示董事会任人唯亲、有失平衡、缺乏多样性。但是想通过董事会来监督沃伦·巴菲特的工作是有些滑稽的观点，哪怕芭比娃娃形成的董事会也一样能运转良好。伯克希尔–哈撒韦的董事会议就是听巴菲特讲课，每次都是这样——不管是晚会、午餐会，还是和吉姆·克雷顿一起唱歌——巴菲特都要象征性地登台授课，手上沾满粉笔灰。

股东们关注伯克希尔–哈撒韦管理结构的原因不是希望董事会监督巴菲特的工作，而是想知道谁会继承他的职位，他已经73岁了。他总是说继承人的名字早已"封好在信封里"。但是，他没有表示要公开那个人的名字，因为那样的话他的选择就没有了，而情况一直在变。交接工作还是必须真正开始，然而他确实没有做好准备。

当然，人们也在猜测巴菲特的继承人可能是谁。巴菲特并购的不同公司的大多数经理似乎都不可能成为候选者。巴菲特喜欢像B夫人那样的经理人——不喜欢出头露面、工作起来不知疲倦,但是,他们都没有管理资本的经验。可以胜任这一职位的资本分配者在哪里呢?合适的人选必须愿意整天坐在那里阅读财务报告,而且具备强大的人格魅力,可以继续留住期待一直为沃伦·巴菲特工作的许多经理人。

"我每天早晨都会想到这件重大的事情,"巴菲特说,"对着镜子决定自己该去做什么,我认为大家都有发言权。"[23]下一任首席执行官必须是一位超级领导者,然而,妄自尊大者不适合这个职位。

星期一早晨的董事会议结束后,股东们纷纷离开,巴菲特一家也开始准备全家一年一度的纽约之行。作为一项传统,每年他们都和巴菲特集团在东海岸的员工一起参加晚餐聚会,地点在桑迪和鲁思·戈特斯曼的家中,聚会中苏珊总是坐在巴菲特的腿上,用十指梳理他的头发,沃伦则陶醉地看着妻子。但是今年明显可以看到苏珊气色不太好。一天午餐的时候,她披着大披肩,穿着浅色羊毛裙,打扮得非常漂亮,只吃了一小块鸡肉、几片胡萝卜,喝了一杯牛奶。她说自己没事,但明显可以看出她不舒服。

两周后,就在他们的非洲之行开始之前,苏珊对非洲之行激动不已,结果却因肠梗阻住进了医院。医生还诊断出她患有贫血和食管溃疡。非洲之行因此推迟一年,要到明年春天,全家非常失望——有几个人为此深感失落。就连沃伦都非常沮丧,因为他知道这次旅行对苏珊有多重要。但是,人们问他是否有所担心时,他说:"哦,没有,如果苏珊知道我为她担心就会觉得不安,她希望为我担心,而不是反过来让我为她担心。这一点上她和阿斯特丽德非常像。而且我也不是一个会担心的人,这大家都知道。"

尽管取消非洲之行让人遗憾,但事实证明那年6月巴菲特没有远赴非洲是完全正确的。在克雷顿公司的股东们即将对公司并购进行表决的时候,由于股东们对并购价格不满,反对并购的声音越来越大,甚至就是反对卖给伯克希尔-哈撒韦。谣言传说还有另外一家并购方愿意出价。[24]投资者认为巴菲特将赚到很多很多钱,因为伯克希尔-哈撒韦有大量的资本，还有良好的信用等级，他可以向克雷顿父子提供资金，而且可以永远做到这一点，他提出的条件胜于任何人提出的并购条件，除非政府出面干预。这完全没有公平可言，一些股东认为克雷顿父子低价将克雷顿公司卖给巴菲特是为了保全自己的工作，为了自己受益或取得一笔专用基金。一家上市公司的管理层要将公司卖给伯克希尔-哈撒韦，其中潜在的利益冲突即将引发一场战争。

举例来说，奥维斯投资管理公司的威廉·格雷就认为克雷顿父子在代表巴菲特强取豪夺。他向美国证券交易委员会提出申请，向特拉华州的衡平法院提出诉讼，克雷顿公司归该衡平法院管辖。他的论点是克雷顿父子没有为股东们争取最高并购价格，因为他们签署了排他协议，拒绝其他公司参与竞争出价。他断定他们没有进行并购投票，只是想通过一个特别的股东会议取代克雷顿的董事会。[25]一位投资者说，毕竟"但凡巴菲特出价的并购，就一定是低价并购"。[26]

多年来巴菲特的名声一直代表着一种财富，然而现在却以一种特别的方式对他产生了不利影响。他有很强的公众吸引力，任何人希望宣传自己或他们的事业都可以在他的股东大会上揩油，或者盗用他的名声实现自己的目标。因此，就在股东大会之前、大概是伯克希尔-哈撒韦宣布并购克雷顿公司的时候，放纵大厨公司的首席执行官多丽丝·克里斯托弗就打电话提出了这样的问题。

放纵大厨通过独立的销售人员（多数是女性）在家庭聚会中销售厨房用品。在伯克希尔并购该公司后，反对堕胎组织的成员开始联合抵制放纵大厨的聚会。伯克希尔的立场就是不针对赞成堕胎派或保护生育权派进行捐赠，只是股东有权通过公司向他们中意的慈善机构捐赠每股价值的18美元。共计1.97亿美元，公司选择捐给各类非营利组织，最大的受益方是学校和教堂，而且多数都是天主教堂，许多钱都转向其他与堕胎无关的事业，但很大一笔还是转到了保护生育权组织。[27]当时，沃伦和苏珊的个人捐赠——2002年约900万美元——都选择了巴菲特基金会，主要资助保护生育权的基金会。伯克希尔的捐赠选择让反对堕胎组织不满。巴菲特没有理会关于那些捐赠不是伯克希尔捐赠的争论。[28] 2002年巴菲特曾努力与其中的一个组织的管理者进行理论，告诉他们有多少钱其实是用于其他项目而非家庭生育计划。他得到生命决策国际组织总裁的回答："即使从此只有1美元捐给计划生育联合会，而10亿美元捐给反对堕胎组织，后者还是会让我们把伯克希尔-哈撒韦列入抵制清单的。"[29] 如果塞到停车计时器中的钱都足以引发联合抵制，很显然伯克希尔-哈撒韦就找不到什么调和的余地了。

多丽丝·克里斯托弗曾努力保持中立，告诉人们她个人不认同巴菲特的做法，但是"我没有权力要求或评判他怎么进行捐赠"。7万名放纵大厨的销售顾问中有不到1 000人开始就此事向克里斯托弗请愿。[30] 而且，联合抵制影响了公司的经营，也伤害了相关人员。销售聚会上出现在主办人家中的反对堕胎纠察员开始让人们觉得害怕。克里斯托弗打电话告诉巴菲特她的业务因此受到的影响越来越大。

她没有直接向我提出要求，但是我可以判断她希望我取消那个项目，而且也知道，我会那么做的。我本来以为我们可以走出困境的，但还是没有。太多的人因此受到伤害，而我并不希望如此。多丽丝受到了伤害，她的员工受到了伤害，而他们都是无辜的。有人居然在她的办公室里哭诉。

6月末，巴菲特打电话叫艾伦·格林伯格到他的办公室去。艾伦·格林伯格是他的前女婿，任巴菲特基金会的执行理事，巴菲特对他说他已经和查理·芒格商量过了。与其卖掉放纵大厨——他们的选择之一——不如决定终止慈善捐赠项目。格林伯格非常吃惊。去年，97%的股东协力战胜了反对堕胎的股东们取消项目的决定。他走来走去，不断用手梳理着乌黑的鬓发，指出捐款都是来自个人的，而不是公司。人们可能还会自愿捐赠，终止项目没有任何好处，但是巴菲特已经下定决心。

格林伯格回到自己的办公室，开始起草在太阳谷年会前、7月的最后一个周末要通过新闻网发布的新闻。几天来电话响个不停，秘书们来来回回传递信息,疲惫不堪。生命决策国际组织几乎就在同时宣布放弃抵制伯克希尔。

但是,巴菲特的朋友们,无论他们对堕胎持有什么观点,许多人的反应都是一致的:他们惊呆了。有些人非常生气。"他就那么让步使我目瞪口呆。"一位朋友说。"这么轻易就放弃不是他的风格。沃伦是个很有原则的人。难道真的必须那么做吗?"另一位朋友问道。[31]

尽管别人在他的处境下可能会选择坚持下去,但是巴菲特说他担心这样的立场会导致放纵大厨的销售顾问面临风险。他没有直接说明,但是无疑表示出他担心他们的生计和利益。巴菲特本人也是一个重大目标,他不是街道拐角处无人知晓的干洗店锡德,此时坚持自己的立场可能导致伯克希尔-哈撒韦和他本人成为蔑视赞成堕胎派的象征,那是非常危险的。[32]他选择了回避,这是他确实不能去做的事情。

后来,他没有对曾经持批评态度的人或反对堕胎组织的获胜表示出任何敌意。你明天就可以让他们滚蛋,墨菲这样说。但是从来没有必要在今天那么做。多年来,这条建议帮助巴菲特摆脱了许多困境。

然而,这并不能解决身为沃伦·巴菲特,而不是干洗店锡德所带来的其他问题。随着7月16日克雷顿房屋公司的股东就并购一事投票日期的临近,他们纷纷开始反对伯克希尔-哈撒韦的出价。同类公司的并购价格开始上浮。贷方突然变得以慈悲为怀。"周期低谷"的论点开始广泛传播。大约13%的投资者,包括布兰迪全球投资管理公司、施奈德资本公司和加利福尼亚州公共雇员养老基金受人尊敬的资金经理们都公开声称他们反对此次并购。凯文·克雷顿奔走于全美各地,会见投资者、努力与并购方协商,同时奥比斯和其他反对者却在通过电话和媒体积极活动。那时候,伯克希尔-哈撒韦已经借款3.6亿美元作为克雷顿公司的应急之需。巴菲特发布新闻说他不会抬高并购价格,"现在或将来"都不会。如果并购失败,他宁愿就此罢休。他还发布新闻预测整个行业的经济形势,说不会有什么突然好转的。[33]

在巴菲特提出并购之前,没有哪家公司希望并购克雷顿公司。尽管有许多忠实拥护公司的股东，克雷顿公司仍像舞会上找不到舞伴的漂亮姑娘。现在，这位姑娘出现在沃伦·巴菲特身边，别人开始跳英格兰舞步的时候，他们一起来到舞池中央。之前坐在墙边没有舞伴的姑娘突然之间就成了万人迷。距离股东大会还有两天的时候，出价超过巴菲特、并购了Conseco贷款业务的Cerberus资本管理公司在半夜给克雷顿发来一封传真，提出愿意高价并购。提到钱，巴菲特目中无人。"好，让他们并购。"他说。他非常肯定的是没有伯克希尔，克雷顿公司的股价不会超过12.5美元。

而且，事实上在股东投票大会的当天，确实没有在克雷顿房屋公司出现其他叫牌人。然而，克雷顿父子能否取得多数股东的赞同票同意将公司卖出依然是未知的。吉姆·克雷顿那天接受了长达一个小时的连珠炮似的提问，愤怒的股东们挤在会堂不停地提出这样那样的问题。在并购消息传出之后，活动房屋的股票一直在涨，现在12.5美元的并购价格相形之下更显寒碜。一些股东希望Cerberus资本管理公司有机会出价参与并购，尽管招标工作需要两个月的时间，而且Cerberus资本管理公司是否确实有意并购克雷顿公司还不可知——是否愿意在最后时刻插手巴菲特并购的公司做破坏者。

克雷顿父子此时焦头烂额。如果投票没有通过，而且很有可能是这样的——因为大股东，美国富达投资集团，宣称改投反对票——并购可能会失败，克雷顿公司可能因为签署了排他并购协议而被控告。如果投票通过，克雷顿公司卖给伯克希尔-哈撒韦，克雷顿公司则可能因为无视其他并购方、无视可能出高价的并购方而被控告。

凯文·克雷顿离开股东大会现场，打电话给巴菲特要求延迟投票，让Cerberus资本管理公司有时间进行出价。巴菲特答应了——前提是他们愿意因为延迟投票赔付伯克希尔-哈撒韦500万美元。克雷顿接受了巴菲特的要求，重新回到股东大会现场，宣布休会，日后再进行投票。[34]

到目前为止，商业报道将这次并购比作尽人皆知的大卫与歌利亚的故事，故事中弱小的大卫——反对并购的对冲基金——努力对抗贪婪的克雷顿父子和巨人巴菲特。记者们自然会怀疑当权派,对冲基金经理们大都天生反对当权派,他们早就学会了像大师把玩弦乐器那样与媒体合作,实现双赢。媒体把注意力转向了巴菲特,如果他买了什么,那一定是超低价购买。

巴菲特有没有恶意盗取克雷顿公司可以通过其他公司的叫牌出价而明了。一周后,在Cerberus主席、前副总裁丹·奎尔带领下,来自Cerberus资本管理公司和其他三家公司(黑石集团、瑞信银行和得克萨斯太平洋集团)的70名会计、律师和金融专家突然来到田纳西州诺克斯维尔,事实即将大白于天下。克雷顿带他们来到了与总部相连的最迷人的活动房屋。许多人都在克雷顿公司的工厂到处参观,在堆满文件的房间里仔细阅读,更多地开始关注抵押贷款这个巨大的无底洞,以及其吞噬资本的方式。[35]奎尔走来走去和大家握手,不断声称Cerberus是一家"家庭式公司"。[36]

在Cerberus和其他公司一起讨论的时候,丹佛区切肉机厂和员工退休金计划联合对克雷顿公司提起诉讼,控告其"自作主张、管理腐败以及不开诚布公"。[37]巴菲特认为自己被敲诈了。切肉机厂工会的诉讼得到米尔伯格·韦斯律师事务所的达恩·罗宾斯的支持,米尔伯格·韦斯律师事务所是一家专门代表投资人进行集体诉讼的律师事务所。"大家都知道他们在进行欺诈。"罗宾斯说。[38]22位原告律师、助理和研究人员来到诺克斯维尔。原告的律师都没有住在活动房屋,有报道称他们住在市区带9间卧室的豪华公寓,准备进行6个月的战斗。[39]

Cerberus经过一周的深入调查,返回纽约,传真了一篇标记为"仅供讨论之用"的文章《克雷顿公司资本结构之调整——资源与使用》。这篇文章不进行报价,却提出了一个价格:每股14美元。克雷顿的第一印象是Cerberus以稳定的优势战胜了巴菲特,然而,仔细一看才发现Cerberus计划付给股东的现金只有7.55亿美元,而巴菲特则以17亿美元现金并购。按照Cerberus的出价,外部股东可以得到每股总价14美元中的9美元,其余的以资产重组的股票进行支付。

然而，每股9美元完全可以由克雷顿公司自己支付给股东，Cerberus其实没有投入一分钱。克雷顿公司必须借款5亿美元，廉价卖掉6.5亿美元的资产。[40]

这是典型的负债收购案例，公司的资产全部卖出，为了融资而举债。名义上价值5美元的重组股票由财务公司组成，而财务公司已经在缩水的资本基础上堆积了更多的债务。债务就是流入活动房屋制造工人血管的血液，没有这些债务他们就无法生存。而贷方早已避开了这些业务。为什么他们要借钱给一家没有偿还能力的公司呢？Cerberus显然清楚这一点，他们提出的建议是财务专家可以给出的最佳建议。克雷顿父子打电话给Cerberus说明了情况，表示他们不愿意接受这次并购，当然他们没有任何敌意。

但是，CNBC和财经新闻这样描述巴菲特：与克雷顿父子串通进行低价并购的无情的金融家。克雷顿并购案在媒体中产生了极大的反响，巴菲特的声誉也开始对其产生不利影响，这表明巴菲特在公众心中的形象出现了重大改变。之前，他的形象是睿智而慈祥的，总是能够吸引一大批做着发财梦的投资者。此刻，批评浪潮不断，反对克雷顿并购案的人表明，大投资者不再是那些等待着巴菲特的声誉能够拉高价格的绅士，现在这些人想利用巴菲特的声誉来反对他、阻止他。

然而，巴菲特从来没有真正专门购买别人希望低价购买的东西。其实，他购买的是别人不想要的东西，别人认为没有这个东西会更好。事实是人们总是做出错误的判断。更甚的是，自从并购《布法罗晚报》后，伯克希尔-哈撒韦一直在并购许多人确实不希望要的公司。没有多少公司有足够的资金实力承担克雷顿公司的债务，可以在一小时内而不是利用一周时间做出长期资本交易的决定。伯克希尔-哈撒韦可以做到这一切，甚或更多。伯克希尔-哈撒韦现在并购的许多公司都是像奈特捷那样的公司，创建公司的企业家希望可以找到这样的买家——能够悉心照料他们创办的事业，而且他们都相信伯克希尔-哈撒韦会诚实守信。[41]巴菲特的真正智慧不仅仅是进行低价交易（尽管他确实完成了许多低价交易），而是经过多年努力创建了一家可以进行合理交易的公司。

结果碰巧就在苏茜50岁生日那天，一度中断的克雷顿股东会议终于再次召开。经过4个月的推迟，没有其他公司竞价并购，Cerberus公司也放弃了。最后，52.3%的股东投票支持伯克希尔-哈撒韦并购，只是勉强通过。除克雷顿父子外，其他股东投否决票的人数占到2/3。巴菲特一直坐在电话旁边等待投票结果。而后，他约女儿出来，把生日礼物送给她。礼物是苏珊·雅克帮他在波仙珠宝店挑选的——一枚镶着一块很大的粉红色心形钻石的钻戒，这是苏茜在这个生日里最后收到的一份价值100万美元的生日礼物。人们眼中冷酷无情的金融家对女儿却是疼爱有加、情感细腻，他和女儿的关系非常亲密，甚至有些依赖女儿。生日前几周他一直随身带着那枚钻戒，不时拿出来看一看，想到女儿看到钻戒时激动的样子他的眼睛就充满泪水。苏茜看到戒指后，搂着父亲的脖子，激动得哭了起来。

就在他们拥抱的时候，米尔伯格·韦斯和奥维斯公司的威廉·格雷却开始破坏投票。格雷对投票结果提出质疑，得到批准重新统计投票。特拉华州衡平法院支持投票结果。因此，奥维斯公司和米尔伯格·韦斯联手要求田纳西州布朗特县巡回法庭的法官戴尔·扬阻止并购工作。然而，法官扬却说并购应该顺利进行。尽管米尔伯格·韦斯依然没有放弃，但是克雷顿父子没有再浪费时间。8月7日，并购工作完成的日子，克雷顿公司在特拉华州的律师破晓就守在州务卿办公室的门口，准备递交相关文件完成并购认证。早上7点30分，并购工作圆满结束。[42]

并购生效的同时，米尔伯格·韦斯和奥维斯公司决定向田纳西州上诉法院提起上诉，驳回法官扬在前一天做出的决定。第二天，田纳西州上诉法院一致决定暂时中止并购，其实并购已经完成。法院中止并购就是阻止伯克希尔-哈撒韦开始支付并购款项。上诉法院分配下属法院在两周内做出裁决。克雷顿公司开始完成米尔伯格·韦斯要求的长达18页的文件。律师和公司员工为此昼夜不停地工作。

当时凯文·克雷顿的妻子生产在即，因蛋白质过敏而绞痛难忍。"我们试了27个药方才从伦敦找到一个有疗效的，"克雷顿说，"而且，我还得了疱疹，就是因为压力太大了。我打电话和父亲说，'爸爸，太苦了'。结果他说，'嗯，儿子，我像你那么大的时候，因为压力太大整个左脸都麻痹了'。后来我打电话和沃伦讲自己压力太大，结果他还是说，'嗯，凯文，我年轻的时候，因为压力大掉了许多头发'。我没有得到他们的一点儿同情。"

8月18日，法官扬发起陪审团庭审。克雷顿立即提出上诉。

克雷顿公司的股票几周前就停盘了，但是伯克希尔-哈撒韦无法支付并购款项，因为并购结果还在高等法院手里攥着。4万名股东都在等着用伯克希尔-哈撒韦支付的现金。而伯克希尔-哈撒韦有17亿美元在银行存着，正在为其生息。

巴菲特收到一对夫妻发来的传真，他们被迫从自己的住房中搬了出来，急需卖出克雷顿公司的股票取得现金，支付抵押贷款。能付多少付多少吧，他告诉那对夫妻，而且说明了当时的情况。可能那笔钱就足以让他们摆脱住房无法赎回的困境。

"称得上一次宝林历险记。"他说。

僵局持续了近两周之久，最后，在9月即将到来之时，法院没有发现"一丁点儿证据"说明克雷顿父子操纵股东投票工作。6天后，米尔伯格·韦斯通过田纳西州最高法院提出上诉。巴菲特难以置信——或者不如说他一直难以置信会有米尔伯格·韦斯这样的律师事务所。他们依然在想办法阻止并购。这并不会让律师事务所有大量好处可赚。他们怎么会期待有什么收入呢？克雷顿公司的律师事务所一直工作到深夜，复印机一直不停地复印大量文件和与法律相关的草案。巴菲特推测认为米尔伯格·韦斯一直坚持如此让人讨厌的做法，可能是接受了克雷顿公司提供的好处。他和凯文·克雷顿谈了这一点。克雷顿发誓，从来没有。[43]

巴菲特又认真考虑了田纳西州最高法院的历史地位，该法院有可能成为美国历史上第一个这样的法院：拆散已经并购了的两家公司。法院显然意识到自己在做什么，于是驳回上诉。

克雷顿公司的保险公司圣保罗公司希望以500万美元了结米尔伯格·韦斯带领其他股东进行的诉讼。然而这笔钱可以让股东受益的部分微乎其微——可能每股只有5分镍币属于股东受益部分，克雷顿父子和巴菲特极其厌恶这些他们眼里的强盗资本家和争取渔翁之利的人。律师们将得到大部分钱，但是保险方坚持说事情不解决，法律费用可能就会让公司损失更多。就这样带着被讹诈的情绪，他们接受了这样的做法，付了那笔本不愿意支付的款项，从此结束了并购克雷顿房屋公司的战斗。

但是不久人们就清楚地看到，活动房屋的销售状况没有好转。[44]巴菲特的并购没有在行业回转的时刻完成。事实上，就在伊恩·雅各布斯准备飞回奥马哈汇报工作之时，活动房屋行业就开始急速下滑。曾经一度看似低廉的股价现在只是勉强维持。为了缓解并购带来的经济困难，巴菲特安排凯文·克雷顿购买减值贷款。克雷顿并购要走出困境需要大量琐碎的实质性工作。

58

超越自我

奥马哈　2003年夏秋

9月，巴菲特情绪高涨。《财富》杂志将他评为商界最有能力的人。在一片惊叹声中，他通过拍卖自己的旧钱包和一条股票信息获得21万美元，用来资助女子公司（Girls Inc.），苏茜的非营利事业。接着，他在eBay网站拍卖自己——或者说是拍卖8个人和他共进午餐的一次机会——用来资助旧金山的格莱德纪念教堂，苏珊的主要事业。格莱德教堂在礼拜期间免费进行HIV测试，为遭遇家人和其他教堂拒绝的男同性恋者举办葬礼和悼念活动。牧师塞西尔·威廉姆斯的口号是"大爱无疆"，苏珊把这个词作为自己的口头禅，现在沃伦也不时用这个词。在格莱德教堂，人人都受欢迎：娼妓、吸毒者、酒鬼、流浪者。[1]这次与巴菲特共度的两小时以及8个人在迈克尔餐厅的一次午餐拍卖，共有50人在eBay网站竞标出价，最终出价高达250 100美元——高于他钱包里的股票信息的价值。几天内，艺术家笔下穿着长袍，仿佛来自奥林匹斯山的巴菲特出现在《福布斯》杂志的"最佳着装亿万富翁"栏目。然而，要不是巴菲特的名声和人气可以促进杂志的销售，在如此激烈的竞争中（亿万富翁如今越来越普遍），他是不会被列入什么最佳着装方面的竞争者的。

除此之外，还有一件事就是苏茜和苏珊都将应邀参加《财富》杂志的商界女强人峰会，谈论慈善事业，时间就在10月初，参加峰会的人都是美国社会非常重要的女性人物，包括首席执行官、企业家和不同领域的杰出女性。巴菲特为妻子和女儿有这样的机会而无比高兴，特别是他们此次将一起出席如此重要的峰会。

就在那次峰会前的星期五下午，苏珊打电话告诉沃伦她会晚一天到，因为周一要进行一次活组织检查。她在6月去检查了牙周，那次检查本来应该在5月，当时因为肠梗阻、食管溃疡和贫血而被推迟了。牙科医生发现她的口腔底部有针尖波点状斑点，建议她去看专家。两个月过去了，她还一直没有安排出时间去检查，总是忙于她自己的各类差旅行程。就在最后终于约好医生的时候，还险些取消检查去参加盖茨基金会的活动。

"不，不，不，不，不，不。不能取消。"凯瑟琳·科尔说。科尔一般不会很不客气地反驳自己的朋友和上司，但是这一次她坚持说："你必须去。"[2]

德博拉·格林斯潘医生通过触诊发现苏珊脖子一侧的淋巴结肿胀，就强烈建议她在周一尽快去看另一位专家布赖恩·施米特医生，进行一次活组织检查。苏珊似乎并不担心活组织检查会有什么不良结果。她想推迟检查，为的是不错过这次《财富》杂志峰会的任何一个细节。"我必须去。"她这样对凯瑟琳说，就是指必须按时参加这次峰会。然而，那位专家施米特医生拒绝延迟检查。[3]

巴菲特悄悄地承受着这一切，内心非常震惊。苏珊打完电话后的几小时，他一直和别人在电话上不着边际地聊天，艰难地度过自己从办公室回到家中后的每一分钟。在每天的桥牌时间就要开始之前，他在电话里随便说了一句，但是声音低沉而严肃："哦，顺便说一句，苏珊星期一要做活组织检查。"

"为什么？！电话那边吃惊地问。"

"她的嘴里有点问题，"他说，"就这样吧，我以后再和你说。"而后他挂断电话。

苏珊做了活组织检查。她照例参加峰会,照例发言,而后飞到东边的迪凯特去豪伊的农场,看望孙子们,开着联合收割机收割庄稼,随后返回旧金山。豪伊事后才明白,自思自忖,唉,她一直说要在收获的季节来农场,但是以前一直没有实现。[4]然而,那时候他没有发现一点儿异样,因为她还是像往常一样。[5]

沃伦一直盯着电脑屏幕,要么浏览新闻,要么打桥牌,要么玩直升机游戏。他内心的焦灼还是像平常那样表现出来:不断地问同样的问题,一次又一次地说同样的事情,但是在问及他是否担心时,他还是拒不承认。

星期五,苏珊和凯瑟琳·科尔一道去南加州大学医疗中心取活组织检查结果。苏珊对病情可能会有多么严重似乎浑然不知。他们到了施米特医生的办公室后,苏珊对科尔说:"你怎么那么紧张,为什么那么紧张啊?"科尔心想:"哦,我的天哪,难道她不知道可能会有不好的检查结果吗?"他们见到医生后,医生对苏珊说她患有三期口腔癌。诊断结果让她震惊。"她当时就像遭遇晴天霹雳一般。"科尔说。她显然想都没有想过会有这种可能。[6]

苏珊一时间眼泪纵横。然而,她还是坚强的她,回到车里的时候,就已经打起精神开始安慰别人。她打电话给沃伦,他没有说什么。她打电话给苏茜,告诉她,"给爸爸打电话,他一定不知所措"。而后她回到家,再次和沃伦讲自己的病情,又和苏茜、豪伊和彼得讲了。[7]那时候,苏茜已经在浏览相关网站了。[8]她打电话告诉父亲,"不要去浏览口腔癌的网站"。

每年患口腔癌的有34 000人,其中8 000多人会因此去世,是一种无痛但可以快速扩散的癌症,比黑素瘤、脑瘤、肝癌、宫颈癌或霍奇金病的致死率都高。[9]口腔癌的高致命性是因为其通常在扩散到淋巴结后才被发现,到这一程度原发肿瘤就可能侵入周围组织,而且可能转移到其他器官。口腔癌患者极其容易继发第二原发肿瘤,原发治愈后复发的风险高达20倍。

至少90%的口腔癌确诊患者是长期吸烟或使用无烟烟草的人。既吸烟又喝酒的人患病比例更高。苏珊·巴菲特向来不吸烟、不喝酒，她没有明显的发病因素。三期癌症的检查结果表示癌细胞可能至少已经扩散到一侧淋巴结，但是可能没有扩散到其他部位。

苏珊回到了面朝金门大桥的公寓，三面墙壁上分别摆着旅游纪念品、朋友送的礼物、一件对她而言意义非凡的艺术品。这位素来广交朋友、兴趣广泛的女士开始告诉人们："我的生活非常美满。孩子们都长大成人，我也有幸抱上孙子了。我热爱生活，而且有自己的工作，真的不需要再多了。"

"如果按照我的意思，"她对科尔说，"我就一个人去意大利的村庄，静静地离开人世。"她更害怕经受痛苦的折磨慢慢离开人间，而不是顺其自然地悄悄离开。但是如果她确实放弃治疗，就是放弃了自己生活中非常重要的人们，几十年来成为她生命一部分的人们。其实就是为了沃伦她才愿意接受手术治疗。然而，她告诉科尔和一位朋友罗恩·帕克斯，说她没有决定是不是要继续手术后的放疗，而放疗是为降低复发必须进行的，况且该病的复发率非常高。由于某些原因，可能是过分受惊，她似乎没有明白术后放疗有多么重要。[10]

第二天早晨，苏珊和科尔开始计划接下来的安排，苏珊莫名其妙地拒绝让科尔购买手术后她在公寓里生活所必需的一些设备。科尔需要购买升降椅帮助她在手术后回到位于顶层的公寓。苏珊完全不听这些。科尔认定苏珊一定是因为受惊或者在努力克制自己才表现出这样的情绪，后来她决定打电话给苏茜，苏茜说不用理会母亲的反对，该买什么就去买吧。

其间，备受惊吓的沃伦还是匆匆安排自己的事情，他在情况危急的时候总是这样。他亲自送闷闷不乐的阿斯特丽德到林肯观看内布拉斯加足球比赛。第二天一早他飞到旧金山，就是在那里他得知苏珊需要进行大手术。她再活5年的可能性只有50%。手术可能去除苏珊的大部分颌骨和所有牙齿。手术后一个多月的时间，她只能通过插在鼻子里直接通到胃部的管子进食。而且那段时间她都不能说话，手术还可能引起面部变形。苏珊还和沃伦讲了许多，她说她担心自己的样子会吓坏几个孙子。他们决定下周到纽约纪念斯隆－凯特琳癌症中心再进行一次检查，尽管这很大程度上只是重复一次检查而已。

回到奥马哈，沃伦就一刻不停地打电话、在线玩儿桥牌、工作、处理即将到来的一次会议——和《华尔街日报》发行人卡伦·埃利奥特·豪斯的会议。到目前为止，巴菲特与《华尔街日报》发生过几次分歧，原因就是该报对他的报道，其从1992年开始，就将他称为戴着友好贤明"面具"的"顽固而优雅之人"。豪斯此次造访可能是为了当面请罪、以示愧疚，也可能是想探探他有没有意向并购当时陷入财务困境的报社。但是他的注意力从来没有真正离开过苏珊，他谈到她时候滔滔不绝。接下来的几个月，他决定每个周末都到旧金山陪她。尽管他确实不知道自己该怎么做，但是他希望自己可以按照一种自己理解的方式来关心她，就像如果他病了，她会怎么关心他那样。他说他清楚地感觉到她需要他陪着。确切地说，他也需要她在身边。

和豪斯的那次会议太平无事，双方都没有感到为难，巴菲特也没有并购报社。那一周他每天早晨都一脸倦容——显然是没有休息好——然而，他还是打起精神处理每天的工作。除了秘书戴比·博赞科和少数几人以外，伯克希尔－哈撒韦总部没有人知道原因。

那一周他几乎没有离开自己的座位，办公室就在复印室和两个档案室之间，大部分时间他都通过电话和苏珊聊天。尽管他们一聊就是几小时，但是她从不明确提到自己要面临的折磨。开始，她自己还没有完全明白究竟是多大的手术，可能还需要从她的腿上取一块骨头进行移植。外科医生也不确定手术会对她的面部造成多大的影响，尽管他们认为可以保住她的舌头。对她来讲最要命的就是她从此也许再也不能唱歌了。她和前女婿艾伦·格林伯格谈到过手术，艾伦对她的健康状况比较了解，多年来他曾经带这位朋友、上司和前岳母多次进出急诊室。而且格林伯格注意到巴菲特面对疾病时表现出的退缩无助的情绪，所以在去巴菲特的办公室汇报基金会项目工作的时候,从来不提苏珊。

然而,尽管沃伦不想知道太多,他说着说着还是说了他所知道的情况。"有5个医生参与手术,手术时间至少需要10个小时。她可以得到全世界最好的护理。她收到了豪伊的来信——没有哪位母亲收到过孩子写来的那么感人的信。她具备许多有利条件,但是手术还是非常折磨人的。医生们告诉她许多许多,她知道我不想了解细节,就告诉我她认为我能面对的事情。我可以肯定医生们一定认为我疯了,因为我没有直接和他们谈。但是我做不到,所以是她告诉我手术的这些关键问题的。"

几天后,苏珊飞到奥马哈去接苏茜,按照她的第二套计划,苏茜将陪她到纽约纪念斯隆-凯特琳癌症中心。在癌症中心的检查带来一些好消息,那就是没有癌细胞扩散的迹象,她们又回到奥马哈,苏珊在那儿度过周末。但是,在奥马哈她又发作了因腹腔粘连引起的剧痛。距离上次肠梗阻剧痛发作还不到5个月的时间,就是去年5月他们全家因此取消非洲之行的那一次,这样的发作非常痛苦。她晚上只好住在苏茜家里,第一次吞下大量的止痛片而没有去医院,而此前每一次发作她都必须去医院。

巴菲特形容枯槁,拖着疲惫的身躯坚持去办公室,星期三参加了可口可乐在亚特兰大召开的董事会议。他回来后,苏珊开始从剧痛中恢复,去看了阿斯特丽德。阿斯特丽德见到苏珊后,不能自已地哭了起来,这一次又是苏珊来安慰别人。

周末结束后,苏珊飞回旧金山,巴菲特又开始情绪低落,他说话时声音嘶哑,显然睡眠不好。两年一度的巴菲特集团会议再过几天就要召开了,这对他也是一种压力。苏珊的医生不希望她参加集团会议,因为要去圣迭戈。因此,1969年以来沃伦第一次独自参加会议。不但苏珊没能出席,他的朋友、早期的合作伙伴、洛斯保险公司总裁拉里·蒂施这次也缺席了,他同样也是因为生病了,而且是晚期胃癌。

巴菲特显然一直在想这次苏珊不能一道参加会议将是什么情景。她生病的消息一定会引起轰动,很多参加会议的人之前就有所耳闻。5天中他将一直回答关于她的各种问题，接受络绎不绝的问候，还要努力克制自己的情绪。他必须亲自主持会议，保持会议气氛，但也不能过分兴奋而让人觉得做作。巴菲特很好把握了自我调整的艺术，仿佛这是他与生俱来的本领，然而，现在他还是需要刻意调整自己的情绪。会议结束回到酒店后，他孤独地在黑暗中思索幻想。

"我的幻想很多，"动身到圣迭戈的前一天他这样说，幻想有时候也让人不安，"在那里我扮演多个角色，没有一刻闲着。"那天晚上他晚餐就要了一个三明治，在办公室一边吃一边和一位客人聊天，在沙伦来打桥牌之前他一刻也不愿闲着，一直都在聊天。开始他只是谈一些无关紧要的政治和经济方面的话题，后来，谈话还是转到了这些天来一直让他揪心的事情：手术在这次会议之后很快进行。

瞬间，他的脸上闪过一丝异样，表情开始扭曲，后来双手掩面，双肩不停地抖动，整个身体一下子向前瘫在椅子上，仿佛地震中倒下的高塔。他无助地抽泣着，几乎喘不过气来。此时没有什么可以安慰他。

渐渐地，他克制住无比的悲伤，开始讲他的苏珊。在长达两小时的时间里，他依然不时地痛哭流涕。他为她必须经历的巨大痛苦而担心，她比他坚强。他更担心的是她会把死亡当作一件很自然的事情来接受，而不像他一样去和死神抗争。他害怕失去她。他一直认为自己的中心是她，而现在却要反过来了。他一直认为自己不会孤单，因为她会比他长寿。他一直认为自己可以凭借她的智慧和判断来面对人生必须面对的生死抉择。他一直认为在他离开后，她会打理好基金会。没有他，她一样可以保持家庭和睦，她会保证阿斯特丽德得到很好的照顾，她会解决任何矛盾，缓解别人的痛苦。她会打理好他的葬礼，以一种独特的方式让人们永远铭记他。最重要的是，他一直希望在自己生命的最后时刻苏珊可以陪在他身边，在死神降临的时候，她坐在床头，握着他的手，告诉他不要害怕，帮助他减轻痛苦，就像她一直安慰别人那样。多年来这是第一次，他必须考虑事情可能完全不是自己一直设想的那样。但是这些想法太残酷了，他只能强迫自己立即停止思考。他相信医生们会照顾好她，她可以活下来。离开办公室去打桥牌的时候，他还是非常忧郁，但是平静了许多，也镇定了许多。

　　第二天一早，巴菲特飞到圣迭戈。在巴菲特集团的会议上，他略显沉默，但没有垂头丧气。他主持了三天的会议，包括在盖茨家的一次晚餐聚会，比尔·鲁安发言讲了改善哈勒姆学校的条件一事，杰克·拜恩讲了管理接任的问题，查理·芒格讲了伟大的实业家安德鲁·卡内基的生活，安德鲁·卡内基主张死而富有是一种耻辱。豪伊·巴菲特只是碰巧参加了聚会，他讲述了自己的摄影画册《人生织锦画》中的照片背后的拍摄动机，画册展示了生活在贫困的非洲深受苦难的人们。杰弗里·考恩，南加州大学安纳堡传播学院的院长，发表了题为"从年轻的理想主义到年迈的官僚主义"的演讲，内容涉及美国社会称为"静默的一代"的人们，他们生于20世纪30年代末到40年代初，而且在座的各位大多都是那个年代出生的。[11]

　　沃伦在圣迭戈的时候，阿斯特丽德在图森的峡谷大农场水疗中心，是沃伦送她去那里的，因为苏珊的健康状况让她非常不安，他希望她能到那里放松一下。她之前从来没有到过水疗中心，起初坚决反对。在奢华的庄园里尽情享乐，对她来讲就像一个从来没有修过脚的女士想尝试勾手三周跳一般。阿斯特丽德没有什么豪华的装束，她只带了几件T恤衫到那个知名的度假村准备度过一周的时间。到那里后的第一顿午餐只要了一个火鸡金巴利汁卷，出于习惯，她开始不厌其烦地向工作人员讲述废物回收利用和泡沫包装方面的环保观念。在接待区，一位护理人员带她来到了一间办公室，为她特别制订水疗和保健养生方案。在问及她当时的感受和有什么担忧的时候，她居然回答说她担心她的朋友苏珊。护理员显然明白自己眼前的这位女士向来都是关心别人、照顾别人的类型。她温和地对阿斯特丽德进行了一些放松治疗，如接触疗法。阿斯特丽德参加了几次瑜伽课程、练习走鸟步、学习烹饪、做美容、按摩、学打高尔夫。她不习惯自己得到别人的照顾，但令她感叹的是，自己可以一点点习惯别人的照顾，而且居然发现这样也蛮不错的。

苏珊手术的前一天，巴菲特从圣迭戈结束会议飞到旧金山。他本来安排那天一定要去参加一个奈特捷的市场活动，但是苏茜知道他是在克制自己对苏珊的担心，就打电话对他说必须到旧金山。因此，他勉强来到了旧金山，晚上就和家人一起在苏珊的公寓度过。大家都像平常一样。苏珊这一次不需要照顾别人（因为她自己需要照顾），她就一直回避和家人谈起自己对第二天将进行的手术有什么想法，始终都在一边打电话。沃伦一晚上都在电脑上玩直升机游戏，眼睛都没有离开过屏幕。

第二天一早，全家就陪着苏珊来到加州大学旧金山医疗中心，在那里，专家们给她进行了静脉注射，在她的左腿膝部到脚踝处用魔幻变色笔画了一个巨大的椭圆。他们说这是为了标明从哪里切开她的腿，取出进行移植所需的骨头。艾斯利医生，苏珊的外科医生，告诉他们他会在手术开始后90分钟左右离开手术室，来告知他们癌细胞是否已经扩散。

而后，苏珊带着女儿来到卫生间，把门关上。她不想让沃伦听到她必须说的一些话。"听着，"她说，"爸爸现在一定吓坏了。你要明白如果手术发现癌细胞数量很多，就别让他们进行手术了。我很担心他会在得知癌细胞确实扩散的情况下，依然告诉医生们继续手术，他不希望我离开。"

8点钟，苏珊开始手术，家人都来到手术等候室，在那里等候手术消息。许多人都在那里盯着电视里播放的杰里·斯宾格的节目打发时间，此时他们关心的人在手术室里接受手术治疗。沃伦手里拿着一份报纸，不时合上报纸，挡在脸上，抬起一只手揩去眼泪，而后又打开报纸。

艾斯利医生在45分钟后就从手术室出来。尽管在两侧淋巴结都发现了癌细胞，但是没有扩散到其他部位，还算是好消息。手术只需要摘掉口底、两颊内侧和大约1/3的舌部，不需要植骨。艾斯利医生离开后，沃伦开始问："哦，苏茜，他刚才是说要过一个半小时，他还要来告诉我们吗？你可以肯定吗？他们真的知道吗？"每一次，苏茜都耐心地和他说他们已经知道结果了，然后，过几分钟，他就又开始问同样的问题。"哦，他们怎么这么快就知道了？"他不停地说，"我觉得不对，可能他一会儿还要出来。"

16个小时后,苏珊进了重症监护病房,通过气管套管呼吸,左臂从手腕到肘部都缠着绷带,医生从那里取了一块皮在她嘴里进行了皮肤移植。她的舌头都肿得从嘴里伸出来了,鼻孔插着直接通到胃里的鼻饲管。她不停地咳嗽,气管套管总被堵塞,必须不时地进行清理,保证她可以正常呼吸。[12]

第二天早晨,在医院里,苏茜对父亲说:"您必须做好心理准备,看到妈妈您会非常震惊。"沃伦硬着头皮走进苏珊的病房。他知道不能让她看出自己脸上惊异的表情,那样会让苏珊察觉到自己看起来有多么吓人。他努力让自己坚强起来,无所畏惧地在她身边坐了一小会儿。之后,苏茜告诉父亲和两个弟弟先回家去,他们待在医院也没有什么事情可做。坐在苏珊身边的时候,他把自己的感情都藏在了潘多拉盒子里面,离开后他说自己"一直哭了两天"。

接下来的两个周末他都在旧金山和苏珊度过。后来,就在苏珊准备出院回家的时候,他飞到佐治亚州,为佐治亚理工学院的大学生做了一次演讲。他没有更多地谈到创业经营,而是讲了一些常见的主题。他给学生们讲了精灵的寓言,还讲到了慈善事业。他说一个人一生中最好的投资就是投资自己。他讲了他的偶像本杰明·格雷厄姆,还说选择自己的偶像一定要慎重,偶像是影响我们一生的人物。他告诉大家要为自己崇拜的人工作。

学生们问到他最大的成功和失败的时候,这一次他没有讲事业方面的疏忽和错误,而是说:

其实,当你们到了我这个年纪的时候,衡量自己成功的标准就是有多少人真正关心你,你也希望得到他们的关心。

我认识一些非常有钱的人,他们举办庆功宴会,修建以他们的名字命名的医院辅楼,但事实上世界上根本没有人关心他们。如果你们到了我现在的年纪,却发现没有人对自己有好感,不管你的银行账户上有多大数目的存款,你的生活依然是不幸的。

这是对生活的极限测验。关爱是用钱买不来的，钱可以买来性、可以买来庆功宴会、可以买来宣传自己活得精彩的小册子，得到关爱的唯一方法就是做一个讨人喜欢的人。如果你有钱，你可能对此非常愤怒，你可能会想自己可以写一张支票：我要买价值百万美元的关爱，但是关爱是买不来的。你付出的爱越多，得到的爱才会越多。[13]

苏珊回到面朝旧金山湾区阳光充足的公寓后，沃伦每个周末都来看望她。因为担心灰尘堵塞气管套管，房间里原本铺着的鹅黄色的地毯已经不用了。她通过升降椅回到公寓，护士们也启用了租来的气管抽吸系统。医生们开始为苏珊准备为期6周的放疗，放疗是为了杀死残存的癌细胞。她一直没有完全同意接受放疗，而且放疗可能灼伤她的咽喉。手术前医生们就告诉她吃胖一些，因为手术和放疗期间她的体重估计要减少50磅。50磅不是一个小数目，但是手术前让她欣慰的就是当时自己的体重情况完全需要好好减肥。现在，鼻饲管不用后，护士们一天喂她6次流食，因为疼痛难忍，她需要大半天才能吃完。

压力之下，沃伦的体重增加不少。他觉得自己得减掉20磅，就决定和苏珊一起选择流食养生。"那不是什么有趣的事情，"他说，"所以我也没有得到一点乐趣。"

巴菲特的节食方式和他的饮食习惯一样偏执古怪，而且不利于健康。他决定坚持自己的一贯策略，那就是每天只摄入1 000卡路里的食物，想吃什么就吃什么。就是说他可以吃甘草什锦糖、花生糖、汉堡或者其他任何他想吃的东西，只要不超过他自己限定的1 000卡路里。最轻松的一步便是不喝樱桃可乐，也不喝别的什么取代樱桃可乐，就是直接减少水分摄入。每天1 000卡路里的节食养生之道的理念就是，结束节食带来的痛苦。他没有耐心，不理会这样的节食方案有什么健康问题。"就我的身高和年龄，"他说，"我觉得自己可以一年摄入100万卡路里，照样保持这个体重。我可以随心所欲地消耗那些卡路里。如果我想在1月吃大量的热软糖圣代，接着这一年就饿着，我也能做到。"

这真是个表面看来完全合理却彻底荒唐的方案。但是，他一直以来既没有体重严重超标，也没有什么重大疾病，所以没有必要就此和他争执（每年股东大会之前他都采取这种节食速成方案。然而，一直脱水节食的做法与前几年的肾结石可能确实没有什么关系）。无论如何，巴菲特都在出现问题之前，振振有词地坚持自己的理论。然而，一个罕见的例外就是他在面对媒体评价的时候。他从来没有与《金融时报》或《纽约时报》有过什么争端，他是这两份报纸的忠实读者。他的麻烦一直是《华尔街日报》。

多年来，他总是让一些乡巴佬了解一个事实：华尔街向来都是一帮好敲诈的人出没的一个非正式场所，因此与《华尔街日报》有所积怨，《华尔街日报》是华尔街带有危险性的正式报纸。他曾经出于友善地组织过一次《华尔街日报》的"编辑部"午餐会，结果适得其反。在编辑部的会议中巴菲特站在台上，向编辑们讲述当今的一些经济问题——他喜欢这样做——但是，这一次报纸居然引用了不得公开的内容。凯瑟琳·格雷厄姆违背了自己的新闻业准则——格雷厄姆的座右铭是不公开的内容就是通过引用也不得刊登——除非确实可以产生正面效应。[14]巴菲特勃然大怒，而且报纸还找借口推卸责任，表示不会因此向他道歉。此外，《华尔街日报》的社论版定期对他进行恶语攻击，因为他主张减轻穷人和中产阶级的税负，增加富人的税负。

然而，他却不能想象一天不读《华尔街日报》的日子，即便在每个星期五，他要开车到奥马哈艾普里机场坐上三个小时的奈特捷航班到旧金山去也不能例外。通常是沙伦·奥斯伯格到机场接他，直接带他来到位于太平洋高地的苏珊的公寓。他不想打搅她的休息，也担心光线穿过苏珊房间没有窗帘的大窗户会弄醒她，所以那段时间他就睡在楼下用来存放东西的房间。苏珊打盹儿或睡觉的时候，他经常去沙伦家看电视里的橄榄球赛，有时候靠在沙伦肩上痛哭，有时候他们去看午夜电影。

沃伦在旧金山的时候，苏珊不见其他客人，只有女儿、护士们和每天照顾她的科尔等人陪在身边。她几乎不见什么人，即使住在同一座公寓的珍妮·利普西·罗森布拉姆和沃伦的妹妹伯蒂也不例外——而且不仅是周末——即使分散一点儿精力都会让苏珊筋疲力尽。珍妮每天写一张卡片，放在苏珊公寓的门口。和许多苏珊一直以来关爱的人一样，伯蒂因为不能见到嫂子而难过。她一直仰慕苏珊为人处世的智慧，最近她的丈夫刚刚过世，她觉得自己也获得了一种同样的智慧。"希尔特是心理学家，"她说，"想都不用想，他就能知道人们大脑中的元信息是什么。希尔特去世后，他指引我以一种从未有过的方式处理事情。突然间，我明白了过去自己一直不明白的事情。"伯蒂认为她现在和苏珊的关系也不同了，是一种平等的关系了，所以她不会再凡事都依赖苏珊。她还认为自己终于开始理解苏珊了。

沃伦每周都要往返于奥马哈和旧金山之间，他也学到了许多自己从来都不了解的东西——药物治疗、放疗、医生和护士所讲的每一个细节以及医院的设备。同样，他的情感也进入到一个新的阶段——可以正视自己和苏珊对疾病的恐惧。在谈到最近发生的一系列事情时，他很有分寸地讲了讲妻子的情况，不让自己的情感外露，和不同的人以不同的方式谈及目前的情况。有时候他会和自己全力支持的阿诺德·施瓦辛格讲一下妻子的情况，阿诺德·施瓦辛格是他最近认识的一位性情相投的朋友，他被提名为共和党候选人，参加加州州长格雷·戴维斯被免职后的罢免竞选。"我妻子6周前在旧金山做了一次手术，我每周都到那里陪她（停顿）。嗯，人们都知道，阿诺德，有时候我们不能辨别谁是谁，什么时候互相依偎，什么时候分离，没有人知道。"

熟人打电话的时候，他开始刻意去谈之前自己总是拼命回避的问题。

哦，嗨，查克，嗯，她恢复得很好，比预期的情况要好许多。她没有一点精神头——她以前从来没有这样。但是相比之下，她的嘴恢复得很好，肿胀也好多了——一切都还可以。人们都吓坏了，现在她不那么疼了。我觉得可能更多的是心理作用——我是说她现在依然没有失去对生活的信心。

年会啊？哦，我正要说呢，现在苏珊的情况，我觉得需要跳过音乐节目——今年5月的年会上她是不能唱了，所以我们期待明年吧。

他还是会时不时地提到苏珊可以再唱歌，尽管事实上苏珊再也没能唱歌。只有在和非常亲近的人，比如和女儿在一起时，他才会偶尔表现出无助的样子。

喂？嗨。我很好。我每晚就睡两小时。嗯，很好。怎么不到这儿来呢，我们换着开车出去玩吧？嗯，好，路上会碰到三流演员搭车的，当然是偶尔。就来这儿……我们一起。明天或什么时间都行。好。可以吧？好。

他每晚睡两小时。

我想事情的时候就睡不着。昨晚我就只睡了两小时，感觉挺好的，不睡觉都没有问题。苏珊又开始犹豫要不要接受放疗。

我们说服她了。我离开旧金山的时候她完全不想接受放疗，但是我又回到那儿后，她就表示可以接受……

苏珊做手术唯一的好处就是30多年来我将第一次不去翡翠湾过圣诞节。我甚至会想我的房子还在不在那儿。

59
冬 天

奥马哈，旧金山　2003年12月—2004年1月

　　苏珊还是不愿意接受放疗，由于对放疗的焦虑不安而开始大量服用安定文。"艾斯利医生告诉我一些安定文的知识，"苏茜说，"告诉我不能再让母亲大量服用，但是一提到放疗她就紧张不安。"

　　沃伦认为不接受放疗就是自暴自弃：如果放疗治愈效果更好，为什么不呢？他告诉她，手术是最痛苦的，而放疗没有那么痛苦。但是放疗科医生对苏珊说，如果有人和你谈到自己的放疗经验，说不是非常痛苦，千万别相信他们。在嘴里进行放疗不同于其他部位。治疗后口腔会彻底被灼伤，什么东西吃起来都像铁块一样。唾液腺可能受损或者彻底被毁坏，而且会失去全部味蕾。疼痛自然是不能免的，苏珊已经经历了巨大的痛苦，她认为自己有权拒绝更大的痛苦。

　　她看到过许多人辞世，看到他们经受了不堪忍受的痛苦。我们都希望可以延续她的生命。她不惧怕死亡，但是莫名其妙地认为接受放疗就完全失去了自我，放疗的结果可能就是在生命的最后经受更大的痛苦。我们就此谈了很长时间，一次又一次地劝她接受放疗，最终还是需要她

自己做出决定。但是另一方面，现在的情况有些让人摸不着头脑。她一直都说："我知道自己的想法不对。"她让两位医生以最好的方式做好最坏的打算，却只是因为他们更愿意那么做。

为了减轻焦虑，每天晚上睡前她都听歌手博诺的歌。博诺在一次奈特捷的活动中认识了沃伦，后来和苏茜成为好朋友。现在苏珊睡觉的时候就听着U2乐队的《神采飞扬》，伴着《我只要你》的歌声入睡。

我们不要承诺
今生今世
我只要你……

在奈特捷的活动中，博诺第一次和沃伦说话，只是问他可不可以和自己聊一刻钟。

我不知道博诺要说什么。他问了我几个问题，不知为什么我们非常投缘。我给他提出一条建议，他非常喜欢，说："真是动人的旋律！""简直难以置信，一刻钟就创造出四首旋律。"……我喜欢音乐，但是U2的音乐确实没有让我着迷。我感兴趣的是博诺在U2的四个成员中间平等分配收入的本领。

赚钱多能让一个人显得魅力十足、风趣幽默而又智慧超群，巴菲特很多时候对此能保持足够的理性。然而，他还是不断感受到惊喜，因为不管什么类型的名人都认识自己。无论他如何努力想冷静对待，当博诺把他当作一位智者时，他都比一般人把他当名人时更感到荣幸。博诺在美国腹地巡演期间来到奥马哈，和巴菲特取得联系，认识了苏茜。苏茜从内心深处还是一个热爱摇滚的女孩子，同样也着迷于这位歌手对她的吹捧和热情。这位全世界最大的摇滚乐队的热心领袖，以一种浪漫而新潮的高贵气质吸引了苏茜和她的母亲，U2的音乐表现出一种对爱与和平的精神向往。他们的使命——"索取越多、感动越少、付出才有回报"——完全与苏茜和苏珊的观点吻合。他邀请苏茜加入他的慈善组织 DATA（非洲的债务、艾滋病和贸易改革）的董事会。他也给苏茜的孩子们留下了深刻的印象。

他和我的外孙们——苏茜的孩子，埃米莉和迈克尔——都非常投缘。他和埃米莉一起聊天，对她产生了巨大的影响。

第二年夏天，博诺安排埃米莉到 DATA 实习。但是，苏珊却一直没有见外孙女的这位摇滚明星老板。她似乎觉得自己已经完成了在这个世界上的个人使命。"我为什么不能余生就躺在床上呢，"她说，"外孙们可以出去打拼，那样很不错。"开玩笑呢吧？苏茜心想。不能这样。"您必须起来！"她告诉母亲，"您不能这样一直躺在床上！您应该接受放疗，一定会好起来的，您还可以继续到各国旅游。"苏珊一脸吃惊地问道："你真的这么想吗？"[1]

后来苏珊终于决定接受放疗，定做了一个特制的面具，放疗科医生用来罩在她的脸上，保证放疗的安全。巴菲特也开始了解妻子进行放射治疗的一些相关细节。

我对放疗科医生的工作非常着迷，医生设计面具，确定攻角大小。她在电脑上给我说明每个角的受力状况，舌头和声带的位置。

苏珊的一些朋友认为她可能是为了照顾别人的情绪才同意接受放疗，完全不是自己的意愿。无论如何，她同意接受 33 次放疗，一周 5 次，周末休息，从 12 月中旬开始治疗。医生们强调连续放疗的重要性，却依然选择在周末不进行治疗，巴菲特对此百思不得其解，他认为这是医生们为了自己方便而选择的做法，非常担心这样的治疗方案会影响妻子的康复。

苏珊第一次放疗一周后，巴菲特飞到布法罗宣布公司将在布法罗附近投资 4 000 万美元成立 GEICO 维修中心，以适应业务快速发展之需，并且与纽约州州长乔治·帕塔基共同召开记者招待会。新成立的维修中心可以为纽约州增加2 000多个工作岗位，部分挽回过去三年中布法罗—尼亚加拉地区减少的17 700个职位。[2]巴菲特是布法罗城卡内基式的人物，布法罗城被称为"智慧而友好之城"。

之后，他返回旧金山过圣诞节，圣诞节在苏珊放疗开始的第二周。20世纪70年代以来，苏珊第一次没有与儿女们和孙子们一起过圣诞节。但是，她还是希望全家人聚在一起，因此其他人都在奥马哈苏茜的家里度过圣诞节，沃伦和苏珊两人在旧金山度过。

作为圣诞节的礼物，沃伦和苏珊送给每个孩子600股伯克希尔—哈撒韦的股票，用来资助他们的基金会——一个惊喜，大家都非常高兴。[3]目前，豪伊把自己的大部分资金用于野生动物保护和环保事业。苏茜资助奥马哈当地的教育和地方事业，彼得资助环保事业、土著人和威斯康星州的地方事业。[4]考虑到将来，知道孩子们有一天可以捐出更多资金，为人父母的他们就决定通过这样一份厚礼来教育孩子们更加热爱慈善事业。在沃伦或苏珊去世后两年之内，会有300亿美元、400亿美元、500亿美元或者更多资金——根据届时伯克希尔—哈撒韦的股票价格确定——流向基金会。随后不久，根据法律要求，基金会需要每年捐出5%。巴菲特不信任永久基金会，将资金委托给未来一代代理事会随心所欲的做法。但是，巴菲特基金会只有寥寥几名员工，每年捐出10亿美元都忙不过来。[5]沃伦就这一问题考虑了很多，他认为为苏珊可以选择的一个办法就是将巴菲特基金会的部分资金转到盖茨基金会。比尔和梅琳达·盖茨基金会自2000年成立以来已经发展为拥有数十亿美元资金的慈善机构。盖茨说全球有42亿人每天的收入不到两美元，占全球人口的极大比例。而他们的生命价值和美国人一样平等，这些人就生活在现在，而不是遥远的将来。

比尔·盖茨是最适合处理基金会工作的人选。他和梅琳达挽救了许多人的生命，他们用钱挽救的生命比别人都多。他们在基金会的工作非常辛苦。他的创意极其出色，他每年要读大量的慈善信息和医疗保健信息。再没有比他俩更出色的基金会管理人员了。

他们完成了惊人的工作，他们考虑问题全面而周到，他们的价值观无可挑剔，他们的逻辑完全合理。

沃伦现在还是认为可以由苏珊来决定这一切。

苏珊掌握所有的钱。她全面负责一切。我的遗嘱将交给她处理，她的遗嘱将交给我处理。

完全没有必要留下复杂的文件说明，不需要那么做。现在，如果她愿意，可以将巴菲特基金会的全部资金都交给孩子们的基金会，她是自由的。苏珊不在乎她持有伯克希尔-哈撒韦的一股股票还是10万股，[6]她可能会全部投入基金会，一股都不卖出。在最初的一两年中，在其他方面做一些提升工作的同时，如果基金会的运作和盖茨基金会相符，那么每年捐出20亿美元，而不是10亿美元，也完全可以。我不必独占基金会，完全愿意让别人做伯克希尔-哈撒韦的所有工作。但是巴菲特基金会可能并不认同这样的做法，这样似乎缺乏创意和想象力，尽管理论上是完全合理的。

现在，移交基金会的做法是人们不愿看到的，他们通常都会反对那样做，但是那并非疯狂偏执的做法。

盖茨已经有了恰当的做法，如果我们把钱交给他，后投入的钱可以和先投入的钱一样得到合理的应用，最后一分钱和第一分钱一样不会被乱花。把钱交给其他基金会的做法不是基金会愿意做的事情，但是模仿正确的做法不是什么错误。

在巴菲特基金会发展的同时，将一部分资金转到盖茨基金会是完全合理的。在当前，完全不合理的是在目前没有第二手计划的情况下，沃伦依然认为可以由苏珊来决定和打理这一切，而不是他自己或者女儿。尽管第二手计划可能已经在酝酿中了。

圣诞期间，苏珊又开始表示不想继续接受放疗。她发话表示要中断治疗。巴菲特又开始苦口婆心地劝她，既然已经开始治疗了，停下来就前功尽弃了。然而，不论苏珊做出怎样的决定，放疗还是中断了两次——圣诞节和新年。沃伦非常愤怒。"他们在周末和假期照常休息，让我觉得不安。她已经接受了8次放疗，好像时间都安排得不太合理。医生们都和我说过，一周最多只能有4天中断治疗。"

苏珊还是没有精力与前来探望的朋友见面。手术后，两个儿子都一直没有见到母亲。只是豪伊和妻子德文、儿子豪伊·B到旧金山住了几天。他只与苏珊"见了一面"。但是，其他人还是不能来看望苏珊。

和其他来探望的朋友见面对她的精力是一种损耗。坦白地讲，有许多人非常渴望前来看望她。对一些人而言，她就是他们的精神支柱，但见到他们只会让苏珊筋疲力尽，因为她会不由自主地担当别人的心理医生、专家或者别的什么。我在那儿的时候她有一种安全感，但是她知道如果开始和其他人见面，他们一定会分散她的精力。我和苏茜在身边的时候她不会有那样的感觉。但是就连我妹妹或她最好的朋友贝拉来看她，她都会不由自主地进入一种习惯角色：她付出，别人得到。

苏茜特意告诉陪在母亲身边的几个人，一定要在母亲面前保持乐观的情绪。有一些事情母亲并不知道，而且不能让她知道。苏茜一直监视着通过传真机进来的信息，不让母亲靠近传真机。苏珊不知道拉里·蒂施因癌症去世，也不知道比尔·鲁安打电话告诉沃伦他已确诊患有肺癌一事。

鲁安在纪念斯隆－凯特琳癌症中心进行化疗，苏珊曾经在那里做复查。一提到鲁安的名字，沃伦就满眼泪花。鲁安和苏珊的病情给他带来极大的压力，前一段时间他就放弃了每天摄入1 000卡路里的节食方案。

两周来，苏珊的体重一直非常稳定。我们坚持记录她的体重变化。我吃巧克力圣代的时候，她也吃一点儿。这样的饮食容易让我发胖，然而却对她有好处。我胖了许多，而她保持稳定的体重。让我放心的是她不会患有厌食症。

新年前夜，南希·芒格准备为查理举办大型生日晚会。巴菲特飞到洛杉矶庆祝。他确实需要放松一下，尽管独自一人参加聚会让他觉得不自在，就像只身一人去参加巴菲特集团的会议一样。

他定做了一个超大型的本杰明·富兰克林纸板像，准备在聚会的小品节目中使用，嘲笑芒格对富兰克林的迷恋。巴菲特只能提前把纸板像托运到加州。尽管他不清楚可否按时到达洛杉矶（事实确实按时到了），还是决定登台表演一番，包括演唱《查理是我的超级朋友》这首歌。

生日庆祝的最后是芒格发言。他首先送给来宾几条人生忠告，重复讲述了最近在各种典礼和其他讲座中面对不同的听众提出的忠告。查理的朋友、亲戚和巴菲特集团的成员都有这些演讲的内容实录，而且这些内容都已收录到《穷查理历书》。[7]芒格最喜欢的一种演讲方式可以借用卡尔·雅各比"反过来，一直反过来"的这句话概括。把一个事情或一个问题完全倒过来看，往回看。换了别人会怎么样？如果我们的计划全部失误会是什么情况？我们不希望去哪里？你怎么到的那里？不是列数成功，而是列数反之会失败的情形——懒惰、妒忌、抱怨、自怜、权力欲、自甘落后的心理状态。避开这些缺点就可以成功。让我知道自己会在哪里死去，那么，我就不去那里。

芒格津津乐道的又一观点就是鄙视所有学科——生物学、物理学、经济学、心理学等——长期形成一种特定的模式，不分青红皂白地进行应用，仿佛戴着眼罩一般。他提倡"多学科模式分析"，避免落入人们常说的"拿锤综合征"——以不变应万变，把所有事情都看作钉子。芒格综合各种模式，将其发展为生活中的得力工具。忠实的崇拜者都非常喜欢他将难解的问题分开处理的风格——逐一解开戈尔迪之结，通常以一种无以言表的方式。崇拜他的人认为他的方法具有启发性；有人甚至认为芒格的才华不为人知是因为巴菲特总是站在台前。然而近年来芒格开始大力宣传自己的观点，他总是提出大量不为人知的事例。现在，他着迷于英格兰的非专业管理系统，认为可以恰当规范道德行为，在生日演讲中他从各方面广泛分析了那套系统。芒格在生日聚会的发言中偏离主题的部分只是对妻子的几句夸赞，夸赞她拥有诸多美德，而后就是向人们讲述成功和幸福的生活模式，提出各种不同的建议。他似乎认为他（和巴菲特）现在只是站在高处而已。他强调他们的成功是因为各自具有独立的人格，而且还说别人——包括他的和巴菲特的孩子们——模仿他们两个都不是明智之举。

站在巴菲特一旁的南希·芒格悄声说："我怎么才能让他停下来啊？"

查理开始收尾。"最后，"他说，"我要说自己就是《天路历程》中年迈的'佩真'，'我的宝刀留给有资格持有之人'。"好家伙，巴菲特集团的一些人心里这么念叨着。

最后南希走到台上，搀扶着查理慢慢离开。

巴菲特参加完查理的生日聚会就会直接回到旧金山陪苏珊，那时候放疗已经进行了12次。放疗安排激发了他保护苏珊的本能。

还有四周半的治疗时间。马丁·路德·金纪念日在1月。那帮放疗科医生——我说的是真的，他们每一个假期都照例休息。但是，无论如何，我还是可以说目前来讲一切都好。医生们说这一周开始她会更加痛苦，但是目前还没有出现这种状态。她喝一种自己称为"机油"的东西，是用来保护嗓子的。

但是，苏珊大部分时间都在床上躺着。"她几乎都不起来，或者睡觉，或者想着要入睡，或者睡醒躺在床上，一天24小时中我有17个小时左右不停地说话。我们约定，无论如何——要坚持每天散步走六七个街区的距离。其余的时间我就一直轻轻地搂着她。"

过去一直习惯于接受别人照顾的巴菲特开始学习照顾别人了。现在不是妻子照顾他，而是他照顾妻子。当然，巴菲特没有完全变成另外一个人，但是在价值体现方面——忠诚、影响力——他似乎以一种自己的方式，学习了苏珊的许多优点。

60
冰可乐

奥马哈，特拉华州韦尔明顿　2004年春

　　放疗结束的时候，苏珊嘴里火烧火燎，连续几天不能进食。医生又开始采用鼻饲管，她的嗓子堵着一块干厚的黏液。大部分时间她都在睡觉，但是每天都和女儿或科尔在萨克拉门托街散步，走几个街区的距离。旧金山的春天悄然而至，苏珊却依然裹着外套，戴着手套、围巾和耳罩保暖。

　　她不喜欢孤独。"我醒着的时候，你就不能坐在旁边的睡椅上翻翻杂志吗？"她和苏茜讲。接着她在纸上潦草地写下"WHT"，这是她父亲姓名的缩写，似乎暗指在孤独时就会焦虑的家族特点。

　　护士、科尔、女儿和约翰·麦凯布轮流照顾苏珊。约翰·麦凯布以前是苏珊的网球教练，搬到旧金山以来一直照顾苏珊，所以能够做到百分之百对她"付出"，而不会让她不由自主地"付出"。然而，其他人还是可能让她不由自主地"付出"，令她筋疲力尽。[1]周末，沃伦在的时候，就和苏珊一起坐在电视间看老片《欢乐一家亲》，有时候他穿着睡衣在房间走来走去，看看报纸。苏珊喜欢让他待在自己身边，他让她感到安全——但是几十年来，她"付出"、他"得到"的习惯不会一时间荡然无存。有时候，苏珊因放疗极度痛苦，就连沃伦都不能接近她。但是，他一直都在努力以一种前所未有的方式关心着全家人的日常生活。为了让女儿从日复一日的照顾母亲的操劳中休息一下，从公寓走出去透透气，沃伦就带女儿到约翰尼·罗基餐厅吃汉堡。其他时间他和沙伦在一起。

他完全了解苏珊放射治疗的细节。"她的味蕾没有完全消失。我和放疗科医生谈了这一点，他们说可能舌头的局部没有因放疗而损伤，因而保全了大量味蕾。"

沃伦·巴菲特向来不愿提及"感冒"一词，总是用"不舒服"来表达生病之意；一提到健康问题就不自然地转移话题，承认自己不懂许多基本的解剖学常识——现在居然开始用"放疗科医生"这样的专业词汇，并为了妻子的健康开始了解一些医学知识了。

但是，在他对苏珊的身体恢复越来越乐观的时候，自己却变得烦躁而空虚。2004年的商业活动开始让他奔走于各地，繁忙中还要每个周末到旧金山看望苏珊。不同于2003年带着荣耀的频繁差旅，这一年似乎是完全不同的一年。而且，就在2004年初，他又失去了长期以来的支柱力量。沙伦·奥斯伯格和他的妹妹伯蒂一起去南极洲了，他们要很久之后才会回来。在南极洲穿越冰河的船上，沙伦只能偶尔发封电子邮件和沃伦保持联系。巴菲特的大部分时间都在起草致股东的信，不时通过邮件和卡罗尔·卢米斯沟通，而且在美国公司做培训，是义务的资深咨询人士，已然是一位商界元老。巴菲特一直坚持这样的观点：贪婪是长期战略，并非权宜之计。人们拥护他是因为人们喜欢他凡事直击要害的作风，相信他所做的正误判断。尽管拥有巨额财富，超越了自己最狂野的梦想，他还是不错过可以赚更多钱、可以更快地赚钱的每一个机会。这让他拥有各种权威力量，也赢得人们的广泛尊敬。他不像许多商人一样让人敬畏，而是让人崇拜。

著名人物都到奥马哈朝拜这位商界元老，或者在各种活动中找到他，要求通过他的影响力得到帮助。体育明星迈克尔·乔丹、勒布罗恩·詹姆斯、小卡尔·里平肯和亚历克斯·罗德里格斯都向他征求意见。比尔·克林顿都利用午餐时间就自己新设立的慈善组织募集资金的问题向沃伦咨询。巴菲特和迈克·布隆伯格也是好朋友，与约翰·麦凯恩关系融洽，与老布什一家和其他共和党人，如克里斯·谢伊思的关系都很好。他支持参议员约翰·克里参加总统竞选，而克里却不是候选人，不同于支持施瓦辛格出任加州州长的竞选——施瓦辛格确实是候选人，巴菲特发现自己在支持一位没有吸引力的受人尊敬的参议员。

克里平淡无奇的竞选活动表明，巴菲特在2004年的工作完全没有局限于商业活动。许多首席执行官，如通用电气的杰弗里·伊梅尔特、富士施乐的安妮·马尔卡希和J. P. 摩根的杰米·戴蒙都来到奥马哈向巴菲特请教。[2]网络搜索公司谷歌同年夏天上市，两位合伙人谢尔盖·布林和拉里·佩奇也亲自拜访，他们非常佩服他为股东写信的做法。去年秋天，玛莎·斯图尔特因涉嫌欺骗政府、内线交易被起诉——但没有遭到指控，之后她和公司的首席执行官沙伦·帕特里克一起到奥马哈拜访巴菲特。巴菲特请斯图尔特和帕特里克一起吃了午餐，但是没能解决斯图尔特面临的法律问题。

白领诈骗案的起诉条件快速完善，部分原因是白领诈骗案越来越多。纽约总检察长埃利奥特·斯皮策一直无情地治理商业腐败和华尔街存在的腐败现象，现在他带领美国证券交易委员会和司法部开展两人三足赛跑，看看哪一方的起诉更加狂热激情。其他人都拼命地与斯皮策的步调保持一致；他们的控告最后都整合为一个综合案件受理。事实证明，斯皮策的超级创新能力表现在应用互联网新型电子工具——尤其是电子邮件、将媒体作为超级武器和掌握神秘的纽约法令方面，通过《马丁法案》，他得到了无限的权力，只按照他个人的（其实并不存在的）观点进行起诉判决。

斯皮策利用这些工具迫使两位著名的首席执行官辞职——巴菲特的商业合作伙伴汉克·格林伯格（AIG的前任首席执行官）和他的儿子杰弗里·格林伯格（马什麦克里安保险公司的前任首席执行官）。美国公司笼罩在一片恐惧之中。斯皮策非常成功地操纵着媒体，当时流行的一个讽刺笑话就是他为政府节省了大笔起诉和审判费用。过去十分尊敬白领犯人的审判团现在像对待其他犯人一样天天送他们进监狱；在新的强制判刑程序出台后，法官开始对他们进行严肃判决。一些蓄意的破坏确实应该严肃处理。贪婪、傲慢、缺乏执行力这些行为过去从未被列入法律制裁的范围。就在股票期权和互联网泡沫以极快的速度充实高级经理人的钱包之时，人们提出了强烈的反抗。和其他美国公司的人一样，巴菲特还没有完全适应这种新环境；他的观念还是原始的：按照前美国证券交易委员会执法主管斯坦利·斯波金和美国律师办公室的奥托·奥伯迈克的谨慎检举标准来定义的；在所罗门公司的案例中，保罗·莫泽尔只在监狱度过了4个月，因古特弗罗因德没有及时汇报他的罪状，结果险些导致整个金融体系的下滑。伯克希尔-哈撒韦自身发生的一系列问题最终让他改变了观点。

巴菲特总是亲自到机场迎接前来拜访的客人，直接到他的办公室，一路上会让客人坐立不安（如果他们根本没有引起他的注意）。他会花几个小时听客人讲述自己的问题，提出一些建议，接着请他们在Gorat's牛排店吃牛排和土豆饼。他告诉人们在年度报告中要言辞直率，付给员工的薪资要和股东的分红看齐，不要根据华尔街分析师的建议经营公司，处理问题要及时，不要有财务欺诈的行为，选择优秀的员工退休金计划规划人员。有时候人们会问如何管理他们自己的资金，他就提出一些基本观点，但从不涉及股票投资方面的技巧。

对那些坚持认为审查首席执行官的生活毫无意义的人，巴菲特就以一种作为首席执行官可以理解的方式讲述"98层"的道理。站在高处必须客观地审视别人。那么，如果他们不慎职位降低或者损失钱财该怎么办呢？他们还有亲人，还有健康的身体，还有机会为人类做一些有意义的事情，所以应该努力珍惜自己拥有的幸福，而不是从此带着诅咒生活。

很显然，如果我们从一座大厦的一层走到100层，再返回到98层，此时看到风景就没有开始的时候从一层走到二层可以看到更多风景那样让人高兴。但是我们也必须摆脱那种想法，毕竟还是在高高的98层。

很多时候他认为自己在高高的100层。然而，2004年春显然是退回到98层的一段时光。苏珊接受放疗的那段日子让他在等待中失去耐心，春天结束的时候她终于可以进行核磁共振检查，确认放疗是否杀死了所有的癌细胞。生意也存在诸多问题：巴菲特认为在给公司带来更多活力方面，进行新一轮并购以及股票投资方面，他已经"黔驴技穷"。伯克希尔-哈撒韦当时有大约400亿美元现金或约当现金，这不是"乐观的情形"。[3]

伯克希尔-哈撒韦旗下的大多数公司都运作良好——就连一直问题频出的通用再保险公司也彻底扭转败局，从2003年开始赢利。但是GEICO又卷入了一场艰难的价格战，与头号对手进取公司争抢客户。GEICO在1999年推出一段广告，塑造了颇受欢迎的新形象：GEICO壁虎。但是GEICO的网页设计落后于进取公司，在进取公司的网站上，客户可以边比较边购买。10年来巴菲特一直在考虑互联网和汽车保险的事情；他在华盛顿GEICO总部参加会议的时候，一次又一次地提到这样一句话："制胜的关键是互联网。"他迫不及待地期待互联网发展的高潮。伯克希尔董事会新增加了一位成员，前微软公司高管夏洛特·盖曼，她是董事会的第一位女性，她的加入使董事会的平均年龄实现了年轻化。然而，巴菲特说他不是为了平衡年龄结构而选择董事会成员。他希望董事会成员"有主人翁精神、有商业头脑、关心公司发展而又真正具有独立精神"。[4]目前，巴菲特派沙伦·奥斯伯格和盖曼一起到华盛顿，帮助GEICO公司加速网站改良。"我对GEICO有信心。"他说，同时不忘强调：制胜的关键是互联网——最近习惯使用的口头禅。

巴菲特对GEICO投入的精力最多，仅仅是因为热爱GEICO。他非常赞赏托尼·奈斯利和联合首席执行官卢·辛普森，在致股东的信中第一次夸耀他们的投资纪录。过去25年中，辛普森实现了年复利回报率20.3%的水平，每年都高于市场平均水平6.8个百分点。他选择购买的股票不同于巴菲特，但方法是相同的，他的投资业绩几乎与巴菲特本人的业绩相当。显然正因如此，巴菲特才授予他更多自主权、支付丰厚的薪水。辛普森完全有资格成为"格雷厄姆—多德都市的超级投资者"。然而，竞争越来越激烈，我们必须承认超级投资者的工作也越来越难做。

尽管如此，寻找新的投资完全不及伯克希尔寻找新人的工作辛苦。可口可乐又一次陷入梦魇。戈伊苏埃塔去世后，可口可乐公司的业绩逐季逐月不断下滑。会计操纵如影随形一般出现在可口可乐的收入报表中，股价已经从80美元下跌到50美元。按比例来讲，可口可乐目前在60层上下徘徊。

道格·达夫特反复无常、诡计多端的特点尽人皆知，他上任后一些资深的管理人员选择了辞职离开。[5]他不断模仿笨拙的广告，为4款主要的可乐产品精心设计所谓的推广妙计，结果却收效平平。[6]2000年，可口可乐并购桂格燕麦未果，而百事可乐并购佳得乐取得巨大成功。后来，有内部人士举报可口可乐为了吸引长期客户汉堡王，对一种名为冰可乐的饮料的营销测试结果进行了舞弊操纵。举报人还透露可口可乐财务欺诈，美国证券交易委员会、联邦调查局和美国律师办公室纷纷开始调查。公司的股价下跌到43美元。巴菲特对这些问题背后隐藏的"控制收入"的做法忍无可忍，华尔街的分析师对某家公司收入的预测诱使经理人为了"实现数字目标"而进行暗中操纵，以此达到或超过"舆论"期望、取悦投资者。大多数公司都努力达到甚或超越华尔街的预期，不会单纯地如实报告收入状况，就连每股一分钱的下跌都仿佛会使这些公司出问题，继而就是股票价格急转直下。因此，公司管理者声称他们"必须"控制收入，尽管他们知道这种做法是错误的，就像自己往火坑里跳那样。但是"控制收入"其实是一种庞氏骗局，长期下去，欺诈的雪球越滚越大，结果就会酿成盗窃罪。

考虑到控制收入给人们带来的不良影响，我就恨之入骨。控制收入的做法其实就是小不改酿大错。就像从收银机里偷走5美元，对自己说我一定会还回去的。但你肯定不会还回去，而且下一次就会偷10美元。一旦开始这么做，就会吸引更多人，形成一个熟悉此道的团伙，人们偷窃的手段越来越高明，越来越娴熟，越偷越多。在控制收入的做法暴露后，我就开始讲这样的道理，我告诉人们："现在就除去我们心头的不快吧，不必配合分析师做什么预言。我们就坦率报告每年的收入，管它是多是少。"[7]

巴菲特希望退出。在人们问及最严重的错误选择之时，他不再列数自己的"疏忽罪"，而是说"参与董事会的工作"。他厌倦了这种束缚手脚的生活。可口可乐改变了公司政策，以前要求董事会成员在74岁退出，现在都不要求到那个年纪的董事会成员递交辞呈。离开可口可乐公司的董事会，意味着一生热衷于董事会工作的他光荣卸任了。但是所罗门公司的救星此刻对一家陷于困境的公司故意怠慢犹如在股市中亮出利刃。"我不愿意继续留在董事会了，只是不忍扔下其他几个董事会的同事"处理可口可乐的棘手问题，巴菲特说。当然他递交的辞呈还是被拒绝了。外界将此看作朋党成员为了继续安逸的日子而进行的一场权力较量。巴菲特不知道还有多少痛苦在等待着他。

股东签署的委托书将巴菲特的名字列入候选董事名单后，机构股东服务公司就告诉客户不要投票选举巴菲特。机构股东服务公司是一个强有力的机构，代表机构投资者决定股东投票、进行投票代理工作。机构股东服务公司声称巴菲特作为审计委员会成员所拥有的自主权可能会受到这样的一个事实影响——那就是Dairy Queen和麦莱恩公司等伯克希尔-哈撒韦旗下的公司购买的可口可乐产品达1.02亿美元。一旦利益冲突的丑闻动摇了各类机构（包括从教堂到军队、政府、商业领域和非营利组织）的信心，利益冲突方面的控告和管理方面的问题就会升级。可口可乐董事会的朋党成员就会受到其他方面的攻击，但是机构股东服务公司在处理利益冲突方面缺乏轻重缓急之分。而且当时处理业务也没有轻重缓急之分（公平地讲，业内许多人士都拿着高于自己能力的工资）——无论如何都是失衡。伯克希尔-哈撒韦购买的可口可乐产品相对于公司拥有的可口可乐股票来讲只是小巫见大巫。伯克希尔-哈撒韦

拥有的可口可乐股票数额巨大，作为可口可乐审计委员会成员和董事会成员，他如何进行折中呢？ [8]

然而，机构股东服务公司的规则建立在许多条款基础之上，不会根据实际情况进行回旋。强大的加利福尼亚州公共雇员养老基金CalPERS，也决定不支持一半数量的可口可乐董事会成员，其中包括巴菲特，因为巴菲特任职的审计委员会同意审计做一些非审计工作。[9] CalPERS在审计委员会占有重要位置，这么做就是高射炮打蚊子。

巴菲特当众讲了自己高射炮打蚊子的笑话，说他买通CalPERS和机构股东服务公司集体投票反对他，希望借此退出可口可乐的董事会。但实际上他这么说简直就是疯了，特别是对机构股东服务公司。他明显表示伯克希尔-哈撒韦拥有的几十亿美元可口可乐股票完全胜过伯克希尔-哈撒韦购买的可口可乐产品。

如果我是街上的醉汉，他们提及的这些数目确实巨大，但是我拥有可口可乐8%的股份，我们有更多钱投在可口可乐。我怎么可能在持有这么多可口可乐股票的时候不支持可口可乐而支持Dairy Queen呢？

赫伯特·艾伦在《华尔街日报》发表了一段感人的文字，引用了萨勒姆女巫受审案中的话，说当时的情况就是"愚笨的人们指控富有智慧和天赋的人们，说他们就是施魔法的女巫，并处死他们……现在机构股东服务公司的妖怪也那么讲，没有人知道沃伦才是真正的'女巫'"。[10]

在问及董事会成员的时候，他们一致认为巴菲特是他们理想的董事。"我们愿意给巴菲特洗车，只要他留在董事会……世界上没有人不愿意让他留在董事会……CalPERS管理者的行动表明他们在治理公司方面的极端愚笨……就像NFL（国家橄榄球联盟）的教练非要选择乙级队员中不知名的四分卫，而放弃选择超级杯队员中的四分卫那样……如果作为股东你面临着选择沃伦·巴菲特是否留在董事会，你一定希望他留下来。"[11]《金融时报》将机构股东服务公司比作治理公司的达斯·维德①，举例说明机构股东服务公司采用"限定的教条"。[12]CalPERS和机构股东服务公司溅了自己一身污水，狼狈不堪。"一帮丑恶而喜欢自我推销的平民主义者，"一位退休的首席执行官在调查中这样说，"你们怎么会认为自己可以投票反对他参加董事会呢？怎么会认为那样做是讨好股东的做法呢？多么荒唐！"[13]

为了改革审计委员会而将巴菲特逐出董事会的做法犹如病人避医一般。可口可乐董事会需要的是更多的巴菲特，而不是相反。机构股东服务公司的人做出的反应居然是他们没有让人们投票反对巴菲特，而是"不同意"投票支持他，只是因为他在审计委员会任职。[14]但是，不管怎么变换说法，不管可以摆出什么理由，不同意投票就是不投票支持巴菲特。即便机构股东服务公司浑身是嘴，也无法再让人信服。

重要的问题是机构股东服务公司不仅仅是提出建议，因为许多投资者委托其进行投票，所以机构股东服务公司更像一个权力非凡的股东，控制着美国各大公司董事会20%的投票权。证券法都没有预料到不受管制的权威"股东"可以在美国公司中拥有如此强大的权力。然而事实确实如此。

巴菲特对公司董事会的职责有着明确的认识，源自他在董事会的任职经验，以利益一致为基础。

我认为公司的主人就要有主人的姿态，而且应该保持独立。这样就可以保证三局两胜。只是人们对于独立的认识或董事会的实际运作没有一点儿概念。列表法是完全不切实际的做法。如果我们在失业名单中随便找一个人，付给他125 000美元让他出任可口可乐的董事，那么这个人一定是"独立的"。而且CalPERS和机构股东服务公司也愿意投票支持他，尽管他的收入完全来自可口可乐。

研究表明董事会的独立性和公司的业绩要么没有关系，要么就是负

---

① 达斯·维德，电影《星球大战》中的天行者阿纳金，带有悲剧与矛盾色彩的人物，他的两次改变决定了光明与黑暗两股势力的消长。——编者注

相关。[15]但是可口可乐董事会要归罪于机构股东服务公司,既没有证据,也没有道理。"朋党董事"的指控不是没有道理。尽管内部分成几个党派,但是有的混乱,有的有条理;巴菲特承认他本来应该接手更多的工作,努力扭转可口可乐的局面。其实,如果可口可乐一直由他管理,每天只要多开支6听樱桃可乐就可能避免一系列灾难。

而现在,一群重量级的人物——还有一些超级名人,都习惯了自己身为管理者的角色——完全不能坐待一位软弱的首席执行官牵着鼻子到处走,他们组成了自己的中心。达夫特接任以来增加了公司的利润、销售和现金流量,还扭转了公司与饮料行业的不良关系,但这一切都不足以完全改变他在公司的形象。2月,达夫特突然向董事会宣布辞职。

达夫特一直都不受人欢迎,但是他的辞职还是导致可口可乐公司当时已经受损的公众形象进一步恶化。这一次不能再草率安排下一位首席执行官了。一些董事会成员将此看作扭转公司局面的最后机会。与达夫特宣布辞职一样引起争论的就是77岁的唐纳德·基奥居然加入了董事会。基奥曾一度被人们当作"影子"首席执行官,现在居然出任猎新委员会主席。为了找到一位可口可乐的领导者,他和巴菲特长时间进行电话沟通。

原本打算利用8年时间寻找第四任首席执行官的计划突然之间成为迫在眉睫的现实问题。可口可乐总裁史蒂夫·海尔一直被认为是十拿九稳的新任首席执行官,但是董事会成员并不支持他,在提出从公司以外选择新任首席执行官后,他出任的可能性就完全没有了。新任首席执行官的挑选工作一遇挫就引起媒体幸灾乐祸的报道。侮辱性的谣言此起彼伏。或许可口可乐会并购另一家公司,或许会转嫁到雀巢旗下。

4月20日,可口可乐股东大会的前一天晚上,巴菲特飞到特拉华州威尔明顿参加董事会议,为接下来为期两天的紧张工作做一些准备。他并不期待看到董事选举的结果,显然他得到支持选票的可能性并不大。

在古老的杜邦大饭店举办的会议落幕后,巴菲特参加了审计委员会的会议,审计委员会依然在接受美国证券交易委员会开展的收入控制调查,一边接受调查,一边自我悔过。[16]

如果第一次发现问题没有澄清,接下来就会进退维谷。在放弃一份工作的时候也是如此。我目睹了事情发生的过程。罗伯托是一位优秀的员工,他带领公司做出了卓越的成绩,公司的其他员工也都是体面之人,一点儿都不假。

审计委员会表示这一切一直瞒着他们。巴菲特尽管可以在可口可乐董事会继任一年,但是一样没有什么切实的解决方案,除非可以彻底肃清混乱局面,从此坚决杜绝。他分别和财务委员会、执行委员会的同事碰面,发现董事会存在各种棘手的问题,艰难地熬过了那一晚。

第二天早晨,他一边整理衣服,准备前往董事会,一边考虑这几天的各种会议。运输工人可能早已聚集在酒店前面的路上,蓝色的拖车上挤满学生,他们手里挥着各种标语,"可口可乐扼杀生命、破坏生活、摧毁社区""杀手可乐、毒药可乐、种族歧视的可口可乐"。但是,透过窗户他没能看到运输工人是否带来了12英尺高的充气老鼠。可口可乐的股东大会演变成一次在激进分子中树立品牌形象的宣传活动。

接着酒店客房的电话响了。他拿起话筒,电话那边居然是他完全不曾想到的人——杰西·杰克逊。杰克逊只是说自己希望表达他对巴菲特的崇拜。他们谈了一两分钟就挂了电话,没有谈什么实质内容。真奇怪,巴菲特心想。其实,这是可口可乐股东大会压倒所有股东大会的第一征兆。

楼下,大堂聚集的抗议人群的人数超过了股东。制瓶工人组成的工会在到处散发保险杠贴纸,抗议公司从墨西哥采购瓶子。[17]抗议人群散发传单,指责可口可乐勾结哥伦比亚的准军事集团刺杀劳工领袖。大学生在校园里抵制可口可乐。巴菲特大步穿过大堂来到舞厅门口,经过身份确认,和其他董事一道走进舞厅,在前排就座。其他参会人员一一领取资料,接受安检,他们把手机、照相机、摄像机都按要求放在一边,所有的行李都经过金属探测器检查。在装修豪华并配有水晶吊灯的大厅接受安检让人觉得这儿就像前殖民时代的前哨基地经历了太多独裁统治,政府大楼严肃而拥挤。人们此行似乎来到了一个沉寂而危险的地方。可口可乐在大堂周围摆放着几类小册子，宣传公司的社区项目；在舞厅入口处摆放着供人们免费拿取的冰镇可乐和Dasani瓶装水。大家肩并肩、挺直腰背纷纷就座，股东们准备经历这次长达两小时的、现代年会式的卡夫卡小说之旅。

道格·达夫特在台上做了简单的开场白，讲台位于两张长方形的、铺着白色桌布的桌子中间，那两张桌子后面坐着公司的各位经理。他问大家是否需要就董事选举一事进行讨论。此时雷·罗杰斯站起来，冲着在过道工作的临时工作人员大喊，要求把麦克风递给他，巴菲特和在座的各位都转身盯着这位激动的总裁。雷·罗杰斯是形象广告公司的总裁，公司主要由从事工会工作、倡导就业的人员组成。罗杰斯大声说他不支持投票，"除非董事会纠正目前存在的大量严重错误"。他说，可口可乐"普遍存在践踏人权、道德败坏、腐败堕落、阴谋勾结，包括谋杀和虐待的情况"。达夫特是个撒谎精，他声嘶力竭地喊叫，公司的领导层"无节制地贪婪"，通过"大量破坏社区"赚钱，最终要成为美国社会"遭人唾弃的贱民"。在达夫特站出来以"代课教师"[①]的身份控制会议的时候，罗杰斯继续大喊，匆匆翻阅着厚厚的一沓纸。达夫特告诉他发言时间到了，要他终止演讲，但他还是继续不停地说着。最后6位保安一起上阵才把他制止住，带到台下。大家无比惊讶，达夫特在一旁无助地站着，竭力恢复秩序，请求保安"小心，小心，轻一点啊"。后来他在一位同事耳边小声说："我们不应该那么做。"[18]

在强行带走罗杰斯后，会场陷入极度安静之中。薇姬·伯坎普修女接着发言。她的演讲内容非常简短，涉及艾滋病问题，要求可口可乐公司的管理层告知股东，艾滋病在全国流行对可口可乐业务产生的影响。艾滋病与可口可乐公司的业务没有什么关系，所以管理层同意支持她的

[①] 达夫特此时已提出辞去首席执行官一职，故此处戏称为"代课教师"。——译者注

提议。而后，股东们提出管理方面需要进行大量调整，建议投票确定下一届董事会成员。

最后，董事选举结果公布。这是让巴菲特忐忑不安的时刻。"其他被提名的董事都得到96%的支持票，"首席法律顾问说，"而巴菲特先生只得到84%的支持票。"[19]

在公开选举中成为可口可乐董事会最不受欢迎的董事是一种耻辱。此前还没有哪个股东大会拒绝过他。虽然CalPERS和机构股东服务公司有16%的投票反对他，而机构投资者通过多数投票压倒CalPERS和机构股东服务公司来拥护他，但这也不是什么胜利。巴菲特从来没有像现在这样后悔自己参加了董事会的工作。然而，几乎没有时间让他考虑这些不快，达夫特拿起麦克风宣布股东提问开始，牧师杰西·杰克逊很快站起来发言。

"达夫特先生，各位董事"，他开始滔滔不绝，"虽然说开始的时候……有许多人不同意第一个人做出评论……他被强制离开……但这也是对公司尊严……的一种……损害。这是……反应过度……是……滥用权力……我……希望知道"，杰克逊委婉地问，首席执行官"候选名单中是否有黑人……列入"。而此时，大学生在校园里抵制可口可乐、指控公司在哥伦比亚杀害工会领袖的运动似乎也沉寂了。达夫特迫不及待地想要结束这次可口可乐公司历史上最糟糕的股东大会，董事会发誓股东大会再也不能出现像这次一样的首席执行官无法控制局面的情形。

股东大会狼狈结束后，寻找新任首席执行官的工作迫在眉睫。内部候选人史蒂夫·海尔在上一次董事会议中被取消接任资格，现在他开始阻止公司在喜达屋酒店取得其他商业利益，而且要求一笔无中生有的巨额解雇费，这一切再度让可口可乐窘迫难堪。最后，董事会推举他们一直考虑的另一位候选人——60岁的内维尔·伊斯戴尔，几年前艾华士把他晾在一边后他选择了退休。伊斯戴尔是在南非长大的一位身材高大、魅力十足的爱尔兰人，在董事会非常受人欢迎。然而，目前为止，可口可乐还是没有什么让人欣慰的成就。"又选择了年纪大的人任职，"人们这样反应,"他们又聘请了一位达夫特。"[20] 人们认为伊斯戴尔就是董事会下一个要驱逐出局的人物,董事会因嫌恶欺诈、反复无常而臭名昭著。

然而,董事会依然是谨慎从事的董事会,仿佛还是戈伊苏埃塔在位的时代。就是戈伊苏埃塔的早逝引起了董事会局面的混乱,而董事会成员大多数还是戈伊苏埃塔领导时期已经就任的成员,现在董事会成员分裂为两派。经过6年过渡,几位董事掌控了公司的发展大权。同时,公司错过了消费趋势,做出了一些错误的战略性决策。要加速发展、解决公司存在的问题,可口可乐需要一位果断而强硬的首席执行官,可以理顺内部纠纷,在缺乏强有力的领导统一管理公司的时候可以压服员工。伊斯戴尔可以在董事会任职多久取决于他是否可以成为强有力的领导以及他的领导力是否强大。[21]

巴菲特发言讲述了控制收入方面的问题。基奥开始帮助伊斯戴尔,就像帮助每一位新上任的首席执行官一样。伊斯戴尔诚恳地接受帮助,但事实证明,他完全不需要那么多帮助。

61
七度火苗

纽约，太阳谷，科迪　2004年3月—2004年7月

巴菲特在旧金山度过了26个周末。他和苏珊一起看了近100集的《欢乐一家亲》。全家人对苏珊呵护备至，她依然没有精力见前来探望的朋友。

苏珊开始吃一点儿新鲜食物。一位承办宴席的厨师朋友汤姆·纽曼想尽各种办法让她吃一点儿比较健康的食物，不再只吃冰激凌和巧克力麦芽，而是吃一些胡萝卜泥、菠菜奶油沙司、土豆泥、鸡蛋沙拉和"其他可以保证合理营养的食物"。[1]

3月，她接受了手术后的第一次核磁共振检查。巴菲特清楚这次检查意味着什么。苏珊已经说她不用再做手术了。

"她不用再到医院去，不用再去。我认为这应该是好兆头，但是……"核磁共振检查结果显示没有阴影。巴菲特异常高兴，他说苏珊的医生告诉他，检查结果说明她复发的概率和从来没有患过癌症的人一样。然而，是苏珊让医生这么对他讲的，因为她认为这才是他需要的结果，而施米特医生对苏珊讲的实际情况是可能在一年内不复发，之后就不太好说了。[2]

就像小时候的那次生病一样,这次一连数月的生病休养给苏珊带来的影响可想而知。尽管身体依然虚弱,但她却迫不及待地想要重新开始自己以往忙碌的生活。"我要去看孩子们,"她说,"我要去看所有的朋友,做我想做的所有事情,直到施米特医生对我说得收敛一下了。"[3]

她想做的第一件事情就是去拉古纳海滩的住所,叫孙子和外孙们都到那里和她一起生活一段时间。为了沃伦,她愿意参加伯克希尔的股东大会。她还希望可以有精力参加彼得在奥马哈举办的多媒体音乐大展《魂——七度火苗》的首次公演,时间在7月。[①] 她列出了许多许多自己想做的事。

苏珊的头发近几年一直是淡色的,现在留着短发;脸庞还是很年轻的样子,只是略显消瘦。她说话的时候有点儿轻微的咬舌,但不会让人一下就联想到曾经发生的一切,也看不出她精力不济的样子。

巴菲特最关心的就是她能否参加5月举办的股东大会。股东大会对他来说就是显示自己受欢迎程度的时候,通过自愿飞到奥马哈参加这次盛会的人数多寡可以对此做出判断。她不是观众,而是不可或缺的角色。如果她不能参加,就好像他的女主角没有上台一样。

巴菲特夫妇合理地安排了股东大会的周末活动,阿斯特丽德(在她看来股东大会和前后的一切准备收尾工作都非常烦人,乐得推辞)只是陪沃伦参加一些幕后社交活动,就像平常一样,而苏珊以"妻子"的身份参加"正式"的公共社交活动。股东大会上她的座位在董事区,星期日下午在波仙珠宝店的大厅里,她和阿尔·奥霍乐一起登台演唱。随着时间的推移,忠实的戴茜·梅尔带领的助演阵容越来越大,巴菲特同样非常希望他们可以参加股东大会。整个周末都可以不时听到卡罗尔·卢米斯来来去去叮叮当当的声音——她的手镯上配着27件纯金和珐琅饰物,她手里拿着伯克希尔–哈撒韦年度报告的复件上上下下地奔忙——每

---

① 彼得是电影《魂——七度火苗》的原创音乐作者。——译者注

年都是她来校订巴菲特致股东的信。沙伦·奥斯伯格也在其中忙碌,负责登记愿意在星期日下午参加桥牌锦标赛的股东名单,地点在波仙珠宝店的大厅外面巨大的白色帐篷里。巴菲特还没有确定新近加入公司的戴茜·梅尔和德文·斯珀吉翁的具体工作。斯珀吉翁,之前是负责报道伯克希尔-哈撒韦的《华尔街日报》记者,秋天就要开始在法学院学习了。巴菲特把她当作一位新朋友,这是极其幸运的,巴菲特现在好几年才增加一位新朋友。他还建议她在股东大会期间举办婚礼,他愿意在婚礼上带着她走过长长的过道,把她交到新郎手上。"想想你可以得到多少波仙珠宝店的礼物啊。"他说。如此真诚的建议让斯珀吉翁非常感动,但是她细心地想到媒体会把她的婚礼描述为伯克希尔式的婚礼,于是还是和未婚夫凯文·赫利科尔决定在意大利举办婚礼。巴菲特安排她在预留区域和经理们坐在一起,奥斯伯格和卢米斯其实就是巴菲特家族的成员,他们坐在家人和董事预留区域。[4]

其他人要想不坐在角落处就必须积极争抢座位。今年,许多人都要求取得参会资格,估计将有近2万人参加。

eBay网站出现了"黄牛",4人参加的参会证件卖到250美元。巴菲特有些吃惊,有谁听说过倒卖股东大会入场券的? eBay这样描述:"可能亲眼见到沃伦·巴菲特,也可能在大会上向他提出一个问题……中标人还可以得到一份客人指南。持有通行证还可以享受内布拉斯加家具城和波仙珠宝店的员工优惠价……参加烧烤聚会……波仙珠宝店的鸡尾酒会……一睹在巴菲特最喜欢的牛排馆进行的股东聚会……看到伯克希尔旗下的许多公司的各类展品。"

尽管巴菲特觉得"黄牛"的做法没有什么大不了,但是这位老霍华德·巴菲特的儿子还是希望这样的倒卖活动不再继续上演。他不能容忍人们为了参加股东大会而任"黄牛"诈骗。这位仅仅在一两年前还(摆出充分理由)声称自己对技术一无所知的先生,开设了自己的eBay网上零售店,开始叫卖5美元两人的参会证件。人们争先恐后地发来电子邮件。要么问这些证件是"真的"吗,要么问这些证件是不是外观不同,标记说明持有人不是"真正的股东"?这样的问题说明,如果有明显的标签指明他们不是"俱乐部"成员会让人难堪。

但是,答案是否定的,只要持有证件就是真的。这样一来,伯克希尔-哈撒韦——过去只是富有的合伙人、巴菲特眼里的朋友们组成的会员俱乐部——突然之间演变为一个粉丝俱乐部,欢迎所有人加入。

奥马哈城新落成的奎斯特中心就像一座巨大的银色马戏场,矗立在密苏里河畔。正面犹如一块巨大的镜子,辉映着陈旧的市政会堂,过去4年中股东大会就在那里举行。凯莉·马奇莫尔在股东大会的前几天就带着无线电话到处忙碌,指挥叉式升降机根据设计要求在各处停放,叉式升降机满载着大包大包的干草、一箱一箱的鲜花、路灯柱和重达几吨的植被,这些材料都是用来装饰花园和展厅座位区的。建筑工人忙着搭建一排排摊位,摊位将展示帐篷、空气压缩机、各类刀具、百科全书、真空吸尘器和相框。工人们在家具展厅、厨房用品店、牛仔靴展厅、书虫书店、蜡烛商店、保险销售柜台和女装专卖区之间蜿蜒的街道和小路上竖起"伯克村"的标牌。奎斯特中心楼上,舞台工作人员已经摆好了铺着白色桌布的桌子,安放好麦克风,背景是巨大的屏幕,巴菲特和芒格将坐在那儿,负责灯光的人员打出表示节目马上开始的交叉灯光进行信号板测试。后台特意配备了"明星"专用化妆间,是让苏珊在那里休息的。一辆装甲车载着价值25万美元、镶着珠宝的牛仔靴直奔贾斯汀展厅。电影放映机、银幕、大型靠垫都摆放在卡斯巴聚会大厅,大会期间几百名伯克希尔-哈撒韦的员工自愿在那里超负荷地工作,会后他们个个都精疲力竭。

巴菲特像个十几岁的小伙子一般精力旺盛,在办公室忙得团团转。包括大学生在内的来宾都纷纷前来见他。一周来他的声音越来越嘶哑,来宾也越来越多。人们都不停地劝他保护好自己的嗓子,后面还有发言呢,但是他还是无所顾忌地该怎么说就怎么说。得克萨斯州要求增加1 000个参会名额,加州2 000个、美国以外1.5万个。77人从澳大利亚包机飞来。

到星期五，巴菲特的声音就像得了重感冒没有恢复那样，但他依然不愿停止讲话。巴菲特从来就没有停止讲话，一生都没有。从他还是一个小男孩、早熟的个性让父母的朋友们都非常吃惊之时；从他给高中老师提出股票方面的建议之时；从在男生聚会中，大家都聚在一起听他发言之时；从他和本杰明·格雷厄姆在哥伦比亚大学的会议桌上双剑合璧之时；从他决定卖出GEICO之时；从他在夜校第一次拿起粉笔教授投资之时；从他在奥马哈的鸡尾酒会和纽约的餐会中成为焦点之时；从第一次接触合作伙伴到最后一次；从他参加西伯里·斯坦顿家在破阁楼举办的最初的伯克希尔股东大会、回答康拉德·塔夫提出的问题到最近回答登门拜访的学生们的问题——只要巴菲特能教给别人一点什么，他就从来不会停止讲话。

星期五晚上彩排的时候，他面对为数不多的几个人进行了一番演讲，随后参加了查理·芒格举办的私人晚餐聚会。[5]第二天黎明时分，餐饮工作人员送来了记者们和后台工作人员的早餐，还有供应商的蜜蜂咖啡。人们有的穿着运动服，有的穿着有领T恤，有的穿着短裤、戴着泡沫塑料帽子。大家早早地排起了长队，就像感恩节翌日清晨梅西百货公司门前排着的长队一般。早上7点，奎斯特中心准时开门，大家纷纷跑去抢占最好的座位。8点半，座无虚席。灯光变暗后，会场立刻安静下来。没有人互相耳语，没有人慌忙赶到。观众专心地等待着。音乐响起，短片开始。

今年股东大会开场短片的录制在春天的时候让巴菲特费尽心机，那时候他周末又要到旧金山，又要通过电话长时间讨论可口可乐公司的问题。短片第一次采用了好莱坞的真实剧本、第一次动用专业演播室摄影技术，而且令巴菲特激动不已的就是第一次选择替身演员。一个与他极其相像的人！他在办公室里一次又一次地重复播放短片，想象着观众会有怎样的反应。

银幕上出现了新上任的加州州长的面孔。在一间健身房里，阿诺德·施瓦辛格穿着军官服装，坐在一张精致的桌子后面。短片模仿了《军官与绅士》中的一段诙谐剧情，阿诺德扮演小卢·戈塞特，对巴菲特的替身吹胡子瞪眼,惩罚他做折磨人的运动,原因是他在州长选举期间胡乱对《华尔街日报》讲到加州极其不公正的财产税法。巴菲特与《华尔街日报》有些积怨,因为报纸对他的话断章取义,他写信给编辑阐明自己的观点,并且把信的内容公布在伯克希尔-哈撒韦的网站,在读者中间引起强烈共鸣。此后,他就惹出了麻烦,现在只能努力通过行动改过。

"你就是不想干了!说!说你不想干了!"阿诺德咆哮着。

"不,先生!您不能让我那么说!不,先生!我没有什么地方可去!"巴菲特大声说。但是他接着开始在健身房来回踱步,就像坐在家里的椅子上读《华尔街日报》一般轻松。

场景切换到州长办公室,阿诺德头枕在桌子上,睡得正香。

助理:"州长先生。"

阿诺德:"我没有什么地方可去!……嗯?"

助理:"打盹儿的时间过了,先生。该工作了,我们还得想办法处理这个混乱的局面呢。"

阿诺德:"什么?哦,好。哇,我刚才做了一个很奇怪的梦……"

他拿起桌子上的杂志,表情开始扭曲。这本《健美先生》的封面图画是肌肉突起、一副《举重》中施瓦辛格先生模样的图片,上面叠加着巴菲特一脸得意的表情。阿诺德在椅子上直起身子,面部表情再度因恐惧而极度扭曲。[6]

这就是让巴菲特欣喜若狂的梦想。为了完成拍摄,他很是花了些时间与这位全球最佳健美运动员一起合作,再加上点儿特效制作,终于如愿。他推出了现代版的《发达肌肉》,"胖姬"斯托克顿一定会被深深打动。

观众开始喧闹。接着放映以沃伦和查理为主角的短片,但是几乎所有的表演都将沃伦塑造为超级英雄形象。大多数滑稽短剧和卡通短片都强调巴菲特和芒格的守财奴形象。

随后,大厅灯光暗了片刻。接着舞台灯光亮起,苏珊一身粉红色套衫和裙子亮相,看上去瘦了一些,精神抖擞地从董事坐区走向台上,在前面坐下。接下来,巴菲特和芒格像头发灰白的脱口秀节目主持人那样坐在铺着白色桌布的桌子后面。大厅四周的几个巨型屏幕中出现了他们的特写镜头，所有观众都可以清楚地看到。巴菲特盯着台下黑压压的人群，人群中间相机的闪光灯不停地闪烁着，现场阵势就像内布拉斯加滚石乐队的演出现场一般。

在开始提问之前，巴菲特首先进行开场白，按照惯例利用5分钟时间就董事选举、认可审计等问题做了简单概括。今年，几乎就在他发言的同时，一位股东就站在麦克风前提出他不支持投票，声音有些紧张；他是代表参会人员提出这一建议的。他要求巴菲特考虑从旗下的公司中选择几位首席执行官加入董事会，因为这些首席执行官要比苏珊和豪伊·巴菲特更胜任董事会的工作。

整个大厅掀起了涟漪。尽管这一建议以非常尊敬的语气提出，但还是像一声巨大的异响一般破坏了股东大会的顺利进行，干扰了这次股东大会的日程。许多人感到震惊。伯克希尔-哈撒韦现在是美国第十四大公司，员工数量超过172 000人，年收入640亿美元，利润80亿美元。但是公司从根本上讲还是一个家族企业，最大的股东巴菲特可以按照自己的意愿从家族成员中挑选董事。他认为他的家族在伯克希尔-哈撒韦的角色相当于沃尔顿家族在沃尔玛的角色，是连接巴菲特基金会和公司的纽带。无疑，他选择董事完全是按照自己的意愿，尽管有几位董事确实是成功的企业家。

"谢谢，"巴菲特说，"查理，就此你有什么想法呢？"

直接把问题踢给芒格——没有提出任何敏锐或简练的评述——说明巴菲特因此完全陷入窘迫。然而，这同样让芒格无言以对，他的任何发言都可能表示他对巴菲特如何选择董事会成员有一定的影响。但他确实选择了回避，只是简单地说："我认为我们可以继续下一个问题了。"

现场又提出一个建议。代表人类生命国际组织的汤姆·斯特罗哈就堕胎问题发表演讲，他后来写道，当时"显然"就是为了以"堕胎问题"的发言为幌子要求伯克希尔公布其进行政治性捐赠的清单。生命决策国际组织曾联合抵制伯克希尔-哈撒韦，成功迫使公司终止慈善捐赠项目。[7]

对此，巴菲特只是说伯克希尔-哈撒韦没有进行任何政治捐赠，回绝了这一问题。

到这时为止，此次股东大会的商业会议已经占去半个小时，远远超过平常的5分钟，第一次让人觉得颇似令人不快的可口可乐股东大会。此时，股东们手里攥着写好的问题，耐心地在大厅各处装着麦克风、带有编号的讲台前排队等候提问。巴菲特开始接受提问，点名"一号麦克风"首先提问。许多提问都是一些非常敏感、让他厌烦的问题。他借一个问题开始解释为什么选择家庭成员参加董事会。他说他的妻子和儿子在董事会的角色是"文化守护人，他们没有为自己谋取私利"。

这是一个非同寻常的时刻。他第一次在公众面前为自己选择的公司经营方式辩护。后来就再没有人问及相关问题了。伯克希尔-哈撒韦的股东们都乐于接受这一现状。在他们看来，巴菲特完全有资格按照自己喜欢的方式经营公司，而他们都是受命运眷顾的人。"投资环境怎么样呢？"有人问。"目前我们的资本利用不足，"他说，"这种情况让人痛苦，但不至于因此做出蠢事。"

有人问到巴菲特在可口可乐董事会机构股东服务公司提出投票反对他的事情。这件事情依然没有终结。他说："伯特兰·罗素曾经说过，大多数人宁死也不愿思考。许多情况确实如此。"

芒格尖刻地补充道："当激进分子提出类似某个人留在可口可乐公司的董事会就会影响公司的利益这样愚蠢的建议之时，变革就是伤人的，不会有什么成绩。疯狂的激进分子不会对我们的事业有什么帮助。"[8]

和往年一样，有人开始问巴菲特他在几年前购买的大量白银后来是怎么处理的。他顿了一下，接着说不对此进行评论。此时芒格在后台弄出莫名其妙的噪声，那位股东悻悻地径自坐下了。其实，那些白银早就卖掉了。

巴菲特和芒格开始吃松脆花生薄片糖，人们纷纷走向地下室的展厅，那里有37家伯克希尔-哈撒韦的子公司在销售产品，喜诗糖果店的松脆花生薄片糖瞬间就售完了。巴菲特和芒格吃Dairy Queen的Dilly棒棒糖，

Dilly 棒棒糖就销售一空。许多人买上成盒的糖果带到会场，坐在楼梯上边嚼边听巴菲特接下来的发言。

许多提问还是老调重弹，巴菲特认真回答了一些创新而有见解的问题，同时巧妙地引入了他愿意提及的话题。今年他借股东大会详细说明的主题是"我为什么不看好美元"。他说美国就像一个过度开支的家庭。美国人从其他国家购买大量的产品，而没有足够的收入支付这些产品，原因就是我们没有像其他国家卖给我们产品那样卖给他们大量的产品。要弥补差额，就要借钱。而把钱借给我们的国家可能会越来越不愿意这样做。

他说，目前我们支付的国债利息就超过全部收入的2%，这说明要扭转目前的局势不是一件容易的事情。他认为极其可能的情况就是到一定程度后，外国投资者就会不接受我们的纸质债券，开始把目标指向更有优势的地产、企业及其他"地产"。我们就开始一点点卖出美国，如写字楼和公司。

"我们认为随着时间的推移，美元对其他主要币种的汇率可能会降低。"他说。因此，美国经济过去20年中一直保持良好的势头，实现了低利率和低通货膨胀，而现在可能在一定程度上开始倒退。利率可能会提高，通货膨胀也会上升，情况不容乐观。同样，在进行预测的时候，他无法说出具体时间。然而，为了保证伯克希尔–哈撒韦避开美元风险，他已经买了120亿美元的外币。

巴菲特和芒格开始谈论债务风险，人们有的走下斜坡，有的去坐电梯，纷纷在卖鞋的专柜前排起长队等着刷信用卡。托尼·拉马皮靴和贾斯汀鞋业平均一分钟卖出一双靴子：从上班穿的普通靴子到新潮的蜥蜴型靴应有尽有。西边的波仙珠宝店卖出1 000多块手表和187枚订婚戒指。家具广场的业务订单创下1 700万美元的纪录。

会议中心有许多疯狂的场面：NASCAR赛车旁边的GEICO壁虎向过往的人们挥手。扮演成Acme泡沫砖形象的人物与戴着泡沫冰激凌圆顶帽的人物手拉手。骑术小丑踩着高跷穿梭于空气压缩机和船只起锚绞车之间。展厅南端较高处是标准尺寸的克雷顿活动房屋,正如巴菲特此前所想象的一般,整洁的前廊是刷成米黄色的过道,房间配有红黄色的百叶窗,房屋前后是真草装饰的草坪,砖块铺成的地面上装饰着灌木丛。如他所料,人们排着长龙进去参观,犹如在迪士尼公园排队坐云霄飞车的场景。[9]

但是,最体现伯克希尔风格的是鲜果布衣展厅。鲜果布衣展厅向来都不发送免费的钥匙链或扑克牌。人们排着长队等着购买5美元一条的男士短裤,接着与穿着苹果和葡萄衣服的模特合影。一天下来,几乎所有的短裤都销售一空。

黑白两色搭配的喜诗糖果店位置极其优越,就在展厅中间,过道同样挤满了人——不到三个小时就售完所有的棒棒糖、咸味坚果和松脆花生薄片糖。许多顾客都懒得花钱去买,这些偷窃的家伙直接伸手拿走大量的糖果,还偷走鞋店的许多鞋子,就在巴菲特和芒格眼皮底下干这些勾当,他们两人此时正在大厅上层谈论诚实和道德准则。

此时他们还不知道有人就在自己眼皮底下偷窃,否则可能会考虑在明年的股东大会时,在书店旁边设一个伯克村监狱,他们不慌不忙,一边回答各种问题,一边大口嚼着甜食,6个小时都在一直不停地讲话。

任何人连续6个小时不拿稿子不停地讲话都会精疲力竭,但是大会结束后,巴菲特和芒格却来到楼上的一个大厅,坐在一张桌子后面,开始了签名活动,为的是让国外来的股东有机会近距离接触他们。这是巴菲特最近提出的点子,芒格一直耐心地坚持到底,但是他确实累了,有时会说他不明白沃伦怎么想出这么个点子。他同样愿意让别人崇拜,但是从来没有像他的伙伴那样费心去想这些问题。

股东大会进行了几小时后,苏珊就去休息了。她没有参加星期日的早午餐会,但是星期一还是与沃伦一起飞到纽约,一直在酒店客房床上待到下午1点,将药片融入客房提供的免费冰激凌里服用。苏茜一直照顾着她,不让她太累。她想让母亲一天只做一件事情——见一位客人、购物一次、在酒店大堂待15分钟。[10]

苏珊参加了桑迪和鲁思·戈特斯曼每年特意为他们举办的传统晚餐聚会。从20世纪90年代中期开始，桑迪家的晚餐聚会就成为巴菲特集团的许多人在年度纽约之行中会见老朋友的一次机会。苏茜对鲁思·戈特斯曼说，"我母亲还是在努力做许多自己不应该去做的事情，她总是说自己很好，在这方面总喜欢撒谎"，并请鲁思帮忙照顾她母亲。来到戈特斯曼家参加聚会的许多人去年一年都没有见到苏珊，有的可能在股东大会上见过她，但也只是匆匆一面。她和沃伦没有坐在一起，人们纷纷前来向他们问好，坐下来聊天。许多人后来回忆说那次聚会非常感人。苏珊也高兴地说自己幸好去参加聚会了，但是参加聚会确实让她精疲力竭。

沃伦还希望她可以参加查理·罗斯主持的公共电视脱口秀节目。在节目中，苏珊谈了丈夫许多感情脆弱和讨人喜欢的事情，而且说她对沃伦的爱是"无条件的爱"。她还提到了自己搬到旧金山的事情，正如她对沃伦讲的，说她离开只是"想有一个自己的空间，那样很好"。罗斯提及阿斯特丽德："她为您照顾您的男人？""是的，她照顾得非常好，而且沃伦感激她，我也非常感激……她帮了我大忙。"苏珊说。或许是节目现场环境使然，谈话清楚地表示苏珊将阿斯特丽德当作自己控制沃伦的工具——这一点苏珊可能不愿意如此直白地表示出来。节目之后，她对苏茜说："我们去波道夫时尚精品店吧。"[11]在那儿，她只是坐在椅子上看着周围的东西，过了一会儿就说累了，和苏茜一起返回酒店。

几天后母亲节到来，她的精力又恢复了许多，就应邀参加翠贝卡电影节，和女儿的朋友博诺见面。在她恢复期间，博诺一直发传真鼓励她，那时候苏茜将传真内容读给她听。据苏茜说那些信"对她极其重要"。到5月，每天晚上都听博诺的歌入睡的她热切地期待见见这位救世主歌手。两人短暂见了一面。"我都不知道怎么形容她当时兴奋的样子。"苏茜说。

苏珊在床上休息了两天后，博诺和妻子阿里、女儿以及和博诺共同创建援助非洲慈善组织DATA的博比·施赖弗（阿诺德·施瓦辛格的妻子玛丽亚·施赖弗的兄弟）来到广场酒店，在餐厅和苏珊一起吃午餐。博诺和苏珊聊了三个小时，还送给她一幅他临摹她的一张照片创作的肖像画，上面写着U2的歌曲One的歌词。苏珊高兴极了。博诺还邀请她和苏茜一道去他在法国的家，苏茜当时正准备去法国参加基金会的董事会议。

苏珊回到旧金山后，立即将那幅画作放在显眼的位置，重新摆放了墙上的其他艺术品、面具和装饰物品的位置，而且决心去法国。由于距离遥远，再加上她身体虚弱，全家的非洲度假计划再度取消。但是她认为自己当时的身体状况去法国没有问题。她和苏茜首先在巴黎的里兹大饭店住了4天，其间她把"下午1点起床"药片融入冰激凌按时服用，克服了跨越6个时区引起的时差反应，每天出去做一些简单的事情。随后乘坐TGV子弹头列车前往尼斯，拜访博诺在艾日海滨区的灰泥建筑的橙红色房子。

据说甘地曾经在这座房子祈祷，通过房子可以俯瞰地中海。博诺安排苏珊住在一间天花板很高的卧室，屋内有火炉取暖，光线充足，窗户宽大，配着薄纱一般的白色窗帘，窗外就是大海。大部分时间她都在睡觉休息，有一天下午苏茜带她到楼顶的露台看海，听博诺演奏U2未发行的专辑《如何拆除原子弹》。博诺还唱了一首自己为父亲的葬礼创作的歌曲：《有时候，你不能独自承担一切》。那天晚上，他们晚餐后聊了4个小时，博诺站起来给她敬酒，说："我遇到了知己！"

通过这次面对面的接触，苏珊对这位有着超凡魅力的摇滚明星崇拜有加，甚至在隔天的返程航班上都睡意全无，一路戴着iPod播放器，听着他的音乐。"我在那里感到舒服极了。"后来提到博诺家时，她这样描述。[12]

大约在苏珊母女从法国回来一周的时候，巴菲特一家又去了太阳谷，只有彼得和珍妮弗留在奥马哈，为彼得首次公演《魂——七度火苗》做准备。苏珊去年在痛苦中度过一年漫长的隔离生活，为了弥补失去的时光，她期待一刻不停地去每一个地方、见每一个人。在太阳谷的时候，她和大家一起度过了许多时间，见到了巴里·迪勒和黛安娜·冯·弗斯腾伯格，弗斯腾伯格患过口腔癌，过去几个月就是她的传真和建议给了苏珊极大的鼓舞。然而，她还是精力不济，错过了第一天早上的活动。那天午餐的时候，她自己慢慢走着去餐厅取一杯脱脂牛奶，结果一到那儿，一群人就围上来问候。苏茜让豪伊赶紧过去陪在母亲身边，说："妈妈不能这样待在那儿，她一直都是在努力撑着，那是不行的，快去让她坐下。"

第二天，苏茜准备开着高尔夫球车带母亲在各处转转。然而，当她走进母亲的公寓时，却看到她抱着一个小抱枕，蜷缩在沙发上痛哭，说"我坚持不住了"。[13]尽管休息的时间很长，但她还是体力不支。

全家返回奥马哈后，都积极准备参加彼得即将举办的首次公演，苏珊抽时间去了女儿新开的编织店。苏茜和一位朋友合伙在郊区购物中心开了编织创意店。巴菲特对女儿的创业精神激动不已。他对编织店兴趣浓厚，分析了经营前景，认为年度总收入可以达到100万美元。巴菲特父女的关系也因编织店的开张而加深了许多。他对编织经营的兴趣一点都不亚于其他事情：每周专心阅读GEICO报表和分析在线销售业绩；节日期间每天关注喜诗糖果各零售店的销售业绩；每天阅读Shaw牌地毯传真过来的销售报表；圣诞节前每天审查波仙珠宝的日常报表；默记美国住房服务公司（中美洲能源旗下的房地产公司）的房产统计数值；列数奈特捷公司的喷气燃料成本和所有权统计数据；了解《布法罗新闻报》的广告起源……编织经营同这一切一样深深地吸引着他。

然而，对巴菲特来说，彼得的多媒体公演就不及编织店魅力强大。彼得基于之前推出的PBS特辑，并花了4年时间专心研究现场演出的技巧和经验，推敲音乐和故事情境。然而所有的辛苦都有可能付诸东流，除非现场演出非常成功。

巴菲特参加过彼得以前举办的现场演出，就是彼得和一支乐队，在一个帐篷模样的特殊剧院里一起弹奏，表演阵容就是几名土著人歌手和舞者，一切都简简单单的。沃伦一直建议学生们要充满激情地生活，但是他所谓的激情，如争取成为双陆棋世界冠军，都是竞技性极强的活动。而热衷于艺术，不考虑取得什么世界大奖，完全不是他的生活。那是苏珊的生活，在自己的空间寂寞地追求精神、心灵和内在的王国，是画家埋头在画布上表现自己，多年来都得不到公众认可的一种生活。不管怎么说,他自己对于投资的热情、耐心和艺术想象力就是彼得对于音乐的热情、耐心和艺术想象力。这样,巴菲特找到了唯一的最佳表达方式——艺术和商业的联姻——来表达自己期待彼得成功的真实愿望。这次演出潜在的商业成功吸引着他。"我目睹了多次这样的演出,几乎每一次都是大举成功。现场总是热情激昂,但是我不知道市场到底能有多大。在市场深度方面,彼得的音乐不及百老汇的音乐,我们期待看到结果。"

彼得在为演出募集资金的时候,巴菲特家族成员的身份使得募集工作异常艰难,在人们看来他可以轻松找到大笔基金。直到彼得把自己的房子抵押出去人们才信以为真。沃伦只答应支付10%,而其余资金由彼得自己筹集。在他筹集到200万美元的时候,父亲给了他答应给他的30万美元中的20万美元。然后,彼得自己筹集剩余资金,一大笔是通过鲁道夫·斯塔纳基金会获得的。自始至终,他都是一边排除各类障碍筹集资金,一边登台演出。而就在彼得为了筹钱各处奔波的几个月中,父亲居然不再坚持自己的"不捐赠"原则,友情支持汤姆·墨菲的救助儿童会1 000万美元。

看起来好像有点儿冷漠——即便是为了培养儿子的自立能力——支持儿子的事业所花的钱只有1 000万美元的2%,也是太不近人情了。然而,事后回忆起来,彼得还是非常庆幸自己的演出没有成为依靠父亲资助的浮华演出——那样将无人问津。他认为父亲当时的做法就是处理复杂问题的明智之举。既让彼得得到了家庭的支持(彼得对此非常感激),又让他自己努力筹集大部分资金以证明自己的能力,所需资金共300万美元——尽管筹集资金本身就可能用去几十万美元。

沃伦不能完全理解儿子对土著人的迷恋,他(和家里的大部分人)认为那就是"印第安人表演"。他从来没有想过那次演出就是一种对迷失身份的象征性的追寻求索,是人类找回一些迷失或遗忘的东西的精神胜利。

《魂——七度火苗》是一个光彩夺目的故事,讲述一位土著人穿梭时空,探索自己祖先和种族根源的故事。封闭的舞台仿佛一个巨型帐篷,宽广而又隐秘、现代而又古朴。土著人穿着原始的粘满羽毛的衣服在史诗电影背景下边唱边跳,彼得的音乐让观众觉得异乎寻常而又似曾相识,流畅而又奔放。

整个春天，彼得都着魔于自己的演出工作，这曾让苏珊对他非常生气。尽管彼得和父亲性格截然不同，但是苏珊认为他完全陷入了自己的音乐中，就像沃伦完全着迷于投资那样，对他和珍妮弗的婚姻是一种威胁。然而，她完全理解彼得的演出要表达的意义和情感，而且音乐令她有了共鸣。她欣赏彼得的艺术成就。沃伦也喜欢音乐，为儿子感到骄傲，但是坐在现场的他，领略着变化多端的视觉效果，心里却感到极为不安，不知道演出结果如何。他环顾四周，看到其他观众有的拍手、有的欢呼，说明演出还是很不错的。当《奥马哈世界先驱报》用这样的语言——"深刻、忧伤、振奋、激动和强大"——描述儿子的演出时，他非常高兴。一年多来他内心一直紧张地期待着这一刻的出现，彼得取得如此巨大的成功显然让他松了一口气。但是他依然担心，不是没有道理的担心，这次的成功只是因为在家乡举办的缘故，他期待着在其他地方的演出能取得同样的成功。

《魂——七度火苗》在奥马哈继续上演的时候，苏珊就和孙子、外孙们一起去了拉古纳的房子。孩子们都习惯了苏珊宠着他们，想要什么都可以得到，带着他们到处玩，堪称"模范"奶奶（姥姥）。现在她更是不让孩子们有一点儿失望。她带着他们去商场买东西，和以前一样，坐在那里指着周围的东西说，"我要一个那个、两个这个、一个那个"。[14]尽管拉古纳之行让她精疲力竭，但她还是准备前去参加每年太阳谷聚会之后赫伯特·艾伦召集的聚会。

太阳谷年会之后不久就去怀俄明州科迪高原，和许多人一起过周末，这似乎还是有些问题。家里人也不是完全支持这次旅行，但是苏珊一心想去，而且沃伦也希望一切都回到从前的样子。因此，7月的最后一周，沃伦和苏珊一起去赫伯特·艾伦的J9农场，准备过一个长长的周末。

苏珊当时看上去精力充沛，见到大家非常高兴。[15]晚餐时大家聚在一个大房间，房间有一个超大的火炉，驱走了高原的寒气，苏珊当时讲了很多话，还建议客人们就即将到来的选举进行一次民意投票。[16]后来，当晚餐桌子都收拾完毕，人们准备吃点心、喝咖啡的时候，她站起来向大家讲述生病期间女儿悉心照料她，她们的母女关系更加亲近了。[17]突然，她眨了眨眼睛说想起了一些有趣的事情。[18]刹那间，赫伯特·艾伦以为她在做一个滑稽的舞蹈动作，转而意识到她要摔倒了。她的腿开始弯曲的时候，他和芭芭拉·奥霍乐很快过去搀扶她，没有让她倒在地上。[19]

他们扶着她坐到旁边的沙发椅上，椅子是身为瑜伽教练的赫伯特·艾伦特意搬到那里供苏珊休息用的。他们叫沃伦到房间去拿药。苏珊的健康状况一直都是时好时坏，度过了许多危急关头，没有人认为这次会有多么严重。然而，他们还是打电话叫了护理人员。沃伦也打电话告诉苏茜，苏茜当时在波士顿与博比·施赖弗和比尔·克林顿一起参加民主党大会，正在听约翰·爱德华兹演讲。沃伦告诉女儿苏珊有些头疼，而且要了艾斯利医生的电话。苏茜把医生的电话号码告诉父亲后就挂断电话。她马上知道是出了什么问题，接着又想可能是妈妈伤了脚趾，父亲才打电话要艾斯利医生的电话。[20]

苏珊躺在沙发上，连胳膊都抬不起。她吐了几次，说有些冷，头疼得厉害。人们就拿来毛毯给她盖上。她一阵一阵地失去意识，有时候努力想说什么。沃伦忙着找苏珊的用药处方，以便护理人员即时参考。他看到苏珊当时的情况后越来越悲伤，显然她可能是得了中风。其他客人都无助地等着救护车的到来。时间在漫长的等待中消磨。过了一会儿，苏珊说头疼好些了，也可以按照人们的要求动动胳膊和脚了，大家都松了一口气。护理人员到来后做了一些简单检查就把她移到担架上，推着走向救护车，沃伦跟在后面。护理人员把苏珊抬上救护车后，他们也进去把车门关上。沃伦坐在前排座位，救护车开始在前往科迪西帕克医院的蜿蜒山路上盘旋，到医院有34英里的距离。[21]

他们进了救护车，沃伦就给苏茜打电话。"你得过来，"他说，"妈妈又生病了，我觉得可能是中风。"几分钟后他再次打电话说："你得把两个弟弟也带上，一起到这儿来。"

苏茜打电话告诉了当时在奥马哈的彼得，他正在酒店客房准备演出。

她又打电话给德文，她当时正在印第安纳的沃尔玛超市。"豪伊在哪里？"她问。"在非洲，"德文说，"他的飞机大概一小时后落地。"苏茜赶紧安排奈特捷航班首先到波士顿接她，而后再到奥马哈接彼得一起去科迪。[22]豪伊刚在非洲落地，就被告知马上打电话给姐姐。他首先想到的是父亲可能有什么事，后来又想可能是彼得出什么事了。"我完全没有想到是母亲。"他说。在得知第二天才有返程航班后，他心急如焚。[23]

苏茜安排这一切的同时，赫伯特·艾伦和一位朋友，雕刻家凯尔西一起开着他的车跟在救护车后面前往医院。救护车开得极慢，他们非常郁闷，一想到沃伦无助地坐在车里，忍受这样的漫漫行程，他们就格外不安。在一段路上，他们开到救护车一侧，艾伦大声问司机究竟是怎么搞的，但是没有人理会他的问题。

最后总算抵达医院，CAT扫描显示苏珊出现了大面积脑溢血。沃伦在急诊室外来回踱步。医生终于走了出来，对他说苏珊可能挨不过今晚。沃伦精神恍惚，哭着走到医院大楼外，把情况告诉凯尔西和艾伦。[24]之后，他回到病房，坐在床头陪苏珊。他静静地等待着那一刻的到来，显得非常无助。

大约在凌晨4点30分，苏茜和彼得乘坐的航班降落。他们坐车抵达医院停车场后匆匆走进一楼大厅，首先看到了赫伯特·艾伦。当时夜幕下群山的背景颇似太阳谷，苏茜忽然想道："哦，天哪，现在的情景和格雷厄姆太太去世的时候太像了。"

来到楼上，他们看到父亲坐在母亲身边，握着她的手。旁边桌上的樱桃可乐根本没有动过。"我在这儿5个小时了。"他说。苏珊非常安静，他们几乎看不出她的呼吸，她戴着小型的氧气面罩。沃伦去了旁边的房间躺下，彼得就在母亲病房的地板上躺下，他们很快就睡着了。苏茜坐在母亲床边的椅子上，轻轻地抚摸着母亲。

过了一小会儿，她发现苏珊没有呼吸了，随即叫来护士，而后打起精神，叫醒父亲，告诉他这个不幸的消息。[25]

接下来的几个小时，巴菲特一直在哭，孩子们忙着安排一些必须做的事情。他们和赫伯特·艾伦匆匆准备好新闻发布的内容，在确认去世和器官捐赠的文件上签字，安排返回奥马哈后的事项，打电话告诉阿斯特丽德、凯瑟琳·科尔和其他几位沃伦和苏珊要好的朋友，这样他们不至于通过CNN的新闻才得知苏珊去世的消息。中午时分，他们坐上了湾流IV型飞机开始了此生最艰难的一次旅程。

在飞机上坐了一会儿后，沃伦深深地叹了口气，问："前面有卫生间吗？""没有，在机舱后部。"苏茜对他说。他一步步挪到飞机尾部，目光避开了飞机沙发上装着苏珊遗体的拉链袋。[26]

飞机在奥马哈着陆后，他们全家同样得到了特别关照，飞机没有在停机坪停靠，而是直接滑翔到飞机棚，灵车就等候在那里，这样避开了狗仔队跟踪拍摄他们一家悲伤的场面。沃伦径直回到家中，走进楼上的卧室，关门闭灯，一头钻进被窝。

阿斯特丽德知道该做什么，就是什么都不必做。她知道安眠药就在他手头，就没有去打扰他。她过一会儿就去苏茜家一次，在苏茜面前伤心地痛哭一阵，其他时间就待在家里照顾沃伦。

第二天是星期五，他依然躲在被窝里。罗恩·奥尔森和妻子简从洛杉矶赶来，罗恩要做一些法律方面的安排，需要处理苏珊的遗嘱，而且他是巴菲特一家非常要好的朋友，对孩子们有着深刻的影响。沃伦来到楼下，奥尔森陪他坐了一会儿。不到一个小时，电话响了，是唐·格雷厄姆打来的。"你在哪里？"苏茜问道，"就在市区的希尔顿酒店。"他说。他知道消息后就赶来了，尽管巴菲特家的人还没有来得及通知他。后来，苏茜找了几个朋友来他们家，在接下来的几天中，大家都坐在客厅帮助沃伦分散悲伤的情绪，不让他感到孤独。每天晚上9点半，他服安眠药上床睡觉。

过了一两天，沃伦开始给几个朋友打电话。电话接起后，没有声音；他说不出话来，也就不说什么，只是拿着话筒痛苦地喘息着。接着，泪流满面，哽咽着说声"抱歉"，就把电话挂上。对方不知道打电话的是谁，其实只要沃伦可以清楚地说出SOS就足以让对方明白。

苏茜已经通知了所有需要通知的人。第二周，比尔·鲁安和卡罗尔·卢米斯短暂停留了几小时。沙伦·奥斯伯格、比尔·盖茨和凯瑟琳·科尔都赶来了。豪伊也经历了"最漫长的回家之路"，终于从非洲赶回来。这是他再也不愿回忆的痛苦旅程。[27]

那一周，比尔和沙伦特意安排了桥牌比赛——和沃伦一起比赛。有一天晚上，他和大家一起在举办桥牌比赛的酒店吃晚餐，饭后看他们玩了一会儿，这样可以分散一下他的注意力。还有一天晚上，他们都聚在沃伦家，沃伦想让他们陪他一起看查理·罗斯采访苏珊的录像。阿斯特丽德不忍陪他一起看，而他又害怕自己一个人看。他们把节目录像放入DVD开始播放。过了一会儿，沃伦就开始哭。比尔离开了房间，沙伦蹲在他身边轻轻地安慰他。[28]

只要一提到苏珊的名字，沃伦就满眼泪花。随着葬礼的临近，一直忙着安排葬礼的苏茜发现父亲还是顾虑重重。她渐渐明白是为什么。"您不必参加葬礼的。"她对他说。沃伦痛苦不堪。"我去不了。"他说。坐在那里心里一直想着苏珊，却要面对所有在场的人是他无法做到的。"我去不了。"[29]

不同于沃伦，许多人都希望自己可以亲自参加追悼会，表达对苏珊·巴菲特的悼念。然而追悼会没有举办。只有家人、苏珊最要好的几位朋友、博诺和妻子阿里、博比·施赖弗参加了葬礼。苏珊的音乐家朋友戴夫·斯特赖克弹吉他，格莱德纪念教堂的牧师塞西尔·威廉姆斯主持葬礼。博诺唱了《有时候，你不能独自承担一切》。孙子和外孙们都痛哭流涕。

几周过后，似乎一切都恢复了正常。沃伦的世界空了。许多人——包括苏珊本人在生前——都觉得没有她，沃伦的生活就艰难无比。他一直就没有真正面对父亲的去世，依然无法面对地下室里堆放的霍华德先生生前未完成的手稿。就像沙伦说的，他过去总是站在第三者的角度看待父亲的去世。但是这一次他让自己亲历了苏珊的离去，一下子陷入了极度痛苦之中，尽管现实让他觉得害怕。

滚雪球（下）THE SNOWBALL

苏珊的去世让他刻骨铭心地意识到自己同样必须面对死亡的命运。74岁生日一天天近了。他希望自己打起精神，就和几个朋友说希望他们在他生日的时候到奥马哈庆祝。几天后，苏茜打电话告诉父亲的朋友们，还是别来了。[30]沃伦完全没有准备好。其实，分散痛苦对他来说不是最好的办法。痛苦不可能缩短，必须一点点经历。

他无法摆脱悲伤，即便在梦中也是如此。每晚都做相同的噩梦。和苏珊永远分开，他们两地生活的这些年他从来没有想到过会有这样的别离，却突然成为眼前的现实。他总是梦到在科迪去往医院的漫漫路途中，困在救护车里，一点都帮不上她，不能让车停下来。7月星星点缀的寒冷夜空衬托出沉寂的大山的轮廓。救护车沉默地在蜿蜒的山路上盘旋。路在他们眼前无尽地延伸，一英里接着一英里，一排排树木仿佛从山脚向上的朝圣者。车厢后部，苏珊躺在担架上，面色苍白，极其安静。救护车的声音渐渐远去，一排排杜松就像山坡上生长的淡淡的苔藓，前方的路越来越窄，无尽地延伸。流星划过头顶漆黑的夜空，时间一点点凝固。

他曾经要求她不要离开他，而且她答应不离开他。不管她关心照顾过的人有多少，不管她内心有过怎样的挣扎，在她的人生中，不管她选择了多少不同的生活方向，她总会回到他身边。她不会让他失望。现在却得不到她的回应。他那么需要她，怎么可能是她离开了他。他要时间停止，他不让她走，她必须陪着他。

救护车在漆黑的大山里缓缓而行。氧气罐在寂静中发出点点声音，伴着他的眼泪。车厢后部只有安静，听不到她的呼吸，甚至看不出她的痛苦。

沃伦心急如焚，内心随着车轮的滚滚向前而翻江倒海。你不能离开我，你不能离开我，求求你不要离开我。

但是苏珊已经永远离开了他，去了另一个世界。她离开他去了另一个世界，让他痛苦得撕心裂肺。

62
票 根

奥马哈，纽约　2004—2008年

苏珊去世后首先让全家感到意外的就是她留下的遗嘱，尽管其中的大部分内容并没有出乎意料。她几乎将自己持有的全部伯克希尔-哈撒韦的股票，价值30亿美元都留给了新近命名的苏珊·汤普森·巴菲特基金会，并由她的女儿管理该基金会。另外600股，当时价值5 000万美元，留给了孩子们各自的基金会。

她一直对自己关心的人们非常慷慨，尽管在丈夫的影响下，她的慷慨无疑也有所节制。孩子们各自得到1 000万美元。许多家庭成员以外的人也得到一定数目的资金，包括凯瑟琳·科尔和她的丈夫。去世前一年，她修改过一次遗嘱，增加了附录，由一位新任律师确认生效，附录中提出留给约翰·麦凯布800万美元，留给罗恩·帕克斯100万美元，罗恩·帕克斯事实上是多年来一直担任"STB公司"财务总监的一位朋友。[1]

她私下增加的遗嘱附录几乎让所有人感到吃惊。苏珊生前就一直没有把握好自己生活中的轻重缓急，最后还是让人不得其解。处处为别人着想的生活就是她留下的宝贵财富，她的真实内心世界将永远不为人知，留给人们更多自我诠释的空间。

沃伦一直深爱着妻子，将她视为自己理想中的爱人。她一直是"他和外界联系的纽带"，也是"凝聚全家的强力胶"。[2] 苏珊去世后，沃伦每次看到她的照片都要痛哭一场。但是他没有陷入长期抑郁之中，也没有寻死觅活，苏茜曾一度认为他会因绝望而不能自拔。他确实非常忧伤，有两个月的时间，陷入深深的绝望之中。后来，和大多数人一样，他逐渐恢复了正常的生活。"浴缸"记忆发挥了作用，他对苏珊的爱战胜了一切。

"父母的结合让彼此成为自己生命中最重要的一部分，"豪伊说，"毫无疑问，父亲离不开母亲，但是爸爸没有因此倒下。如果有人认为父亲会因母亲的去世而倒下，那么，在我看来他们还是不了解他。他不会被任何事情打倒。他有着自己刚强的一面，或许只是不为人知而已。他不会因自己脆弱的一面而甘拜下风。"[3]

刚强的一面不但让巴菲特走出痛苦，而且让他学会适应和超越。"苏珊会照顾好一切的"——这个梦幻般的设想如肥皂泡一般破灭后，沃伦开始展示出崭新的自我。时间一个月一个月地过去，他越来越坦然地接受了生命终结和人生必死的现实，以一种新的方式开始和孩子们沟通。正如他的妹妹伯蒂所言，苏珊似乎把她的力量、情感和慷慨都留给了他。沃伦的内心世界似乎在突然间开阔了许多。他开始处理过去一直由妻子负责的一些情感方面的问题，开始更多地了解孩子们的内心世界，关心他们的生活，关心他们生活中重要的事情。

苏茜很快承担起母亲生前担任的领导工作，特别是在慈善工作方面，多年来她一直潜心于慈善事业。她开始招聘人员，扩大基金会的办公室，计划从现在起增加捐赠。管理着两个基金会对她来讲是极好的机会，根本不是什么负担。

彼得在华盛顿国家广场演出《魂——七度火苗》，庆祝美国印第安人国家博物馆盛大开幕。一天，他打电话对父亲说："爸爸，我们搭好演出帐篷了！"之后他意识到以前这样的电话总是打给母亲的，母亲再告诉父亲儿子的活动。直接和父亲联系感觉棒极了。[4] 沃伦召集了一帮朋友，飞到华盛顿参加鸡尾酒会、庆祝开幕之夜。《魂——七度火苗》此次演出之前，彼得已经发行了13张专辑和唱片，但是，这一次演出让沃伦意识到自己和儿子之间有一种特别的父子关系——不仅仅是因为彼得的成功，还有就是他们各自努力融入对方生活的力量使然。

《魂——七度火苗》在费城演出的时候，取得了巴菲特可以理解的赞誉，媒体这样报道——"吉他演奏让U2的主吉他手埃奇相形见绌"，演出可以"与菲利普·葛拉斯的舞蹈表演/歌剧《屋顶上的一千架飞机》相提并论"。[5]然而，《魂——七度火苗》的演出成本高昂，即便票价很高，这样的巡演也是赔钱的。彼得中断了演出，开始录制新的CD《金星》，首次担任歌手，同时开始考虑《魂——七度火苗》的长期发展方向。

豪伊出版了摄影画册《边缘》和《人生织锦画》，还在第三世界国家举办摄影展和讲座。他的基金会办公室依然像十几岁男生的卧室，摆放着玩具吉普车、挖土机和十几岁时自己心爱的CB收音机，充满怀旧的风格。但是他在工作方面成熟了许多，现在分别担任林赛制造工厂和康尼格拉食品厂的董事，解雇了两位首席执行官。在投资方面，持有CCE股票和伯克希尔-哈撒韦的股票。投资伯克希尔-哈撒韦把他和父亲紧密联系在一起。10年来沃伦看着儿子一点点稳定下来，变得成熟。豪伊一直和母亲非常亲密，而且强烈渴望自己和父亲的关系也一样亲密，现在终于有机会与父亲建立他们之间特别的父子关系。为了和家人密切联系，他和德文在奥马哈买了一处房子。

苏珊去世后发生的一系列事情，深深地打动了阿斯特丽德。她失去了自己心中最亲密的朋友，还发现苏珊的生活完全是另一番景象——她从来都没有真正了解。多年来生活在幕后，遵从苏珊的意愿，遵从这段不合传统的"婚姻"，看起来也还理想，却突然发现其实都是建立在虚假基础之上的。她知道苏珊对沃伦有多么重要，也目睹了沃伦的"浴缸"记忆多次发挥作用，但是她恼火的是沃伦居然接受了这一切，她认为沃伦背叛了她、利用了她。后来，沃伦意识到她为他和苏珊的生活付出了无比巨大的代价，这也是他们这些年一直避而不谈的一个现实。他愿意承担责任,努力弥补阿斯特丽德为他们而失去的一切。渐渐地,在他从妻子去世的忧伤中一步步走出来的时候,他开始频繁带着阿斯特丽德参与自己的公众生活。

12月,作为圣诞礼物,沃伦送给所有的孙子和外孙一大笔钱。他一直支付每个孩子的大学学费,但是以前从来没有不附加任何条件就给他们钱。他给每个人写了一封信,提出花这笔钱的建议。他要求孩子们做一些有趣的事情,而且要按时支付贷款。"即使你们要是乱花这些钱,我也不会加以评判。你们明年还会得到一笔钱。"[6]

巴菲特的圣诞礼物支票没有送给两个孩子——妮科尔和埃丽卡·巴菲特,彼得收养的两个女儿。苏珊喜欢妮科尔和埃丽卡。两个孩子在她的葬礼上穿着长长的套装,哭得伤心极了,仿佛两个褐色头发的小幽灵。苏珊在遗嘱中留给每一个"收养的孙女",即妮科尔和埃丽卡,10万美元,表示"关爱"。但是,就在苏珊的葬礼结束10天之后,沃伦就对彼得讲:"我要说,我认为这两个女孩不是我的孙女。我不希望她们在我死后得到什么。"彼得觉得很是费解。"您真的要这么做吗?"他问道。父亲就是这个意思,非常坚定。苏珊在遗嘱中留给那两个孙女钱,而且表明她们和其他孙子的地位是平等的,这似乎激起了沃伦对钱的忠实守护之情。彼得没有再说什么,但是他这样推断:如果父亲的遗嘱中真的没有留给这两个孩子什么,她们永远也不会明白为什么。确实,在圣诞节,她们没有收到他送的支票,她们不知道为什么。[7]

沃伦和阿斯特丽德在加州马林县沙伦·奥斯伯格和大卫·史密斯夫妇家中度过新年。当他、奥斯伯格、盖茨和其他几位客人尽情玩桥牌的时候,阿斯特丽德就去乔氏超市采购食品。11月初,巴菲特终于打消了之前的顾虑——盖茨强大的个性可能令其在伯克希尔董事会支配一切,转而开始邀请盖茨加入董事会。沙伦和比尔就巴菲特基金会面临的问题谈了许多。要在沃伦去世后每年捐赠几十亿美元,就必须对基金会进行大量调整。历史上还没有哪个基金会经历过规模浩大的成功转型,甚至从来都没有进行过这样的尝试。只有一个例外——盖茨基金会,再没有其他慈善机构拥有如此巨额的资金。

沃伦也一直在考虑这个问题。秋天,他和基金会的理事录制了问答讨论的音像材料,确保他们明白他的心愿,保证这些记录他的心愿的音像材料代代流传,就像沃尔特·安嫩伯格一样,他希望自己死后被捉弄的可能性小一点。毕竟,"男儿之城"还是捉弄了佛拉纳根神父。如果连佛拉纳根神父都得不到敬重,那沃伦·巴菲特如何保证自己不被捉弄呢?

早在2005年,奥斯伯格就"提出一些假想",而且特意到奥马哈对巴菲特讲了。她说,既然他对盖茨非常欣赏,为什么不考虑一下在他去世后将他的资金留给盖茨基金会呢?尽管巴菲特当时没有表示什么,[8]其实早在苏珊去世之前,他就开始考虑至少可以留部分钱到盖茨基金会。

查理·芒格也支持这一做法。"如果最终由盖茨基金会管理那些资金,我不会感到吃惊。"苏珊去世后不久他这样说,"我一点都不会吃惊。沃伦不喜欢那种爱摆架子的人,而盖茨在他看来就不是那种类型的人,况且盖茨只有50岁,而不是74岁。"[9]

有很长一段时间,巴菲特认为钱留在他手里实现复利增长,要比直接捐赠出去对社会更加有益,因为这样他就有更多的钱可以回报社会。但是直到他死后才进行捐赠也意味着白皇后的"明日果酱"——他一直努力避开终结、损失、死亡、放弃,所以捐赠一直在延期。多年来,他从一个偷姐姐自行车的小男孩、一个向别人兜售杠铃的小男孩、一个孩子们伸手要钱的时候永远说"不"的父亲,逐渐蜕变为一位每5年就在孩子们生日的时候送出百万美元的父亲,一个细心为女儿挑选粉红色心形钻戒的父亲。但是他在处理钱的问题上还是有一些棘手,例如苏珊的遗嘱就让他有些不满。无论如何,一个巨大的思想转变就是他已经开始考虑是否要在今天兑现"明日果酱"。

然而,这并不代表他可以轻松面对时间的流逝。苏珊去世一年后,巴菲特发现自己还是对即将到来的又一个生日倍感吃惊。他真的走过大半个世纪的漫长岁月,进入75岁了吗?他还是表示难以置信,而且喜欢举一些事例说明自己身体健康,一定会长寿:他的母亲92岁去世,凯蒂婶婶97岁

941

去世，沃尔特·施洛斯90岁了还在打网球，当然还有他的偶像B夫人。

他的75岁生日聚会在沙伦和大卫夫妇家里举办，阿斯特丽德、比尔·盖茨、妹妹伯蒂参加了生日聚会。生日蛋糕是用白色巧克力做成的100美元钞票的样式。星期六早上，史密斯安排巴菲特和9岁的美籍华裔乒乓球选手邢延华对战，摄像机记录了小女孩打败他的情景。第二天早上激烈的桥牌锦标赛后，奥斯伯格和史密斯请来的一位艺术家教巴菲特和盖茨画山水画，为的是让他们娱乐一下。巴菲特大胆尝试，在颜料盒中用力挥动着毛刷笔，油画不同于乒乓球，没有节奏性和重复性，所以游戏进行得非常轻松。他完成了一幅风景油画作品，上面画着像棒棒糖一样的树木。就在此时，前一天的乒乓球比赛让他们想到一个主意。为什么不在股东大会的短片中增加邢延华痛战巴菲特的录像呢，短片内容可是一直在不断被丰富啊。

2003年之前，巴菲特期待被关注的愿望通过每年接受几次采访和股东大会实现。他和媒体的合作一直都非常小心、讲究战略（他并不是随时配合媒体的采访报道）。但是大概从苏珊生病开始，不知什么原因，他总是希望被媒体关注，特别是喜欢参加电视节目的录制，仿佛有瘾一般。采访越来越频繁，他还参加了纪录片的制作，和查理·罗斯一起录制了很长时间的谈话，成为CNBC的常客，一些朋友开始不解地问他为什么这么做。

渴望自身得到关注的巴菲特和照旧密切关注伯克希尔-哈撒韦的巴菲特形成了鲜明对比。看着他瞬间从一个状态转入另一个状态，让人眼花缭乱。邀请比尔·盖茨加入董事会后，他开通了"检举热线"，保证每一位员工都可以汇报公司的错误决策。考虑到总有一天，董事会必须在他缺席的情况下做出决策，他迈出了重要的一步——主张召开董事会的时候他不出席。但是他依然像年轻的时候那样关注着投资。"9·11"事件之后美联储大力调低利率，在市场出现泡沫之前稳步挽回损失。巴菲特在2004年致股东的信中写道："我希望完成几宗万亿美元的并购，在我们目前的收入基础上再增加大笔新的收入来源，但我还是决定放弃。还有就是我发现可以选择的优良证券寥寥无几。因此，伯克希尔去年只有430亿美元约当现金，情况不容乐观。"第二年，伯克希尔出资收购了以下4家小型公司——医疗保护保险和应用承保两家保险公司；娱乐休闲汽车制造商森林之河以及一家针对企业发布公关资源的公司美国商业资讯——还有一宗大型并购，即中美洲能源对一家大型发电厂PacifiCorp的并购。中美洲能源并没有按照巴菲特的期望进行大量并购，然而并购PacifiCorp发电厂显然是明智之举。油价持续上涨，中美洲能源在替代能源方面拥有不小的优势。其首席执行官大卫·索科尔是人们公认的巴菲特的继承人之一，尽管巴菲特本人一直在继承人确定方面守口如瓶。

巴菲特还借此再次提到他依然不看好美元，认为美元一定会走低。他的第一篇相关文章发表后，美元就开始走高，财经新闻现在大力批判他的观点。他通过购买美国以外的股票降低自己的投资风险，没有什么可以改变他的观点。而且他又一次谴责公司高管薪酬过高。关于金融衍生产品，巴菲特现在每年都要提到的一个话题，在致股东的信中他这样描述：

很久以前马克·吐温就说过："拖着猫尾巴走的人会得到无比深刻的教训。"……考虑到两方面的原因，我每年都要提到我们在金融衍生产品方面的经验教训。一方面是我们自己的一些不愉快的经历。我和查理都知道通用再保险公司当时推出衍生产品是一个错误，而且告诉管理人员我们希望终止这些产品的相关业务。我有责任确保监督他们终止衍生产品，然而，我当时没有直接处理这一问题，导致后来用了几年的时间才将那项业务脱手。那是一段痛苦的挣扎，没有什么现实的解决方案可以让我们摆脱关系到几十年的如迷宫般错综复杂的债务。我们的债务尤其让人担心，因为无法预测债务猛然暴涨的风险。再者，如果发生严重的问题，我们知道可能会连带引起金融市场的其他问题。

"我没有在事情恶化之前选择退出，同时还增加了金融衍生产品的交易量。"巴菲特指的是他聘用了一位经理，暂时允许金融衍生业务扩展的时期。后来证明，其中的一些交易耗费许多成本才最终了结。

都是我优柔寡断惹的祸（查理说那就是"吮拇指"）。当问题出现的时候，不管是个人生活中的问题，还是经营公司中的问题，都要当机立断。

我之所以经常提及我们在这方面遇到的问题，另一个原因就是希望我们的经验教训可以为经理、审计和监管机构的工作提供借鉴。在某种意义上，我们就是商业煤矿中的金丝雀，自己气绝身亡的代价是给别人提醒……通用再保险公司在金融衍生品领域只有很小的份额，本来准备在良性市场环境下清算流动资金，始终因为没有财务压力和其他方面的压力而导致清算工作未及时有效地进行。我们过去一直采用传统会计标准，非常保守。此外，我们没有出现不良会计行为。

对于其他公司来讲，以后的情况就不仅如此了。我们可以想象一下，在混乱的市场环境下，压力无处不在，一家公司或更多公司（问题总会扩散）面临着高于我们数倍的流动资金，进行清算是一种怎样的情形。考虑新奥尔良的防洪大坝是否结实，进行加固工作的时机是在"卡特里娜"飓风袭来之前。[10]

然而，人们还是认为金融衍生产品可以降低风险。在低息贷款和金融衍生产品日渐增多的市场环境下，低利率和抵押贷款"证券化"演变而来的金融衍生产品将在2006年导致房市高峰。据估计，在不到10年的时间中，全球总杠杆（债务）将翻两番。[11]巴菲特偶尔会担心的问题就是，可能再也不会出现像20世纪70年代那样可以胜券在握的投资环境。但是他从来都没有停止探索，从来都没有停止钻研。

2004年的一天，他从经纪人手里接过一本厚厚的书，有几本电话号码簿订起来那么厚，内容是韩国股票的详细列表。他一直在研究全球经济，寻找一个被忽略、被低估的国家和市场。最后，他锁定了韩国，开始一宿接一宿地翻阅那本大部头的书，研究一列一列的数字，一页一页耐心地钻研。但是那些数字和术语让人迷惑不解，他发现还是需要学习一套不同商业文化中的商业语言，所以又开始阅读另一本书，了解关于韩国会计领域的一切重要知识，这样就不会轻易被那些数字迷惑。

掌握了基本内容后，他开始了筛选工作。仿佛回到了过去在格雷厄姆－纽曼合伙企业工作时的情景，穿着自己心爱的灰色夹克坐在自动收录机后面。他从几百页的数字中挑出了一些重要的数字，研究其中的关联性，很快就从几千只股票中精选出一些可用作比对选择的股票；经过进一步在黄线拍纸簿上标记研究，最终确定出为数不多的几只可选股票——筛选工作就像翻阅《穆迪手册》那样，从废物中搜索宝石。

精简出来的列表非常简练，一页标准打印纸就可以全部列出。和一位客人坐下后，他拿出了那张最多列着二三十家公司的纸，上面只有少数几家大公司——属于全球大公司——但多数都是很小的公司。

看，这就是我列出来的股票，报价都是韩元。打开韩国证券交易所的网站，可以看到这些股票的交易数字，而不是订单符号，除优先股外，这些股票交易结算都是零，这是在点击5的情况下，如果持有次级优先股，不要点击6，点击7。每天晚上特定时间打开那个网站都可以查询一些问题，而且分别显示当日交易买进最多和卖出最多的5家经纪公司。还需要在韩国开通一个特殊的银行账号。这对我来说不是一件轻而易举的事情，我在一点点学习。

对我来说这就像认识一个女孩子。

这些公司都非常不错，而股票价格依然很低。股票比5年前低，但是业务却更有价值了。这些公司中的一半都有一个听起来像色情电影一样诱惑人的名字。它们生产基础产品，如钢铁、水泥、面粉和电力，都是人们10年后依然要购买的东西。这些公司在韩国占有很大的市场份额，这一点是不会变的，其中的一些公司向中国和日本出口产品。然而，出于一些原因，这些公司没有得到足够的重视。看，这家面粉公司拥有的现金超过其市场份额，销售额是收益的3倍。我不会买许多，只是持有少数股票。还有一家，是乳制品行业。我个人的投资组合中可能会全部是韩国证券。

其实我不是外币方面的专家,但是我觉得现在持有以韩元为单位的证券是不错的选择。

主要风险,也是股票之所以便宜的原因就是朝鲜。朝鲜是一个真正的威胁。如果朝鲜入侵韩国,全世界就会陷入灾难。中国、日本、整个亚洲都将陷入战争,结果简直不堪设想。朝鲜很有可能拥有核武器。我认为朝鲜就是全世界最危险的国家。但是我可以保证世界其他国家,包括中国和日本在内,都不会在短期内让局势恶化到朝鲜利用核武器攻击韩国的地步。

他找到了新的游戏,新的钻研对象。他希望了解更多,坚持继续寻找机会,就像小时候弯腰在赛马场捡中奖的票根一样满腔热情。

2005年12月,在哈佛商学院的一次座谈中,有人问他希望巴菲特基金会对社会有怎样的影响,该基金会将是全球资金实力最为雄厚的基金会。巴菲特回答说,他觉得自己继续保持基金会的复利增长不是在对社会做贡献,所以他现在考虑更多的是要把这些钱捐赠出去。

没有人对此做出评价,没有人发现巴菲特的目标出现了大转变。

就在那次讲座中,他后来谈到了盖茨基金会。他说比尔和梅琳达·盖茨是他最佩服的两位慈善家。他们的基金会是他见过的运作最合理、基金会政策落实得最有效的基金会。他喜欢他们不希望以慈善宣传自己、不希望以自己的名字命名什么大厦的风格。

2006年初,他的想法开始具体化。他对孩子们各自的基金会工作非常满意,苏珊曾经带给他的安全感不会再有了。这样的情感力量超越了意识水平。他曾经决定让她负责管理他留下的资金,却从来没有理智或客观地考虑过她是否适合做一位慈善家。随着他们的夫妻关系在几十年的岁月长河中不断强化,他确实非常信任妻子的判断力和智慧,也习惯了对她无比信任。现在她离开了,一切都不同了。在汤姆·墨菲女儿的婚礼上,他对墨菲提到了自己内心的变化,而且突如其来地告诉沙伦·奥斯伯格自己的新想法。他准备早些把钱捐赠出去,但依然只是一个想法,还没有形成具体的计划。

计划是复杂的，细节方面需要几个月的时间来完善。第二年春天，他开始直接与基金会相关的工作人员谈起自己的想法。"振作起来。"他和卡罗尔·卢米斯坐下来谈的时候这样说，卡罗尔·卢米斯是巴菲特基金会的一位理事。"那个消息确实让人震惊。"她写道。[12]

"我遇到了很多问题，"在提到他开始通过谈话告诉人们这个决定的时候他这样说，"而且有些人一听到这个计划就觉得疑惑不安，这是一个巨大的转变，和人们一直以来所期待的基金会模式完全不同。"[13]另一方面，他的姐姐和妹妹知道这个决定后随即投以极大的热情。"这是你那次假装患了哮喘，让人们从弗雷德里克斯堡把你送回家以来想出的又一个好主意。"后来伯蒂这样写道。[14]多丽丝认为这是一个明智的决定；通过自己的阳光女士基金会，她知道即使合理捐赠几百万美元都需要投入大量的工作。[15]

2006年6月26日，巴菲特宣布在未来几年中逐步向其他基金会捐赠伯克希尔-哈撒韦股票的85%——当时共计370亿美元。慈善事业首次出现如此规模的捐赠。其中5/6将捐赠给全球最大的基金会比尔和梅琳达·盖茨基金会，为了世界更加美好，两位财富巨头将进行历史性的联手。[16]他要求自己捐赠的资金必须通过各基金会造福于人类，而不是供各基金会维系自身的长期生存之需。全家一直都在期待他们的家庭基金会有朝一日成为全世界最大的基金会，而父亲突然之间决定的大笔捐赠让孩子们颇为吃惊，为了安慰孩子们，巴菲特决定将余下的资金，共计价值约60亿美元，送给孩子们各自的基金会，每个基金会分别得到10亿美元，苏珊·汤普森·巴菲特基金会得到30亿美元。孩子们都没有想到各自的基金会可以达到这样的规模，特别是在父亲依然健在的时候。捐赠当日，盖茨基金会得到的第一年的捐赠是15亿美元，孩子们各自的基金会得到5 000万美元，苏珊·汤普森·巴菲特基金会得到1.5亿美元。根据伯克希尔-哈撒韦的股票价格，每年的捐赠数额会有所不同。实际情况是，每年的捐赠数额都会增加，增加许多。[17]

这位当时的全球第二富翁在进行捐赠的同时没有考虑为自己留下任何名利。他一生都在孜孜不倦地"滚雪球",似乎是对自己人生的一种丰富;然而却没有建立什么沃伦·巴菲特基金会、巴菲特医院辅楼,没有一项大学奖学金或一座大楼冠以他的名字。进行捐赠的同时没有用自己的名字命名任何项目,没有对资金去向辅以个人意向——而是将资金放到了另一家基金会的金库中,而另一家基金会正是他权衡竞争实力和工作效率精心挑选的一家基金会;没有选择创造自己的慈善王国——彻底颠覆了传统的捐赠模式。此前没有哪位巨款捐赠人做出这样的壮举。"这是全球慈善史上历史性的一刻,"洛克菲勒慈善顾问机构的道格·鲍尔如是说,"他为别人进行慈善捐赠树立了榜样,推出了新的标准。"[18]

沃伦·巴菲特此举既令人惊讶,又在预料之中。一位不俗的思想者、一位解决问题的能手,勇敢挑战慈善领域的浪费和夸大现象。盖茨基金会得到了资金,但是必须一笔一笔地花出去,而且速度要快。他的决定非同寻常、出于自愿,有言传身教之功,自然引来极大关注。然而,在另一方面,这是典型的巴菲特式的万无一失之举。他把自己的大部分资金用作捐赠让世界震惊,而在他实际支付之前自己依然持有这些资金。无论如何,这一次他选择了放手,改变了自己一生对钱的坚守——开始数十亿数十亿地大笔捐赠。这位自己存硬币的衣橱连家人都不准碰一下的小男孩,历经蜕变,现在终于可以自如地将数百亿美元交给别人打理了。

在宣布捐赠的发言中,巴菲特这样说:

在50年前,我与几位家人和朋友坐在一起,他们把10.5万美元以合伙的方式交到我的手里。他们断定我会比他们自己在积累财富方面做得更好。

50年后的今天,我坐下来考虑谁在分散财富方面可以比我自己做得更好。这确实非常合理。人们总是没有时间坐下来想这个问题,总是说谁可以经手我的钱,而且总是愿意把钱交给某位专家。但是,他们似乎想都没想要在慈善方面做点什么。他们选择自己生意上的亲密朋友或其他人在自己离开后管理他们的财富，而他们本人甚至不知道这些钱用在哪里。

所以，我是幸运的，慈善工作要比经营管理复杂得多。你们负责处理的将是过去智慧而富有的人们绞尽脑汁而难得其解的重大问题。因此，寻找慈善方面的人才要比寻找投资方面的人才更加重要，相比之下投资没有那么费力。

我非常幸运，生于20世纪30年代的美国，出生的那天就中了彩票，有优秀的父母，得到了良好的教育，在这个特别的社会中得到了特别的恩赐。如果我出生得更早，或者出生在其他国家，就不会得到这样的恩赐。但是在市场体系下，资本分配至关重要，不同于其他体系下的资本分配。

我一直认为钱就是一把票根，应该投放到社会中去。我不支持朝代财富，特别在我们的资金可以有助于60亿比我们贫穷的人之时。而且我的妻子支持这样的观点。

显然比尔·盖茨就有着明确的目标，他全身心地投入到改善全人类生活的伟大工作中，不分性别、宗教、种族或地域。他为人类做出了杰出的贡献。所以我在决定资金去向的时候就容易多了。

盖茨基金会和巴菲特有着同样的信念："相信每个生命都有平等的价值"，致力于在全球健康和教育领域"减少不平等，改善人类生活"。盖茨夫妇将自己当作"号召人"，号召人们群策群力，彻底解决整个社会存在的重大问题。[19]

尽管苏珊去世后，巴菲特改变了许多、完善了许多，但是在某些方面他依然如故。管理着巴菲特基金会的艾伦·格林伯格发现自己将接管只有60亿美元的基金会，而不是他一直期待的450亿美元规模的基金会，而且不再是巴菲特管理下的基金会，而是他的新任老板、前妻苏茜代管的基金会。沃伦没有勇气亲自告诉格林伯格他的计划，没有勇气告诉他需要考虑未来如何运作一个比预期规模小很多的基金会。苏茜必须让艾伦相信这绝不是因为他的工作表现而做的决定。开始艾伦非常生气,说自己不相信这是事实,但后来他还是接受了这个变化,愿意继续接管依然列属全球十大慈善组织的基金会,最终坦然地接受了变化。

所有相关的工作人员都有充分的理由认真工作。尽管巴菲特计划捐赠大笔资金,但是这些资金是逐年捐赠的。没有用作捐赠的股票价值估计在当时就已经超过60亿美元,他还有许多资本可在未来用作捐赠。

巴菲特的捐赠计划片刻间带来了声势浩大的影响。中国香港演员成龙宣布捐赠自己的一半财产。亚洲首富李嘉诚承诺将190亿美元资产的1/3留给自己的基金会。墨西哥通信垄断巨头卡洛斯·斯利姆曾嘲笑巴菲特和盖茨的慈善之举,但是,几个月后还是宣布他自己也将开始慈善捐赠。盖茨夫妇在他们的基金会设立了一个新的部门,专门接待有意向基金会捐赠的人们,比如一个7岁的小女孩要向盖茨基金会捐赠自己攒下的35美元。

经过资金充实的盖茨基金会对整个慈善事业产生了结构性的影响。其"全部资产捐赠法",与巴菲特的集中理念非常相似——还有他的投资风格——集中处理仔细挑选出来的几个重大问题。完全不同于其他许多大型基金会和社区基金,那些基金会总部管事的经理人身边围着许多前来请求帮助的人,他们一边悠闲地掰着手指头念叨"掐掐算算,鸡毛乱转……"一边一点一点地进行少量资金发放。2006年底,包括洛克菲勒基金会在内的一些慈善组织开始修订相关政策,开始逐步接受盖茨夫妇的做法。[20]

在宣布将大量资金投放到盖茨基金会后,巴菲特办公室一下子收到了3 000封需要帮助的人们发来的邮件,每天都有大量的邮件寄来。他们没有保险、背负着沉重的医疗负担、工伤没有得到救治、住房被收回。他们的孩子患有严重的疾病,需要特别救治,导致他们失去了偿还抵押贷款的能力。或者是男朋友让她们怀孕后,骗走了钱,她们不得不代之偿还债务。他们没有赢得"卵巢彩票"。沃伦把这些信转交给姐姐多丽丝。10年来,多丽丝的阳光女士基金会得益于父亲霍华德·巴菲特的信托收益，帮助了几千名家庭暴力的受害者、生活贫困的人和面临危机的家庭。他把那些信件转交给姐姐多丽丝的时候，还拿出了500万美元资助她的工作。

她请了几位50岁以上的女士帮助筛选来信，他们选择的救助对象是"非常不幸的人，而不是做出错误选择的人"，而且选择那些要求少量资金帮助走过不幸的人。他们经常为那些嗜赌、深陷信用卡债务和不愿工作的人提供咨询建议，但是只要人们有其他办法解决困难，他们就不选择资金救助。多丽丝从来都不是给钱了事的类型。"我不希望自己只是付钱给人们。"她说。她要求得到资助的人们写感谢信。她的慈善之举同时教给人们感恩和自尊。[21]

巴菲特继续坚持大额捐赠。他每年都给泰德·特纳的核威胁倡议（NTI）组织捐赠500万美元，在他看来NTI组织是美国致力于全球核威胁事业的最重要的组织，他愿意增加捐赠。前参议员萨姆·纳恩负责管理NTI，曾提出一项核燃料库建议，允许各国转化核浓缩项目，但不进行项目开发，以降低核扩散的可能性。巴菲特认为这一观点有极大的优势，只要该组织可以筹集一定资金，他就愿意捐赠5 000万美元。他愿意大额资助任何反对使用核武器的项目，在他看来似乎这样做可以解决核威胁的现实问题。

巴菲特还资助前总统吉米·卡特成立的卡特中心。卡特不是一位受人爱戴的总统，但是在卸任、退回到98层的时候他继续努力向前看，为人们树立了榜样，在全球健康、民主和人权方面做出了杰出工作，获得诺贝尔和平奖。"欢迎您参加我们于2007年2月6日至8日在加纳开展的麦地那龙线虫病防治工作。"卡特接到捐赠后热心回信邀请。[22]巴菲特把卡特当作朋友，但是没有任何人——包括豪伊、苏茜乃至比尔——能让他坐飞机到遥远的非洲看什么麦地那龙线虫。[23]

这样一来，巴菲特的非洲之行第三次未果。许多事情依然没有改变，但是随着时间的推移，其他方面还是有一些改变的。

阿斯特丽德现在是沃伦在奥马哈之外参加各类活动的正式伴侣。她还是原来的样子——同样言辞直率、谦逊质朴——但是她的世界以惊人的速度扩展。她现在经常接触比尔·盖茨夫妇。2005年秋,她和沃伦飞到大溪地参加比尔·盖茨的50岁生日聚会,聚会在保罗·艾伦豪华的"章鱼"号游艇上举办。"章鱼"号是当时全球最大的游艇,是全球富翁榜排行第六的亿万富翁儿时的梦想,游艇上配备一个影院、一个音像录制室、两架直升机、一只63英尺的补给船和一艘小型潜艇,潜艇可容纳8个人在海底生活两周。聚会期间,她和沃伦住在保罗·艾伦母亲的特等舱里,是客厅带大壁橱和图书室的大套房。"哦,我的天哪,"阿斯特丽德说,"真不敢相信。这可能是我此生第一次也是最后一次体验如此豪华的生活了。"

"这儿比家里强。"沃伦这样对她说。回家的飞机上他一直在谈游艇上的桥牌比赛。[24]

苏珊去世两年后,在巴菲特76岁生日的时候,他和阿斯特丽德在苏茜家举办了简单的婚礼,没有邀请客人,只有家人出席。阿斯特丽德身穿天蓝色的上衣和白色裤子,沃伦穿着西装。当他把一枚大大的白金婚戒戴到她的无名指上时,她激动得泪流满面。接着,他们去波仙珠宝店旁边的北梭鱼烧烤店吃晚餐。随后两人飞到旧金山参加婚礼聚会,在沙伦·奥斯伯格和大卫·史密斯夫妇家中享用传统结婚蛋糕。盖茨夫妇也参加了他们的婚礼庆祝。

品味非凡、成就不俗的沃伦·巴菲特过着简单的生活,他向来喜欢简单朴实的生活——一个妻子、一辆车子、一座多年没有翻新装修的房子、经营一家公司,和家人在一起的时间越来越多。[25]

巴菲特一直都说参天大树只是一个比喻,但小树苗在茁壮成长。

谁来接替他的工作一直是股东们关心的问题。

他有时候开玩笑说伯克希尔将由一位每周工作5天的人来接管,或者由集中了本杰明·富兰克林智慧的查理的半身像,或一个纸板像接管。他还喜欢开玩笑说自己死后也要控制公司:"嗯,我的第二手计划就是想办法看看如何通过幽灵管理公司。"没有人相信他的玩笑。还有些时候，他会这样告诉人们："我的灵魂已完全融入了伯克希尔。"在伯克希尔工作的人们和投资伯克希尔的人们都领会了巴菲特的精神。他是不可替代的，那么那些资金会怎么样呢？他去世后随即面临的一个问题就是，那些资金是分红还是大量进行股份再购入。他的继任者必须做出一些改变——伯克希尔的模式部分需要保留，部分应该变革。总部员工——少得出名——可能会随着外包工作的回归而增加。同时，人们还是认为所有的继任候选人都是在伯克希尔-哈撒韦工作的，但也未必如此。其实，董事会也会考虑在时机成熟的时候选择外部候选人接任。

巴菲特曾经说过，如果他去世30年后伯克希尔-哈撒韦依然吸引着现在的股东，将是他最高兴的事情。他正是这样安排的。他创建的一流机构可以永远运转，在他身后代代相传、生生不息。然而，做到这一切本身就是一项不俗的成就；他是这个机构的灵魂，无论如何，没有他就是一个空白。只有巴菲特可以把一切安排得完美无瑕，就像他自己的人生那样。

历史上还没有哪家公司的股东对公司首席执行官的眷恋之情胜过伯克希尔-哈撒韦的股东对巴菲特的眷恋之情。没有人像伯克希尔-哈撒韦的股东那样认为公司首席执行官就是自己的良师益友。富可敌国的他感动了无数人，许多人都觉得他是自己的故交，尽管彼此不曾谋面。但是，让人十分奇怪的就是不管巴菲特收到多少粉丝来信，不管曾经多少次亲笔签名，他从来不真正了解自己有多么受人崇拜。阅读每一封来信、每一次亲笔签名都让他兴奋不已，仿佛还是第一次。

2007年7月，道琼斯指数创下14 000点的新高，接着开始下跌。早已达到高峰的房价开始持续走低，和每一次泡沫高峰时期一样，部分原因是美联储开始提高利率所致。重新贷款困难，房主无法偿还抵押贷款，形势愈演愈烈，越来越多的人还不起贷款，出现了史无前例的贷款拖欠。

8月，出现了全球追加保证金通知现象。8个月之后，金融界爆发历史性的信用危机。大萧条以来首次出现如此严重的信用扣押。1907年的金融恐慌过后，年迈的J. P.摩根本人出面干预缓解恐慌以来，再没有出现像2008年这样的金融市场非正式干预。

危机间歇性地不断深化，往往是几周乃至几个月的平静之后再次大规模爆发，受害者犹如海滩上散落的贝壳一样无处不在。事实证明，金融衍生产品确实导致风险扩散——银行报告损失数十亿美元；澳大利亚一家医院管理公司的投资组合损失1/4；8个挪威商业中心区推测认为安全的住房抵押证券都损失了百万美元；估计各行各业的综合损失都达几百亿美元，有的甚至达到一万亿美元。像长期资本管理公司那样的优先投注全部选错了方向。人们假想出一个理性而"有效"的市场，认为头脑冷静、精于计算的买方可以阻止降价。

他们声称所有这些衍生产品都可以促进世界安全，分散风险，但是不会分散人们对特定的刺激做出的反应引发的风险。现在，你完全可以认为只持有5个运转良好的银行的信用就非常不错，完全胜过持有全球范围内数千个银行的信用，这些银行可能同时出现问题。

美联储再次降低利率，与其他中央银行合作激活其他金融应急资源。[26]然而，信用卡危机还在扩散。

借贷现象出现蔓延。道琼斯指数下跌17%，从10月的水平下降到11 740点。每次公告有公司减价出售、破产或倒闭，谣言和恐慌就开始扩散。越来越多的人开始悄悄出售房产，却找不到买方，越来越多的贷方拼命收回贷款。

2008年3月13日星期四，又一轮危机爆发，这一次是投资银行中最弱的贝尔斯登，贷方开始拒绝续贷。仿佛重新上演17年前所罗门公司的一幕，第二天星期五，贝尔斯登险些因为融资短缺而倒闭。但是这一次美联储迈出了史无前例的一步，居然拿出300亿美元担保贝尔斯登的债务——美联储第一次花钱帮助一家投资银行走出困境。星期五下午，贝尔斯登收盘价为30美元。那天晚上巴菲特仔细分析了形势。长期资本管理公司此次花钱保释贝尔斯登只是一个开头彩排，规模还很小。

随之出现的是恐慌迅速扩散——没有人必须持有贝尔斯登的账户，没有人必须贷款给它。这正是我在所罗门公司所做的事情，这其实与电子银行挤兑的做法相差无几。银行不能容忍挤兑。美联储此前没有花钱帮助投资银行走出困境，那正是我1991年在所罗门公司所做的事情。如果所罗门公司的情况继续，谁知道会有怎样的多米诺骨牌效应。至于美联储该怎么做，我没有什么正确的答案。市场的某些方面几近瘫痪。人们不希望灾难蔓延到本应该很好的机构；如果贝尔斯登倒闭，两分钟后人们就开始担心雷曼倒闭，再过两分钟就开始担心美林倒闭，人们的担忧会这样无限扩散。

巴菲特非常理智地分析了美联储做出风险选择的原因。确实没有别的办法，要么就是眼睁睁地看着金融灾难爆发，要么就是促进美元贬值，提高通货膨胀。

如果整个系统充斥着大量的流动资金，一切就会立即结束，但后患无穷。如果流动资金过量，就会立即引发严重的通货膨胀，发生许多意料之外的情况，导致经济惨败。那不是我的选择，但是如果必须做出抉择——其他人都会说倒退可能只是短期的，不会多么严重，但我要说，这是长期而严重的。

人们一定不愿意面临这样的情况：第二天一觉醒来你的钱袋子居然跑到了陌生人手中。我花了很长时间考虑这个问题，确实不希望自己翌日清晨必须付10亿美元。嗯，10亿美元我可以接受，但是可能会是更大数目，一切都是不确定的。人们必须考虑到过去从来都没有发生过的一些情况，而且总是希望手头可以有大量资金。

整个周末监管机构和银行的工作人员都在不停地辛苦工作着，就像他们早些年处理所罗门公司的情况那样。然而，这一次显然是银行的失败会引起全球金融体系的全面瘫痪。贝尔斯登是否咎由自取已不是问题所在。就在东京股市周一开盘之前，美联储宣布其出于大局考虑，支持摩根大通以很低的价格收购投资银行贝尔斯登。巴菲特曾经考虑收购贝尔斯登，但是他认为其中有太多不设限的风险因素存在。

就在宣布贝尔斯登得到保释的当天，美联储为了平息恐慌，防止雷曼兄弟发生同样的情况，确实开始大量发放流动资金：允许最大的投资银行通过"贴现窗口"借款2 000亿美元，将抵押贷款证券作为担保证券。使用贴现窗口过去只是商业银行的一种特权，从来没有在投资银行实施，通过贴现窗口可以避免在申报和资本监管方面被认为是一种借款补偿。然而，恐慌没有平息，政府这样的做法没有终了。政府开始将不良贷款认作抵押品；开始推出各种史无前例的做法努力取消对抵押贷款市场的管制，帮助陷入困境的贷方。市场权威人士称美联储救助贝尔斯登、对商业银行的投资是防止危机蔓延的唯一办法，但是也对这些做法是否可以加速经济恢复提出质疑，或许只是延缓阵痛，诱发下一次泡沫。经历7个月的时间考验，事实证明金融灾难日渐显露，美元价值———一段时间以来持续贬值——依然一路下滑。同时，油价开始上扬：到2008年7月，现货原油交易价格达到每桶144美元。

"不可思议的年代。世界完全不同了，没有人知道会发生什么，但是我和查理不看好未来趋势，没有人乐观预期。"减债是一个痛苦的过程，银行、对冲基金、金融服务机构、市政当局、建筑和旅游行业、消费者，确切说是整个经济开始倒退，它快速而痛苦，抑或慢速而痛苦，低息贷款之毒浸入不浅。资产回报可能长期低于标准水平——查理·芒格称之为"4%回报的环境"。芒格说要当心各类骗子，他们可能风行于市，因为将4%的回报提高到16%，最轻松的办法就是谎言。

2008年的春天一片混乱，巴菲特坐下来认真考虑了自己近60年的职业生涯中未曾改变的价值和风险。总有人说规则变了，但是他说只是短期来看如此而已。

巴菲特仿佛回到了童年，又开始弯腰捡"烟蒂"。他不会幸灾乐祸，但是在投资生涯中,每个人都有自己侧重的一面。这样的时候就是他最能施展才华的时候,做着自己喜欢的事情,展示一个真实的自我。

我们开始售出一些信用违约互换(针对存在破产风险的公司推出的保险),当时的情况是这些存在破产风险的公司的股票价格非常之低。我坐在那里,膝上放着当天的日报《债券买家》。有谁会认为我每天都读《债券买家》吗?不,订阅一年的《债券买家》高达2 400美元,我愿意选择按日订阅。我们把这些出价归入免税货币市场基金的失败拍卖和其他拍卖利率债券,一直都在想办法处理。同样的基金同一天同一时间在同一家交易商的利率分别是5.4%和8.2%,简直不可思议,但事实就是这样,而且优先贷款有极大优势。没有什么理由说明为何以820点交易,但是我们出价820就可能取得一笔基金,然而就在同时别人却以540点进行同样一笔基金的交易。如果有人告诉我10周前事情就是这样,我会说这和我成为男性脱衣舞者一样荒唐。我们投入了40亿美元,这可能是我一生中做得最荒唐的事情。如果说这就是有效的市场,那么字典必须重新定义"有效"一词。

是谁说免税货币市场基金可以成为"烟蒂"呢?

但是信用市场中即刻出现的所谓可行的机会更让人不可思议。最大的机会居然是抵押贷款。但是我不明白,尽管我一直在努力了解这一切。如果我认为取得了足够的安全边际,我可以去做。

不,股票是应该长期持有的东西。生产率提高,股价随之上涨。只有少数事情可以容忍错误。在错误的时间买进或卖出或者付高价,都无异于自寻短见。避开这两方面的最好办法就是购买低廉的指数基金,而且要长期购买。别人恐慌的时候你要贪婪,别人贪婪的时候你要恐慌,但切勿企图智取市场。

如果长期来讲,美国社会各行各业都会好转,那又为何费力挑选投资对象,还认为自己干得好呢?只有少数人应该成为积极的投资者。

如果说沃伦·巴菲特的人生向我们展示了什么教训，这就是其中的事实。

尽管参天大树只是一个比喻，但巴菲特认为自己可以帮助小树苗生根发芽。他从来没有不关注商业，但是在考虑如何有意义地度过自己的余生时，他又一次急切地希望给人们以谆谆告诫。一段时间以来，他一直在美国大学生中间发表演讲，亲自到各学校，或者欢迎大学生到奥马哈来。他喜欢对学生们提出忠告，因为他们没有形成顽固不化的习惯思维，依然年轻，有机会实践他的忠告。

我很早就开始滚雪球了，如果起步晚了10年，就完全没有现在这样站在山顶看风景的优势。所以，我建议学生们要蓄势待发——这样做其实非常简单，但结果完全胜过起步晚拼命追赶的情形，而且信用卡确实会导致他们落在后面。

早在2002年，强烈的紧迫感驱使之下，他就开始频繁地为大学生演讲。所到大学包括麻省理工学院、艾奥瓦大学、内布拉斯加大学威斯里安分校、芝加哥大学、韦恩州立大学、达特茅斯学院、印第安纳大学、密歇根大学、圣母大学、哥伦比亚大学、耶鲁大学、休斯敦大学、哈佛大学、拉德克利夫学院、密苏里大学、田纳西大学、加州大学伯克利分校、莱斯大学、斯坦福大学、艾奥瓦州立大学、犹他大学、得州农工大学。他的多数发言表示，致富不是人生的终极目标。然而有意思的是，正是他的财富和名声吸引着人们关注他的发言。到奥马哈拜访的大学生越来越多。

2008年，他首次荣膺全球首富。那时候，来自亚洲、拉丁美洲的学生，两三个学校一组纷纷前往奥马哈，有时候一次到达人数超过200人，有时候一个月有好几天他都要接待学生们。

前来朝圣这位奥马哈圣人的学生都得到了盛情款待（只是巴菲特现在不必凌晨4点30分亲自到他们所在的酒店，把供学生们翻阅的厚厚的年度报告送到前台了。互联网结束了他的这项使命）。大家在B夫人的内布拉斯加家具城参观,在波仙珠宝店的柜台前流连忘返。巴菲特在办公室和学生们见面。他已经有一段时间不再穿那套灰西装配高领衬衣的正装了,穿着休闲装看起来非常轻松。学生们的问题往往不限于商业领域。人生的目标是什么?一些人希望他回答这样的问题。他回答这个问题的时候和回答商业领域的问题一样——以精密的数学方式描述。

正如苏珊手术后住院康复期间,他对佐治亚理工学院的学生们所讲的:"人生的目标就是,在你期望得到关爱的人中间最大限度地争取自己受人爱戴。"

理想的社会应该是什么样子呢?他讲述了"卵巢彩票"理论。我如何找到合适的另一半呢?他说结婚(他不谈金钱)。我如何判断正误呢?按照"内部记分卡"。我的职业应该怎么规划呢?找与自己性情相投的人。我只与我喜欢的人一起工作。如果你每天早晨上班都觉得反胃,就没有找对自己的职业方向。

他给大家讲述精灵的故事。对待自己的身体要像对待自己此生拥有的唯一一部车子那样:小心呵护,每天晚上都开到车库,修复每一点凹痕,每周都要换油。他还带学生们在Gorat's牛排店吃午餐或晚餐,大家都坐在磨砂漆布桌子前大口吃着咸味排骨和双份儿的土豆饼,仿佛精灵赦免他们暂时不拘礼节一样。席间,大家非常活跃、抢着站在沃伦·巴菲特身边合影留念。某一天,或许40年后,他们的孙子辈就会相信他们讲述的自己和这位奥马哈传神谕者曾经一起聊天、一起用餐的故事。

他教给学生们的正是自己用一生的时间演绎的经验教训。

在他的人生中,他承认自己有过狂野的追求,但否认自己精心规划出现在的一切成就。他觉得很难说就是自己的妙笔创作出了这幅徐徐展开的油画巨作。在他讲述的故事中,许多幸运的事情成就了伯克希尔-哈撒韦,这样一个生钱机器只是在不经意间锋芒毕露的。公司有着一流的组织架构,志趣相投的股东们组成了芒格所称的"值得信赖的完美网络",投资组合融合了各类相关行业,资本可以随意转移,彻底弥补了浮存金的不足——他说这一切都真实反映了他的个性。最终产品是一个人们可以分析理解的模型,然而没有几个人确实理解,更多的情况是根本没有人可以仿效。人们关注的是他的富有。实际情况是,尽管巴菲特希望人们研究他的模式,但有时候还是在不经意间让人泄气,觉得研究也是毫无意义的;他同样希望人们认为自己只是每天抱着愉快的心情工作而已。

但那不是什么故意吹嘘。

事实如此。

沃伦小时候在纸上列出大量数字、在地上捡瓶盖的时候,完全不知道自己将来会有怎样的成就。他骑着自行车穿过春谷,日复一日地送报纸,在威彻斯特县的大楼里跑上跑下,努力将报纸准时送到人们手中,如果你问他想不想成为世界上最富有的人——他会非常认真地回答:"想!"

期待致富的热情驱使之下,他研究了大量的股票,一头钻进图书室和地下室认真研究别人动都不想再动的陈旧的股票记录。他一宿一宿地研究别人看来只觉得眼花缭乱的成千上万个数字。他每天早晨要认真阅读几份报纸,就像痛饮百事可乐、可口可乐那样贪婪地品读《华尔街日报》。他亲自拜访各大公司,花几小时与经营格赖夫兄弟桶业公司的女士详谈桶类业务,或者和洛里默·戴维森谈论汽车保险业务。他阅读《新杂货商》杂志,了解如何开一家肉店。度蜜月时,他在车子后座塞满了《穆迪手册》和会计分类账。他花几个月的时间阅读一个世纪以来的报纸,了解商业循环模式、华尔街的历史、资本主义的历史和现代公司的历史。他密切关注全球政局,分析其对商业的影响。他分析经济策略,顽强地让自己彻底搞明白那些经济策略的意义所在。从小时候开始,他就不错过自己崇拜之人的每一部传记,从他们的人生中吸取经验教训。他依赖可以帮助自己的每一个人,追随自己发现的每一位聪明人士。他几乎不关注商业以外的任何事情——艺术、文学、科技、旅游、建筑,因此可以完全专注于自己的所爱。他明白竞争的范围所在,努力避免错误。为了控制风险,他从不大额举债。他从来没有停止思考商业领域的事情:什么可以促成好的商业模式,什么可以导致不良的商业模式,如何参与竞争，什么可以保证客户忠于自己而不选择其他竞争对手。他处理问题的解决方案非同寻常，他的洞察力无人能及。他拥有这样的人际关系网——出于对他的友谊和他本人的睿智，大家不仅愿意伸手相助，而且在必要的时候自觉保持距离。无论生活艰难还是轻松，他从来没有停止思考赚钱之道。他的全部精力和热情都推动着自身智慧、性情和技能的不断完善。

沃伦·巴菲特热爱金钱，赚钱的游戏就是他生命中活力的源泉。对金钱的热爱让他不知疲倦：购买美国国民银行的少量股票，卖掉GEICO来买一些较便宜的股票，参加桑伯恩地图等公司的董事会，为股东的利益做出正确的决定。对金钱的热爱也让他变得独立而竞争力十足，拥有了自己的合伙企业，拒绝成为本杰明·格雷厄姆的老牌公司中一个身份卑微的合伙人。对金钱的热爱同样让他果断而强硬，适时关闭丹普斯特的物流中心，解雇李·戴蒙；决心解散西伯里·斯坦顿的董事会；同样也磨炼了他的耐心，尽管听从别人有违他的本性，但在查理·芒格坚持并购一些大型企业的时候他还是选择了听从；也磨炼了他的意志，坚强地挺过了美国证券交易委员会开展的关于蓝筹印花公司的调查，果敢镇压《布法罗新闻报》的罢工；促使他成为毫不留情的并购巨头；令他在自己的优势不占上风的时候一次次地降低标准；同样让他坚守自己的安全边际，避免了重大损失。

沃伦·巴菲特性格内向，不喜欢抛头露面，生活中需要别人帮助来走出困境。他的恐惧只是个人情感方面的，不是经济方面的；涉及钱的时候他从来没有羞怯退缩。渴望致富的热情让他在春谷勇敢地骑着自行车经过恶狗狂吠的人家，送出最后几份报纸；让他在遭遇哈佛拒绝后，勇敢地前往哥伦比亚大学拜师本杰明·格雷厄姆门下；让他迈开双脚到处说服人们订阅报纸，尽管一次一次地被拒绝；让他在第一次丧失勇气后找到力量去求助于戴尔·卡内基；让他在所罗门危机中顶住压力做出让步；让他优雅地面对了网络泡沫时代长达几年的苛刻批评，没有选择任何回击。他一生都在权衡、限制和规避风险，但最后他勇敢无比，连自己都不曾意识到。

沃伦·巴菲特从来不说自己勇敢，只是说自己精力充足、做事专一、善于推理。首先，他愿意将自己称作一位教师。长大后，他一直按照父亲给自己灌输的价值观要求自己：他说父亲教给他生活中事情"如何"要比"多少"重要得多。不断地检讨自己，毫不留情，并不是一件容易的事情。这让他非常诚实，而且急切地希望对人们提出自己的谆谆告诫。"他故意不去赚更多的钱，"芒格说，"沃伦如果不选择让公司拥有大量股东，不去维持长期合伙关系，而是选择代销佣金，他就可以赚到更多的钱。"33年利滚利多赚的钱可以让他再拥有几十亿美元，甚至几百亿美元。[27]他完全可以不顾及人们的感受，冷静分析投资回报，买进和卖出伯克希尔-哈撒韦旗下的各类业务。他完全可以在各种商业投机中宣传自己或以自己的名义牟取利益。"终究，"芒格说，"他还是不希望那么做。他有实力参与竞争，但是从来不去没有准则地参与残酷的竞争。他有自己的生活方式，拥有良好的名声和展示自己的公共舞台。而且我可以肯定的一点就是沃伦的生活因此而更加精彩。"[28]

正是他期待与大家共享知识的愿望让他不惜每年花几个月时间完成致股东的信；正是他喜欢引起公众注意的性格促使他在股东大会的时候展出活动房屋；正是他顽童一般的性格让他接手了床垫生意。他的"内部记分卡"保证他不偏离安全边际。是单纯的热爱促使他成为芒格所讲的"学习机器"。是他克服困难的本领让他做到了用自己掌握的知识推断未来。是他急于向人们提出告诫的愿望让他向世界警示危险即将发生。

沃伦77岁生日的时候，思忖着自己走过的岁月已经长达美国建国时日的1/3。毕竟年龄不饶人，像过去那样整天阅读已经越来越困难，一只眼睛视力有些下降，所以他开始保持高效阅读。他终究还是选择了助听器。他的声音比过去更加沙哑，而且身体容易疲劳，但是他的商业判断力依然敏锐。

他希望自己在未来10年依然可以像现在这样阅读每天送来的报纸。

未来的时日已然不多，但或许可以有幸多活几年。尽管他常说参天大树只是一个比喻，但自己还是在努力向上生长。他依然期待认识新朋友、完成更多的投资、继续多方出谋划策。未知的世界是无限的，他的学识依然远远不够。

只有找对了雪地才可以滚雪球，我就是这样做的。我所指的不仅仅是赚钱方面，在认识世界、结交朋友的时候同样如此。我们一生中要面临诸多选择，要争取做一个受欢迎的人，其实就是让自己的雪球在雪地上越滚越大，最好是一边前进一边选择积雪皑皑的地方，因为我们不会回到山顶重新开始滚雪球，生活正是如此。

他精心滚起来的雪球现在已经非常之大，然而他对待滚雪球的态度依旧。不管度过多少个生日，日历每翻到那一天他都感叹不已，永远都会如此，他一直认为自己就是早晨八九点钟的太阳。他从不回望山顶。

世界无限宽广，他才刚刚启程。

后　记

　　2006年10月23日，伯克希尔–哈撒韦成为美国股票市场首家股价高达10万美元的公司。到2007年底，伯克希尔的股票以每股14万美元交易，以此计算，伯克希尔–哈撒韦价值超过2 000亿美元。《巴伦周刊》杂志调查显示，伯克希尔–哈撒韦是全球最受尊敬的公司。[1]巴菲特的个人资产超过600亿美元。

　　10年来，伯克希尔–哈撒韦股票的增长率略高于12%——远远不及巴菲特早些年实现的投资增长率，那时候他的年均回报率高达27%。参天大树只是一个比喻，他总是这样讲，伯克希尔–哈撒韦的资本增长也越来越难。但伯克希尔的投资者们对"较低"的回报也非常感激。选择购买市场指数股的投资者们经历了《华尔街日报》所谓的"失落的10年"，标准普尔500指数没有什么增长，回落到1999年4月的水平。[2]巴菲特在太阳谷年会上的发言一点点得到证实，1999年股市泡沫过后，目前的状况是几百年来罕有的第三次长期市场衰落。巴菲特依然声称股票是最好的长期投资选择——前提是以合理的价格低成本买进。到2008年初，他依然在买进股票，但是热情有所减退。不论早晚，市场称量器都要赶上市场表决器。与此同时，他继续进行大量并购。

　　继比尔·盖茨和夏洛特·盖曼加入董事会之后，巴菲特又增加了几位新的董事会成员。在2002年致股东的信中，他欢迎股东们拟定自己在董事会的职位。随后收到大量来信，巴菲特当然会一一阅读；他觉得非常有趣，有几个人对自己的提名给他留下了深刻印象。但最终他还是选择了唐纳德·基奥和汤姆·墨菲在那一年加入董事会，而没有从自己提名的股东中选择董事会的新成员。显然，说得好听一些，这样的选择完全是出于个人情感，也是伯克希尔-哈撒韦的管理方式。响应美国证券交易委员会的号召，伯克希尔同意顾及股东的利益，任命董事会成员的时候采取正式程序。2007年，伯克希尔-哈撒韦的董事会又增加了一位女性，雅虎的财务总监苏珊·德克尔，又一次自然降低了董事会的平均年龄。

与此同时，巴菲特发现他喜欢这个主意：让人们自己选择在董事会的角色。他一直喜欢人们主动向他提出问题，而不愿意自己占据主动角色。2006年致股东的信中，在比尔·盖茨的推动下，他指出如果卢·辛普森和自己发生什么意外，就会危及辛普森的"一流"纪录，因而提出公开选拔辛普森的继任者。"欢迎各位发送简历。"巴菲特说。他和芒格最看重的能力就是深谙风险。全球范围内共有700人应聘接任辛普森的职位。其中的一位这样说明，"大家都说我自私无情"；许多人只是详细、非常详细地讲述自己与巴菲特的共同之处——没有对自己胜任这项工作的能力做出任何说明；还有许多人来信说他们没有相关工作经历，但是愿意师从巴菲特学习、到他的公司实习或者做他的门徒。人们的来信被放在会议室的一个大盒子里面，他都要亲自阅读，而后归类存放。最后，他选择了四位业已非常成功、从事资金管理的人士；他们已经做好接任准备。

伯克希尔-哈撒韦完成了许多新的并购。最大的一宗是2006年并购伊斯卡公司，一家以色列高度自动化的金属切削刀具公司，也是伯克希尔并购的首家美国之外的公司。他还为鲜果布衣公司并购了罗素体育用品，而且以70亿美元的保险浮存金收购了承接伦敦劳合社保险业务的Equitas保险。伯克希尔还并购了电子元件分销商TTI。2007年，巴菲特投资BNSF铁路公司，引起了铁路股的小幅火爆。巴菲特没有选择的一项投资就是《华尔街日报》。他决意不购买自己最喜欢的报纸的股票，即使2007年媒体大亨鲁伯特·默多克本人表示希望他可以持有该报的股票。一些《华尔街日报》的编辑和员工都希望他能够以挽救一份优秀刊物的名义帮助该报走出困境。但是他不会选择为富人的奖杯支付溢价,即便可以成为优秀刊物的救星。很久以前,面对《华盛顿月刊》的时候,巴菲特就毫不留情地决定,不会从自己的钱包里拿出钱来支持各类刊物。没有什么可以改变他的观点。

2008年,糖果生产商玛氏公司宣布以230亿美元并购箭牌糖类有限公司。巴菲特通过伯克希尔-哈撒韦借款65亿美元资助玛氏公司的并购,是在他认可的高盛投资银行家拜伦·特洛特的推动下进行的资助。特洛特曾经负责伯克希尔-哈撒韦的几宗并购。他明白巴菲特的想法,巴菲特说他内心铭记着伯克希尔-哈撒韦的利益。"我做了70年的品评试验。"巴菲特这样评价自己和箭牌的关系。在他小时候拒绝向弗吉尼娅·麦考布里销售单片口香糖的时候就开始维护箭牌品牌了。

决定借款给玛氏公司后,他首先想到的是打电话告诉凯莉·马奇莫尔·布洛兹,在伯克希尔的股东大会上留出一小块地方,为玛氏和箭牌向股东们销售糖果提供方便。股东大会演变为一次糖果和口香糖的迷你盛会。参加人数创下新的纪录:31 000人到会。

同样在2008年,伯克希尔还并购了Marmon集团,一家生产电子元件、铁路罐车、平台卡车、工业设备和原材料等的小型集团公司,耗资70亿美元。卖掉集团的是普里茨克家族,他们之所以决定解散是为了平息杰伊·普里茨克1999年辞世后引发的家族纠纷,杰伊·普里茨克是巴菲特的偶像。

巴菲特目睹了许多家族企业在创始人去世后爆发纠纷。他自己所做的安排已然避开了这一点,为此他感到非常欣慰。在处理完苏珊的遗嘱和对盖茨基金会进行捐赠后,巴菲特家族还是出现了小小的问题。豪伊和苏茜做着自己喜欢的事情:经营农场、负责捐赠工作。彼得在和罗伯特·雷德福协商,准备将《魂——七度火苗》作为雷德福的圣丹斯度假村的夏季年度盛会。他还与德国和中国的赞助商协商海外演出事项,而且在忙着发行最新的CD专辑《幻想王国》。

打破和谐的只有彼得收养的女儿妮科尔·巴菲特。2006年，妮科尔参加了杰米·约翰逊和尼克·库佐的纪录片《百分之一》的拍摄，该纪录片讲述富裕家庭的孩子们的故事。在纪录片中，她极不明智地将自己定位成巴菲特家族中没有被宠坏的孩子。纪录片就在巴菲特向盖茨基金会捐赠之后上演，美国有线电视新闻网和美国国家公共电台进行了后续采访，妮科尔还出现在反映美国社会阶级差别的一期奥普拉访谈节目中。巴菲特对此反应强烈，他直接告诉妮科尔他不承认她是自己的孙女，就是有人直接问到，回答也是否定的。妮科尔对奥普拉说："我来自美国最富裕的家庭之一，在一个非常富有的家庭中生活是不可思议的。"她说自己"非常坦然地"接受了没有继承财富的事实——显然是指苏珊留给孙子们的那一小笔资金中她没有拿到自己的一份——但又补充道："我觉得自己如果可以用那笔钱为他人做点什么是非常有意义的，可是我完全被排除在外了。"采访中表现出一副"卑微的自我"是她的又一个错误。

随后，她写信给巴菲特直接问他为什么不承认她。2006年8月，他回信对她表示祝福，告诉她应该为自己的成就感到自豪，而且给她提出一些宝贵的建议。[3]把自己定位成巴菲特家族的成员是一个错误，他写道：

如果你那么做，那就是你给别人的第一印象。人们在认识你的时候就会以那个"事实"为基础，而不去考虑你是谁，抑或你取得了怎样的成就。我既没有从法律上，也没有从情感上把你作为孙女，我们家里的其他人也没有把你当作他们的侄女或是堂表姊妹……一个简单的事实就是你的母亲不是我的儿媳妇，所以她的孩子不是我的孙女。

尽管回信采用非常客气的话语，但妮科尔毕竟还是触痛了他的软肋——他的身份和全家的身份。或许他愿意重新考虑一下信的内容，那封信着实给他带来了不利的影响。妮科尔或许做得不对，但她似乎是无辜的。拒绝承认妮科尔的信没有让她有所收敛，相反她又开始接受一些采访,仿佛巴菲特就是埃比尼泽·斯克罗吉①;而且《纽约邮报》的花边专栏也就此事进行了报道(《巴菲特的亲戚:你被解雇了!》),称巴菲特因妮科尔参加纪录片的录制而对她采取报复。[4]对于一位一生辛苦、从不排挤他人的人来说,这是一种带着伤痛的讽刺——但是,或许某一天故事还是会有一个皆大欢喜的结局。巴菲特可以与B夫人重归于好;或许随着时间的推移,他可以和所有他愿意和好的人不计前嫌,握手言欢。

2008年,可口可乐的股票走出低谷,上涨45%,达到每股58美元。在首席执行官内维尔·伊斯戴尔管理下公司利润稳步增长。他解除了美国司法部的调查,耗资两亿美元结束了一场种族偏见引起的歧视诉讼。巴菲特于2006年2月退出可口可乐董事会,他参加的最后一次股东大会是激进分子的又一次狂欢大会,但没有发生针对性的搏斗。2007年的股东大会在平淡中结束,伊斯戴尔宣布自己将选择退休。新任首席执行官穆赫塔尔·肯特负责公司成功转入非可乐饮料的生产,可口可乐在非可乐饮料推出方面一直滞后,而且是选择了战略性的推迟。

我一直和盖茨讲火腿三明治一定会推动可口可乐的销售,事实证明非常成功。如果不是因为这一策略的成功,多年前我们可能都不会走出困境,获得新生。

通用再保险公司是伯克希尔的另一个爱惹是生非的孩子,"9·11"事件之后得益于保险市场的火爆,2007年的年度报告显示利润创下新的纪录,税前营业利润达22亿美元,[5]而且挽回了过去的损失,相比巴菲特并购时的情况,资产负债表已经明显优化。1998年末拥有140亿美元浮存金,10年后拥有230亿美元浮存金和125亿美元资本;员工减少了近1/3,公司得到了彻底扭转。[6]从2001年起,通用再保险公司的年均资

---

① 埃比尼泽·斯克罗吉是《圣诞欢歌》中一位脾气暴躁、可怜、吝啬的老头儿。——译者注

本回报率达13.4%；如果没有"一系列影响名声的遗留问题"，这一数字可能还会更高，首席执行官乔·布兰登在给巴菲特的信中这样描述。[7]那些"遗留问题"包括前些年高达23亿美元的保险和再保险损失，以及处理公司的金融衍生产品、通用再保险证券所损耗的4.12亿美元。无论如何，通用再保险公司没有重蹈所罗门公司的覆辙，恢复了形象。巴菲特终于在2007年致股东的信中表示了自己对通用再保险公司和高层经理们的赞赏，他做了这样的描述，"他们以一流的工作态度取得了一流的业绩"，"终于恢复了公司过去的荣誉"。[8]

然而，通用再保险公司依然存在一个大的遗留问题。2001年管理改组之前干的最后一件蠢事，类似于所罗门公司的丑闻，违背了巴菲特绝不"损失公司名声"的原则。事实证明，这一事件让巴菲特全面认识了全新的执法环境，要求被告完全悔改和积极配合，原告可以随意对待被告公司。完全悔改和积极配合现在是最低标准——部分原因是所罗门公司所致。任何没有完全忏悔和积极配合的行为——例如公司为自己或员工辩护——都可以算作起诉的理由。

2004年，纽约总检察长埃利奥特·斯皮策开始调查保险行业的"有限"再保险业务之时，通用再保险公司就卷入了法律和监管问题。"有限"再保险的概念存在已有多年，简单说就是一种客户的融资或会计再保险——或者支撑资本，或者提高收入总额/延长赢利期限。有限再保险尽管合法、某种意义上讲也合理，但其普遍存在的弊端还是导致会计准则制定者花几十年的时间对其进行控制。

到华尔街工作之前，我就是参与控制有限再保险的人员之一，在进行会计准则制定的财务会计准则委员会（FASB）担任项目经理一职。我参与起草了如何进行有限再保险定义的规则。离开财务会计准则委员会后，我做了财务分析师。在普惠公司[①]工作期间，我负责报道了伯克希尔–哈

[①] 普惠公司，PaineWebber，美国的一家投资银行，2001年被瑞士联合银行集团收购。——译者注

撒韦并购通用再保险公司之时通用再保险的股票，第一次与沃伦见面是谈论并购事宜，后来一直负责报道伯克希尔-哈撒韦。沃伦此前从来没有接待过华尔街的分析师，但对我破例。他对《纽约时报》说他喜欢我的思维方式和我写的报道。

2003年，我开始创作本书之时，通用再保险公司和阿吉特·贾殷领导下的伯克希尔再保险公司都因销售有限再保险而要求接受特别调查，有限再保险业务涉嫌导致澳大利亚HIH保险公司破产。[9]两年后，通用再保险公司被控与弗吉尼亚州的一家医疗事故保险公司——美国互惠保险公司的破产关联，参与诈骗保险监管机构和保险客户。尽管美国司法部进行了广泛的指控调查，但没有发现关于通用再保险公司或其员工的任何指控。[10]同年，埃利奥特·斯皮策进行的保险行业调查推进了伯克希尔的法律调查工作，芒格、托尔斯和奥尔森通过调查发现，6位员工包括通用再保险公司前任首席执行官罗恩·弗格森和前财务总监伊丽莎白·蒙拉德，与客户美国国际集团共谋唆使会计诈骗。涉嫌诈骗的办法就是通过再保险交易欺骗投资者和华尔街的分析师（包括我本人），将5亿美元储备金转入美国国际集团，以粉饰美国国际集团的资产负债表。2005年6月，其中的两位同谋理查德·内皮尔和约翰·霍兹沃斯进行了辩诉和起诉做证，其他5人——4位通用再保险公司的高管、一位美国国际集团的高管——被控共谋和诈骗勒索。

审判于2008年1月和2月在康涅狄格州哈特福德联邦法院进行，原告利用电话录音资料证明被告采用华丽的词语反复商谈交易，引起广泛关注。被告声称"巴菲特参与"，说巴菲特同意那些交易模式，而且参与确定了交易价格。巴菲特没有被控有任何错误行为，原告声明与他无关。通用再保险公司的首席执行官约瑟夫·布兰登，在此案中被列入未起诉之共谋共犯，被告律师频繁提到他了解交易内幕。他没有申请豁免权就与联邦检察官协作工作。被告还称通用再保险公司的首席运营官塔德·蒙特罗斯也是未起诉之共谋共犯。他们三人都没有就此案做证。

我本人也受传讯，以事实见证人和专家的身份证实2000年初，我了解公司的实际财务状况之时,"确确实实"没有对美国国际集团做手脚以进行"强势买进"。在法院再三盘问之下,我证实自己与所有被告熟识。他们中的几位是我比较了解的人,但我一直认为他们都是值得尊敬的人。我还证实自己和沃伦的关系,说明我正在创作本书,还有从1992年开始和乔·布兰登就是很熟的朋友。传讯中没有提到塔德,但我和他也非常熟悉。

2008年2月,5位被告全部被宣判有罪。本书即将印刷的时候,他们就要面临审判;审判结果最重的可能要被判终身监禁,但事情也许不会那么严重。宣判有罪的被告称他们将继续上诉。

目前,我依然在受传讯,涉及纽约总检察长办公室对美国国际集团的前首席执行官汉克·格林伯格提起的控诉一案。此时,伯克希尔–哈撒韦与美国证券交易委员会和美国司法部的纠葛都没有终结。2008年4月,通用再保险公司的乔·布兰登辞职帮助解决公司与政府部门之间的纠葛。

至此,我已不便对此案进行更多评论。然而,沃伦·巴菲特的个性已了然于本书。希望读者可以通过阅读本书,对他是否会参与此案,是否会与伯克希尔–哈撒韦的客户共谋唆使诈骗有自己的看法。

最后要说的是,发起此次调查的纽约州州长埃利奥特·斯皮策,在美国国际集团的审判宣布被告有罪仅仅一个月后也辞去了州长职务。后来披露他曾经庇护一个名为皇家俱乐部的三陪服务组织。

资料搜集说明

为了准备撰写《滚雪球》的资料，我花了5年多的时间采访沃伦·巴菲特，有当面采访，也有电话采访。那时候我一连几周坐在他的办公室实地采集资料，或者跟随他到各地出差，观察他在工作中的一举一动。许多重要的观点源自我本人对沃伦的了解。我还采访了他的家人、朋友、同学、商业伙伴等——采访对象总计250人。其中一些采访持续数天，而且许多人都多次接受了采访。

沃伦确实给我很长时间着手本书的创作，让我随便翻阅他多年积累的许多细致的资料，包括档案资料和来往信件，非常幸运的一点就是他本人与许多朋友和家人一直保持着信件往来的习惯。伯克希尔-哈撒韦的大量资料帮助我确定了本书的时间轴，得以栩栩如生地展示许多细节。我本人对沃伦的理解也在一点点加深，一些内容源自我的亲身经历。资料中一些存在争议的内容在本书的尾注中进行了说明。

全书所用的引用内容是为了生动描述细节。许多引用内容由录音资料整理而成，考虑到行文流畅和篇幅长短做了些许编辑。引用都注明了出处，只有采访人要求匿名的部分没有注明出处。

在采访过程中，许多人努力回忆过去的一些谈话内容，有些是发生在几十年前的事情，所以引用的内容不可能一字不差地记录当时的谈话。不管怎样，对一些事件或谈话的再现对我创作本书非常有益。采访资料来源在尾注中进行了说明。

最后，是我本人和沃伦的广泛接触以及许多人提供的大量点点滴滴的资料促成了本书的完成，向读者呈现了这位魅力十足、睿智深邃的时代巨人。

致　谢

　　没有许多人的热心帮助就没有本书，它的面世主要依靠许多人的慷慨相助。他们当中我首先要感谢的当然是沃伦·巴菲特。他非常慷慨地给了我大量时间，让我接触他的朋友、家人以及档案资料，他的勇气值得一提——在长达5年多的创作过程中都没有干涉本书的创作风格——一直到最后印刷都没有插手。他坚信一个理智的人可以完成这一切，而且是他温和而又固执的卡内基式的风格给了我写作的勇气和做人的勇气，改变了我的人生。他对我的影响不是一段话或几页纸可以表达的——但这一切的一切，我都要说："沃伦，谢谢你！"

　　我的出版经纪人，出类拔萃的大卫·布莱克，对本书做了无懈可击的指导。我非常信任他——是他提出了我不愿意面对的一些问题——站在朋友的角度提出了最宝贵的建议。他的谈判技巧也曾经让沃伦沉默而一时无语，堪称不小的成就。

　　非常幸运的是，此书由睿智精明的欧文·阿普勒鲍姆负责出版，他是Bantam Dell出版社的总裁兼发行人，本书完成过程中是他的支持和智慧鼓舞了我。提供大力帮助的还有我的编辑安·哈里斯，是她鼓励我以完整再现主人公一生的方式创作《滚雪球》，对本书基调、前后关系和细节之处做了精细入微的编辑。后来，贝丝·拉什鲍姆进行了修订，客观地删除了第一手作者不忍自己删除的一些内容，对本书进行了无以量化的改善。《滚雪球》离不开他们两位的辛苦，我非常感激自己碰到了两位如此资深的编辑。当然，任何错误疏漏都是我个人的责任。

　　我还要感谢：Bantam出版社的洛伦·诺弗克负责这本巨作推出的许

多具体事项，弗吉尼娅·诺雷负责设计工作，安的助理安吉拉·波利多罗。还有其他人齐心协力推出了《滚雪球》：副发行人妮塔·陶布利比，发行总监吉纳·瓦赫特尔，律师马修·马丁，发行专家汤姆·莱迪、玛吉·哈特和玛格丽特·本顿，创意市场总监贝齐·赫尔斯博施和她带领的团队，销售市场总监辛西娅·拉斯基和发行总监巴布·伯格。

我创作本书的时候还担任摩根士丹利公司的顾问总监，非常感谢各位朋友和同事以及公司的支持。自始至终，我的朋友兼助理莉萨·爱德华兹都负责进行资料整理、采访安排，为我策划年度伯克希尔–哈撒韦的晚餐聚会，处理大量的其他事务，保证我的生活井然有序。劳伦·埃斯波西托帮助我进行资料研究，她也是摩根士丹利的员工，总是非常娴熟地研究重要的资料，她的财务知识大大促进了本书的完成。艺术家马里昂·埃特林格在本书创作的最后阶段给了我极大的帮助，在此我非常感谢。

多丽丝·巴菲特，罗伯塔·巴菲特·巴雷克（伯蒂），沃伦·巴菲特的孩子苏茜、豪伊和彼得，查理·芒格，比尔·盖茨和唐·格雷厄姆都提出了宝贵的意见，不惜为此花费时间，我非常感谢他们的帮助。

创作过程中，沃伦和我非常信任的人——沙伦·奥斯伯格、维纳亚·萨齐和德文·斯珀吉翁——都提供了各方面的大量帮助，包括撰写财经评论、消除我的紧张情绪。我的姐妹伊丽莎白·戴维和我父亲肯·戴维的关爱和支持促进了本书的完成。大卫·莫耶总是在我需要的时候及时出现，深深体会了与一个抓紧时间写作的人在一起生活的滋味，开玩笑说自己是"流放中的未婚夫"，我累了的时候可以在他的肩膀上靠一靠，他的建议、笑声、爱和浪漫无处不在。他和沙伦·奥斯伯格、贾斯廷·贝内特是本书最早的读者，没有他们的评论和建议，《滚雪球》就会拙劣许多。

许许多多的个人和组织为本书搜集资料提供帮助、授权使用照片和复印资料，以各种不同的方式为本书的推出提供了直接或间接的帮助。非常感谢卡罗尔·艾伦、赫伯特·艾伦、埃德·安德森和琼·帕森斯、简和布赖恩·巴比亚克、布鲁姆金一家、哈尔·博思威克、戴比·博赞科、贝齐·鲍恩、乔·布兰登、菲尔·布鲁克斯、凯莉·布洛兹、简和约翰·克利里、卡洛·科尔克、罗伯特·康特、杰拉德·科里根、迈克尔·达利、利·安·伊莱赛、斯图尔特·埃里克森、保罗·菲什曼、辛西娅·乔治、乔治·吉莱斯皮、里克·格林、马克·汉堡、卡罗尔·海耶斯、利兹·希尔顿、马克·扬科夫斯基、豪伊·杰森夫妇、格拉迪丝·凯泽、唐纳德·基奥、汤姆和弗吉尼娅·纳普、玛格丽特·兰登、阿瑟·兰利、大卫·拉勒贝尔、斯坦福·利普西、杰克·梅菲尔德、约翰·迈克法兰、迈克尔·麦吉夫尼、维恩·麦肯齐、小查尔斯·芒格、莫利·芒格、温迪·芒格、托尼·奈斯利、多萝茜·奥伯特、罗恩·奥尔森、查克·彼得森、苏珊·雷恩弗、罗德·拉思本、德布·雷、埃里克·罗森菲尔德、奈尔·罗西妮、弗雷德·莱因哈特、迈克·鲁德、加里·罗森伯格、埃迪丝·鲁宾斯坦恩、迈克尔·拉戴尔、理查德·斯坦图利、沃尔特·施洛斯、卢·辛普森、卡罗尔·斯克莱卡、斯坦利·斯波金法官、玛丽·斯坦顿·普洛登·沃德劳、克里斯·斯塔罗、鲍勃·沙利文、杰弗里·瓦伊塔尔、马歇尔·温伯格、希拉·韦策尔、布鲁斯·惠特曼、杰基·威尔逊、阿尔·扎内,以及许多要求匿名的人。

我还要感谢以下公司和组织：道格拉斯县历史学会、GEICO、格林尼治急诊医疗服务中心、Greif公司、哈佛商学院、哈佛法学院、梅里克图书馆、小马丁·路德·金的华盛顿公共图书馆、摩根士丹利、美国国家档案馆、美国国家赔偿公司、内布拉斯加家具城、新贝德福德免费公共图书馆、新贝德福德捕鲸博物馆、纽约公共图书馆、奈特捷、奥马哈媒体俱乐部、《奥马哈世界先驱报》、《杰出投资人文摘》、劳斯莱斯基金会、罗斯希尔学校、鲁安·坎尼夫—戈德法布公司、美国证券交易委员会、威彻斯特县各部门。

注 释

Chapter 1

1. This quote, or its variation, "Behind every great fortune there is a great crime," is cited endlessly without a specific source: for example, in Mario Puzo's *The Godfather* and in commentary on The Sopranos and on the Internet bubble. This pithier version condenses what Honoré de Balzac actually wrote in *Father Goriot*: "The secret of a great success for which you are at a loss to account is a crime that has never been found out, because it was properly executed."

Chapter 2

1. Herbert Allen made an exception for Ken Auletta, the first and only time a writer was allowed to attend and write about Sun Valley. "What I Did at Summer Camp" appeared in the *New Yorker*, July 26, 1999.

2. Interview with Don Keough. Other guests commented on Buffett's role at Sun Valley as well.

3. Except Donald Trump, of course.

4. Dyan Machan, "Herbert Allen and His Merry Dealsters," Forbes, July 1, 1996.

5. Elephant herds are matriarchal, and the females eject the males from the herd as soon as they are old enough to become dominant and aggressive. Then the solitary males approach herds of females, trying to mate. However, this isn't exactly the way human elephant-bumping works.

6. Allen & Co. does not release the numbers, but the conference was said to cost around $10 million, more than $36,000 per invited family. Whether $5 or $15 million, that pays for a lot of flyfishing and golf over the course of a long weekend. Much of the money pays for the conference's exhaustive security and logistics.

7. Buffett likes to tell a joke about having worked his way up to this exalted state: starting from a trailer, then the lodge, then a lesser condo, and so forth.

8. Herbert Allen's son Herbert Jr. is usually referred to as "Herb." However, Buffett refers to Herbert Sr. as "Herb" as a mark of their friendship, as do a few other people.

9. This portrait of Sun Valley and the impact of the dotcom billionaires is drawn from interviews with a number of people, including investment managers with no ax to grind. Most asked not to be named.

10. Allen & Co. and author estimate. This is the total assets under management of money managers who attend the conference, added to the personal fortunes of the guests. It represents their total economic power, not their consumption of wealth. By comparison, the capitalized value of the U.S. stock market at the time was about ten trillion dollars.

11. $340,000 per car in Alaska, Delaware, Hawaii, Montana, New Hampshire, both Dakotas, Vermont, Wyoming, and throw in Washington, D.C., to boot (since the District of Columbia is not a state).

12. Interview with Herbert Allen.

13. Buffett had spoken twice before at the Allen conference, in 1992 and 1995.

14. Buffett and Munger preached plenty to their shareholders at Berkshire Hathaway annual meetings, but this preaching to the choir doesn't count.

15. Al Pagel, "Coca-Cola Turns to the Midlands for Leadership;" *Omaha World-Herald*, March 14, 1982.

16. Buffett's remarks have been condensed for readability and length.

17. PowerPoint is the Microsoft program most often used to make the slide presentations so ubiquitous in corporate America.

18. Interview with Bill Gates.

19. Corporate profits at the time were more than 6% of GDP, compared to a long-term average of 4.88%. They have since risen to over 9%, far above historic standards.

20. Over long periods the U.S. economy has grown at a real rate of 3% and a nominal rate (after inflation) of 5%. Other than a postwar boom or recovery from severe recession, this level is rarely exceeded.

21. American Motors, smallest of the "Big Four" automakers, sold out to Chrysler in 1987.

22. Buffett is speaking metaphorically here. He admits to investing in things with wings a time or two, and not with good results.

23. Buffett first used this story in his 1985 chairman's letter, citing Ben Graham, who told the story at his tenth lecture in the series Current Problems in Security Analysis at the New York Institute of Finance. The transcripts of these lectures, given between September 1946 and February 1947, can be found at http://www.wiley.com//legacy/products/subject/finance/bgraham/ or in Benjamin Graham and Janet Lowe, The Rediscovered Benjamin Graham: Selected Writings of the Wall Street Legend. New York: Wiley, 1999.

24. A condensed and edited version of this speech was published as "Mr. Buffett on the Stock Market" Fortune, November 22, 1999.

25. PaineWebber-Gallup poll, July 1999.

26. Fred Schwed Jr., *Where Are the Customers' Yachts*? or, A Good Hard Look at Wall Street. New York, Simon & Schuster, 1940.

27. Interview with Bill Gates.

28. Keynes wrote: "It is dangerous...to apply to the future inductive arguments based on past experience, unless one can distinguish the broad reasons why past experience was what it was," in a book review for Smith's Common Stocks as Long-Term Investments in Nation and Athenaeum in 1925 that later became the preface for Keynes, The Collected Writings of John Maynard Keynes. Vol. 12, Economic Articles and Correspondence; Investment and Editorial. Cambridge: Cambridge University Press, 1983.

29. The comedian Mort Sahl used to end his routine by asking, "Is there anyone I haven't offended?"

30. According to a source who overheard them and would rather remain nameless.

31. Interview with Don Keough.

Chapter 3
1. Interview with Charlie Munger.

2. Parts of Munger's explanation are taken from three lectures on the psychology of human misjudgment, and his commencement address to the Harvard School on June 13, 1986, both as found in Poor Charlie's Almanac, The Wit and Wisdom of Charles T. Munger, edited by Peter D. Kaufman. Virginia Beach, Va.: Donning Company Publishers, 2005. The rest is from interviews with the author. Remarks have been edited for brevity and clarity.

3. Interview with Charlie Munger.

4. Munger's driving habits are described in Janet Lowe, Damn Right.t Behind the Scenes with Berkshire Hathaway Billionaire Charlie Munger. New York: John Wiley & Sons, 2000.

5. Required to produce a doctor's note to prove he was blind in one eye and qualified for a special license at the California Department of Motor Vehicles, Munger refused and offered to take out his glass eye instead.

6. Munger's doctor used an older type of surgery that had a higher complication rate. Rather than blame the doctor, Munger claims he should have done more research on doctors and types of surgery himself.

7. Buffett's interest in such products as pig stalls and egg counters is limited; he reviews some of these statistics in a summarized form.

8. Despite the complaints of passengers, Buffett has never, to the author's knowledge, been responsible for an accident, only near heart attacks.

9. Beth Botts, Elizabeth Edwardsen, Bob Jensen, Stephen Kofe, and Richard T. Stout, "The Cornfed Capitalist" Regardie's, February 1986.

Chapter 4
1. Buffett predicted up to 6% growth in the market per year, but gave historical ranges of no growth, and the underlying math suggested that figure could be high. The 6% was a hedged bet.

2. S&P is Standard & Poor's Industrial Average, the most widely used measure of the overall stock market's performance. S&P includes reinvested dividends. Berkshire does not pay a dividend. All numbers are rounded.

3. "Toys 'R' Us. vs. eToys, Value vs. Euphoria," Century Management, http://www.centman.com/Library/Articles/Aug99/ToysRUsvsEtoys.html. In March 2005, Toys "R" Us agreed to a takeover offer from private equity firms Kohlberg Kravis Roberts & Co., Bain Capital, and real estate group Vornado Realty Trust in a deal valued at $6.6 billion.

4. Interview with Sharon Osberg.

5. Buffett, speaking to the Oquirrh Club, "An Evening with Warren Buffett" October 2003.

Chapter 5
1. Warren's sister Doris Buffett, the family genealogist, has done extensive research on the Buffett family tree. This abbreviated account of the early ancestors is drawn from her research.

2. Either Nathaniel or Joseph.

3. This was the largest and finest of the livery stables in town, with seventy horses at its peak, boasting sleighs, buggies, a circus bateau, and even a hearse. It prospered for a number of years but disappeared sometime around the early days of the automobile. "Six Generations Prove That Buffett Family Is Really Here to Remain," Omaha World-Herald, June 16, 1950.

4. Orville D. Menard, "Tom Dennison... The Rogue Who Ruled Omaha" Omaha, March 1978. John Kyle Davis, "The Gray Wolf: Tom Dennison of Omaha," Nebraska History, Vol. 58, No. 1, Spring 1977.

5. "Dry Law Introduced as Legislators Sing" Omaha World-Herald, February 1, 1917.

6. "Omaha's Most Historic Grocery Store Still at 50th and Underwood," Dundee and West Omaha Sun, April 25, 1963.

7. Zebulon Buffett, letter to Sidney Buffett, December 21, 1869.

8. Sidney's store was originally named Sidney H. Buffett and Sons, where both brothers, Ernest and Frank, worked. The store originally sat at 315 South 14th Street downtown, where it stayed until its closing in 1935. Frank took over as sole proprietor after Sidney's death in 1927. In 1915, Ernest opened a branch store, which moved west to 5015 Underwood Avenue in Dundee in 1918. (At the time Dundee was a separate town, eventually annexed by Omaha.)

9. A third child, named Grace, died in 1926. Three more, George, Nellie, and Nettie, died at young ages in the nineteenth century.

10. Warren Buffett quoting Charlie Munger.

11. According to Doris Buffett, she was born Daisy Henrietta Duvall and began to call herself Henrietta (after her mother) rather than Daisy by the time she arrived in Omaha.

12. Charles T. Munger letter to Katharine Graham, November 13, 1974.

13. Ernest Buffett letter to Barnhart & Son, February 12, 1924.

14. Interview with Charlie Munger. His mother told him this story, although, he notes, "she may have been garnishing it just a bit." But others recall the notebook.

15. In letters like one to his son Clarence in January 1931, he analyzed the effect of railroad automation on unemployment and suggested that the best solution for the Great Depression was a great public-works project. It seems ironic that he and his son Howard became such foes of Roosevelt when he initiated the Works Progress Administration after the next election.

16. Ernest Buffett letter to Fred and Katherine Buffett, undated, "ten years after you were married," circa June 1939.

17. He died young, in 1937, in an auto accident in Texas.

18. Coffee with Congress, radio interview with Howard, Leila, Doris, and Roberta Buffett, WRC Radio, October 18, 1947, Bill Herson, moderator. (Note: This description is based on a tape of the broadcast.)

19. Interview with Doris Buffett.

20. Based primarily on family files.

21. Bryan's "Cross of Gold" speech, delivered on July 9, 1896, has been called the most famous political speech in American history. Bryan is best remembered for opposing the gold standard and for getting involved in the Scopes case, where the famous lawyer Clarence Darrow made him look foolish for testifying against teaching evolution in schools. In fact his interests were broader and less extreme and his contemporary influence greater than he is generally remembered for today.

22. Family files. Bernice blamed her father for marrying into a family with genetic mental defects, begetting children who would suffer the result.

23. Leila was a freshman at Nebraska during the 1923~1924 academic year, according to the Cornhusker yearbook, when Howard was a junior. On Coffee with Congress, Howard noted that they met in the fall of 1923, when Leila was 19. Because students usually entered college at 17, this suggests she worked for about two years before starting. She pledged Alpha Chi Omega as a freshman in the 1923~24 school year, but was still classified as a freshman in 1925, suggesting she went home to work on the newspaper and returned in the spring of 1925.

24. Probably in fall 1923.

25. Howard was secretary of the Innocents (Daily Nebraskan, September 27, 1923). This group persisted for many more years, until, as Buffett puts it, "the day came when they couldn't find thirteen who were innocent."

26. Coffee with Congress.

27. Interview with Roberta Buffett Bialek.

28. At Harry A. Koch Co., whose motto was "Pays the Claim First." He made $125 a month.

29. Receipt from Beebe & Runyan, December 21, 1926, annotated by Leila.

30. They were married December 26, 1925.

31. February 12, 1928.

32. Howard became a deacon in 1928 at the age of 25.

33. Address to the American Society of Newspaper Editors, Washington, D.C., January 25, 1925.

Chapter 6

1. Even so, only three in a hundred Americans owned stocks. Many had borrowed heavily to play the market, entranced by John J. Raskob's article, "Everybody Ought to Be Rich" in the August 1929 Ladies' Home Journal and Edgar Lawrence Smith's proof that stocks outperform bonds (Common Stocks as Long-Term Investments. New York: The MacMillan Company, 1925).

2. "Stock Prices Slump $14,000,000,000 in Nation-Wide Stampede to Unload; Bankers to Support Market Today," New York Times, October 29, 1929; David M. Kennedy, Freedom from Fear, The American People in Depression and War, 1929~1945. New York: Oxford University Press, 1999; John Brooks, Once in Golconda, A True Drama of Wall Street; 1920~1938. New York: Harper & Row, 1969. Roger Babson's famous warning, "I repeat what I said at this time last year and the year before, that sooner or later a crash is coming," was useless.

3. Kennedy, Freedom from Fear. Kennedy notes that interest payment on the national debt rose from $25 million annually in 1914 to $1 billion annually in the 1920s due to World War I, accounting for one-third of the federal budget. The actual budget in 1929 was $3.127 billion a year (Budget of the U.S. Government, Fiscal Year 1999—Historical Tables, Table 1.1—Summary of Receipts, Outlays, and Surpluses or Deficits: 1789~2003. Washington, D.C.: Government Printing Office).

4. By the bottom tick on November 13, the market had lost $26 to $30 billion of its roughly $80 billion precrash value (Kennedy, op. cit., Brooks, op. cit.). World War I cost approximately $32 billion (Robert McElvaine, The Great Depression: America, 1929~1941. New York: Three Rivers Press, 1993; also Hugh Rockoff, It's Over, Over There: The U.S. Economy in World War I, National Bureau of

Economic Research Working Paper No. 10580).

5. Charlie Munger reported that all the Buffetts, including those employed elsewhere, worked at the store, in a letter to Katharine Graham dated November 13, 1974.

6. Coffee with Congress.

7. Roger Lowenstein, Buffett: The Making of an American Capitalist. New York: Doubleday, 1996.

8. Roger Lowenstein, in Buffett, cites Leila Buffett's memoirs for this fact.

9. Ernest Buffett letter to Mr. and Mrs. Clarence Buffett and Marjorie Bailey, August 17, 1931.

10. "Union State Bank Closes Doors Today: Reports Assets in Good Condition; Reopening Planned," Omaha World-Herald, August 15, 1931. Characteristically, the story understated the bank's dire situation. It went into reorganization under regulatory supervision and filed for bankruptcy.

11. Howard had borrowed $9,000 to buy $10,000 of stock in the bank. The stock was now worthless. The house and mortgage were in Leila's name. Standard Accident Insurance Company, Howard Homan Buffett application for fidelity bond.

12. "Buffett, Sklenicka and Falk Form New Firm," Omaha Bee News, September 8, 1931. Statement of Buffett, Sklenicka & Co. for the month ending September 30, 1931.

13. The wave crested in December 1931 with the failure of the Bank of the United States, an officialsounding institution that had nothing to do with the government. The $286 million collapse broke a record, took down 400,000 depositors, and was understood by everyone—in one sense or another—as a failure of public trust (Kennedy, Freedom from Fear). It kicked the quivering legs out from under the banking system and sent the already battered economy into collapse.

14. Although its return on revenues was low, the firm by then was consistently profitable and would remain so, with the exception of a couple of months.

15. By the end of 1932, Howard Buffett was averaging 40%~50% more in commissions than in 1931, based on financial statements of Buffett, Sklenicka & Co.

16. Charles Lindbergh Jr., "The Little Eaglet," was kidnapped on March 1, 1932. His body was found on May 12, 1932. Many parents in the 1920s and 1930s were preoccupied with kidnapping, a fear that actually began with the Leopold and Loeb case in 1924 but peaked with the Lindbergh baby. An Omaha country-club groundskeeper claimed he was kidnapped and robbed of $7. In Dallas a minister faked his own kidnapping, trussing himself to his church's electric fan (Omaha World-Herald, August 4, 1931, and June 20, 1931).

17. According to Roberta Buffett Bialek, Howard once had rheumatic fever, which may have weakened his heart.

18. Interview with Doris Buffett.

19. Interview with Doris Buffett. Warren also remembers this.

20. Interview with Roberta Buffett Bialek.

21. Interviews with Jack Frost, Norma Thurston-Perna, Stu Erikson, Lou Battistone.

22. The correct clinical term for Leila's condition is unknown, but it may have boiled down to a literal pain in the neck: occipital neuralgia, a chronic pain disorder caused by irritation or injury to the occipital nerve, which is located in the back of the scalp. This disorder causes throbbing, migrainelike pain, which originates at the nape of the neck and spreads up and around the forehead and scalp. Occipital neuralgia can result from physical stress, trauma, or repeated contraction of the neck muscles.

23. Interview with Katie Buffett. This may have been while pregnant with either Warren or Bertie.

24. Interview with Katie Buffett.

25. "Beer Is Back! Omaha to Have Belated Party," Omaha World-Herald, August 9, 1933; "Nebraska Would Have Voted Down Ten Commandments, Dry Head Says," Omaha World-Herald, November 15, 1944; "Roosevelt Issues Plea for Repeal of Prohibition," Associated Press, July 8, 1933, as printed in Omaha World-Herald.

26. U.S. and Nebraska Division of Agricultural Statistics, Nebraska Agricultural Statistics, Historical Record 1866~1954. Lincoln: Government Printing Office, 1957; Almanac for Nebraskans 1939, The Federal Writers' Project Works Progress Administration, State of Nebraska; Clinton Warne, "Some Effects of the Introduction of the Automobile on Highways and Land Values in Nebraska," Nebraska History quarterly, The Nebraska State Historical Society, Vol. 38, Number 1, March 1957, page 4.

27. In Kansas, a banker sent to foreclose on a farm turned up dead, shot full of. 22-and. 38-caliber bullets and dragged by his own car. "Forecloser on Farm Found Fatally Shot," Omaha World-Herald, January 31, 1933. See also "'Nickel Bidders' Halted by Use of Injunctions," Omaha World-Herald, January 27, 1933; "Tax Sales Blocked by 300 Farmers in Council Bluffs," Omaha World-Herald, February 27, 1933; "Penny Sale Turned into Real Auction," Omaha World-Herald, March 12, 1933; "Neighbors Bid $8.05 at Sale When Man with Son, Ill, Asks Note Money," Omaha World-Herald, January 28, 1933, for examples of the mortgage crisis.

28. "The Dust Storm of November 12 and 13, 1933," Bulletin of the American Meteorological Society, February 1934; "60 Miles an Hour in Iowa," special to the New York Times, November 13, 1933; Waudemar Kaempffert, "The Week in Science: Storms of Dust," New York Times, November 19, 1933.

29. Also cited from Leila's memoirs in Roger Lowenstein's Buffett.

30. From the Almanac for Nebraskans 1939. Sponsored by the Nebraska State Historical Society, which also contained some tall tales such as the idea of scouring pots by holding them up to a keyhole.

31. "Hot Weather and the Drought of 1934," Bulletin of the American Meteorological Society, June-July 1934.

32. Grasshoppers are the informal state mascot; Nebraska terms itself the "Bugeater State." Long before the Cornhuskers name, the University of Nebraska football team called itself the "Bugeaters" in 1892 in honor of its flying guests. Nebraska football fans still informally call themselves Bugeaters. Grasshoppers love drought conditions and contribute to soil erosion by devouring every living plant down to the black earth. From 1934–1938 the estimated national cost of grasshopper destruction was $315.8 million (about $4.7 billion in 2007 dollars). The region encompassing Nebraska, the Dakotas, Kansas, and Iowa was the epicenter of grasshopper infestation. See Almanac for Nebraskans 1939; also Ivan Ray Tannehill, Drought: Its Causes and Effects. Princeton: University Press, 1947.

33. "Farmers Harvest Hoppers for Fish Bait," Omaha World-Herald, August 1, 1931.

34. As asserted in Franklin Delano Roosevelt's inaugural address (March 4, 1933)—he was speaking, however, of economic paralysis.

35. Lacking electronic security and thoughtful cash controls, banks were more vulnerable to robbery in those days, and an epidemic of bank robberies took place in the 1930s.

36. Several Buffetts, including Howard and Bertie, contracted polio. Another epidemic took

place in the mid–1940s. People born after the vaccine became available in the 1950s and '60s may find the chronic anxiety this disease engendered difficult to comprehend, but it was very real at the time.

37. In 1912, twenty-five people were injured when a howling wind derailed a train near North Loup, Nebraska, according to the Almanac for Nebraskans 1939.

38. Ted Keitch letter to Warren Buffett, May 29, 2003. Keitch's father worked at the Buffett store.

39. Interview with Doris Buffett.

40. Howard wanted his children to attend Dundee's Benson High School instead of Central, where he had suffered from snobbery.

41. Marion Barber Stahl was a partner in his own firm, Stahl and Updike, and had become counsel to the New York Daily News, among other clients. He and his wife, Dorothy, lived on Park Avenue and had no children. Obituary of Marion Stahl, New York Times, November 11, 1936.

42. Interview with Roberta Buffett Bialek.

43. Interviews with Roberta Buffett Bialek, Warren Buffett, Doris Buffett.

44. Interview with Doris Buffett.

45. September 9, 1935, at the Columbian School.

46. Interview with Roberta Buffett Bialek as well as Warren Buffett.

Chapter 7

1. Adults interviewed by the author who attended Rosehill as children recall it as idyllic, yet the year before Warren started first grade, Rosehill parents pleaded for relief from overcrowded rooms and a "mud hole" playground. They were told not to expect help "until the sheriff collects back taxes". "School Plea Proves Vain," Omaha World-Herald, January 22, 1935.

2. Interview with Roberta Buffett Bialek.

3. Walt Loomis, the teacher of the boxing lesson, was a big kid, about Doris's age.

4. Interview with Roberta Buffett Bialek.

5. Stella's doctors referred to her as schizophrenic, while noting she suffered annually from predictable periods of agitation and confusion, and indicated that her personality did not deteriorate as expected in schizophrenia. Based on family history and Bernice's statement that other older relatives in addition to Stella's mother, Susan Barber, were "maniacal" and mentally unstable, bipolar disorder may be suspected as the real condition. This disease was barely understood, to say the least, in the 1930s and '40s.

6. From an entry in Leila's "day book."

7. In an interview, one of his classmates, Joan Fugate Martin, recalled Warren showing up on his rounds periodically to "shoot the breeze" in her driveway.

8. Interview with Roberta Buffett Bialek.

9. Interviews with Stu Erickson, Warren Buffett.

10. According to his Rosehill transcript, Warren was promoted to 4B in 1939.

11. Interview with Stu Erickson.

12. "My appendectomy was the high point of my social life," Buffett says.

13. "I wish one of those nuns had gone bad," he says today.

14. Rosco McGowen, "Dodgers Battle Cubs to 19-Inning Tie," New York Times, May 18,

1939.(Warren and Ernest did not stay for the entire game.)

15. Ely Culbertson, Contract Bridge Complete: The New Gold Book of Bidding and Play. Philadelphia: The John C. Winston Co., 1936.

16. This explanation of bridge was provided by Bob Hamman, eleven-time world champion and #1-ranked bridge player in the world between 1985 and 2004. Hamman appears at the Berkshire shareholders' meeting.

Chapter 8

1. Warren bought the gum for three cents a pack from his grandfather.

2. Interviews with Doris Buffett, Roberta Buffett Bialek.

3. Two presidents, Ulysses S. Grant and Theodore Roosevelt, had previously sought election to a third term. Both were defeated.

4. The Trans-Lux Corporation placed the first ticker-tape projection system at the New York Stock Exchange in 1923. The system worked something like a fax machine. Trans-Lux knew a good thing when it saw one: The company's own stock was listed on the American Stock Exchange in 1925, and Trans-Lux remains the oldest listed company on the Amex today.

5. Frank Buffett had reconciled with Ernest on Henrietta's death in 1921 and ran the other Buffett store. John Barber was a real estate agent.

6. Pyramid schemes are frauds that promise investors impossible returns, using cash from later investors to pay off earlier investors and create the appearance of success. To keep going, the scheme has to grow like a pyramid, but their geometrically compounding structure guarantees eventual failure and discovery.

7. Alden Whitman, "Sidney J. Weinberg Dies at 77; 'Mr. Wall Street' of Finance" New York Times, July 24, 1969; Lisa Endlich, Goldman Sachs:The Culture of Success. New York: Knopf, 1999.

8. That Weinberg cared about his opinion mattered more than the opinion itself; Buffett has no recollection of which stock he recommended to Weinberg.

9. Buffett later said, in an interview, that these were the words that ran through his head— "that's where the money is" —although at the time he was not familiar with the famous quote attributed to bank robber Willie Sutton.

10. Almost a decade later, he would lower the age to 30 while talking to his sister Bertie, who was 14 or 15 at the time. Interview with Roberta Buffett Bialek.

11. Buffett believes he overheard his father talking about the stock, which traded on the "Curb Exchange," where brokers gathered in the street (later organized into the American Stock Exchange).

12. From the records of Buffett, Sklenicka & Co.

Chapter 9

1. "All these handouts in Europe are being used by the politicians to retain and expand their own power." "U.S. Moving to Socialism," citing Howard Buffett, Omaha World-Herald, September 30, 1948.

2. Roosevelt said this in Boston on October 30, 1940, while campaigning for his third term, fourteen months before Pearl Harbor.

3. Leila Buffett letter to Clyde and Edna Buffett, undated but approximately 1964.

987

4. United States Department of Agriculture and Nebraska Department of Agriculture, Nebraska Agricultural Statistics (preliminary report) 1930. Lincoln, Government Printing Office, 1930, p. 3.

5. Buffett's impression of 1940s South Omaha was vivid: "If you walked around down there in those days, believe me, it was not conducive to eating hot dogs."

6. John R. Commons, "Labor Conditions in Meat Packing and Recent Strike," The Quarterly Journal of Economics, November 1904; Roger Horowitz, "'Where Men Will Not Work': Gender, Power, Space and the Sexual Division of Labor in America's Meatpacking Industry, 1890–1990," Technology and Culture, 1997; Lawrence H. Larsen and Barbara J. Cottrell, The Gate City: A History of Omaha. Lincoln: The University of Nebraska Press, 1997; Harry B. Otis, with Donald H. Erickson, E. Pluribus Omaha: Immigrants All. Omaha: Lamplighter Press (Douglas County Historical Society), 2000. Horowitz, commenting specifically on Omaha, points out that slaughterhouses in 1930 were still organized much the same way as portrayed in Upton Sinclair's 1906 novel The Jungle.

7. In 2005, the GAO cited "respiratory irritation or even asphyxiation from exposure to chemicals, pathogens, and gases" as a current occupational risk for industry workers in GAO 05-95 Health and Safety of Meat and Poultry Workers. See also Nebraska Meatpacking Industry Workers Bill of Rights (2000), a "voluntary instrument" whose "reach has been modest" according to Joe Santos of the state labor department, as cited by Human Rights Watch in its report Blood, Sweat and Fear: Workers' Rights in the U.S. Meat and Poultry Industry, December 2004.

8. This description of Washington in wartime owes much to David Brinkley's Washington Goes to War (New York: Alfred A. Knopf, 1988).

9. With so many men off to war, 15% of the city's buses and trolleys sat idle. The Capital Transit company refused to hire blacks as conductors and motormen after it hired one black conductor in 1943 and the white conductors walked off the job. (Over the course of 1944 and 1945, J. Edgar Hoover, Director of the FBI, reported to the Attorney General that "If the company employs Negroes as operators there will be an immediate 'wildcat' strike.. and the inevitable result would be the complete paralysis of the transportation system in the District of Columbia." (Office memorandums re: racial conditions in Washington, D.C., September 5, 1944, and December 9, 1944, from Georgia State Special Collections.)

10. Howard University students used "stool-sitting" on two occasions: In April 1943, at Little Palace cafeteria, until the proprietor changed his policy, and a year later, with fifty-six students at Thompson's Restaurant, where some whites joined the cause, a crowd gathered, and the police got Thompson's to serve everyone, temporarily. (Flora Bryant Brown, "NAACP Sponsored SitIns by Howard University Students in Washington, D.C., 1943~1944," The Journal of Negro History, 85.4, Fall 2000).

11. Dr. Frank Reichel headed American Viscose.

12. Interviews with Doris Buffett, Roberta Buffett Bialek, Warren Buffett.

13. Buffett is probably embellishing a little here with hindsight.

14. Interview with Roberta Buffer Bialek.

15. Gladys, formerly known as Gussie, changed her name to Mary sometime during this period. Warren vainly pursued a romance with her daughter Carolyn, who later married Buffett's friend Walter Scott.

16. Warren claims it was Byron's idea. Byron claims it was Warren's idea. Stu says he can't

remember.

17. Joan Fugate Martin, who remembers the date, in an interview corroborated the story. She called the boys perfect gentlemen, but had nothing to add about their self-confessed awkwardness.

18. Interviews with Stu Erickson and Byron Swanson, who supplied various details of the story.

19. The phone number is from a letter from Mrs. Anna Mae Junno, whose grandfather used to work as a meat cutter.

20. The lowly stock boy was Charlie Munger.

21. Interview with Katie Buffett.

22. Ibid. Leila had a striver's fascination with social hierarchies and upward mobility.

23. "You might argue that it was working in my grandfather's grocery store that fostered a tot of desire for independence in me," Buffett says.

24. This letter, which was at one time one of Buffett's treasured heirlooms, resided in his desk drawer for many years, written on a piece of yellow paper. He can no longer locate it. Through a trade association, Ernest lobbied against chain stores and worked for legislation that would levy special taxes on them—in vain.

25. Interview with Doris Buffett.

26. Warren Buffett letter to Meg Greenfield, June 19, 1984.

27. Sadly, no one in the family can locate a copy of this manuscript today.

28. Spring Valley marketing brochure. The place had its own coat of arms.

29. "Women Accepted for Volunteer Emergency Service." Before the WAVES, the Navy accepted women only as nurses.

30. Alice Deal Junior High School was named after the first junior high principal in Washington, D.C.

31. Buffett is reasonably sure Ms. Allwine was his English teacher and that "she had good reason" for her low opinion of him. "I deserved it," he says.

32. Interview with Casper Heindel.

33. "I'm not sure I paid tax on that either," Warren adds.

34. In her memoir, Leila wrote that Warren would not let her touch the money.

35. Roger Bell, who confirms the story in an interview, was saving war-bond stamps until he had enough to buy an actual bond, and cashed them in to fund the trip. "I told my mother we were going, but she didn't believe me," he says.

36. Interview with Roger Bell.

37. From Buffett's 1944 report cards.

38. Based on comments in his report cards.

39. Interview with Norma Thurston-Perna.

40. Queen Wilhelmina owned stock in the Dutch holding company that had bought The Westchester.

41. He collected the bus passes from various routes. "They were colorful. I collected anything." Asked if anyone else in his family ever collected anything: "No. They were more popular."

42. Customers also discarded old magazines in the stairwells, and Warren would pick them up.

43. While Warren recalls the story, it was Lou Battistone who remembered its fascinating details.

44. Interview with Lou Battistone.

989

Chapter 10

1. This particular prank letter circulated widely in the mid-twentieth century. Where the idea originated and from whom Warren might have gotten a copy is unknown. What makes this fondly recalled prank funny (putting aside whether or how often he actually perpetrated it and upon whom) is how it plays to the commonplace interest in hidden lives and feet of clay. Its essence is a tribute to the power of shame.

2. The impact of Sears, the first department store in Tenleytown, and its unusual rooftop parking lot are described in Judith Beck Helm's Tenleytown, D.C.: Country Village into City Neighborhood. Washington, D.C.: Tennally Press, 1981.

3. In an interview, Norma Thurston-Perna substantiates the essential elements of this story, recalls her boyfriend Don Danly "hooking" from Sears with Warren, adds that to some extent this behavior continued into high school, and mentions how annoyed she was to discover that an impressive honeysuckle fragrance and bath powder set given to her by Don as a birthday gift turned out to have been stolen from Sears.

4. A letter from Suzanne M. Armstrong to Warren Buffett, December 20, 2007, recalls a friend of her father's cousin, Jimmy Parsons, stealing golf balls with Buffett while at Woo&ow Wilson High School.

5. Hannibal was the antihero of the book and movie The Silence of the Lambs.

Chapter 11

1. See John F. Kennedy, Profiles in Courage (NewYork: HarperCollins, 1955) for an admiring portrait of Taft written from the perspective of the other side of the aisle.

2. From 1933, when the U.S. went off the gold standard, through 1947, the Consumer Price Index fluctuated wildly, spiking over 18%. The history of the Federal Reserve under inflationary conditions was short and provided little evidence to support an opinion either way.

3. Interview with Roberta Buffett Bialek. The others remember this story.

4. Coffee with Congress.

5. Interview with Katie Buffett. Leila apparently became obsessed with Wallis Warfield Simpson around 1936 during the abdication crisis in England.

6. Woodrow Wilson's terms ran through February and June. Because Warren had skipped half a grade, he started his sophomore year in February.

7. Cartoonist Al Capp Created Li'l Abner, who inherited his strength from his mother, the domineering Mammy Yokum, whose knockout "Good night Irene" punch maintained discipline among the Yokum clan.

8. Interview with Doris Buffett.

9. Battistone recalls Howard giving them a lift at least part of the way.

10. Although most of this information is from Strength and Health, Elizabeth McCracken wrote "The Belle of the Barbell," a tribute to Pudgy Stockton, in the New York Times Magazine, December 31, 2006.

11. Pudgy was married to Les Stockton, a bodybuilder who had introduced her to weight lifting.

Chapter 12

1. "It was never any big success at all... it did not do well. It did not do terribly either. And it didn't

last very long," says Buffett.

2. In interviews, Roger Bell and Casper Heindel, as well as Warren Buffett, helped remember details about the farm. Buffett believes he bought this from or through his uncle John Barber, a real estate broker.

3. Interview with Casper Heindel. More than half of all Nebraska land was farmed by tenant farmers. Real property ownership with mortgages was unpopular because unstable crop prices left farmers vulnerable to foreclosure.

4. Interview with Norma Thurston-Perna.

5. In an interview, Lou Battistone observes that he noticed the "two sides" of Buffett's brain in high school—the cool mathematical businessman and the burlesque-watching one—while at the burlesque.

6. Interview with Lou Battistone.

7. Buffett told this story at Harvard Business School in 2005.

8. Carnegie was a salesman for Armour & Co., covering the Omaha territory; the compatibility of his views with Buffett's temperament probably owes something to a shared Midwestern ethos.

9. All text, Dale Carnegie, How to Win Friends and Influence People. New York: Simon & Schuster, 1938. Copyright Dale Carnegie & Associates. Courtesy of Dale Carnegie & Associates.

10. Dale Carnegie quoting John Dewey.

11. The average man earned $2,473 a year in 1946, according to the U.S. Department of Commerce, Bureau of the Census, Historical Statistics of the United States: Colonial Times to 1970, Bicentennial Edition. Washington, D.C.: Government Printing Office, 1975, Series D-722-727, p. 164.

12. According to Lou Battistone in an interview.

13. According to a newspaper advertisement on July 24, 1931, at early Depression-era prices a dozen years earlier, quality refurbished golf balls cost three for $1.05.

14. Interview with Don Dedrick, a golf teammate from high school.

15. Interview with Lou Battistone.

16. "We were the only guys that paid the fifty-dollar stamp tax on pinball machines," Warren says. "I'm not sure we would have done it if my dad hadn't been insisting."

17. Interview with Lou Battistone. The name "Wilson" came from Woodrow Wilson High School.

18. An essay into barbershop food concession ended quickly after the peanut dispenser, filled with five pounds of Spanish nuts, broke and got customers a handful of peanuts mixed with ground glass.

19. Dialogue and expressions used by Buffett in this story came from Lou Battistone, although the facts align with Buffett's recollection.

20. Interview with Don Dedrick.

21. In one version of this story, told by a high school friend of Buffett's who was not present, Kerlin was too smart to fall for it and never made it to the golf course. Whatever happened, Buffett's version is, not surprisingly, funnier.

Chapter 13

1. Interview with Katie Buffett.

2. While this story sounds buffed and polished over the years, the tone of it rings true. Letters

from Warren at college to his father a couple of years later have the same breeziness.

3. Interview with Stu Erickson.

4. Interview with Don Dedrick.

5. Interview with Bob Dwyer.

6. According to Gray, Buffett also jokingly dreamed up an idea for a magazine called Sex Crimes Illustrated while they were on the train to the Havre de Grace racetrack.

7. Interview with Bill Gray, now Emeritus Professor of Atmospheric Science at Colorado State University and head of the Tropical Meteorology Project.

Chapter 14

1. The class size is approximate because Woodrow Wilson had, in effect, two classes graduating in parallel (February and June graduates); students like Warren could shift from February to the previous June by taking a few extra credits. The school described Buffett's top 50 ranking as falling in the top "one-seventh" of his class.

2. Barbara "Bobby" Weigand, who remembers only the hearse. Doris Buffett recalled the family debate about the hearse.

3. Interviews with Bob Feitler, Ann Beck MacFarlane, Waldo Beck. David Brown became brotherin-law of Waldo Beck, Ann Beck's brother.

4. Interviews with Bob Feitler, Warren Buffett. Note that, because he was using the car for commercial purposes, Buffett would probably have been able to get extra gas coupons at a time when gas was tightly rationed.

5. The term "policy" probably came from the Gaelic pá lae sámh (pronounced paah lay seeh), which means "easy payday," a nineteenth-century Irish-American gambling term.

6. The bill generated fierce anti-Taft labor reprisals in the Midwest.

7. Interview with Doris Buffett.

8. Estimate based on data supplied by Nancy R. Miller, Public Services Archivist, The University Archives and Record Center, University of Pennsylvania.

9. Jolson, a vaudeville singer, was the most popular stage entertainer of the early twentieth century. He made famous such songs as "You Made Me Love You" "Rock-a-Bye Your Baby with a Dixie Melody," "Swanee," "April Showers," "Toot, Toot, Tootsie, Goodbye," and "California, Here I Come." He performed "My Mammy" in blackface in the 1927 movie The Jazz Singer, the first feature film to enjoy widespread commercial success. Jolson was voted "Most Popular Male Vocalist" in a 1948 Variety poll on the back of a film about his life, The Al Jolson Story, which repopularized him to a younger generation. Performing in blackface would be considered racist today but was ubiquitous and unremarkable at the time.

10. "My Mammy," words by Sam Lewis and Joe Young; music by Walter Donaldson, copyright 1920.

11. Rich Cohen, "Pledge Allegiance." From Killed: Great Journalism Too Hot to Print, ed. David Wallace. New York: Nation Books, 2004.

12. Interview with Clyde Reighard.

13. Coffee with Congress.

14. Interview with Chuck Peterson.

15. Interview with Clyde Reighard.

16. Interviews with Chuck Peterson, Sharon and Gertrude Martin.

17. Interview with Anthony Vecchione, as quoted in Roger Lowenstein, Buffett: The Making of an American Capitalist. New York: Doubleday, 1996.

18. Peterson recalls that he stuck it out all year—or, well, almost.

19. Interview with Doris Buffett.

20. Kenesaw Mountain Landis, Segregation in Washington: A Report, November 1948. Chicago: National Committee on Segregation in the Nation's Capital, 1948.

21. Interview with Bob Dwyer.

22. Don Danly, as quoted in Lowenstein, Buffett. Danly is deceased.

23. Interview with Norma Thurston-Perna.

24. Interview with Barbara Worley Potter.

25. Interview with Clyde Reighard.

26. Beja, as quoted in Lowenstein, Buffett. Beja is deceased.

27. Interview with Don Sparks.

28. Shoe-shining was a big thing at Penn; a typical pledge haze was to shine the actives' shoes.

29. In an interview, Reighard recalled the outlines of the story. Buffett became a close friend of the victim Beja's roommate, Jerry Oransky (renamed Orans), who is deceased.

30. Interview with Barbara Worley Potter.

31. Interview with Ann Beck MacFarlane, who thinks the date was engineered by her parents and Leila Buffett.

32. Susan Thompson Buffett described her husband circa 1950 this way.

33. Interview with Clyde Reighard.

34. Interview with Bob Feitler.

35. Interview with Clyde Reighard.

36. Interview with Anthony Vecchione, as quoted in Lowenstein, Buffett.

37. Interview with Martin Wiegand.

38. "Buffett Lashes Marshall Plant," Omaha World-Herald, January 28, 1948. Buffett campaign literature also describes foreign aid as money down the rat hole.

39. June 5, 1948, dedication of Memorial Park.

40. Last will and testament of Frank D. Buffett, filed February 19, 1949.

41. Approved application to the county court of Douglas County, Nebraska, April 14, 1958. The bonds were allowed to mature, since the will said proceeds of any property "sold" could only be invested in U.S. bonds. Given the opportunity cost and interest rates, Howard's move was wise.

42. Leila Buffett's day books. "It's Cold—But Remember that Bitter Winter of '48–'49?" Omaha World-Herald, January 6, 1959.

43. Commercial & Financial Chronicle, May 6, 1948.

44. Interview with Doris Buffett.

45. Interview with Lou Battistone.

46. Interview with Sharon Martin.

47. Interviews with Waldo Beck and Ann Beck MacFarlane, to whom Brown repeated the story.

Chapter 15

1. They would sell 220 dozen balls for a total of $1,200.

2. Warren Buffett letter to Howard Buffett, February 16, 1950.

3. He asked Howard to advance him $1,426 that the broker required him to keep on deposit, signing off, "Yours, for lower auto profits, Warren." Warren Buffett letter to Howard Buffett, February 16, 1950.

4. Warren Buffett letter to Jerry Orans, May 1, 1950, cited in Roger Lowenstein, Buffett: The Making of an American Capitalist. New York: Doubleday, 1996.

5. "Bizad Students Win Scholarships," Daily Nebraskan, May 19, 1950.

6. Benjamin Graham, The Intelligent Investor: A Book of Practical Counsel. New York: Harper & Brothers, 1949.

7. Garfield A. Drew, New Methods for Profit in the Stock Market. Boston: The Metcalf Press, 1941.

8. Robert D. Edwards and John McGee, Technical Analysis of Stock Market Trends. Springfield, Mass.: Stock Trend Service, 1948.

9. Wood, as cited in Lowenstein, Buffett. Wood is deceased. He told Lowenstein he was not sure when this conversation took place—before Buffett was rejected by Harvard or as late as after when he had started at Columbia, but it was apparently before he met Graham himself.

10. According to Buffett, Howard Buffett was acquainted with one of the board members.

11. Columbia University in the City of New York, announcement of the Graduate School of Business for the winter and spring sessions 1950~1951, Columbia University Press.

Chapter 16

1. In his memoir, Man of the House (New York: Random House, 1987), the late Congressman Tip O'Neill recalled that his pastor, Monsignor Blunt, said it was a sin for Catholics to go to the Protestant-managed YMCA. O'Neill and a Jewish friend stayed at the Sloane House anyway. The regular rate in the 1930s was sixty-five cents a night, but, O'Neill said, "If you signed up for the Episcopal service, it was only thirty-five cents, with breakfast included. We were nobody's fool, so we signed up for the thirty-five-cent deal and figured to duck out after breakfast and before the service. But apparently we weren't the first to think of this brilliant plan, because they locked the doors during breakfast, which meant that we were stuck." By the 1950s, there was no longer a "pray or pay" deal at the Sloane House. "If there had been" Buffett says, "I would have experienced a revelation and embraced whatever denomination offered the greatest discount."

2. Buffettis not certain if the smoking deal applied to all three of the Buffett kids or only his sisters, but they all got the $2,000 on graduation on roughly the same terms.

3. Most of the money was invested in U.S International Securities and Parkersburg Rig & Reel, which he replaced with Tri-Continental Corporation on January 1, 1951. Howard contributed most of the money and Warren contributed the ideas and work, or "sweat equity," to an informal partnership.

4. Benjamin Graham and David L. Dodd, Security Analysis, Principles and Technique. New York: McGraw-Hill, 1934.

5. Barbara Dodd Anderson letter to Warren Buffett, April 19, 1989.

6. David Dodd letter to Warren Buffett, April 2, 1986.

7. The Union Pacific Railroad in the nineteenth century was the most scandal-plagued and bankruptcy-riddled of the nation's railroads.

8. William W. Townsend, Bond Salesmanship. New York: Henry Holt, 1924. Buffett read this book three or four times.

9. Interview with Jack Alexander.

10. And, according to Buffett, one woman, Maggie Shanks.

11. Interview with Fred Stanback.

12. Anyone of a certain age from the Mid-Atlantic region would still recognize the slogan, "Snap back with Stanback," and "neuralgia" as an old-fashioned term for a bad headache.

13. The SEC's Regulation FD now bars selective disclosure of material nonpublic information and requires that it be disseminated simultaneously by companies to the market on a timely basis.

14. At $2,600 a year, Schloss as an investor was making less than the average secretary in 1951, who took home $3,060, according to a survey of the National Secretaries Association.

15. Interview with Fred Stanback.

16. Interview with Walter Schloss. Some material is from The Memoirs of Walter J. Schloss. New York : September Press, 2003.

17. Benjamin Graham, The Memoirs of the Dean of Wall Street. New York: McGraw-Hill, 1996.

18. Stryker & Brown was the "market maker," or principal dealer, in Marshall-Wells stock.

19. Marshall-Wells was the second Graham and Dodd stock he had bought, after Parkersburg Rig & Reel. Stanback confirms the lunch with Green, but can't recall the date.

20. Not, as has been written, from Who's Who in America. However, he may have learned it from reading Moody's, hearing it from David Dodd or Walter Schloss, or from a newspaper or magazine source.

21. Due to a legal technicality, this divestiture of GEICO stock was required in a consent order with the SEC in 1948. Graham-Newman violated Section 12(d)(2) of the Investment Company Act of 1940, although "in the bona fide, though mistaken, belief that the acquisition might lawfully be consummated." A registered investment company (Graham-Newman was "a diversified management investment company of the open-end type") cannot acquire more than 10% of the total outstanding voting stock of an insurance company if it does not already have 25% ownership.

22. GEICO oral history interview of Lorimer Davidson by Walter Smith, June 19, 1998, and also see William K. Klingaman, GEICO, The First Forty Years. Washington, D.C.: GEICO Corporation, 1994, for a condensed version of this story.

23. Making $100,000 in 1929 was equivalent to making $1,212,530 in 2007.

24. By 1951, GEICO was deemphasizing mailings in favor of platoons of friendly telephone operators who answered the phone at regional offices and were trained to quickly screen bad risks.

25. A type of auto insurer called "nonstandard" specializes in these customers, surcharging them, say, 80%. USAA and GEICO at the time were "ultra-preferred" companies, specializing in the best risks.

26. The main problem with tontines was that people were gambling with their life insurance policies instead of using them as protection. Originally a "survivor bet" expulsion from a tontine pool was later based on failure to pay premiums for any reason. "It is a tempting game; but how cruel!" Papers

Relating to Tontine Insurance, The Connecticut Mutual Life Insurance Company, Hartford, Conn.: 1887.

27. Office Memorandum, Government Employees Insurance Corporation, Buffett-Falk & Co., October 9, 1951.

Chapter 17

1. Benjamin Graham, The Memoirs of the Dean of Wall Street. New York: McGraw-Hill, 1996. Anecdotal material from this source has been verified with Warren Buffett.

2. In 1915, members of the Grossbaum family, like many American Jews, began to anglicize their name to Graham in response to the anti-Semitism that flourished during and after World War I. Ben's family made the change in April 1917. Source: November 15, 2007, speech by Jim Grant to the Center for Jewish History on "My Hero, Benjamin Grossbaum."

3. Graham was born in 1894, the year of one of the biggest financial panics in American history, which was followed by the depression of 1896~1897, the panic of 1901, the panic of 1903~1904 ("Rich Man's Panic"), the panic of 1907, the war depression of 1913~1914, and the postwar depression of 1920~1922.

4. Benjamin Graham, Memoirs.

5. Ibid.

6. Ibid.

7. Traditionally, people came to Wall Street in one of two ways. Either they entered the family business by following a relative into the job, or, having no such connection, they "came up through the hawsehole," to use a nautical expression common on Wall Street at the time, starting young as a runner or board boy and working their way up, like Sidney Weinberg, Ben Graham, and Walter Schloss. Attending business school with the conscious intention of working on Wall Street was essentially unheard of until the early 1950s because most areas of finance, and especially the art of security analysis, had not developed as academic disciplines.

8. Details of Graham's early career are from Janet Lowe's Benjamin Graham on Value Investing: Lessons from the Dean of Wall Street. Chicago: Dearborn Financial Publishing, 1994.

9. Graham believed that one could be swayed by personality and salesmanship by going to meetings with a company's management, so this was partly a way of remaining dispassionate. But Graham was also not particularly interested in human beings.

10. Interview with Rhoda and Bernie Sarnat.

11. As cited by Lowe.

12. Benjamin Graham, Memoirs.

13. Ibid.

14. Interview with Jack Alexander.

15. In Security Analysis, Principles, and Technique (New York: McGraw-Hill, 1934), Benjamin Graham and Dodd stressed that there is no single definition of "intrinsic value," which depends on earnings, dividends, assets, capital structure, terms of the security, and "other" factors. Since estimates are always subjective, the main consideration, they wrote—always—is the margin of safety.

16. The apt analogy to Plato's cave was originally made by Patrick Byrne.

17. Often this was because the kind of undervalued stocks he liked were illiquid and could not be

purchased in large positions. But Buffett felt that Graham could have followed a bolder strategy.

18. Interview with Jack Alexander.

19. Interview with Bill Ruane.

20. Interviews with Jack Alexander, Bill Ruane.

21. Schloss, in his memoir, wrote with warm affection of his wife, Louise, who "battled depression throughout her entire adult life." They remained married for fifty-three years, until she died in 2000.

22. Interview with Walter Schloss.

Chapter 18

1. Mary Monen, sister of Dan Monen, who would later become his lawyer.

2. Susie's parents were friends of Howard and Leila Buffett, but their children attended different schools, so they did not socialize.

3. Interview with Roberta Buffett Bialek. Susie was born June 15, 1932. Bertie was born November 15, 1933.

4. Earl Wilson was the saloon writer for the New York Post. In describing Newsday scribe Jimmy Breslin, Media Life Magazine defined a saloon writer as the purveyor of "a certain style of journalism that's peculiar to New York, and a bit peculiar in itself, where the writer journeys about the places where ordinary people can be found and writes of their visions of the human condition."

5. A well-known women-only residence still in operation today (at 419 W. 34th Street in New York City).

6. Vanita, in a Valentine letter to Warren, February 1991, poses the possibility that she "never liked cheese sandwiches and that I just ate them to please." (In this letter, as at some other times, she spells her middle name "May" instead of "Mae" as in her youth.)

7. This description came from various letters from Vanita, reminiscing about her dates with Warren—January 1, 1991, February 19, 1991, January 1, 1994, many undated; Buffett agrees.

8. Susan Thompson Buffett, as told to Warren Buffett in 2004. He does not remember this but adds that, of course, he wouldn't.

9. Buffett says that, despite her antics, he was never intimidated by Vanita. "I wouldn't have had the guts to stick Pudgy in a wastebasket," he says. "I mean, she'd have beaten the hell out of me." For her part, Vanita later claimed to Fred Stanback that the incident never happened—although she did have some incentive to downplay the histrionic side of her personality to Fred.

10. As Charlie Munger puts it, Buffett narrowly missed a disastrous marriage when he "escaped the clutches of Vanita."

11. "A Star Is Born?" Associated Press, Town & Country magazine, September 24, 1977.

12. Information on William Thompson comes from a variety of sources, including interviews with Warren, Roberta, and Doris Buffett and other family members, and "Presbyterian Minister Reviews Thompson Book," Omaha World-Herald, January 5, 1967; "Old 'Prof' Still Feels Optimistic About Younger Generation," Omaha World-Herald, March 28, 1970; "W. H. Thompson, Educator, Is Dead," Omaha World-Herald, April 7, 1981; "O.U. Alumni Honor Dean," Omaha World-Herald, May 15, 1960.

13. As supervisor of the school system's IQ testing, Doc Thompson had access to and, according

to Buffett, knew Warren's IQ. Indeed, the IQ test results for the three little Buffetts may have intrigued him, given their remarkably high—and remarkably similar scores.

14. In an interview, Marge Backhus Turtscher, who attended these services, wondered what on earth motivated Thompson to make the long trip each Sunday to preach at this tiny church. Thompson also once published a book, The Fool Has Said God Is Dead. Boston: Christopher Publishing House, 1966.

15. Susan Thompson Buffett told this story to various family members.

16. In many patients, rheumatic fever causes mild to serious heart complications (in Howard Buffett's case, at least moderate complications), but based on her subsequent health history, Susan Thompson appears to have been among the 20%~60% who escape significant carditis, or long-term damage to the heart.

17. Warren, Doris Buffett, Roberta Buffett Bialek, Susie Buffett Jr., and other Buffetts talk of this striking film.

18. Interview with Raquel "Rackie" Newman.

19. Al Pagel, "Susie Sings for More Than Her Supper," Omaha World-Herald, April 17, 1977.

20. Interviews with Charlene Moscrey, Sue James Stewart, Marilyn Kaplan Weisberg.

21. According to some high school classmates who asked not to be identified.

22. Interviews with Donna Miller, Inga Swenson. Swenson, who went on to become a professional actress, played Cornelia Otis Skinner opposite Thompson's Emily Kimbrough.

23. A composite taken from interviews with Inga Swenson, Donna Miller, Roberta Buffett Bialek, and John Smith, whose brother Dick Smith took Susie dancing.

24. Interviews with Sue James Stewart, Marilyn Kaplan Weisberg. Stewart, who was Sue Brownlee in high school, had access to a car and drove her best friend Susie to Council Bluffs for dates with Brown.

25. Interviews with Roberta Buffett Bialek, Warren Buffett, Doris Buffett, Marilyn Kaplan Weisberg.26. "I don't think anything as exciting has ever happened to me," Bertie told the college newspaper. "This is what we sent her to Northwestern for?" wondered Howard.

27. The Wildcat Council acted as guides for campus visitors and leaders during New Student Week. Members joined by petitioning the council for membership (Northwestern University Student Handbook, 1950~1951).

28. Interview with Milton Brown, who says he would have depledged had the roles been reversed.

29. Interview with Sue James Stewart. Susie, a self-described "personal theist," flirted with Buddhism, a nontheistic religion, all her life and often referred to Zen or to herself as a "Zen person." It is fair to say she used the terms "Zen" and "theist" loosely.

30. Al Pagel, "Susie Sings..."

31. Interview with Roberta Buffett Bialek.

32. Interviews with Chuck Peterson, Doris Buffett.

33. Interview with Charlie Munger.

34. Interview with Milton Brown. In a minor footnote to the story, this was the only time Brown ever entered the Buffetts' house.

35. Interview with Sue James Stewart.

36. "I can see her in those dresses now," Buffett says, a poignant statement from a man who does not know the color of his own bedroom walls.

注 释

37. "Debaters Win at Southwest Meet," Gateway, December 14, 1951.
38. "ASGD Plans Meet for New Members," Gateway, October 19, 1951.
39. Warren Buffett letter to Dorothy Stahl, October 6, 1951.
40. Susan Thompson Buffett, as conveyed to Warren Buffett.
41. Interview with Milton Brown.
42. The United States airlifted food and supplies into West Berlin during 1948 and 1949 during a Soviet blockade in which the Soviet Union attempted to seize the entire city, which had been partitioned after World War II.
43. Buffett recalls a literal three-hour lecture. A conversation of such length was almost certainly the result of him working himself up to ask the question while Doc Thompson carried on.

Chapter 19

1. The net gain on investments was $7, 434. He also put $2, 500 into the account that he'd saved from his pay working at Buffett-Falk.
2. Delving a little further into Buffett's reasoning about the valuation of an insurance business: "The stock was trading around forty dollars and therefore the whole company was selling for about seven million. I figured the company would be worth as much as the premium volume, roughly, because they would get the investment income on 'float' that was pretty close to dollar-for-dollar, maybe with the premium income. Plus, they'd have the book value. So I figured it would always be worth at least as much as the premium. Now, all I had to do was get to a billion dollars of premium income and I was going to be a millionaire."
3. This company later became ConAgra. Buffett-Falk had apparently managed a $100, 000 preferred-stock offering for it as an investment banker—at the time not a trivial transaction.
4. Interview with Margaret Landon, the secretary at Buffett-Falk.
5. According to Walter Schloss in an interview, the Norman family, who were heirs of Julius Rosenwald of Sears, Roebuck, "received GEICO stock because they were big investors in Graham-Newman. When the Normans wanted to put more money with Graham-Newman, they gave Ben Graham the GEICO stock he had distributed to them instead of putting cash in. Warren is out in Omaha, and he's buying GEICO. But Graham didn't know he was selling to Warren, and Warren couldn't figure out why Graham-Newman was selling it." The distribution of GEICO stock by Graham-Newman is also described in Janet Lowe's Benjamin Graham on Value Investing: Lessons from the Dean of Wall Street. Chicago: Dearborn Financial Publishing, 1994.
6. Interview with Bob Soener, who called him "Buffie" in those days.
7. As seen in a photograph taken in the classroom.
8. Interview with Lee Seeman.
9. People attended the class partly to get stock ideas. This was the only time he resembled Ben Graham in giving out ideas. He did so mainly because he had more ideas than money.
10. Interview with Margaret Landon. Her memory of him is in this posture, reading.
11. Office Memorandum, Cleveland Worsted Mills Company, Buffett-Falk Company, September 19, 1952.
12. Interview with Fred Stanback.
13. Buffett traded two stocks personally, Carpenter Paper and Fairmont Foods. While astute

999

enough to set the firm up as a market maker and trade the stocks, he was immature (albeit witty) enough to refer to the CEO of Fairmont Foods, D. K. Howe, as "Don't Know Howe."

14. Bill Rosenwald later founded the United Jewish Appeal of New York.
15. Interviews with Doris Buffett, Roberta Buffett Bialek.
16. Interview with Fred Stanback.
17. Interview with Chuck Peterson.
18. Brig. Gen. Warren Wood of the 34th National Guard Division.
19. Interview with Byron Swanson.
20. Interview with Fred Stanback.
21. Susie told Sue Brownlee (Sue James Stewart) this the week after she returned from her honeymoon. Interview with Sue James Stewart.
22. Wahoo is best known as the birthplace of movie mogul Darryl E Zanuck.
23. "Love Only Thing That Stops Guard," Omaha World-Herald, April 20, 1952.
24. Interview with Buffett. Also, Brian James Beerman, "Where in the Hell Is Omaha?" Americanmafia.com, March 21, 2004.

Chapter 20

1. General Douglas MacArthur made a halfhearted run for the nomination but was eclipsed by Taft. He and his former aide Eisenhower were bitter enemies.
2. Interview with Roberta Buffett Bialek.
3. David L.Dodd, Associate Dean, Columbia University, letter to Warren Buffett, May 20, 1952.
4. This was the same Robert Taft who had cosponsored the Taft-Hartley Act, much favored among businessmen but despised by broad swaths of Americans. In short, Taft represented the extreme end of the party, which made him less likely to capture moderate voters.
5. Ironically, many in this faction promoted tariffs, government farm supports, and tough labor laws desired by their small-business and farm constituents, even though this may have seemed inconsistent with their other views on government. Another famous member of this group was popular Nebraska Senator Ken Wherry, the "merry mortician," famous for malapropisms such as calling Indochina "Indigo China," addressing the chairman as "Mr. Paragraph," and offering his "unanimous opinion." Time, June 25, 1951. Wherry died shortly before the election.
6. The leaders of this wing of the party were Henry Cabot Lodge and Nelson Rockefeller, despised by Howard Buffett and like-minded Republicans as rich East Coast Ivy League elitists who abandoned core Republican principles to join forces with Democrats whenever it furthered their own pragmatic interests and those of "big business."
7. "Top GOP Riff Closed But Not the Democrats'," New York Times, September 14, 1952; Elie Abel, "Taft Rallies Aid for GOP Ticket," New York Times, October 5, 1952.
8. Howard Buffett wrote to former president Hoover, October 23, 1952: "I have no enthusiasm for Eisenhower, but your decision to support his election is good enough for me." He apparently changed his mind after this letter was written.
9. Interview with Roberta Buffett Bialek.
10. Interview with Katie Buffett, who recalled this conversation and found it amusing. "Warren's

probably forgotten he told me that one," she said.

11. Susan Goodwillie Stedman, recalling personal interview with Susan Thompson Buffett conducted November 2001, courtesy of Susan Goodwillie Stedman and Elizabeth Wheeler.

12. Interview with Susan T. Buffett.

13. Interviews with Mary and Dick Holland, Warren Buffett.

14. Interviews with Racquel Newman, Astrid Buffett.

15. The IQ story is a family tale, but since Dr. Thompson was in charge of IQ testing for the whole school system, it has at least some credence. Within the family, Dr. Thompson often tested his daughters and grandchildren while he was creating new psychology and intelligence tests.Whatever her IQ, Dottie was considered no dummy.

16. This story is related in Leila Buffett's diary. Also, Gabe Parks, "Court Has Nomination Vote Vacancy," Omaha World-Herald, July 4, 1954.

17. "Buffett May Join Faculty at UNO," Omaha World-Herald, April 30, 1952; Buffett-Falk and Company announcement, Omaha-World Herald, January 9, 1953; "Talks on Government Scheduled at Midland," Omaha World-Herald, February 6, 1955; "Buffett Midland Lecturer in 1956," Omaha World-Herald, February 15, 1955.

18. Warren Buffett letter to "Pop" Howard Buffett, dated "Wednesday," presumed August 4, 1954. "Scarsdale G.I. Suicide, Army Reports the Death of Pvt. Newton Graham in France," New York Times, August 3, 1954. The entire text of the item read: "Frankfurt, Germany, Aug. 2 (Reuters)—Pvt. Newton Graham of Scarsdale, N.Y., committed suicide at La Rochelle, France, the United States Army announced today." Newton—named after Sir Isaac Newton—was the second of Graham's sons to be named Isaac Newton; the first had died of meningitis at age nine. Noting Newton's increasing mental instability, which he labeled "highly neurotic, even probably schizophrenic," Graham had written letters trying to get him discharged from the army, but failed. (Benjamin Graham, The Memoirs of the Dean of Wall Street. New York: McGraw-Hill, 1996.)

19. Susie Buffett Jr. says she had a crib.

20. Using the term "pay" loosely, since all of the earnings are not actually paid out as a dividend. This distinction was once the subject of heavy academic debate as to the discount that should be imputed to a stock's valuation for earnings that were not paid out. The premium assigned to companies that pay dividends has waned for a number of reasons. See also the reference to "The Frozen Corporation" in Chapter 46, "Rubicon."

21. Interview with Fred Stanback.

22. His personal investment return that year was 144.8%, compared to 50.1% for the DJIA.

23. Union Underwear was the predecessor to Fruit of the Loom.

24. Buffett recalled this classic story in an interview.

25. Interview with Sue James Stewart.

26. Interview with Elizabeth Trumble.

27. Interview with Roxanne Brandt.

28. I Love Lucy, Season 1, Episode 6, November 11, 1951.

29. Buffett's exact quote was "I can see her pulsing and moaning as she said, 'Tell me more...'"

Chapter 21

1. Berkshire Hathaway chairman's letter, 1988.

2. The tax code exemption applied to LIFO inventory liquidations. For tax purposes Rockwood used LIFO accounting, which let it calculate profits using the most recent cocoa-bean prices, which minimized taxes. Correspondingly, cocoa beans were carried in inventory at old prices. A large taxable profit would therefore occur if it sold the inventory.

3. Pritzker created a business conglomerate through his investing activities, but is best known as founder of the Hyatt hotel chain.

4. At the onset of the exchange period, Accra cocoa beans, which made up half of Rockwood's 13million-pound pile, were trading at $0.52 a pound. The price dropped to $0.44 per pound by the conclusion of the exchange period. The price of these beans had hit a high of $0.73 per pound in August 1954, causing candy companies to shrink the size of their 5 candy bars. George Auerbach, "Nickel Candy Bar Wins a Reprieve," New York Times, March 26, 1955; "Commodity Cash Prices," New York Times, October 4 and 20, 1954.

5. Letter to Stockholders of Rockwood & Co., September 28, 1954.

6. From the 1988 chairman's letter in the Berkshire annual report to shareholders, which contains a brief description of the Rockwood transaction.

7. The speculator's return on the contract also reflects his funding cost. For example, if the speculator broke even on a three-month contract—net of his fee—the contract would actually be unprofitable, considering the speculator's funding cost.

8. In the futures market, the difference between a speculator and a hedger (or "insured") is essentially whether an underlying position in the commodity exists to be hedged.

9. Interviews with Tom Knapp and Walter Schloss, as well as Buffett.

10. Warren Buffett letter to David Elliott, February 5, 1955.

11. Based on its profile in Moody's Industrial Manual, Rockwood traded between $14.75 and $85 in 1954 and between $76 and $105 in 1955. Buffett held on to the shares through 1956. Profit on the trade is estimated. Rockwood traded above $80 a share during early 1956, based on the Graham-Newman annual report.

12. In the letter to David Elliott noted above (February 5, 1955), Buffett explains that Rockwood is his second-largest position (after Philadelphia & Reading, which he did not disclose) and writes that Pritzker "has operated quite fast in the past. He bought the Colson Corp. a couple years ago and after selling the bicycle division to Evans Products sold the balance to E L. Jacobs. He bought Hiller & Hart about a year ago and immediately discontinued the pork-slaughtering business and changed it into a more or less real estate company." Pritzker, he writes, "has about half the stock of Rockwood, which represents about $3 million in cocoa value. I am quite sure he is not happy about sitting with this kind of money in inventory of this type and will be looking for a merger of some sort promptly." He had studied not just the numbers but Jay Pritzker.

13. Initially he had bought the stock from Graham-Newman when he was a stockbroker, after a minor mistake on an order from them caused them to DK ("don't know," or repudiate) the order. Warren kept the stock.

14. Before 2000, investors and analysts routinely sought and received nonpublic information that would be an advantage to them in trading stocks. This gradual flow of information, which benefited some investors at the expense of others, was considered part of the efficient workings of the capital markets

and a reward for diligent research. Warren Buffett and his network of investor friends profited significantly from the old state of affairs. Ben Graham was questioned extensively about this practice before Congress in 1955. He commented that "a good deal of information from day to day and month to month naturally comes to the attention of directors and officers. It is not at all feasible to publish every day a report on the progress of the company... on the other hand, as a practical matter, there is no oath of secrecy imposed upon the officers or directors so that they cannot say anything about information that may come to their attention from week to week. The basic point involved is that where there is a matter of major importance it is generally felt that prompt disclosure should be made to all the stockholders so that nobody would get a substantial advantage in knowing that. But there are all degrees of importance, and it is very difficult to determine exactly what kind of information should or must be published and what kind should just go the usual grapevine route." He added that all investors may not be aware of the grapevine, but, "I think that the average experienced person would assume that some people are bound to know more about the company [whose stock they are trading] than he would, and possibly trade on the additional knowledge." Until 2000 that was, in effect, the state of the law.

While a full discussion of insider trading is beyond the scope of this book, the theory of insider trading was promulgated with SEC Rule 10b-5 in 1942, but "so firmly entrenched was the Wall Street tradition of taking advantage of the investing public," as John Brooks puts it in The Go-Go Years, that the rule was not enforced until 1959, and it was not until the 1980s that anyone seriously questioned the duties of people other than insiders under insider-trading laws. Even then, the Supreme Court affirmed, in Dirks v. SEC, 463 U.S. 646 (1983), analysts could legitimately tell their clients this type of information, and the Supreme Court also noted in Chiarella v. United States, 445 U.S. 222 (1980), that "informational disparity is inevitable in the securities markets." To some extent, there was understood to be some benefit to the market of a gradual leakage of inside information; in fact, how else was the information to get out? The practice of business public relations and conference calls had not developed.

In these 1980s cases, however, the Supreme Court defined a new "misappropriation" theory of insider trading, in which inside information that was misappropriated by a fiduciary could lead to liability if acted upon. Then, largely in response to the Bubble-era proliferation of "meeting and beating consensus" earnings and the "whisper numbers" that companies began to suggest to favored analysts that they were going to earn, in 2000, through Regulation FD (Fair Disclosure), the SEC broadened the misappropriation theory to include analysts who selectively receive and disseminate material nonpublic information from a company's management. With the advent of Reg. FD, the "grapevine" largely ended, and a new era of carefully orchestrated disclosure practices began.

15. At the end of 1956, after the dividend was paid, Warren owned 576 shares trading at $20, worth $11, 520.

16. He registered the securities in his own name, rather than his brokers', so the checks came straight to his home.

17. Interviews with George Gillespie, Elizabeth Trumble, who heard this story from Madeline. Warren heard it for the first time at his fiftieth birthday party, from Gillespie. Apparently Susie had never mentioned it to him.

18. More than five decades later, Howie recalls this as his first memory. While that may seem improbable, in "Origins of Autobiographical Memory," Harley and Reese (University of Chicago, Developmental Psychology, Vol. 35, No. 5, 1999) study theories of how childhood memories are

recalled from the earliest months of life and conclude that this phenomenon does occur. One of the explanations is parents who repeat stories to their children. A gift from Ben Graham—probably significant to Warren–might plausibly be recalled by Howie from infancy because at least one parent helped him imprint it solidly in memory by discussing it so much.

19. Interview with Bernie and Rhoda Sarnat.

20. This story also is cited in Janet Lowe's Benjamin Graham on Value Investing: Lessons from the Dean of Wall Street. Chicago: Dearborn Financial Publishing, 1994.

21. Interview with Walter Schloss.

22. Warren Buffett letter to the Hilton Head Group, February 3, 1976.

23. Schloss was starting the partnership with $5,000 of his own capital, a risky arrangement that left him nothing on which to live. Buffett got him help with housing from Dan Cowin. Ben Graham put in $10,000 and had some of his friends do so too; eight of Schloss's friends put in $5,000 each. Schloss charged 25% of profits, "but that's it. If the market went down, we would have to make up the loss until my partners were whole."

24. Knapp was a security analyst at Van Cleef, Jordan & Wood, an investment adviser.

25. Interview with Tom Knapp.

26. Interview with Ed Anderson.

27. Ibid.

28. Graham was born May 9, 1894. He decided to shut down Graham-Newman when he was sixty-one, but the last Graham-Newman shareholder meeting was held on August 20, 1956.

29. Jason Zweig says in a July 2003 Money article, "Lessons from the Greatest Investor Ever," that "From 1936 to 1956, at his Graham-Newman mutual fund, he produced an average annual gain of more than 14.7% vs. 12.2% for the overall market—one of the longest and widest margins of outperformance in Wall Street history." This record does not reflect the impressive performance of GEICO, which was distributed to the shareholders in 1948.

Chapter 22

1. At times he had said he wanted to be a millionaire by age thirty.

2. Interview with Ed Anderson.

3. "Newman and Graham predated A. W. Jones, which everybody thinks is the first hedge fund," Buffett says. A. W. Jones is best known as the first promoter of the concept of hedging the risk in stocks with short sales. However, its fee structure, partnership arrangement, and flexible investing approach—that is, the classic hedge fund as the term is technically defined—were pioneered much earlier, by Graham if not others as well.

4. Interview with Chuck Peterson.

5. The first partnership agreement provided: "Each limited partner shall be paid interest at the rate of 4% per annum on the balance of his capital account as of December 31 of the immediately preceding year as shown by the Federal Income Tax Return filed by the partnership applicable to said year's business, said interest payments to be charged as expenses of the partnership business. In lieu of a separate computation of interest for the period ending December 31, 1956, each limited partner shall be paid 2% of his original capital contribution, said payments to be charged as expense of the partnership business for said period. In addition each of the limited partners shall share in the overall net profits of the

partnership, that is, the net profits of the partnership from the date of its formation to any given point of time in the proportions set opposite their respective names." The total interest of the partners added up to 23/42 or 50% of the total interest in the earnings (Certificate of Limited Partnership, Buffett Associates, Ltd., May 1, 1956). The agreement to share in the losses was an amendment to the partnership agreement on April 1, 1958.

6. According to Joyce Cowin, both Buffett and her own husband, Dan Cowin, who had been introduced to Buffett by Fred Kuhlken, ran money separately for Gottschaldt and Elberfeld.

7. Interview with Chuck Peterson.

8. Some of these remarks were made at the 2003 speech to Georgia Tech students, the rest in interviews with the author.

9. Hartman L. Butler Jr., "An Hour with Mr. Graham," March 6, 1976, interview included in Irving Kahn and Robert Milne, Benjamin Graham: The Father of Financial Analysis. Occasional Paper No. 5, The Financial Analysts Research Foundation, 1977.

10. Interview with Tom Knapp.

11. "Tourist Killed Abroad, Portugal-Spain Highway Crash Fatal to Long Island Man" New York Times, June 23, 1956. Kuhlken had been on a yearlong trip. The other passenger, Paul Kelting, was listed in critical condition.

12. Sloan Wilson, The Man in the Gray Flannel Suit. New York: Simon & Schuster, 1955.

13. Interview with Susie Buffett Jr.

14. From Headliners & Legends, MSNBC, February 10, 2001.

15. Interview with Charlie Munger.

16. Or thereabouts.

17. Interview with Ed Anderson.

18. According to Tom Knapp, one thing Dodge and Buffett had in common was their tightfistedness. Even when he later became one of Buffett's richest partners, Homer Dodge would angle for a free canoe from a canoe maker. He knew every route into New York City from both La Guardia and JFK airports, and took convoluted trips by bus and subway and on foot rather than hire a cab.

19. The Dodges chose a slightly different deal. Buffett's share of the profits would be only 25%, but the amount he could lose was limited to his capital, initially only $100. Certificate of Limited Partnership, Buffett Fund, Ltd., September 1, 1956.

20. Cleary split profits over 4%, while Buffett was exposed to the extent of any arrears. Certificate of Limited Partnership, B-C Ltd., October 1, 1956. In 1961, B-C Ltd. was folded into Underwood Partnership, Ltd.

21. Buffett Partnership files, "Miscellaneous Expense" and "Postage and Insurance Expense," 1956 and 1957.

22. Warren Buffett's first letter to partners, December 27, 1956.

23. During the war, people bought Liberty Bonds, which paid low interest rates, as a patriotic duty. When rates subsequently rose, the bonds traded "below par" —face value. Stock promoters offered shares to Liberty Bond owners in exchange for the par value of the bonds. Thus bondholders thought they were getting $100 worth of stock for a bond selling in the market for, say, $85, when in fact the stock was worth little if anything. Salesmen also promised some buyers board seats, according to Hayden Ahmanson, who told Buffett this.

24. From 1928 to 1954, the manual was published in five volumes annually as Moody5 Manual of Investments, one volume each for government securities; banks, insurance companies, investment trusts, real estate, finance and credit companies; industrial securities; railroad securities; and public-utility securities. In 1955, Moody's began publishing Moody's Bank and Finance Manual separately.

25. Buffett says Hayden Ahmanson gave him this version of events.

26. Buffett: "He was my partner in National American insurance. Dan didn't have a lot of money, so he was using his money that he had originally planned to put in the partnership, and borrowed some money too."

27. Under the Williams Act, passed in 1968, you could not do this today, nor could Howard Ahmanson buy back the stock piecemeal. The act requires buyers to make a "tender offer" that puts all sellers on a level playing field under the same price and terms.

28. According to Fred Stanback, when Buffett had "bought all he could pay for," he also let Stanback start buying.

29. A year later, Buffett sold the National American stock for around $125 (to the best of his memory) to J. M. Kaplan, a New York businessman who had reorganized and headed Welch's Grape Juice in the 1940s and ' 50s and was later known for his philanthropy. Kaplan eventually sold the stock back to Howard Ahmanson.

30. See, for example, Bill Brown, "The Collecting Mania," University of Chicago Magazine, Vol. 94, No. 1., October 2001.

31. Interview with Chuck Peterson. This was insurance proceeds from her husband's estate. By then, Buffett had decided to offer his partners several choices of risk versus reward. Mrs. Peterson chose a fee structure that shifted more of both to Warren. He had to beat the market by 6%, not 4%, before earning anything. But he got one third of everything he made above that. Under this structure, only Warren's capital was at risk for the 25% payback-of-losses provision. Certificate of Limited Partnership, Underwood Partnership, Ltd., June 12, 1957.

32. Arthur Wiesenberger, Investment Companies. New York: Arthur W. Wiesenberger & Co., released annually from 1941.

33. United States & International Securities Corp. was formed amid much fanfare in October 1928 by Dillon, Read & Co. and promptly sank into ignominy, becoming a cigar butt by 1950. Clarence Dillon, the founder of Dillon, Read, was called before the Pecora hearings in 1933 to explain how Dillon, Read obtained control of US&FS and US&FS, which were capitalized at $90 million, for $5 million.

34. Quote is from Lee Seeman. Buffett confirms the substance of the statement. The intriguing question is who or what prompted Wiesenberger to make the phone call.

35. Lee Seeman's recollection in an interview is that Dorothy Davis made the comparison.36. Buffett, recalling a conversation with Eddie Davis.

37. Dacee resembled the Buffett Fund. Buffett was credited 25% of any profits over a 4% hurdle rate. Certificate of Limited Partnership, Dacee Ltd., August 9, 1957.

38. Congressional records note a Washington, D.C., furniture store was giving away shares of uranium stock with any purchase for a Washington's Birthday sale. (Stock Market Study, Hearings before the Committee on Banking and Currency of the United States Senate, March 1955.)

39. Monen had also invested in a small real estate partnership with Warren and Chuck Peterson.

The money from this, a profit from National American, and likely some personal savings had, in short order, made him one of Buffett's largest partners.

40. Above a 4% to 6% "bogey." He benchmarked himself against the rate of long-term government bonds, telling his partners that if he could not do better than that, he should not get paid. The wide range of profit-sharing reflected the varying level of risk Warren was taking. In the partnerships that paid him the most, he also had unlimited liability to pay back losses.

41. Buffett was charging 25% of the partnership's appreciation in excess of 6%.

42. Meg Mueller, in an interview, recalls its size relative to other houses on the street at the time.

43. Reynolds was a city councilman. "Sam Reynolds Home Sold to Warren Buffett," Omaha World-Herald, February 9, 1958. "Buffett's Folly" was referred to in a letter to Jerry Orans, March 12, 1958, cited in Roger Lowenstein, Buffett: The Making of an American Capitalist. New York: Doubleday, 1996.

44. Interview with Susie Buffett Jr.

45. Interview with Howie Buffett.

46. Pyelonephritis, sometimes associated with pregnancy.

47. As quoted in Lowenstein, Buffett. Billig is now deceased.

48. Interview with Charlie Munger.

49. In interviews, Dr. Marcia Angle recalls the TV being acquired in the late 1950s and how much it impressed her father. Kelsey Flower and Meg Mueller recall its impact on the neighborhood.

50. Interviews with Howie Buffett, Peter Buffett, Susie Buffett Jr.

51. Interview with Thama Friedman. Laurette Eves was the third partner.

52. Interview with Howie Buffett.

53. Kuhlken had introduced Cowin to Buffett in 1951 on one of Buffett's trips back to New York after his graduation from Columbia.

54. From Buffett's eulogy for Cowin.

55. From Joyce Cowin's eulogy for Cowin.

56. Marshall Weinberg, Tom Knapp, Ed Anderson, Sandy Gottesman, Buffett, and others contributed to this portrait of Cowin.

57. "He lent me unsecured. A dollar of short-term loss offset two dollars of long-term gain for tax purposes, and you could buy a mutual fund that was going to pay a long-term capital-gains dividend and redeem it immediately thereafter to offset a long-term gain going into the end of the year. I bought a combination of long-term gain and short-term loss, which, though equal in amount, had different effects on your tax return. It was all legit then; you can't do it anymore. It probably saved me a thousand dollars. Boy, it was huge," says Buffett.

58. Interview with Joyce Cowin.

59. This was an experimental town built to house 1,800 families in low-cost units. Numerous government properties were auctioned off after World War II. "House Passes Bill to Speed Greenbelt Sale" Washington Post, April 14, 1949; "U.S. Sells Ohio Town It Built in Depression," New York Times, December 7, 1949; "Greenbelt, Md., Sale Extended for 30 Days," Washington Post, May 31, 1952.

60. Chuck Peterson paraphrased this quote from the version of the story he heard. It is probably correct in substance, but, as with all quotes recalled from memory, the exact wording is in doubt.

Chapter 23

1. "A. C. Munger, Lawyer, Dies" Omaha World-Herald, July 1, 1959.

2. The obituary of Henry A. Homan, son of George W. Homan, in the Omaha World-Herald, March 22, 1907, mentions that Homan, who was twelve years older than Judge Munger, was a close friend of the judge. The Homan and Buffett sides of the families, however, were not close.

3. "33 Years a Federal Judge," Omaha World-Herald, March 12, 1939.

4. Charles Munger letter to Katharine Graham, November 13, 1974. When Judge Munger died, this same aunt Ufie (Ruth) reportedly made the bizarre claim that he must have been taken by God's grace because of a mistake he'd made recently in arithmetic. She said she knew "he couldn't stay on after that."

5. Lowe, Damn Right!: Behind the Scenes with Berkshire Hathaway Billionaire Charlie Munger. New York: John Wiley & Sons, 2000. Lowe's biography, which is based on extensive family interviews, was the author's principal source for the Munger family history.

6. Said approvingly in Lowe, Damn Right!

7. Interview with Lee Seeman.

8. Interview with Mary McArthur Holland.

9. Interview with Howard Jessen, a friend of the Buffetts'.

10. His grandfather, a prominent Omaha lawyer, was a friend of Dean Roscoe Pound, the dean of Harvard Law School.

11. Munger made no effort to burnish a résumé by, for example, joining the Law Review. In an interview, he described himself as relatively aloof.

12. His father also gave him this advice.

13. Lowe, Damn Right!

14. As quoted in Lowe, Damn Right!

15. Munger, as told to Janet Lowe in Damn Right!

16. In Damn Right!, Munger compared getting married to investing. Nancy said he was "uptight" about showing emotions. His son Charles Jr. said, "There are some things my dad could deal with better if he faced them more" but "he just walks away."

17. Munger, as quoted in Lowe, Damn Right!

18. Ibid.

19. In Damn Right!, Nancy says that Charlie "was not much of a helpmate around the house." For her seventieth birthday, Buffett says he went to a pawn shop and got her a Purple Heart.

20. Roger Lowenstein, Buffett: The Making of an American Capitalist. New York: Doubleday, 1996.

21. Lowe, Damn Right!

22. Interview with Charlie Munger.

23. Interview with Lee Seeman.

24. In a year when the Dow was up 38.5%, Warren had managed to beat it, taking minimal risk.

25. In addition to his $100 stake in Buffett Associates, Buffett had later put $100 into each of his other partnerships: Buffett Fund, B-C, Underwood, Dacee, Mo-Buff, and Glenoff.

26. Interview with Lee Seeman.

27. This version differs from some others that have been published. For example, Susie Buffett has said that she was present. Several writers have set the meeting at a dinner at Johnny's Café.

Roger Lowenstein, however, also set the meeting at the Omaha Club. Most likely, other versions are conflations of later events. To the author, Seeman's version is the most detailed yet has the least embellished air.

28. Interview with Charlie Munger. The dinner is reconstructed from interviews with Buffett and Munger, whose memories are hazy. Nancy Munger doesn't remember. The wives were introduced soon after the first meeting, and Johnny's is the most likely location. Buffett recalls Munger's self-intoxication clearly.

Chapter 24

1. Estimated. Buffett was managing $878, 211 at the end of 1958 in six partnerships. The $50, 000 Glenoff Partnership was formed in February 1959. By the end of 1959, the partnerships' market value had grown to $1, 311, 884. His personal funds and Buffett & Buffett increased this total.

2. Sanborn sent its customers paste-over revisions each year showing new construction, changed occupancy, new fire-protection facilities, and changed structural materials. A new map was published every few decades. Buffett took note of the company, as far as he recalls, when a large block of stock came up for sale. The widow of the deceased president was reportedly selling 15, 000 shares because her son was leaving the company. Phil Carret owned 12, 000 shares.

3. Five or ten shares apiece, forty-six shares in total.

4. Buffett had become friendly with the company's CEO, Parker Herbell, whom he said the rest of the board treated as an "errand boy." Herbell supported the plan to separate the investments from the map business, and had facilitated some of its underpinnings, such as this study.

5. "It does not make sense to have management, consultants, and major stockholders in complete agreement regarding a course of action but unable to proceed because of directors owning an insignificant amount of stock." Warren Buffett letter to C. P. Herbell, September 25, 1959.6. In those days, appreciated shares could be exchanged for a company's own shares. So a company could get rid of the capital-gains tax that was inherent in an operation if it just sold stock from time to time.

7. As part of the deal, the Buffett partnerships agreed to tender their stock.

8. Interview with Doris Buffett.

9. Interview with Kelsey Flower, a childhood friend of Susie Jr.'s.

10. Interview with Dick and Mary Holland.

11. Interview with Peter Buffett.

12. Interview with Howie Buffett.

13. Ibid.

14. Gateway, May 26, 1961.

15. "Paul Revere's Ride," Henry Wadsworth Longfellow. Listen my children, and you shall hear of the multitudes rescued by Susan Buffett.

16. From remarks made by Eisenberg at Susie's funeral.

17. According to his autobiography, Stranger to the Game (written with Lonnie Wheeler, New York: Penguin, 1994), Bob Gibson lived in Omaha in the off season. He talks about playing basketball in Omaha with a white team in 1964, traveling to Iowa for games, and hanging out at a bar on North 30th Street. The bartender wouldn't serve him.

18. Howard Buffett quoted in Paul Williams, "Buffett Tells Why He Joined Birch

Society," Benson Sun, April 6, 1961.

19. The Christian Anti-Communist Crusade was founded in 1953 by "a crisp, energetic, selfconfident Austrian," Fred Schwarz, who was a physician, psychiatrist, and lay preacher. It used media to spread its anti-Communist philosophy. Cabell Phillips, "Physician Leads Anti-Red Drive with 'Poor Man's Birch Society,'" New York Times, April 30, 1961. See the CACC website, http://www.schwarzreport. org/.

18. Leila Buffett letter to Dr. Hills, December 10, 1958.

19. Leila Buffett to Mrs. Kray, May 23, 1960.

20. Interview with Susie Buffett Jr. and Howie Buffett. They recall their father's behavior during this period as routine and, with hindsight, as a form of denial.

21. Interview with Howie Buffett.

22. Interview with Chuck Peterson.

23. According to Chuck Peterson, Carol Angle "did not hear well." This is an example of Buffett's raconteuring. She says she had progressive hearing loss.

24. Interview with Lee Seeman.

25. Interview with Dick Holland.

26. Interviews with Frank Matthews Jr. and Walter Schloss, who agree that Schloss introduced them on the street corner.

27. This is how hedge funds are commonly managed to stay within the legal investor limit today.

28. George Payne was also a founding member of this partnership. By then, B-C had been folded into Underwood. Along with the ten partnerships, Warren and his father were still operating Buffett & Buffett.

29. The Dow's results include dividends received. Note that this was the performance for the partnership before Warren's fees.

30. Interview with Chuck Peterson.

31. Interviews with Kelsey Flower, Meg Mueller.

32. Interview with Stan Lipsey.

33. Buffett was 31 on January 1, 1962, but his personal investments and gains in the partnership had taken him past the million-dollar mark months earlier, when he was still 30.

34. Interview with Bill Scott.

35. Buffett waived his fee for Scott, one of the two most lucrative arrangements he ever made with an employee. (See Henry Brandt in "Haystacks of Gold" and "Folly" for the other.)

36. He put in everything except his investment in Data Documents, a personal investment in a private company.

37. Letter to partners, July 6, 1962. In the second quarter of 1962, the Dow fell from 723.5 to 561.3, or 23%. In the first half of that year, the partnership saw a loss before payments to partners of 7.5%, compared with a loss of 21.7% including dividends for the Dow— the partners had a 14.2% outperformance.

38. Buffett's phrase is a clever reworking of Graham's original. In The Intelligent Investor: "The sovereign virtue of all formula plans lies in the compulsion they bring upon the investor to sell when the crowd is buying and to buy when the crowd lacks confidence" (Intelligent Investor, Part I: General Approaches to Investment VI: Portfolio Policy for the Enterprising Investor: The Positive Side, 1949

edition). And in Security Analysis: "It would require bond investors to act with especial caution when things are booming and with greater confidence when times are hard" (Security Analysis, Part II: Fixed-Value Investments, XI: Specific Standards for Bond Investment, 1940 edition).

Chapter 25

1. Warren Buffett typewritten file memo, undated.

2. Warren Buffett letter to Bob Dunn, June 27, 1958.

3. Note from Jack Thomsen to Warren Buffett, March 8, 1958: "I think we have to be realistic and reorganize on a basis that has a reasonable chance of working... the only thing that Clyde is concerned about is prestige....Hale received a letter from Clyde yesterday to notify him that he was being removed as trustee of his estate. I am certain the same rancor is and will be held for all of us who have dared to oppose him....I do feel sorry for him in his present predicament but I do not think we can correct our problems with sympathy."

4. Interview with Verne McKenzie, who says Buffett explained this to him when he hired him. Without a public exit strategy, this is one of only two ways to realize the value of the assets.Buffett had not yet figured out the other one, as the reader will see.

5. Interview with Walter Schloss.

6. Warren Buffett letter to Clyde Dempster, April 11, 1960.

7. Warren Buffett note to Bob Dunn, June 27, 1958: "...has become increasingly less active in the business and it appeared the company was just drifting with him not interested and no one else having the authority to do anything....We finally got the job accomplished by letting Clyde stay as president." He gave Jack Thomsen, executive vice president, temporary operating authority.

8. Interview with Walter Schloss.

9. At $30.25 per share. Warren Buffett letter to Dempster shareholders, September 7, 1961.

10. Warren Buffett letter to partners, July 22, 1961.

11. "Dempster had earned good money in the past, but was currently only breaking even."

"We continued to buy the stock in small quantities for five years. During most of this period I was a director and was becoming consistently less impressed with the earnings prospects under existing management. However, I also became more familiar with the assets and operations and my evaluation of the quantitative factors remained very favorable" thus leading him to continue buying stock. Letter to partners, January 24, 1962.

12. And water-system parts—as the demand for windmills was waning.

13. "We had parts for windmills and certain farm equipment" says Scott, "where we had a lock on the business and by repricing it could stop losing money down there. And we were successful to some degree."

14. January 18, 1963.

15. Interview with Bill Scott.

16. "Still a Chance City Can Keep Dempster," Beatrice Daily Sun, September 1, 1963; "Drive to Keep Dempster Rolls," Omaha World-Herald, September 30, 1963.

17. As Buffett's successor, Dempster's chairman W. B. McCarthy, put it, "We understand, as I am sure you do, that a number of the people in Beatrice do not recognize the fine, necessary job that you and Harry accomplished with Dempster." W. B. McCarthy letter to Warren Buffett, November 19,

1011

1963.

18. Of the $2.8 million total financing, $1.75 million went to pay the sellers and the remainder to expand the operation. "Launch 11th Hour Effort to Keep Dempster Plant Here," Beatrice Daily Sun, August 29, 1963.

19. "Beatrice Raises $500,000," Lincoln Evening Journal, September 3, 1963; "Fire Sirens Hail Victory, Beatrice Gets Funds to Keep Dempster," Omaha World-Herald, September 4, 1963; "Contracts for Dempster Sale Get Signatures," Beatrice Daily Sun, September 12, 1963.

20. The partnership made $2.3 million, almost three times its investment. Buffett changed the name of the holding company to First Beatrice Corp. and moved its headquarters to Kiewit Plaza.

Chapter 26

1. The speakers appeared as individuals who happened to belong to different groups rather than "representatives" of their races and faiths. All went well, except once, says Doris Buffett, when a Protestant panelist started telling the Catholic and the Jew that they were going to hell.

2. The black workers were squeezed out of jobs as Omaha's packinghouse industry shrank. Marginalized into a ghetto north of downtown called the Near North Side, they lived in dilapidated, aging tenements for which unscrupulous landlords charged high rents. In 1957, the Omaha Plan, a communitywide study, proposed redevelopment of the Near North Side, but bond issues were defeated. A budding civil-rights movement led by college students at Creighton University, the Urban League, and other civic groups had worked to improve black employment and end segregation of teachers in the public schools since 1959.

3. Interview with Susie Buffett Jr., who wondered what good the police whistle was going to do.

4. Interview with Peter Buffett.

5. Interview with Doris Buffett. Viktor E. Frankl, Man's Search for Meaning. Boston: Beacon Press, 1962.

6. Interview with Sue James Stewart.

7. Alton Eltiste, "Miss Khafagy Gives Views on Homeland," Gateway, October 5, 1962.

8. This image of the crossing guard may surprise modern readers, but in the United States until the latter part of the twentieth century, children were traditionally given significant freedom and responsibility.

9. Interview with Howie Buffett.

10. Howie and Susie Jr. describe themselves and their relationship this way in interviews.

11. This composite picture of the Buffett household is based on interviews with Susie Buffett Jr., Howie Buffett, and Peter Buffett.

12. Interview with Meg Mueller. "My mom has commented on that several times over the years," she says.

13. Interview with Bill Ruane.

14. Interview with Dick Espenshade. One of the founding lawyers, Jamie Wood, joined from another firm.

15. Interview with Ed Anderson.

16. The example has been simplified for ease of understanding the concept of leverage. Obviously the exact return on capital depends on how long it took to make the profit, and on the funding rate.

17. Interview with Rick Guerin in Janet Lowe, Damn Right!: Behind the Scenes with Berkshire Hathaway Billionaire Charlie Munger. New York: John Wiley & Sons, 2000.

18. This description is from Ed Anderson.

19. Interview with Ed Anderson.

20. Interview with Charlie Munger. Guerin's seamstress mother died when he was a teenager.

21. Interviews with Rick Guerin, Ed Anderson.

22. Janet Lowe, Damn Right!

23. Interview with Ed Anderson. Guerin doesn't remember this specific incident but says it sounds likely.

24. Anderson takes the blame for being too obtuse to read Munger's mind, rather than blaming Munger for not explaining things to him.

25. Interview with Ed Anderson.

26. Along with Munger, Ed Anderson recalls this extraordinary trade. Munger says the story is true in substance. Buffett also recalled the reasoning.

27. Interview with Ed Anderson, who suggested the word "pretender" because, as he put it, "Charlie would never feel like he was an 'apprentice.'"

28. Ira Marshall relates Munger's confusion with names in Damn Right!

29. Interview with Ed Anderson. This term was commonly used among Buffett's friends. He referred to "coattail riding" in his partnership letter of January 18, 1963.

30. Buffett also recalls Munger hyperventilating at his own jokes.

31. Charles T. Munger letter to Katharine Graham, December 9, 1974.

32. Ibid.

33. In 1953, Buffett sold copies of this report for $5.

34. Buffett had also let Brandt in on one lucrative private investment, the Mid-Continental Tab Card Company. While Buffett gave up his override on Brandt's money, the deal was a win/win.

35. "There's got to be a warehouse full of these somewhere," said Bill Ruane in an interview, but the author never saw it.

36. Bill Ruane introduced Buffett to Fisher's ideas. Philip A. Fisher, Common Stocks and Uncommon Profits. New York, Evanston, and London: Harper & Row, 1958. ("Scuttlebutt" is a nautical term for a barrel with a hole in it used to hold the sailors' drinking water.)

37. The market for soybean oil was not large, a key element in the scheme. It would be impossible for a single individual to amass enough capital to corner the market for, say, oil or treasury bills.

38. Most accounts published about the scandal incorrectly refer to oil floating on top of water in the tanks.

39. Mark I. Weinstein, "Don't Leave Home Without It: Limited Liability and American Express," Working paper, American Law & Economics Association Annual Meetings, Paper 17, Berkeley Electronic Press, 2005, p. 14–15, is the source that American Express was certifying more warehouse receipts than the Department of Agriculture said existed in salad oil.

40. Haupt was a securities dealer who traded both stocks and commodities and was a member of the NYSE; thus, he was required to meet the exchange's net capital rules (which state that capital must be 1/20 of its total liabilities). SEC Rule 15c3-1 regulates broker-dealer net capital. Under the Aggregate Indebtedness Standard, 2% of net capital is required today, compared to 5% in the 1960s. The New York

Stock Exchange paid $10 million to cover its customers' losses. H. J. Maidenberg, "Lost Soybean Oil Puzzles Wall St.," Wall Street Journal, November 20, 1963.

41. Equivalent to 2.9% of its value.

42. The Stock Exchange had closed mid-session on August 4, 1933, due to a tear-gas prank. Some consider the Kennedy assassination closing to be the first "real" closing of the market.

43. John M. Lee, "Financial and Commodities Markets Shaken; Federal Reserve Acts to Avert Panic" New York Times, November 23, 1963.

44. H. J. Maidenberg, "Big Board Ends Ban on Williston, Walston and Merrill Lynch Are Instrumental in the Broker's Reinstatement, Haupt Remains Shut, Effect of Move Is Swept Aside by Assassination of President Kennedy," November 24, 1963. The soybean-oil drama, including the American Express role, peaked during a period of about a week following the assassination.

45. American Express at the time was the only major U.S. public company to be capitalized as a joint stock company rather than a limited liability corporation. This meant its shareholders could be assessed for deficiencies in capital. "So every trust department in the United States panicked," recalls Buffett. "I remember the Continental Bank held over 5 percent of the company, and all of a sudden not only do they see that the trust accounts were going to have stock worth zero, but they could get assessed. The stock just poured out, of course, and the market got slightly inefficient for a short period of time."

46. The Travelers Cheque was American Express's main product. The company introduced the card defensively when banks developed credit cards as a countermeasure to the Travelers Cheque.

47. Warren Buffett letter to Howard L. Clark, American Express Company, June 16, 1964. Brandt sent Buffett a foot-high stack of material, according to Jim Robinson, former CEO of American Express, who saw it. "I remember seeing Henry's stuff on American Express, just reams of it," said Bill Ruane in an interview.

48. At the end of it all, De Angelis pleaded guilty to four federal counts of fraud and conspiracy, and was sentenced to ten years in prison. "The Man Who Fooled Everybody" Time, June 4, 1965.

49. Howard Buffett, August 6, 1953, last will and testament.

50. Interviews with Patricia Dunn, Susie Buffett Jr., Warren Buffett.

51. In Grand Old Party (New York: Random House, 2003), Lewis L. Gould describes the way being a Republican became identified with racism in the minds of many people who changed parties during the civil-rights era.

52. Buffett cannot recall whether he initially registered as an independent or a Democrat. His preference would have been to register as an independent, but that would have precluded him from voting in primaries. Either immediately or within a few years, he did register as a Democrat.

53. Interview with Susie Buffett Jr.

54. Susan Goodwillie Stedman, recalling personal interview with Susan T. Buffett conducted November 2001, courtesy of Susan Goodwillie Stedman and Elizabeth Wheeler.

55. Dan Monen as quoted in Roger Lowenstein, Buffett: The Making of an American Capitalist. New York: Doubleday, 1996. Monen is now deceased.

56. Warren's inability to deal with Howard's death is the incident most widely cited by family members as indicative of his inner state during this period.

Chapter 27

1. Warren Buffett letter to Howard L. Clark, American Express Company, June 16, 1964.

2. L.J. Davis, "Buffett Takes Stock," New York Times, April 1, 1990.

3. "I'm not a hundred percent sure of that. I' ve been told that by other people, so it's hard to remember. But I'm pretty sure it was Howard Clark."

4. In July 1964, Buffett's letter to partners said, "...our General category now includes three companies where B.P.L. is the largest single stockholder." Readers could infer from this a fairly concentrated portfolio.

5. Letter from Warren Buffett to partners, November 1, 1965.

6. Letter from Warren Buffett to partners, October 9, 1967.

7. Letter from Warren Buffett to partners, January 20, 1966.

8. The author studied Buffett's written work and interview material in reaching this conclusion. Charlie Munger, on the other hand, often uses the terms "dishonor" and "disgrace" (referring to others and not himself).

9. Interview with John Harding.

10. In 1962, according to an interview with Joyce Cowin.

11. Per capita. According to Everett Allen in Children of the Light: The Rise and Fall of New Bedford Whaling and the Death of the Arctic Fleet (Boston: Little, Brown, 1983), yearly ificome from whaling amounted to $12 million by 1854, making New Bedford probably the richest city per capita in the world before the Civil War.

12. More than thirty ships were lost in the disaster of 1871, most from New Bedford. The devastating cost of 1871 in financial and human terms laid waste to the industry. Whalers began building metal boats that could break through the ice in a futile quest to save what remained of the whaling industry.

13. Baleen is the "teeth" through which whales sieve plankton. The use of spring steel also reduced baleen demand.

14. Horatio Hathaway, A New Bedford Merchant. Boston: D.B.Updike, the Merrymount Press, 1930.

15. Partnership agreement, Hathaway Manufacturing Company, 1888. Among the other partners was William W. Crapo, a longtime New Bedford associate of Hetty Green's, who also invested $25,000. The total initial capital was $400,000.

16. With a fortune estimated at $100 million.

17. Eric Rauchway, Murdering McKinley: The Making of Theodore Roosevelt's America. New York: Hill and Wang, 2003.

18. The North was no workers' paradise, but in the South there were virtually no laws against child labor, excessive work hours, or unsafe work conditions. The mills owned the workers' houses and the stores where they shopped, controlled their water supply, owned their churches, and effectively controlled the state governments and the courts. Machine-gun-bearing state militia prevented strikes. The workers were more like sharecroppers. Nearly ten thousand Northern workers had lost their jobs when the textile industry marched southward to the Carolinas in search of cheaper labor when air-conditioned plants were constructed after World War II.

19. Seabury Stanton, Berkshire Hathaway Inc., A Saga of Courage. New York: Newcomen Society of North America, 1962. Stanton made this address to the Newcomen Society in Boston on

November 29, 1961.

20. Ibid.

21. In A Saga of Courage, Seabury says he conceived of the Stantons as forming part of an "unbroken thread of ownership" that stretched back to Oliver Chace, who had founded New England's textile industry and created Berkshire Fine Spinning's oldest predecessor company in 1806. Chace was a former apprentice of Samuel Slater, who first brought Sir Richard Arkwright's innovative spinning-frame technology to the United States at the end of the eighteenth century.

22. Hathaway Manufacturing Corporation Open House tour brochure, September 1953. Courtesy of Mary Stanton Plowden-Wardlaw.

23. If the goal had been to save jobs, the money to modernize need not have been spent. Roger Lowenstein, in Buffett: The Making of an American Capitalist (New York: Doubleday, 1996), quotes Ken Chace (now deceased) as saying that Seabury hadn't the slightest idea of return on investment.

24. Stanton (now deceased) is stated as having these opinions in "Berkshire Hathaway's Brave New World," by Jerome Campbell, Modern Textiles, December 1957.

25. Berkshire Hathaway 1994 chairman's letter.

26. Interviews with David S. Gottesman, Marshall Weinberg.

27. Letter to Warren Buffett on May 4, 1990, from James M. Clark Jr. at Tweedy, Browne Co., noting that "Howard Browne gave various accounts code initials."

28. Interview with Ed Anderson.

29. Interviews with Chris Browne, Ed Anderson.

30. According to Ed Anderson, this is how Buffett traded. The author is well acquainted with BuffeRing in other contexts.

31. The commission sounds tiny, but at ten cents a share, Buffett later said, it was by far the highest commission he ever paid on a stock.

32. Interviews with Mary Stanton Plowden-Wardlaw, Verne McKenzie.

33. He also felt that Seabury's strategy of trying to bypass the New York "converters" —who turned the company's "gray goods" into finished dyed goods and sold them to customers—was a serious misjudgment.

34. "If you're in a business that can't take a long strike, you're basically playing a game of chicken with your labor unions because they're going to lose their jobs, too, if you close down....And there's a lot of game theory involved. To some extent, the weaker you are, the better your bargaining position is—because if you're extremely weak, even a very short strike will put you out of business; and the people on the other side of the negotiating table understand that. On the other hand, if you have a fair amount of strength, they can push you harder. But it is no fun being in a business where you can't take a strike." Berkshire Hathaway's Warren Buffer and Charlie Munger, "The Incentives in Hedge Funds Are Awesome, But Don't Expect the Returns to Be Too Swift," Outstanding Investor Digest, Vol. XVI, No. 4 & 5, Year End 2001 Edition.

35. Several of the Grahamites swear they saw the room. Buffett swears this story is not true. A former Plaza Hotel employee confirms that the seventeenth floor did have a few exceptionally small rooms, with bad views, and that it was possible to haggle the room prices down, especially later in the evening.

36. Interview with Ken Chace Jr.

37. According to Roger Lowenstein's Buffett, Ken Chace was the source. Warren does not recall any of the details, including talking to Jack Stanton, but he says Ken Chace's account is most likely correct.

38. Mary Stanton Plowden-Wardlaw, letter to Warren Buffett, June 3, 1991. Stanley Rubin set it up.

39. Interview with Mary Stanton Plowden-Wardlaw.

40. The detailed version of this story was related in Roger Lowenstein's Buffett, with Ken Chace as the source. Buffett recalls sitting on a bench near the Plaza with Chace, eating ice cream.

41. "The Junior League is an organization of women committed to promoting voluntarism, developing the potential of women and improving the community through the effective action and leadership of trained volunteers. Its purpose is exclusively educational and charitable," according to its mission statement. (The author is a member.)

42. He replaced the elderly Abram Berkowitz, who worked for the company's law firm, Ropes & Gray, and had cooperatively decided to step down.

43. Stanton said he "hastened [his] retirement due to a disagreement with regard to policy with certain outside interests which have purchased sufficient stock to control the company." "Seabury Stanton Resigns at Berkshire," New Bedford Standard-Times, May 10, 1965.

44. Berkshire Hathaway Board of Directors' minutes, May 10, 1965.

45. "Buffett Means Business," Daily News Record, May 20, 1965.

46. Adapted in part from the documentary Vintage Buffett: Warren Buffett Shares His Wealth (June 2004) and in part from interviews.

Chapter 28

1. Interview with Doris Buffett.

2. Ibid.

3. November 10, 1965.

4. Report of the National Advisory Commission on Civil Disorders. New York: Bantam Books, 1968.5. "Riot Duty Troops Gather in Omaha," New York Times, July 5, 1966. The governor said the problem was unemployment, which ran triple that of whites. 30% of blacks were unemployed in Omaha.

6. Bertrand Russell, Has Man a Future? New York: Simon & Schuster, 1962. This powerful, absolutist book argued that unless something "radical" happened, mankind was eventually doomed by weapons of mass destruction, and predicted the development of mass chemical and biological weapons in the not-distant future.

7. The 1955 Russell-Einstein Manifesto. Russell was president of the Campaign for Nuclear Disarmament in 1958, and was cofounder with Einstein of the Pugwash Conference, a group of scientists concerned about nuclear proliferation.

8. Interview with Dick Holland.

9. Buffett and his chief administrative officer John Harding chose a set of representative large-cap stocks, in effect creating a market index. Buffett did not want to execute the trade through a brokerage firm because the broker kept the proceeds from the sale and paid no interest to him. Harding contacted university endowment funds. Buffett went personally to Chicago to get shares. The idea of lending directly to a short-seller was so novel at the time that most universities passed. However, Harding was able to

borrow about $4.6 million of stock.

10. Buffett put $500,000 into treasury bills in the first quarter of 1966.
11. Interview with Susie Buffett Jr., Meg Mueller, Mayrean McDonough.
12. Interview with Kelsey Flower.
13. Interview with Susie Buffett Jr.
14. Interview with Marshall Weinberg.

Chapter 29

1. "The Raggedy Man," by James Whitcomb Riley, a children's poem about a handyman.
2. Interview with Chuck Peterson.
3. Buffett tells the story, which Charlie Heider recalls and found unforgettable. Parsow doesn't recall it.
4. Both Byer-Rolnick and Oxxford were acquired by Koret in 1967.
5. Interview with Sol Parsow.
6. Gottesman worked for Corvine and Company, which, he says, was going out of business. He founded his own firm, First Manhattan Co., in 1964.
7. Interview with Sandy Gottesman.
8. "That's not negotiating," claims Munger. "It's just using pithy examples to steer people to what they should be doing. Sure, it's persuasion, but it's legitimate persuasion."
9. The Kohns were planning to sell for a quarter less than the tangible net assets of the business. Gottesman had done a private placement of debentures for Hochschild-Kohn with Equitable Life that year and was familiar with its financial statements. His mother-in-law, her brother Martin Kohn, and another sister were equal stockholders who owned a class of preferred stock in the company. The preferred stock was in arrears, not having paid a dividend in some time. In effect, therefore, they could have controlled the business. They had not exercised this privilege, however. The common stock was owned largely by their relative Louis Kohn, from another branch of the family and second in command after Martin Kohn.
10. DRC Offering documents for 8% debentures, December 18, 1967.
11. He gave them the money anyway, partnered with National City to provide $9 million in shortterm financing for the deal. Diversified Retailing Company, Inc., Prospectus, December 18, 1967. According to Gottesman and Moody's Bank & Finance Manual, Martin Kohn was on the board of Maryland National Bank.
12. Charles T. Munger testimony, In the Matter of Blue Chip Stamps, Berkshire Hathaway Incorporated, HQ-784, Thursday, March 20, 1975, page 187.
13. Buffett mentioned the problem to the partners in his mid-1966 letter but stressed the more important question of buying a company rather than a stock. Another factor was the banks, which had also started issuing credit cards, cutting further into Hochschild-Kohn's edge.
14. Interview with Charlie Munger. The company was purchased in April 1967.
15. Diversified Retailing Company, Inc., Prospectus, December 18, 1967.
16. Buffett says Rosner told him he got Aye Simon's consent to sell the business by saying something along the following lines: "And to hell with you. If you're going to second-guess it, you come down and run the store." The relationship was irretrievably broken.

Chapter 30

1. Including Buffett's stock in Data Documents, a separate investment, the Buffetts' net worth was somewhere between $9.5 and $10 million.

2. Buffett's description, in Patricia E. Bauer's "The Convictions of a Long-Distance Investor," Channels, November 1986, was, "One time we had a dog on the roof, and my son called to him and he jumped. It was so awful—the dog that loves you so much that he jumps off the roof..." — leaving the reader to wonder how the dog got on the roof.

3. Interview with Hallie Smith.

4. "Haight-Ashbury: The Birth of Hip," CBC Television, March 24, 1968.

5. In 1967, over 2.5 billion shares traded, topping the previous 1966 record by one third. Thomas Mullaney, "Week in Finance: Washington Bullish" New York Times, December 31, 1967.

6. But insurers looked undervalued and he thought they would get taken over. He bought Home Insurance and Employers Group Associates.

7. Sun Valley Conference, 2001.

8. At high rates of return, and paying no tax. If a shareholder had taken $0.06 a share—after paying a tax on the $0.10 dividend—and put it in the market earning 5% on average, he would have about $0.42. If Buffett had kept that $0.10, and compounded it at the 21% he earned over the past forty years, a shareholder, who would have been slightly diluted over the years, would be $135 richer. Looking at it on a larger scale, the tiny dividend "cost" Berkshire shareholders over $200 million as of 2007.

9. Interview with Verne McKenzie.

10. Letter to partners, July 12, 1967.

11. Interview with Verne McKenzie.

12. "Requiem for an Industry: Industry Comes Full Circle," Providence Sunday Journal, March 3, 1968.

13. Letter to partners, January 25, 1967.

14. By September 30, 1967, the partnership had $14.2 million in treasuries and short-term debt out of a total $83.7 million invested.

15. Alice was a friend of Ringwalt's; the family believed she may have once had some sort of "under-standing" that might have led to marriage until Ernest put a stop to it. Ringwalt had a reputation as a ladies' man, but Alice also kept house for her father, and "no one was good enough for her," Buffett says.

16. Interview with Bill Scott.

17. Interview with Charlie Heider.

18. Robert Dorr, "'Unusual Risk' Ringwalt Specialty," Omaha World-Herald, March 12, 1967, and Ringwalt's Tales of National Indemnity and Its Founder (Omaha: National Indemnity Co., 1990) recount stories of lion tamers, circus performers, and hole-in-one contests. Buffett heard of the burlesque stars from Ringwalt.

19. Berkshire paid Heider a $140,000 fee for the transaction.

20. Interview with Bill Scott.

21. With the company closely held, it took only a week to round up the necessary 80% shareholder approvals.

22. In his book, Ringwalt says he was only driving around looking for a metered place on the

street because he refused to pay a parking garage.

23. This was a reason why National Indemnity would not need reinsurance, or protection from other insurers, which was both expensive and would make it a dependent.

24. Ringwalt also was included in the shareholder register of Diversified Retailing in 1976 (he actually sold 3,032 shares back to the company in its tender offer).

Chapter 31

1. As quoted in an interview with Jose Yglesias as Dr. King prepared for the Poor People's Campaign. Jose Yglesias, "Dr. King's March on Washington, Part II," New York Times, March 31, 1968.

2. Wead, who declined to be interviewed, was the director of Wesley House, a community improvement organization of the Methodist Church.

3. Interview with Racquel Newman and her son, Tom Newman. A number of other people recalled Susie and Rackie's activities.

4. Interview with Chuck Peterson.

5. Buffett had met Rosenfield through a connection to Hochschild-Kohn.

6. Grinnell's founder, Congregational minister Josiah Grinnell, pastor of the First Congregational church in Washington, D.C., bolted from its doors in 1852 when his Southern congregation took exception to his abolitionist views. It was Grinnell who sought advice from the famous New York Herald editor Horace Greeley and who heard the words that every schoolchild in America would subsequently learn without knowing their source: "Go West, young man, go West!" The phrase was originally written by John Soule in the Terre Haute Express in 1851.

7. Interview with Waldo "Wally" Walker, Dean of Administration at the time.

8. The luckless George Champion, chairman of the board of Chase Manhattan Bank, followed King on the program, speaking on "Our Obsolete Welfare State."

9. This common paraphrase of Lowell was more eloquent than Lowell's actual words: "Though her portion be the scaffold, And upon the throne be wrong." James Russell Lowell (1819~1891), "The Present Crisis" 1844.

10. Interview with Hallie Smith.

11. From King's 1963 speech at Western Michigan University. King may have said something like this at the October 1967 Grinnell Convocation, but no transcript exists.

12. King first said this in Cleveland in 1963 and used variations of it in most major speeches thereafter. He called the idea that you can't legislate morality a "half-truth." "It may be true that the law cannot make a man love me," he said, "but it can keep him from lynching me, and I think that is pretty important."

13. Despite flirting briefly with the magic 1,000, it had ended down more than 15%.

14. Letter to partners, January 25, 1967.

15. Letter to partners, January 24, 1968.

16. Galbraith in an interview by Israel Shenker, "Galbraith: '29 Repeats Itself Today," published in the New York Times on May 3, 1970. "The explosion in the mutual funds is the counterpart of the old investment trusts. The public has shown extraordinary willingness to believe there are financial geniuses in the hundreds. Financial genius is a rising stock market. Financial chicanery is a falling stock

market." Galbraith reiterates this in "The Commitment to Innocent Fraud" Challenge, Sept.~Oct. 1999: "In the world of finance, genius is a rising market."

17. Grinnell forgave Noyce after intervention from his physics professor Grant Gale and, according to Buffett, from Rosenfield.

18. Wallace sought signatures in order to be placed on the Nebraska ballot as a candidate for the American Party.

19. Wallace hired an ex-Klansman as a speechwriter and made a number of inflammatory statements at different times, such as "I reject President Kennedy's statement [that] the people of Birmingham have inflicted abuses on the Negroes...the President wants us to surrender this state to Martin Luther King and his group of Communists." Yet his famous stand, blocking the University of Alabama's Foster Auditorium to prevent the enrollment of two black students until forced by federal marshals and the National Guard to step aside, was a compromise apparently engineered with the White House to appease white supremacists and avoid violence while allowing the blacks to enroll. Wallace later apologized to the black community for his role.20. Associated Press, "Disorder, Shooting Trail Wallace Visit," Hartford Courant, March 6, 1968; Homer Bigart, "Omaha Negro Leader Asks U.S. Inquiry," New York Times, March 7, 1968.

21. "Race Violence Flares in Omaha After Negro Teen-Ager Is Slain," New York Times, March 6, 1968; Bigart, "Omaha Negro Leader Asks U.S. Inquiry."

22. Associated Press, "Disorder, Shooting Trail Wallace Visit."

23. UPI, "1 Wounded, 16 Held in Omaha Strike," July 8, 1968.

24. He recovered after a lengthy hospital stay. Part of this account is from The Gate City: A History of Omaha (Lincoln: The University of Nebraska Press, 1997).

25. In a December 1981 Playboy interview, Henry Fonda, an Omaha native, recounts witnessing the same event: "It was an experience I will never forget...My dad's office looked down on the courthouse square and we went up and watched from the window...It was so horrifying. When it was all over, we went home. My dad never talked about it, never lectured. He just knew the impression it would have on me."

26. April 4, 1968.

27. Interview with Racquel Newman.

28. The club was renamed Ironwood in 1999.

29. By coincidence, at the time, Chuck Peterson had also been put up for the Highland. Peterson was eating there a lot with fellow flying enthusiast Bob Levine and thought he ought to join instead of freeloading.

30. Stan Lipsey, another friend of Buffett's, weighed in on behalf of Chuck Peterson. "I got so highprofile because of that," says Lipsey, "that they made me serve on the board next year. No good deed goes unpunished. A golf buddy named Buck Friedman was the chairman. He was very serious, and I'd be trying to crack them up. He didn't like that I'd call him Buckets."

Chapter 32

1. Warren Buffett letter to Ben Graham, January 16, 1968.
2. Ibid.
3. Armon Flenn, "Run for Your Money," New York Times, June 3, 1968; "Mutual

Interest" Time, January 19, 1968; Robert D. Hershey Jr., "Mutual Funds Reaching Further for Investment;" New York Times, September 29, 1968.

4. In 1929, only about 3% of the population owned stock. In 1968, about 12.5% of the population owned stock or equity mutual funds.

5. Letter to partners, July 11, 1968.

6. The SEC prepared a study stating that the new system, NASDAQ, was "on the horizon" in 1963. NASDAQ went live on February 8, 1971, and traded as much volume as the American Stock Exchange in its first year. Eric J. Weiner, What Goes Up: The Uncensored History of Modern Wall Street, New York: Little, Brown, 2005.

7. Warren Buffett letter to the Graham Group, January 16, 1968.

8. Warren Buffett letter to the Graham Group, September 21, 1971.

9. DRC earnings were down overall $400,000, or 17%, in 1968. Associated Cotton Shops earned about 20% on the money employed in the business—an outstanding performance in any year but especially in difficult 1968.

10. Letter to partners, January 24, 1968.

11. Buffett lost money in stocks at times and was quick to cut his losses. The margin of safety didn't prevent losses but shifted the odds away from large losses.

12. The Youth International Party (Yippees), a prankster group of anarchist activists, nominated Pigasus the Pig as their party candidate. Leader Jerry Rubin said, "Why vote for half-pigs like Nixon, Wallace, and Humphrey, when you can have the whole hog?" at a speech to the University of British Columbia Faculty Club (October 24, 1968).

13. Interview with Verne McKenzie, who says that Chace was upset but did not show it. He did what he had to do.

14. The impact of credit cards and a radical change in consumer thinking about consumption is hard to overstate. Savings and layaway—once commonplace in purchasing even items such as clothing—were replaced by debt. Although economists debate measures of household wealth over time, the result has been a world of renters who tithe to financial institutions. The "earthquake risk" is a catastrophic mass deleveraging. (See 2008 credit crisis.)

15. Retailers paid, on average, 2 for every dollar of sales for the stamps they gave out and tacked this onto the price of their goods.

16. They priced Blue Chip cheaper, at 1.5.

17. Blue Chip had 71% of the trading-stamp business in California at the time. "Safe on Its Own Turf," Forbes, July 15, 1968.

18. Sperry & Hutchinson sued Blue Chip when the Alpha Beta and Arden-Mayfair food chains dropped S&H stamps in favor of Blue Chip stamps. Blue Chip paid $6 million to settle this case.

19. Each "package" priced at $101, consisted of $100 face amount of 6.5% ten-year debt plus three shares of $0.333 par common stock. A total of 621,600 Blue Chip shares were included in the offering. Nine retailers who were big Blue Chip customers split another 45%, which went into trusts for ten years. The remaining 10% went to company management (as reported in the Wall Street Journal, September 23, 1968).

20. A couple of gas-station chains were still suing, as were a group of small trading-stamp companies in Northern California. Blue Chip Stamps annual report to shareholders, 1969.

注　释

21. One of the Graham Group members recalls this.

22. Letter to partners, January 24, 1968.

23. Leslie Berlin, The Man Behind the Microchip. New York: Oxford University Press, 2005.

24. Buffett shorted 10,000 shares of Control Data in the third quarter of 1965 in the low $30s—at this point he had over $7 million of his portfolio in shorts. He eventually bought some Control Data for the partnership in 1968, as a "workout," meaning an arbitrage.

25. Interview with Katie Buffett, who said Fred wanted to put in $300 and she "snitched a little" to add another hundred. She thought she would have been better off putting more money in the partnership.

26. In the form of a convertible debenture.

27. Leslie Berlin, The Man Behind the Microchip.

28. Buffett told his partners about the "particularly outstanding performances" of Associated Cotton Shops and National Indemnity Company. But the controlled companies had only a "decent" performance overall; Berkshire and Hochschild-Kohn were dragging down the results.

Chapter 33

1. A former Kelly girl temporary office worker, Kaiser came to work in January 1967 and stayed until her retirement in 1993.

2. Interview with Donna Walters. Buffett shared Walters with Sol Parsow, the men's haberdasher in the building's lobby.

3. Blue Chip stamps were the closest equivalent.

4. Beginning with "Love Only Thing That Stops Guard," Omaha World-Herald, April 20, 1952, continuing to a cute feature picture of Susie and the kids packing a picnic Thermos, and a story about him buying Sam Reynolds's house.

5. Loomis's recollections are from her memoir in Fortune, "My 51 Years (and Counting) at Fortune," Fortune, September 19, 2005.

6. Loomis wrote an admiring profile of hedge-fund manager A. W. Jones, "The Jones Nobody Keeps Up With," Fortune, April 1966, around the time or shortly before she met Buffett. In this article she mentions Buffett in passing. She did not begin to profile him in her writing until "Hard Times Come to the Hedge Funds," Fortune, January 1970.

7. Buffett says that he never actually overslept his paper route. This seems to be his version of the common "test-anxiety dream."

8. Interview with Geoffrey Cowan.

9. Interview with Tom Murphy.

10. Warren Buffett letter to Jay Rockefeller, October 3, 1969. Buffett added, "It tends to be a very poor business unless you have a life-size fold-out of a girl in the middle. I have frequently told my partners that I would rather lose money logically than make money for the wrong reasons. Hopefully, I will come up with some similar aphorism to rationalize this deal."

11. Buffett put in $32,000 to start.

12. Interview with Charles Peters, with additional condensed comments adapted from Peters's memoir, Tilting at Windmills. New York: Addison-Wesley, 1988.

13. Buffett put in another $50,000.

1023

14. After being told that he couldn't donate his investment in the Washington Monthly to charity, "I finally let them give the stock to one of the people who worked there, just to get rid of it," says Stanback. "It was worthless."

15. Letter to partners, May 29, 1969.

16. Ibid.

17. Ibid.

18. The Buffetts hired teachers as babysitters, but Howie co-opted the teachers' husbands into becoming his confederates, doubling the degree of lawlessness.

19. Al Pagel, "Susie Sings for More Than Her Supper," Omaha World-Herald, April 17, 1977.

20. Interview with Milton Brown.

21. Berkshire Hathaway annual meeting, 2004.

22. Letter to partners, October 9, 1969.

23. John Brooks, The Go-Go Years. New York: Ballantine Books, 1973.

24. The stock had "split" so that each share became five, then promptly rose to $25 per share.

25. Blue Chip had called a shareholders' meeting to vote on a secondary offering in which shareholders could offer blocks of existing stock to the public.

26. Interview with Wyndham Robertson, who says she could barely understand the code when she first joined the Graham Group two years later in Carmel.

27. Letter to Graham Group, September 21, 1971.

28. Interviews with Marshall Weinberg, Tom Knapp, Fred Stanback, Ruth Scott.

29. Interview with Ed Anderson.

30. Letter from Warren Buffett to Graham Group, September 21, 1971.

31. Interview with Fred Stanback.

32. Interview with Sandy Gottesman, who notes that they basically broke even on the deal; he says that a bit of mythology has arisen around the Hochschild-Kohn deal. "It goes down in history as an enormous mistake," he says. "And I don't think it was as big a mistake as represented... it's grown way out of proportion."

33. Supermarkets General bought Hochschild-Kohn in 1969 for $5.05 million cash plus $6.54 million in non-interest-bearing notes with a present value of about $6 million. Effectively, DRC received about $11 million.

34. From the 1969 Diversified Retailing annual report. But if Buffett had been hit by the proverbial bus, under the terms of the debenture, the obligation for mandatory redemption would have ceased. So he was taking the element of random chance out of it.

35. Wilder was not the only doubter. "Danny [Cowin] thought I was crazy to do it," says Buffett.

36. Cited in the 1989 letter to shareholders.

37. "How Omaha Beats Wall Street," Forbes, November 1, 1969.

38. The article stated that Buffett had lived in the house since his marriage in 1952, an error later repeated by other writers. The Farnam house was far from the "starter home" that is implied. Articles often refer to the house as "modest" or some similar term and rarely mention its extensive remodeling. Buffett bought the house in 1958.

39. Evelyn Simpson, "Looking Back: Swivel Neck Needed for Focus Change Today," Omaha World-Herald, October 5, 1969.

Chapter 34

1. Carol Loomis, "Hard Times Come to the Hedge Funds," Fortune, January 1970, the first of a series of Loomis articles that showcase Buffett's opinions.
2. Book value. Tangible book value was $43. Warren Buffett letter to partners, October 9, 1969.
3. Ibid.
4. The more inquisitive partners may have discovered that Berkshire Hathaway owned Sun Newspapers by reading its 1968 annual report.
5. Letter to partners, October 9, 1969. Buffett explained that he expected stocks to yield about 6.5% after tax for the next ten years, roughly the same as a "purely passive investment in tax-free bonds." Even the best managers, he said, were unlikely to do better than 9.5% after tax. Compare this to the 17% return he had projected to partners in the early years of the partnership and the 30% average he had actually achieved.
6. Letter to partners, December 5, 1969.
7. According to Buffett, a couple of them never were able to find anyone they trusted to manage their money, and one ended up working as a fortune-teller in San Diego.
8. Letter to partners, December 26, 1969.
9. This statement is intriguing since Buffett had just named Dow Jones as the stock he would like to own on a desert island. However, the Sun was not a good investment.
10. Emphasis added by author. By then, a small cult of Buffett-stalkers monitored his holdings, and curiosity about Buffett's intentions was rife among many partners. The importance of a clear statement of his intentions—after more than a decade of obsessive secrecy—should have been unmistakable (at least with hindsight).
11. Buffett indulged in a bit of score-settling with the underwriters in his letter to partners of December 26, 1969, saying that the deal was pitched "with a heavy weight" placed on a comparison to Sperry & Hutchinson, the nearest competitor, but shortly "before the stock was to be offered, with the Dow Jones Industrials much lower but S&H virtually unchanged, they indicated a price far below their former range." (Blue Chip at the time had declined significantly.) "We reluctantly agreed and felt we had a deal but, on the next business day, they stated that our agreed price was not feasible."
12. It was a little unclear what the filling stations' actual beef was. They had given out Blue Chip stamps and made money doing it. If there were five stamp companies in California, they might have given out stamps that cost more, and it isn't clear that they would have made more money—they might have made less.
13. This takes into account the approximately 90,000 shares of Blue Chip Stamps that were still tied up in BPL because of the delay in the sale.
14. DRC's 1971 annual report discloses $841,042 of notes issued "in exchange for common stock of an affiliated company" due on varying dates, or within twelve months of the death of Warren E. Buffett. DRC continued to issue these notes until 1978, for a total of $1.527 million. During the first year the notes were also payable at the payee's demand. Apparently the notes were reissued with this term eliminated in 1972 (according to the 1972 DRC financial statements).
15. 1970 Annual Statement for Reinsurance Corporation of Nebraska, Berkshire Hathaway, Diversified, and Blue Chip, Forms 10-K and annual reports to shareholders.
16. Interview with Verne McKenzie.

17. Interview with Rhoda and Bernie Sarnat.

18. Interview with Charlie Munger.

19. Through chunks of stock large enough to almost certainly block an unfriendly takeover.

20. Blue Chip sales peaked in 1970 at $132 million.

21. A&P's discounting program, Where Economy Originates, prompted other supermarket chains to adopt discounting in 1972. "The Green Stamp Sings the Blues," Forbes, September 1, 1973.22. From the files of Berkshire Hathaway.

23. Interview with Bill Ramsey. The sale occurred because Laurence A. See, son of Mary See and a founder of the firm, had died, and Charles See, his brother and executor of his estate, mentioned to an attorney acquaintance while on vacation in Hawaii that he might want to sell. The attorney told Bob Flaherty, who worked for Scudder, Stevens, and Clark, and Flaherty talked to Ramsey, who was also a client of the firm.

24. From Margaret Moos Pick, See's Famous Old Time Candies, A Sweet Story. San Francisco: Chronicle Books, 2005.

25. Interview with Ed Anderson.

26. Buffett and Munger paid 11.4x trailing twelve months earnings for See's (i.e., a price equal to over eleven years' worth of the company's earnings—at the past twelve months' earnings rate). This was a remarkably high price/earnings ratio for Buffett, who rarely paid more than ten times earnings. Paying more than book value was also unprecedented. Susie told at least one friend that he "bought it for her," because of her chocolate obsession, which sounds like something he might have said as an endearment.

27. Since 1960.

28. Letter from John W. Watling to Harry W. Moore, December 3, 1971. Buffett was particularly involved in tax aspects of the deal. He wrote a detailed memorandum outlining a proposed structure for the company's trademarks in order to obtain a tax basis equal to the effective purchase price without incurring the tax costs that a sale would entail under tax law at the time, such as depreciation recapture and investment tax-credit recapture. Price Waterhouse, the accountants for See's, apparently were pleased that Buffett had done their job and wrote a memo concurring with his proposal and explaining how it would be executed (letter from Price Waterhouse & Co. to William F. Ramsey, January 18, 1972).

29. This account is an amalgamation of interviews with Munger and remarks at the Berkshire Hathaway 2003 annual meeting. Warren Buffett and Charlie Munger, "What Makes the Investment Game Great Is You Don't Have to Be Right on Everything," Outstanding Investor Digest, Vol. XVIII, Nos. 3 and 4, Year End 2003 Edition.

30. Interviews with Ed Anderson and Chris Browne. Buffett's reasoning in situations like this and Berkshire was that he needed the stock to get control. However, his allies could have kept their stock and voted with him. Indeed, in his younger days when he had less capital, Buffett had arranged such voting blocks.

31. Warren Buffett letter to Chuck Huggins, December 28, 1971.

32. During the early 1970s, the price of sugar increased sixfold. Although most news stories focused on the price of meat, sugar and cocoa were the commodities that experienced the most wrenching price increases.

33. At the time a cult product that people carried home on airplanes after encounters on vacation in

Colorado.

34. Narrative is based on correspondence among Warren Buffett, Stanley Krum, and Chuck Huggins, 1972. In a letter dated later in 1972, Buffett the teetotaler also says, "Maybe grapes from one little eighty-acre vineyard in France are really the best in the whole world, but I have always had a suspicion that about 99% of it is in the telling and about 1% is in the drinking."

35. This is the lament of a number of the managers.

36. Warren Buffett letter to Chuck Huggins, September 25, 1972.

37. Interviews with Tom Newman, Raquel Newman.

38. Buffett also would have gone on the board of his favorite company, GEICO, had the SEC not concluded that it would be a conflict because Berkshire Hathaway already owned an insurance company, National Indemnity.

39. Interview with Peter Buffett.

40. Each of the advisory-board members invested about $7,000. Control of the bank was retained within the African-American community. Some blacks did not want white investors. "They just thought we were trying to put something over on them, I guess," Buffett says.

41. Interview with John Harding.

42. Interview with Larry Myers. According to Myers, Buffett continued this level of involvement for seventeen years. An advisory board is different from a regular board position and normally requires less time commitment.

43. Roger Lowenstein, Buffett: The Making of an American Capitalist. NewYork: Doubleday, 1996.

44. Interview with Hallie Smith.

45. Interview with Rhoda and Bernie Sarnat. Buffett recalls the story as well.

46. At an anniversary party for the Thompsons a few weeks earlier, the Buffetts' cook served what came to be known throughout Omaha as the "poisoned chicken." Except for a rabbi and his wife, who ate tuna, everyone present came down with salmonella. By then, Buffett was so wellknown that the episode made the Omaha World-Herald. Interview with Rabbi Meyer Kripke.

47. Interview with Ron Parks.

48. As Buffett tells this story he lost the game, but according to Roxanne and Jon Brandt, he was determined not to lose to a six-year-old—and won.

49. According to a friend, Susie began to verbalize this attitude around the late 1960s. She later said these words, as quoted, to Charlie Rose in an interview.

50. Interview with Milton Brown. Several sources confirm that Susie was frequently in contact with Brown during this period.

51. Interviews with Racquel Newman, Tom Newman.

52. His mortgage was $109,000 in 1973.

Chapter 35

1. "Warming Up for the Big Time: Can John Tunney Make It as a Heavyweight?" Charles T.Powers, West magazine (Los Angeles Times), December 12, 1971.

2. A letter from Senator Ed Muskie to Buffett, September 23, 1971, said that Muskie was "especially intrigued by this concept," which Hughes and Rosenfield had passed along to him. Later,

the same notion, with the more memorable and attention-grabbing name "misery index," played a role in President Jimmy Carter's failure to win a second term.

3. James Doyle, "A Secret Meeting: Hughes Rejects Presidential Bid," Washington Evening Star, July 15, 1971.

4. John H. Averill, "Hughes Drops Out as Democratic Contender," Los Angeles Times, July 16, 1971.

5. Without naming the interviewer, this incident is cited by James Risser in "'Personal' Religion of Senator Hughes," Des Moines Sunday Register, July 11, 1971. Hughes appeared on Meet the Press on April 4, 1971.

6. James Risser and George Anthan, "'Personal' Religion of Senator Hughes." Hughes said he "believes in the ability of certain people to foretell the future."

7. The way Hughes told this story (with Dick Schneider) in his autobiography, The Man from Ida Grove (Lincoln, Va.: Chosen Books, 1979), differed slightly from the press account. Hughes freely discusses his reputation as a "mystic" and mentions Rosenfield's backing. He does not mention Buffett but recalls the meeting as taking place in a California motel room instead of Washington, as reported. On the plane on the way home, he saw "a vision of a red button" that would launch "an awesome nuclear attack" and says he realized that, as President, he could not press the button. After asking God's guidance, he decided not to run for President.

8. John H. Averill, "Hughes Drops Out as Democratic Contender." Most likely, the media would have unearthed the story at some point anyway, and Hughes was saved from greater embarrassment later. Hughes's advisers subsequently denied in the Los Angeles Times that disclosing his beliefs in spiritualism and his communication with his dead brother through a medium had influenced his decision not to run.

9. Interview with Tom Murphy.

10. This version of the story is an amalgamation of Murphy's and Buffett's versions. The stories are identical except for trivial differences in their recollection of the dialogue.

11. The announcement of the sale of the Fort Worth Star-Telegram and the area's AM and FM radio stations to Cap Cities for $80 million was on January 6, 1973. However, the closing of the deal was delayed until November 1974.

12. "I Should have done it," Buffett says. "That was really dumb. We would have made a lot of money with that."

13. According to Boys Town (now renamed Girls and Boys Town), the home opened on December 12, 1917, with about six boys and grew to twenty-five within three weeks. The approximate date and number ("between twenty and thirty") are cited in Omaha's Own Magazine and Trade Review, December 1928.

14. Howard Buffett "helped us greatly in securing our own post office for which we were deeply grateful, because he came to us to assist us when we were badly in need of a friend." Patrick J. Norton letter to Warren Buffett, April 24, 1972. The post office was established in 1934 and the village became incorporated in 1936, according to the Irish Independent, August 25, 1971. The post office was a key element in the charm of Boys Town's fund-raising appeals.

15. The average contribution at the time of the Sun's story was $1.62. Transcript, Mick Rood interview with Msgr. Nicholas Wegner.

16. Ibid. Robert Dorr, "Hard-Core Delinquent Rarity at Boys Town," Omaha World-Herald,

April 16, 1972.

17. Paul Williams, Investigative Reporting and Editing, Englewood Cliffs, N.J.: Prentice-Hall, 1978. Williams was the editor during the Boys Town investigation.

18. Michael Casey, new director of special projects brought in after the Sun story, described the atmosphere as a "minimum-security prison," based on his experience working in prisons and mental hospitals, in "Midlands News" of the Omaha World-Herald, March 10, 1974. According to Casey's account, he was forced to resign from Boys Town six months later and stated that reforms were window dressing. Father Hupp says Casey left because his job was done—but Casey was an outspoken ex-convict, which may have made him "too hot."

19. Paul N. Williams, "Boys Town, An Exposé Without Bad Guys," Columbia Journalism Review, January/February 1975.

20. The Sun had a "four-way" staff that reported stories that would appear in seven editions of the paper. These were the reporters working on the Boys Town story.

21. According to Paul Williams, in Investigative Reporting and Editing, Boys Town got school-aid funds and state welfare and gasoline tax funds. While these were "relatively small change" in the context of the overall budget, about $200,000 a year, the discrepancy was real and pointed to other possible problems.

22. Transcript, Mick Rood interview with Msgr. Nicholas Wegner. Wegner speaks of "this gal down there in the Lincoln welfare department [who] tried to make a big thing, a big blow out of this..." which, he thought, was personal rather than institutional. Nevertheless, he implied that Boys Town might move out of state if the regulators pestered it too much because "our bylaws say WE'RE NOT OBLIGED TO STAY HERE."

23. Paul Williams, Investigative Reporting and Editing.

24. Interview with Mick Rood. According to several sources, the "Deep Throat" of Boys Town, a role that required courage in insular Omaha, was Dr. Claude Organ.

25. Jeannie Lipsey Rosenblum described his appearance at that time in an interview.

26. As a religiously affiliated organization, Boys Town was entitled to an exemption for the first two years and could have filed with the archdiocese of Omaha. But it had filed separately anyway.

27. According to Paul Williams, the footwork in Philadelphia was done by Melinda Upp, a Washington reporter whom he previously had tried to hire. Finally, the call came: Are you sure you want this? she asked. The IRS charged a dollar a page and it was 94 pages long. The answer was, Hell, yes.

28. Interview with Randy Brown.

29. In his follow-up columns in the Sun.

30. The $25 million is combined fund-raising and investment income.

31. Interviews with Mick Rood, Warren Buffett.

32. The Sun published on Thursdays and worked around its own production schedule while trying to cut off the opportunity for a preemptive response through the Omaha World-Herald.

33. Paul Williams, Investigative Reporting and Editing, and Craig Tomkinson, "The Weekly Editor: Boys Town Finances Revealed" Editor & Publisher, April 15, 1972.

34. Transcript, Mick Rood interview with Msgr. Nicholas Wegner.

35. The reporters interviewed thirteen of the seventeen board members. Two were too old or ill to be interviewed.

36. Monsignor Schmitt, speaking at a press conference on May 22, 1972. Press conference transcript.

37. Interview with Randy Brown.

38. Paul N. Williams, "Boys Town, An Exposé Without Bad Guys."

39. Michael D. LaMontia, director of the State Department of Public Institutions, which oversaw Boys Town, called the Sun's criticisms those of a "vocal minority" that should be ignored in a letter to Wegner, May 25, 1972. The Sun, he said, speaks "from a very low profile and is really not heard by many people. The person being attacked can let it die a natural death...." He referred to the reporters as "scavengers" and "professional losers." Possibly Mr. LaMontia was merely being empathetic, but his tone seemed a little more charged-up than that.

40. Paul N. Williams, "Boys Town, An Exposé Without Bad Guys."

41. "Boys Town Bonanza," Time, April 10, 1972; "Boys Town's Worth Put at $209 Million," Los Angeles Times, March 31, 1972; "Money Machine," Newsweek, April 10, 1972; Tomkinson, "The Weekly Editor."

42. "Other Boys Homes Affected by Boys Town Story," Omaha Sun, December 14, 1972.

43. Undated two-page letter from Francis P. Schmitt to Boys Town supporters printed on Boys Town stationery; "Boys Town May Take Legal Steps to Initiate New Programs, Policies," Omaha Sun, December 14, 1972; correspondence between Paul Williams and the "Irreverent Reverend" Lester Kinsolving of the National Newspaper Syndicate Inc. of America, a muckraking religious columnist widely syndicated through the San Francisco Chronicle. Schmitt was angry because, among other things, Boys Town's marketing domicile had backfired: Kinsolving wrote a followup story in the Washington Evening Star, "Boys Town Money Machine" (November 4, 1972), and datelined it Boys Town, Nebraska. Schmitt (incorrectly) felt that he had no right to do so.

44. Paul Critchlow, "Boys Town Money Isn't Buying Happiness," Philadelphia Inquirer, July 20, 1973.

45. The Reverend Monsignor Wegner, letter to a man who said he was an employee of the San Francisco Examiner and worked in the composing room, June 1, 1973. The man wrote Lester Kinsolving at the San Francisco Chronicle and asked that his name not be used in a story, probably because he was offering it to a competing paper. Kinsolving apparently forwarded this material to Buffett.

46. Used with permission of the Omaha Press Club Foundation.

47. Warren Buffett letter to Edward Morrow, April 21, 1972.

48. Memo from Paul Williams to Buffett, October 13, 1972, including Buffett's comments.

49. Mick Rood note to personal files, January 19, 1973. Transcript, Mick Rood interview with Msgr. Nicholas Wegner.

50. The award was to "The Sun Newspapers of Omaha, of The Sun Newspapers of Omaha: For uncovering the large financial resources of Boys Town, Nebraska, leading to reforms in this charitable organization's solicitation and use of funds contributed by the public." It was the first time a weekly paper won for Local Investigative Specialized Reporting (although according to Pulitzer Center staff, weeklies had won before in categories other than investigative reporting).

51. However, Monsignor Wegner was described as "frail" and had had several recent surgeries. See Paul Critchlow, "Boys Town Money Isn't Buying Happiness."

52. Among the consultants' findings was that the Boys Town staff morale was now low, with

many long-tenured employees having worked for years on church-mouse wages on the impression that Boys Town was barely getting by. In 1973, Boys Town actually raised more money than in 1972 (over $6 million), according to the Omaha World-Herald (March 21, 1973). The main result of the exposé and reforms was increased transparency and accountability over how the money was spent.

53. George Jerome Goodman (writing as "Adam Smith"), Supermoney. New York: Random House, 1972. Goodman (known as Jerry) chose his pen name after Adam Smith, the father of market economics.

54. John Brooks, "A Wealth of Notions," Washington Post, October 22, 1972.

Chapter 36

1. Interview with Stan Lipsey. Scripps Howard owned 60% of the paper but had been ordered by the Department of Justice in 1968 to divest it on antitrust grounds because it also owned the Cincinnati Post &. Times-Star, a competing paper. Blue Chip bought 10% of the Enquirer's stock and tried to get the rest for $29.2 million in February 1971.

2. Scripps would have been interested in selling because it was looking at buying Journal Publishing and Albuquerque Publishing and could not own all three.

3. Graham thought that the only alternative to going public was to sell one of the company's TV stations, which she did not want to do. To protect the business from an unfriendly bidder, Beebe and family lawyer George Gillespie structured the stock sale in two tiers, with class A shares in the family's hands and class B stock, which carried diluted voting privileges, sold to the public. Katharine Graham, Personal History. New York: Alfred A. Knopf, 1997.

4. Graham told this story to Buffett.

5. Katharine Graham, Personal History.

6. Katharine Graham letter to Charlie Munger, December 23, 1974.

7. Katharine Graham, Personal History.

8. Katharine Graham interview with Charlie Rose, February 5, 1997.

9. Some of the nonvoting B shares went to Kay's brother, Bill, in exchange for an investment in the company. Kay's sisters were not investors in the Post. At the time, the unprofitable newspaper was less a financial asset than a public responsibility and a source of prestige.

10. Buffett's former golf coach Bob Dwyer was the office boy who performed this task, in between running copy for the Post's editorial department.

11. Katharine Graham, Personal History.

12. These anecdotes are from Personal History.

13. C. David Heymann's The Georgetown Ladies' Social Club (New York: Atria Books, 2003) a well-researched account of the most influential Washington hostesses and the private power they wielded—gave examples, such as a black eye, that indicated that on at least some occasions Phil Graham physically abused her.

14. Stories of the women with whom Phil Graham was involved and the allegation that he swapped girlfriends with Kennedy, including the actress-model Noel-Noel, are contained in The Georgetown Ladies' Social Club.

15. In her memoir, Graham attributed this partly to the subservience of women in her time and partly to her emotionally abusive upbringing. She seems to have had at least a partial grasp of her own

role in enabling Phil's behavior.

16. Katharine Graham interview with Charlie Rose, February 5, 1997.

17. Ibid.

18. Interview with Don Graham.

19. Beebe had been a partner at Cravath, Swaine & Moore in New York and, under the direction of Don Swatland, in 1948 was instrumental in designing the structure that protected the Post from a sale outside the family.

20. Katharine Graham, Personal History.

21. McNamara later said he commissioned the "History of the United States Decision-Making Process on Vietnam Policy" to "bequeath to scholars the raw material from which they could reexamine the events of the time." Sanford J. Ungar, The Papers and the Papers: An Account of the Legal and Political Battle over the Pentagon Papers 23~27. New York: E. P. Dutton, 1972.

22. Dialogue between Graham and Bradlee has been condensed and edited for clarity from Personal History and her interview with Charlie Rose. Description of the scene is from Personal History.

23. Bob Woodward, "Hands Off, Mind On," Washington Post, July 23, 2001.

Chapter 37

1. Nixon made explicit threats about the licenses, but a paper trail did not surface to document this until May 1974 (Katharine Graham, Personal History. New York: Alfred A. Knopf, 1997). Graham filed an affidavit with the FCC on June 21, 1974, saying the challenge was "part of a White House-inspired effort to injure...the company in retaliation for its Watergate coverage." Morton Mintz, "Mrs. Graham Links White House, TV Fights," Washington Post, June 27, 1974; David E. Rosenbaum, "Threats by Nixon Reported on Tape Heard by Inquiry," New York Times, May 16, 1974.

2. Katharine Graham, Personal History.

3. Ibid.

4. All quotes on Meyer are from Cary Reich, Financier: The Biography of André Meyer: A Story of Money, Power, and the Reshaping of American Business. New York: William Morrow, 1983.

5. Cary Reich, Financier.

6. "The whole company at one point got down to where it was seltingfor eighty million," Buffett says. "We spent a little less than ten million bucks when all was said and done and paid a price that valued the company on average at a hundred million."

7. Graham's memoir, which downplays her relationship with Meyer, credits Gillespie and Beebe for the idea of the two-class stock. Meyer's biographer, Cary Reich, credits Meyer for the idea. Given Meyer's talents as a banker, it seems unlikely he had no involvement.

8. Warren Buffett letter to Katharine Graham, May 1973.

9. Jim Hoagland, "A Journalist First," Washington Post, July 18, 2001.

10. Robert Kaiser, "The Storied Mrs. Graham," Washington Post, July 18, 2001.

11. Cary Reich used the term "irate" in Financier.

12. Interview with Arjay Miller.

13. Katharine Graham, Personal History.

14. "A Sure Thing? What Is Inside Information? Forget the black-and-white definitions. The real world often comes in gray, like at the San Jose Water Works," Forbes, September 1, 1973.

注 释

15. The company had disclosed in 1971 that the city was interested in buying it.
16. Interview with Bill Ruane.
17. Warren Buffett letter to Malcolm Forbes, August 31, 1973.
18. Interview with Bill Ruane.
19. Katharine Graham, Personal History.
20. Patrick Brogan, The Short Life and Death of the National News Council: A Twentieth Century Fund Paper. New York: Priority Press Publications, 1985. The Council survived for eleven years before giving up—a decade before the Internet became available—for lack of a viable outlet through which its findings could reach the public.
21. Interview with George Gillespie.
22. Interview with Don Graham.
23. Katharine Graham, Personal History.
24. October 20, 1973.
25. Graham's foreword to Meg Greenfield's Washington. New York: Public Affairs, 2001.
26. Graham more tactfully called him a "delightful and mischievous goad" in Personal History.
27. In her book, Graham recalls that "someone" mentioned the amortization of intangibles and that Howard Simons, unprompted, then challenged her to define it. Possibly Graham did not perceive herself as "showing off" when writing what was, after all, her own memoir.
28. Interview with Don Graham.
29. Interview with Liz Hylton.
30. The Dumbarton Oaks Conference; the Dumbarton Oaks Research Library and Collection.
31. Wisner was the widow of Frank Wisner, and married columnist Clayton Fritchey in 1975, becoming Polly Fritchey.

Chapter 38

1. Wattles, confusingly, bore the same name as Gurdon W. Wattles, the "streetcar king" of Omaha, who was no relation.
2. Interviews with Ed Anderson, Marshall Weinberg.
3. Buffett bought American Manufacturing at 40% of what he thought it was worth. "How Omaha Beats Wall Street," Forbes, November 1, 1969.
4. A couple of other people did what Wattles did—Thomas Mellon Evans and Jean Paul Getty. Buffett followed Evans, too, while another Columbia friend, Jack Alexander, and his partner, Buddy Fox, followed Getty, who pyramided oil companies and wrote a book, How to Be Rich (not how to get rich). Evans, a Pittsburgh businessman, discussed in "Heirloom Collector," Time, May 11, 1959, operated through H. K. Porter and Crane Co. Wattles, who is virtually unknown today, was a director of Crane.
5. It didn't make you huge money unless you picked the shareholders' pockets, as some had done. An unscrupulous operator could milk the subsidiaries for money while saddling the shareholders of the parent company with an unsustainable amount of debt. John S. Tompkins, "Pyramid Devices of 20's Revived," New York Times, November 16, 1958.
6. "If I have seen further it is by standing on ye shoulders of giants." Letter from Isaac Newton to Robert Hooke, February 5, 1676.

1033

7. "Fighting the Tape," Forbes, April 1, 1973. "I trust this man [Wattles] to do intelligent things," Ruane said. Shareholders had sued over the values in the merger, however, illustrating the conflicts created by the Wattles model.

8. Interview with Charlie Munger.

9. Blue Chip made two purchases totaling 137, 700 shares, or 6%, of Wesco on July 11 and July 14, 1972. Between July 1972 and January 1973, Blue Chip bought another 51, 300 shares, or 2% of the stock, through open market purchases on twenty different days.

10. "Not Disappointed, Says Analyst As Wesco, FSB Call Off Merger," California Business, March 15, 1973.

11. Wesco's equivalent book value per share at the exchange ratio offered was $23, compared to Santa Barbara's $8. Santa Barbara had zero unrestricted capital, whereas Wesco had $7 per equivalent share free net worth. Santa Barbara's earnings per equivalent share after bad debt accruals and deferred taxes were 28.7% lower than Wesco's.

12. This is Betty Casper Peters's recollection of how Buffett related the story to her.

13. A letter from Charlie Munger to Louis Vincenti, February 8, 1973, makes the case that Home Savings' (a California banking giant) cost structure was so low "because it is run like Wesco."

14. Interview with Betty Casper Peters.

15. Charles T. Munger testimony, In the Matter of Blue Chip Stamps, Berkshire Hathaway Incorporated, HO-784, Wednesday, March 19, 1975, p. 53. Warren E. Buffett testimony, March 21, 1975, pp. 61~63.

16. Interview with Charlie Munger.

17. "It is awkward," he wrote, "when we want to talk to you about alternatives to be provided by us for Wesco shareholders, to have you sort of prevented from considering anything unless and until released by FSB [Santa Barbara] or actions of ours....I guess all we can do is have everyone act as best he can as the matter unfolds to an outcome now not entirely clear to us." Charles T. Munger letter to Louis R. Vincenti, February 8, 1973.

18. Charles T. Munger testimony, In the Matter of Blue Chip Stamps, Berkshire Hathaway Incorporated, HO-784, Wednesday, March 19, 1975, page 84.

19. Interview with Betty Casper Peters.

20. Minutes of the Special Meeting of Board of Directors of Wesco Financial Corporation, February 13, 1973.

21. Interview with Betty Casper Peters.

22. All analyst commentary from "Not Disappointed, Says Analyst As Wesco, FSB Call Off Merger," California Business.

23. Peters was grateful to them, writing to Don Koeppel two months later that the decision to kill the deal looked "heroic" because Santa Barbara's stock price had fallen from over $33 to $15.50.

24. Interview with Charlie Munger.

25. Blue Chip applied to the Federal Savings and Loan Insurance Corporation to buy 50% of Wesco, thereby turning Blue Chip, and potentially its affiliates Berkshire, Diversified, and others, into a savings-and-loan holding company. In the application, the companies said that Diversified had never considered Blue Chip a subsidiary but Diversified and its affiliates might be deemed to control Blue Chip by view of Buffett's ownership of the stocks of both as well as of Berkshire, which owned 17.1% of

Blue Chip at the time.

26. Munger started looking at other California bank stocks and suggested that Wesco might buy a large block of Crocker National Bank.

27. "I have a personal, pronounced prejudice in favor of buying at a material discount from book value stock in extremely entrenched institutions which have earned between 11% and 13% on book value for a decade or more with a history of substantial and ever-increasing dividends.Moreover, I like the idea of diversifying the economic base at Wesco with something like a zero increase in overhead. I also like becoming the largest shareholder in substantial enterprises—on the theory that this adds a possible plus factor to investment performance." Charles T. Munger letter to Lou Vincenti, April 3, 1973.

28. Buffett's trading style that year suggested he might be pessimistic about the economy and was preparing for a downturn. He wrote straight covered-call options on Kennecott Copper and down-and-out options, a more sophisticated type of covered call that limits the downside and upside within a specified range, on several stocks such as Ford Motors, General Motors, and Black & Decker. Selling calls on the latter three economically sensitive stocks was not a market call, but does suggest that he was more pessimistic than optimistic about the economy. Letter from Warren Buffett to Jack Ringwalt, March 9, 1972.

29. At December 31, 1973, his Post stock was worth $7.9 million.

30. Catherine Elberfeld letter to Warren Buffett, May 1974.

31. Ben Graham wrote about this Eau Claire, Wisconsin, company in The Intelligent Investor.

32. "I'd have made a hell of a lot more money if I hadn't sold it. I would have made a fortune out of the stock," Buffett says. He says he got off quickly when he learned the CEO had different deals with every director about pay. Vornado was under different management and owned discount stores.Today it is a real estate investment trust managed by Steven Roth.

33. Interview with Bob Malott.

34. Buffett says he immediately told Malott that FMC should buy back its own stock, which was cheap. Although FMC considered the idea, it didn't follow through.

35. Black enrollment had risen to one third and was projected to rise to nearly half in the fall. A desegregation suit was pending and the building did not conform to fire codes. Some white students had already transferred out of fears that Central and Tech High, the city's toughest school, would be merged. Dana Parsons, "Central Parents Express Fears, Seek Changes," Omaha World-Herald, May 9, 1974. The committee proposed changes that in effect created a magnet school oriented to college prep.

36. Mark Trustin, a neighbor, gave Hamilton to the Buffetts.

37. Interview with Susie Buffett Jr., who says she wasn't planning to become a police officer.

38. Interview with Peter Buffett.

39. Interview with Dave Stryker.

40. In the Temptations' world, men are the Daisy Maes: "Since I Lost My Baby," "The Way You Do the Things You Do," "(I Know) I'm Losing You," "I Can't Get Next to You," "Just My Imagination," "Treat Her like a Lady," and, of course, "Ain't Too Proud to Beg."

41. From several sources both close to Susie at the time and who knew her later.

42. Interview with Peter Buffett.

43. His dividends from Blue Chip were also about $160,000 per year before taxes.

44. By having Diversified buy insurance from ("reinsure") National Indemnity through its new

1035

subsidiary. The cash was transferred by paying a premium to Diversified. Charles T. Munger testimony, In the Matter of Blue Chip Stamps, Berkshire Hathaway Incorporated, HO–784, Thursday, March 20, 1975, pp. 188~194.

45. Byyear-end 1973, Reinsurance Corp. of Nebraska (renamed Columbia Insurance) had amassed investments of $9 million, which is indicative of its cash flows.

46. Charles T. Munger testimony, In the Matter of Blue Chip Stamps, Berkshire Hathaway Incorporated, HO-784, Wednesday, March 19, 1975. Both had previously owned some stock.Munger had bought a block and Gottesman bought stock his partners sold.

47. Charles T. Munger testimony, In the Matter of Blue Chip Stamps, Berkshire Hathaway Incorporated, HO-784, Thursday, March 20, 1975, p.193.

48. Charles T. Munger testimony, In the Matter of Blue Chip Stamps, Berkshire Hathaway Incorporated, HO-784, Thursday, March 20, 1975, p.190.

49. They were reported at the end of the year in DRC's annual report, but few people read it, and it took legwork and initiative to get more timely information from SEC Form 3s and 4s. DRC's 11.2% position was disclosed in BRK's 1973 annual report, as well as the fact that Warren and Susie owned 43% of DRC at the time too.

50. For $1.9 million.

51. Don Koeppel letter to Warren Buffett, June 15, 1973.

Chapter 39

1. From peak to trough in the Depression (September 3, 1929, to July 8, 1932), the Dow fell 89%. From peak to trough in the early 1970s (January 11, 1974, to December 6, 1974), the Dow fell 45%—the two worst bear markets of the century.

2. Robert Redford interview, cited by Graham in Personal History. New York: Alfred A. Knopf, 1997.

3. Katharine Graham, Personal History.

4. The television stations owned by both would have created a conflict.

5. Katharine Graham, PersonalHistory.

6. Al Pagel, "What Makes Susie Sing?" Omaha WorM-Herald, April 17, 1977.

7. Interview with Gladys Kaiser.

8. From a letter that Graham wrote Buffett, reprinted in Personal History. Don Graham recalls his mother telling him that Susie cooked eggs for her, and Susie and Warren watched Kay eat them and did not eat any themselves.

9. Measured from its peak.

10. Interview with Chafiie Munger.

11. "Fighting the Tape;" Forbes, April 1, 1973.

12. The seat would have sold for a quarter of what Ruane, Cunniff had paid for it.

13. The record was 1970: Sequoia 12.11% vs. S&P 20.6%; 1971: Sequoia 13.64% vs. S&P 14.29%; 1972: Sequoia 3.61% vs. S&P 18.98%; 1973: Sequoia (24.8%) vs. S&P (14.72%).

14. Marshall Weinberg as well as Buffett confirmed this in interviews. Malott says he does not recall it.

15. Loomis joined Sandy Gottesman at First Manhattan; Brandt went to work at Abraham & Co.

注　释

16. "Look at All Those Beautiful, Scantily Clad Girls Out There!" Forbes, November 1, 1974.

17. "Forbes didn't use what I considered to be the most significant line," said Buffett in a letter to Pat Ellebracht on October 24, 1974, repeating this quote.

18. Interview with Rod Rathbun; Omni arbitration files of the National Indemnity Company.

19. Compounded over thirty years at 20%, this was perhaps a $2.4 billion investment return forgone. Buffett and Munger have referred to it as the greatest missed opportunity in the history of Berkshire Hathaway. The details are arcane but the essence of the story is as portrayed here.

20. "Why the SEC's Enforcer Is in Over His Head," BusinessWeek, October 11, 1976.

21. Interview with Verne McKenzie.

22. Letter from Charlie Munger to Chuck Rickershauser "re: Diversified Retailing—Berkshire Hathaway Proposed Merger," October 22, 1974.

23. Interview with Betty Casper Peters.

24. Interview with Verne McKenzie.

25. Robin Rickershauser, who has often heard this clever trope from her husband, did not realize he originated it until contacted by the author.

26. If true, investors would have been selling without required information about the buyer and his reasons.

27. Charles T. Munger testimony, In the Matter of Blue Chip Stamps, Berkshire Hathaway Incorporated, HO-784, Thursday, March 20, 1975, p.112.

28. The increase in Santa Barbara's price if the deal collapsed would only partially hedge this risk.

29. Charles T. Munger testimony, In the Matter of Blue Chip Stamps, Berkshire Hathaway Incorporated, HO-784, Thursday, March 20, 1975, pp.112~113.

30. Interview with Judge Stanley Sporkin.

31. Ibid. This lawyer was so particularly ferocious that the author was asked not to mention his name.

32. A thick file of documents produced in response to the SEC's February 1975 subpoena illustrates several points: 1) it contained no evidence that Buffett bought on inside information or expecting a takeover; 2) Buffett had become expert on water company regulation and ratemaking, and his interest and expertise in this narrow subject was prodigious; 3) this aspect of the investigation must have been intrusive and an embarrassing form of déjvù, as it included production of his correspondence with Forbes that attempted to dear his name.

33. Partly because of state restrictions on how much stock any one insurance company could hold, the diagram was more complicated than it would have been otherwise. The version shown on pages 412~413 was created by Verne McKenzie and updated through 1977 (i.e., includes the Buffalo News). Berkshire was still negotiating with the SEC as late as 1978.

34. During Buffett's testimony, In the Matter of Blue Chip Stamps, Berkshire Hathaway Incorporated, HO-784, Friday, March 21, 1975, p.125, he acknowledged that he and Munger had been buying shares of Wesco in the open market during a tender offer and Rickershauser had advised him to stop, saying that they should use only tender offers to accumulate further shares (which they did). Rickershauser interjected, "I want the record to be clear that I did not tell them it was illegal to do what was done. I told them it would be hard to convince somebody that in hindsight they may not have intended to do what they did. You can swear me in if you want to on that one. I didn't want to be right."

1037

35. Said to a colleague.

36. The SEC apparently considered Buffett, Munger, and Guerin's interests and the companies a controlled group for purposes of tender offers. The combination of Warren (11%), Susie (2%), Munger and his partners (10%), Berkshire Hathaway (26%), and Diversified (16%) controlled 65% of Blue Chip's stock. Warren and Susie owned 36% of Berkshire and 44% of DRC. Munger owned 10% of DRC. DRC owned 15% of BRK and 16% of BC. BC owned 64% of Wesco.

37. The "harm principle" was articulated by scholars such as John Locke, Wilhelm von Humboldt, and John Stuart Mill, who argued that the sole purpose of law was to prevent harm, and the individual's liberty should not be encroached otherwise. The harm principle is the basis for certain portions of the U.S. Constitution.

38. Chuck Rickershauser Jr. letter to Stanley Sporkin, November 19, 1975.

39. Chuck Rickershauser Jr. letter to Stanley Sporkin, December 1, 1975.

40. Warren E. Buffett testimony, In the Matter of Blue Chip Stamps, Berkshire Hathaway Incorporated, HO-784, Friday, March 21, 1975, p. 157.

41. Charles T. Munger testimony, In the Matter of Blue Chip Stamps, Berkshire Hathaway Incorporated, HO-784, Thursday, March 20, 1975, p. 197.

42. Interview with Judge Stanley Sporkin. Sporkin served as general counsel to the CIA after leaving the SEC in 1981. He became Judge of the U.S. District Court for the District of Columbia in 1985 and served till his retirement in 2000.

43. Ibid. For more on Sporkin see Jack Willoughby, "Strictly Accountable," Barron's, April 7, 2003; Peter Brimelow, "Judge Stanley Sporkin? The Former SEC Activist Is Unfit for the Federal Branch," Barron's, November 4, 1985; Robert M. Bleiberg, "Sporkin's Swan Song?" Barron's, February 2, 1981; "Why the SEC's Enforcer Is in Over His Head," BusinessWeek, October 11, 1976.

44. "I bet on a good horse," says Sporkin, "and the horse came in."

45. After the deregulation of the S&L industry, Santa Barbara lost $80.9 million during fifteen straight quarters in the early 1980s. In June of 1984, Ivan Boesky was close to buying it and infusing it with a desperately needed $34 million, but that fell through. In 1990 it was seized by federal regulators, placed in conservatorship, and operated by the Resolution Trust Corp. until Bank of America bought it in 1991 for $41 million.

46. The company also paid a $115, 000 fine. "Consent to Judgment for Permanent Injunction and Other Relief" "Final Judgment for Permanent Injunction and for Other Relief and Mandatory Order and Consent with Respect Thereto" and "Complaint for a Permanent Injunction and Other Relief," In the Matter of Securities and Exchange Commission vs. Blue Chip Stamps, June 9, 1976.

47. The SEC Advisory Committee on Corporate Disclosure, July 30, 1976.

Chapter 40

1. Doug Smith, "Solid Buffer Voice Melts Debut Jitters," Omaha World-Herald, May 9, 1975.

2. Interview with Charlie Munger.

3. Charles Munger letter to Katharine Graham, December 9, 1974. Munger wrote "dilly" when he apparently meant "silly." For clarity, "silly" has been used in the text.

4. Interview with Fred Stanback.

5. Interviews with Roxanne Brandt, Walter Schloss. Brandt later jokingly admitted this was

grounds for divorce.

6. New York Daily News, October 30, 1975.

7. As of December 2007, these shares would be worth $747 million.

8. That Buffett, who had never borrowed a significant amount of money in his life, thought it made sense for his sisters to buy Berkshire stock using borrowed money, with only 5% down, speaks volumes about how cheap he thought the stock was and how good its prospects were at the time.

9. Berkshire owned so much Washington Post stock and Buffett's position on the board was such that, if it bought a TV station, its ownership would be attributed to the Washington Post, pushing it over the limit of five stations that it could own.

10. Howard E. Stark letter to Warren Buffett, June 18, 1975. Also see Lee Smith, "A Small College Scores Big in the Investment Game" Fortune, December 18, 1978.

11. Katharine Graham, Personal History. New York: Alfred A. Knopf, 1997.

12. The new printing-press technology that owners had installed made management hostage to the skilled employees who knew how to run the complex equipment.

13. Katharine Graham, Personal History.

14. Ibid.

15. Interview with George Gillespie.

16. According to Personal History, this contract would have given the pressmen the highest wages in the nation and security from layoffs. Negotiations broke down in part because the Post refused to hire back the workers who had damaged the presses.

17. According to Personal History, fifteen former Post pressmen pleaded guilty to various misdemeanor charges. Six who had damaged presses and committed more serious crimes were jailed.

18. They sold their interest in Source Capital to its managers.

19. With the press strikes and Watergate affair behind her, Katharine Graham began to focus on growth at the Washington Post in the mid-1970s. Up until then, the company didn't have sufficient profits and there was "little more than a hit-or-miss strategy" for growth (Personal History). Sales and earnings started to take off in 1976, around the time that they started buying back company stock. Earnings per share were $1.36 in 1976 vs. $0.36 in 1970. Return on equity was 20% compared to 13%. Profit margin grew to 6.5% from 3.2%. And it kept improving from there (Value Line report, March 23, 1979).

20. Charles Munger letter to Katharine Graham, November 13, 1974.

21. Interview with Don Graham.

22. C. David Heymann, The Georgetown Ladies' Social Club. New York: Atria Books, 2003.

23. Interview with Don Graham.

24. Interview with Susie Buffett Jr., who credits her parents for not interfering.

25. Interview with Susie Buffett Jr.

26. Interview with Dick and Mary Holland.

27. Interview with Susie Buffett Jr.

28. Ibid.

29. Interview with Howie Buffett.

30. In an interview Peter Buffett described his routine at this time.

31. According to friends of Susie's who say she blamed Graham for the relationship.

32. Al Pagel, "What Makes Susie Sing?" Omaha World-Herald, April 17, 1977.

33. Ibid.

34. This is Jack Byrne's recollection of Davidson's remonstration in an interview. Jack being a colorful guy, it is possible that his recollection is a bit more colorful than what Davidson actually said.

35. Interview with Tony Nicely.

36. Warren Buffett memo to Carol Loomis, July 6, 1988.

37. By 1974, the whole insurance industry was producing what rating agency A. M. Best called "unbearable" losses of $2.5 billion from a vicious price war and inflation of everything from car repairs to lawsuits. (A.M. Best Company Comment on the State of and Prospects for the Property/Liability Insurance Industry, June 1975.) The states were also passing "no-fault" insurance legislation, which meant that insurers had to pay for an accident regardless of who caused it. The federal government also slapped price controls on the industry during the Middle East war. Meanwhile, the devastating stock market of 1973~1974 had wiped so much value from GEICO's stock portfolio that for every share of stock, investments that had once been worth $3.90 were now worth a dime a share (Leonard Curry, "Policy Renewed: How GEICO Came Back from the Dead;" Regardie's, October/November 1982).

38. GEICO had $500 million in premiums and would have needed capital of $125 million to meet regulatory and rating agency standards for leverage.

39. Interview with Sam Butler.

40. Interview with Jack Byrne. "The bastards at Travelers had passed me over for president for Ed Budd," recalls Byrne (who likes to tell this story and tells it often). "A million dollars invested with me is now worth a billion, and a million dollars invested with Ed Budd is now worth $750,000. And I used to be pissed, but obviously I'm more mature about it now. Well, I'm still pissed" This story is also recounted in William K. Klingaman, GEICO, The First Forty Years. Washington, D.C.: GEICO Corporation, 1994.

41. Interview with Jack Byrne.

42. "GEICO's Plans to Stay in the Black," BusinessWeek, June 20, 1977. It is Byrne's impression that Wallach did not like him.

43. GEICO had too little capital under regulatory standards to ensure its ability to pay claims on all its policies. By transferring some of its business to competitors, the company would relieve the strain on capital.

44. Interview with Rhoda and Bernie Sarnat.

45. Interview with Lou Simpson.

46. "Leo Goodwin Jr. Is Dead at 63; Headed GEICO Insurance Concern," New York Times, January 18, 1978; "Leo Goodwin, Financier, Son of Founder of GEICO," Washington Post, January 18, 1978.

47. Interview with Don Graham.

48. Leonard Curry, "Policy Renewed."

49. Warren Buffett memo to Carol Loomis, July 6, 1988.

50. Blue Chip bought 14% of Pinkerton's in March 1976 and Buffett went on the board, a thrill to the erstwhile boy detective who had also busted open Boys Town's hidden war chest.

51. Interview with Bill Scott.

52. Wallach had invited big insurers to buy up 40% of GEICO's reinsurance treaties, giving them until June 22 to make their decision to participate. Not enough insurers signed up. Wallach was supposed

to decide by Friday, June 25, whether to shut GEICO down. He extended the deadline and, in mid-July, revised his rescue plan—requiring only 25% of GEICO's premiums to be taken up by the insurance pool and lowering the amount of capital they needed to raise by yearend to $50 million. Reginald Stuart, "Bankruptcy Threat Fails to Change Status of GEICO," New York Times, June 26, 1976; Reginald Stuart, "The GEICO Case Has Landed in His Lap," New York Times, July 4, 1976; Matthew L. Wald, "GEICO Plan Is Revised by Wallach;" New York Times, July 16, 1976.

53. National Indemnity was a specialty company, not yet so large or well-known that it would cause too much push-back on the grounds of helping a competitor. Buffett's other insurers, as will be seen, were struggling.

54. Who knows what General McDermott actually wrote, but any endorsement at all from him would have carried weight among insurers.

55. Some of the people instrumental in making it happen were former GEICO employees, according to Byrne.

56. Interview with Jack Byrne.

57. John Gutfreund quoting Frinquelli in an interview. Frinquelli did not return calls requesting an interview.

58. Interview with Sam Butler.

59. Leonard Curry, "Policy Renewed" According to some sources, Butler also had an instrumental role in convincing Gutfreund to underwrite the deal.

60. Without a doubt it had not. Among other things, GEICO had failed to disclose a change in method of calculating loss reserves, which had enabled it to boost profits by $25 million during the second and third quarters of 1975. "In the Matter of GEICO et. al.," October 27, 1976.

61. Leonard Curry, "Policy Renewed."

62. Interview with John Gutfreund.

63. An indication of "aftermarket support" was a principal component in underwriters' assessments of how a stock might trade once it was listed. The presence of aftermarket support helped prevent a "busted deal" in which the underwriter had to buy back the offering with the firm's own capital.

64. Byrne's recollection is that Tom Harnett, the New York superintendent, helped rally the industry to get behind the reinsurance. Harnett, he believes, had an incentive because the New York guaranty fund was prefunded and had invested in Big Mac New York City bonds, which were selling at a fraction of their par value. The insolvency funds in effect had evaporated in the wake of New York City's financial crisis.

65. Byrne has told this story more vividly in times past. In Roger Lowenstein's Buffett: The Making of a American Capitalist (New York: Doubleday, 1996), he supposedly said to Sheeran, "Here's your fucking license. We are no longer a citizen of the state of New Jersey." He calls Sheeran "the worst insurance commissioner ever."

66. Disgruntled employees, hearing the news about their jobs, started throwing policies out the top-story window. "Files were floating all around North Jersey in the air," says Byrne. Nobody knew this until GEICO moved the claims office to Philadelphia, "when we went to move the files and they weren't there." Byrne estimates the lost data cost the company as much as $30million~40 million in excess claims. GEICO also gave up its license in Massachusetts. It stopped writing business in many other states without surrendering the right to do so in the future. In total, the company nonrenewed 400, 000 out of its 2.2

million policyholders.

67. Interview with Jack Byrne. The author first heard this story from a secretary who formerly worked for Byrne.

68. Interview with Tony Nicely. The length of these meetings sounds incredible, but Byrne seemed to have an almost superhuman energy.

69. Interview with Jack Byrne.

70. James L. Rowe Jr., "Fireman's Fund Picks Byrne" Washington Post, July 24, 1985; Sarah Oates, "Byrne Pulled GEICO Back from Edge of Bankruptcy" Washington Post, July 24, 1985.

71. Graham Group members, Buffett friends, and Berkshire employees such as Marshall Weinberg, Wyndham Robertson, Verne McKenzie, Gladys Kaiser, Bob Goldfarb, Tom Bolt, Hallie Smith, Howie Buffett, and Peter Buffett all remember Grossman fondly.

Chapter 41

1. Christopher Ogden, Legacy, A Biography of Moses and Walter Annenberg. Boston: Little, Brown, 1999; John Cooney, The Annenbergs: The Salvaging of a Tainted Dynasty. New York: Simon & Schuster, 1982.

2. Ogden, in Legacy, cites Annenberg as saying he &dined to buy the Washington Times-Herald from Colonel McCormick and convinced McCormick to sell to the Grahams despite their reservations about Phil Graham's drinking and mental stability. Thus, he felt responsible for putting together the newspaper marriage that made the Washington Post what it had become. He felt slighted because the Grahams had never credited him. Buffett says that Annenberg was exaggerating his role and that Graham viewed this notion as ridiculous.

3. Drew Pearson, "Washington Merry-Go-Round: Annenberg Lifts Some British Brows;" Washington Post, February 24, 1969.

4. Buffett's recollection of Annenberg's perspective on Nixon.

5. Description of the Annenbergs' reactions is from Legacy. Drew Pearson, "Senators Wary on Choice of Annenberg" Washington Post, March 5, 1969.

6. The comparison with Nixon was made byAnnenberg's biographers.

7. In fact, the Annenbergs' investment of time, personal funds, and good judgment in a thoughtful restoration of Winfield House, the ambassadorial residence, played a key role in their acceptance in Britain.

8. C. David Heymann, The Georgetown Ladies' Social Club (New York: Atria Books, 2003) and Legacy. This is Walter Annenberg's account, and there is no telling what was really said. But, by all accounts, he was offended.

9. In the end, he gave most of his money to the Annenberg Foundation and his art collection to the Metropolitan Museum of Art.

10. Lally Weymouth, "Foundation Woes: The Saga of Henry Ford II, Part II;" New York Times Magazine, March 12, 1978.

11. Walter Annenberg letter to Warren Buffett, October 1, 1992.

12. Donner was not entirely obliterated. In 1960, seven years after he died at age eighty-nine, the $44 million in assets in his foundation was divided equally—between a newly formed Donner Foundation and the original foundation, which changed its name to the Independence Foundation (www.

independencefoundation.org).

13. Walter Annenberg letter to Warren Buffett, October 1, 1992.

14. Said to the author in an interview in 2003—an indicator of the direction of his thoughts at the time.

15. While most mergers are done for stock (if only for tax reasons), this subtle underlying psychology gives the seller a slight advantage. The willingness to issue stock implies, by its nature, that the buyer prefers the seller's business to his own. The exception is using an overpriced stock to buy an underpriced company from a naive seller, which aggressive buyers sometimes do, although not nearly as often as they think.

16. Graham's term, from her autobiography. Liz Smith called Graham Buffett's "frequent hostess" and Diana McLellan said, "All the way up in New York, they're talking about Kay Graham and Warren Buffet [sic]... but oh, so discreetly." Diana McLellan, "The Ear," Washington Star, March 12, 1977; Liz Smith, "Mystery Entwined in Cassidy Tragedy," Chicago Tribune, March 6, 1977.

17. Heymann, The Georgetown Ladies' Social Club.

18. See, for example, her relationships with Jean Monnet, Adlai Stevenson.

19. The letter was described this way in Lowenstein, Buffett.

20. Graham showed Dan Grossman a copy of this letter. Susan Buffett also showed Doris Buffett a copy of this letter. Graham's papers currently are under seal.

21. Roger Lowenstein, Buffett.

22. "Interview with Susan Buffett;" Gateway, March 5, 1976.

23. Peter Citron, "Seasoning Susie;" Omaha World-Herald, April 7, 1976.

24. "Buffett Serious," Omaha World-Herald, September 14, 1976.

25. Buffett considered buying Alfred Knopf's apartment at 24 West 55th Street, later one of two landmarked Rockefeller apartments.

26. Interview with Susie Buffett Jr.

27. Interview with Al "Bud" Pagel.

28. Denenberg declined to be interviewed.

29. Al Pagel, "What Makes Susie Sing?" Omaha World-Herald, April 17, 1977.

30. Ibid.

31. Interview with Al "Bud" Pagel.

32. Ibid.

33. Peter Citron, "Seasoning Susie."

34. Interview with Stan Lipsey. See Leo Litwak, "Joy Is the Prize: A Trip to Esalen Institute," New York Times Magazine, December 31, 1967.

35. Steve Millburg, "Williams' Songs Outshine Voice;" Omaha World-Herald, September 5, 1977.

36. Interview with Astrid Menks Buffett. The sleeping Warren famously did not notice whether Susie was there. In one story related by Racquel Newman, she decided to drive to Dottie's to play music at around ten or eleven at night, ran out of gas in a snowstorm at midnight on her way home, and instead of waking Warren, called a friend and went on an all-night obstacle-filled expedition to a gas station on the interstate, delayed by a tractor-trailer jackknifed on the free-way. She finally got home shortly before dawn. Warren never knew she was gone.

37. Said to a friend of the couple's who believes that Susie was probably sincere, both because she believed Warren really was that dependent on her and because of his preoccupation with suicide, linked to the many suicides among the Stahl family and the Buffetts' friends.

38. Warren Buffett, "How Inflation Swindles the Equity Investor," Fortune, May 1977. In a letter to the Graham Group, September 27, 1977, Bill Ruane describes how "This article can well serve as a basis for a discussion of so many things which are central to our economic concerns today. The article not only deals with the central theme of inflation but also with the effects of taxes, rate of return, dividend paying capacity and other elements which are crucial to the appraisal of aggregate values in our economic system."

39. The Buffett Group would take this problem up again and again. Its members were pessimistic about whether the problem could be solved, for they doubted, with good reason, that Congress had the necessary resolve to control the federal budget over the long term.

40. Interview with MarshallWeinberg.

41. The $72 million includes his holdings in BRK, DRC, and Blue Chip Stamps at year-end 1977. Susie added another $6.5 million to this total. This does not include his indirect holdings through the three companies' cross-holdings of each other.

42. Interview with Peter Buffett.

43. Interview with Tom Newman.

44. Two sources have confirmed this.

45. Interview with Astrid Buffett.

46. Ibid.

47. Interview with Michael Adams.

48. Interview with Astrid Buffett.

49. The 1977 letter contains significantly more "teaching" content than its predecessor. Although Buffett had control of Berkshire for twelve years previously, the 1977 letter was the first to be collected in a bound collection of letters he used to hand out to friends and is the first year featured on Berkshire's website.

Chapter 42

1. Interview with Astrid Buffett.

2. Interview with Michael Adams.

3. Interview with Kelly Muchemore.

4. From a close friend of the family.

5. Buffett explained in conversation and a letter to the author how he felt, separating his life into two stages with age forty-seven as the turning point.

6. To the end of her life, Estey wrote letters with "Mrs. Benjamin Graham" embossed on her stationery.

7. Interview with the author, 2003.

8. Katharine Graham, Personal History. New York: Alfred A. Knopf, 1997.

9. Interview with Stan Lipsey.

10. Interview with Sharon Osberg.

11. Astrid Buffett recalled the VCR conversation in an interview.

12. Jeannie Lipsey Rosenblum and others recall the details in interviews.

13. Interview with Peter Buffett.

14. Bryant campaigned to make it illegal for gays to teach in public schools in Dade County, Florida, and succeeded in passing a civil-rights ordinance against gays.

15. The price included $1.5 million in pension liabilities. Blue Chip Stamps Annual Report, 1977. Blue Chip borrowed $30 million from a bank in April 1977 to finance the purchase.

16. Berkshire had assets of $379 million, Blue Chip had $200 million, DRC had $67.5 million at year-end 1977.

17. Warren and Susie personally owned 46% of Berkshire (both directly and indirectly, through their ownership of Blue Chip and Diversified, which owned Berkshire stock), and 35% of Blue Chip (both directly and indirectly).

18. Murray Light, From Butler to Buffett: The Story Behind the Buffalo News (Amherst, NY: Prometheus Books, 2004), who notes that only in the face of an inquiry from the Human Rights Commission in the early 1970s did Butler begin publishing wedding photos of African Americans.

19. Interview with Stan Lipsey.

20. The Evening News put out a Saturday edition, but its weak ad lineage demonstrated the power of the Sunday edition of the Courier-Express.

21. If the trend had continued without the Evening News starting a Sunday paper, the logical outcome would have been either a joint operating agreement or outright acquisition of the Courier-Express to combine the papers—both expensive alternatives.

22. Buffalo Courier-Express, Inc., v. Buffalo Evening News, Inc., Complaint for Damages and Injunctive Relief for Violation of the Federal Antitrust Laws (October 28, 1977).

23. Former Courier-Express reporter Michael A. Hiltzik posted on June 20, 2000, on Jim Romenesko's "Media News Extra," a recollection of the staff writing puff pieces on every local state judge in order to flatter whichever one was chosen. It was a "misguided strategy," he said, as the trial took place in federal court under Brieant. One of the profiles supposedly was titled "Judge Loses Firmness When He Doffs His Robe."

24. Interview with Ron Olson.

25. Jonathan R. Laing, "The Collector: Investor Who Piled Up $100 Million in the '60s Piles Up Firms Today" Wall Street Journal, March 31, 1977.

26. Testimony of Buffett, Buffalo Courier-Express, Inc., v. Buffalo Evening News, Inc., November 4, 1977.

27. In Roger Lowenstein's Buffett: The Making of an American Capitalist, Bob Russell cited Warren as a boy wanting to charge money to people driving by the Russells' house. Buffett does not remember the incident, but if it occurred, most likely he was influenced by the city's efforts to convert the Douglas Street toll bridge—the only passageway over the Missouri River—to a free bridge, one of the most widely reported local news stories during his early youth.

28. The bridge was sold to Marty Maroun in 1979 for $30 million, 30% less than the inflation adjusted cost of building it thirty years earlier. Maroun parlayed the bridge into an enormous fortune.

29. Findings and Conclusions, Motion for Preliminary Injunction, Buffalo Courier-Express, Inc., v. Buffalo Evening News, Inc., November 9, 1977.

30. Dick Hirsch, "Read All About It," "Bflo Tales" in Business First, Winter 1978.

31. In its first full year under Buffett. Murray Light, From Butler to Buffett.
32. Interview with Stan Lipsey.
33. Ibid.
34. Buffalo-Courier Express, Inc., v. Buffalo Evening News, Inc., United States Court of Appeals, Second Circuit, 601 E2d 48, April 16, 1979.
35. Warren Buffett, "You Pay a Very High Price in the Stock Market for a Cheery Consensus," Forbes, August 6, 1979.
36. Interview with Wally Walker. Jobs did not respond to repeated requests for comment.
37. Warren Buffett, "You Pay a Very High Price in the Stock Market..."
38. Interview with Stan Lipsey.
39. Blue Chip Stamps 1980 annual report to shareholders.
40. Janet Lowe, Damn Right.t: Behind the Scenes with Berkshire Hathaway's Charlie Munger, New York: John, Wiley & Sons, 2000.
41. Ibid.
42. Warren Buffett menlo to employees, December 2, 1980.
43. At first, management and the unions tried to publish without the drivers (Buuffalo Evening News, December 2, 1980). The striking union walked out over a pay difference of $41 a week.
44. It was selling 195,000 papers on Sundays, about 2/3 of its rivals. From Lowenstein, Buffett, Audit Bureau of Circulations figures as of March 1982.
45. The Blue Chip Stamps 1980 annual report to shareholders notes the litigation became "less active and cosily" that year.
46. Interview with Ron Olson.

Chapter 43

1. From $89 million at the end of 1978 to $197 million in August 1980.
2. Interview with Charlotte Danly Jackson.
3. Interview withVerne McKenzie.
4. Affiliated Publications—bought for $3.5 million, jumped to $17 million after nine years. The *Washington Post*—bought for $10.6 million, now worth $103 million. GEICO—bought for $47.1 million, now worth almost seven times that, $310 million. Berkshire's total common stock portfolio was worth double its cost.
5. Buffett and Munger took out a loan of $40 million from Bank of America National Trust and Savings Association for Blue Chip to protect against a rush of redemptions, according to Munger's testimony in the Blue Chip case.
6. In 1976, the U.S. District Court in Los Angeles had said that Blue Chip no longer had to dispose of one third of its business, recognizing that it was impractical after management contacted more than eighty potential buyers and had no serious bids. Sales shrank from $124 million to $9.2 million. The woes of the *Buffalo News*, which Blue Chip owned, made valuing Blue Chip problematic until 1983, given Buffett's proportional interests in the different companies versus other shareholders, principally Munger.
7. Berkshire Hathaway 1983 annual report.
8. In 1984, during a period of relatively high inflation, the union agreed to a wage freeze.

注 释

9. The Bank Holding Company Act of 1956 placed restrictions on bank holding companies (those owning more than 25% of two or more banks, i.e., the J. P. Morgans) owning nonbanking interests, in order to avoid monopolistic control in the banking industry. It was amended in 1966 and again in 1970 to further restrict the nonbanking activities of one-bank holding companies (such as Berkshire). In 1982, it was amended to further forbid banks from engaging in insurance underwriting or agency activities. In 1999, the Gramm-Leach-Bliley Act repealed parts of these acts.

10. Interview with Verne McKenzie. According to him and Buffett, Associated was never able to recover from the disintegration of urban centers after the 1960s and adapt to the new culture required to sell discount dresses in shopping malls.

11. Interview with Charlie Munger.

12. Interview with Howie Buffett.

13. Interviews with Dan Grossman, Peter Buffett.

14. Interview with Peter Buffett.

15. Interviews with Marvin Laird, Joel Paley.

16. Interview with Howie Buffett.

17. Ibid. As Susie Jr.says, "When Howie dies, it will be no ordinary death. It will probably be by falling out of a helicopter into a polar bear's mouth."

18. For a four-hundred-acre farm.

19. Interviews with Howie Buffett, Peter Buffett.

20. Peter Kiewit Sons' Inc. was founded by the original Peter Kiewit, a bricklayer of Dutch descent, in 1884. Dave Mack, "Colossus of Roads," *Omaha* magazine, July 1977; Harold B. Meyers, "The Biggest Invisible Builder in the World," *Fortune*, April 1966.

21. When Kiewit died, Buffett got the chance to take an apartment in Kiewit Plaza. He would have loved to do it, but Astrid didn't want to leave her garden. So they stayed on Farnam Street.

22. "Peter Kiewit: 'Time Is Common Denominator'" *Omaha World-Herald*, undated, approximately November 2, 1979; Robert Dorr, "Kiewit Legacy Remains Significant," *Omaha World Herald*, November 1, 1999; Harold B. Meyers, "The Biggest Invisible Builder in the World" ; interview with Walter Scott Jr., Peter Kiewit's successor, who also had an apartment at Kiewit Plaza.

23. Interview with Walter Scott Jr.

24. Peter Kiewit died on November 3, 1979. Warren Buffett, "Kiewit Legacy as Unusual as His Life;" *Omaha World-Herald*, January 20, 1980.

25. Buffett read Flexner's autobiography three or four times and gave copies to his friends.

26. $38, 453 for the year ended June 1980, of which $33, 000 went toward colleges, the rest toward local organizations. Five years earlier, in June 1975, the foundation had assets of $400, 000, with gifts of $28, 498 to similar organizations.

27. Rick Guerin letter to Joe Rosenfield, October 1, 1985.

28. Warren Buffett letter to Shirley Anderson, Bill Ruane, and Katherine (Katie) Buffett, trustees of the Buffett Foundation, May 14, 1969.

29. Richard I. Kirkland Jr., "Should You Leave It All to the Children?" *Fortune*, September 29, 1986.

30. Larry Tisch as quoted by Roger Lowenstein, *Buffett.: The Making of an American Capitalist*. New York Doubleday, 1996. Tisch is deceased.

1047

31. Kirkland, "Should You Leave It All to the Children?"

32. Warren Buffett letter to Jerry Orans, cited in Lowenstein, *Buffett*.

Chapter 44

1. *The Dream that Mrs. B Built*, May 21, 1980, Channel 7 KETV. Mrs. Blumkin's quotes have been rearranged and slightly edited for length.

2. Ibid.

3. "The Life and Times of Rose Blumkin, an American Original," *Omaha World-Herald*, December 12, 1993.

4. Ibid.

5. Minsk, near Moscow, is relatively close to the Eastern European border of Russia, which would have been a difficult passage during the war. Her route created a longer trip than traveling between San Francisco and New York by train three times, then winding back to Omaha.

6. "The Life and Times of Rose Blumkin, an American Original."

7. This and most of the other details of Mrs. B's journey are from a Blumkin family history.

8. *The Dream that Mrs. B Built*.

9. Around 1915, roughly 6,000 Russian Jews lived in Omaha and South Omaha, part of a general migration beginning in the 1880s to escape the pogroms (anti-Jewish riots) that began after the assassination of Czar Alexander II. Most started out as peddlers and small-shop owners, serving the large immigrant working class drawn by the railroads and stockyards. Until 1930, Omaha had the largest percentage of foreign-born residents of any U.S. city. Lawrence H. Larsen and Barbara J. Cottrell, *The Gate City*. Lincoln: University of Nebraska Press, 1997.

10. Interview with Louis Blumkin. His father was comparing the pawnshop to the many banks that failed during this period.

11. *The Dream that Mrs. B Built*.

12. Ibid.

13. Louis Blumkin, who says she sold for $120 coats that cost her $100 and retailed for $200 elsewhere in town.

14. *The Dream that Mrs. B Built*.

15. "The Life and Times of Rose Blumkin, an American Original."

16. Interview with Louis Blumkin.

17. Ibid. They were carving out a piece of their allotments for her.

18. "The Life and Times of Rose Blumkin, an American Original."

19. Interview with Louis Blumkin.

20. James A. Fussell, "Nebraska Furniture Legend;" *Omaha World-Herald*, August 11, 1988.

21. Interview with Louis Blumkin.

22. "The Life and Times of Rose Blumkin, an American Original."

23. Joyce Wadler, "Furnishing a Life," *Washington Post*, May 24, 1984.

24. "The Life and Times of Rose Blumkin, an American Original."

25. *The Dream that Mrs. B Built*.

26. "The Life and Times of Rose Blumkin, an American Original."

27. Joyce Wadler, "Blumkin: Sofa, So Good: The First Lady of Furniture, Flourishing at 90,"

Washington Post, May 24, 1984.

28. Buffett, in a letter to Jack Byrne in 1983, noted that Levitz stores averaged about 75% the size of NFM and did 10% the volume of NFM.

29. Buffett noted in the 1984 annual report that NFM operated with exceptional efficiency. Its operating expenses were 16.5% of sales, compared to 35.6% at Levitz, its largest competitor.

30. Warren Buffett letter to Jack Byrne, December 12, 1983.

31. Frank E. James, "Furniture Czarina," *Wall Street Journal*, May 23, 1984.

32. Speech given at Stanford Law School on March 23, 1990. "Berkshire Hathaway's Warren E. Buffett, Lessons From the Master," *Outstanding Investor Digest*, Vol. V, No. 3., April 18, 1990.

33. Chris Olson, "Mrs. B Uses Home to Eat and Sleep; 'That's About It,'" *Omaha World-Herald*, October, 28, 1984.

34. Joyce Wadler, "Furnishing a Life."

35. "Mrs. B Means Business;" *USA Today*, April 1, 1986.

36. Bella Eisenberg letter to Warren Buffett, June 8, 1984.

37. "I can hear my mother [saying it] now;" said Louis Blumkin in an interview.

38. *The Dream that Mrs. B Built*.

39. In the documentary *The Dream that Mrs. B Built*, Blumkin refers to this incident and said Buffett didn't want to give her the price she wanted and she told him he was too cheap.

40. Interview with Louis Blumkin.

41. Possibly it might have had something to do with her early years of sleeping on straw on a bare wood floor.

42. Joyce Wadler, "Blumkin: Sofa, So Good: The First Lady of Furniture, Flourishing at 90."

43. James A. Fussell, "Nebraska Furniture Legend."

44. Berkshire Hathaway 1983 chairman's letter. Initially, Berkshire bought 90% of the business, leaving 10% with the family, and optioning 10% back to certain key young family managers.

45. Contract for sale of Nebraska Furniture Mart, August 30, 1983.

46. Robert Dorr, "Furniture Mart Handshake Deal," *Omaha World-Herald*, September 15, 1983.

47. Buffett's sentimental fondness for Mrs. B is notable in light of her similarity to his mother in the sense of her outbursts of abuse toward her family and employees. Only rarely did he take the risk of associating with anyone who could blow up on him.

48. Warren Buffett letter to Rose Blumkin, September 30, 1983.

49. From a retired Berkshire employee (not Verne McKenzie, the star of this anecdote).

50. Interview with Verne McKenzie.

51. Several Buffett Group members swear to the exact number.

52. Adam Smith, *An Inquiry into the Nature and Causes of the Wealth of Nations*, Book IV, 1776.

53. Interview with Stan Lipsey.

54. "A Tribute to Mrs. B," *Omaha World-Herald*, May 20, 1984; John Brademas, President, New York University, letter to Rose Blumkin, April 12, 1984.

55. Interview with Louis Blumkin.

56. Joyce Wadler, "Blumkin: Sofa, So Good: The First Lady of Furniture, Flourishing at 90."

57. Interview with Louis Blumkin.

58. Warren Buffett letter to Larry Tisch, May 29, 1984.

59. Beth Botts, Elizabeth Edwardsen, Bob Jensen, Stephen Kofe, and Richard T. Stout, "The Corn-Fed Capitalist," *Regardie's*, February 1986.

60. Robert Dorr, "Son Says No One Wanted Mrs. B to Leave," *Omaha World-Herald*, May 13, 1989.

61. Andrew Kilpatrick, *Of Permanent Value: The Story of Warren Buffett/More in '04* (California edition). Alabama: AKPE, 2004.

62. Robert Dorr, "Son Says No One Wanted Mrs. B to Leave,"

63. Sonja Schwarer, "From Wheelchair, Mrs. B Plans Leasing Expansion;" *Omaha Metro Update*, February 11, 1990; James Cox, "Furniture Queen Batfies Grandsons for Throne," *USA Today*, November 27, 1989.

64. Robert Dorr, "Garage Sale Is Big Success for Mrs. B," *Omaha World-Herald*, July 17, 1989.

65. Andrew Kilpatrick, Of *Permanent Value*.

66. Bob Brown, Joe Pfifferling, "Mrs. B Rides Again: An ABC *20/20* Television News Story," 1990.

67. "A Businessman Speaks His Piece on Mrs. Blumkin," *Furniture Today*. June 4, 1984, Berkshire Hathaway 1984 annual report. Buffett used a line like this with great frequency as a tag to label a person or situation so that other parts of the bathtub could drain.

68. Linda Grant, "The $4-Billion Regular Guy: Junk Bonds, No. Greenmail, Never. Warren Buffett hwests Money the Old-Fashioned Way," *Los Angeles Times*, April 7, 1991.

69. Interview with Louis Blumkin.

70. Harold W. Andersen, "Mrs. B Deserves Our Admiration" *Omaha World-Herald*, September 20, 1987; Robert Dorr, "This Time, Mrs. B Gets Sweet Deal," *Omaha World-Herald*, September 18, 1987.

Chapter 45

1. Interview with Peter Buffett.

2. Interview with Doris Buffett.

3. Witnessed by a source close to the family who described it in an interview.

4. AIDS had first been discovered among homosexual men in the summer of 1981, but it was reported as pneumonia and as a rare, fatal form of cancer. President Reagan made his first mention of AIDS in September 1985 after his friend, the actor Rock Hudson, announced that he had been diagnosed with the disease.

5. Interagency Coalition on AIDS and Development. Also see *And the Band Played On* (New York: St. Martin's Press, 1987) by journalist Randy Shilts, who covered AIDS full-time in the early '80s for the *San Francisco Chronicle*.

6. Interview with Marvin Laird and Joel Paley.

7. This story was pieced together from conversations with a number of sources.

8. Alan Levin, "Berkshire Hathaway to Close," *New Bedford Standard-Times*, August 12, 1985.

9. A four-year-old loom that had cost $5,000 went for $26 as scrap. Some of the equipment went to a textile museum.

10. Buffett used the term "disaster" in the 1978 chairman's letter, discussing NICO workers' comp businesses' bad performance, which he laid largely at the door of industry problems.

11. Interviews with Verne McKenzie, Dan Grossman. The man was an agent who allegedly embezzled from Berkshire.

12. Interview with Tom Murphy.

13. Interview with Verne McKenzie.

14. Interview with Dan Grossman.

15. Several reinsurance managers presided during a short-lived interregnum: Brunhilda Hufnagle, Steven Gluckstern, and Michael Palm. For various reasons, none of them stuck.

16. Sir Arthur Conan Doyle, *The Memoirs of Sherlock Holmes: The Adventure of Silver Blaze*. London: George Newnes, 1894. (The story in Mark Haddon's prize-winning novel *The Curious Incident of the Dog in the Night-time* [New York: Doubleday, 2003] kicks off with a dead poodle speared with a garden fork.)

17. Rob Urban, "Jain, Buffett Pupil, Boosts Berkshire Cash as Succession Looms," *Bloomberg News*, July 11, 2006. While the author has been acquainted with Jain for years, he declined repeated requests to be interviewed.

Chapter 46

1. The Dow was sitting at 875 on the first day of 1982. It had hit that level for the first time back in September 1964.

2. Corporate profits reached what would become the second-lowest point in a fifty-five-year period in 1983 (the lowest was 1992), according to Corporate Reports, Empirical Research Analysis Partners. Data 1952 through 2007.

3. Banks lost their fear of bad credit through the combination of an emerging asset bubble, simple greed, the advent of securitization, and an eagerness to find toehold ways to fund equity transactions, a signal that the wall between commercial and investment banks erected by the Depression-era Glass-Steagall Act was beginning to break down.

4. Eric J. Weiner, *What Goes Up: The Uncensored History of Modern Wall Street as Told by the Bankers, Brokers, CEOs, and Scoundrels Who Made It Happen*. New York: Little, Brown, 2005.

5. They started out as investment-grade bonds, but when their issuers cratered, the bonds became so cheap that they paid a higher rate; e.g., a bond that yielded 7% would yield 10% if the price of the bond dropped to 70% of par.

6. See Connie Bruck, *The Predators' Ball: The Inside Story of Drexel Burnham and the Rise of the Junk Bond Raiders*. New York: The American Lawyer: Simon & Schuster, 1988.

7. Typically the deals worked either by giving shareholders who sold a higher price but leaving a much weakened company for those who didn't, or by offering a premium that was only a fraction of the value the buyer would create through actions the former management should have taken themselves. Or both.

8. Leonard Goldenson with Marvin J. Wolf, *Beating the Odds*. New York: Charles Scribner's Sons, 1991.

9. Everyone from Saul Steinberg to Larry Tisch had taken a stake in the company. Meanwhile, management's first-choice buyer was IBM. In the end, Cap Cities proved a strong fit because of the complementary TV license and the minimum divestiture required.

10. Interview with Tom Murphy.

11. Ibid. Details are also recounted in Leonard Goldenson with Marvin J. Wolf, *Beating the Odds*.

12. Buffett paid sixteen times earnings for Cap Cities, a 60% premium to its recent price, and, on banker Bruce Wasserstein's insistence, threw in warrants that gave the seller a continuing equity stake in ABC. These terms, arguably, are the most lenient Buffett ever struck and suggest how badly he and Murphy wanted to buy ABC. Charlie Munger wrote to the Buffett Group on January 11, 1983, that Tom Murphy at Cap Cities had "compounded the value of his original 1958 investment at 23% per annum for 25 years." Donaldson, Lufkin & Jenrette report February 26, 1980: "Earnings per share growth has compounded at 20% annually over the past decade and this rate has accelerated to 27% over the last five years."

13. Geraldine Fabrikant, "Not Ready for Prime Time?" *New York Times*, April 12, 1987.

14. Murphy and his #2, Dan Burke, picked and chose to make divestitures required by the FCC. They kept eight TV, five AM radio, and five FM radio stations. Geraldine Fabrikant, Marc Frons, Mark N. Vamos, Elizabeth Ehrlich, John Wilke, Dave Griffiths, and Christopher S. Eklund, "A Star Is Born—the ABC/Cap Cities Merger Opens the Door to More Media Takeovers," *BusinessWeek*, April 1, 1985; Richard Stevenson, "Merger Forcing Station Sales," *New York Times*, April 1, 1985.

15. With 1984 sales of $3.7 billion, ABC earned $195 million, whereas Cap Cities, one third its size, earned $135 million on sales of $940 million. The disparity in profitability was mainly due to the different economics of network affiliate stations versus the network itself but also to Murphy and Burke's management skills.

16. According to "Extortion Charge Thrown Out; Judge Cancels $75,000 Bond," *Omaha World-Herald*, March 19, 1987, charges against Robert J. Cohen were dismissed after the case was referred to the Douglas County Board of Mental Health and Cohen was moved to the Douglas County Hospital from the Douglas County Corrections Center. Terry Hyland, in "Bail Set at $25,000 for Man in Omaha Extortion Case," *Omaha World-Herald*, February 5, 1987, refers to the kidnapping plan.

17. Interview with Gladys Kaiser.

18. Ibid.

19. Based on examples of actual letters received.

20. Interview with Gladys Kaiser.

21. Interviews with Howie Buffett, Peter Buffett, Susie Buffett Jr.

22. Interview with Susie Buffett Jr.

23. Alan Farnham, "The Children of the Rich and Famous," *Fortune*, September 10, 1990.

24. Interview with Howie Buffett.

25. Interview with Peter Buffett.

26. Billy Rogers letter to Warren Buffett, August 17, 1986.

27. Warren Buffett letter to Billy Rogers, August 22, 1986.

28. Billy Rogers letter to Warren Buffett, undated.

29. Interviews with Tom Newman, Kathleen Cole.

30. Richard I. Kirkland Jr., "Should You Leave It All to the Children?" *Fortune*, September 29,

1986.

31. Interview with Kathleen Cole.

32. Interview with Ron Parks.

33. Interview with Peter Buffett. He was so shaken that he dialed "0" instead of "911," as if taken back to childhood.

34. "Billy Rogers Died of Drug Overdose," *Omaha World-Herald*, April 2, 1987; "Cause Is Sought in Death of Jazz Guitarist Rogers," *Omaha World-Herald*, February 21, 1987.

35. Interview with Arjay Miller.

36. Interviews with Verne McKenzie, Malcolm "Kim" Chace III, Don Wurster, Dick and Mary Holland.

37. Interview with GeorgeBrumley.

38. Louis Jean-Baptiste Alphonse Bachelier, *Theory of Speculation*, 1900. Bachelier applied the scientific theory of "Brownian motion" to the market, probably the first of many attempts to bring the rigor and prestige of hard science to the soft science of economics.

39. Charles Ellis, *Investment Policy: How to Win the Loser's Game*. Illinois: Dow-Jones-Irwin, 1985, which is based on his article "Winning the Loser's Game" in the July/August 1975 issue of the *Financial Analysts Journal*.

40. The modern-day equivalents of Tweedy Browne's Jamaica Water warrants still exist, for example.

41. Burton Malkiel, *A Random Walk Down Wall Street*. New York: W. W. Norton, 1973.

42. Aside from the *Superinvestors* article, Buffett did not write about EMH directly until the Berkshire 1987 shareholders letter, but he had led up to it with related subjects such as excessive trading turnover since 1979.

43. Transcript of Graham and Dodd 50th Anniversary Seminar. Jensen at the time was professor and director of the Managerial Economics Research Center of the University of Rochester Graduate School of Management. Within a year, he would be at Harvard, where he remains as professor of business administration emeritus.

44. Stanley Perimeter and the *Washington Post* pension fund. Although, as this book illustrates, Buffett shared ideas with some of these investors in the early days—for example, when he was short on capital—more often the use of similar rules led them to similar veins of ore.

45. One subtle underpinning of EMH was a free-market, quasilibertarian philosophy that aligned with the spirit of deregulation and Reaganomics, under which investors could fend for themselves as free agents in an unfettered self-regulating market. Thus one side effect of EMH was to subtly build support for other types of market deregulation and for government and Federal Reserve actions that arguably contributed to later asset bubbles.

46. Beta can be a godsend in helping manage an unmanageably large portfolio. Criticism of beta could also, therefore, be directed at the investors who put money into unmanageably large funds that are diversified this way, and then expect them to outperform the market every year, if not every quarter.

47. Hedge funds in this form, pioneered by A. W. Jones, preceded popularization of the randomwalk academic theory.

48. In a worst-case scenario, both sides of an arbitrage go the wrong way—the short rises, the long falls. This is the "earthquake risk" of the arbitrageur.

49. Buffett, speaking at the 1994 Berkshire annual shareholder meeting. Munger made the "twaddle and bullshit" comment at the 2001 shareholder meeting.

50. The model with junk bonds was based on average credit history, not the behavior of the stock or bond market. The two models are not only related, but have the same basic flaw, which is that "earthquake events" are never factored in correctly—because if they were, the model would reveal a prohibitively high cost of capital.

51. With the introduction of equity index futures in 1982, Buffett started trading these instruments as a hedge. Nevertheless, he wrote Congressman John Dingell, chairman of the House Energy and Commerce Committee, warning about their risk, and likewise wrote to Don Graham, "So much for the many claims as to hedge and investment type utilization; in actual practice, virtually all contracts involve short-term highly leveraged gambling—with the brokers taking a bite out of every dollar of public participation." Letter from Warren Buffett to Mr. and Mrs. Don Graham, January 18, 1983.

52. Berkshire Hathaway annual letter, 1985. The deal was $320 million in cash and the rest in assumed debt and other costs. "Scott Fetzer Holders Clear Sale of Company," *Wall Street Journal*, December 30, 1985. In Berkshire's 2000 annual report, Buffett points out that BRK netted $1.03 billion from its net purchase price of $230 million.

53. Interview with Jamie Dimon.

54. Berkshire had $4.44 billion of assets on its books at the end of 1986, including $1.2 billion of unrealized gains on equities. Liquidating before the reform, Berkshire itself could have avoided paying any taxes, with the shareholders paying their 20% tax on the gain, or $244 million. If BRK liquidated after the Tax Reform Act took effect, Berkshire would be paying $414 million in corporate taxes (more than $185 million of which would have accrued to Buffett), before handing over the net proceeds to investors to pay a double tax, adding up to a maximum of a 52.5% tax on the $1.2 billion unrealized appreciation, or $640 million. Thus the total effect was $400 million. See also James D. Gwartney and Randall G. Holcombe, "Optimal Capital Gains Tax Policy: Lessons from the 1970s, 1980s, and 1990s," A Joint Economic Committee Study, United States Congress, June 1997.

55. Berkshire Hathaway annual report, 1986. Notably, Buffett phrases the statement in terms of the costly consequences if Berkshire liquidated after the act, not the huge benefits that wood have resulted from liquidating before the act went into effect.

56. This measuring stick has pros and cons, which are covered in investing books. Bottom line, it is a reasonable, conservative measure that can be distorted by acquisitions (something Buffett had discussed; see General Re).

57. Interviews with Walter Scott Jr., Suzanne Scott; also Jonathan R. Laing, "The Other Man From Omaha," *Barron's*, June 17, 1995.

58. Interview with Walter Scott Jr.

59. Interview with Clyde Reighard.

60. Jerry Bower, in *National Review*, August 11, 2006, wrote that Reagan's "supply-side policies have helped Warren Buffet [sic] amass the world's second-largest pile of wealth, which he routinely uses as a stage on which to stand and denounce the very supply-side measures that helped lift him to incredible prosperity." It is true that like any investor, Buffett has benefited from the supply-side policies that reduce his personal taxes on investment income and capital gains. Notably, much of that benefit is effectively offset by Berkshire Hathaway's taxes. Since the Reagan years, Citizens for Tax

Justice and the Institute on Taxation and Economic Policy have been studying the annual reports of the top 250+ companies in the U.S., always coming to the conclusion that they are severely underpaying. See Robert S. McIntyre and T. D. Coo Nguyen, *Corporate Taxes & Corporate Freeloaders* (August 1985), *Corporate Income Taxes in the 1990s* (October 2000), *Corporate Income Taxes in the Bush Years* (September 2004). The top 250 companies in the U.S., while growing profits substantially, have consistently been shown to pay a fraction of the actual corporate tax rate throughout the 1980s, '90s, and today, due to breaks for depreciation, stock options, research, etc. Berkshire, however, has averaged a 30% effective tax rate (net earnings before taxes, divided by the taxes paid currently) since 1986—offsetting Buffett's personal tax benefits. Regardless, Buffett's taxes are irrelevant to whether he is entitled to criticize supply-side policies.

61. Robert Sobel, *Salomon Brothers 1910~1985, Advancing to Leadership*, Salomon Brothers, Inc., 1986.

62. In other words, current partners were paid a premium above their invested capital by Phibro, in which retired partners who had already withdrawn their capital did not share.

63. Anthony Bianco, "The King of Wall Street—How Salomon Brothers Rose to the Top—And How It Wields Its Power," *BusinessWeek*, December 5, 1985.

64. In the "Night of the Long Knives," June 30~July 2, 1934, Hitler executed at least eighty-five perceived enemies of his regime and arrested a thousand others.

65. James Sterngold, "Too Far, Too Fast: Salomon Brothers' John Gutfreund," *New York Times*, January 10, 1988.

66. Paul Keers, "The Last Waltz: He had the power, she craved the position. Life was a ball until he had to resign in disgrace and an era ended," *Toronto Star*, September 1, 1991.

67. Roger Lowenstein, *Buffett: The Making of an American Capitalist*. New York: Doubleday, 1996, who did not identify the executive giving this description.

68. Paul Keers, "The Last Waltz"; Carol Vogel, "Susan Gutfreund: High Finances, High Living," *New York Times*, January 10, 1988; David Michaels, "The Nutcracker Suit," *Manhattan, Inc.*, December 1984; John Taylor, "Hard to Be Rich: The Rise and Wobble of the Gutfreunds," *New York*, January 11, 1988.

69. As Mrs. Bavardage.

70. Paul Keers, "The Last Waltz"; Cathy Horyn, "The Rise and Fall of John Gutfreund; For the Salomon Bros. Ex-Head, a High Profile at Work & Play," *Washington Post*, August 19, 1991.

71. Robert Sobel, *Salomon Brothers 1910-1985*, Advancing to Leadership.

72. The combative, powerful banker Bruce Wasserstein, a merger specialist, was supposedly going to run the firm. Gutfreund and his key lieutenants knew they would be instantly replaced by Wasserstein. And Perelman as the largest shareholder might scare clients away.

73. Salomon bought the Minorco block itself at $38, a 19% premium to the stock's $32 market price. It then offered Buffett the stock at the same price. The premium was typical for similar deals at the time (which were also criticized). The stock conveyed 12% voting power in the firm. Perelman offered $42 and said he might raise his stake to 25%.

74. Salomon made a number of missteps. It took on a buyout of TVX Broadcast Group that ultimately failed, muffed a leveraged buyout of Southland Corporation, and wound up holding the bag on a problematic Grand Union buyout. After five unsuccessful years, Salomon exited the merchant-

banking business in 1992.

75. Sarah Bartlett, "Salomon's Risky New Frontier," *New York Times*, March 7, 1989.

76. Buffett viewed his investment in Salomon as being like a bond. If he had wonderful stock ideas like GEICO or American Express, he would not be looking at bond equivalents and would not have done this deal.

77. Interview with John Gutfreund.

78. Interviews with John Gutfreund, Donald Feuerstein. Fenerstein's son went to school with one of Perelman's children. He knew Perehnan was observant and parlayed for a critical delay past the holiday.

79. According to Graham and Dodd, preferred stocks marry the least attractive features of equity and debt. "As a class," they wrote, "preferred shares are distinctly more vulnerable to adverse developments than are bonds." Benjamin Graham and David L. Dodd, *Security Analysis*, *Principles and Teaching*. New York: McGraw-Hill, 1934, Chapter 26. Preferreds are often described as "bonds with a kicker," combining the safety of a bond with the upside of a stock. However, as Graham and Dodd note, this is not really correct. If a company gets in trouble, preferreds lack an enforceable claim to the interest and principal. When things go well, unlike a common stock, the investor has no right to the company's profits. Speaking at the University of Florida in 1998, Buffett said, *"The test of a senior security is whether you are getting an above-average return, after tax, and feel certain of getting your principal back."* Here, the preference to the common was meaningless.

80. Beginning October 31, 1995, in five installments over four years, it was mandatory to either convert into Salomon stock or "put" it back to the company for cash. Perelman offered to beat Buffett's deal—and Gutfreund and several other managers told the board they would quit. He offered a conversion price of $42, much more attractive from Salomon's point of view. He would have owned only 10.9% of Salomon, compared to Buffett's 12%.

81. If a potential buyer for his block of convertible preferred appeared, Buffett was obliged to offer Salomon first refusal. Even if it did not buy back the shares, he was prohibited from selling his entire block to any one purchaser. Berkshire also agreed to limit its investment in Salomon to no more than 20% for seven years.

82. Michael Lewis, *Liar's Poker: Rising Through the Wreckage on Wall Street*. New York: W. W. Norton, 1989.

83. Interview with Paula Orlowski Blair.

Chapter 47

1. Berkshire Hathaway letter to shareholders, 1990; Michael Lewis, "The Temptation of St. Warren," *New Republic*, February 17, 1992.

2. At the University of Notre Dame, spring 1991. Cited in Linda Grant, "The $4-Billion Regular Guy: Junk Bonds, No. Greenmail, Never. Warren Buffett Invests Money the Old-Fashioned Way," *Los Angeles Times*, April 7, 1991.

3. In "How to Tame the Casino Economy," *Washington Post*, December 7, 1986. Buffett advocated a 100% confiscatory tax on profits from the sale of stocks or derivative instruments that the holder has owned for less than a year.

4. Linda Grant, "The $4-Billion Regular Guy." Buffett hosannaed Gutfreund in his shareholder letters as well.

注 释

5. The principal conflicts inherent in Salomon's business were the undisclosed bid-ask spread that Buffett had objected to while working for his father's firm in Omaha, the conflict between proprietary trades for the firm's account alongside customer trades, the investment banking business built off equity research stock ratings, and the arbitrage department, which could trade on the firm's merger deals. As a board member who made Berkshire's investment decisions, Buffett says he either recused himself from discussions involving deals or did not invest on information he had, yet his board membership did create the appearance of a conflict of interest.

6. The Standard & Poor's 500 index was used as a proxy for the market.

7. Berrie would never make this bet. Since childhood, Warren had beaten her at every game they ever played; never once had he let her win. She would have known that he would eat a potato chip just so she would have had to pay up.

8. Letter from Warren E. Buffett to the Honorable John Dingell, U.S. House of Representatives, March 5, 1982.

9. In the interest of brevity, the history of portfolio insurance has been shortened considerably. The rout began as the Federal Reserve raised the discount rate over Labor Day weekend 1987. Over the next month, the market wavered and showed signs that investors were nervous. On October 6, the Dow broke a one-day record when it fell 91.55 points. Interest rates continued to climb. The Dow dropped another 108 points on Friday, October 16. Professional money managers spent the weekend pondering. On Black Monday, October 19, many stocks failed to open at all in the early hours of trading and the Dow fell a record-breaking 508 points. The exact cause of the crash remains in dispute. Program trading and equity index futures accelerated the decline, but economic factors, military tensions, comments by Federal Reserve Chairman Alan Greenspan about the dollar, a slowing economy, and other factors have been blamed.

10. Interviews with Ed Anderson, Bill and Ruth Scott, Marshall Weinberg, Fred Stanback, Tom Knapp.

11. Interview with Walter Scott Jr.

12. In this case, the way to be hedged would be to short a broad group or index of stocks.

13. This account is based on both Doris's and Warren's versions of the story.

14. James Sterngold, "Too Far, Too Fast: Salomon Brothers' John Gutfreund," *New York Times*, January 10, 1988.

15. Salomon supplied its clients' debt needs along all points of the maturity ladder. For a bond shop to eliminate its commercial paper department was a baffling decision.

16. Four past option grants to Gutfreund were about to expire worthless and a fifth would have yielded only a trivial gain. The revised exercise price reaped Gutfreund an estimated $3 million. The impact of swapping all stock options for new options affected 2.9% of outstanding shares. Salomon's 1987 proxy did not disclose the repricing and instead contained an additional $4.5 million or 3.4% stock-option grant (Graef Crystal, "The Bad Seed," *Financial World*, October 15, 1991).

17. Interview with Bob Zeller.

18. Ibid. Zeller says that Buffett represented the shareholders' interests on the compensation committee with integrity, while trying to determine which employees genuinely deserved reward.

19. lohn Taylor, "Hard to Be Rich: The Rise and Wobble of the Gutfreunds," *New York*, January 11, 1988.

1057

20. Interviews with John Gutfreund, Gedale Horowitz.

21. Interview with Tom Strauss.

22. While technically the terms of the preferred stock didn't work that way, if Buffett wanted to, he could have found a way to get out.

23. Carol Loomis, "The Inside Story of Warren Buffett," *Fortune*, April 11, 1988. Buffett stated these rumors were false in the article.

24. Katharine Graham letter to the members of the Buffett Group, December 14, 1987. She added a personal note to Warren's copy: "Here is what I sent out. Hope it is ok and I don't get lynched."

25. Investors use different periods to estimate cash flows—from ten years to forever ("perpetuity")—as well as different interest rates. Buffett's margin of safety, however, was big enough to essentially eliminate the differences in methods; his view was that debating such precision mattered less than applying a big haircut. The key assumption is what growth rate the business is assumed to have—and for how long.

26. Robert L. Rose, "We Should All Have an Audience This Receptive Once in Our Lives," *Wall Street Journal*, May 25, 1988.

27. Or 14, 172, 500 KO shares costing $593 million at an average price of $41.81 (or $5.23 split adjusted for the three 2-for-1 stock splits that occurred between 1988 and 2007). All shares and prices are adjusted for subsequent stock splits.

28. Interview with Walter Schloss.

29. At that point, KO's market value represented 21% of the total market capitalization of Berkshire Hathaway—by far the biggest bet, in dollar terms, that Buffett had ever made on a single stock. Yet in percentage terms, this fit his past pattern.

30. Interview with Howie Buffett.

31. Michael Lewis, *Liar's Poker: Rising Through the Wreckage on Wall Street*. New York: W. W. Norton, 1989.

32. BRK received a 9.25% coupon from the Champion preferred, above the going rate of 7%, and raised debt at 5.5% to fund this $300 million purchase. Champion called the preferred early, but Berkshire was able to convert its shares prior to the call and sell them back to the company at a small discount. Berkshire booked a 19% after-tax capital gain over the six years it held Champion.

33. Linda Sandier, "Heard on the Street: Buffett's Special Role Lands Him Deals Other Holders Can't Get," *Wall Street Journal*, August 14, 1989.

34. From an interview with a friend who said this to Munger.

35. Speech at Terry College of Business, the University of Georgia, July 2001.

36. Interview with John Macfarlane.

37. Interview with Paula Orlowski Blair; Michael Lewis, *Liar's Poker*.

38. Many contracts required posting of collateral or margin, but this did not compensate for the risk of mismarking in the model.

39. Buffett and Munger, 1999 Berkshire Hathaway annual shareholder meeting.

40. Salomon held on for eight years. Phibro sold its share in the JV in 1998. Alan A. Block, "Reflections on resource expropriation and capital flight in the Confederation," *Crime, Law and Social Change*, October 2003.

41. Roger Lowenstein, *When Genius Failed: The Rise and Fall of Long-Term Capital*

Management. New York: Random House, 2000.

42. Interview with Eric Rosenfeld.

43. Meriwether characteristically exempted himself from this lucrative deal.

44. Report to the Salomon Inc. Compensation & Employee Benefits Committee, "Securities Segment Proposed 1990, Compensation for Current Managing Directors."

45. This pay deal was still one-sided; the arbs could only break even or win. Buffett's partnership had exposed him to unlimited liability to share in losses if he performed poorly—i.e., his incentives were *truly* aligned with his partners.

46. Michael Siconolfi, "These Days, Biggest Paychecks on Wall Street Don't Go to Chiefs," *Wall Street Journal*, March 26, 1991.

47. Interview with Deryck Maughan.

48. Using different terms. The casino/restaurant analogy was Buffett's. Even if the customer businesses had become profitable, they would have demanded even larger amounts of capital in later years, despite bigger scale and market share, and it is questionable whether their returns would ever have satisfied Buffett.

49. Interview with Eric Rosenfeld.

Chapter 48

1. Michael Lewis, *Liar's Poker: Rising Through the Wreckage on Wall Street*. New York: W. W. Norton, 1989.

2. Feuerstein had worked in several senior roles at the SEC, including acting as counsel on Texas Gulf Sulfur, a landmark insider-trading case.

3. Interview with Donald Feuerstein and many others, who confirmed his role and the POD nickname.

4. Interviews with Donald Feuerstein, Tom Strauss, Deryck Maughan, Bill McIntosh, John Macfarlane, Zach Snow, Eric Rosenfeld.

5. Interview with Bill McIntosh.

6. Interview with John Macfarlane.

7. Roger Lowenstein, *Buffett: The Making of an American Capitalist*. New York: Doubleday, 1996, quoting Eric Rosenfeld.

8. Lowenstein, *Buffett*, quoting John McDonough.

9. Interview with Eric Rosenfeld.

10. Interview with Donald Feuerstein.

11. Feuerstein went back into the conference room after talking to Munger and repeated the "thumb-sucking" comment to another lawyer, Zach Snow, without further context. He did not seem to have grasped its significance, according to Snow in an interview. Feuerstein says Munger said, "Warren and I do that all the time." Whatever the wording, neither Feuerstein nor Buffett took alarm at Munger's remark.

12. Interview with Gerald Corrigan.

13. Feuerstein had had breakfast with one director, Gedale Horowitz, and told him much the same story, slightly more informatively, on the morning of August 8. But Horowitz says he also felt misled.

14. Carol Loomis, "Warren Buffett's Wild Ride at Salomon," *Fortune*, October 27, 1997.

15. Munger's later statement that he dragged this out of Feuerstein differs from Feuerstein's recollection. Both agree that Munger was given a clear description. There is no question that Buffett and Munger's overall interpretation of the actions of both Feuerstein and Gutfreund grew harsher as more information came to light.

16. Statement of Salomon Inc., submitted in conjunction with the Testimony of Warren E. Buffett, Chairman and CEO of Salomon, before the Securities Subcommittee, Committee of Banking, Housing and Urban Affairs, U.S. Senate, September 10, 1991.

17. Mercury Asset Management (an affiliate of S.G. Warburg) and the Quantum Fund. When the Federal Reserve contacted Salomon, it was initially because S.G. Warburg had bid in its own name as a primary dealer (Statement of Salomon Inc., September 10, 1991).

18. Charles T. Munger testimony before U.S. Securities & Exchange Commission, "In the Matter of Certain Treasury Notes and Other Government Securities," File No. HO-2513, February 6, 1992.

19. Ibid.

20. Michael Siconoffi, Constance Mitchell, Tom Herman, Michael R. Sesit, David Wessel, "The Big Squeeze: Salomon's Admission of T-Note Infractions Gives Market a Jolt—Firm's Share of One Auction May Have Reached 85%; Investigations Under Way—How Much Did Bosses Know?" *Wall Street Journal*, August 12, 1991.

21. Buffett later said Wachtell, Lipton shared some blame, noting that Wachtell declared effective on August 8 a shelf registration for $5 billion of medium-term notes using a prospectus that was "purporting to state all material facts about Salomon" as of that date but contained no reference to Mozer's activities or management's inaction. "*If this relaxed position was one that Wachtelt, Lipton was conveying to the government and the public through official filings, it is not unlikely that they were conveying something similar to John, although I don't know what,*" Buffer said.

22. Interview with John Macfarlane.

23. Interview with Bob Denham, who discovered this when he moved into Feuerstein's old office.

24. Charles T. Munger testimony before U.S. Securities & Exchange Commission, "In the Matter of Certain Treasury Notes and Other Government Securities," File No. HO-2513, February 6, 1992.

25. If its lenders failed to renew the firm's loans, Salomon would be forced to liquidate its assets almost overnight. In such a fire sale, assets would sell for a fraction of their carrying value. The apparently invincible balance sheet of Salomon would melt into bankruptcy's black hole immediately.

26. Interview with Bill McIntosh.

27. Interviews with Donald Feuerstein, John Macfarlane.

28. Mozer didn't report an existing net "long," "when-issued" position in Treasury bonds that put it over the limit, and he also submitted another false bid in the name of Tiger Management Company.

29. Mozer denied intentionally manipulating the market. He was suspected of "repo-ing out" the bonds by borrowing cash from customers with the bonds as collateral and making verbal side agreements with these customers that they would not relend the bonds to anyone. That froze the supply of bonds, squeezing the short-sellers. Suspicions of price-fixing dogged Salomon long afterward. There was little doubt that Mozer and his customers had cornered the bonds and created a squeeze. According to Eric Rosenfeld, Salomon's own arb desk was short Treasuries and got burned.

30. Constance Mitchell, "Market Mayhem: Salomon's 'Squeeze' in May Auction Left Many

注 释

Players Reeling—In St. Louis, One Bond Arb Saw $400, 000 Vanish and His Job Go with It—From Confidence to Panic," *Wall Street Journal*, October 31, 1991.

31. Feuerstein didn't find this out right away, even though it was known internally. He blames this omission for his failure to press for a more thorough investigation of the squeeze. Several people, including Meriwether, apparently knew about the "Tiger dinner" (named after one of the hedge-fund customers). However, the "Tiger dinner" did not prove collusion.

32. Interview with John Guffreund.

33. Or whatever the price was; this is Buffett's general recollection.

34. While this was taking place, Salomon filed a shelf registration statement in connection with a $5 billion senior debt offering, which the directors signed. The filing of a registration statement under these circumstances potentially put the firm in violation of securities laws.

35. Some thought the squeeze may have been simply a matter of timing to make a bet that the Fed was about to ease interest rates, according to Eric Rosenfeld, rather than defiance of the Treasury.

36. Various viewpoints within the firm are drawn from interviews with a number of the principals.

37. Interviews with Donald Feuerstein, Zachary Snow. Feuerstein says he happened to be taking his son on a college visit at Cornell University that day and was "furious" when he found out later what happened.

38. Interview with Donald Feuerstein. Feuerstein referred to his failure to influence Gutfreund as the result of Gutfreund's yessing him to death, saying, "It is difficult to have an argument with someone who purports to agree with you" (Donald M. Feuerstein letter to William F. May, Charles T. Munger, Robert G. Zeller, and Simon M. Lorne, Munger, Toiles & Olson, January 31, 1993).

39. Interview with Zach Snow. Snow says that the dream haunted him long afterward. Feuerstein does not recall this incident but says that if something like this happened it did not come across this way to him.

40. Philip Howard, Gutfreund's lawyer, speaking to Ron Insana on CNBC *Inside Opinion*, April 20, 1995.

41. John Gutfrennd speaking to Ron Insana, CNBC *Inside Opinion*, April 20, 1995.

42. The auctions of December 27,1990 (4-year notes),February 7,1991 (the so-called "billiondollar practical joke"), and February 21, 1991 (5-year notes) contained false bids. The April 25, 1991, auction included a bid in excess of the amount authorized by a customer. In the May 22,1991 (2-year-notes) auction, Salomon (Mozer) failed to report a net "long" position to the government, as required, which fueled suspicions of a cover-up of market manipulation, but proof of market manipulation was never found.

43. Interview with Zach Snow, who also testified to this under oath in 1994.

44. Interview with Deryck Maughan.

45. Interview with Jerry Corrigan.

46. Even though he was Mozer's boss, Meriwether did not have the authority to fire him; one managing director could not fire another. Only Gutfreund could do that.

47. Interview with Bill McIntosh.

48. Interviews with John Macfarlane, Deryck Maughan.

49. McIntosh, by his own admission, had been no fan of Gutfreund's prior to this event.

50. Interview with Bill McIntosh.

1061

51. Spread-widening of ten to twenty basis points only attracted more sellers. As the afternoon wore on, the traders widened the spread until finally they were offering only ninety cents on the dollar for the notes. The price implied a reasonably high probability of default.

52. The firm would still do business as an "agent," which meant it would buy only if it had another buyer in hand to which it could resell the notes.

53. Kurt Eichenwald, "Wall Street Sees a Serious Threat to Salomon Bros.—ILLEGAL BIDDING FALLOUT—High-Level Resignations and Client Defections Feared—Firm's Stock Drops," *New York Times*, August 16, 1991.

54. Interview with Jerry Corrigan.

55. Strauss later related this to Buffett.

56. Interview with Jerry Corrigan.

57. Interview with Jerry Corrigan.

58. Interview with Jerry Corrigan. He says that Strauss and Guffreund had had more than one routine conversation with him between April and June without mentioning anything, and he no longer trusted them.

59. Buffett arrived in New York between 2 : 30 and 3 : 00 p.m., during which time the press release would have been drafted and ready to go.

60. From Salomon press release dated August 16, 1991: "In order to give the Salomon Inc., board of directors maximum flexibility, they are prepared to submit their resignations at a special meeting of the board."

61. Interview with Eric Rosenfeld.

62. Interview with Bill McIntosh, Tom Strauss, Deryck Maughan.

63. Interview with Tom Strauss.

64. Interview with Jerry Corrigan.

65. Interview with Ron Olson.

66. Warren Buffett testimony, "In the Matter of Arbitration Between John H. Guffreund against Salomon Inc., and Salomon Brothers Inc.," Sessions 13 & 14, November 29, 1993.

67. This is Buffett's recollection of Gutfreund's remarks. (From Warren Buffett testimony, "In the Matter of Arbitration Between John H. Gutfreund against Salomon Inc., and Salomon Brothers Inc." Sessions 13 & 14, November 29, 1993.

68. Interview with Tom Strauss.

69. On October 8, 1991, he was displaced when the Walton family, owners of Wal-Mart stock, took over spots 3–7; Buffett became number 8. Entertainment mogul John Kluge and Bill Gates occupied the top two spots.

70. Through a routine letter to Mercury Asset Management when the Treasury Department discovered that Mercury, together with its affiliate S. G. Warburg & Co., had submitted bids for greater than the 35% limit rule for the auction. Mozer had submitted one of these bids without Mercury's authority. Mozer was copied on this letter and covered it up by telling Mercury that Salomon had mistakenly submitted this bid in its name—and was going to correct it, so no need to bother responding to the Treasury. (Statement of Salomon Inc., submitted in conjunction with the Testimony of Warren E. Buffett, Chairman and CEO of Salomon. Before the Securities Subcommittee, Committee of Banking, Housing and Urban Affairs, U.S. Senate, September 10, 1991.)

注 释

71. Interview with Deryck Maughan.
72. Speech to students in 1994 at University of North Carolina Kenan-Flagler Business School.
73. The one exception was Stanley Shopkorn, who ran the equities division and, by others' recollections, thought he should get the job.
74. Michael Lewis, *Liar's Poker*.
75. Ibid.
76. Swope fired them all and turned the firm into a radical Black Power, "Truth & Soul" agency.
77. Interview with Deryck Maughan.
78. Interview with Eric Rosenfeld, who says no threats were made. But because Meriwether was not bound by a noncompete, it was obvious that the whole arb team would leave sooner or later.
79. Gutfreund told Buffett that Susan was telling him he was unemployable.
80. Interview with Philip Howard. Warren Buffett testimony, "In the Matter of Arbitration Between John H. Gutfreund against Salomon Inc., and Salomon Brothers Inc.," Sessions 13 & 14, November 29, 1993.
81. Interview with Warren Buffett; Warren Buffett testimony, "In the Matter of Arbitration Between John H. Gutfreund against Salomon Inc., and Salomon Brothers Inc.," Sessions 13 & 14, November 29, 1993, cited this remark as evidence that Gutfreund knew he did not have a deal. (Munger's version of the quote was "I won't let you guys screw me.")
82. Interview with Philip Howard.
83. Warren Buffett testimony, "In the Matter of Arbitration Between John H. Gutfreund against Salomon Inc., and Salomon Brothers Inc.," Sessions 13 & 14.
84. Warren Buffett, Charles T. Munger, testimonies, "In the Matter of Arbitration Between John H. Gutfreund against Salomon Inc., and Salomon Brothers Inc." Sessions 13 & 14, 33 & 34.
85. Charles T. Munger testimony, "In the Matter of Arbitration Between John H. Gutfreund against Salomon Inc., and Salomon Brothers Inc.," Sessions 33 & 34, December 22, 1993.
86. Interview with Gedale Horowitz.
87. The Japanese bond market would not open until 7:30 P.M. EST, but Japanese over-the-counter trading would begin as early as 5 P.M., at which point lenders would start selling Salomon's paper, effectively calling its loans.
88. Interview with John Macfarlane.
89. Warren Buffett testimony, "In the Matter of Arbitration Between John H. Gutfreund against Salomon Inc., and Salomon Brothers Inc.," Sessions 13 & 14, November 29, 1993.
90. Interview with Jerry Corrigan.
91. Jerry Corrigan and Paul Volcker contributed insight to this topic.
92. At the time, it was well understood that Buffett had "parlayed his considerable reputation into a partial rescission of the order," although what that meant to him was not obvious. (Saul Hansell, Beth Selby, Henny Sender, "Who Should Run Salomon Brothers?" *Institutional Investor*, Vol. 25, No. 10, September 1, 1991.)
93. Interview with Deryck Maughan.
94. Interview with Charlie Munger.
95. Interview with Deryck Maughan.
96. Hansell, Selby, and Sender, "Who Should Run Salomon?"

1063

97. Ibid.

Chapter 49

1. Interview with Paula Orlowski Blair.

2. Interview with Bill McLucas.

3. This is Buffett's recollection of the quote, but Brady's view that Buffett would not leave was corroborated by other regulators.

4. Interview with Paula Orliowski Blair. She thought it funny that her new boss wanted to turn her into a private eye.

5. Interviews with Donald Feuerstein, Bob Denham. Denham says only that they agreed a change was needed.

6. Warren Buffett testified to this in "In the Matter of Arbitration Between John H. Gutfreund against Salomon Inc., and Salomon Brothers Inc.," Sessions 13 & 14, November 29, 1993.

7. During John Gutfreund's arbitration hearing.

8. A number of sources said this to the author but were afraid to be quoted.

9. The firm became Munger, Tolles & Olson in 1986.

10. Law-firm sources and former employees give Buffett all of the credit for this idea, despite the law firm's putative role.

11. Drexel Burnham Lambert had failed after its indictment. Kidder, Peabody was sold to PaineWebber. Salomon's highly leveraged balance sheet put the firm in even greater jeopardy.

12. Interview with Ron Olson.

13. Ibid.

14. Ibid.

15. interview with Frank Barron. Rudolph Giuliani, U.S. Attorney for the Southern District of New York, had pressed for Drexel Burnham Lambert to waive the privilege, but the firm did not.

16. Charlie Munger later acknowledged the morally fraught—at best, ambiguous—situation, saying he and Buffett had no choice but to assist in criminal investigation and prosecution of potentially innocent employees. "When the final Chapter is written, the behavior evinced by Salomon will be followed in other, similar cases," be said. "People will be smart enough to realize this is the response we want—super-prompt—even if it means cashiering some people who may not deserve it." Lawrie P. Cohen, "Buffett Shows Tough Side to Salomon and Gutfreund," *Wall Street Journal*, November 8, 1991.

17. Warren Buffett letter to Norman Pearlstine, November 18, 1991.

18. Buffett testified to this in "In the Matter of Arbitration Between John H. Gutfreund against Salomon Inc., and Salomon Brothers Inc.," Sessions 13 and 14, November 29, 1993.

19. "I didn't fire them on the spot," said Olson in an interview. "I was a little more subtle than that."

20. Interviews with Carolyn Smith, Warren Buffett. He added Smith to his collection of people, writing to the head of the hotel about her, corresponding with her, and putting her on his Christmas list.

21. Interviews with Gladys Kaiser and Bob Denham.

22. House Committee on Energy and Commerce—Telecommunications & Finance Subcommittee, September 4, 1991, regarding securities trading violations by Salomon Brothers and implications for

government securities market reform legislation.

23. Maughan had to go back to Washington a few weeks later to testify by himself. "The sea did not part," he says, "and I got thoroughly wet."

24. "Our goal is going to be that stated many decades ago by J. P. Morgan, who wished to see his bank transact 'first-class business in a first-class way.'" Warren Buffett, "SALOMON INC—A report by the Chairman on the Company's Position and Outlook." (This wording was also used in a letter to Salomon Inc., shareholders as reprinted in the *Wall Street Journal*, November 1, 1991.)

25. Senate Subcommittee on Securities Committee on Banking, Housing, and Urban Affairs—Hearing on the Activities of Salomon Brothers Inc., in Treasury Bond Activities, Wednesday, September 11, 1991.

26. At the time, sixty-five lenders had stopped entering into repurchase agreements with Salomon, and the firm's commercial-paper balance was falling toward zero. One major counterparty, Security Pacific, was refusing to do daylight foreign-exchange trades without posting of collateral. Buffett says this was his absolute low point. The news media never picked up this story, which, if reported, could have kicked off a panic.

27. Interview with John Macfarlane. The cost of funds motivated traders to run off uneconomic trades. Ultimately the rate went to 400 basis points over Fed Funds rate. The short-term capital-intensive trades like the "carry-trade" (interest arbitrage) ran off.

28. Interview with John Macfarlane.

29. Senate Subcommittee on Securities Committee on Banking, Housing, and Urban Affairs—Hearing on the Activities of Salomon Brothers, Inc., in Treasury Bond Activities, Wednesday, September 11, 1991.

30. By then, many other people, including Denham and Munger, had found out about the Sternlight letter, but they say everybody thought somebody else had told Buffett or that he somehow knew. Buffett and Munger were also incensed to learn that at the June audit committee meeting, with Feuerstein present, Arthur Andersen represented that no events had taken place that were required to be reported to the SEC or the New York Stock Exchange. While Wachtell, Lipton had indeed taken that position, this statement, with hindsight, was manifestly untrue.

31. Employees asked how much Buffett and Munger understood about the workings of Salomon before August 1991, while serving on the board, uniformly said "not much," or words to that effect, and that information was skillfully meted out to the board so that much of the firm's messiness never surfaced.

32. Lawrie P. Cohen, "Buffett Shows Tough Side to Salomon."

33. Interview with Gladys Kaiser.

34. Buffett cannot remember who did this—although it was neither Astrid, who retires early, nor someone from the office. He thinks it must have been some other local friend or neighbor.

35. Although securities underwriters sell service, price, and expertise, ultimately they are financial guarantors. Salomon's financial-strength ratings had been downgraded. With a criminal indictment and its primary dealership threatened, that the firm managed to retain any banking clients remains one of Wall Street's great survival stories. It did so by giving up lead positions and switching to co-lead, in effect taking on a supporting-cast-member role. Nevertheless, its market share fell from 8% to 2%.

1065

36. Interview with Eric Rosenfeld.

37. Interview with Paula Orlowski Blair. Morse Shoe filed for bankruptcy in July 1991 just weeks after Berkshire agreed to buy H. H. Brown Shoes. Berkshire acquired Lowell Shoe, a subsidiary of Morse Shoe, at the end of 1992, and also bought Dexter Shoe in 1993.

38. Smith Barney, Shearson Lehman, and UBS Securities. The ensuing witch-hunt atmosphere also caused Morgan Stanley to put out a statement denying it was the subject of a government investigation.

39. The Treasury Department/Fed study also revealed that, over a period beginning in early 1986, Salomon had bought more than half the bonds issued in 30 out of 230 auctions (Louis Uchitelle, Stephen Labaton, "When the Regulators Stood Still," *New York Times*, September 22, 1991).

40. Warren Buffett testimony, "In the Matter of Arbitration Between John H. Gutfreund against Salomon Inc., and Salomon Brothers Inc." Session 13 & 14, November 29, 1993.

41. Contracts differ by employee, by company, and by state, and the indemnification provisions use broad wording that is subject to interpretation, but in general, corporate officers accept the legal risk that goes with their position on the condition that their employers pay legal fees unless they are convicted of fraud or other criminal wrongdoing or have engaged in willful misconduct. Salomon's action was highly unusual at the time and remains unusual. In 2005, KPMG's refusal to pay its partners' legal fees became the subject of lawsuits. In July 2007, a U.S. federal judge dismissed a case against thirteen KPMG employees for promoting aggressive tax shelters, because he determined that the government had strong-armed KPMG into denying them legal payments.

42. Transcript of Federal Open Market Committee meeting, October 1, 1991.

43. Interview with Gary Naftalis.

44. Interview with Otto Obermaier.

45. Ibid.

46. Interview with Gary Naftalis.

47. Interview with Otto Obermaier.

48. Letter to Salomon Inc., shareholders as reprinted in the *Wall Street Journal*, November 1, 1991.

49. Interview with Paula Orlowski Blair.

50. Ibid.

51. Salomon advertisement in the *Wall Street Journal*, November 1, 1991. All of Salomon's growth in earnings for several years had been given back to employees. Salomon performed in the bottom third of stocks in its market-cap class. The third-quarter-income statement would have been drenched with red ink had not the lower bonus pool reversed it. The previous "share the wealth" approach subsidized money-losers so that everyone was richly paid. Buffett's biggest change was to link bonuses to individual and division performance. For the five years ending December 31, 1991, Salomon Inc.'s stock ranked 437th in performance among S&P's top 500 stocks. (1991 Salomon Inc., 10K)

52. Interview with Deryck Maughan.

53. Interview with Jim Robinson.

54. For decades, as a partnership, it had—literally—been run for the employees. It was the inherent separation of capital and labor at a publicly owned investment bank that was the problem.

55. Otto Obermaier. He later wrote "Do the Right Thing: But if a Company Doesn't It Can Limit

the Damage," *Barron's*, December 14, 1992.

56. The same was not true of the May two-year note squeeze, in which several small firms were bankrupted. Had it ever been proven that Mozer colluded with the hedge funds to corner the market or submitted false bids in that auction, Salomon's and the individuals' penalties doubtless would have been more severe; the whole story might have ended differently.

57. Interviews with Frank Barron and Bill McLucas. McLucas confirms the gist but can't recall the exact words.

58. Interview with Otto Obermaier.

59. Mozer served his four months after pleading guilty to lying to the Federal Reserve Bank of New York. The SEC and prosecutors took no action against Feuerstein.

60. Gutfreund was also barred from heading a firm without SEC approval.

61. Interview with Paula Orlowski Blair.

62. In fact, Jerry Corrigan did not lift the full ban on Salomon until August 1992.

63. CNBC *Inside Opinion*, Ron Insana interview with Gutfreund, April 20, 1995.

64. Interview with John Gutfreund.

65. Interview with Charlie Munger.

66. The arbitrators were John J. Curran, Harry Aronsohn, and Matthew J. Tolan.

67. Interview with Frank Barton.

68. Those who have spent any significant amount of time with Munger will instantly recognize the sensation of talking to him when his head is turned off, while something occasionally pierces his band of indifference. *"It's hard to pierce Charlie's band of indifference,"* says Buffett. "I can tell you that."

69. Charles T. Munger testimony, "In the Matter of Arbitration Between John H. Gutfreund against Salomon, Inc., and Salomon Brothers, Inc.," Sessions 33 & 34, December 22, 1993.

70. Interview with Sam Butler, Frank Baron.

71. Interview with Frank Barron.

Chapter 50

1. Michael Lewis, "The Temptation of St. Warren," *New Republic*, February 17, 1992.

2. Ron Suskind, "Legend Revisited: Warren Buffett's Aura as Folksy Sage Masks Tough, Polished Man," *Wall Street Journal*, November 8, 1991.

3. Patricia Matson letter to Peter Kann, Norman Pearlstine, Paul Steiger, James Stewart, and Lawrence Ingrassia of the *Journal*, November 18, 1991, and attached chronology of events, in which Tom Murphy recalls explaining to Suskind before publication that he was misquoting and misportraying the conversation; Bill Gates letter to Warren Buffett, November 13, 1991, which says, "The quote is wrong. I never suggested anything of the kind to the reporter." Gates said he called the *Journal* before publication to ensure the incorrect quote would not be published and was "shocked" to see the quote in the article. Memo from Patty Matson, official spokesperson of CapCities/ABC, to "Those possibly interested," November 19, 1991, cc: Buffett, Murphy, Gates, Tisch, which says Steiger of the *Journal* called and acknowledged a "puzzlement" in which someone might have been "gilding the lily."

4. Bill Gates letter to Warren Buffett, November 13, 1991.

5. Interviews with Warren Buffett, Bill Gates. The latter may have heard a version from someone else, which got exaggerated in the retelling. On the other hand, Buffett had to use the facilities

somehow.

6. Interview with Bill Gates.

7. For four generations the Gateses named their sons William Henry Gates. Bill Jr.'s father, William Henry III, changed his name to Bill Jr. and his son, the new Bill III—who was actually Bill IV— became known as Trey. Bill Jr. then stepped up to become Bill Sr. as the oldest living William Henry Gates, and his son is now known variously as Trey, Bill III, Bill, and *The* Bill Gates.

8. Interview with Arthur K. Langlie.

9. Interview with Bill Gates.

10. Noyce died June 3, 1990.

11. Interview with Roxanne Brandt.

12. Interview with Bill Gates.

13. Interview with Bill Ruane.

14. Interview with Don Graham.

15. Gates was right; Kodak *was* toast. From January 1990 to December 2007, Kodak stock rose a measly 20%, barely more than 1% a year. The S&P over the same period rose 315%. Berkshire Hathaway rose 1,627%. Microsoft rose 6,853%.

16. Interview with Bill Gates.

17. Ibid.

18. Statistics courtesy of Berkshire Hathaway.

19. Interview with Louis Blumkin.

20. A Scott Fetzer product.

21. Based on various comments from Kelly Broz, Roberta Buffett Bialek, Peter Buffett, Doris Buffett, Susan Clampitt, Jeannie Lipsey, Stan Lipsey, Ron Parks, Marilyn Weisberg, and Racquel Newman.

22. Interviews with Kathleen Cole, Susie Buffett Jr.

23. Interview with Kathleen Cole.

24. Interviews with Susie Buffett Jr., Howie Buffett. This took place at McMillan Junior High.

25. Which works out to $21,000 per year.

26. Interview with Howie Buffett.

27. Interview with Susie Buffett Jr.

28. Kurt Eichenwald, *The Informant*. New York: Broadway Books, 2000.

29. Interview with Susie Buffett Jr.

30. Interview with Bill Gates.

31. Interview with Sharon Osberg.

32. Each die bas an advantage over one other and a disadvantage to the third.

33. When Buffett pulled out the dice with the author, he kept insisting that she had to go first. She had no idea what the numbers meant. She figured that if Buffett wanted her to go first, there must be some disadvantage to going first. (Experience as an insurance analyst was helpful here.) She said that the dice must somehow work like rock, paper, scissors, and refused to play. Buffett counted this as "figuring out" the dice, but it wasn't really.

34. The first week the author started working on this book, she came downstairs to the hotel lobby to find the same package.

35. Interviews with Sharon Osberg and Astrid Buffett, who recalls "Sharon was just beside herself."

36. Interview with Sharon Osberg.

37. Interviews with Astrid Buffett, Dick and Mary Holland.

38. Interview with DodyWaugh-Booth.

39. Carol J. Loomis, "My 51 Years (and Counting) at Fortune" *Fortune*, September 19, 2005.

40. Depending on how rich they had gotten and how long ago they had been sunburned. Bill Scott, whom Buffett had made breathtakingly rich, had acquired a deep tan and had begun to resemble Buffett himself.

41. Carnegie built 2, 509 libraries (costing $56 million) and established other public works using over 90% of his $480 million steel-made wealth.

42. Ruane's first wife, Elizabeth, suffered from a mood disorder and committed suicide in 1988.

43. Bill Ruane and others recalled this speech.

44. Paul Ehrlich, *The Population Bomb*. NewYork: Ballantine Books, 1968; Thomas Malthus, *An Essay on the Principles of Population*. The *Population Bomb* was based on the work of the nineteenthcentury demographer and statistician Thomas Malthus, who said that humans procreate in a geometric rather than arithmetic progression; thus the earth's population would inevitably expand beyond the point at which its resources could support it. At some point, Malthus postulated, misery and vice (e.g., war, pandemic, famine, infant mortality, political unrest) would reduce the population to a sustainable level. Malthus's theory had enormous influence on many scientists, induding Charles Darwin. Because Malthus failed to take into account a number of factors for example, simplistically assuming that economic development stimulated population growth—his ideas were and continued to be ridiculed as predicted catastrophes failed to materialize within a decade or two after 1970. The basic concepts of Malthus and the idea of the Malthusian catastrophe are being taken more seriously in some quarters today, however.

45. Buffett, characteristically, uses both low and high numbers higher than the current population number (a margin of safety against looking like are alarmist) even though some experts argue that the "carrying capacity" has already been exceeded.

46. Organizations such as the International Humanist and Ethical Union and Planned Parenthood routinely took this position before 1974. See Paige Whaley Eager, *Global Population Policy: From Population Control to Reproductive Rights*. Burlington, Vt.: Ashgate Publishing Ltd., 2004.

47. This was the Belous case (*People v. Belous*, 71 Cal.2d 954, 458 P.2d 194, 80 Cal. Rptr. 354 [1969]), which declared laws against abortion unconstitutional in California. Munger helped write the opinion. Buffer says he has never seen Munger "so fired up," the most unconventional thing he has ever seen Munger do.

48. Buffett said Munger tempted him into running a church by offering him the job of sexton, until he found out the job description was not what he thought. "We held mock debates over who got to be the preacher."

49. Garrett Hardin, "The Tragedy of the Commons," *Science*, Vol. 162, No. 3859, December 13, 1968. Hardin's theory was essentially a restatement of the "prisoner's dilemma," which also addresses cooperation and "cheating" as covered in references on that subject. In the 1970s it was assumed that economic progress would accelerate population growth, that population growth would

prevent economic growth. The earth's "carrying capacity" was assumed to be essentially fixed, rather than at least somewhat flexible through the use of technology and market forces, incorrect assumptions that caused such forecasts to peg the dates of critical population levels too early.

50. Garrett Hardin, "A Second Sermon on the Mount," from *Perspectives in Biology and Medicine*, 1963.

51. Nevertheless, some remnants of the eugenics movement remained alive, and by the millennial era, developments in genetic, genomic, and reproductive science had raised complicated questions about the idea.

52. The historic linkage between "population control," the eugenics movement, and racism is detailed by Allan Chase in *The Legacy of Malthus: The Social Costs of the New Scientific Racism* (New York: Alfred A. Knopf, 1977). While a full treatment of these issues is beyond the scope of this book, what seems clear, from his change in terminology, steering of the Buffett Foundation, and gradual distancing from the Hardin camp, was Buffett's disenchantment with the Malthusian views of Hardin because of their eugenics implications. (Hardin's personal stationery featured a small U.S. map around the words "Quality of the Population.")

53. In a highly controversial move, the Buffett Foundation had paid half the first-year costs to bring the RU-486 abortion pill to the United States.

54. From Eager's *Global Population Policy: From Population Control to Reproductive Rights*, which chronicles the gradual rejection of neo-Malthusianism and coercive population control methods in favor of voluntary, evolutionary changes in birth rates through economic development, reproductive rights, and an emphasis on women's health.

55. In "Foundation Grows: Buffetts Fund Efforts for Population Control" (*Omaha World-Herald*, January 10, 1988), Bob Dorr quotes Susie as saying, "Warren likes numbers...he likes to see concrete results, and you can see them [numbers] change" to explain her husband's interest in groups such as Planned Parenthood and the Population Institute.

56. A similar term, "Ovarian Roulette," was apparently first used by Dr. Reginald Lourie of Children's Hospital, Washington, D.C., at a hearing of the Committee on Government Operations, United States, "Effect of Population Growth on Natural Resources and the Environment," September 15-16, 1969, in a discussion with Garrett Hardin, to describe a mother who takes the risk of an unwanted pregnancy by not using birth control (and the term has since been used by Responsible Wealth). However, it is the second word— "lottery" versus "roulette" —that changes a bad choice to bad luck: from a child who is born unwanted to a woman who trusts to random chance, to a child who is born in cruel circumstances because of random chance.

57. "I Didn't Do It Alone," a report by Chuck Collins's organization, Responsible Wealth.

58. See John Rawls, *A Theory of Justice*, Cambridge: The Belknap Press of Harvard University Press, 1971. The Ovarian Lottery resembles Rawls's view, which is a form of determinism—and assumes that much, though not necessarily all, of what happens to people is *determined* by the present and past, for example, through their genes, or the luck of where they are born and when. The opposite of determinism is free will. From the days of the earliest philosophers, mankind has been debating whether free will exists. Philosophers also debate whether it exists on a scale or is irreconcilable with determinism. Critic Robert Nozick, in *Anarchy, State, and Utopia*, gives the case for irreconcilability in a critique of Rawls that more or less says that economist Adam Smith's invisible hand gives people

what they have earned and deserved (*Anarchy, State and Utopia*. New York: Basic Books, 1974). All true libertarians believe in free will and deny absolutely that determinism exists. Since economic policy is so influenced by these ideas, the topic is worth understanding; for example, it sheds light on the debate over how Alan Greenspan's libertarian leanings influenced Federal Reserve policy that led to recent debt-fueled asset bubbles. Likewise, the debate over eugenics in genomism and reprogenetics resounds with issues of determinism and free will.

59. Interview with Bill Gates.

60. In 2005 Oxnam published *A Fractured Mind*, his memoir of living with multiple personality disorder (New York: Hyperion).

61. Interview with Bill Gates.

Chapter 51

1. Anthony Bianco, "The Warren Buffett You Don't Know," *BusinessWeek*, July 5, 1999.

2. Interview with Tony Nicely.

3. This was a 40% premium to where GEICO was trading.

4. In 1993, 707 new issues raised $41.4 billion. In 1994, 608 IPOs raised $28.5 billion, the second-most-productive year in the past quarter century. The third-best year for IPOs had been 1992, when 517 issues raised $24.1 billion. (Securities Data Co. of Newark, N.J.)

5. Molly Baker, Joan Rigdon, "Netscape's IPO Gets an Explosive Welcome," *Wall Street Journal*, August 9, 1995.

6. Interview with Sharon Osberg.

7. The Buffetts made other philanthropic gifts using Susie's stock, as well as funding the Buffett Foundation.

8. Carol Loomis, "The Inside Story of Warren Buffett," *Fortune*, April 11, 1988.

9. Berkshire Hathaway press release, February 13, 1996.

10. Interviews with Dana Neuman, Mark Millard.

11. The employees' pay could not really be fully aligned with shareholders. Unlike at the *Buffalo News*, for example, the employees' base pay at a bank is too low to compensate for the labor value of their time that is owed by the shareholders. In effect, much of the bonus is really salary. The reason that a plan that requires employees to work almost for free in a bad year to compensate for "excessive" bonuses in other years cannot succeed is that it transfers some of the risk assumed by capital onto the backs of labor. The bonus structure of Wall Street—without the glue of partnership—is inherently problematic.

12. To be considered an arbitrage, two trades must take place simultaneously to eliminate market risk. Buying a stock and selling it later is not an arbitrage. Buying cocoa beans in Ecuador and selling them in San Diego is not an arbitrage.

13. Interview with Deryck Maughan.

14. Roger Lowenstein, *When Genius Failed: The Rise and Fall of Long-Term Capital Management*. New York: Random House, 2000.

15. In July 1998, Weill shut down Salomon's bond arbitrage unit. One could argue that it was Travelers' subsequent merger with Citicorp—which provided cheap capital—that made the firm a serious competitor in those businesses. Looked at another way, Travelers paid a high price to enter a business with high barriers to entry, and subsequently exploited its capital and scale advantage. Citigroup dropped

the Salomon name in 2001.

16. Carol Loomis, "A House Built on Sand," *Fortune*, October 26, 1998.

17. Interview with Charlie Munger.

18. Lowenstein, in *When Genius Failed*, estimated that these returns were achieved through leverage; Long-Term's cash-on-cash return was only about 1%. This low return, multiplied fifty to a hundred times through borrowing, appeared extraordinarily profitable.

19. In *When Genius Failed*, Lowenstein drew this conclusion after extensive interviews with Meriwether's former team.

20. Roger Lowenstein, *When Genius Failed*. Shorting it as a collection of stocks would not work because of a basis mismatch between Berkshire and the offsetting hedgeable positions. Berkshire was a collection of wholly owned businesses fueled by an insurance company that also owned some stocks, not a quasi-mutual fund.

21. Roger Lowenstein, *When Genius Failed*.

22. Stock or merger arbitrage is a bet on whether a merger will close. Merger-arb specialists talk to lawyers and investment bankers and specialize in scuttlebutt. Their bets are based partly on knowledge about a deal, not just statistics about how typical deals have done.

23. Interview with Eric Rosenfeld; Lowenstein, *When Genius Failed*.

24. Michael Siconolfi, Anita Raghavan, and Mitchell Pacelle, "All Bets Are Off: How Salesmanship and Brainpower Failed at Long-Term Capital," *Wall Street Journal*, November 16, 1998.

25. Interview with Eric Rosenfeld.

26. The Standard & Poor's index was down 19% since July and the NASDAQ down by more than 25%.

27. John Meriwether letter to investors, September 2, 1998.

28. Warren Buffett letter to Ron Ferguson, September 2, 1998.

29. Hence, don't try to make it back the way you lost it.

30. Interview with Joe Brandon.

31. Craig Torres and Katherine Burton, "Fed Battled 'Financial Maelstrom,' 1998 Records Show," *Bloomberg News*, April 22, 2004.

32. Roger Lowenstein, in *When Genius Failed*, includes, as do other accounts, an interesting sidebar about the role of Goldman Sachs, which, as capital-raiser for the firm, also sent in a mysterious "trader" who spent days downloading Long-Term's positions into a laptop and making mysterious cell-phone calls. Afterward, Long-Term's partners bitterly blamed their demise on predatory behavior by competitors.

33. According to one partner, the lawyer was dubious about the rushed process, saying maybe there was some trickery involved, and wanting to slow things down and take more time to look over the details.

34. Roger Lowenstein, *When Genius Failed*.

35. Michael Lewis, "How the Eggheads Cracked," *New York Times Magazine*, January 24, 1999.

36. Interview with Fred Gitelman, Sharon Osberg.

37. After three 0.25% interest-rate cuts—September 29, October 15, and October 17—the market leapt 24% from its low on August 31 of 7,539 to an all-time high of 9,374 on October 23.

38. Michael Lewis, "How the Eggheads Cracked."

39. Roger Lowenstein, *When Genius Failed.*

40. Interview with Eric Rosenfeld.

41. The Federal Reserve's instant and dramatic cut of interest rates gave rise to a concept called the "Greenspan Put," the idea that the Federal Reserve would swamp the market with liquidity to bail out investors in a crisis. The Greenspan Put theoretically encourages people to worry less about risk. Greenspan denied there was a Greenspan Put. "It takes a good deal longer for the cycle to expand than for it to contract," he said. "Therefore we are innocent." (Reuters, October 1,2007, quoting Greenspan speaking in London.)

Chapter 52

1. Kurt Eichenwald, *The Informant.* New York: Broadway, 2000. Unbeknownst to Howie, Andreas reportedly made an illegal donation in response to at least one request that Howie had passed along, shrugging off the fine as the cost of doing business.

2. Interview with Howie Buffett.

3. Ibid.; Scott Kilman, Thomas M. Burton, and Richard Gibson, "Seeds of Doubt: An Executive Becomes Informant for the FBI, Stunning Giant ADM—Price Fixing in Agribusiness Is Focus of Major Probe; Other Firms Subpoenaed—A Microphone in the Briefcase," *Wall Street Journal,* July 11, 1995; Sharon Walsh, "Tapes Aid U.S. in Archer Daniels Midland Probe; Recordings Made by Executive Acting as FBI Informant Lead to Seizure of Company Files," *Washington Post,* July 11, 1995; Ronald Henkoff and Richard Behar, "Andreas's Mole Problem Is Becoming a Mountain," *Fortune,* August 21, 1995; Mark Whitacre, "My Life as a Corporate Mole for the FBI," *Fortune,* September 4, 1995.

4. Interview with Kathleen Cole.

5. Astrid was going to be well taken care of by Warren, too, although, as he says about the apparent willingness of his fans to buy any article belonging to him—his wallet, his car; *"She's got one of my wisdom teeth. It's the ugliest thing you've ever seen. That's her ace in the hole."*

6. Interview with Bill Gates.

7. Every board member interviewed reached some variation of this conclusion, no matter where they stood on later events.

8. Mark Pendergast, *For God, Country, and Coca-Cola.* New York: Charles Scribner's Sons, 1993.

9. Speaking at the 1998 Berkshire Hathaway shareholder meeting.

10. At the time, NetJets marketed itself both as NetJets and by its legal name, Executive Jet, Inc. It was renamed NetJets in 2002.

11. Interviews with sources; Anthony Bianco, "The Warren Buffett You Don't Know," *BusinessWeek,* July 5, 1999.

12. The business requires a "core fleet" of redundant aircraft, so expensive that running a fractional jet company is by definition unprofitable unless done on a huge scale (or used as a loss-leader by an aircraft manufacturer or other company with a tie-in product).

13. It cost Berkshire over nine times what it paid for the remaining half of GEICO almost three years earlier. The GEICO purchase doubled Berkshire's existing float (to $7.6 billion), while Get Re tripled that (to $22.7 billion).

14. Interview with Tad Montross.

15. BRK paid approximately three times book value, a premium to prevailing prices at the time. The reinsurance business became more competitive after this acquisition, and multiples have since declined.

16. Berkshire Hathaway 1997 annual shareholders' meeting, May 5, 1997.

17. Shawn Tully, "Stock May Be Surging Toward an Earnings Chasm," *Fortune*, February 1, 1999.

18. At the companies' June 19, 1998, press conference, as quoted in "Is There a Bear on Mr. Buffett's Farm?" *New York Times*, August 9, 1998.

19. Buffett's comments in Anthony Bianco's July 5, 1999, *BusinessWeek* cover story, "The Warren Buffett You Don't Know", "'Charlie and I don't talk a lot anymore,' acknowledges Buffett, who says he did not even bother to consult his vice-chairman before making the epochal Gen Re acquisition."

20. BRK dropped 4.2% on news of the deal. Over a month later, it was down 15% versus a flat market. Setting an exchange ratio implicitly required a view on equities and interest rates, as well as the underlying businesses' prospects. What investors could not know was the relative weighting of these factors.

21. James P. Miller, in "Buffett Again Declines to Flinch at Market's High-Wire Act," *Wall Street Journal*, May 5, 1998, got it. He attended the shareholder meeting at which Buffett reiterated his views and commented that maintaining return on equity was a particularly vexing issue. On the other hand, Justin Martin and Amy Kover, in "How Scary is this Market, Really?" (*Fortune*, April 27, 1998), wrote that "no less an authority than Warren Buffett" had endorsed the market bulls through his "not overvalued" statement.

22. On August 22, 1997, Wells Fargo stock nosedived after Berkshire Hathaway reclassified it from the publicly filed form 13-F to the confidential disclosure to the SEC, creating the appearance that Buffett had sold his position in Wells Fargo. The SEC announced that it would consider tightening the confidentiality rules. In June 1998, the SEC announced it was tightening its "13F" rule that had allowed Buffett to file confidentially for a year while building large stock positions. Although the SEC did not absolutely rule out confidential filings, Buffett heard the footsteps. Berkshire Hathaway fought an aggressive battle with the SEC over this issue as its confidential filings were denied, and lost. In 1999, Berkshire filed confidentiality requests each quarter along with its regular 13-F forms containing positions that were not confidential. The SEC made a single announcement relating to these three filings that certain of the positions they contained must be publicly disclosed. Buffett's right to make a profit presumably was not part of the SEC's deliberations. The SEC's interest is to protect investors. While the SEC staff had long held that it is desirable to prevent extraordinary fluctuations in stock prices unrelated to fundamental factors so that investors do not profit or suffer as a result, investors' right to know the identity of a company's largest shareholders outweighed that.

23. Interview with Herbert Allen.

24. Nikhil Deogun, James R. Hagerty, Steve Secldow, and Laura Johannes, "Coke Stains, Anatomy of a Recall: How Coke's Controls Fizzled Out in Europe," *Wall Street Journal*, June 29, 1999.

25. Interview with Herbert Allen.

26. Ibid.

27. Through Project Infinity, partly cloaked in Y2K spending, Coca-Cola turned the soft-drink business into a technology-fed numbers game. In 1999, the company hired 150 experts for worldwide implementation of SAP's programs. SAP, an acronym for Systems, Applications, and Products in Data Processing, provided business software solutions for process redesign in supply-chain management, customer-relationship management, and resource planning.

28. Ivester did not respond to repeated requests for interviews.

29. Betsy Morris and Patricia Sellers, "What Really Happened at Coke," *Fortune*, January 10, 2000.

30. Interview with Sharon Osberg.

31. Betsy Morris, "Doug is It," *Fortune*, May 25, 1998, and Patricia Sellers, "Crunch Time for Coke," *Fortune*, July 19, 1999.

32. This is Herbert Allen's version of the conversation. Buffett doesn't recall the exact details.

33. "They never sat down, never even removed their overcoats. In tones frostier than the air outside, they told him they had lost confdence in him." Constance L. Hays, *The Real Thing: Truth and Power at the Coca-Cola Company*. New York: Random House, 2004. Buffett and Allen dispute this version and say they sat down and removed their coats. But, they say, it was indeed a very short meeting, with no chitchat.

34. Had the board supported him, it would have left Nester a weakened CEO. He would also have been gambling that Allen and Buffett would not resign from the board, an instantly fatal blow. Allen and Buffett were also gambling that if Ivester threw himself on the board's mercy and survived, it would not be for long.

35. Interview with James Robinson, former CEO of American Express and Coca-Cola board member.

36. KO stock dropped 14% in two days.

37. Betsy Morris and Patricia Sellers, "What Really Happened at Coke."

38. Martin Sosnoff, "Buffett: What Went Wrong?" *Forbes*, December 31, 1999.

39. Andrew Barry, "What's Wrong, Warren?" *Barron's*, December 27, 1999.

40. Andy Serwer, "The Oracle of Everything," *Fortune*, November 11, 2002.

41. Interview with Kathleen Cole.

42. Interview with Susie Buffett Jr.

43. Interview with Peter Buffett.

44. Interview with Howie Buffett.

45. Interviews with Howie Buffett, Peter Buffett, Susie Buffett Jr.

Chapter 54

1. Joe Lauria, "Buffett Bombs as High-Tech Funds Boom," *Sunday Times* (London), January 2, 2000.

2. The expected profit on the deal was 90%; i.e., the premium covered odds that the lottery would hit 1 out of 10 times whereas in fact it was expected to hit less than 1 out of 100 times.

3. Every 10% change in KO was equivalent to 2.5% of BRK (a percentage that is representative over time), but the stocks often traded almost in tandem—especially when there was bad news at Coca-Cola—as if BRK and KO were one and the same.

4. Beth Kwon, "Buffett Health Scrape Illustrates Power—or Myth—of Message Boards," TheStreet.com, February 11, 2000. The story made the *Financial Times* say, "Warren Buffett may not be sick, but his share price is," in the "Lex" column, February 12, 2000. *Financial Times* described the rap on Buffett not buying tech stocks as a "serious charge."

5. Berkshire Hathaway press release; also see "Berkshire Hathaway Denies Buffett Is Seriously Ill;" *New York Times*, February 11, 2000. The way that Buffett uses probabilities to describe things is one of his intriguing qualities; what if he had said that the rumors were 90% false?

6. Ed Anderson, "Thesis vs. Antithesis: Hegel, Bagels, and Market Theories," *Computer Reseller News*, March 13, 2000.

7. Warren Buffett and Charlie Munger, "We Don't Get Paid for *Activity*, Just for Being *Right*. As to How *Long* We'll Wait, We'll Wait *Indefinitel*," *Outstanding Investor Digest*, Vol. XIII, Nos. 3 & 4, September 24, 1998, and "We Should All Have Lower Expectations—In Fact, Make That Dramatically Lower...," *Outstanding Investor Digest*, Vol. XIV, Nos. 2 & 3, December 10, 1999.

8. "Focus: Warren Buffett," *Guardian*, March 15, 2000 (emphasis added).

9. Some commentators understood that the bubble was bursting but since the averages continued to move higher, the general perception was slower to change. Federal Reserve Chairman Alan Greenspan's comments were seized on as reason for concern or relief, depending on the listener's perspective. See Matt Kranz and James Kim, "Bear Stages Sneak Attack on Net Stocks," *USA Today*, February 16, 2000; Greg Ip, "Stalking a Bear Market," *Wall Street Journal*, February 28, 2000; "Technology Stocks Continue to Dominate," *USA Today*, March 2, 2000.

10. E.S. Browning and Aaron Lucchetti, "The New Chips: Conservative Investors Finally Are Saying: Maybe Tech Isn't a Fad," *Wall Street Journal*, March 10, 2000. The *Journal* cited another investor as saying, "It's like when the railroads started up and were changing the whole face of the nation." Yes, it was much like that. Speculation in railroad stocks led directly to the financial panics of 1869, 1873, and 1901. The Erie railroad and Northern Pacific stock corners were only two episodes in the long history of colorful financial chicanery surrounding railroad stocks.

11. Gretchen Morgenson, "If You Think Last Week Was Wild," *New York Times*, March 19, 2000. Another sign that the game was up: On March 20, *Fortune* ran a cover story by Jeremy Garcia and Feliciano Kahn, "Presto Chango: Sales Are HUGE !" accusing many dotcoms of using accounting legerdemain to inflate sales—counting marketing expenses as sales, treating barter revenues as sales, and booking revenues before contracts were signed.

12. Interview with Sue James Stewart.

13. Buffett, who usually dealt with uncomfortable issues by joking about them, ended the 1999 Berkshire annual report (written winter 2000) by saying that he loved running Berkshire, and "*if enjoying life promotes longevity, Methuselah's record is in jeopardy.*"

14. This is sort of an inside joke at Berkshire Hathaway.

15. David Henry, "Buffett Still Wary of Tech Stocks—Berkshire Hathaway Chief Happy to Skip 'Manias,'" *USA Today*, May 1, 2000.

16. Buffett owned 14 million barrels of oil at the end of 1997, bought 111 million ounces of silver, and owned $4.6 billion of zero-coupon bonds as well as U.S. Treasuries. The silver represented 20% of the world's annual mine output and 30% of the above-ground vault inventory (Andrew Kilpatrick, Of *Permanent Value: The Story of Warren Buffett: More in '04, California Edition*. Alabama: AKPE,

2004), purchased on terms to avoid disrupting world supply.

17. Interview with Sharon Osberg. The silver was at JP Morgan in London.

18. Buffett measures his performance not by the company's stock price, which he didn't control, but by increase in net worth per share, which he did. There is a link between these two measures over long periods of time. In 1999, book value per share had grown only 1/2 of 1%. But for the acquisition of General Re, book value per share would have shrunk. Meanwhile, the stock market as a whole was up 21%. Buffett called it a fluke that book value had increased at all, pointing out that in some years it will inevitably decrease. Yet only 4 times in 35 years under Buffett, and not once since 1980, had Berkshire done worse than the market by this measure.

19. James P. MiHer, "Buffett Scoffs at Tech Sector's High Valuation," *Wall Street Journal*, May 1, 2000.

20. David Henry, "Buffett Still Wary of Tech Stocks."

21. The Knight-Bagehot Fellows.

22. Interviews with Joseph Brandon, Tad Montross.

23. Interviews with Bill Gates, Sharon Osberg.

24. Amy Kover, "Warren Buffett: Revivalist," *Fortune*, May 29, 2000.

25. Interview with Bill Gates.

26. Berkshire Hathaway press release, June 21, 2000.

Chapter 55

1. Philip J. Kaplan, *F'd Companies: Spectacular Dot-com Flameouts*. New York: Simon & Schuster, 2002.

2. Purchase price not disclosed for these two acquisitions—but both were paid half in cash, half in BRK stock.

3. For $570 million.

4. For $2 billion; it became Berkshire's largest business outside the insurance operations (2000 BRK annual report).

5. For $1 billion.

6. For $1.8 billion cash and $300 million in assumed debt.

7. For $378 million.

8. At the end of 2000, Berkshire had spent more than $8 billion buying companies and still had $5.2 billion in cash and cash equivalents, along with $33 billion in fixed maturity securities and $38 billion in stocks.

9. Berkshire Hathaway letter to shareholders, 2000.

10. Kilts joined Gillette after successfully turning around Nabisco, as only the second outsider in 100 years to run the company.

11. Interview with Susie Buffett Jr.

12. Interviews with Barry Diller, Don Graham, Susie Buffett Jr.

13. "Disney Scrambling to Play Spoiler Role," *New York Post*, July 14, 2001.

14. Marcia Vickers, Geoffrey Smith, Peter Coy, Mara Der Hovanseian, "When Wealth Is Blown Away," *BusinessWeek*, March 26, 2001; Allan Sloan, "The Downside of Momentum," Newsweek, March 19, 2001.

15. As of June 2001. From the *Industry Standard's* Layoff Tracker, along with the Dot-Com Flop Tracker and the Ex-Exec Tracker.

16. Buffett was not the only one concerned about the implication of this relationship. John Bogle, retired chairman of Vanguard, wrote of it in April 2001. However, he concluded that "some version of reality" had returned to the stock market. What made Buffett's speech noteworthy was not use of this particular metric but rather his pessimistic projection of what it meant.

17. One of Buffett's main points was that companies—many of which had been taking gains from surpluses out of their pension plans—were irresponsibly using unrealistic rates of return assumptions and would have to adjust these to reality, which would show the plans to be less well funded or even underfunded.

18. Herbert Stein was an American Enterprise Institute fellow and former chairman of the Council of Economic Advisors under Richard Nixon, a member of the board of contributors of the *Wall Street Journal*, and an economics professor at University of Virginia. He is known for the quote "If something cannot go on forever, it will stop," and was father to financial writer and actor Ben Stein.

19. As quoted in "Buffett Warns Sun Valley Against Internet Stocks," *Bloomberg*, July 13, 2001.

20. Vicente Fox worked for Coca-Cola for fifteen years, starting as a route supervisor in 1964, then being promoted ten years later to president of its Mexican, and ultimately its Latin American, operations.

21. Interview with Midge Patzer.

22. Interview with Don Graham.

23. Dr. Griffith R. Harsh, IV, Director, Surgical Neuro-Oncology Program at Stanford University Medical School.

24. Interview with Kathleen Cole.

25. Interviews with Bill Gates, Peter Buffett, Howie Buffett.

26. Interview with Susie Buffett Jr.

27. Interviews with Susie Buffett Jr., Don Graham.

28. Karlyn Barker, "Capacity Crowd Expected at Funeral; Schlesinger, Bradlee, Kissinger, Relatives Among Eulogists," *Washington Post*, July 22, 2001.

29. Paul Farhi, "Close Enough to See: TV Coverage Captures Small, Telling Moments," *Washington Post*, July 24, 2001; Steve Twomey, "A Celebrated Life: Thousands Honor Katharine Graham at the Cathedral," *Washington Post*, July 24, 2001; Mary Leonard, "Thousands Pay Tribute to *Washington Post*'s Katharine Graham," *Boston Globe*, July 24, 2001.

30. Karlyn Barker, "Capacity Crowd Expected at Funeral; Schlesinger, Bradlee, Kissinger, Relatives Among Eulogists."

31. Libby Copeland, "Kay Graham's Last Party: At Her Georgetown Home, A Diverse Group Gathers," *Washington Post*, July 24, 2001.

32. The family sold the house shortly after Graham's death.

Chapter 56

1. Interview with Herbert Allen.

2. "The Hut-Sut Song" by Horace Heidt. Words and music by Leo V. Killion, Ted McMichael, and Jack Owens.

注　释

3. The event benefited the Boys & Girls Clubs of Omaha, Omaha Children's Museum, Girls Inc., and the Omaha Theater Company for Young People. Over ten years it raised approximately $10 million.

4. Hamlisch was the first person to win three Academy Awards at once, in all three music categories, for the song "The Way We Were" (with co-writers Alan Bergman and Marilyn Bergman), the score to the movie *The Way We Were* (1973), and the adaptation of Scott Joplin's ragtime music for *The Sting* (1973).

5. Interview with Devon Spurgeon.

6. Buffett does not recall the specifics of this call but thinks it probably occurred. The source is Joe Brandon at General Re.

7. Grace Shim, "Warren Buffett, Others Speak About Terrorism at Omaha, Neb., Event," *Omaha World-Herald*, September 12, 2001.

8. Buffett recalled this, and said, *"I think somebody even may have bought a car just because they ran out of rental cars."*

9. According to "Killtown's: Where Was Warren Buffett on 9/11 ? " (www. killtown.911review. org/ buffett.html), referencing rushlimbaugh.com from July 5, 2005.

10. Interview with Bob Nardelli.

11. Interview with Tony Pesavento.

12. Buffett told the author this in 2001, shortly after the terrorist attack.

13. The term "unforeseeable" as an explanation for large losses was virtually universal after 9/11 in the insurance industry.

14. Grace Shim, "Warren Buffett, Others Speak About Terrorism at Omaha, Neb., Event."

15. Interview with Susie Buffett Jr.

16. This initial estimate was revised to $2.4 billion in the December 31 annual report.

17. Charles R. Morris, *The Trillion Dollar Meltdown*. New York: Public Affairs, 2008.

18. Leading to reforms such as not allowing analysts to be compensated based on investment-banking work, and setting up "firewalls" between analysts and investment bankers.

19. For $835 million.

20. For just under $1 billion. Kern moved 850 million cubic feet of gas a day from the Rocky Mountains to Las Vegas and California.

21. This pipeline moved 4.3 billion cubic feet of gas per day. Berkshire bought it for $928 million, after Dynegy had gotten it for $1.5 billion when Enron went bankrupt and NNG was being held as collateral (both had assumed $950 million of NNG's debt). After MidAmerican's two pipeline deals in 2002, it transported 8% of the gas in the U.S.

22. Berkshire joined with Lehman and Citigroup to lend $2 billion to Williams at a 20% interest rate.

23. Pre-9/11, Munich Re and AXA struck a derivatives deal valued at $50 million with Berkshire Hathaway Group to reinsure against an earthquake canceling 2002's FIFA World Cup in South Korea and Japan. BRK would pay regardless of the actual cost of the loss, if the tournament was postponed or canceled because of an earthquake of a certain magnitude. Separately, after 9/11, AXA pulled out of insuring the tournament, and on October 30 National Indemnity stepped in to insure it, allowing the World Cup to proceed.

24. Berkshire Hathaway letter to shareholders, 2007.

25. Interview with Frank Rooney.

26. Gifts of more than $12,000 are subject to this tax.

27. Source: IRS, Statistics of Income Division, March 2007; Joint Committee on Taxation, *Description and Analysis of Present Law and Proposals Relating to Federal Estate and Girl Taxation*, Public Hearing Before the Subcommittee on Taxation and IRS Oversight of the Senate Committee on Finance, March 15, 2001.

28. In 2007, over 8% of the federal budget, or $244 billion, was interest on federal debt. That is almost exactly ten times the amount collected through the estate tax.

29. "I Didn't Do It Alone," a report by Responsible Wealth, describes the role of public investment, family, colleagues, luck, and grace in creating wealth. Organizations like United for a Fair Economy publish research on tax fairness, as do organizations such as the libertarian Cato Institute.

30. "Defending the Estate Tax," *New York Times*, February 16, 2001. In this article, Mr. Bush's own director of Faith-Based and Community Initiatives, John DiIulio, told the *Times* that charitable contributions would likely decrease if the estate tax were repealed. "I don't want to be the skunk at the picnic," he said. "But no, I don't think the estate tax should be eliminated—modified, maybe, but not eliminated."

31. See, for example, Melik Kaylan, "In Warren Buffett's America..." *Wall Street Journal*, March 6, 2001; John Conlin, "Only Individual Freedom Can Transform the World," *Wall Street Journal*, July 26, 2001; Steve Hornig, "The Super-Wealthy Typically Do Not Pay Estate Taxes," *Financial Times*, June 15, 2006; Holman W. lenkins Jr., "Let's Have More Heirs and Heiresses," *Wall Street Journal*, February 21, 2001.

32. Warren Buffett letter to Senator Ken Salazar, June 8, 2001.

33. William S. Broeksmit, "Begging to Differ with the Billionaire," *Washington Post*, May 24, 2003.

34. Daft had options to buy 650,000 shares, initially estimated as worth $38.1 million to $112.3 million in 2015, depending on how much the stock appreciated. He also got $87.3 million in restricted stock awards, totaling 1.5 million shares. Henry Unger, "If Coca-Cola Chief Daft Fizzles, He'll Lose Millions," *Atlanta Journal-Constitution*, March 3, 2001.

35. The CEO-worker pay gap of 411-to-1 in 2001 was nearly ten times as high as the 1982 ratio of 42-to-1. "If the average annual pay for production workers had grown at the same rate since 1990 as it has for CEOs, their 2001 average annual earnings would have been $101,156 instead of $25,467. If the minimum wage, which stood at $3.80 an hour in 1990, had grown at the same rate as CEO pay, it would have been $21.41 an hour in 2001, rather than the current $5.15 an hour." Scott Klinger, Chris Hartman, Sarah Anderson, and John Cavanagh, "Executive Excess 2002, CEOs Cook the Books, Skewer the Rest of Us, Ninth Annual CEO Compensation Survey." Institute for Policy Studies, United for a Fair Economy, August 26, 2002.

36. Geoffrey Colvin, "The Great CEO Pay Heist," *Fortune*, June 25, 2001. A 2001 option grant later became the subject of controversy in the 2007 stock-option backdating scandal.

37. Warren Buffett, "Stock Options and Common Sense," *Washington Post*, April 9, 2002.

38. Two other companies, Winn-Dixie and Boeing, had earlier started treating stock options as an expense. But they had nothing like Coca-Cola's clout.

39. Warren Buffett, "Who Really Cooks the Books?" *New York Times*, July 24, 2002.

40. Warren Buffett, Securities and Exchange Commission's Roundtable on Financial Disclosure and Auditor Oversight, New York, March 4, 2002.

41. Berkshire Hathaway letter to shareholders, 2002.

42. David Perry, "Buffett Rests Easy With Latest Investment," *Furniture Today* May 6, 2002.

43. He didn't really want her to come back either, although he looked tempted a few times.

Chapter 57

1. This portrait of Susie in the late 1990s and early millennial era is based on comments from more than two dozen sources who knew her well but cannot be identifed by name.

2. Interview with Susan Thompson Buffett.

3. Interview with Howie Buffett.

4. Interest rates, which had been falling since 9/11, hit a low of 1% in June 2003 and remained there until June 2004.

5. This is a shorthand description for investors' limited risk aversion during this period.

6. In "Mortgage Market Needs $1 Trillion, FBR Estimates," Alistair Bart (*MarketWatch*, March 7, 2008) recaps a Friedman, Billings Ramsey research report that estimates that of the total $11 trillion U.S. mortgage market, only $587 billion was backed with equity—meaning that the average U.S. home had scarcely more than 5% equity. Before long, half of all CDOs would be backed by subprime mortgages (David Evans, "Subprime Infects $300 Billion of Money Market Funds," Bloomberg, August 20, 2007).

7. In *The Trillion Dollar Meltdown* (New York: Public Affairs, 2008), Charles Morris explains that because the typical credit hedge fund was leveraged 5:1, the 5% equity was reduced to 1%—a 100:1 leverage ratio, or $1 of capital supporting $100 of debt.

8. He used derivatives himself, but as a borrower, not a lender. Therefore, if things went wrong, he did not have to collect from anyone else.

9. Part of Berkshire Re's reported profits since 2002 are derived from General Re.

10. Alan Greenspan gave a speech on May 8 at the 2003 Conference on Bank Structure and Competition where he voiced his opinion on derivatives. Ari Weinberg, "The Great Derivatives Smackdown," *Forbes*, May 9, 2003.

11. For example, he was called "The Alarmist of Omaha" by Rana Foroohar in *Newsweek* on May 12, 2003.

12. Buffett lent $215 million to Oakwood in debtor-in-possession financing. Through Berkadia (see note 13), he bid $960 million for Conseco Finance. Berkadia representatives left before the auction was over, and were outbid by a consortium that offered $1.01 billion. Berkadia objected to these proceedings and raised its offer to $1.15 billion after it was over, but this effort was rejected by the bankruptcy court judge.The credit bubble for manufactured housing and subprime lenders like Conseco deflated by 2004, more than a year before the broader housing bubble peaked.

13. This deal resembled in some ways another deal he had done two years earlier, partnering with Leucadia National to form Berkadia LLC, which provided a $6 billion secured five-year loan to the bankrupt FINOVA so it could pay down its debt.

14. In *First* a Dream, Jim Clayton recounts that Michael Daniels, an intern who had "tolerated" him through the six-month final edit of the book, got him to autograph a copy to give to Buffett. When he

graduated and went to work for UBS, Daniels handed the book over to the next intern, Richard Wright, for delivery. "The Ballad of Clayton Homes" (*Fast Company*, January 2004) claims that the Claytons used Wright to send a message to Buffett.

15. In his memoir, Jim Clayton says people find it hard to believe that he did not return Buffett's call himself. He says it never occurred to him to do so, and he and Buffett have never called each other about business. During the months that the deal was in negotiation and litigation, the author observed that Buffett dealt only with Kevin Clayton.

16. Interview with Kevin Clayton.

17. Jim Clayton, Bill Retherford, First a Dream. (Tennessee: FSB Press, 2002). The 2004 revised edition gives an account of Berkshire Hathaway's fight for Clayton Homes.

18. Buffett had spent only $50 million in April to purchase PetroChina stock, but that brought Berkshire's ownership to $488 million and over the limit that required disclosure to the Hong Kong Stock Exchange.

19. Buffett said he would buy foreign stocks under the right circumstances; e.g., in the United Kingdom or a newspaper in Hong Kong. However, he did not spend time seriously studying foreign stocks until opportunities in the U.S. began to thin.

20. Warren Buffett, "Why I'm Down on the Dollar," *Fortune*, November 10, 2003.

21. From unpublished coverage of the 2003 Berkshire Hathaway annual meeting, courtesy of Outstanding Investor Digest.

22. A major advantage of the deal was Berkshire's access to and low cost of funds. With its AAA credit rating, it could borrow at a far lower rate than any other manufactured-home maker and thus not only survive credit droughts but make money under conditions where Clayton's competitors could not survive.

23. Speaking at the New York Public Library, June 25, 2006.

24. Andrew Ross Sorkin, "Buffett May Face a Competing Bid for Clayton Homes," *New York Times*, July 11, 2003.

25. "Suit Over Sale of Clayton Homes to Buffett," *New York Times*, June 10, 2003. Gray alleged that previous shareholder meetings electing directors had taken place without proper notice. In June the Delaware Chancery Court ruled that Clayton had technically not met the notice requirement, but since the meeting was so well attended by shareholders, the mistake was only technical and results of the meeting would not be overturned.

26. Jennifer Reingold, "The Ballad of Clayton Homes."

27. At its peak before the death of Susan T. Buffett, the foundation spent $15 million-$30 million per year in total, mostly on reproductive rights.

28. If Buffett had paid dividends and used them for the donations, the whole point would have been moot.

29. Douglas R. Scott Jr., president, Life Decisions International, letter to Warren Buffett, September 26, 2002.

30. The number came from Cindy Coughlon, a Pampered Chef consultant who organized the boycott. Nicholas Varchaver, "Berkshire Gives Up On Giving: How a Pro-Life Housewife Took On Warren Buffett," *Fortune*, August 11, 2003.

31. Compiled from various interviews.

注 释

32. Pro-life activists, according to the U.S. National Abortion Federation, have committed 7 murders, attempted 17 other murders, made 388 death threats, kidnapped 4 people, committed 41 bombings, 174 instances of arson, and 128 burglaries, attempted 94 bombings or arsons, made 623 bomb threats, committed 1,306 instances of vandalism, made 656 bioterror threats, and committed 162 instances of assault and battery. These numbers exclude stalking, hoax device/suspect packages, hate mail, harassing phone calls, trespassing, invasion, Internet harassment, and other less serious incidents. The pro-life movement's activities have resulted in 37,715 arrests as of 2007. Most mainstream pro-life organizations reject the terrorist wing of the movement, some vocally.

33. Berkshire Hathaway press release, July 15,2003.

34. Under Delaware law, only shareholders in attendance were eligible to vote on a recess.

35. Jim Clayton, Bill Retherford, *First a Dream*.

36. Interviews with Kevin Clayton and John Kalec, executive vice president and CFO of Clayton Homes.

37. The suit, filed on July 25 by Milberg Weiss Bershad Hynes & Lerach, LLP, initially claimed that Kevin Clayton had asked Janus Capital to continue to support the deal even though it had sold the stock. In court, no evidence of this was found and the case was dismissed.

38. Jennifer Reingold, "The Ballad of Clayton Homes."

39. Jim Clayton cites these figures in *First a Dream*, indicating he could not confirm them.

40. Cerberus memorandum, "For Discussion Purposes," reprinted in Jim Clayton, *First a Dream*.

41. In a few instances, such as NetJets, private-company owners sold to him at lower prices than they could have obtained elsewhere because they wanted Berkshire as an owner.

42. Jim Clayton, Bill Retherford, *First a Dream*.

43. Interview with Kevin Clayton.

44. By 2006, manufactured-home shipments had fallen to 117,510 units and were still declining at an average rate of 32% in 2007 despite a temporary bump in 2005 from Hurricane Katrina. (Source: Manufactured Housing Institute.)

Chapter 58

1. Interview with the Reverend Cecil Williams. Buffett participated in two live auctions for Glide before the first eBay auction.

2. Interview with Kathleen Cole.

3. Interviews with Kathleen Cole, Susie Buffett Jr.

4. Interview with Howie Buffett.

5. Interviews with Howie Buffett, Susie Buffett Jr.

6. Interview with Kathleen Cole.

7. Ibid.

8. www.oralcancerfoundation.org.

9. Oral Cancer Foundation.

10. Interviews with Kathleen Cole, Ron Parks.

1083

11. Interviews with Marshall Weinberg, Walter and Ruth Scott, Lou Simpson, George Gillespie.

12. Interview with Susie Buffett Jr.

13. Adapted from John Dunn, "Georgia Tech Students Quiz Warren Buffett," *Georgia Tech*, Winter 2003.

14. Bob Woodward, "Hands Off, Mind On," *Washington Post*, July 23, 2001.

Chapter 59

1. Interview with Susie Buffett Jr.

2. Interview with Stan Lipsey; Jonathan D. Epstein, "GEICO Begins Hiring in Buffalo," *Buffalo News*, February 11, 2004.

3. Interviews with Peter Buffett, Howie Buffett, Susie Buffett Jr.

4. Peter and Susie also gave substantial amounts to the Buffett Foundation in their first two years.

5. Generally speaking, federal law governing foundations requires that foundations distribute or use a minimum amount of their assets regularly for their charitable purposes (approximately 5% of the fair market value of the private foundation's investment assets).

6. At the time, Susie had about 35,000 shares in her own name, worth about $2.8 billion, apart from what she might receive as part of Warren's estate should he predecease her.

7. Chafies T. Munger, edited by Peter Kaufmann, *Poor Charlie's Almanack: The Wit and Wisdom of Charles T. Munger.* New York: Donning Company Publishers, 2005.

Chapter 60

1. Interview with Kathleen Cole.

2. Interviews with Jamie Dimon, Jeffrey Immelt.

3. Berkshire Hathaway 2004 chairman's letter, annual report.

4. Berkshire Hathaway letter to shareholders, 2006. Buffett had stated these criteria in private earlier.

5. Betsy Morris, "The Real Story," *Fortune*, May 31, 2004.

6. Investors felt that Coke should move aggressively into noncarbonated drinks, but the company insisted that international growth in carbonated beverages—the highest-margin product—was the only way to go. At $50, the stock was also still expensive at 24x earnings and 8.6x book value.

7. Coca-Cola Enterprises took a $103 million charge for the European recall during Ivester's reign. In 1999, Daft had to report the first loss in a decade and take a total of $1.6 billion of charges. Then, in 1Q2000, Daft reported Coke's second quarterly loss in a row—charges for massive restructuring/layoffs and a write-down of excess bottling capacity in India. In 2000, Coke took more charges and cut its projection for annual worldwide unit case volume growth to 5% to 6%, from 7% to 8%. Coke revised its targets again after 9/11.

8. Suppose Berkshire demanded a special deal. On $120 million of purchases, this might be worth, say, a dime a share, estimating liberally. Berkshire earned $5,309 per A equivalent share in 2003. (The company doesn't present cents per share in its financial statements.) To a B shareholder, it would be 3/10 of a penny per share. It's very hard to make a case that an amount so small would incent Buffett to do something so contrary to Coca-Cola's interests as to force it to turn down a big contract with Burger King in order to keep selling Coca-Cola at Dairy Queen. That would be so even if Berkshire

owned zero Coca-Cola stock. The problem with the ISS approach was its absolutist checklist approach that applies no reasoning and proportionality.

 9. CalPERS also opposed the election of Herbert Allen, former U.S. Senator Sam Nunn, and Don Keough because of their business relationships with the company.

 10. Herbert Allen, "Conflict-Cola," *Wall Street Journal*, April 15, 2004.

 11. Excerpts from a survey of corporate board members conducted by PricewaterhouseCoopers, as reported in *Corporate Board Member*, November/December 2004. PWC identified no comments or sentiment against Buffett.

 12. Deborah Brewster, Simon London, "CalPERS Chief Relaxes in the Eye of the Storm," *Financial Times*, June 2, 2004.

 13. Interview with Don Graham.

 14. "Coke Shareholders Urged to Withhold Votes for Buffett," *Atlanta Business Chronicle*, April 9, 2004.

 15. In "The Rise of Independent Directors in the U.S., 1950-2005: Of Shareholder Value and Stock Market Prices" (*Stanford Law Review*, April 2007), Jeffrey N. Gordon concludes, "One of the apparent puzzles in the empirical corporate governance literature is the lack of correlation between the presence of independent directors and the firm's economic performance. Various studies have searched in vain for an economically significant effect on the overall performance of the firm."

 16. This issue was resolved through a consent decree on April 18, 2005, in which the company did not pay a fine or admit wrongdoing but promised to clean up its internal audit, compliance, and disclosure systems.

 17. The GMP International Union, which also spoke at the meeting.

 18. Transcript, Coca-Cola shareholder meeting 2004, courtesy of the Coca-Cola Company; Adam Levy and Steve Matthews, "Coke's World of Woes," *Bloomberg Markets*, July 2004; interviews with several directors and company employees.

 19. Transcript, Coca-Cola shareholder meeting 2004, courtesy of the Coca-Cola Company.

 20. Adam Levy and Steve Matthews, "Coke's World of Woes." The *New York Times* blasted Coke over severance payments to Heyer and other executives in "Another Coke Classic," June 16, 2004. The criticism was not universal; the *Economist* said Isdell was "welcomed by investors and analysts as a safe pair of hands" ("From Old Bottles," May 8, 2004).

 21. For example, Constance L. Hays, in *The Real Thing: Truth and Power at the Coca-Cola Company* (New York: Random House, 2004), makes this inference.

Chapter 61

1. Interview with Tom Newman.

2. Interview with Kathleen Cole.

3. Ibid.

4. The author, too, has for some years sat in the managers' section, although she is not a shareholder.

5. This dinner, which was hosted by Morgan Stanley at the time, subsequently became a private event hosted by the author.

6. Courtesy Paul Wachter, producer, Oak Productions.

7. Tom Strobhar, "Report on B-H Shareholder Meeting," *Human Life International*, May 2004; "Special Report, HLI Embarrasses Warren Buffett in Front of 14, 000 Stockholders," July 2004. Mr. Strobhar has a curious history. After serving as a leader in the boycott against Berkshire that resulted in canceling the shareholder-contributions program, he wrote an editorial in the *Wall Street Journal*, "Giving Until It Hurts" (August 1, 2003), criticizing the shareholder-contributions program for being a clandestine way of "paying" Buffett (Notwithstanding that Berkshire made no corporate charitable contributions nor paid a dividend). Strobhar identified himself only as the president of an investment firm in Dayton, Ohio, omitting his role in the boycott and the fact that he was chairman of Life Decisions International. Strobhar went on in 2005 to found Citizen Action Now, an organization designed to fight "the homosexual agenda" and for "an America free from the manipulation of homosexual groups." On the website of his investment firm, he borrows Buffett's reputation by advertising himself (as of November 2007) as "trained in the tradition of Ben Graham, the 'father of security analysis,' whose students include Warren Buffet [sic], 'the world's greatest investor.' ... Like Graham and Buffett, Thomas Strobhar's focus is on 'value investing.'"

8. Excerpts from 2004 Berkshire Hathaway annual meeting are from notes of the author.

9. The Omaha Housing Authority bought the house for $89,900.

10. Interview with Susie Buffett Jr.

11. Ibid.

12. Ibid.

13. Ibid.

14. Howard Buffett Jr. (Howie B.), speaking at Susie's funeral.

15. Interview with T. D. Kelsey.

16. Ibid.

17. Interviews with Al Oehrle, Barbara Oehrle.

18. Interview with T. D. Kelsey.

19. Interviews with Herbert Allen, Barbara Oehrle, T. D. Kelsey.

20. Interview with Susie Buffett Jr.

21. Interviews with Herbert Allen, T. D. Kelsey. According to the Oehrles, Herbert Allen, and Barry Diller, the rest of the guests remained in Cody for the weekend and turned the weekend, as best they could, into a sort of tribute to Susie.

22. Interview with Susie Buffett Jr.

23. Interview with Howie Buffett.

24. Interviews with T. D. Kelsey, Herbert Allen.

25. Interviews with Susie Buffett Jr., Peter Buffett.

26. Interviews with Susie Buffett Jr. and Peter Buffett, who both said they found it comforting to have their mother with them in the plane.

27. Interview with Howie Buffett.

28. Interview with Sharon Osberg.

29. Interview with Susie Buffett Jr.

30. Interview with Devon Spurgeon, whom Susie Jr. called on her honeymoon in Italy. The author was also supposed to make this trip; Buffett's wish for emotional support from women was probably at an all-time high during this period.

注 释

Chapter 62

1. She left significant amounts of money to Kathleen Cole and Ron Parks, her longtime trusted caretakers and friends. She left her grandchildren and other people modest amounts, from $10,000 to $100,000.

2. Interview with Tom Newman.

3. Interview with Howie Buffett.

4. Interview with Peter Buffett.

5. A. D.Amorosi, "In 'Spirit,' tadition Is Besieged by Modern Life," *Philadelphia Inquirer*, May 23, 2005.

6. Interview with Susie Buffett Jr.

7. Interview with Peter Buffett.

8. Interview with Sharon Osberg.

9. Interview with Charlie Munger.

10. Berkshire Hathaway annual letter to shareholders, 2005.

11. Charles R. Morris, *The Trillion Dollar Meltdown*. New York: Public Affairs, 2008.

12. Carol Loomis, "Warren Buffett Gives It Away," *Fortune*, July 10, 2006.

13. Ibid.

14. Buffett could not resist: The note that accompanied Bertie's letter containing this comment said, *"She's still smarting about that a little bit."*

15. Interview with Doris Buffett.

16. In installments beginning in 2006, as long as either Bill or Melinda Gates is active in the foundation.

17. The first installment of 602,500 shares declined 5% a year in terms of shares thereafter. Buffett expected, as was reasonable, that the price of Berkshire's stock would increase by at least 5% a year (through modest growth and inflation). Thus, the dollar value of the gifts was likely to remain level or even increase from year to year. During the year between the first gift and the second, Berkshire's stock price went up 17%. The first 602,500-B-share distribution was worth $1.8 billion, compared to the second 572,375-B-share distribution worth $2 billion. In June 2006, BRK was trading at $91,500 (B shares at $3,043).

18. As quoted in "The Life Well Spent: An Evening with Warren Buffett," November 2007.

19. Bill Gates used the term "convenors." This approach differs, for example, from annually funding a vaccine program, which requires a continuing investment without a permanent cure.

20. "The New Powers of Giving," *Economist*, July 6, 2006; Karen DeYoung, "Gates, Rockefeller Charities Join to Fight African Hunger," *Washington Post*, September 13, 2006; Han Wilhelm, "Big Changes at the Rockefeller Foundation," *Chronicle of Philanthropy*, September 8, 2006; Andrew Jack, "Manna from Omaha: A Year of 'Giving While Living' Transforms Philanthropy," *Financial Times*, December 27, 2006.

21. Interview with Doris Buffett. See Sally Beaty, "The Wealth Report: The Other Buffett," *Wall Street Journal*, August 3, 2007.

22. Former President Jimmy Carter letter to Warren Buffett, October 18, 2006.

23. The guinea worm enters the body through the drinking of tainted water, then grows up to three feet long and the width of a paper clip. The worm burns its way out through the skin by emitting an excruciatingly painful acid, emerging a few inches a day as sufferers wind it around a twig. They often

seek relief by plunging into water, where the erupting worm releases a cloud of larvae to begin the cycle anew. The Carter Center and other nongovernmental organizations are tantalizingly close to wiping out the guinea worm.

24. Interview with Astrid Buffett.

25. After Susie's death, both of her apartments in San Francisco's Pacific Heights were sold, as was the Buffetts' second house, "the dormitory," in Emerald Bay. Buffett kept the original house in Emerald Bay, which continues to be used by his children and grandchildren. He never goes there.

26. On December 12, 2007, major central banks began to provide funding at terms longer than overnight, and began to auction funding against a broader range of collateral and with a broader set of counterparties. The Federal Reserve activated swap lines to help the other central banks provide liquidity in dollars to their markets.

27. Using the return on capital figure he achieved for shareholders through 2007 as a proxy, the author estimates that Buffett (not including Susie's shares) would have been worth between $71 and $111 billion by the end of 2007 had he continued to charge his "partners" fees. Susie's stake would have been worth another $3 million-$745 billion. The difference between the high and low range is the fee structure (Buffett's former 25% plus 6% interest on capital to all partners—the high number—vs. the 2%/20% structure of most hedge funds today—the low number). The calculation assumes that Buffett took out the equivalent of his 6% a year for living expenses, as he typically did while running the partnership. That amounts to $1 million per year by 2007. His and Susie's (really Susie's) living expenses exceeded this by a wide margin; however, Buffett's personal investments—not part of Berkshire—also compounded at an astonishing rate and could (and did) fund Susie's lifestyle without further withdrawals from Berkshire.

28. Interview with Chafiie Munger.

Afterword

1. Michael Santoli, "They've Got Class," *Barron's*, September 10, 2007.

2. E.S. Browning, "Stocks Tarnished by 'Lost Decade,'" *Wall Street Journal*, March 26, 2008.

3. Warren Buffett letter to Nicole Buffett, August 10, 2006.

4. Richard Johnson with Paula Froelich, Chris Wilson, and Bill Hoffmann, "Buffett to Kin: You're Fired!," *New York Post*, September 7, 2006.

5. This excludes approximately $180 million of imputed investment income on the $5.5 billion of General Re's cash that Buffett had transferred to National Indemnity and Columbia Insurance through intercompany reinsurance agreements. General Re estimated the effect on its return on equity at 150 basis points in each of 2005, 2006, and 2007.

6. The combination of underwriting profits and higher float produced a 20% return on average equity in 2006 compared to losses in earlier years. Gen Re grew its book value at an average of 12.8% since 2001, bringing its capital to more than $11 billion, compared to $8.6 billion when it was acquired. General Re made a $526 million profit from underwriting on premiums of about $6 billion—compared to earlier losses of between $1 and $3 billion (depending on the year) on premiums of just under $9 billion. Float had risen from about $15 billion to $23 billion on a 32% decline in premiums.

7. Joseph P. Brandon letter to Warren Buffett, January 25, 2008.

8. Berkshire Hathway 2007 letter to shareholders.

9. HIH Royal Commission, *The Failure of HIH Insurance*. Australia: National Capital Printing, Canberra Publishing and Printing, April 2003.

10. Doug Simpson, "Search for Deep Pockets Widens in Reciprocal of America Case," Unintended Consequences blog (dougsimpson.com/blog), March 3, 2005; Timothy L. O'Brien, "Investigation of Insurance Puts Buffett in Spotlight," *New York Times*, March 28, 2005; Timothy L. O'Brien and Joseph B. Treaster, "The Insurance Scandal Shakes Main Street," *New York Times*, April 17, 2005; Marisa Taylor, "U.S. Dropped Enron-Like Fraud Probe," McClatchy Newspapers, July 23, 2007; Scott Horton, "Corporate Corruption and the Bush Justice Department," *Harper's Magazine*, July 24, 2007.

图片使用说明

Alpha Sigma Phi Fraternity National Archives: insert page 8, center

Bryson Photo: insert page 22, bottom left:@2007, Bryson Photo

Buffalo News: pages 175 and 337; insert page 12, bottom; page 26, top

Doris Buffett: insert page 3, top left, top right; page 28, bottom right

Howard Buffett: insert page 27, bottom

Susie BuffettJr.: insert page 1; page 3, bottom left; page 2, top right; page 4, top left; page 5, bottom left; page 6, top left and bottom; page 8, bottom; page 10, top and bottom left;page 11, bottom; page 12, top left; page 13, bottom; page 14, top left and bottom left; page 22, top; page 30, center

Warren Buffett: insert page 3, bottom right; page 2, top left and bottom; page 4, top right and bottom; page 5, bottom right; page 6, top right; page 7, center; page 9, top right and bottom left; page 10, bottom right; page 14, top right; page 15, top left, center left, and bottom; page 17, top right; page 19, center left; page 20, top; page 21, bottom; page 31, top

Capp Enterprises, Inc.: insert page 7, top: @ Capp Enterprises, Inc. Used by permission

C. Taylor Crothers: insert page 31, bottom

Lauren Esposito: insert page 32

Katharine Graham Collection: insert page 14, bottom right

Greater Omaha Chamber of Commerce: insert page 25, top: Greater Omaha Chamber of Commerce and A Better Exposure; the Chamber Annual Meeting on Feb. 20, 2004

Lynette Huffman Johnson: insert page 23, top

Arthur K. Langlie: insert page 18, center left

Magic Photography, Sun Valley: page 475; insert page 20, center; page 21, center

Jack L. Mayfield: insert page 26, bottom right: Photo by Jack L. Mayfield

Mungerfamily: insert page 12, top right; page 26, bottom left: courtesy of the Munger family

Charles Munger Jr.: insert page 17, bottom

Museum of American Finance/Graham-Newman Collection: insert page 11, top

The Nebraska Society of Washington, D. C.: insert page 9, bottom right

Omaha World-Herald: page 1; insert page 15, top right; page 16; page 20, bottom: Reprinted with permission from The Omaha World-Herald

Sharon Osberg: page 685; insert page 18, top and bottom right; page 28, top right, top left, bottom left; page 30, top

REUTERS/Peter MacDiarmid: insert page 29, top

Ruane, Lili:insert page 19, center right